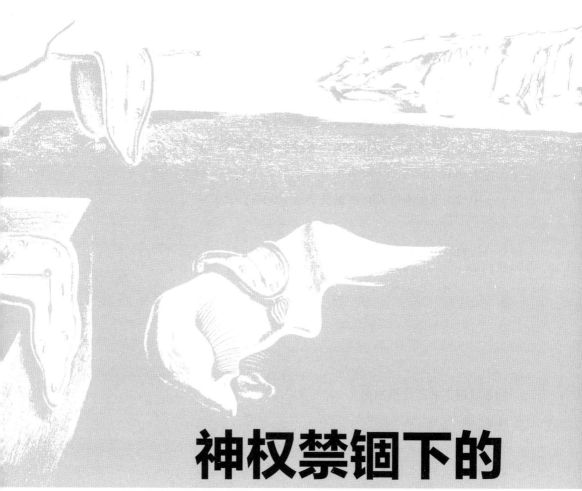

神权禁锢下的
西方思想史

蔡 晓◎著

九州出版社 JIUZHOUPRESS | 全国百佳图书出版单位

图书在版编目（CIP）数据

神权禁锢下的西方思想史／蔡晓著. -- 北京：九
州出版社，2025.3. -- ISBN 978-7-5225-3467-1

Ⅰ. B5

中国国家版本馆 CIP 数据核字第 2025WY9766 号

神权禁锢下的西方思想史

作　　者	蔡　晓
责任编辑	王　宇
出版发行	九州出版社
地　　址	北京市西城区阜外大街甲 35 号（100037）
发行电话	（010）68992190/3/5/6
网　　址	www.jiuzhoupress.com
印　　刷	鑫艺佳利（天津）印刷有限公司
开　　本	720 毫米 × 1020 毫米　16 开
印　　张	39.75
字　　数	588 千字
版　　次	2025 年 3 月第 1 版
印　　次	2025 年 3 月第 1 次印刷
书　　号	ISBN 978-7-5225-3467-1
定　　价	158.00 元

目　录

自序：神权禁锢下的西方思想演变逻辑

本书的写作源于一个看似简单但又不寻常的诱因。

当地时间 2021 年 5 月 28 日，一个普通得再普通不过的日子，美国第 46 任总统乔·拜登（Joe Biden）在弗吉尼亚州的兰利-尤斯蒂斯美军基地对一群美国军人发表演讲："全世界所有国家中，我们是唯一一个基于一种理念而组织起来的国家。你们不是从政府那里获得你们的权利，你们获得权利，仅仅因为你们是神的孩子。政府的存在是为了保护神赋予民众的这些权利。"① 就是说，美国军人的权利来自神授，而政府的职责只是保护这种神圣权利。拜登清楚表达出北美主权属于"神"这一建国理想。笔者深深意识到：以美国为代表的西方社会，过去是、现在依然还是处于神权主导或统治之下。近代以来，中国人习惯用启蒙的、理性的、科学的、世俗的标签看待西方世界。但真的这样吗？美国哥伦比亚大学马克·马拉教授用极复杂的心情写道："我们觉得不可思议，神学的观念还会让人们头脑发热，激起弥赛亚的激情，后者令社会成为一片瓦砾。我们假想这种情况不再可能，人类已经学会把宗教问题从政治问题中分离出来，宗教狂热已成为过去。但我们错了。"② 我们确实错了！我们曾经把西方描绘为一个讲理性而

---

① Whitehouse. gov/briefing-room/speeches
② 〔美〕马克·马拉：《夭折的上帝——宗教、政治与现代西方》，萧易译，新星出版社 2010 年版，第 1 页。

非神启、讲人道而非神道、讲人权而非神权、讲政教分开而非政教一体的文明，但这种表象是十九世纪以来西方世俗化潮流下编织出的故事，而表象之下的"实相"——神权统治——依然没有改变。我们需要用这样的视角释读西方思想史——一部神权禁锢下的观念演变史，只有这样才能对西方思想有真正理解。

一

中国人的观念里，"西方"是一个极为含混的概念。由于历史上的"佛学东来"，中国人通常将"西方"与"极乐世界"相连，近代以来"西学东渐"，使"西方"与民主科学和自由文明绑在一起。明治维新后日本因"脱亚入欧"跻身世界强国，在一些中国人眼里日本就成了能与"西洋国"并称的"东洋国"，过去的"倭国"现在也是"西方"一部分了。不过，在白人眼里，东方与"西方"有一条清晰的界限。比如，美国人亨廷顿眼里的"西方"是专指基督教文化圈，尤其是新教文化，地理上大致等同于讲拉丁语的西罗马，并非讲希腊语的东罗马，作为西方古典文明发源地的希腊并不属于"西方"，而是属于东方的东正教文化圈。这一观点代表着现代西方人的主流认知。西方建立的"叙事霸权"，使"西方"等同于理性、自由、包容、进步等一切美好的事物。"西方"是一座漂亮花园，而其他大部分地区是丛林。一些边缘国家拼了命想挤进这座花园——有的成功、有的半成功、有的完全失败。比如，现代希腊成功变成西方的一部分，因为它加入了欧盟并努力学习西方价值观。土耳其这个占据原东罗马帝国核心区域的国家成功了一半，成了北大西洋公约组织的成员，但在加入欧盟上却失败了。俄罗斯认为自己应该属于西方，从彼得大帝向西方学习开始，努力奋斗了三百多年，却始终不被西方承认，随着俄乌冲突爆发，梦想彻底破灭。现代中国人接受西方的叙事逻辑，接受西方所定义的"西方"，梳理西方思想史皆以古希腊为开端。但这样一来，两河流域文明、古埃及文明、古波斯文明和古印度文明，以及后来的阿拉伯伊斯兰文明似乎与西方文明都没了关系。唯一例外的是诞生于西亚的古犹太文明，它的一个支系

——基督教，向西、向北进入拉丁世界、进入日耳曼世界，西方认可它属于"西方"。因此讲西方思想，顶多再讲两希融合。但笔者尝试打破这样一种叙事方式。

从地理上讲，笔者将葱岭以西的西亚、南亚、欧洲及北非的全部区域都看作西方的地理空间；从文化上讲，凡是这个地理空间产生的文明都视为西方文明。凡是这一地理空间产生的思想，皆属本书所称的"西方思想"。在这个"西方思想"总框架内，再划分西方所定义的西方思想和东方思想。这样划分的理由至少有两个。第一，笔者将全部人类文明形态划分为世俗文明和神权文明两大类，除了中华文明，其他文明——两河流域文明、古埃及文明、古波斯文明和古印度文明等——几乎无一例外地都属于神权文明。之所以说几乎，是因为二十世纪初考古发现了比古印度文明更古老的印度河文明，也属于非神权的世俗文明。公元两千纪雅利安人来到这里，不仅摧毁了这一古老文明，还把自己的"神"带到这片土地，使以后发展起来的古印度文明变成神权文明。与之相对的中华文明，从西周开始走向世俗化道路，有明显异于神权文明的精神特征。第二，笔者所称西方的广阔地理空间中，诸多神权文明之间，历史上有着更为密切的相互融合。比如两河流域与尼罗河流域之间，波斯与印度河流域之间，亚细亚半岛与巴尔干半岛之间，以及地中海沿岸各文明之间，都存在着广泛而持续的人员流动、贸易往来。西方定义下的"西方文明"正是在持续不断的文化融合中吸取多样化元素，才逐渐发展起来。如果没有来自西亚、南亚和北非各古文明的滋养，断不能有希腊文明；如果没有出自希伯来文明的基督教，欧洲断不是现在的欧洲；如果没有来自阿拉伯伊斯兰文明的反哺，欧洲断不会有近代哲学和科学。但西方被傲慢蒙上了双眼。德国人斯宾格勒采用生物学的视角研究文明起源问题，认为不同文明都是独立自主的有机体，以至于属于一个文明的人不能理解另一个文明的成就和思维方式。按照这样的观点，文明冲突就是题中之义。亨廷顿的文明冲突论便是这种文化傲慢的产物。事实上几乎所有历史证据都支持文明互鉴融合而非文明冲突分离。思想观念的发展同样如此。

　　中华文明的世俗性，使我们很难在汉语言中找到一个确切的字词来对应西方文明中那个具有超自然力量的无限存在。《尔雅》将神训为"重也、治也、慎也"；范缜《神灭论》说："形者神之质，神者形之用。"周敦颐《通书》说："物则不通，神妙万物。"这说明，神这个字，中国主流思想中专指事物变化的机理以及外在的功用，而非人格化的、独立的无限存在。中华文明所称的神，与西方文明定义下的神有很大差异。为了解决两类不同文明之间的对译问题，本书采用"神"来表示西方所称的超自然无限存在。

　　二

　　任何一种文明的神话都蕴含着该文明的价值观和思维方式，因此从神话入手是理解原初文明形态的最佳切入口。从人类学角度看，人类所有原始族群都经历过万物有灵阶段。分析不同族群的创世神话，会发现因创世方式的不同可分为两大类。

　　第一类如华夏族的创世大神盘古。他完成开天辟地任务后，终因耗尽全部体力而死去。他呼出的气息变成风云，发出的声音化作雷鸣；双眼变成了日月；四肢变成东南西北四极；肌肤变成丰饶的大地；血液变成奔流的江河；毛发变成茂盛的草木；汗水变成滋润万物的雨露。盘古的死去，不仅寓意华夏文明走向非神权的世俗化道路，而且支撑起"生而不有、为而不恃、长而不宰"（《道德经》第十章），"鞠躬尽瘁、死而后已"（诸葛亮《后出师表》）这样一些价值观。

　　第二类是西方世界的"神"。无论是两河流域的还是古埃及的、犹太人的，创世后不仅继续待在这个世界，而且还要让受造物——人，永远崇拜它、祭祀它、听命于它，甚至做它的奴仆。神权统治的西方世界中，根据不同的创世神话，可以区分为四种"神—人"关系，它们分别给早期文明以不同特征。比如，苏美尔创世神话说：由于"神"不断繁殖导致生活艰辛、获取面包不易，于是创造出人作为奴隶替他们劳作。神话的主人—奴仆关系，对应着地上社会的奴隶制度。人殉在两河流域乌尔第三王朝处于鼎盛期，但在同时期的古埃及，这种残忍的风俗早就废除，这与古埃及创世神话有关。古埃及认为，人是阿图姆眼睛流出的眼泪变成的，制造人与神的质料本质上都相同，所有人都要通过死亡回到神灵世界。犹太人有着与苏美尔人同样冷酷的神话。耶和华创造了人，但当发现受造物不合心意时，就制造洪水予以毁灭，当他发现以色列人崇拜金牛犊时，就毫不犹豫大开杀戒——"那一天百姓中被杀的约有三千"（《出埃及记》32：28）。从这些具有文化源头意义的神话故事中产生西方特有的价值观——我创造你就有权毁灭你、我强大你就应俯身听命。这与华夏文明的"生而不有、为而不恃、长而不宰"形成鲜明对比。西方的"神"，犹如"神圣的暴君，恐吓着被他创造出来的人类，而且把他们降格为奴隶"①。

现代西方的价值观大多可以从希伯来神话中找到源头。比如新冠肺炎疫情大流行后，包括时任美国总统特朗普在内的一批政客总喜欢甩锅、寻找"替罪羊"，这种思维深植于西方的"替罪羊"文化。《创世纪》记载"神"用公羊代替亚伯拉罕嫡子以撒献为燔祭。这是"替罪羊"的最早出处。《利未记》记载大祭司把一切罪孽推到一头公羊身上，于是以色列人的罪恶都消失了。"替罪羊"文化在西方根深蒂固，他们相信，一个人、一个种族、一个国家的罪恶，是可以并且必须由一头无辜的"替罪羊"来承担。泰勒在他的巨著《世俗时代》结尾处说："在基督教国和在现代世界，都存在以替罪羊的暴力为消遣的令人困惑的历史。"② 其实"替罪羊"作为一种文化只是西方世界特有的现象。此外，主宰西方世界的"零和"游戏规则同样深植西方文明，与华夏文明"立人立己"的"共赢"思维形成鲜明对比。

笔者试图打破固有叙事逻辑，从神话入手分析西方思想的起源和发展。一种文明对应着一个神话体系，而特定神话体系表征着特有的观念体系，当不同的观念体系相互碰撞、相互融合，就发展出更为复杂的观念世界。

---

① 〔英〕凯伦·阿姆斯特朗：《神的历史》，蔡昌雄译，海南出版社 2013 年版，第 387 页。

② 〔加〕查尔斯·泰勒：《世俗时代》，张容南等译，徐志跃等审校，上海三联书店 2016 年版，第 887 页。

西方思想就是在不同观念的碰撞融合中产生并发展。

三

西方古典时期存在许多不同学说体系。这些不同学说体系，其区别就建立在不同神学观念基础上，即他们对"神"以及"神"与世界关系认知的不同。哲学与神学的这种强相关性贯穿整个西方思想史。黑格尔甚至认为："神在近代哲学中所起的作用，要比古代哲学中大得多。"① 假如不理解神学，是不可能对西方哲学有深刻理解的。本质上讲，哲学是神学，而神学就是哲学；智慧是"神"的智慧，而爱智慧就是爱"神"。

古代自然哲学家普遍持泛神论——"神"浸透进世界，犹如蜂蜜浸透进面包。当他们说"水"或者"火"是世界本原时，他们所理解的"水"或"火"可不是现代人所理解的作为纯粹自然物的水或火。当他们使用"逻各斯""努斯"等概念时，其本意还是指"神"，它们渗透或弥漫在宇宙之中，发挥主宰作用。"逻各斯"代表着智慧、尺度和准则等，在用希腊语写成的新约中，它又指称耶稣——中国人翻译成"道"。"努斯"则指活力、心灵、推动力等，因为作为惰性的僵死的物质需要"努斯"（心灵）来推动。"逻各斯"或"努斯"最初只是自然哲学家对"神"的特性的不同理解而已。目前通行的哲学教科书将这些自然哲学家称为希腊早期哲学家，似乎暗示这些最初思想是希腊文化的产物，但实际情况并非如此。这些哲学家信仰的宗教与希腊公共宗教——奥林匹斯诸神有本质区别。古希腊公共宗教所代表的文化与自然哲学并不相容，自然哲学必然是别的文化传统的产物。这一点，从苏格拉底和柏拉图那里能看得很清楚。

苏格拉底一生的目标之一是改造希腊人信仰的公共宗教。他谴责荷马、谴责赫西俄德，因为他们笔下的希腊诸神太邪恶了。众神之王——宙斯，从出生就带着弑父的基因，长大后偷鸡摸狗、无恶不作，比人类恶棍还要

① 〔德〕黑格尔：《哲学史演讲录》第四卷，贺麟、王太庆等译，上海人民出版社 2013 年版，第 189 页。

坏。苏格拉底认为"神"本该是睿智、公正和善良的。按照现代人道德标准，苏格拉底无疑是对的，但希腊人不认同，反而以渎神罪处死他。柏拉图信奉的宗教同样不是希腊人的公共宗教。可以合理推断，假如没有其他文明，单纯依靠希腊文化传统，不可能产生柏拉图的学说体系。亚里士多德之所以有一套不同于柏拉图的学说体系，同样还在于有一套不一样的神学。柏拉图的"神"是造物主，因此宇宙在时间上有开端，亚里士多德的"神"却不是，因此宇宙在时间上既没有开端也没有结束。柏拉图接受毕达哥拉斯学派，因此他的造物主是一位数学家，按照几何原理构建宇宙天体。亚里士多德不赞成，因此他的物理学是用自然语言而非数学语言写成。在这方面，柏拉图选对了。现代人普遍认为：物理世界是用数来建构的。

　　西方无神论的哲学源头大多追溯到伊壁鸠鲁学派。但严格讲，伊壁鸠鲁并非是无神论者，只是他的"神"实在太懒惰了——居住在多个世界之间的某一空旷之地，过着逍遥自在的生活，根本不关注人类生活。伊壁鸠鲁被西方世界咒骂为无神论者，因为他竟然相信一个对人类生活没有影响的"神"。按照这样的西式逻辑，伊壁鸠鲁在西方思想史上长期被污名化。在古罗马影响很大的是斯多亚学派，他们最初把"神"看作物质性的，或者他们所理解的物质就是"神"。从作为哲学家的罗马皇帝奥勒留的作品里，可以看到这种唯物主义渲染下的阴郁世界——一个行将就木的人与一片枯黄凋落的树叶根本没有区别，它们都是随风飘散的物质。从柏拉图学说中发展起来的新柏拉图主义，它们的"神"是纯精神存在，从这个精神实体中不断流溢出可感知的大千世界。这就是西方唯心主义的早期形态。

　　处于北非的亚历山大城由托勒密王朝（前 305—前 30 年）建立，是那个时代的哲学中心，几乎汇集了古代西方当时的全部智慧成果，其中深刻影响后世的希伯来经典的希腊语翻译，科学之母《几何原本》的编纂，就是在这里完成。

四

　　基督教由出生在耶路撒冷南部伯利恒的名叫耶稣的犹太人创立。他已经不会说希伯来语，是用亚兰语向穷人传播天国的福音。以他为核心建立起的一个受压迫、遭驱逐的小宗派，最终成长为罗马帝国的国教。这是西方历史上的重大事件，改变了西方思想的走向。

第一，基督教的"神"是有三个位格的实体。基督教从普世的，而不是从某一地域、某一族群的视角思考问题。它给西方文明注入"普世"的基因，而与华夏文明的"天下"相对。"普世"观代表一元和唯一，"天下"观代表多元和多样。在视暴力为正义的古罗马世界，基督教带去"谦卑""爱人如己"等教诲，这些道德观是古罗马世界所缺乏的，但"谦卑"的背后又是不宽容和唯我独尊，被罗马帝国迫害而死的基督徒总人数还不及教派之争一次被杀死人数的零头。

第二，教权和王权的斗争成为贯穿西方历史的主线。早期基督教经历不断受世俗政权压迫，却不断蓬勃发展的历史。"米兰敕令"使基督教合法，使大批罗马权贵皈依，但奥古斯丁等教父不仅不认为这是基督的胜利，反而是教会堕落的开始。当教会上层热衷追逐财富和权力，基督教内部有一股相反的力量，期盼如早期基督徒那样过简朴生活。教权与王权的斗争呈现复杂的态势。西方社会双头结构的意外收获是：非主流思想有左右逢源，甚至发展壮大的可能性。

第三，理性和信仰成为贯穿西方思想史的主题。理性与信仰的关系呈现多面性，有强调信仰高于理性，有强调理性高于信仰，也有理性与信仰相互对立或相互携手。理性和信仰是西方思想史特有的一对矛盾，这种矛盾关系推动着西方思想发展。对于一些试图借助理解坚定信仰、试图通过理性深化信仰的人来说，他们可能会把毕生精力用于探寻星辰大海——那是"神"的作品，并把这视作荣耀"神"的活动。这种与日常生活几乎毫无关系的对自然探索，是产生近代自然科学的原始动力。但理性和信仰之争，也使基督教西方始终笼罩着反智的社会心理。

第四，基督教神学提供了人类历史单线条进步发展的观念。基督教编织了一个人类从被创造、堕落、获得拯救、脱去旧人变成新人、最后进入永福状态的神话故事。这个神话故事使人类社会有了不断发展和进步的意义——过去、现在、今后的苦难最终是为了将来在历史终结处实现美好未来。人的罪恶、死亡被基督教赋予特殊意义。西方思想史产生各种版本的对未来美好社会的设想，与这种文化传统不无关系。他们设想的美好未来，或许在远离尘世的天国，或许在尘世，或许就在每一个的心里。毋庸置疑，西方空想社会主义和共产主义思想与基督教有极为密切的关系。

第五，西方世界的一些价值观念、思维方法来源基督教神学。以全部西方思想的基石——人有"自由意志"这一观念为例，虽然古罗马的卢克莱修曾从原子的偶然偏斜证明"自由意志"如何可能，但影响最大的还是基督教神学的论证。简而言之，这一观念是两难抉择下的产物。基督教讲原罪和救赎，但人的罪究竟来自哪？一个全知、全能、全善的"神"，为什么创造罪恶的世界？如果一切都是"神"预定的，那么人的犯罪就是不可避免的，难道不应该"神"承担责任？为了解决这样的两难——"神"决定世上的一切，却不对世上的恶负责，唯一办法是咬定人有作恶的"自由意志"。人是自由的成为全部西方思想的预设。马克思《1844年经济学哲学手稿》依然强调"自由的有意识的活动恰恰是人的类特征"①。正因为人有这种自由的"类特征"，人类解放才是正义而崇高的事业，否则解放就是反人类的。此外，希腊主流哲学中，物质代表黑暗、被动，精神代表光明、能动。但基督教在一定程度上扭转了这种观念。在基督教神学体系中，物质由"神"凭空创造，既然是"神"创造的，就不会是不好的。耶稣"道成肉身"，既然"神"可以与肉体结合，说明肉体不是全然不好的。研究灵魂与肉体、心与物的关系，成了西方思想史从不缺席的主题。

第六，西方世界任何一次有意义的革命几乎都与宗教改革、教派分裂有关。教权在中世纪欧洲达到鼎盛，但不可避免滋生式微的因素。当罗马教廷宣称自己掌握灵魂从炼狱飞入天国的金钥匙，并以此攫取经济利益时，因利益冲突带来的分裂就不可避免。路德、加尔文等人发展出一套新神学理论，证明罗马教廷并不掌握这把金钥匙。评价新教与天主教优劣不是本

---

① 《马克思恩格斯文集》第1卷，人民出版社2009年版，第162页

书的任务，可以肯定的是，宗教改革后的欧洲不再是铁板一块，它给包括新神学在内的各种新思想的产生留下足够空间。近代欧洲最早一批自然科学家、哲学家，如哥白尼、伽利略、开普勒、笛卡尔等都是天主教徒，但他们全是异端，从事着当时最危险的工作——自然科学研究。同时，宗教改革促进了欧洲近代资本主义精神和社会主义精神的产生。

五

公元七世纪阿拉伯伊斯兰教的崛起同样是西方世界的重大事件。伊斯兰教属于亚伯拉罕系宗教，与犹太教、基督教有同样的精神源头。阿拉伯人从阿拉伯半岛出发，进入北非的古罗马故地、进入波斯帝国腹地，进入东罗马疆域，进入南亚次大陆，创造出全盛的伊斯兰世界。当欧洲进入"黑暗时代"，伊斯兰世界成为保存、融合、转化、创新西方文化的基地。这是伊斯兰文明的高光时刻。

阿拉伯人建立的阿巴斯王朝（750—1258 年），在最初的两百多年时间里，将哲学、数学、科学、天文学、医学等方面的作品从希腊文、叙利亚文、波斯文和梵文翻译成阿拉伯文，不仅使巴格达成为西方文明中心，也使阿拉伯文成为西方世界通行文字。希腊语写成的大批著作，包括亚里士多德的作品进入了伊斯兰世界。当阿拉伯人钻研天文学、医学、代数、几何学，从中国引进火药、罗盘等实用技术时，欧洲的僧侣们却在耗费大量精力争论"共相是实在还是非实在""针尖上可以站多少天使"等课题，在东罗马帝国的君士坦丁堡，争吵最激烈的是诸如"圣餐该用有酵饼还是无酵饼"等。但强势文明对弱势文明的渗透和影响似乎是一种不可抗拒的规律。欧洲经院哲学家开始拜伊斯兰学者为师。从十世纪后的五百多年时间里，大量作品从阿拉伯文、希腊文、波斯文、梵文甚至汉文翻译成拉丁文，使拉丁语成为汇集人类文明成果的又一新载体。

笔者选取伊斯兰的"哲学—科学家"学派以及神秘主义和苏菲派中的若干重要人物，介绍他们的思想及影响。一个很明显的事实是，欧洲经院哲学家，如托马斯·阿奎那等，正是通过伊本·西纳（欧洲人称阿维森纳）、伊本·鲁世德（欧洲人称阿维罗伊）等伊斯兰学者，才真正读懂了亚里士多德。亚里士多德是一匹由经院哲学家带入中世纪欧洲的"特洛伊木马"，当他成为绝对权威时，就发挥了瓦解传统基督教神学的作用。在亚里士多德这尊权威轰然倒塌的废墟之上，欧洲近代哲学和科学建立起来了。

　　印度文明同样是不能忽视的独特存在。印度婆罗门教、佛教以及后来的印度教，它们的哲学—神学使人们用另一个视角来观察和思考宇宙人生。印度思想中不生不灭、梵我一体的观念，可以在欧洲的诸如自然神论、唯物论中找到踪迹，而印度教包含的种姓（种族）思想，与西方世界从未绝迹的奴隶制度和殖民制度有着惊人的相似性。

六

　　十七、十八世纪欧洲思想界的主题是：扫除旧知识、建立新知识。苏格拉底的"知识就是美德"以新的形式复活，变成培根的"知识就是力量"。知识开始获得独立的价值和尊严。笛卡尔之所以被称为近代欧洲哲学之父，关键是因为其为新知识的确定性提供新基础。从柏拉图、亚里士多德直至经院哲学家，在不断思考知识确定性这个形而上学问题。它是西方思想史的重要主题。笛卡尔发现"我在怀疑"是确凿无疑的，即便我怀疑"我"不存在、一切都不存在，似乎"我在怀疑"本身还是不能怀疑的。他提出"我思故我在"，确立理性权威——只要能够被清晰理解的知识都是真的。但笛卡尔哲学依然离不开"神"——"神"不会让我的理性出错，"神"事先把天赋观念刻在我心里。培根有着与笛卡尔同样的志向：扫除旧知识、建立新知识。他宣称迄今为止的知识只是幻象。他提出了一套新工具——归纳法和实验法。培根继承邓斯·司各脱传统——"神"让物质能思考——建立近代唯物主义。笛卡尔、培根分别开创理性主义和经验主义传统。

　　同样重要的是英国人赫伯特奠基的自然神论传统。这是一个谱系较广的思想体系，其基本观点是："神"将自然法则赋予世界，从此世界就按自然法则运转。十八世纪中叶，随着信仰主义重新崛起，自然神论在英国衰落，但对欧洲大陆和北美产生持续影响。自然神论在法国促成无神论和唯物论思潮，如霍尔巴赫男爵《自然的体系》。自然神论作品被大量翻译成德文，在德国古典哲学留下明显痕迹。美国建国精英的信仰与美国大众的信仰并不相同，如"独立宣言"起草者杰斐逊就是自然神论者。他们都极策略地掩盖自己的信仰，唯有表里如一的潘恩是一个例外，他公开宣告自己是自然神论者，主张推进政治革命的同时推进宗教革命。但潘恩在美国社会遭到普遍敌视，经历了极为凄凉的晚年。

与宗教革命不同，政治革命在西方取得积极成果。"社会契约论"成为西方主流政治学说，统治合法性的基础从"君权神授"转变为"人民同意"。社会契约论是西方传统的产物。圣经通篇讲的是一个"神"与人不断订约又毁约的故事。既然"神—人"关系受契约制约，"神"须与人订立契约才获得对人的直接统治权，世俗统治者怎么可以例外？作为启蒙运动的直接结果，使人有了自己依靠自己的勇气。"要勇于认识！要有勇气使用你自己的理性——这就是启蒙的口号。"① 康德这一评论揭示启蒙的实质。那么妨碍人使用自己理性的障碍是什么？无疑是传统基督教教义。基督教传播这样一个神话故事：人是彻底败坏的，不要幻想依靠自己的力量过有道德的永福生活。但启蒙主义告诉你：人有依靠自己理性的能力。不过，启蒙主义的基础依然是神学——"神"造物时就前定了人的自由和理性，"神"鼓励你使用它。只是此神学非彼神学。从一定意义上讲，近代西方思想中的"神"承担"救急神"的角色，在思考停止的那个地方，"神"就出现了。"因此神就仿佛是一条大阴沟。"② 不过，它只是西方思想的大阴沟。

本书以康德结尾，是因为康德学说在近现代西方思想史上起着承上启下的作用。在那个时代，理性主义、经验主义、自然神论、启蒙主义等，

---

① 〔德〕康德：《道德形而上学基础》，孙少伟译，中国社会科学出版社 2009 年版，第 117 页。

② 〔德〕黑格尔：《哲学史演讲录》第四卷，贺麟、王太庆等译，上海人民出版社 2013 年版，第 189 页。

都走到一个关键口而无法继续发展。正如康德所揭示的，笛卡尔把"我思"看作一个实体而非经验的必要条件，那么我怎么能看到一个正在看的我？经验主义到了休谟开始走向死胡同，我们除了能感知事物在心灵里的印象外就不能知道别的，因果关系只是一种习惯性联结，并不说明对象之间的客观关系。自然神论期待的自然宗教并没有发生，是因为宗教不是建立在理性而是非理性的情感基础上——"惟其荒谬所以信仰"。启蒙学者是用头来行走的，他们承诺：当思想如光照进现实，当人们能掌握正确知识，美好社会立刻出现。但现实并非如此。康德是欧洲近代思想的综合者，所以其本质仍属于近代思想，从他是近代思想的终结者看，又是欧洲现代思想的出发点。德国诗人亨利希·海涅以夸张的口吻宣布：康德在哲学上"袭击天国，杀死了天国全体守备部队"①。西方旧神的确死了，标志着19世纪以后的西方进入世俗化全新时代。然而康德并没有杀死"神"，因为建立在道德基础上的新神复活了。康德提出的道德宗教是对传统宗教的有力替代。康德折衷主义的立场是受到各方面欢迎的主要原因。他对纯粹理性的批判，一方面迎合了人类理性不完整、有缺陷这一西方传统观念，另一方面他将纯粹理性专注于现象界，为自然科学之所以可能提供坚实的形而上学基础。他通过对实践理性的批判，划定了人类道德能力的限度，从而为宗教存在留下空间。通过判断力批判，康德揭示出一个进化的、有目的的、异于机械论的有机宇宙观。康德终结了亚里士多德的旧形而上学——建立在各门类知识之上的形而上学，但又提出了新形而上学——作为科学和道德如何可能的基础。康德对纯粹理性局限性的检视，为19世纪以后非理性主义思想的发展留下广阔空间。康德把自己的哲学比作哥白尼式的革命，但正因为是哥白尼式革命，他的哲学应该被超越，因为迄今没有一个物理学家会通过研究哥白尼的"日心说"获得科学理论，那么还能期望通过研究康德的哲学体系建构哲学理论吗？

从康德之后，西方现代思想进入世俗化大时代。西方现代思想是近代

---

① 〔德〕亨利希·海涅:《论德国》,薛华 海安 译,商务印书馆1980年版,第304页。

思想的连续，其根本特征是将近代思想认为确凿无疑的关于知识的故事、理性的故事、自然的故事、人的故事、理想社会的故事等付诸现实。19 世纪之后，尤其到了 20 世纪，神学的影响更加式微。理性化的、世俗化的、工业化的西方社会将"神"驱逐出公共领域，开始专注于对尘世的批判、对法的批判、对政治的批判。但危机同时也在现代思想中滋生——一切貌似有确定性的"真理"其实是社会建构的产物，因此都是可解构的、可瓦解的。后现代主义思潮开始出现，它实质上反映了西方人本主义危机、世俗主义危机，即西方世俗化知识体系与西方神权信仰体系存在严重的冲突。他们历数现代性的罪恶，最终都指向人的骄傲：对人之理性的骄傲、对人性之善的骄傲、对人类成就的骄傲。对现代性的批判实质导向对世俗性的批判，对人本主义精神的啃食。"神"这头巨兽始终蛰伏在西方观念世界的最深处，发出幽暗的灵光，在以新面孔重新现世。

第一章　太初世界的神话

太初，东西方人类的不同族群都创造出属于自己的神话。众神于是降临到了世界。它们是令人生畏的自然力和造物主，但走了两条不同的路径。东方中国的盘古在开天辟地后因体力耗尽而死去，而西方的"神"则在完成创世后继续待在人世间。前者代表人自我掌握命运的世俗世界，后者代表"神"支配人的神权世界。那么，这个被神权禁锢的世界究竟是一个什么样的世界？

第一节　从苏美尔人到犹太人的创世神话

无论是两河流域的苏美尔人、尼罗河流域的古埃及人，还是在这些区域不断迁徙的犹太人，有着很不相同的神话。神祇的性格，代表着这些民族、这些文明的特征。

一、苏美尔人和两河流域

苏美尔人创造了人类已知的最早文明。由于这片区域处于底格里斯河与幼发拉底河之间，希腊人称之为美索不达米亚（Mesopotamia），意为两河之间的土地。苏美尔人大约从公元前四千纪从东方进入该地区，以其文化、经济和社会组织的优势取得了控制权。"苏美尔语是人类已知的最古老的书写语言，在时间上甚至超过了埃及语。"而且，"作为已知的最古老的高级文化的语言，它对西方的根本影响比埃及所能达到的大多了"①。苏美尔语是一种黏着型的、半结合性的语言，在已知的人类语言中没有亲缘语。苏美尔人既非闪族，也非印欧族。

几乎与苏美尔文明同时出现的是散布于尼罗河谷及三角洲的埃及文明。埃及前王朝纳迦达文化Ⅱ期中发现有圆柱形印章，"它只可能来自美索不达米亚"②。还有，埃及第一王朝初期出现的建筑风格，与两河流域发现的更加原始的木建筑有渊源关系。"苏美尔文字与埃及象形文字符号在基本构造上仍然有一些相似之处。"③ 这反映出苏美尔文明与古埃及文明之间的联系。但是，通过比较也揭示一个基本事实，"即埃及和美索不达米亚文字的目的、艺术表达的内容、纪念性建筑的作用和新社会结构都是彻底不同的"④。毫无疑问，苏美尔文明和古埃及文明是独立起源的，两者都属于神权文明，但它们对"神"如何创世以及神—人关系的理解并不同，或者说"神"降临世界的方式不同，从而使两者在文明形态上有较大的差异。

通过对出土的苏美尔泥板上的楔形文字的释读，我们能够还原距今五千年左右苏美尔人的创世神话。几千年来这些作品一直沉睡于地下，未经后人的任何编撰、润色和增删，完全反映着最初书写者的思想观念。如果不是考古发掘，我们甚至不知道五千年前就有如此古老的高级文明，无法想象会有如此优美的诗歌。

> 啊，苏美尔，伟大的土地，宇宙的土地，
>
> 要有不变的光亮，从日出到日落，人们都要顺从神的天命，
>
> 你的判决是尊贵的天命，无法触及，
>
> 你的内心深不可测，

---

① 《剑桥古代史》第一卷第一分册，汪连兴等译，中国社会科学出版社 2020 年版，第 147 页。

② 同上，第 499 页。

③ 《剑桥古代史》第一卷第二分册，刘健译，中国社会科学出版社 2020 年版，第 42、43 页。

④ 〔美〕亨利·富兰克弗特：《近东文明的起源》，子林译，上海人民出版社 2009 年版，第 42、43 页。

就像天空不可触碰。①

在苏美尔人的观念里，世界原初是一片瀛海，很可能是永恒和自在的，被人格化为女神纳姆（Nammu，该单词被描述为：母亲，诞生了天空与大地）。在原初瀛海中孕育了天空与大地，分别人格化为男性天空之神安（An），女性大地之神基（Ki）。苏美尔语用"安基"来表示"宇宙"，其字面含义就是"天地"。安与基又孕育出大气之神恩利尔（Enlil）这一苏美尔人的主神。恩利尔的首要作用是将天与地分离，从大地中分出天空，从天空中分离大地，于是事物活动的空间便产生了。天空被苏美尔人想象为漆黑的青金石组成，恩利尔与妻子宁利尔（Ninlil）生下月神南纳（Nanna），照亮了黑暗的宫殿。而月神与妻子宁加宁（Ningal）又生下太阳神乌图（Utu）。这隐含着一个寓意：后辈"神"可能比前辈"神"更强大。这一观念被以后的巴比伦人、希腊人所继承。恩利尔还创造出水神恩基（Enki，同时也是智慧之神），也可能是纳姆孕育了恩基，其来历尚存疑。恩利尔与恩基又分别或共同创造了诸神，如农神、植物神、冥府的神灵等。随着诸神的不断被创造，一个尴尬的困境出现——众神生活艰辛，获取"面包"不易。众神牢骚满腹，可智慧之神恩基却在睡大觉，不理会他们的抱怨。最终，所有神灵的老祖母瀛海，带着诸神的眼泪来到恩基面前说：

啊，我的儿，从你的床上起来吧，用你的智慧工作，

造出神的仆人，他们可以为神生产。

恩基答应了这个要求。于是，经过多方努力，"神"的奴仆——人类被创造出来。② 人是"神"的奴仆这种观念随之产生了。由于苏美尔文明的源头价值，这一观念被其他族群所接受，对以后的巴比伦、希伯来乃至希腊、罗马都有重要影响，使"主人—奴仆"的神—人关系支配着全部西方历史。

---

① 〔美〕萨缪尔·诺亚·克拉莫尔：《苏美尔神话》，叶舒宪、金立江译，陕西师范大学出版社2013年版，第75页。

② 以上内容参照了〔美〕萨缪尔·诺亚·克拉莫尔：《苏美尔神话》，叶舒宪、金立江译，陕西师范大学出版社2013年版。

在这一总基调下，西方不同区域对"神—人"关系的解释有一些差别，这多半受埃及神话的影响。

作为苏美尔文明的继承人——闪米特人，其所建立的阿卡德文明、巴比伦文明，在苏美尔创世神话的基础上发展出一套对早期西方世界影响更大的神话体系。古巴比伦第一王朝（前 1894 — 前 1595）时期的创世史诗《埃奴玛·埃利什》（*Enuma Elish*），将苏美尔人的主神恩利尔变成马尔杜克（Marduk），是智慧之神埃阿（Ea），也就是苏美尔智慧之神恩基的儿子。巴比伦的神话说，由于众神的后代非常喧闹，使原初的神灵阿普苏（Apsu）和提阿马特（Tiamat）感到厌烦，想灭了这些年轻一代。没想到后辈诸神先下手为强，在马尔杜克的带领下杀死祖宗神，并用提阿马特庞大的尸身创造了世界。同样是用"神"的身体化作世界，华夏文明的"神"是主动为之，巴比伦文明的"神"却是被迫为之，从中释读出两种文明的不同价值观。接着，马尔杜克捉住提阿马特痴呆的配偶金固（Kingu），用他的血创造出人类。"我将要制造人类，他们要承受起诸神的负担，让诸神得以休息。""他们惩罚了他（Kingu），并使他的血流出，用他的血液做成了人类。"① 巴比伦的主神杀死了更古老的"神"，创立新的世界秩序，并用愚蠢罪神的血造人，被胜利之神世世代代奴役。这看上去是诸神之间的战争，实质反映了闪米特人终于打败苏美尔人成为两河流域的新主人，可以名正言顺地奴役这片土地上的居民了。汉穆拉比王宣布：

　　当至高的安努，众神之王，和恩利尔天地之主，国土命运的主宰，把全人类的统治权授予恩基的长子马尔杜克。②

"神"的战争代言着人的战争，这样的战争在神权统治下的西方世界还将会持续上演；"神"对"神"的奴役，代表着人对人的奴役。西方的奴役制度有着神圣的起源。

① Alexander Heidel, *The Babylonian Genesis-Story of Creation*, Chicago: The University of Chicago Press, 1951, p62-63。

② 《汉穆拉比法典》，杨炽译，高等教育出版社 1992 年版，第 2 页

二、古埃及人和尼罗河流域

当众神降临两河流域之后，又以另一种方式降临尼罗河流域。通过对《金字塔文》《棺文》和《亡灵书》等古埃及文献的释读①，我们会发现另一种不同的神权文明。

埃及人的观念里，创世之前的世界是一片漆黑、混沌的无限水域，完全超越人类理解力。埃及人最初把这片水域人格化为四对神灵伴侣，即努恩（Nun）、胡赫（Huh）、库克（Kuk）、阿蒙（Amun）与他们的妻子。埃及新王国后期（公元前 1200 年之后），当阿蒙获得至高无上的地位后，这八个原始神灵被认为是阿蒙的各种化身。

> 八神是你〔阿蒙〕最初的样子……
>
> 他〔阿蒙〕另外的样子是八神团。
>
> 他〔阿蒙〕隐身于诸神之外，无人知道他的特性。
>
> 他比天要遥远，比杜阿特〔死后世界〕要深邃。
>
> 没有神明见过他真正的相貌，
>
> 通过铭文无法洞悉其游行时的形象，
>
> 没有神明能准确证实谁是他。
>
> ——《阿蒙大颂歌》②

阿蒙这位象征无限力量的终极创世神，连其他神明都见不到。为完成创世任务，阿蒙把自己变身或创造为普塔赫（Ptah）这一技艺与工艺之神，象征着心智创造力。凡是阿蒙思想中的东西都是通过普塔赫变成现实，普塔赫承担着实现者的角色。以后我们会看到，这种通过语言、心智创造世界的观念、无中生有的思想，被犹太教《创世纪》所继承。除了象征心智创造力的普塔赫，阿蒙又变身创造出阿图姆（Atum）——通常被描绘成创

---

① 《金字塔文》刻写在第五王朝以来古王国时代的金字塔墙壁上；《棺文》刻写在中王国时代棺木上；《亡灵书》则是新王国时代写在纸草卷和棺木上。

② 引自〔英〕加里·J. 肖：《埃及神话》，袁指挥译，民主与建设出版社 2018 年版，第 7 页。

世过程中从无限水域中浮现出的第一块土地，象征着物质属性的事物。阿图姆吸入象征生命的舒（Shu）和象征秩序的马阿特（Maat），逐渐从昏迷状态苏醒，开始能掌控自己的行动，与无限之水分离，化为创始之初的一个"土堆"。阿图姆化身为一只鸟，落在土堆上，它的鸣叫成为整个世界最早的声音。舒在阿图姆身体里不断膨胀，创造出了虚空，使阿图姆像一只大气球。埃及人认为，最初的被造世界就是这样的。

> 赞扬阿图姆！他创造了天，他创造了所存在的一切。
>
> 他升起来成了陆地，他创造了种子。
>
> 一切之主，他生出了诸神，
>
> 他是创造自我的大神。
>
> ——《亡灵书》咒语79①

阿图姆给身体之内的舒与阿马特传递生命力量——卡（Ka），并通过打喷嚏、吐吐沫等方式将他们喷射出来，产生两个独立的神明，即男神舒和女神泰富努特（Tefnut）。这两个神明的角色是多重的，除了象征生命、秩序、虚空之外，舒神还代表着一种无休止循环的时间，泰富努特神代表一切不会消逝的静止的时间。他们的诞生意味着时空的出现。埃及人的神话中，由于阿图姆担心这对双胞胎孩子，派出他唯一的眼睛去寻找。眼睛划过黑暗的虚空，犹如太阳升起普照大地，世界就有了第一次日出。但是，等到眼睛和双胞胎孩子返回阿图姆身边时，这只眼睛惊讶地发现，阿图姆创造出更加明亮的眼睛——新太阳。于是这只被冷落的眼睛非常愤怒，咆哮痛哭，流出的眼泪居然变成了人类。阿图姆为了抚慰它的痛苦，让它掌控整个大地，变成管理人类的首领——法老头上的蛇标，维护人间的马阿特（秩序、正义）。在埃及人眼里，第一，人类的出现属于意外，并不是有目的的，更不是为了给"神"当奴仆；第二，人类由阿图姆眼睛流出的眼泪变成，具有神性，不同于苏美尔人认为的人类由泥土做成、闪米特人认

---

① 引自〔英〕加里·J. 肖:《埃及神话》,袁指挥译,民主与建设出版社 2018 年版,第 18 页。

为由愚蠢罪神的血做成；第三，人类是在天、地尚未全部创造出来时就已经出生，之后，天空之神努特（Nut）与大地之神盖伯（Geb）才由舒神、泰富努特神孕育出来。阿图姆为了人类能更好生存，还继续创造良好环境。总之，埃及人的"神"与人类同性、同在，"神"始终护佑着人类的健康、幸福。

> 正是为了他们〔人类〕，他创造了天地。他平息了水的狂怒，创造了风，人们的鼻孔才能呼吸生命的气息。他们是从他身体里涌现出来的"他的形象"，正是为了他们，他升起在天空中。为了他们，他创造植物、畜群、水禽和鱼，来养活人类。
>
> ——《对拉美里卡拉王的教谕》①

古埃及的"神"对人类非常友好。在这个神—人同形同性的世界里，人活着只是全部生命中并不重要的阶段，死亡才是新生活的开始。

> 你睡着了，你会醒来；你死了，你会活过来。
>
> ——《金字塔文》咒语 1975B②

人死亡后，身体内象征着生命力量的卡依然留在身体内，因此需要对人的尸体做特殊处理，使之不能腐化。象征着灵魂的巴（Ba）则进入杜阿特（Duat）。这里所称的杜阿特通常翻译为"阴间"或"地狱"，但与古埃及人的本义有较大区别。苏美尔人的"冥府"则比较接近通常所理解的阴间或地狱的概念③。因此将杜阿特翻译为"亡灵之国"更为恰当。"实际上它指的是被造世界的一部分，就像你活着的时候可能造访的任何地方一样，

---

① 引自〔英〕加里·J. 肖：《埃及神话》，袁指挥译，民主与建设出版社 2018 年版，第 22 页。

② 同上，第 145 页。

③ 参阅《印南娜下冥府》，〔美〕萨缪尔·诺亚·克拉莫尔：《苏美尔神话》，叶舒宪、金立江译，陕西师范大学出版社 2013 年版，第 105、124 页。

它只是位于活人不可及的地方而已。"① 在这个地方，人可以和神明直接接触。所有人在这里都要接受审判，最高审判者是亡灵之国的统治者奥西里斯（Osiris），不能通过审判的人将会受罪，通过审判的人则成为阿赫——光明的荣耀者。这里我们似乎看到日后基督教所宣称的末日审判的影子，也可以看到现代美国摩门教认为"死后生活是一个人可通过它最终成为神的转变过程"这一教义②的原型。古埃及宗教的奇特性还在于，它似乎在阐述一个世界不断循环的永恒真理。众神和所有生物一样，都有固定的生命，这个被造世界终究会消失在时间的尽头，重新回到无限之水。

> 我要摧毁我所创造的一切，这个世界将会重返水域和洪水，就如最初的状态。
>
> ——《亡灵书》咒语 175③

当世界重回无限水域之后，其内部又在重新孕育再生的力量，因为代表无限力量的终极创世神依然还在。时间的尽头意味着新的开端。但这一切没有人会知道，也没有神明会看到。埃及神话暗含一个极有诱惑力的观点：作为终极存在的"神"永远不会被毁坏，它是超越时空的永恒存在。这一观点实质是"一神教"的神学思想了。

三、雅利安人和印度河流域

公元前两千纪初，正当古巴比伦人逐一攻占苏美尔各城邦成为两河流域新霸主，古埃及进入外来民族入侵的第二中间期，一波又一波骑着战马、拿着刀剑、饥肠辘辘的印欧人，带着他们的"神"闯入印度河流域。这群肤色较浅的人自称雅利安人——出身高贵的人，称创造了印度河文明的皮肤较暗的原住民为达萨人（Dasa）——敌人、野蛮人。于是，以刀剑开道，

---

① 〔英〕加里·J. 肖：《埃及神话》，袁指挥译，民主与建设出版社 2018 年版，第 149 页。

② 〔美〕刘易斯等：《世界宗教》第 11 版，北京联合出版公司 2018 年版，第 374 页。

③ 引自〔英〕加里·J. 肖：《埃及神话》，袁指挥译，民主与建设出版社 2018 年版，第 180 页。

众神降临印度河流域这片土地，将这里的人民带入神权统治。雅利安人在这片土地创造了人类历史上第一个基于肤色的种族压迫制度——种姓制度。

始于 20 世纪 20 年代对印度河流域的系统考古挖掘，震惊了世界。它给世人展示了一个比吠陀时代更为古老的文明——印度河文明，也展示了完全不同于印度经典《梨俱吠陀》描述的达萨形象。从大约公元前 3500 年发端的印度河文明前后经历了 1600 多年，"覆盖面积大约是古埃及文明或者美索不达米亚文明的两倍"，"印度河文明城市中的下水道和排水系统比罗马帝国城市中的早出现 2000 年"，印度河文明的"这些城市中，街道规划井然有序，大多沿基本方位铺展，让 20 世纪的城市规划也黯然失色"。目前，"对印度河文明遗址的发掘进行了将近一百年，可即便如此，还是没有发现任何一看上去就明显是宗教性建筑的建筑结构"①。可以基本断定，印度河文明不是神权文明，而是一个世俗文明。但雅利安人的到来，彻底改变了这一切。他们不仅从自己的故乡给这片土地带来了"神"②，并且拿走了全部土地和财富，正如 3000 多年后欧洲人来到美洲、非洲、澳洲，在给原住民送来基督福音的同时，拿走了全部土地和财富。雅利安人还给这片土地带来新秩序——神圣的种姓制度，与 3000 多年后由肤色较浅的盎格鲁-撒克逊人在北美建立起"现代种姓制度"如出一辙③。那么，降临印度次大陆的"神"究竟长什么样？

> 原人之口，是婆罗门；彼之双臂，是刹帝利；
>
> 彼之双腿，产生吠舍；彼之双足，出首陀罗。

---

① 〔英〕安德鲁·鲁滨逊：《众神降临之前——在沉默中重现的印度河文明》，周佳译，中国社会科学出版社 2021 年版，第 4、5、7、152 页。

② 吠陀时代雅利安人的许多"神"与古波斯神曲《阿维斯塔》中的"神"有对应关系，如雷电神因陀罗（Indra）、火神阿耆尼（Agni）、包拥神婆楼那（Varuna）、树神苏摩（Soma）、阎罗王（Yama）等，见巫白慧译解：《〈梨俱吠陀〉神曲选》，商务印书馆 2010 年版，第 55、110、192、200、214 页。

③ 见〔美〕伊萨贝尔·威尔克森：《美国不平等的起源》，姚向辉 顾冰珂译，湖南文艺出版社 2021 年版。作者将美国的等级社会称为"现代种姓制度"，并与印度种姓制度，以及希特勒宣扬雅利安人高贵、犹太人为劣等民族的种姓制度进行对比。该书在美国主流社会引起很大反响。

> 彼之胸脯，生成月亮；彼之眼睛，显出太阳；
>
> 口中吐出，雷神火电；气息呼出，伐犹风神。
>
> 从彼肚脐，产出空界；从彼头顶，展现天界；
>
> 从彼两耳，产出方位；如是构成，诸有世界。
>
> ——《梨俱吠陀》第10卷，第90颂①

"神"具有超验的绝对神体，又可以"产生"或"幻化"为能被人体验到的相对神相。"神"分为有相神和无相神，对应着一些自然现象和人体的各种感觉。按照《原人颂》的说法，创世之初，只有一个超验的绝对神体，它产生毗罗阇（Viraj，遍照者），继而产生原人朴卢莎（Purusa）。这个化身原人一出世即放光明，创造出大地，继而化作祭祀用品，创造出各类动物、产生多种"吠陀经"（Veda，意指圣典、圣学），这个原人身躯的不同部位被肢解分割后产生婆罗门、刹帝利、吠舍和首陀罗四种姓，以及日月星辰、风雨雷电和天界、空界、方位。最后，原人还化身有血有肉的活人被祭司绑在祭坛上奉作牺牲，祭祀所产生的神奇力量直冲霄汉。这一创世神话对印度社会的影响是极为巨大的，印度社会的等级制度就建立在此基础上②。对比华夏文明的盘古大神，可以看到，同样讲"神"的身躯化身为世界，但折射出两种不同的文化精神。盘古体现了华夏文明崇尚的舍己为人、死而后已之精神，而原人只是用"化身"变造出世界，其"真身"并未死，体现出现实世界的虚幻、此生的不可留恋。

从雅利安人的创世神话和吠陀时代的文献中，传递出极为丰富的信息。

作为游牧民族的雅利安人，尽管在军事技术上有较大优势，但在文明程度上显然低于创造出印度河文明的原住民，必然受到原住民文化观念、生活习俗的影响。印度河文明作为最古老的世俗文明，对吠陀时代的婆罗门教，之后的佛教、耆那教、印度教中"无神论"思想的形成，产生潜移

---

① 《〈梨俱吠陀〉神曲选》，巫白慧译解，商务印书馆2010年版，第255页。
② 《摩奴法典》作为古印度法典类的文献，沿用《类俱吠陀》这一记述，认为："当初，为了繁衍人类，梵从自己的口、臂、腿、足，创造了婆罗门、刹帝利、吠舍和首陀罗。"见《摩奴法典》，法律出版社2000年版，第7页。

默化的影响。作为婆罗门教重要经典的《奥义书》（*Upanisad*）①，将世界最终的实在看作不具有人格特征的神性存在——梵（Brahman），宇宙都是梵的化身。现象世界并不真实。这个梵可不是那种干涉人类事务，还与人促膝谈心、有人类情感、时不时降下点启示的"神"。正如《自在奥义书》说的：

> 它既动又不动，既遥远又邻近；
> 既在一切中，又在一切之外。②

　　脱胎于婆罗门教的佛教，其否定人格神的倾向更加明显，佛陀认为要解脱人世间的苦难完全取决于个人的觉悟，世界的一切都是幻化和不真实的。因此，"佛陀的教义与同时代的其他印度宗教的教义差别明显。他否认神的价值以及敬拜或献祭的必要性。"③ 同样，从婆罗门教分离出去的耆那教，"神"的色彩也很淡。"耆那教认为，远离生死轮回的解脱必须由个人完成。……因此，在耆那教中，神是无足轻重的。"④ 此外还有证据表明，印度河文明的其他重要元素进入婆罗门教、印度教之中。从位于今巴基斯坦旁遮普省的印度河文明城市遗址哈拉帕（Harappa）发掘出的陶板上，有五个左旋卍和右旋卐的符号⑤。这两个符号在印度历史上从未断绝，其中左旋卍通过佛学的流传，成为中国佛教标志性符号，谓吉祥万德，右旋卐则被德国纳粹所采用，"象征争取雅利安人胜利斗争的使命"。从位于今巴基斯坦信德省的印度河文明一座城市摩亨佐-达罗（Mohenjo daro）发掘出多种材料的骰子和棋盘⑥，说明印度河先民好赌，这与《梨俱吠陀》描述赌徒的《赌徒忏悔录》可相互印证。此外，印度河文明废墟中出土印章中的人

---

① 《奥义书》的本义是指老师与学生坐在一起讨论《吠陀》的经义时产生的思想观点。
② 《奥义书》，黄宝生译，商务印书馆 2012 年版，第 248 页。
③ 〔美〕刘易斯等：《世界宗教》第 11 版，北京联合出版公司 2018 年版，第 153 页。
④ 同上，第 136 页
⑤ 〔英〕安德鲁·鲁滨逊：《众神降临之前——在沉默中重现的印度河文明》，周佳译，中国社会科学出版社 2021 年版，第 233 页。
⑥ 同上，第 243 页。

物形象有瑜伽姿势，可以解释印度次大陆各类宗教都重视"禅定"修炼法的传统渊源。比较《梨俱吠陀》的神谱与后来印度教的神谱，两者之间有明显差异。吠陀时代的众神之王是雷电之神因陀罗，象征对攻城略地雅利安武士的崇拜，而"印度教中两个最重要的神祇——湿婆和毗湿奴，在吠陀教万神殿中几乎没有踪迹"①。说明印度教的一些神明有非雅利安人的来源。尽管印度河文明是一个世俗文明，但毕竟处于"万物有灵"的历史阶段。在出土的印度河印章和彩陶上，已经出现鳄鱼、公牛、孔雀、独角兽、菩提树等图腾，原住民对某些动植物的崇拜、神化，必然会进入之后的印度宗教之中。印度河文明强烈的和平主义倾向，也给日后这片次大陆的历史发展带来潜在的影响。印度河文明的发掘似乎为某种历史结论找到反证，这种结论是：随着剩余财富的增长，必然产生阶级分化。但实际考古发掘证实："印度河文明明显没有任何国王、宫廷、军队、宫殿或公共性神殿。"②

我们在强调印度河文明潜移默化影响的同时，丝毫不否定以吠陀为经典的婆罗门教的主导地位。与苏美尔人认为"神"用泥土创造人类，埃及人认为"神"的眼泪变成人类不同，雅利安人认为是"神"用幻化的身体的不同部位分别创造人类。这种创世观点是非常奇特的。一方面为现实社会的种姓不平等和种姓压迫提供神学依据，另一方面也为"众生平等"这种"异端"提供神学依据。既然世界的一切，包括神明在内，都是超验的绝对神体的化身，那么人、动植物、自然物、神明都是用同样材料变造的，它们在本质上没有任何区别。作为"异端"的佛教和耆那教都由第二等级的刹帝利创立，都反对婆罗门主导的种姓制度，但最终又都在印度本土消

---

① 〔英〕安德鲁·鲁滨逊：《众神降临之前——在沉默中重现的印度河文明》，周佳译，中国社会科学出版社 2021 年版，第 241 页。严格地说，《梨俱吠陀》有六支歌颂毗湿奴的神曲，但在吠陀神谱上只占据次要的地位，其神性也和后来成为印度教保护神的毗湿奴有较大区别。不过印度教的另一主神——湿婆，确实在《梨俱吠陀》中难觅踪迹。在印度河出土的印章似乎有原始湿婆的形象。——笔者注

② 〔英〕安德鲁·鲁滨逊：《众神降临之前——在沉默中重现的印度河文明》，周佳译，中国社会科学出版社 2021 年版，第 136 页。

亡或边缘化。建立在种姓基础上的社会等级制度在印度社会是如此的顽固，宗教固然是重要原因，也与其他因素有关。后面，我们还将会继续讨论这个话题。

四、希伯来人和"应许"的迦南地

众神降临近东、北非和南亚，纷纷建立起社会秩序之际，又以全新的面貌降临希伯来人，那是亚伯拉罕的家族神，以色列的部落神，摩西的万军之神。这个"神"的最大特点是会找到某个中介人，然后直接下达启示，订立契约。更重要的是，它还给亚伯拉罕的后裔应许了一块"美好、宽阔、流奶与蜜之地"——迦南，也就是现在的巴勒斯坦地区，去创建神权直接管理的国度。犹太人的神话故事就从这里诞生。

一开始这个"神"很弱小，最早信奉它的只有亚伯拉罕一人，但它比西方世界的任何神祇都重要，因为它将主宰整个西方世界。西方世界的三大一神教——犹太教、基督教、伊斯兰教都要追溯到这个微弱的源头，它们共属亚伯拉罕系宗教。其共同特点是：有一部神圣经典；真理来自神启；"神"是自有永存的生命，会主动向人显示；人无法借助理性认识"神"，只有通过启示这唯一的途径。迄今为止，世界上非亚伯拉罕系宗教大多被消灭了，但亚伯拉罕系内部的恩怨却始终未了，西方世界两千多年几乎所有的宗教战争都来自亚伯拉罕系宗教内部。这个"神"威力无穷，凭着言语和意志用六天时间就从"无"中把天地万物都造齐了，在第七天就歇了一切的工，安息了。犹太人神话中的这个"神"，蛮横、专断、独尊，几乎不给其他神明以任何的生存空间，也只偏爱被它选中的人。随着该"神"的出世，持续不断的血腥暴力、奴役掠夺便降临到可怜的人类头上。西方世界各族群都在争宠它，认为自己才是被它选中的宠儿。

这究竟是一个什么样的"神"？究竟是怎么来到这个世界的？

第二节　一神教神话

相比于多神教，一神教有天然优势，更容易在神灵之间的战争中获胜，原因是接受一神教的族群内部有更强的凝聚力，也更容易治理。西方世界的规则是：即使"神"不存在，也应该创造一个出来，否则难以有效统治。

一、亚伯拉罕的家族神

早期青铜时代的巴勒斯坦地区散布着有防御工事的城市。考古证实："早期青铜时代末期，巴勒斯坦文明出现重大转折，整个地区文明完全消失。早期城市居民被半游牧化的畜牧业居民取代，他们并不喜欢有围墙的市镇。"① 摧毁这些城市文明的应是被苏美尔人称为阿摩利人（Amorites，指野蛮人）为主的游牧民族。

旧约记载亚伯拉罕遵从"神"的召唤从迦勒底的吾珥来到迦南，印证了考古发现的这段伴随杀戮和毁灭的历史。这里的吾珥应是苏美尔第三王朝的首都乌尔（Ur）。希伯来人本意是"渡河而来的人"，指的就是渡过幼发拉底河、约旦河自东而来的游牧民族中的一支，时间在公元前 2000 年前后。他们毁灭了迦南地的城镇，屠杀原住民，几乎毁灭了当地的一切。由于迦南是"神"赐予亚伯拉罕后裔的应许之地，那么发生在这里的对原住民的所有征服、杀戮、毁灭便有神圣而正当的理由。这一理念贯穿以后西方世界整个历史，包括逃离英格兰去北美建立"山巅之国"的清教徒，遵循的就是这种理念。

亚伯拉罕这个人，既无考古上的实物证据，也缺乏其他古文献的记载，却是以色列人、阿拉伯人共同承认的始祖。"神"与亚伯拉罕订了契约：所有的男子都要受割礼，这证明与你们同在。这真是一份很奇怪的契约，只要将男子阴茎上的"阳皮"割掉一截，"神"就会与你同在，赐福与你，但如果不这么做你就要被杀掉。在古埃及墓穴中我们可以看到割掉男性生殖器包皮的壁画②，现代非洲的一些部落，割礼风俗依然野蛮生长。那么，在卫生条件更为落后的远古时期，割礼给人带来痛楚和风险会更大。但这是

---

① 《剑桥古代史》第一卷第二分册，刘健译，中国社会科学出版社 2020 年版，第 526 页。
② 相关草图见陈贻绎：《希伯来语圣经——来自考古和文本资料的信息》，昆仑出版社 2006 年版，第 100 页。

"神"与人的神圣契约，可见宗教信仰的确建立在人们对痛苦、无助的深刻记忆之中。这几乎没有例外。这时候亚伯拉罕的"神"还是一个家族神，仅仅是众神中的一位，其权威没有旁人认可，甚至亚伯拉罕本人也是将信将疑。

亚伯拉罕的正妻撒莱由于生不出孩子，就令使女夏甲与亚伯拉罕同房。夏甲怀了孕就有些小看主母撒莱，便遭到后者的虐待。夏甲逃走后，"神"的使者找到她并允诺：我必使你的后裔极其繁多，甚至不可胜数。还给这个孩子起名叫以实玛利。这个埃及人夏甲与亚伯拉罕生下的儿子以实玛利便是阿拉伯人的始祖。当亚伯拉罕一百岁，撒莱九十岁的时候，已经绝经的撒莱生了儿子以撒。这时候亚伯拉罕对"神"的信仰才开始坚定。

为了能让自己的儿子以撒取得长子权，撒莱逼迫亚伯拉罕把夏甲母子赶走。但亚伯拉罕的"神"并没有离弃这对可怜的母子，而是佑护孩子在旷野中长大，成了弓箭手，娶了一个埃及女子为妻。从此以实玛利这支族群不断繁衍壮大，终于在两千多年后由先知穆罕默德率领横扫西方世界。似乎兑现了亚伯拉罕的"神"当初的诺言。撒莱死后，亚伯拉罕又娶了一妻，名叫基土拉，生了六个孩子。按照长子继承权，以撒获得亚伯拉罕大部分财产。以撒有两个双胞胎儿子，一个叫雅各、一个叫以扫。弟弟雅各与母亲利百加串通，使诈从哥哥以扫那里骗来了长子权。这位雅各还与"神"摔跤直到黎明，被赐名为"以色列"——意思是与"神"角力的人。雅各生了12个儿子，后来发展成以色列的12个支派。按照旧约，诺亚的后代很多，亚伯拉罕的兄弟很多，子孙也很多，但"神"偏偏选中亚伯拉罕、选中雅各，并与其立约，其中的缘由无从知晓。实际上，亚伯拉罕并不是一个诚实的人，由于妻子撒莱异常貌美，便两次谎称妻子是自己的妹妹，一次是对埃及法老，一次是对基拉耳王。原因是这两位王都看中了撒莱的姿色，亚伯拉罕为避祸而顺势将妻子以亲妹妹的身份让与他人。后因"神"的干涉，法老和基拉耳王把撒莱归还亚伯拉罕，并赏赐亚伯拉罕大量的牛羊、奴婢和财物。这笔交易让亚伯拉罕在经济上获益颇丰。以撒继承父亲的说谎传统，因妻子利百加容貌俊美，也谎称是其妹子。这次"神"没有干预，但被非利士人的王亚比米勒发现其中的隐情。很可惜，以撒没有得到任何赏赐。从此，同样的故事就不再出现。一般的民族史诗都不会自揭祖宗之短，但唯独以色列人不是这样。按世俗的道德标准，雅各也是诡计多端，比如从哥哥处骗取长子权，而雅各的儿子们更是坏事做绝。比如，他的儿子西缅、利未（摩西的先祖）以妹妹底拿被示剑城头领哈末的儿子示剑侮辱为理由，先是诱骗哈末和他儿子示剑及那里的人全部行割礼，然后出其不意地将该地的男丁全部杀死，夺了他们的羊群、牛群以及一切财货、孩子、妇女。不仅如此，雅各的大儿子们出于嫉妒，居然把小弟弟约瑟卖给米甸人为奴换回 20 舍客勒银子，回家后诓骗父亲说亚瑟被野兽给吃了。

但"神"偏偏就选中阴险狡诈的雅各（以色列）家族并允诺其后裔繁茂，所透露出的神学价值观，对后世西方社会影响深远。其一，神意无法猜测，也不能质疑，只有无条件服从、顺从，无条件信任、崇拜。其中隐含的"因信称义"，经过使徒保罗的进一步阐述，被路德、加尔文，直至现代美国"福音派"所信奉。其二，选择谁、不选择谁，救赎谁、不救赎谁，是"神"预先设计好的。这种思想随着基督教的坐大，贯穿于西方的全部历史。加尔文甚至认为，谁能获得救赎，在创世之前就已经预定①。"神"选论、预定论及各种变种依然是现代西方的集体意识。其决定权与其说是"神"，不如说是"有话语权的白人"更为恰当。其三，人类世俗认知的道德善恶，与神的"公义"不能相提并论，甚至一文不值。同样的毁灭，人所为便是罪恶，而"神"所为便是"公义"；同样的行为，以色列人行了，就属于义，外邦人行了，就属于恶。被里根总统授予"总统公民勋章"的美国学者拉塞尔·柯克坚称："上帝最终会保障公义，它是自人类良心发现以来、以色列之子继承下来的真理性启示。"② 这是人类无法猜透但又是绝对正确的"公义"，假如你理解不了，只能证明你不顺从"神"，就需要用

---

① 加尔文写道："神根据他永恒不改变的计划拣选了他预定赏赐救恩的人，以及遗弃他预定灭亡的人"见《基督教要义》中册，钱曜诚等译，生活·读书·新知三联书店 2010 年版，第 935 页。

② 〔美〕拉塞尔·柯克:《美国秩序的根基》，江苏凤凰文艺出版社 2018 年版，第 25 页。

信仰来强化。很显然，这种"公义"只是"神"的选民的"公义"，是优势族群定义下的"公义"，而不是全人类通行的"公义"。现代西方社会的"双重标准"，有着极为深远的历史文化根源。其四，以色列人的信仰有强烈的非道德特征。这种非道德倾向对基督教信仰有很大影响，人能否得救不在于你努力做个好人，道德上的亏欠与能否得救无关。这种非道德主义，使以色列人和基督教西方不会因殖民、掠夺、暴力、奴役感到良心不安。

二、以色列的部落神和摩西的战神

根据旧约，雅各（以色列）因迦南地饥荒，便带着儿孙子们投奔在埃及做大官的小儿子约瑟。从此雅各或叫以色列的后代生养众多，十二个支派遍布于埃及。这时候的"神"壮大为以色列的部落神。但后来不认识约瑟的新王起来，治理埃及，于是以色列人受到了奴役。最后"神"选中摩西，命他带领以色列人逃出埃及前往迦南。这段历史既是以色列民族形成史，也是犹太"一神教"信仰形成史。对照古埃及历史，这个故事的历史原型应是第二中间期来自东方的喜克索斯人（意为异邦的统治者）入侵埃及，到入侵者被推翻、被驱逐的新王国时期。对应的时间在公元前1600—前1200左右。这一期间，马匹和战车被引入埃及。埃及出土的梅尔内普塔赫石碑（公元前1224年）上第一次（也是唯一一次）提到以色列，因此有学者将公元前1224年定为出埃及的具体时间①。

虽然没有考古上的证据以及其他古文献记载，去佐证历史上的确存在摩西这样一个人，但其依然是三大"一神教"共同尊崇的先知。摩西属于以色列的利未支派，是暗兰与其父亲的妹妹约基别生的孩子。出生三个月后他被放在蒲草箱里顺河水漂走，被法老女儿救起并抚养长大。法老女儿将孩子认作儿子，取名摩西，意思是我把他从水里拉出来。成年后的摩西在何烈山燃烧的荆棘丛中得到"神"的召唤，要求他带领受奴役的以色列人离开埃及，到一个流奶与蜜的地方。离开埃及后，摩西又在雷轰、闪电

①　陈贻绎：《希伯来语圣经——来自考古和文本资料的信息》，昆仑出版社2006年版，第139页。

和整个冒烟的西奈山上接受了神启的律法,后称"摩西十诫"。这时候以色列的部落神成了万军之主的战神。

出埃及的神话故事对西方历史有特别意义。第一,确立了"神"对"选民"——以色列众子的救赎,也是基督教的"神"将人类从被奴役的有罪世界中拯救出来的一次预演。如同"苦"是佛教的根基,"罪"是"一神教"的根基。"恩典"和"罪恶"成为基督教神学的永恒课题;"自由"和"解放"成为基督教社会的永恒课题。现代一些学者的评论走得更远,认为《出埃及记》"它所表述的乃是站在弱势及受压迫者立场的神","历史上激起第一次成功农民运动的神,乃是革命的神。在三大宗教信仰中,他乃是社会正义观念的灵感源泉"①。以色列人设"逾越节"纪念出埃及记,象征以色列民族的自由和解放。但历史真相却是,已知的埃及历史记录并没有提到一个奴隶民族的逃亡,而且"今天意义上的'奴隶'或'奴隶制度'绝不适用于埃及社会中的等级依附关系"②。不过,历史真相对西方似乎不重要,重要的是能提供社会正义的价值源头的神圣历史。第二,确立了"神启真理"的形式和路径。它与"理性真理"相对。理性和启示(信仰)的关系贯穿西方思想史,直至现代美国的福音派保守主义者依然坚称:"旧约中的启示可能不是启示的唯一形式;不过,美国秩序依赖于这种神启真理的形式。"③ 第三,确立了"神启律法"的观念。西方始终有一股强大的势力,坚称律法由"神"启示给摩西并通过以色列人最终传递给全人类。神启律法以后还同斯多亚主义的自然法理论相融合,成为基督教伦理学基础。现代西方保守主义坚信,"神启律法"才是西方世界的永恒基石。"古代世界的其他信条都早已灰飞烟灭,只有摩西十诫以及摩西有关人在上帝主权之下的生存处境的教导仍鲜活有力,且成为秩序之源。""如果没有以色列留下的道德遗产,便没有美国的道德秩序。""以色列对现代社会秩序

---

① 〔英〕凯伦·阿姆斯特朗:《神的历史》,蔡昌雄译,海南出版社 2013 年版,第 29 页。

② 〔德〕赫尔曼·亚历山大·施勒格尔:《古埃及史》,曾悦译,上海三联书店 2021 年版,第 17 页。

③ 〔美〕拉塞尔·柯克:《美国秩序的根基》,江苏凤凰文艺出版社 2018 年版,第 45 页。

的重要贡献：所有真正的律法都来自上帝，而且上帝是秩序和正义之源。"①
中国人过去一直以为，现代西方世界是理性启蒙下的新世界，却没有看到
其本质上依旧是"神启律法"主导下的旧世界。只有穿越迷雾，我们才能
理解现代美国几乎无条件支持以色列的深层的文化根源、社会心理。相对
于美国本土的城市——波士顿、纽约、华盛顿，美国强大的福音派保守势
力的圣城只能是耶路撒冷，因为"永恒的耶路撒冷这座灵性之城对美国秩
序的影响更大"②。耶路撒冷的圣殿山曾令历史上狂热的犹太人、穆斯林、
基督徒敬畏，现在再次成为西方基督教保守势力的圣所。

三、一神教的产生

严格讲，即便在摩西时代，以色列的部落神只是一个嗜杀成性的战
神——"万军之主"，如同雅利安人崇拜的战神因陀罗（Indra）。这个战神
的特点是嫉妒、偏狭、独占。当其他民族的神灵在万神殿中相互包容、相
互借鉴时，以色列的部落神却容不得别的神灵。一神教产生了绝对不宽容
的文化传统。

以色列人确立一神教信仰，经历了极为漫长而痛苦的过程，经历了无
数次血腥的屠杀和毁灭。最初，为了帮助以色列人逃离埃及，同时为使以
色列人坚定信仰，他们的"神"连续给埃及人降下 10 个灾难。在出埃及途
中，以色列人随同祭司亚伦祭拜公牛犊，被痛下杀手，一天之中被杀的百
姓有三千人。即便是摩西，由于没有给儿子行"割礼"——违背了"神"
与亚伯拉罕的契约，差点丧命。幸亏摩西妻子很机灵，"拿一块火石割下他
儿子的阳皮，丢在摩西脚前"（《出埃及记》4：25），这才让摩西躲过一劫。
祭祀时使用不圣洁的火，或者有以色列人亵渎"神"的圣名，也会被立马
用火烧死或者用石块砸死。一个对自己的"选民"毫不留情的"神"，对于
异教和外邦人就更无怜悯、慈悲可言。在摩西继承人约书亚的带领下，以

---

① 〔美〕拉塞尔·柯克：《美国秩序的根基》，江苏凤凰文艺出版社 2018 年版，第
15、18、21 页。

② 同上，第 49 页。

色列人结束在西奈旷野四十年流浪生活，来到应许之地迦南后，灾难再次降临这块流奶与蜜之地。旧约作者以一种极为冷漠的口吻叙述以色列人征战迦南的过程：

"那些城邑所有的财物和牲畜，以色列人都取为自己的掠物，惟有一切人口都用刀击杀，直到杀尽，凡有气息的没有留下一个。"

"那时约书亚来到，将住山地、希伯伦、底壁、亚拿伯、犹大山地、以色列山地所有的亚衲族人剪除了。约书亚将他们和他们的城邑尽都毁灭。"

——《约书亚记》11：14，21

《士师记》详细叙述约书亚死后，以色列各支派分别击杀、驱逐迦南各地原住民并奴役他们的故事。近代以来启蒙学者比如伏尔泰，被这些令人发指的暴虐行为所震惊。可神圣教会告诉人们这些经书都体现"神"的旨意，谁敢表示怀疑和质疑？[1] 古代以色列人的故事依然在现代以色列人中重新出现，这类故事在两千多年的西方历史不断上演，直到近现代在殖民地美洲、澳洲依然如此[2]。这就不能不归因这种神权文化，当一切都是遵照"神"的命令，暴行就不再是罪恶，而是无上荣耀。英国一位宗教评论家说："这种神学并不把神看成是挑战我们的偏见和迫使我们反省自己缺点的象征，反而可被用来为我们由自我中心产生的仇恨辩护，并使它绝对化。"[3]这种神学助长了绝对的自我中心——即便自己有错也是因为自己太善良、太宽容[4]。事实的确如此，尽管以色列人对迦南地的原住民大开杀戒、血流成河，但"神"依然不满意，依然愤怒指责以色列人做得还不够彻底！比

---

① 〔法〕伏尔泰：《风俗论》上册，梁守锵译，商务印书馆1994年版，第154页。

② 罗素说："西班牙殖民者给印第安婴儿施行洗礼，然后当场把婴儿撞得脑浆崩裂，以保证这些婴儿作为基督徒都能升入天堂。"《罗素文集》第11卷，徐奕辉等译，商务印书馆2012年版，第49页。

③ 〔英〕凯伦·阿姆斯特朗：《神的历史》，蔡昌雄译，海南出版社2013年版，第68页。

④ 现代西方政客"反思"与中国的关系时，总以为是西方过于善良和宽容，便是这种思维模式在现代的翻版。

如，以色列人征服迦南，由于没有彻底焚毁当地的祭坛、神庙，还接纳当地的主神，甚至与当地的女子通婚，惹得"神"极为恼怒。

　　"你们也不可与这地的居民立约，要拆毁他们的祭坛，你们竟没有听从我的话，为何这样行呢？因此我又说，我必不将他们从你们面前赶出。他们必作你们肋下的荆棘。他们的神，必作你们的网罗。"

　　"以色列人竟住在迦南人、赫人、亚摩利人、比利洗人、希未人、耶布斯人中间，娶他们的女儿为妻，将自己的女儿嫁给他们的儿子、并事奉他们的神。"

——《士师记》2：2、3；3：5、6

"神"将怒气撒向与其他族群和睦相处的以色列人，威胁要把他们交给仇敌，用灾祸攻击他们，不让他们在仇敌面前立足。原因只有一条：信奉别的神灵。意思是以色列人杀人抢劫是正义的，会得到"神"的帮助，但不拆毁异教神庙、甚至崇拜别的"神"则绝对是邪恶的。以色列先知将"神"的应许之地——迦南没有被彻底征服的原因，归结为背离与"神"的约，即没有彻底摧毁原住民和他们的"邪神"。这是一种可怕的神圣史观。正是这种邪恶历史观才导致以色列这个民族的千年悲剧。一个只允许自己过好日子，而不允许他人有生存空间的族群，怎能立足？这与华夏民族"立人立己、达人达己，美人美己、美美与共"有本质差异。当然犹太文明不是华夏文明，他们只按照自己的思维逻辑。

约公元前975年，统一的大卫—所罗门王国分裂为北部的以色列王国和南部的犹大王国。旧约将这一民族悲剧归因所罗门崇拜异教的"神"，宠幸外邦的嫔妃。"神"惩罚所罗门的手段是假借大卫王的旧敌，将国家一分为二。但以色列人还是不知悔改，继续崇拜迦南地的其他神灵，于是"神"再次发怒，这次假借亚述人作为惩罚的工具。公元前722年，北部以色列王国被亚述帝国摧毁，其中10个支派被同化而永远消失在历史中，仅剩下南部犹大国的2个支派。从此，这个族群叫犹太人，其宗教称为犹太教。这个小小的犹大国依然深陷多神信仰的威胁。旧约的神圣历史观与真实历史之间，再一次发生严重错位。真实的历史是，南部犹大国"在犹大国王亚哈斯的治理下，耶路撒冷从一个无足轻重的山中小镇变为亚述阵营里一个重要附庸国的国都。"① 亚哈斯顺从亚述而避免了重蹈以色列王国的覆辙，保护了犹太子民，足见其务实作风。但在旧约作者看来，亚哈斯是邪恶的。继任国王希西家推翻前任的政策，被亚述人兴师问罪，第二大城市拉基士被摧毁。考古学家在该城市遗址发现巨型墓坑，里面有1500多具男人、女人和儿童的尸体。至于幸存者，都被驱逐到亚述国，男人们在那里被安排做苦力②。不过，在旧约作者看来，希西家是值得赞扬的。这些作者还特别提到，公元前7世纪约西亚王期间，对境内所有的"异教"偶像进行彻底破坏，是做了一件极其正确的事情。阅读这些，很容易让人想起2001年塔利班政权炸毁巴米扬大佛。前后相距近3000年，但其精神却是相通的，因为亚伯拉罕系一神教都有着绝不宽容的特质。它们时时刻刻提防异教神侵蚀自己。

公元前597年，尼布甲尼撒攻破犹大国首都耶路撒冷，洗劫了圣殿，将国王和一万名犹太人掳掠到巴比伦。当巴比伦推举的犹大国王西底家叛乱后，尼布甲尼撒决定彻底毁灭耶路撒冷。围城后的十八个月，即公元前586年，尼布甲尼撒攻入这座城市，将一切全部焚毁。面对这场大灾难，1200多年后的先知穆罕默德将此解读为犹太人失去神宠的标志，从而为他的伊斯兰教争取正统；十字军统领则认为自己获得了神宠，从而为十字军东征增添神圣色彩。那么，犹太人对此怎么看呢？他们把耶路撒冷的毁灭看作"神"的荣耀，是对犹太人的恩宠，而更大的荣耀还在于，"神"假借波斯人打败巴比伦人，还借波斯王古列的诏令让流亡七十年的犹太人重返故土，允许在耶路撒冷重建圣殿。犹太人确实很不寻常！灾难、痛苦和罪孽反而使耶路撒冷更加充满神圣性。耶路撒冷成为"神"挑选的、具有末日审判原型的圣城。能把苦难装帧成荣耀的犹太一神教，显示出强大的灵活性、

---

① 〔英〕理查德·迈尔斯：《古代世界——追寻西方文明之源》，金国译，社会科学文献出版社2018年版，第107页。

② 〔英〕理查德·迈尔斯：《古代世界——追寻西方文明之源》，金国译，社会科学文献出版社2018年版，第108页。

出众的讲故事能力。

从亚伯拉罕开始，经过长达 1200 年的历史，终于在犹太人心中建立起稳固的一神教。这是一部人不断陷入"不义"和"罪恶"的历史，又是"神"不断救赎、给予恩典的历史，是一部"神"的信念得以纯正而坚固的圣史。它讲述这样一个历史观：人类历史的意义在于实现一个连人类自身都无法知晓的神圣目的。这种神圣史观在以后的西方思想史中以不同面目反复出现。旧约叙述以色列人挑起的战争，以及异族对以色列人的战争，都是神意所然。"神"既是人类战争的"背锅侠"，也是人类发动战争的"动力因"。这种圣战思想，毫不宽容思想，植根于西方历史源头。早期基督教历史中，一些非犹太族群就对如此残暴的"神"提出过质疑，试图将福音书的"神"和犹太人的"神"作出区分。他们认为"统治着这个世界的神就是犹太人崇拜的神"，而福音书的"神"远离罪恶世界，并没有统治世界。"造物的神是公义、残暴和好战的神，而这位至高的神却是爱、和平和无限善良的神。"① 这是基督教异端马吉安派的观点，曾对正统教会构成严重挑战。近代以来，当人们在赞美西方世界的"宽容"精神时，是不会想到它本源于绝对不宽容的文化，因此它那不宽容的文化基因依然还在。相反，一个世俗社会，本就有宽容的传统。对这样的社会来说，宽容并不是珍稀的礼物，不需要特别强调，这样的社会有时还需要不宽容的精神、斗争的精神，用以涤荡陈规陋习、顽瘴痼疾。

"巴比伦之囚"深刻影响犹太民族的视界，他们心目中的"神"开始与亚伯拉罕的、以色列的、摩西的"神"不一样，开始从家族神、部落神、战神演变为创造世界、控制世界的全知全能全善的"神"。

四、多种文化融合下的犹太文化

希伯来语旧约的最终定稿由巴比伦之囚后的一批祭司完成。尽管犹太人的"神"自称是独一无二的，但仍可以从中看到苏美尔人、埃及人和古

---

① 〔美〕胡斯都·L. 冈察雷斯:《基督教思想史》第 1 卷,陈泽民等译,译林出版社2010 年版,第 131 页。

巴比伦人的影子。它是一个由众神哺育的，不断进化的"神"，换句话说，犹太文化是多种文化融合的结果。

按照《创世纪》说法，创世之初"地是空虚混沌、渊面黑暗，神的灵运行在水面上"（《创世纪》1：2）。这很容易使人想起苏美尔人的永恒、自在的原初瀛海和女神纳姆，以及埃及人的一片漆黑、混沌的无限水域——努恩之水，水滋润着万物，水是"神"最初藏身之地。这是所有孕育于大河流域的文明理所当然的看法。有学者断定，水为万物之源的观念"影响了腓尼基与以色列的宇宙神学，并一直流传到古希腊哲学家泰勒斯（Thales）那里"①。作为游牧民族的雅利安人成长于茫茫高原草场，认为世界是由"原人"化身而来，而同样是游牧民族的以色列人却把水作为神的灵最初运行场所，显然借鉴大河文明的观点。这一点可与亚伯拉罕家族曾经在苏美尔的乌尔居住，后经迦南到埃及生活的经历相互印证。按照埃及"孟菲斯神学"的观点，"创世是通过普塔赫的心和舌实现的；普塔赫神在心中想象出创造物的各种组成要素，当他说出所要创造的事物的名字的时候，在他那神圣言语的宣布之下，事物产生了——他所想象的东西都变成了现实。这是无中生有的创造"②。犹太人借鉴了埃及神学，其旧约中的"神"正是用思维和言语创造了世界，其创新在于 6 天完成创世、第 7 天安息。

"神"用什么材料造人？犹太人没有采用古巴比伦的"罪神"的血和古埃及的神的眼泪说法，而是采信苏美尔人的泥土这种说法，并作了创新。我们须明白，古代神话中创世和造人的方式，不仅对于神学和哲学，乃至于对整个文明形态都具有特别重大的意义。不同的创世方式代表着不同的宇宙观和价值观，代表着社会秩序的最初逻辑。"诺亚方舟"的大洪水故事在西方家喻户晓，一般认为起源于闪族的巴比伦《吉尔伽美什史诗》。但现代考古证实，巴比伦的大洪水神话本身也来自苏美尔人的原创神话。苏美尔人认为，由于不可知的原因——也有可能是人类的喧嚣的噪音搅扰了众

---

① 〔英〕亚奇伯·德亨利·萨伊斯：《古巴比伦宗教十讲》，陈超等译，黄山书社 2010 年版，第 111 页。

② 〔英〕加里·J. 肖：《埃及神话》，袁指挥译，民主与建设出版社 2018 年版，第 12 页。

神，众神决定用洪水消灭人类。但水神恩基有些心怀歉意，决定拯救人类。他通知吉乌苏德拉（Ziusudra），一位虔诚、畏神、恭谦的王，建议他造一艘大船来躲避洪水。从尼普尔出土的泥板残片中，清楚地记录了对此事的描述：

> 所有的风暴，极具力量，像一个整体在攻击，
> 大洪水肆虐在大地的表面，
> 七天七夜之后，大洪水已经在地上咆哮，
> 巨船在大水上颠簸。[①]

犹太人复述大洪水的故事，不仅增添了细节，更重要的是赋予了特殊的神学意义。犹太人认为，"神"不会任性地惩罚人类，而是因为人类"罪恶"深重。"罪恶"意识贯穿于犹太教，也成了后起的基督教的主基调。这里的"罪恶"不同于世俗社会的罪恶，而是专指背逆"神"。亚当吃了伊甸园知善恶的果子就受到永世诅咒，从世俗眼光看，未免过于严厉；而该隐杀了自己的兄弟亚伯只是被放逐，从世俗眼光看，未免过于宽大；诺亚子孙齐心合力建造一座宏伟的城和塔，却因"神"的嫉妒而被变乱口音，使彼此间言语不通、工程半途而废，从世俗眼光看，未免太小肚鸡肠！实际上，它蕴含着一神教的基本前提：人绝不能与"神"比较，绝不能过上与"神"一样的生活。人类永远只是"神"的奴仆和工具；人永远不要企图用世俗道德来评判"神"的正义，只要顺从"神"，一切就够了。而世俗的华夏文明，认为"人为天地之心"，"天地间人为贵"，人可以裁天、制天、胜天，我们很难理解西方为何会有如此猥琐的"神—人"关系。犹太文化揭示这样一个秘密："神"的力量与人的苦难正相关，当人的苦难越多，"神"的力量就越大。这的确是宗教发达的秘密！

犹太人的"神"是一个会施魔法（神迹）的"神"，这一点深受埃及神学的影响。为了能让法老同意以色列人离开，摩西在"神"的帮助下行

---

① 〔美〕萨缪尔·诺亚·克拉莫尔：《苏美尔神话》，叶舒宪、金立江译，陕西师范大学出版社 2013 年版，第 126 页。

了许多法术，比如：在法老眼前将杖变成蛇；用杖击打河中的水，将水变成红色，鱼死了，河水也腥臭了；青蛙遮蔽全埃及，跑到法老的宫殿；用杖击打地上的土，使尘土变成虱子布满埃及等。这些事例在古埃及文学作品中都能找到对应的记载。出埃及故事的高潮是"神"将海水分开，待以色列人通过后又将海水复原，使法老的追兵全部淹死。很幸运的是，这些故事依然都可以在古埃及文学片段中找到原型。①

犹太人的"神"的更重要特征还在于，是一个能降下律法的"神"。在环绕美国国会大厦众议院会议厅走廊入口处上方，有 23 尊大理石浮雕半身像，这些都是为奠定美国法律基本原则而有贡献的历史人物，居核心位置的雕像是摩西的正面像。摩西对西方世界的最大意义是确立"神颁布律法"的原则，它不同于两河流域的法律传统——无论是最早的《乌尔纳姆法典》，还是之后的《汉穆拉比法典》等，都是以国王名义颁布，都由国王来担保社会公正，保证蒙冤的人得以昭雪。但是，仔细对比希伯来的"圣约法典"与两河流域的法典，其内容既具有惊人的相似性，也具有惊人的针对性或相反性。

　　　　若有人绑架了别人的幼子，则此人当处死刑。

　　　　　　　　　　　　　　　　——《汉穆拉比法典》第 14 条

　　　　拐带人口，或是把人卖了，或是留在他手下，必要把他治死。

　　　　　　　　　　　　　　　　——《出埃及记》21：16

　　　　若有人损伤了别人的眼，则他们当损伤此人的眼。若有人磕掉了别人的牙，则他们当磕掉此人的牙。

　　　　　　　　　　　　　　——《汉穆拉比法典》第 196 条、200 条

　　　　以伤还伤、以眼还眼、以牙还牙，他怎样叫人的身体有残疾，也要照样向他行。

　　　　　　　　　　　　　　　　——《利未记》24：20

　　　　如果一头牛顶了另一头牛并导致其死亡，那么两头牛的主人将分

---

① 陈贻绎著《希伯来语圣经——来自考古和文本资料的信息》，昆仑出版社 2006 年版，第 149—160 页。

配活牛的价值以及死牛的尸骸。

——《埃什努那法典》第 53 条

这人的牛若伤了那人的牛，以至于死，他们要卖了活牛，平分价值，也要平分死牛。

——《出埃及记》21：35

以上是相同的。还有相反的。

若有人帮助了城邦男奴或女奴，抑或是私家男奴或女奴逃出城门，则此人当被处死。

——《汉穆拉比法典》第 15 条

若有奴仆脱了主人的手，逃到你那里，你不可将他交付他的主人。他必在你那里与你同住，在你的城邑中，要由他选择一个所喜悦的地方居住。你不可欺负他。

——《申命记》23：16、17[①]

从法律渊源看，两河流域的法律体系与犹太教的律法体系代表了西方世界的两种法律渊源观，一种认为法律由人制定，一种认为法律由"神"启示。当代美国保守主义依然坚信后一种观点。当自然法则是"神"的法则时，所谓的自然法就是神启律法了。

简而言之，犹太人的神话融合了西方世界主要古文明的神话，开始摆脱把"神"与某一种自然力量相对应的叙事框架，被视为最高存在。它的意义不可小觑。这说明，世界上只有一个永恒的真实存在，世界由该终极存在创造出来，所有的自然和超自然力量都由其掌控。这种观念的最初原型我们可以从古埃及的阿蒙崇拜中看到，他们认为：阿蒙属于众神之王，赫尔摩波利斯（Hermopolis）八神团不过是他那伟大的不可见力量的最初发

---

① 以上内容分别引自陈贻绎：《希伯来语圣经——来自考古和文本资料的信息》，昆仑出版社 2006 年版，167、169、170、171 页；〔美〕马克·范·德·米罗普：《希腊前的哲学——古巴比伦对真理的追求》，商务印书馆 2020 年版，第 161 页。

展阶段①。阿蒙作为终极存在,既存在于一切之中,又超然于一切之上。他自己创造了自己,又创造了众神,并从众神中显现出来。犹太人继承了埃及神话的这些特点。这说明犹太人的神话是博采其他古文明神话而形成的。但犹太人是不会承认的,只认为自己的神话是唯一正确的,它要剪灭其他族群的"神"。

我们切不可忘记,从"多神"到"一神"的演变过程,象征着人从"殊相"到"共相",从"具象"到"抽象"的思维过程,代表着从理解"现象"到把握"本体"的思维过程。在到达这一阶段后,人们很容易自得于"共相""抽象""本体"之中,似乎"殊相""具象""现象"反而是变幻不定、不真实的。我们会看到,西方哲学史的主要内容是围绕现象与本体之间关系而展开的。我们注意到,古埃及神学思想——阿蒙(终极神)通过八神团显现——对西方思想的影响,还将通过希腊哲学表达出来。本书第二章会详细论及。

第三节　神话与人类文明形态——阶段性小结一

不同的族群创造了不同的神话,反过来,不同的神话塑造着不同的文明形态,因为不同的神话代表着不同的叙事方式和思维方式,而不同的叙事方式和思维方式体现了不同的价值观、不同的生活方式。目前已知的人类四大古文明中,苏美尔—古巴比伦文明,以及古埃及文明是典型的神权社会,印度河文明原属世俗文明,但从雅利安人入侵后转变为神权社会,华夏文明在殷商时期属于神权社会,但自西周以后转向世俗化道路。② 因此,除了华夏文明,其余三大古文明都被神权统治。世俗社会与神权社会固然存在巨大鸿沟,但同样的神权社会彼此间的差异也有很大。这种差异

---

① 〔英〕加里·J. 肖:《埃及神话》,袁指挥译,民主与建设出版社 2018 年版,第 7、8 页。

② 参看拙著《中国道统论》第一卷"道德天道观的形成",中国社会科学出版社 2021 年版。

首先来源于不同的创世方式和造人方式，即神—人关系，不同文明的个性特征就从中产生。这些个性特征包括思维方式、宇宙观和价值观，以及编织社会关系的底层逻辑，神权和王权的关系等。人类文明存在一种现象，即相同文明的不同历史发展阶段，尽管物质生活方式有极大不同，但他们的基本思维方式、观察世界的方式却有惊人的前后一贯性。这种现象在华夏文明中得到了证实[①]，在西方文明中同样得到证实。

西方世界早期存在四种不同的神—人关系，给不同文明以明显不同的特征。

第一种，人是用与"神"相同的材料创造出来，说明神—人共同分享着某些神圣的本质。古埃及人最早持这种观念，后被希腊人采纳。比如希腊诗人品达（Pindaros，约公元前518—前438年）表达了神—人同族、同源的乐观情绪。

> 族类只有一个，
>
> 神与人是同一族类，
>
> 由同一个母亲所生，我们同样呼吸。
>
> 但每件事力量大小的不同使人神有别，
>
> 对于自视为黄铜色天空的人而言，
>
> 可以永远立足生存。
>
> 而在伟大的心灵中，
>
> 我们可以像神的躯体一般不朽。[②]

古希腊视神—人同形同性，其区别只是双方力量有大有小，犹如成年人与幼儿的关系。这种观念在后来的基督教中被视为渎神的异端。

第二种，人用粗糙、劣质的材料制成，远比"神"低劣。苏美尔神话

---

① 《中国道统论》试图阐述这样一个观点：自西周以来，中国人的思维方式、价值观念、宇宙观等，有前后一贯的传承性。在一些深层社会结构中，古今的差异性甚至要小于现代中国与同时代其他文明之间的差异。

② 《品达集》（*The Odes of Pindar*），转引自〔英〕凯伦·阿姆斯特朗：《神的历史》，蔡昌雄译，海南出版社2013年版，第17页。

中，人用泥土这种粗糙材料制造，目的仅仅是为"神"服务，每个神灵都有其势力范围，靠人的服侍过着富足安逸的生活。这种观念也影响着希腊人。

很显然，上述两种不同的神—人关系对应着不同的社会结构。针对两河流域早期社会，西方一位学者说："我们发现这个时代有一个奇特现象，即人间政府的发展道路似乎是天界等级的翻版，因此有时很难区分神祇和人类孰真孰假。"① 从出土的"25 万片"② 之多的苏美尔泥板中，给我们揭示一幅苏美尔人围绕神庙经济的市镇生活图景——"所有劳动由神庙的雇农和依附民承担。他们中多数不是奴隶，是家臣，用劳动换取每天的津贴或者获得所耕种土地的部分收成，产量份额不固定，而且他们所耕种的神祇土地附带军事义务。"③ 随着一些城市长官权力的扩张，开始形成王权。"王"成为"神"特别授权的人，或者干脆就是"神"。乌尔第三王朝（公元前 2113—前 2006 年）《乌尔纳姆法典》的序言宣称："恩利尔在众人中选择了乌尔纳姆。"当"王"有了神圣的质素，便与用泥土制造的其他人有了本质差别，社会等级开始变得更加严酷。作为重要的证据，人殉现象在乌尔早王朝中后期开始出现④，到了乌尔第三王朝达到一个高峰。通过对乌尔"王陵"的发掘，"这些证据清楚显示，在某些尊贵人物的墓葬中，有许多男女随从以及为数众多的动物陪葬，此外还有全套生活用具，显然希望在另外一个世界仍然有人陪伴伺候"⑤。与之相对应的是，埃及早期也有殉葬风俗，但是"该仪式于第一王朝末期得到废除"⑥。也就是早在公元前2900 年人殉风俗就被彻底废弃，迄今为止古埃及金字塔没有发现人殉现象。为什么同样的神权社会，两者会有如此大的差距？原因恐怕与埃及创世神

---

① 《剑桥古代史》第一卷第二分册，刘健译，中国社会科学出版社 2020 年版，第 127 页
② 〔美〕萨缪尔·诺亚·克拉莫尔：《苏美尔神话》，叶舒宪 金立江译，陕西师范大学出版社 2013 年版，第 11 页。
③ 《剑桥古代史》第一卷第二分册，刘健译，中国社会科学出版社 2020 年版，第 119 页。
④ 同上，第 263 页。
⑤ 《剑桥古代史》第一卷第二分册，刘健译，中国社会科学出版社 2020 年版，第 128 页。
⑥ 〔德〕赫尔曼·亚历山大·施勒格尔：《古埃及史》，曾悦译，上海三联书店 2021年版，第 28 页。

话中人由拉神之眼的眼泪产生有关——人类产生于意外但不是"神"的奴隶，是用与"神"同样的材料变造出来，最终都要通过死亡回到"神"的身边。当这样的宗教在古埃及推行，活人殉葬的理由就不成立。因此，与通常理解的古埃及处于法老野蛮的奴隶制统治不同，"法老的统治并不是僭主政治，法老的仆人也非奴隶"①。在埃及人的观念中，法老是马阿特（Maat，代表秩序和公正等）的保证，而不是专制的统治者。由于种种原因，人们对古埃及有很多常识性的错误偏见。"有人认为奋斗在金字塔建造工作一线的是奴隶大军，显然这种观念根本是天方夜谭。"② 与古埃及不同，普遍的奴隶制在两河流域的早期就已经形成却是不争的事实。19 世纪末期宾夕法尼亚大学在尼普尔城（Nippur）发掘出乌尔第三王朝时期的大量泥板，其中一块泥板文书显示，刚成为寡妇的女人吉美辛（Geme-Sin）为了夺回丈夫的遗产，起诉亡夫的兄弟阿拉拉（Alala），最后获得 10 个男奴、4 个女奴等。判决文书的落款时间为舒辛王 8 年 11 月，即公元前 2031 年 11 月。泥板文字显示，这时候的舒辛王被称为"乌尔之王神舒辛"，说明统治者已经自称为"神"。另一份泥板文书出自拉尔萨王朝（公元前 2025—前 1763 年）末期的瑞穆辛王（Rim-Sin，公元前 1822—前 1763 在位）统治时期，这是一份分家契约，4 个儿子瓜分父亲遗留下的 19 个奴隶，每人分别分到 4—7 个奴隶。③

第三种，人由"神"的不同部位转化而来。世界的一切包括人类都是由"原人"变化而来，不同的种姓对应着"原人"身体的不同部位。雅利安人在印度创立了另一种神—人关系，由此也发展出另一种社会秩序、另一种文明形态。这种社会秩序和文明形态建立在种族分隔的种姓制度基础之上。

① 〔美〕亨利·富兰克弗特：《近东文明的起源》，子林译，上海人民出版社 2009 年版，第 96 页。

② 〔德〕赫尔曼·亚历山大·施勒格尔：《古埃及史》，曾悦译，上海三联书店 2021 年版，第 38 页。

③ 泥板文书的内容转引自李学彦、吴宇宏：《奴隶劳动在两河流域家庭农业中的重要作用——以两件分家泥板文书为例》，载《古代文明》2011 年 1 月第 5 卷第 1 期。同时，笔者根据有关文献对年代和名称作了校核。

　　理论上讲，四大种姓之间等级不同但都具有神性。由此很自然引申出一个观点：各种姓之间，尤其是前三大种姓之间有相互转化的可能。今生是行善积德还是为恶种祸，决定来世的种姓身份。《奥义书》说：

　　　　那些在世上行为可爱的人很快进入可爱的子宫，或婆罗门妇女的子宫，或刹帝利妇女的子宫，或吠舍妇女的子宫。而那些在世上行为卑污的人很快进入卑污的子宫，或狗的子宫，或猪的子宫，或旃陀罗妇女的子宫。

　　　　　　　　　　　　　　　　　　　　——《歌者奥义书》①

　　雅利安人的吠陀文明创造了以种族压迫为基础的种姓制度，将现世的分工按照种姓加以固化，保证上层统治阶层的绝对权威。这种绝对固化的社会结构，既阻碍底层人员向上流动的空间，也阻断了上层统治者淘汰、优化的机会，使印度社会散发出浓烈的停滞、冥想、厌世的气息。由于四大种姓都来源于神，从这一点我们可知，由此产生的种姓等级制度并没有通常想象中的那么严酷，至少不比其他神权统治下的奴役更加严酷。真正令人惊悚的是雅利安人为了稳固种姓等级制度，还创造出不属于任何种姓的贱民阶层——旃陀罗，他们是印度次大陆南部肤色更为黝黑的种族。现代印度这类人口依然占总人口的四分之一。贱民属于不可接触者，只能从事最卑贱的工作，由于其行为卑污，永远没有投胎"可爱的子宫"的希望②。如此巧妙的种姓制度给自身处四大种姓底层的吠舍和首陀罗带来"心灵的慰藉"，反而成为种姓制度的自觉维护者。印度历史上，婆罗门始终居社会顶层，其他任何种姓的反抗最终都归于失败。因为造反者发现，即便自己成功了，原有的种姓制度还是最有利于自己的统治。孔雀王朝的创始人旃陀罗笈多（Chandragupta Maurya）出身于饲养孔雀的家族，应该属于较

――――――――――

　　①　《奥义书》，黄宝生译，商务印书馆 2012 年版，第 182 页。

　　②　当地时间 2023 年 5 月 3 日，印度总理莫迪和蔼可亲地与民众见面，但中间隔着铁丝网。孩子们忍着被铁丝刺扎的疼痛，伸出手试图与莫迪握手。但莫迪这位印度教的坚定信奉者，始终面露微笑，巧妙地避免与孩子们的手有任何触碰。因为他们是一群不可接触的贱民。

低的首陀罗种姓，可一旦登上王位，便会有一群"帮闲"的人为他的身世制造扑朔迷离的神圣性，最后变身为刹帝利出身。理论上讲，婆罗门是包括刹帝利在内的所有种姓的教导者，是知识垄断者，但在特定条件下婆罗门还必须拜刹帝利为师，足见婆罗门教的灵活性。《大森林奥义书》记载不少刹帝利国王成为婆罗门的导师。

> 阿卢尼之子希婆多盖杜来到般遮罗族的集会上。他走近受人侍奉的波罗婆诃那·遮婆利。遮婆利看到他，便说道："孩子啊！"他回答说："先生！""你的父亲教你吗？"他回答说："是的。"
>
> "你知道人们死后怎样分别前往各处吗？"他回答说："不知道。"
>
> "你知道他们又怎样返回这个世界吗？"他回答说："不知道。"
>
> "你知道那个世界怎么会不充满，即使人们一再前往那里？"他回答说："不知道。"
>
> "你知道在哪次供奉祭品时，水会使用人的语言，起身说话？"他回答说："不知道。"
>
> "你知道怎样抵达天神之路或祖先之路，或者说，做了什么，能抵达天神之路或祖先之路？因为我们曾听仙人说：
>
> 我听说凡人的两条路：
>
> 祖先之路和天神之路；
>
> 所有一切依靠这两条路，
>
> 在天地父母之间活动。"
>
> 他回答说："对所有这些，我一无所知。"
>
> ——《大森林奥义书》第六章第二梵书[1]

刹帝利遮婆利向婆罗门阿卢尼之子连问了五个问题，可后者一个也回答不了。于是，阿卢尼真诚拜遮婆利为师。遮婆利说："这种知识在此之前，从未出现在婆罗门中，而我会将它传授给你。"[2] 刹帝利与婆罗门组成相

---

[1]　《奥义书》，黄宝生译，商务印书馆 2012 年版，第 106、107 页

[2]　同上，第 107、108 页。

互支持的同盟关系。佛教、耆那教作为婆罗门教的"异端",都是由刹帝利阶层的成员创立,都否定吠陀经、斥责种姓制度,但结局是一个在印度本土彻底消亡、一个沦为在印度少部分地区流行的小宗派。其原因不言而喻。

第四种,在神—人关系上最独特、影响最深远的无疑是犹太教,他们认为人与"神"分处两个完全不同的世界、是两种完全不同的存在。由于犹太教对基督教和伊斯兰教所具有的源头价值,以后的西方文明形态基本建立在这样的神—人关系之上。西方思想史上反复讨论的一些课题就是从中引申出来的。

第一个问题是关于创世。

犹太人的"神"是创造世界、控制世界的全能神,它创造了一切、管理着一切。造人过程分两步,第一步按自己的形象"用地上的尘土"造人,于是有了"肉体";第二步"将生气吹进他鼻孔里,他就成了有灵的活人",于是有了"灵魂"。这说明人是肉与灵的复合体。灵是好的,因为它是"神"吹进去的生气[1],肉是有堕落可能的,因为它是由尘土这种粗糙物质制造。奥古斯丁皈依基督教之前长期受困扰的问题就是:一个全知、全能、全善的"神"怎么会创造一个充满了这么多罪恶的世界呢? 当时至少有三种说法。第一种是起源于波斯的琐罗亚斯德教,世界存在善与恶两种力量的长期斗争。这种思想体现在基督教的异端"摩尼教"之中,曾长时间吸引奥古斯丁。第二种是起源于希腊哲学,在新柏拉图学派达到一个高潮,即把"恶"看作一种缺失,不能归因到"神"。他们认为,物质世界是一个朽坏的、不完善的、变化的世界,而神圣世界是一个完善的、不变的、永恒的世界。与此对应,肉体是罪恶的、堕落的,而灵魂是神圣的、完美的,但灵魂被囚禁在肉体中,人唯一要做的就是不断抵抗恶,使灵魂离开肉体重回"神"的身边。新柏拉图主义否定肉体是人的组成部分。第三种是从犹太教引申出来的,"恶"来自人的自由意志和始祖亚当的原罪。《创世纪》记叙了由灵和肉组成

---

① 亚历山大的斐洛对此就作过解释:"神向第一个人,就是人类的祖先,吹了一口生命之气,吹在他身体最高贵的部位:脸上。五官驻扎在那里,就像伟大的王心灵的卫士。显然,这样吹出来的气就是天上的灵,或者比天上之灵更好的东西,甚至是圣者。"《论律法》,石敏敏译,中国社会科学出版社 2017 年版,第 221 页。

的始祖，最终选择了悖逆耶和华，从而引出西方思想史上重要观点：人有自由意志。人必须有先天的为恶的自由意志，否则人类社会的所有苦难会追溯到"神"那里，那么"神"的绝对完满和绝对善质就会受质疑。西方世界关于人的本质的讨论，其实都可以从这找到思想源头。原始基督教承认人是灵魂与肉体的统一体。但古希腊哲学中的精神高尚、物质低劣，灵魂受肉体禁锢、灵魂要获得解放的思想，同样影响着基督教。灵魂与肉体、精神与物质、心与物的关系成为西方思想史永不衰败的课题。人要超越肉体和现实世界对自身束缚和压迫，以获得完全自由，成为西方思想史不竭的灵感来源。现代美国保守主义坚持认为："旧约的核心主题便是从奴役和压迫中得自由，正是以色列和犹大的遗产滋养了美国的自由。"①

从创世中，还引申出一个疑问：创世和造人的意义何在？我们为什么要被创造出来？我们从哪来、到哪去？这些问题同样贯穿全部西方思想史，直到当代西方学者依然在锲而不舍地追问和思考着。两河流域文明关于造人的目的是事奉"神"、服务"神"的观点已经被现代人抛弃，但有力的替代观点依然没有形成共识。有神论存在主义者坚持人只有在认识神、接近神中获得意义，没有"神"的世界是可怕且无意义的；而无神论存在主义者坚持人的出现本身就是偶然甚至荒谬，人正是在虚无中自我创造意义。

第二个问题是人能否认识"神"。

该问题的换一种说法是人能否认识和掌握真理。

安息日在犹太教中具有特殊意义，因为这一天是"神"创世后歇了一切的工，安息了。它象征着犹太人要模仿"神"，过有神性的生活。遵守"神"启示摩西的律法，人可以得到净化，可以认识神、接近神。但《约伯记》讲述的故事却告诉犹太人，人无法通过理性去认识和质疑神，人无法理解"神"的本质，更无法与"神"相提并论。传统犹太文化的观点是人只能被动地接受并遵守神启真理，而不能试图去主动认识和揭示"神"。人的灵尽管是"神"赋予的，但有局限性，理解不了那个终极存在——"神"。转换成哲学语言就是人无法认识和掌握终极真理。西方思想中的不

---

① 〔美〕拉塞尔·柯克:《美国秩序的根基》,江苏凤凰文艺出版社 2018 年版,第 47 页。

可知论有悠久的神学根源。

公元前 332 年亚历山大击败波斯大流士三世，在整个近东和埃及地区开启希腊化时代，犹太人必然受其影响。"智慧"一词开始进入一些犹太人的视野。犹太人理解的"智慧"在世界万物未被创造之前就存在。犹太人的"智慧"这样介绍自己：

> 在耶和华造化之初，在太初创造万物之先，就有了我，
>
> 从亘古、从太初未有世界之前，我已被立。
>
> 没有深渊、没有大小的泉源，我已生出。
>
> 大山未曾奠定、小山未有之先，我已出生。
>
> 耶和华还没有创造大地和田野并世上的土质，我已出生。
>
> （耶和华创世之时）我在那里为工程师，日日为他所喜爱、常常在他面前踊跃。
>
> 踊跃在他为人预备可住之地，也喜悦住在世人之间。
>
> ——《箴言》8：22-26，30-31

犹太人赋予"智慧"以人格特征，被描绘为与"神"相伴的计划、力量、荣光，可以为人所感知、所理解。希腊化犹太学者对"神"显现出来的"智慧"的解读，汇集成《箴言》《所罗门智慧书》。它描绘出这样一幅世界图景："神"这一终极存在者的本质完全超越人的理解力，但通过它所显现出来的"智慧"、所创造的大千世界，可以被人类所理解。人类能知觉到的智慧，与超越我们理解力的"神"之全貌，有根本区别。生活在埃及亚历山大港的犹太哲学家裴洛（Philo，约公元前 30—公元 45 年），比较清晰地表达出上述思想。这样的思想可能偏离正统的犹太教，却被以后希腊化的基督教所接受①。这里可以从神学和哲学两个维度去理解其中的意义。从神学角度，一方面"神"通过启示使人获得神启真理，这是被动的、让人

---

① 正统犹太教依然坚持只有神启的律法以及对律法的解释才是"智慧"，而分离出去的基督教则对"智慧"做更为宽泛的理解，认为神启的摩西律法已经过时（可能一部分新教徒并不这么看），属于旧约，通过耶稣的受难，"神"与人类订立新约。之后的伊斯兰教则认为《古兰经》才是"神"启示的最后一部圣典。

癫狂迷离的过程；另一方面人运用灵性去努力揭示、证明、理解"神"的荣耀，这是主动的、理性的过程。"神"在世界外、也可以在世界中，可以是遥不可及，也可以与人密切交流。从哲学角度，一方面人通过非理性的、非逻辑的（神秘的）方式感知世界、获得知识，这是一种狂喜或静观的过程，另一方面人运用理性认识世界、获得知识，这是用逻辑构建知识的过程。西方哲学的全部问题几乎都能从这找到源头——理性真理和神启真理、理性和非理性、可知论和不可知论，以及现象和本体等。我们对西方思想的文化源头有了理解，才能对西方哲学，比如康德哲学，有更深刻的理解。他认为：上帝存在、自由意志、灵魂不朽已经超越人的经验，因此不能成为纯粹理性的认识对象，只能作为信念而存在。康德的思维方式显然可以从基督教神学中找到源头。美国人冈察雷斯认为：神启和探索之间的矛盾，"神"降下启示与人主动探索获得启示之间的矛盾，坚守信念与获得真理之间的矛盾，贯穿于基督教的整个历史[①]。当然，它还贯穿整个西方思想史。

第三个问题是神权和王权的关系。

按照旧约作者的看法，在摩西和他的继承人约书亚时期，属于"神"直接统治的神国时代，而在扫罗、大卫及所罗门等诸王时期，属于世俗统治的王国时代，这两个时代之间则是英雄辈出的士师时期。从中释放出的神学政治含义，成为日后西方世界的神权和王权之争的先声——究竟是神权统治还是王权统治更好？旧约作者的倾向非常明显。由于摩西、约书亚时期以色列人遵照"神"的律法，承认"神"是主权者、是以色列的王，所以以色列人势如破竹、诸事顺利，待到士师时期以色列人开始崇拜邪神背弃真神，所以诸事不顺但勉强维持，但以色列人执迷不悟，以为立一个凡人当王就可以解决这些问题，结果更加糟糕。士师撒母耳将立王的危害告诉百姓，比如王会驱使你们、奴役你们、盘剥你们，但百姓还是执意立王。面对百姓的祈求，"神"做出妥协，挑选便雅悯支派出身的扫罗为王。

---

① 〔美〕胡斯都·L. 冈察雷斯：《基督教思想史》第 1 卷，陈泽民等译，译林出版社 2010 年版，第 7 页。根据笔者的理解，在中文表述上作了调整，与译著不完全一致。——笔者注

由此看来，王权是不得已的替代方案，更是以色列人对"神"不敬的产物，远离了"神"直接统治的理想境界，以色列人日后的苦难皆因此而起。这是旧约作者表达的第一个观点。第二个观点是：王权与神权的关系上，王权源于神权，这是前提，任何试图摆脱神权的王权必然分崩离析。由于扫罗没有遵从"神"关于圣战的要求，结果遭抛弃，被非利士人杀死。第三个观点是：任何情况下，王的统治都是不完美的。以色列历史上，大卫王朝全盛时期的疆域正好与"神"承诺亚伯拉罕的应许之地相吻合——从尼罗河以东到幼发拉底河以西的大片区域。但是，即便这样一位自觉将王权置于神权之下，严格顺服"神"的国王，也违背摩西十诫——不可贪恋人的妻子。大卫不仅强占手下将领乌利亚美丽的妻子，而且还假借敌人之手在阵前将乌利亚杀害。因此以色列王国的快速衰败是必然的结果。旧约作者没有为本民族的英雄大卫粉饰罪行，反而进行详尽渲染，并不表明有多么客观公正，其目的想表达"神"才是唯一可信赖、唯一公义的观念。基督教继承了这种思想遗产，即神权高于王权，宗教上的忠诚优越于政治上的忠诚。神权与王权的斗争贯穿于欧洲的全部历史，或者王权在神权面前瑟瑟发抖，或者神权屈尊王权的庇护，或者彼此分离和合作。率先在思想观念上打破这一神圣史观，认为君王凭借自己的机智、狡诈、冷酷、算计就可以巩固王权的是 16 世纪马基雅维利的《君主论》。这部书自 1559 年由教皇下令收入《禁书目录》，直到 20 世纪中期才去除。马基雅维利对西方世界有很大影响，其实他做的只不过捅破了一层窗户纸——所有的历史都是人的历史，"神"的历史就是人的历史。

特别需要指出的是，近代西方世界反对王权的斗争，比如鼓舞北美人民反抗英国王室的精神力量，很大程度来自旧约作者对王权抱持的怀疑态度。他们希望建立一个只服从"神"而不受制于国王、贵族的社会制度。总的来说，原始犹太教崇尚政教合一，这影响到后来的伊斯兰教，而基督教倾向于政教分开，但教权大于世俗政权。

第四个问题是神—人之间的契约。

人类历史始于神—人之间的契约。这是除创世之外，旧约讲的第二个神话故事。既然神—人关系需要依靠契约，社会关系同样依赖契约，这好像是一个合理的逻辑推理。但历史的逻辑应该是倒过来的——先有人与人之间的契约，然后再将契约用于神—人之间，接着反过来又主导着西方社会关系。

人类已知的"书面法律合同最早出现于公元前 3 千纪早期的巴比伦地区，记载的是土地交易"①。将一切社会活动用契约形式作保证的苏美尔文化，肯定对曾在两河流域生活过的希伯来人有深刻印象。犹太人的原创性在于：把契约用于解释人—神关系。"神"把亚当安置在伊甸园里的条件是不得食用分别善恶的果子；在用洪水毁灭人类后又与诺亚立约，要他生养众多、遍满了地，并以彩虹作为立约的标志；与亚伯拉罕立约，赐予他后代迦南土地，以割礼为立约条件；帮助以色列人摆脱法老统治回到应许之地，又以安息日为圣日作为立约标志。割礼和安息日成为维系以色列民族特征的主要标志直至今日。基督徒则认为犹太人与"神"订立的旧约已经败坏了，需用新约替代，其标志就是钉死在十字架上的神之子。既然神—人关系是依靠契约，那么人与人之间，人与社会之间，统治者与被统治者之间同样应通过契约来联接。这种最初来源于以色列人的思维方式，变成基督徒的思维方式，成为日后霍布斯写作《利维坦》、卢梭写作《社会契约论》、罗尔斯写作《正义论》的思想基础。而对世俗的华夏文明来说，契约只是一份双方各得其利的保证，一份将诚信转为现实的保证，但在西方却是建构社会秩序的全部逻辑。不过，从圣经记载的订约、背约、受惩罚、又重新订约来看，似乎又在暗示：契约不具有严肃性，惩罚不足以制止背约。它暗藏西方世界可以随时背约的文化基因。因此与西方签订任何契约都需要十分谨慎，倘若惩罚不足以使其万劫不复，就会面临随时背约的可能。现代国际关系已经充分印证这一点。

第五个问题是替罪羊文化。

旧约作者记载了以色列人有一套转嫁罪责的特殊办法，这就是替罪羊文化。其中最令人惊悚的神话故事莫过于亚伯拉罕杀自己的亲生儿子燔祭

---

① 〔美〕马克·范·德·米罗普：《希腊前的哲学——古巴比伦对真理的追求》，商务印书馆 2020 年版，第 189 页。

"神"。这个故事反映了当时的近东地区存在的一种野蛮风俗，无论是人还是畜生，头生的都必须献给"神"。因此"神"要求亚伯拉罕把儿子杀了、切割成数块，然后用火全部烧成灰。这就是所谓的燔祭。当亚伯拉罕顺从地准备动手时，天使前来制止，说已经事前准备一头公羊。于是亚伯拉罕取了那只羊献为燔祭。"替罪羊"观念就此出现。而以色列人另一个故事则深化了替罪羊的文化内涵。大祭司亚伦用一头公牛、一头公羊献为赎罪祭后，又牵来一头活的公山羊。当以色列人将自己的罪恶推到公羊头上并将羊放逐到旷野后，他们犯下的罪孽也随之被带走。"替罪羊"作为一种独特的犹太文化现象，成为西方文化的一个源头。它体现了这样一组思想观念：人作恶是正常的，不作恶不正常，因为人性本恶；无论个人还是族群，可以且必须找一个无罪的替身来转嫁责任，以免祸及自身；自己作恶却由无辜之人代为受过，不需要有良心上的任何负担，因为"神"认可这样的方式。真正把替罪羊文化发挥到极致、赋予神圣性的是基督教。耶稣作为洗刷人类罪恶的"替罪羊"（赎罪祭）被钉死在十字架上，使世人因此获救。保罗传递的就是这种福音。"替罪羊"思维贯穿西方历史文化，虽有积极意义，但消极意义更大。罗马皇帝尼禄是基督徒眼中的大坏蛋，却运用"替罪羊"策略将罗马城大火的责任转嫁给基督徒，基督教得势后同样也把发生灾祸的责任转嫁给异教徒和犹太人，中世纪天主教会要求人们用钱购买赎罪券，希特勒将德国一战失败的责任转嫁给犹太人，现代西方政客频繁将国内治理失败的责任转嫁给他人、他国。这些都是"替罪羊"文化的具体体现。

　　西方神话中蕴含了西方思想的基本要素，如本体论——探讨终极存在，知识论——探讨知识（真理），道德论——探讨什么是有意义的生活，政治论——探讨主权者和法律、统治者和被统治者关系等，大都躁动在这些神话故事中。可以很有把握地说，构成西方文明的底层逻辑，大多来自最初解释神—人关系的神话故事。从这个意义上说，人类文明始于讲故事和讲故事的能力。

第二章 从古波斯到爱琴海的早期思想

从犹太经典基本完成，到基督教兴起，西方世界的绝大部分区域——从里海到爱琴海的广大地区，仍处于非亚伯拉罕系"神"统治的所谓异教世界。在这片现代人称为中亚、近东和巴尔干半岛南部的区域，孕育着新的文明，产生有重要意义的原创思想。

第一节 古波斯的善恶二元论

古波斯大地上的众神已经不被现代人所熟悉。古波斯与印度吠陀文献中记载的众神，有高度重合性，如火神，阿维斯塔文为阿斯拉（Athra），吠陀梵文为阿萨尔（Athar）；光明与契约神，阿维斯塔文为密斯拉（Mithra），吠陀梵文为密多罗（Mitra）；酒神，阿维斯塔文为豪麻（Haoma），吠陀梵文为苏摩（Soma）等[1]。可见，双方都是从雅利安原始神话分化出来。随着地域隔绝，尤其是琐罗亚斯德创立古波斯一神教——琐罗亚斯德教[2]后，两者有了重大差异，如阿维斯塔文的主神阿胡拉（Ahura），在吠陀梵文是阿修罗（Asura），是婆罗门教、印度教中引诱诸神的魔鬼；在阿维斯塔文作为

---

[1] 〔伊朗〕贾利尔·杜斯特哈赫选编：《阿维斯塔》，元文琪译，商务印书馆2017年版，第384、385、387页。

[2] 琐罗亚斯德教（Zoroastrianism）是希腊人的称呼，按照波斯文，应读作"查拉图斯特拉（Zarathustra）"，是尼采《查拉图斯特拉如是说》的主角。古代中国称"拜火教"或"祆教"。

妖魔鬼怪统称的达埃瓦（Daeva），在吠陀梵文是提婆（Deva），属众天神。①

　　大约在公元前1400年至前1000年之间，琐罗亚斯德出生于一个与波斯王室有关系的武士家族，后来成为一名祭司，30岁时有天使向他显示：世上只有一位真神阿胡拉·马兹达，要他追随唯一真神。琐罗亚斯德对雅利安原始宗教进行大胆改革，但很长一个时期没有人皈信他的新宗教。至少在公元前6世纪，琐罗亚斯德教开始广为流传，成为波斯人的宗教，这与建立古波斯帝国的居鲁士的倡导有很大关系。琐罗亚斯德教是人类历史上第一个由一位教主创立的宗教，主神阿胡拉代表善的本原，与之相对的是恶的本原及派生出的诸多魔鬼，属于善恶二元论宗教。这种善恶二元论深刻影响着欧洲思想，是基督教历史上各种异端的主要根源。此外，琐罗亚斯德教诚实守信的道德标准，给犹太先知留下极深刻的印象。比如《但以理书》多次提到，王须遵守禁令和律例不可更改的规矩，这是按"玛代和波斯人的例"（6：8、6：12、6：15）。这与奥林匹斯众神随意背信形成鲜明对比。比如《伊利亚特》说希腊人与特洛伊人立约，双方各派一名勇士决斗，以免牺牲无辜，但宙斯暗中指使特洛伊人背弃盟约，致使战争久久不能停息。

　　在献给酒神胡姆（波斯语，Houm）② 的一篇颂词说：

　　　　世界末日到来之前，在两大本原的殊死斗争中，我尽力做到"五要"和"五不要"：
　　　　要善思、善言和善行，要恭顺和真诚。
　　　　不要恶思、恶言和恶行，不要违约和虚伪。

　　　　　　　　　　　　　　　　　　　　　——《亚斯那》第十章十六节③

　　琐罗亚斯德教描绘了一个属于善人和穷人的天国。

---

　　① 〔伊朗〕贾利尔·杜斯特哈赫选编：《阿维斯塔》，元文琪译，商务印书馆2017年版，第381、389页。

　　② 在不特殊标记下，以下神名皆用波斯语译音。——笔者注

　　③ 〔伊朗〕贾利尔·杜斯特哈赫选编：《阿维斯塔》，元文琪译，商务印书馆2017年版，第130、131页。

　　伟大的琐罗亚斯德因真诚而被选中，那上界的首领捍卫人们的善行，复活日之际将其奉献给马兹达。

　　阿胡拉的天国属于贫穷百姓的庇护者。

　　　　　　　　　　　　　　　　　　——《阿法林甘·达赫曼》①

　　那么，这位创建穷苦百姓庇护所的真神阿胡拉·马兹达到底是何方神圣？

　　呵，马兹达！

　　你在世界之初创造了我们的灵魂；出于本性，恩赐我们以智慧，并将生命置于我们的躯壳。然后向我们宣示神启和善行，让每个人自由地选择宗教信仰。

　　　　　　　　　　　　　　　　　　——《阿胡纳瓦德·伽萨》②

　　阿胡拉·马兹达是一位创世神，古波斯人相信世界由他不慌不忙地在一年中分六次创造出来，其顺序分别为苍穹、江河、大地、植物、动物和人类，每次工作 5 天，休息一段时间后再工作。马兹达的本意是"完全的智慧"，阿胡拉·马兹达的意思便是"智慧之主"，它是个"六位一体"的神主。阿胡拉·马兹达本身不能被人认识，需要通过六种形象向人类展现。这六种形象分别是六位大天神（永生不朽的圣者），前三位是男神、后三位是女神。第一位是巴赫曼（Bahman），代表神主的智慧和善良；第二位是阿尔迪贝赫什特（Ardibehesht），代表神主的真诚和纯洁；第三位是沙赫里瓦尔（Shahrivar），代表神主的威严和统治；第四位是埃斯潘德（Espand），代表神主的谦虚和仁慈；第五位是霍尔达德（Khordad），代表神主的完美和健康；第六位是阿莫尔达德（Amordad），代表神主的永恒和不朽。它们分别代表着神主的六种神性。

---

　　①　〔伊朗〕贾利尔·杜斯特哈赫选编：《阿维斯塔》，元文琪译，商务印书馆 2017 年版，第 362 页。

　　②　同上，第 48 页。

琐罗亚斯德教宣称世界上有来自善、恶两大本原的善神和魔鬼不断展开斗争。一般的解释是：阿胡拉代表善神，对世界上的善负责；还有一个恶神，对世界上的恶负责，善恶双方展开斗争。但也有不同意这样解释的[①]，认为：从阿胡拉神主中产生孪生并存的两个本原，一个本原叫斯潘德·迈纽（Spand-Mainyu），他光辉灿烂、选择了真诚和善良，另一个本原叫安格拉·迈纽（Angra-Mainyu），他专事欺骗、选择了邪恶和虚伪。太初之际，这两个本原就同时存在。

> 最初两大本原孪生并存，思想、言论和行动皆有善恶之分，善思者选择真诚本原，邪念者归从虚伪本原。
>
> 当这两大本原交会之际，巍峨壮观的生命宝殿起于善端，阴暗的死亡之窟立在恶端。
>
> 世界末日到来之时，真诚、善良者将在天国享受阿胡拉的恩典和光辉，虚伪、邪恶之徒将跌落阿赫里曼黑暗的地狱。
>
> 作为原始的两大本原之一，斯潘德·迈纽光辉灿烂、高大无比，辽阔无垠的天空像是披在他身上的彩衣。他同愉快地皈依正教并以其优良品行取悦于阿胡拉·马兹达的人们一起，选择了真诚和善良；专事欺骗的阿赫里曼则选择了邪恶和虚伪。
>
> ——《阿胡纳瓦德·伽萨》[②]

"恶原"安格拉·迈纽还有其他名字，或称作阿赫里曼（Ahriman），或称为撒旦（Shaitan）。围绕"恶原"周围的是一个分工明确的魔鬼系统，既有雅利安人原来信奉的一些神（迪弗），还有专门与六大天神作对的魔鬼，与雨神、朝霞神作对的魔鬼等。但不管是魔鬼的恶，还是天神的善，都由阿胡达控制，实现动态的平衡。恶善相互对立、相互斗争，又相互联系、相互依存，共存于一个统一体中。西方哲学关于善恶既对立又统一的观念，

---

① 〔美〕刘易斯等：《世界宗教》第 11 版，北京联合出版公司 2018 年版，第 262 页。

② 〔伊朗〕贾利尔·杜斯特哈赫选编：《阿维斯塔》，元文琪译，商务印书馆 2017 年版，第 42、43 页。

最初源头就是琐罗亚斯德教。生活在小亚细亚的赫拉克利特，被列宁称为辩证法的奠基人，显然是受到波斯文化的强烈影响。

雅利安人的一些原始神，在琐罗亚斯德教的神学体系中变成由神主为特定目标创造出的低级神。比如，原雅利安人的主神密斯拉，波斯语叫梅赫尔（Mehr），变成专司亡灵审判的三联神之一；原雅利安人的战神，变成赐福人类的神明，叫巴赫拉姆（Bahram）；原雅利安人的江河女神，则继续为人类服务，专司生育和丰产；原雅利安人的雨神，继续负责给干旱的伊朗高原降雨，赐福人类。

琐罗亚斯德教有系统的末世论信仰。在世界末日的审判中，作恶的人遭到惩罚进入地狱，而被压迫的人则跻身天堂。

> 众卡维和卡拉潘（指：信仰魔鬼教的雅利安首领和祭司们）在世界末日将受到严厉的惩罚，正如今日受他们虐待和欺凌、失去生活自由的人们所遭遇的那样，而被压迫者将跻身于善良的大家庭（天国）
> ——《阿胡纳瓦德·伽萨》①

在世界末日，人究竟是上天堂还是下地狱，完全取决于今世个人的自由选择。你可以选择与善的力量合作，也可以选择与恶的力量为伍，可以做改善世界的好事，也可以追随邪恶做害人的坏事。行为取决于自己，责任也由自身承担。琐罗亚斯德认为，人凭借理性的自由选择是可以实现一生的完满。他说："若能理解马兹达下传人世的宗教，并熟悉追求真诚、善良者将享有的永恒安乐和谎言崇拜者将遭受的长期折磨，那未来的成功必将属于你们。"② 这里首次涉及"自由意志"问题，它建立在理解、信仰、选择基础上。但琐罗亚斯德教的"自由意志"与后来的基督教的"自由意志"略有不同。第一，前者讲人有能力自主决定从善或从恶，后者只讲人有从恶的"自由意志"，而从善的"自由意志"需要依靠"神"的帮助才

---

① 〔伊朗〕贾利尔·杜斯特哈赫选编：《阿维斯塔》，元文琪译，商务印书馆2017年版，第56页。

② 同上，第45页。

能实现；第二，前者讲的"自由意志"偏重讲个人自主选择，后者讲的"自由意志"是"神"也无法约束的绝对必然状态。奥古斯丁和加尔文曾对基督教意义上的"自由意志"作了系统阐述；德国古典哲学奠基者康德对自由意志作了不同于奥古斯丁与加尔文的阐释，反而与琐罗亚斯德类同。还要注意的是，希腊大众宗教没有自由意志的观念，他们认为无论是凡人还是宙斯等诸神，都被无法预测的神秘命运控制着。这种命定论在希腊罗马后期哲学斯多亚学派中得到进一步强化。

琐罗亚斯德教改变了用活物血祭的传统祭拜模式，而是采用祈祷和个人善行来取悦"神"。祭拜模式的改变，使财力越雄厚，献祭的活物越丰富就越能取悦"神"的旧观念衰落了。这种新宗教是面向穷苦人的。"巴比伦之囚"后的犹太人放弃血祭，除了客观因素（圣殿被毁），波斯文化的影响不容忽视。新的崇拜方式，增进了琐罗亚斯德教信徒的道德品性，努力做到善思、善言、善行。传统祭拜方式意味着"神"是可以用祭物或钱财来收买的，而新的祭拜方式需凭借个人的虔敬和品行。后来苏格拉底和柏拉图对希腊大众宗教的批评，其理由之一还是诸神不应接受人类的贿赂。

神主阿胡拉启示：

> 为取悦我而服从他（指：琐罗亚斯德）的人们，将因善良的品德和行为，达到完美和永恒的佳境。
>
> ——《奥什塔瓦德·伽萨》①

琐罗亚斯德告诫信徒们：

> 以善良的美德取悦马兹达吧！马兹达按照自己的意愿恩赐我们以幸福或令我们遭殃。
>
> ——《奥什塔瓦德·伽萨》②

---

① 〔伊朗〕贾利尔·杜斯特哈赫选编：《阿维斯塔》，元文琪译，商务印书馆 2017 年版，第 78 页。

② 同上，第 79 页。

　　琐罗亚斯德教信徒除了用祈祷和自律表达对"神"的崇拜外，需要每年拜谒火祠，献上一小捆檀香木。对他们来说，火是最神圣的，同时认为土、水、气也是神圣的，不得随意污染。因此，在人死后为了不污染这些神圣元素，需要采取由秃鹫啄食尸体，将枯骨暴晒后冲入枯井的方式处理后事。

　　公元前538年波斯大帝居鲁士攻占巴比伦，波斯人成了犹太人的解放者，这时的琐罗亚斯德教已是波斯国家宗教。约200年后，亚历山大征服波斯帝国，奥林匹斯诸神来到阿胡拉的地盘，波斯的"神"受到压制。但密斯拉崇拜依然活跃，开始继续向西流传，后来在罗马士兵中赢得广泛信众。波斯第二帝国萨珊王朝期间（公元224—651年），琐罗亚斯德教再度复兴，成为帝国的国教。但是，无论是希腊还是波斯最终都不敌亚伯拉罕系的"神"。公元313年罗马皇帝君士坦丁颁布《米兰敕令》承认基督教合法，希腊诸神作为异教遭废弃，象征希腊精神的德尔斐神庙被人捣毁。公元643年穆斯林军队打垮萨珊帝国，琐罗亚斯德教再次受到压制，部分信徒沿着古老雅利安同族的线路来到印度，建立起小小的琐罗亚斯德教社区，延续这一古老宗教的血脉。

　　通过《查拉图斯特拉如是说》，我们看到了尼采想象中的琐罗亚斯德。作为雅利安原始宗教的颠覆者，新宗教的创立者，新价值的创造者，他是符合尼采价值重构的超人形象——如一轮从黑暗群山中喷薄而出的朝阳，热烈而强壮。

第二节　荷马和赫西俄德的神话

　　古希腊民族精神就蕴藏在丰富的神话故事里。希腊神话既有希腊本民族传统的延续，更是受到两河流域、古埃及和古波斯文化的多重影响。希腊文明属于集成式创新的文明。

一、希腊神谱

　　希腊诸神是古代万物有灵论的典型，其复杂程度连吠陀众神也难望其项背。希腊神谱讲述的是暴力、谋杀、阴谋、乱伦的历史，诸神品性之恶劣、行为之血腥，世上难觅。希腊神谱是对古希腊历史和社会的真实反映，其野蛮的特质、虎狼般的欲望准确表象了希腊民族特性。目前考古推定，约公元前1900年大批说希腊语的移民从北迁入希腊半岛中部和南部。这个过程持续经历了较长历史时期，导致该地区的城市文明被全部毁灭。不同历史时期的移民相互争夺地盘，如建立迈锡尼文明和摧毁该文明的人都属于说希腊语的北方移民，作为斯巴达城邦奴隶的希洛人与城邦主人多利安人也都说同一种语言。从公元前12世纪迈锡尼文明毁灭到公元前9世纪希腊诸城邦崛起，古希腊处于"黑暗时代（Dark Age）"或"荷马时代"。这是一个希腊诸神大放异彩的时代。

按照生活在大约公元前8世纪的古希腊第一位个人作家赫西俄德（Hesiod）的《神谱》，世界最初来源于混沌（卡俄斯），之后有了宽阔的大地——盖亚母神，以及其他一系列古老神明，如幽暗神、爱神、黑夜神、白天神、黑暗神、光明神等。盖亚母神首先生出第一代神王——天空之神乌拉诺斯。天空之神乌拉诺斯出生后就与其母盖亚不断交媾，生出十二个提坦神（6个男神，6个女神），另外还生出若干独眼巨人和百臂巨人。巨人儿子有可畏的力量而受到父亲乌拉诺斯的憎恨，被圈禁在地下的幽暗处。盖亚为此悲伤不已，暗中准备了一把用灰色燧石制作的镰刀，要求提坦神们杀了自己的父亲，也就是盖亚自己的儿子兼丈夫乌拉诺斯。孩子们被这个罪恶的计划吓坏了，恐惧得不敢开口，只有小儿子克罗诺斯愿意实施这个计划，因为"他憎恨他那性欲旺盛的父亲"。当夜幕降临，乌拉诺斯再次拥抱盖亚准备交媾时，"克罗诺斯从埋伏处伸出左手，右手握着那把有锯齿的大镰刀，飞快地割下了父亲的生殖器，把它往身后一丢，让它掉在他的后面"①。溅出的血液滴入大地，生长出复仇女神和巨人族，生殖器扔进大海后泛出的泡沫中诞生出爱神阿佛洛狄特。于是，强大的提坦神克罗诺斯成为第二代神王，他选择了亲姐姐瑞亚作为自己的妻子，同时种下了被诅

---

① 〔古希腊〕赫西俄德：《工作与时日 神谱》，张竹明、蒋平译，商务印书馆1991年版，第33页。

咒的神族基因。作为盖亚同时代的旁支——其他古老神祇，忙着生出一大堆稀奇古怪的子孙神，如厄运神、死神、睡神、梦呓神、诽谤神、报应神、命运神、不和神、劳役神、遗忘神、饥荒神、争吵神、谋杀神、谎言神、违法神、誓言神等。母神盖亚在儿子兼丈夫被小儿子割掉生殖器之后，又同别的儿子（海神蓬托斯）生出一群古怪的东西，还同幽暗神（地狱神）塔尔塔洛斯生出胆大妄为的提丰——一条可怕的巨蟒，肩上有一百个蛇头，口里吐着黝黑的舌头。提丰和目光炯炯的少女厄客德娜结合，生下凶残的后代，而厄客德娜又与大儿子俄尔托斯交媾生下狮身人面、长有双翼的女妖斯芬克斯等。眼光敏锐的读者会注意到，斯芬克斯应该属于埃及神话。确实如此，狮身人面像斯芬克斯在埃及是雄性，是高贵的象征，而在希腊神话里变为雌性的邪恶之物。

成为第二代神王的克罗诺斯，尽管大权在握、威风凛凛，但有难以摆脱的命运安排——注定要被自己的一个儿子所推翻。为与命运对抗，克罗诺斯把每一个刚出生的孩子吞到肚子里。他的妻子瑞亚悲痛不已，在最小的儿子宙斯将要出生时，恳求自己的父母——天空之神乌拉诺斯和地神盖亚想办法。最后商定，乘着黑夜的掩护，由盖亚将刚出生的宙斯送到克里特岛一处山脉的地下洞穴隐藏，瑞亚则把一块大石头裹在襁褓里送给神王克罗诺斯。这个倒霉的家伙居然没有识破而一口将石头吞进肚子里。后来，宙斯与哥哥姐姐们齐心协力，靠着第一代神王的孩子独眼巨人们赠送的武器——雷电，还有百臂巨人的参战，经过十多年鏖战终于打败提坦神，取得第三代神王的权杖，将克罗诺斯在内的提坦神锁在最幽暗的地底下。宙斯取得神王地位之后的最大一次战斗，发生在他与盖亚小儿子提丰之间。若不是宙斯及时察觉，提丰很可能推翻宙斯的宝座，"开始由他统治不死的神灵和会死的人类"。这场惊天动地的大战，使囚禁在地底下最深处的提坦神们都不寒而栗。提丰被宙斯打残后，被狠狠扔进地狱最深处。

于是希腊社会进入了由第三代神王宙斯统治的时代。

赫西俄德整理的这个希腊神谱，反映的正是希腊人的世界——充斥极端的暴力和乱伦。

二、神—人混杂的希腊社会

人与神同形同性是古希腊人的基本信条。赫西俄德说："诸神和人类有同一个的起源。"① 人和神的主要区别在于：一个力量羸弱，一个力量强大；一个会死，一个不死。力量是古希腊神—人生存的唯一法宝，力量强大就获得一切，力量弱小就失去一切。公平、正义、自由只存在于强权之下。"真理在大炮射程内"——这一现代西方的信条，实质是古希腊人价值观的现代表达。希腊人敬畏"神"，那是因为"神"比他们强大、比他们蛮横。黑格尔极力称赞的希腊自由精神，不过是强者的肆意妄为，对弱者的奴役压迫。毫无疑问，这样的精神可以产生史诗、悲剧和肌肉爆棚的雕塑，但不可能诞生出爱智慧的哲学，与科学精神更是风牛马不相及。我们之后会讨论，那些被称为自然哲学家的思想者以及苏格拉底、柏拉图等人正是在背弃奥林匹斯诸神传统，吸收周边其他文明的思想成果之后，才产生出后来被称为哲学和科学的东西。

赫西俄德讲述了一个强者的故事：

> 一只鹞鹰用利爪生擒了一只脖颈密布斑点的夜莺，高高飞翔到云层之中，夜莺因鹰爪的刺戮而痛苦地呻吟着。这时，鹞鹰轻蔑地对她说道：不幸的人啊！你干吗呻吟呢？诺，现在你落入了比你强得多的人之手，你得去我带你去的任何地方，尽管你是一个歌手。我只要高兴，既可以你为餐，也可放你远走高飞。与强者抗争是傻瓜，因为他不能获胜，凌辱之外还要遭受痛苦。②

与强者抗争是傻瓜。这是古希腊的信条。那么作为神—人中强者的宙斯，在取得世界的统治权之后干了哪些丰功伟绩？荷马、赫西俄德等人的作品很自豪地告诉世人：生孩子、喝酒作乐、挑起战争。怪不得罗素不无

---

① 〔古希腊〕赫西俄德：《工作与时日·神谱》，张竹明、蒋平译，商务印书馆1991年版，第5页。

② 〔古希腊〕赫西俄德：《工作与时日·神谱》，张竹明、蒋平译，商务印书馆1991年版，第7、8页。

讥讽地引吉尔伯特·穆莱话说：

> 大多数民族的神都自命曾经创造过世界，奥林匹克的神并不自命如此。他们要做的，主要是征服世界。……当他们已经征服了王国之后，它们又干什么呢？他们关心政治吗？他们促进农业吗？他们从事商业和工业吗？一点都不。他们为什么要从事老实的工作呢？依靠租税并对不纳税的人大发雷霆，在他们看来倒是更为舒适的生活。他们都是些嗜好征服的首领，是些海盗之王。他们既打仗，又宴饮，又作乐。[①]

神王宙斯的雄性荷尔蒙极为丰沛，天上、地下，神祇、凡人，只要被他看中的女人没有一个能逃脱其神爪。唯一例外的是海洋女神忒提斯，因有预言说与她生下的孩子会比孩子父亲更强大，为防止神王之位被篡，宙斯不敢与其亲密，忍痛割爱把她嫁给了凡人国王佩琉斯。在这场众神参加的奇特婚礼上，发生了"金苹果"事件，成为特洛伊战争的起因。忒提斯生下的阿喀琉斯，灭城无数、杀人无数，是特洛伊战争中扬名立万的大英雄，但最终没能逃脱被宙斯儿子阿波罗射杀的命运。在希腊人看来，只有神秘的命运才是主宰神—人的王者。宙斯的第一位妻子是他的堂姐海洋神女墨提斯，号称神灵和凡人中最聪明的。由于预言墨提斯会生下绝顶聪明的孩子，为保住神王之位，宙斯将怀孕中的墨提斯一口吞下。第一个孩子雅典娜，就从宙斯的头脑里蹦出来。据说，"她是一位可怕的、呼啸呐喊的将军，一位渴望喧嚷和战争厮杀的不可战胜的女王"。[②] 后来成了雅典的保护神。而倒霉的墨提斯则永远被囚禁在宙斯的身体里，替他出主意、逢凶化吉。宙斯的第二位妻子是他的姑姑忒弥斯，是法律和正义之神，生下了时序三女神、命运三女神。宙斯的第三位妻子是他的表妹欧律诺墨，生下了令人销魂荡魄的美惠三女神。宙斯的第四位妻子是他的二姐丰产女神德

---

① 《罗素文集》第7卷《西方哲学史上》，何兆武　李约瑟译，商务印书馆2012年版，第38页。

② 〔古希腊〕赫西俄德：《工作与时日·神谱》，张竹明、蒋平译，商务印书馆1991年版，第55页。

墨忒尔，生下白臂女神。宙斯的第五位妻子是他的姑姑记忆女神谟涅摩绪涅，生下九个金带束发的神女缪斯，她们喜欢宴饮和唱歌。宙斯的第六位妻子是他的堂姐哺育女神勒托，生下太阳神阿波罗和狩猎女神阿尔忒密斯。宙斯的第七位妻子是他的亲姐姐，大名鼎鼎的天后、天性嫉妒的赫拉，正是因为嫉妒和爱报复，致使宙斯以后只能背着赫拉干点偷荤腥的勾当。宙斯与无数个情人——有的甚至是他的重孙女——生下了无数个孩子，其中有酒神狄俄尼索斯，大力士赫拉克勒斯，烹煮亲儿子的坦塔罗斯等。

　　荷马时代的众神是属于征服者的"神"，嗜好毁灭和鲜血，他们是靠征服和掠夺，而不是辛勤工作获得财富。荷马所描述的人神混战的特洛伊战争，既没有公义、也没有是非，只有嫉妒、仇恨、报复、毁灭和瓜分战利品时的欢畅，只有战胜敌人的荣誉。当宙斯看着由他策划的这场人神大战，耳闻辽阔天空传来的阵阵厮杀声，极度亢奋。荷马说：

> 宙斯高踞奥林匹斯山顶听见呐喊，
> 看见神明们争斗，高兴得大笑不已。
> 神明们迅速冲到一起展开激战，
> 毁盾之神阿瑞斯首先开始，第一个
> 举枪扑向雅典娜，破口大声责骂：
> "你这狗壁虱，为何如此强横跋扈，
> 如此傲慢放纵，挑动神明们争斗？
> 你难道忘记了曾经怂恿提丢斯之子
> 狄奥墨德斯进攻我，公然抓住投枪
> 帮助瞄准，刺中我的健美的身躯？"

雅典娜自然不甘示弱，用石块投中狂暴的阿瑞斯的脖子，大笑不止。

> 你这个蠢材，显然你并没有认真思量，
> 我比你强多少，竟然来和我比试力量。

平时高傲、冷漠的天后赫拉也参加混战，当听到狩猎女神阿尔弥斯提醒哥哥阿波罗不要在波塞冬面前认输时，她勃然大怒：

> 无耻的疯狗，你今天胆敢和我作对？
> 想和我对抗可不是件容易的事情，
> 尽管你是一位弓箭手，宙斯让你
> 成为女人的母狮，随意致人非命。①

　　荷马史诗崇拜的神明，就是这样一帮顽劣之徒，依仗暴力靠着打家劫舍过日子，每天在算计、阴谋中度日，史诗讴歌的凡人英雄也大多如此。围攻特洛伊城的希腊联军主帅阿伽门农是迈锡尼国王，家族几代人都深陷谋杀、乱伦的命运之中。第一代坦塔罗斯是宙斯之子，在小亚细亚某个地方做国王。有一次把儿子帕罗普斯煮熟招待神明，试探神明是否通晓一切，结果受到毒咒，被打入地狱深处。第二代的帕罗普斯在众神帮助下复活，流落到伯罗奔尼撒半岛。在那里借助神明的作弊赢得了与伊利斯国王的马车比赛，娶了国王的女儿，成为国王。帕罗普斯生有三个儿子，结果小儿子被大儿子阿特柔斯和二儿子梯厄斯忒斯谋害。帕罗普斯诅咒大儿子和二儿子及后代，于是坦塔罗斯家族蒙上第二道毒咒。第三代的阿特柔斯成为迈锡尼国王，发现妻子被弟弟强奸，于是将弟弟驱逐出国。为了进一步惩罚弟弟，阿特柔斯假意和解，邀请弟弟赴宴，将弟弟的儿子炖熟了送给弟弟吃。弟弟在不知情的情况下吃了亲生儿子的肉，悲恸欲绝，诅咒阿特柔斯及其后代。这是坦塔罗斯家族的第三道毒咒。阿特柔斯之子阿伽门农作为第四代坐上迈锡尼王位，后发生美女海伦被特洛伊王子诱拐的事件，便率领希腊联军征战特洛伊。为使部队顺利出征，阿伽门农杀死大女儿献祭给狩猎神阿尔弥斯，以平息女神的怒火。女儿的母亲、阿伽门农的妻子非常愤怒，后与阿特柔斯弟弟的儿子埃吉斯托斯通奸并密谋在丈夫归国后将他刺死。阿伽门农之死，被希腊戏剧家埃斯库罗斯写成剧本。阿伽门农的妻子是这样描述杀人场景：

---

① 引自《伊利亚特》,王焕生译,西安交通大学出版社 2017 年版,第 152—155 页

我像捕鱼一样，拿一张无眼网，

珍贵的致命披蓬，把他罩住，

连刺他两下，他连哼了两声，

便放松了肢节，我趁他倒下，

给了他第三剑，作为还愿礼物，

献给死者的保护神，地下的哈得斯。

他就这样躺在那里断了气，

从伤口喷出一股急速的血流，

暗红色的潮湿血滴溅到我身上，

我高兴得不亚于正在抽穗的

麦田接受宙斯的甘露滋润。

——《阿伽门农》第五场①

鲜血如同久旱后的甘露令人陶醉。这是希腊悲剧的经典语言。希腊悲剧试图揭示人类难以摆脱神秘命运的控制。但希腊悲剧作者并没有意识到命运的成因，事实上根子还在于贪婪、偏狭、自私的人性以及崇尚暴力的文化。希腊人崇拜的众神基本是这副德性，缺乏包容、大度、公正，它构成了希腊文化最初的基因。分析所谓的悲剧就会发现，只要其中一个环节有宽容、忍让的品质，就不会发生一连串的命运诅咒。犹太人讲创世之初发生亚当不遵守契约，以及亚当大儿子该隐谋杀弟弟亚伯等罪恶，但犹太人把这归结为人的"原罪"，需要终身忏悔，从中学会谦卑、忍让。而希腊人仅仅把这一切归结为不可抗拒的"命运"，如此一来，个人就没有责任自我反思和严格律己了。荷马笔下的希腊诸神——一帮作恶多端的奸淫之徒，是对希腊征服者历史的真实复原。希望依靠这样的"神"来建立有公义、有秩序的社会，无异于水中捞月。事实上，希腊人单凭这种恶劣的文化基因不可能创造出灿烂的文明。

我们从赫西俄德的作品中看到这方面的变化，与荷马渲染暴力相比，

---

① 《古希腊悲剧喜剧集》上部，张竹明、王焕生译，译林出版社2011年版，第214页。

赫西俄德开始秉持非暴力的理念，认为"暴力无益于贫穷者""财富不可以暴力攫取"，提出"不要拿不义之财""如果你心里想要财富，你就如此去做，并且劳动，劳动，再劳动"①。"劳动光荣"的思想由赫西俄德首先提出，成为支撑雅典直接民主的思想资源。不过它并未成为后来的希腊知识精英的信条。如在反民主制的柏拉图、亚里士多德那里，依旧保留了"劳动可耻"的思想②。进一步比较晚出生的埃斯库罗斯所描述的普罗米修斯，与赫西俄德作品中的普罗米修斯，会发现前者开始赋予普罗米修斯反抗强权的正面形象，而赫西俄德笔下的普罗米修斯尽管足智多谋，但爱耍小聪明，帮了并不值得帮助的人类，不仅自己受罚还给人类带来装在潘多拉盒子里的无尽灾难。总的来说，从赫西俄德所处时代开始，希腊人开始重新思考"神"，赋予其美德和公正，以改变血腥残忍的形象。当然，早期神权社会的"神"都有残忍性，旧约创世纪和荷马史诗都描述过用活人祭祀的风俗，与其说是神灵喜欢这种鲜血喷涌染红祭坛的场面，不如说人尚处于野蛮时代。随着不断文明化，人们开始抛弃这种神灵。柏拉图曾借助苏格拉底之口批评荷马，认为荷马毒害了希腊青年。

> 世上的坏事远远多于好事，而好事的原因只能是神。至于坏事的原因，我们必须到别处去找，不能在神那儿找。……我们一定不能接受荷马或其他诗人对诸神说过的种种蠢话了。
>
> ——《国家篇》③

反对荷马时代的"神"，或者说反对希腊传统诸神，重塑"神"的形象，是希腊文化大放异彩的前提。希腊知识精英把"神"塑造成道德上的

①　〔古希腊〕赫西俄德：《工作与时日·神谱》，张竹明、蒋平译，商务印书馆1991年版，第8、11、12页。
②　近代马克思主义学者与尼采等人又从两个不同角度对古希腊"劳动可耻"观念进行解读。参考王云：《古典希腊劳作与闲暇观念的政治解读》，《兰州大学学报》2011年3月；王行坤：《在数字资本主义时代重访古典希腊的"劳动与政治"》，《中国图书评论》2022年8月。
③　《柏拉图全集》第二卷，王晓朝译，人民出版社2017年版，第341页。

楷模、正义的化身、智慧的极致，这样才能获得以"神"的名义批评现实的权力，才能占领思想王国的高地。我们从索福克勒斯（公元前496—前406年）创作的《安提戈涅》中看到了神权对抗王权，自然法对抗人为法的观念。"神"被塑造成永恒正义的象征。俄狄浦斯的女儿安提戈涅反驳国王克瑞昂"你真敢违犯这法律?"的质问时大声宣称：

> 我并不认为你的法令有这么大的效力，
> 以至一个凡人竟敢僭越诸神不成文的
> 永不失效的神律。后者的有效期
> 不限于今天或昨天，而是永恒的，
> 没有人知道它们是何时起出现的。

——《安提戈涅》①

　　这段话曾引起西方历史上多少不满于现实政治的人们的同情和敬意！尤其在近代西方，安提戈涅被渲染成反抗专制和暴政的象征。其实这段话对中国人来说是完全没有意义的，因为世俗的中国社会并不是凭借神权获得批评皇权的权利，而是对古代圣贤崇高品性的信仰让人们获得批评的权利。

　　总之，希腊哲学家需要塑造新的"神"代替荷马和赫西俄德的众神才能完成哲学和科学的构思。

第三节　自然哲学

　　现有教科书在介绍西方哲学思想时，一般都会从一个生活在亚奥尼亚的名叫泰勒斯的人开始，因为他说"水是万物本原"，"在谈到万物的原始原因时，他是第一位放弃神话语言的人"②。似乎西方哲学始于抛弃"神"。

---

① 《古希腊悲剧喜剧集》上部，张竹明、王焕生译，译林出版社2011年版，第363页。

② 〔德〕爱德华·策勒：《古希腊哲学史》第一卷上，聂敏里等译，人民出版社2020年版，第108页。

那是 19 世纪以后受世俗化影响后的看法。那位写出《神谱》的赫西俄德才是希腊哲学的开端，因为他主张"万物都从土生长"①。近代欧洲还形成这样的共识：大放异彩的哲学、科学、数学、逻辑由古希腊人原创。其实关于古希腊人知识的来源，自古争论不止。犹太学者、基督教护教者坚称希腊人的智慧来自犹太圣经、埃及祭司以及波斯宗教；而近代以来欧洲学者大多认为是希腊人特有精神的产物。② 黑格尔断言是希腊人的自由造就了希腊哲学，因此"真正的哲学是自西方开始"。③ 事实上哲学与神学密不可分，哲学思维与神学思维相互支撑，不同哲学体系对应着不同神学体系。这一判断在整个西方哲学史上都没有例外。费尔巴哈谈到哲学与宗教有着同一性时说："既然任何一个人都不可能信仰某种实际上至少跟他的思维能力和表象能力相矛盾的东西，那么，每一种特定的宗教，每一种信仰方式，就都同时又是一种思维方式。"④ 前苏格拉底时期自然哲学家的神学思维方式与希腊大众宗教大相径庭，因此自然哲学不可能是所谓希腊精神的产物。我们难以想象从充斥暴力、乱伦，只崇拜力量的、喧闹的奥林匹斯诸神中能产生出深沉的哲学和理性的科学。

一、泰勒斯和米利都学派

泰勒斯（Thales，约公元前 624 — 前 546）是亚奥尼亚的米利都公民，祖籍是腓尼基人，与雅典的梭伦属同一时代，是古希腊七贤之首。他把腓尼基人的算术、天文学，埃及的几何学带给自己的同乡，还预言了一次日

---

① 亚里士多德认为赫西俄德提出最初的混沌状态是正确的,世界的开端要有存在物的居所。见《物理学》208b30。

② 这方面的讨论可以参考〔德〕爱德华·策勒:《古希腊哲学史》第一卷上,聂敏里等译,人民出版社 2020 年版,"古希腊哲学的起源"。公元前 2 世纪的一本《摩西律法诠释》,"把希腊哲学中的精华全部都说成是自犹太人的《圣经》。"见〔美〕胡斯都·L. 冈察雷斯:《基督教思想史》第 1 卷,陈泽民等译,译林出版社 2010 年版,第 35 页。

③ 〔德〕黑格尔:《哲学史讲演录》第一卷,贺麟、王太庆译,上海人民出版社 2013 年版,第 97 页。

④ 〔德〕费尔巴哈:《基督教的本质》,荣震华译,商务印书馆 1984 年版,第 2 页。

食。"他是第一位把这些科学因素从东方和南方国家移植到希腊的人。"①不过泰勒斯给后人留下印象最深刻的是说"万物都是由水构成的"。这个观点果真是他灵机一动的原创吗？亚里士多德说："也许是由于看到万物都由潮湿的东西来滋养。"②这个猜测或许合理，但不可忽视两河流域和古埃及两大文明区的影响。苏美尔人的世界来自原初瀛海，埃及人的世界则来自无限水域，都认为"神"从水中创世。这种对终极原因、世界本原的思考是符合亚里士多德对哲学（智慧）的定义——"研究最初原因和本原"③，而一般性的观察和经验是配不上智慧的。

"水"作为一种质料，不能通过自己演化成其他东西，又如何成为万物的本原？必定要有其他因素在里面起作用才行。这是合理性的思维方式。事实的确如此，泰勒斯不仅讲"万物由水构成"的观点，还认为有"渗透于这种质料之中、并由之形成了这个世界的神"④。我们的教科书只说"水"而不说"神"，那是世俗化思维带来的偏见。泰勒斯的意思是：原初之水与渗透其中的"神"共同缔造出世界，而这正是两河流域和古埃及创世神话的本意。我们没有理由断定生活在近东的泰勒斯不知道来自两河流域和古埃及的这些观点。泰勒斯所称的"水"并非是现代人所理解的纯物质性的水，而是具有活性（神性）的东西。还有一点可以确认，泰勒斯属于泛神论者，他的名言是"世界充满了神""磁铁有灵魂，它能使铁运动"⑤。泰勒斯持多神论思想，既认为原始物质有活性，有"神"在其中起作用，自主生成其他事物，也可能认为诸神与被造物一起被派生出来。

泰勒斯的自然哲学是对两河流域创世神学的抽象，即创世需要有质料

---

①　〔德〕爱德华·策勒：《古希腊哲学史》第一卷上，聂敏里等译，人民出版社2020年版，第144页。

②　〔古希腊〕亚里士多德：《形而上学》，苗力田译，中国人民大学出版社2003年版，第8页。

③　〔古希腊〕亚里士多德：《形而上学》，苗力田译，中国人民大学出版社2003年版，第3页。

④　〔德〕爱德华·策勒：《古希腊哲学史》第一卷上，聂敏里等译，人民出版社2020年版，第147页。

⑤　同上，第149页。

（物质材料），世界不能凭空产生；创世需要有动力因，比如"神"的作用；如只有质料没有动力，世界也不能运转。泰勒斯的创新意义在于用一种非神话的话语体系表达古老的神话故事。

自然哲学主要发生在米利都。泰勒斯的学生和继承人阿那克西曼德（Anaximander）将构成世界的最初元素定义为拥有无限性质的东西，这在哲学思维上是巨大的跃进。这种最初元素从量来说是有限的、从性质来说却是无限的。正因为具有无定或无限定的特点，才能产生出有某一确定性的事物。这种东西有质料属性，同时又具有活力。阿那克西曼德秉持万物有灵论的观念，同时"坚持有活力的自然统一性"，"倾向于统一性和所有对立面的服从"①。在这种思想的支配下，阿那克西曼德倾向于认为"神"与所有事物一样都是被造的，并非永恒和不朽，世界在不断地创造和毁灭中循环。古代早期所有宗教中，只有琐罗亚斯德教明确提出世界有开端又有结束，接着又迎来新的开端和结束。不能排除阿那克西曼德受此观点的影响，因为在他生活的时代，波斯居鲁士大帝正在迅速向外扩张，已经抵达吕底亚、亚奥尼亚地区。早期自然哲学家坚持万物有灵论和多神论，比如"西塞罗（Cicero）说阿那克西曼德把这无数的世界当作神"②，但这里的"神"代表某种抽象的活力。

二、毕达哥拉斯及他的学派

毕达哥拉斯（Pythagoras，约公元前572—前497）出生于爱琴海东部的萨摩斯岛（Samos），曾在埃及居住，最后定居于意大利南部的克罗顿（Croton）。毕达哥拉斯生前就被神秘的光环所环绕，吸引着众人，甚至被追随者奉为神明。他建立起一个团体，带宗教和政治性质，成员间的财产共有。尽管他以及他的团体并非以学术为目的，但所形成的毕达哥拉斯主义对西方世界

---

① 〔德〕爱德华·策勒:《古希腊哲学史》第一卷上,聂敏里等译,人民出版社2020年版,第266页。

② 同上,第258页。

影响很大。他们的主要论断是："数学上的本原也就是一切存在的本原。"①
因此，数是一切事物的本质，每个事物就其本质而言是数。任何事物都可
以用"数"来表达的毕达哥拉斯信念，又成为当今"数字化时代"追求的
目标。

近代学者把他们的基本学说概括为："一切是数，即一切事物都由数构
成；数不仅是诸事物之建构由以确立的形式，而且是它们得以构成事物之
实体和质料。"② 他们研究奇数和偶数，因为一切数都是由它们组成，并把
这种性质作为构建世界的"底层逻辑"。他们对"单一"（unity）和"太
一"（the one）作了区分，把"太一"理解为最高神而非别的东西；从"太
一"中派生出两个本原，"单一"和"未限定的二"。世界就建立在这个
"单一"和"未限定的二"，即作为奇数和偶数的"一"和"二"的对立之
中。最高神"太一"则体现两者的统一。毕达哥拉斯学派常常把"一"与
"二"还原为精神与物质、形式与实体、神与质料之间的对立。还从好的与
坏的角度，把"一"与"二"看作神和物质，"把所有善（好）的东西归
于前一类，把所有恶（坏）的东西都归于后一类"③。毕达哥拉斯学派有一
神论倾向，只有至高神"太一"是永恒的、自在的，其他众神和事物都是
被造物。在毕达哥拉斯学派那里，数学是至高神表达世界的工具。

毕达哥拉斯学派另两个极为重要的概念是灵魂不朽和灵魂转世，它们
显然来自古埃及宗教。这些观点被苏格拉底、柏拉图，以及斯多亚学派所
吸收，后来又进入基督教，其中灵魂不朽成了西方正统信仰，而灵魂转世
则成为异端。灵魂不朽和灵魂转世说的传播，对提高希腊人的道德水准有
积极作用，至少能让活着的人忌惮死后受惩罚的可能性，不敢过于为非作
歹。传说毕达哥拉斯的灵魂进入冥界后，看到荷马、赫西俄德的灵魂因关

① 〔古希腊〕亚里士多德:《形而上学》，苗力田译，中国人民大学出版社 2003 年
版，第 13 页。

② 〔德〕爱德华·策勒:《古希腊哲学史》第一卷上，聂敏里等译，人民出版社 2020
年版，第 258 页。

③ 〔德〕爱德华·策勒:《古希腊哲学史》第一卷上，聂敏里等译，人民出版社 2020
年版，第 267 页。

于诸神的言论而遭受严厉惩罚①。这反映出他们对荷马时代非道德的诸神形象的极端不满。毕达哥拉斯学派是对欧洲思想影响最深远的学派。

三、色诺芬尼、巴门尼德和埃利亚学派

色诺芬尼（Xenophanes，约公元前565—前473年）是埃利亚学派的开创者，通过巴门尼德和芝诺对后世产生影响。他同样对奥林匹斯诸神的形象很不满意。他说：

> 荷马和赫西俄德把人间一切的无耻与丑行都加在神灵身上，偷盗、奸淫、彼此欺诈。……世人都认为神祇和他们自己一样是被诞生出来的，穿着与他们一样的衣服，并且有着同样的声音和形貌。……其实，假如牛马和狮子有手，并且能够像人一样用手作画和创造艺术品的话，马就会画出马形的神像，牛就会画出牛样的神像，并各自按着自己的模样来塑造神的身体了。②

色诺芬尼用最准确的语言说明希腊诸神的形象其实就是希腊人自己的作派。他明确反对流行的多神论而主张一神论，是严格的"一神论"者。他理解的"神"是超越时间的永恒存在，而不是在时间中产生；它是不变的，而不是随意变化；它是崇高的，而不是与人同形同性；它是无限的精神存在，而不是有限的物质形态上的存在。"神"不是被造物，因为被造物总会朽坏；"神"是世界的内在原因。亚里士多德认为，色诺芬尼是第一个把宇宙万物看作单一本性，提出万物统一、"神"统一的人。"他（指色诺芬尼）凝视整个的天，说一就是神。"③这种神学支持着这样一种哲学思想：世界都受同一个原理支配。它既是希伯来一神教与希腊哲学结合产生基督

---

① 〔德〕爱德华·策勒：《古希腊哲学史》第一卷上，聂敏里等译，人民出版社2020年版，第338页。

② 引自《罗素文集》第7卷《西方哲学史上》，何兆武、李约瑟译，商务印书馆2012年版，第77页。

③ 〔古希腊〕亚里士多德：《形而上学》，苗力田译，中国人民大学出版社2003年版，第15页。

教的思想基础，也是近代欧洲的自然神论、泛神论和无神论的重要思想
来源。

　　作为色诺芬尼思想继承人的巴门尼德（Parmenides）认为：既然世界就
其自身只能归于"一"，因为所有存在的本质相同，那么除了那个唯一的终
极存在"一"，其他都是虚幻或不存在的，因此没有事物是变化的。巴门尼
德"告诉我们，万物都是自身保持静止的个体，在其内部并无运动的余
地"①。这与某种神学观点是相通的："神"不被创造、不被毁灭，是永恒不
变的，其他所有的被造物都不能独立存在、都会朽坏，都是虚幻或不能自
存的。这个观点没有新鲜之处。但巴门尼德的贡献是在此基础上追问这个
终极存在究竟是什么。他把这个"一"看作一个完满的球体②，占据一定的
空间，具有物质属性，是不可毁灭的。这一思想在芝诺以及原子论中得以
体现，但已经不同于色诺芬尼最初所理解的纯精神属性的"一"。巴门尼德
提出"存在存在，除此之外别无他在"的命题，排除世界从虚空中创造出
来的观念，成为希腊地区接受原始基督教的重大障碍——他们主张世界从
空无中被"神"的语言创造出来。除此之外，巴门尼德认为不能通过会
"骗人"的感官来感觉世界，而要通过思想，因为思想与存在同一，能够被
思想到的就必然存在。对此，巴门尼德作了一番论证：既然你在不同的时
刻想到某种事物，那么必然存在与之对应的事物；不能有一个思想，但没
有与之对应的存在物。巴门尼德这种颠倒的逻辑肯定不被现代人所接受，
但我们将会看到，这种论证方法影响了苏格拉底和柏拉图，以后被奥古斯
丁用来证明"神"的存在——人为什么会有"无限完满"这样的概念？如
果不是存在"无限完满"的那一个，人怎么会产生这样的概念呢？说的似
乎很有逻辑，其实根本不靠谱。就好比说：为什么人会有"外星人"的概
念？只能证明确实存在"外星人"。除了这套形而上学的证明方式，巴门尼
德为以后开辟这样一条认识路线：通过对可变、可感、可分离的现象的抽

---

① 《柏拉图全集》第二卷，王晓朝译，人民出版社 2017 年版，第 705 页。
② 〔德〕爱德华·策勒：《古希腊哲学史》第一卷上，聂敏里等译，人民出版社 2020
年版，第 403 页。

象，获得对事物的真实认识；现象是可变的、不真实的，只有背后的实在才是不变的、真实的。巴门尼德对希腊哲学的性格影响很大，欧洲近代以来的理性主义者基本就是这个思路，如笛卡尔坚持感觉会骗人、理性才能把握本质。

四、赫拉克利特

赫拉克利特（Heracleitus，约前544—前483年）是西方世界最重要的哲学家之一，"他的独特功绩不在具体的探究上，而在他确立了把自然当作整体来研究的普遍观念上"①。他是伊奥尼亚的以弗所（Ephesus）人，生活在整个希波战争期间。"赫拉克利特虽然是伊奥尼亚人，但并不属于米利都学派的科学传统。他是个神秘主义者，然而却属于一种特殊的神秘主义。"②事实上，他与阿那克西曼德有类似，都认为世界由两个对立的方面组成，只是赫拉克利特进行了更为系统的思考。毫无疑问，赫拉克利特一定受到了琐罗亚斯德教的影响，一个较长时间生活在波斯帝国控制的伊奥尼亚地区，接受波斯神学的一些观点并非不可思议，尽管迄今为止没有一位欧洲学者承认或指出这一点。琐罗亚斯德教对火和光明的崇拜，认为世界由善、恶两大对立力量斗争的统一等观点不见于其他文明的宗教，却是赫拉克利特思想体系的核心。

赫拉克利特认为，火是第一元素，世界在过去、现在、将来都是一团永恒的火，在恰当的时节上点燃和熄灭。还认为，一切事物都像河水那样流动，没有事物是可以永远长存的，犹如人不能两次踏入同一条河，因为一切事物都在变化之中。很明显，赫拉克利特把来自琐罗亚斯德教的善、恶斗争又统一的观点加以系统发挥，提出了适用于整个世界的对立面开展斗争而实现统一的思想。他说：万物由斗争而生成，最优美的和谐来自不

---

① 〔德〕爱德华·策勒：《古希腊哲学史》第一卷下，余有辉译，人民出版社2020年版，第508页。

② 《罗素文集》第7卷《西方哲学史上》，何兆武、李约瑟译，商务印书馆2012年版，第79页。

一致，对立物相互结合。① 赫拉克利特谴责荷马，因为荷马试图消减战争和冲突，而战争是万物之父，斗争就是正义。他给我们描述了这样一幅世界图景：无物能保持自身不变，每一事物都会变成它的对立面，一切产生于一，而一产生于一切，生成和流逝永远不会停止。如果仅仅是说出这样的观点，似乎意义并不大。但赫拉克利特坚信还有不变的法则，一言以蔽之，整个世界为"对立统一"法则所主宰。"他非常普遍并未加限制地说，明显相互对立的事物——例如白昼与黑夜、战争与和平、上与下等——是同一的；表现他思想的局限性的东西是：他还未及询问，在何种状态下，在哪种意义上，这对立面的统一是可能的。"② 这个神圣法则被万物所服从，是万物不能违背的宇宙"正义"，正是有了它才使得看上去冲突的世界产生秩序。它是统治世界的智慧、逻各斯或唯一智慧者，从无穷的宇宙周期和无尽的状态来说是永恒（Aeon）。这些概念所指代的是同一个东西，那就是"神"，赫拉克利特的"神"。当然，逻各斯也可以看作是"神"的显现。赫拉克利特有着与琐罗亚斯德教神学思维相同的哲学思维：神主阿胡拉体现最高智慧，通过其他天神显现自己的某一神性，控制着善、恶力量的斗争和统一；赫拉克利特的逻各斯作为最高的规则，控制着不断变化的物质世界，世界将会在某个时刻毁灭于火，然后从大火中又产生一个新的世界，接着又毁灭和重生，但整个过程中唯独体现宇宙正义的"对立统一"法则不变。这是赫拉克利特的宇宙论，将成为后来的斯多亚学派的理论基础。

　　基于对火的崇拜，赫拉克利特认为火高贵而水卑贱，纯粹的神圣之火保存在灵魂中。灵魂是火和水的混合物，当纯粹的火比较多，那么"最干燥的灵魂是最有智慧和最优秀的"；对于灵魂来说，变湿乃是快乐，但理性就会失去，犹如喝醉酒的人，甚至需要未成年儿童来领导。在神—人关系上，人是可朽的神，神是不朽的人；人的生就是神的死，人的死就是神的

①　关于赫拉克利特对火、变动和对立统一的观点分别引自柏拉图：《泰阿泰德》152E、160D；亚里士多德：《尼各马可伦理学》1155b5；亚里士多德：《形而上学》1110a15 等。

②　〔德〕爱德华·策勒：《古希腊哲学史》第一卷下，余有辉译，人民出版社 2020 年版，第 464 页。

生。灵魂作为更高的存在之所以要进入劣质的肉体中受束缚，还是受任何事物不能持续处于相同状态这一最高法则的约束，最后灵魂又会离开肉体过纯粹、自由的精神生活。赫拉克利特宣称智慧只在于一件事，即认识统治世界的逻各斯。在这个过程中，感觉和观察固然可以使人学到一些东西，但只有认识神圣法则才能发现真理。法律作为指导人类生活的法则，在赫拉克利特看来是源自"神"，若没有它们就无公正可言；对于一个城邦来说，法律的统治胜于一切。说起仇恨和鄙视民主政治，赫拉克利特绝对是其中的一位，他认为民主制度不明白如何服从最优秀的人，且不能容忍任何卓绝的伟大。[1]

赫拉克利特的上述观点，会在西方整个思想史中反复提及、反复讨论。

五、恩培多克勒

恩培多克勒（Empedocles，约公元前 493—前 432 年）出生在西西里岛南岸的阿格里真托，他"除了科学以外，就在于四元素的学说以及用爱和斗争两个原则来解释变化"。[2] 但仅仅从这个视角，很难对恩培多克勒的思想有深的理解。德国人策勒曾因为他提出了与其宗教学说"没有任何关系"的物理科学原则，而感到惊讶[3]。其实，这仅仅是表象。恩培多克勒持多神论观点，从未试图把不同的原始力量和原始实在抽象为原始的单一本质，而是认为万物由土、水、气、火四种元素构成。

与其他自然哲学家一样，恩培多克勒也思考世界的本原、原因。他的宇宙起源论的开端是一个"天球"，土、水、气、火四种元素处于完美混合的状态，之所以这样，是因为天球之内只有"友爱"，而"仇恨"全在天球

---

① 上述针对赫拉克利特关于灵魂、认识、法律的观点，参考了"人：他的知识和行为"，〔德〕爱德华·策勒：《古希腊哲学史》第一卷下，余有辉译，人民出版社 2020 年版，第 491—507 页。

② 《罗素文集》第 7 卷《西方哲学史上》，何兆武、李约瑟译，商务印书馆 2012 年版，第 103 页。

③ 〔德〕爱德华·策勒：《古希腊哲学史》第一卷下，余有辉译，人民出版社 2020 年版，第 551 页。

之外。"亚里士多德把它称为混合物和一。它也被称作"神"（Deity）。"①
天球的分裂始于"仇恨"进入天球，天球内部混一的状态逐渐分裂为四种
元素；当分裂充分实现，友爱又开始出现，使四元素不断排列组合，形成
当下的世界和可朽的被造物；不同的元素混合产生不同的事物，正确的混
合会产生独特的天赋；无论是人、动物、植物还是"神"，都是由元素按照
不同的方式排列组合而成。因此，恩培多克勒从未像荷马那样称诸神为
"永恒的存在"，只是称它们为长生者，万物的毁灭同样导致诸神的终结。②
当万物因友爱获得持续的统一，回到天球的最初状态时，四种元素又处于
完美混合的状态，世界也就终结。恩培多克勒从多个角度谈论"神"，有时
候把四元素和友爱、仇恨两种动力因称作是精灵，给予"神"的称呼；有
时候把"神"描述为不可见的和无与伦比的、超越于人类和有限性之上的、
统治着世界的纯粹精神。

恩培多克勒的把四大元素作为本原，又用仇恨和友爱这两个带有人格
特征的动力因来解释世界如何不断组合。这种解释自然界变化的思维被近
代的唯物主义者霍尔巴赫借用，只是他把人格化的仇恨和友爱替换为物质
间的排斥力和吸引力。③

六、阿那克萨戈拉

阿那克萨戈拉（Anaxagoras，约公元前 500—前 428 年）出生在亚细亚
半岛的克拉佐美尼，是恩培多克勒同时代的人。据说他第一个提出月亮因
反射而发光，还提出月食的正确理论。从希波战争后期到伯罗奔尼撒战争
前一年，阿那克萨戈拉在雅典生活近 30 年，给雅典带去了哲学和科学。但
他说"太阳是块石头，月亮是一团泥"（《申辩篇》26D），结果被雅典人以

---

① 〔德〕爱德华·策勒:《古希腊哲学史》第一卷下,余有辉译,人民出版社 2020 年
版,第 536 页。亚里士多德:《形而上学》三卷四章第九部分谈到这样的观点。

② 〔德〕爱德华·策勒:《古希腊哲学史》第一卷下,余有辉译,人民出版社 2020 年
版,第 539 页注释 1。

③ 〔法〕霍尔巴赫:《自然的体系》上卷,管士滨译,商务印书馆 1999 年版,第 39 页
注①。

不信"神"的理由驱逐出境。其实，他只是不相信奥林匹斯诸神，而相信自己所理解的"神"。从他和之后的苏格拉底的遭遇表明，雅典民主政治难以容纳杰出的思想人物。这给后人留下一个难题：社会在听从大众意见的同时，如何能保护杰出的不同意见者？

阿那克萨戈拉也从追问世界的本原和原因开始，但在说法上与之前哲学家们不同。从质料上说，世界由原始实在组成，既不是单元素的水或火，不是不可毁灭、不可产生的圆球，也不是四元素，而是极其微小的原始物质，这些微粒性质确定，非派生且不可朽坏，其数量有无限多，且每个微粒之间不会有两个完全相似①。世界最初状态是这些无数个微粒（原始实在）混合体，属于没有任何确定的性质、不可以被感知的混沌状态。那么，当下的世界究竟怎么形成？我们看到西方世界的哲人在回答该类问题时，总有惊人相似的思维方式。他们不可能想象物质会自然演化——如华夏文明的自我创生的有机宇宙观，他们必定要寻找另一个能推动这团物质的动力，一个能动的、有意志的东西。这正是神权社会的共同思维！阿那克萨戈拉同样如此。

他找到了这个动力，名叫"心灵"（mind），按照希腊语音译为"努斯"（nous）。它是纯粹的精神实体，异于这团物质，不掺杂任何原始实在——微粒，是世界得以产生和变动的动力因。亚里士多德称赞阿那克萨戈拉的观点，因为这与他的原动者（神）推动世界的观点相似（《形而上学》984b15，《物理学》256b24）。策勒也说："他决意不诉诸无理性的必然或者偶然，因此假定了一个非物质的本质，让它来推动和安排物质；没有理由去怀疑，他确实想到的是这样一种本质。"阿那克萨戈拉把"心灵"（努斯）这个精神实体描述为"神"。② 但是，阿那克萨戈拉的"心灵"（努斯）超然于物质宇宙之外，对宇宙进程中的个别事物保持沉默，不认为对世界有神圣统治权。这种非人格化的"心灵"，尽管是全知全能的，但不会得到普

---

① 参考亚里士多德：《形而上学》i.3,7；《物理学》i.4,iii.4 等。

② 〔德〕爱德华·策勒：《古希腊哲学史》第一卷下，余有辉译，人民出版社 2020 年版，第 659、660、662 页。

罗大众的追随，因为它没有好恶，不会偏袒谁护佑谁。

阿那克萨戈拉设想出一套世界起源的理论。简要地说，原初一片混沌，"心灵"（努斯）在某一个点发动旋转运动，通过不间断的运动产生当前的世界，进入有序状态。有机物不同于无机物，是因为有机物有灵魂，被"心灵"统治。阿那克萨戈拉把"神"从自然、社会的绝大部分领域驱逐出去，只认可自己理解的"神"，那么被雅典人指控为无神论者并被驱逐出境就是必然的结果。与赫拉克利特的逻各斯一样，阿那克萨戈拉首次提出心灵（努斯）的概念，给希腊乃至西方思想史留下难以磨灭的印记。但后人指责他尽管提出了心灵，但却没有维护心灵的崇高作用。亚里士多德说："只有在他不知道用什么原因解释世界时，才把心灵搬出来。"（《形而上学》985a18）① 不容否认，从阿那克萨戈思想中抽象出的物质是惰性、努斯（精神）是能动的观点，通过柏拉图学说、基督教神学统治了欧洲思想界两千多年。直到18世纪英国自然神论者托兰德（1670—1722）将能动性赋予物质，从而为近代唯物主义奠定思想基础。

七、德谟克利特

德谟克利特（Democritus，前460—前370年）赢得了现代人的尊敬，是因为他的原子论。当然，现代原子论与他并没有什么渊源。他大概比苏格拉底大1岁，出生于色雷斯南部的阿布德拉（Abdera），在埃及度过很长时间，也游历过波斯，最后在家乡终老。

作为自然哲学家，德谟克利特也思考世界的本原和原因。他和他的老师留基波假设世界由原子和虚空构成。原子是一种终极实在，属于非派生和无生灭的，不能进一步分割；原子周围被虚空包围，使原子的运动成为可能。"德谟克利特因此宣称，原子在它们的形状、秩序和位置方面相互区别开来；大小和重量的不同同样被提到。"② 这说明，原子在形状、重量上

---

① 在柏拉图《斐多篇》98BC、《法律篇》967B-D 都有类似观点。

② 〔德〕爱德华·策勒：《古希腊哲学史》第一卷下，余有辉译，人民出版社2020年版，第583页。

彼此不同，是有确定大小、数量无限的物体。原子内部致密没有虚空，不可再分割。那么，原子会自己运动吗？神权社会下的哲学家几乎毫无悬念地认为要有一个外在的"神"（心灵、灵魂）来推动它们，但德谟克利特很异类，主张从原子本身而不是从外部来解释运动。这种思想在西方世界是惊人的。正因为原子论的非同凡响，长期受到学者们的攻击。如亚里士多德就指责他们没有确切地寻找动力因（《形而上学》985b15），但在《论灵魂》亚里士多德又是这样转述原子论者的运动观点：

> 由于原子在大小、重量上不同，会以不同速度下降，因此它们之间相互碰撞，轻的被重的撞击向上运动。这种撞击产生了圆周或旋转运动，使同类原子和不同类原子有不同聚集，世界的各种事物由此产生。在这样的思想体系下，所谓灵魂也被设想为物质性的，是原子运动、聚集的结果；灵魂的思想能力同样是原子运动。
>
> ——《论灵魂》405A8-12.

从亚里士多德的叙述看，原子论者认为原子的运动来源于重力，由于大小和重量不同，其运动速度各不相同，因此原子之间会发生碰撞或聚集，从而产生各种事物。从中可看出，亚里士多德关于物体越重下降越快的错误物理知识应该来自原子论者。德谟克利特是唯物主义者，伊壁鸠鲁及卢克莱修是该学说的继承人。

原子论者几乎没有给"神"留下任何位置，这在神权社会是不可想象、也不能容忍的。柏拉图极为痛恨德谟克利特，曾想把他的作品用火烧光①。他批驳说："呈现在灵魂中的智慧、正义怎么可能是有形体的？既然没有形体，怎么可能用有形体的原子来解释？"（《智者篇》247A-E）原子论关于一切用原子自身来解释运动的思想在现代物理学中并未得到完全响应——量子力学无法解释经典物理学的现象。牛顿物理体系给"神"保留了一席之地，而爱因斯坦依然坚持斯宾诺莎式的"神"。牛顿和爱因斯坦都是机械宇宙论

---

① 〔古希腊〕第欧根尼·拉尔修：《古希腊名哲言行录》，王晓丽译，中国华侨出版社 2021 年版，第 331 页。

者——宇宙需要有设计者，需要有外在的动力因来推动。这种思想直到当代，依然占据着一些自然科学家的头脑。

第四节　神学和哲学——阶段性小结二

希腊哲学与神学密不可分，前苏格拉底的哲学家不仅是"最初的自然哲学家"，而且也是"最初的自然神学家"①。这些自然哲学有着众多的派系，都在试图解释世界的本原，这一现象与该区域存在多种神话体系、多种政治实体、多种话语体系有关。一些学者试图用主观想象中的"哲学进步"来梳理希腊哲学的发展脉络，认为有一个从自然哲学再到精神哲学的发展，有一个世界的构成从单一"始基"到多个"始基"的发展，有一个理性的"逻各斯"到非理性的"努斯"的发展等，这是一种非历史的主观想象中的哲学史，属于伪哲学。

由于复杂的原因，我们一般只讲希腊哲学中的非神学部分——在基督教钳制思想的时代，因属于异教神学而不敢讲，而在世俗化时代，因神学的非科学而不愿讲，于是导致这样一种认知：好像希腊哲学与神学无关，好像自然哲学家们一开始就用自然主义、理性主义来思考世界。这与历史事实不符。最初的自然哲学家们，不仅形成了最初的哲学思想，还形成有别于传统大众宗教的理性神学。传统大众宗教信奉有人格特征的"神"，可以供人膜拜、为人祈福，但无法与哲学和科学共融。哲学家们讲了一个不同于常人的故事，其共同特点是将"众神及人类之父"及其神圣家族消融在一种非人格的自然规律之中。因此米利都学派、毕达哥拉斯学派、爱利亚学派，绝非是奥林匹斯诸神的继续，他们打破该传统才产生新学说。神学需要回答创世问题，哲学要回答的也是创世问题——世界的本原和原因。前者用人格化的力量创世，后者用非人格化的因素来解释，双方面临同样的问题，其思维方式相互渗透、互为借鉴。哲学家有坚持多神论的，也有

---

① 〔英〕詹姆士·斯鲁威尔：《西方无神论简史》，张继安译，吕大吉校，中国社会科学出版社1982年版，第12页。

主张一神论的，它们共同特点是远离尘世的喧嚣，几乎不干涉世事，也不偏向谁庇佑谁。这样的理性神注定得不到大众的崇拜，注定是孤寂的，但他们却是产生哲学和科学的基础。

本质上讲，哲学和神学都是对永恒对象的沉思。这个永恒对象可以称为"实在""理念""本体""真理"或者"神"，尽管名称不一样，指的都是同一个"东西"——它决定着存在之所以存在、决定着是之所以是。这个"东西"事实上无法用纯粹思辨的方式去理解，但哲学家总是固执地认为这个办法可行。亚里士多德说："万物都来源于神，也由神构成，如果离开它们的庇护，没有一个自然物是自足的。"（《论宇宙》397b15）这个观点几乎是全部西方哲学的思想预设。希腊哲学从赫西俄德、泰勒斯开始，结束于神学色彩更加浓厚的新柏拉图派，最后被基督教神学所替代——源于神学，最终又回归神学。这是一条有其必然性的逻辑链条，他们具有超越性的终极目标都是沉思"神"，与"神"合一。由此可知，从不同哲学家对"神"的不同思考入手，从同一个问题的两个方面——创世和本原——入手，或许我们对希腊哲学才会有真的理解。在神权统治的世界，人们的思维结构、所惊奇的问题已经必然地被神学思维所决定。人只会关心其关心的问题，不可能跃出限定去关心不可能关心的问题。哲学家对世界的惊奇、对智慧的热爱，不过是对"神"的惊奇和热爱。

以下是神学和哲学共同关注的基本问题。

1. 世界的本原和原因

大千世界从何而来？从神学出发，是个创世问题，认为世界由人格化的终极力量（神）创造出来。从哲学出发，是追问世界的本原和原因，认为世界必定有一个终极存在，其他的东西都依赖它而存在。神学家们思考"神"的特征，于是有了各种稀奇古怪的念头；哲学家们思考本原和原因是什么，便有各种各样的猜测和假设。作为世界本原和原因的东西都必须满足一个条件：它们不是由别的东西产生且不可朽坏，正如"神"是自在而不朽的。他们都固执地认为：世界必然存在一个终极本原或原因作为整个世界的"始基"，而且都自认为找到了。

上述问题在哲学中是作为"本体论"或"第一原理"加以讨论，几乎贯穿西方整个思想史，是传统西方哲学三大问题（本体论、认识论、伦理学）之一。他们断定：世界是不断变化的，但必定有一个绝对不变的东西存在，世界肇始于它，世界因它有确定性。柏拉图在《蒂迈欧篇》说：

> 什么是永恒存在没有生成的东西？什么是永恒生成无时存在的东西？那可由思想以推理来把握的是永恒自持的东西，而那作为意见之对象以非推理的感性来揣测的则是变动不居、无时真正存在的东西。我们知道，凡是生成的东西必定由于某种原因方才产生，因为若无原因，没有任何东西能被创造出来。①

希腊哲学家的共同想法是：只有思考那些非受造、自己依靠自己永恒存在的东西才有意义，而不应该对那些受造物抱有兴趣，因为它们变动不居、不是真正的存在。他们满怀热情地探讨"存在之为存在""是之为是"的课题，以为依靠智慧可以把握这个不变的本原。直到康德对纯粹理性的限度作出划时代的分析，特别是伴随十九世纪以后的自然科学的进步，西方人真正认识到形而上学地思考宇宙本原和原因是条死胡同。"本体论"从西方哲学课题中沉寂，因为用纯粹思辨方式探讨创世问题、探讨宇宙的本原将是极为荒谬的一件事。

2. 世界受目的支配还是受别的支配

世界究竟受什么东西支配？这是神学和哲学共同关注的问题。从神学看，世界由"神"设计并控制着，事物的出现肯定体现着目的性。由于这个原因，世界受目的论支配的观念在西方长期占据主流，这意味着一件事情的发生取决于未来要发生的事情。比如自然界为什么会有猫，那是因为已经存在捉老鼠的目的，大多数哲学家包括亚里士多德就是这么思考的。不过，德谟克利特是一个重要的例外，他坚持用原子自主的运动来解释结果，坚持一件事情的发生取决于已经发生的事情，这就是因果论。新柏拉图主义和极端的一神论（如基督教）也会产生用原因分析结果的思维。由于"神"创世目的不可追问和妄测有亵渎神明的嫌疑，只能把"神"理解

---

① 《柏拉图全集》第三卷，王晓朝译，人民出版社 2017 年版，第 279 页。

为万物的终极原因——第一原因，创世过程是遵循一条完整的因果链，从"神"这个终极因开始一步步有序展开。以后我们会在中世纪的阿奎那和近代自然神论看到这种逻辑。这样的思维方式是可以转化为对自然现象的因果分析。但近代休谟对因果关系的客观性表示怀疑，认为这只是人的印象关联而已。此外，在希腊大众宗教中，人与"神"都处于不可知的"命运"操控之中，这种"命运"可转化为哲学中的必然性，似乎预示人类和人类社会是受某种"必然性"控制并走向某个特定的目标。世界受神秘"必然性"控制的独断论，在近代西方理性主义者中依然屡屡可以发现。

那么，支配世界的究竟是目的论、因果论、还是必然性，或者兼而有之？其实至今仍然莫衷一是。我们至今仍在困惑：支配如此浩瀚的宇宙原理究竟是什么？但有一点可以肯定：依靠纯粹的思辨来解决这个问题，只能是死路一条。

3. 世界是一元还是多元

哲学上的多元论和神学上的多神论，哲学上的一元论和神学上的"一神教"有大致的对应关系，不同的神学对应着不同的哲学。第一种，"神"与世间万物融为一体，属于万物有灵论或泛神论，早期自然哲学家大多秉持这样的思维。只是自然哲学家们尽可能将"神"理解为一种内在活力、规则。第二种，作为精神实体的"神"超然于物质实体之上，两者发挥着不同的作用。"神"是推动世界发生、发展的动因，但如果缺乏物质性的质料，"神"也无法完成创世。这是一种精神、物质二元论的世界观。如恩培多克勒、阿那克萨戈拉，既有不朽的物质性的终极实在，同时还需要有精神性的"仇恨和友爱"，"心灵（努斯）"作为动力因，两者结合起来世界才能发生、发展。第三种，"神"既超然于一切之上，又可进入世间的一切之中。无论是类似灵魂、天使之类的精神性存在，还是肉体、自然物之类的物质性存在，全部来自"神"，由"神"创造。这属于精神一元论世界观。如毕达哥拉斯的"太一"，赫拉克利特的智慧者、逻各斯，它们都是永恒不变，主宰着不断变化着的世界。第四种，"神"凭空创造一切，既创造物质实体，也创造精神实体。这种观点将会在后面讨论的基督教神学中出现，具有独创性。近代哲学之父笛卡尔把这种神学思想转化为自己的哲学思想，因此他的哲学中存在二元的物质实体和精神实体。但严格讲，笛卡尔的哲学并非是二元论，因为在他的学说体系里，物质和精神作为有限实体最终统一于"神"。第五种，"神"体现为物质属性，是物质力量运动的结果。这种近乎无神论的思想，体现在德谟克利特等提出的原子论。这些原子的性质永恒不变，无须依赖别的动力因而自我运动。这同样是一元论世界观，是物质一元论世界观。原子论者把"重力"看作运动的原始动力，通过重力的作用使原子发生垂直或偏转运动。现代物理学按照类似的思路，找到了引力、磁力、弱相互作用和强相互作用等四种宇宙基本力。但是，如果继续追问这些基本力是如何形成的，恐怕也只能归结为某个不明原因的安排，因为迄今为止对基本力本质的认识依然令人茫然。

4. 真理和认识论

认识问题同样是神学和哲学共同关注的大问题。神学家讲如何认识"神"，哲学家讲如何认识"真理"。西方思想世界里，"神"与"真理"是画等号的。"神"作为最高智慧者代表着绝对无误的真理本身，认识"神"就是认识真理、获得智慧。这类观点，我们可以在柏拉图、亚里士多德及以后的哲学家、神学家的作品中不断看到。亚里士多德说："智慧是科学与努斯的结合，并且与最高等的存在物相关。"[1] 希腊哲学讲的智慧是属于永恒者的思想，就是"神"的思想，哲学家是爱智慧的人，就是爱神的人，希腊哲学的基础和归宿都是神学。哲学中的真理问题，就转化为神学中的神启问题；如何认识真理，就转化为如何认识"神"。

"神"存在的永恒性，意味着真理存在的绝对性。"神"的存在方式决定着真理的存在方式。如果"神"只存在于人类所不知的地方，既不在时空里、也不在历史中呈现，那么真理只存在于人不可知的世界里，不可能在历史的、具体的事物中显现出来。希腊哲学家的"神"大多是这样的。在他们看来，现象和本体分属两个不同的世界，只有沉思本体世界才能获

---

① 亚里士多德：《尼各马可伦理学》1141b3。智慧是关于永恒的事物的，因此智慧或者哲学在最高意义上就是神学。见《尼各马可伦理学》，廖申白译注，商务印书馆2003年版，第192页注①。

得真知识。直到基督教出现之后，改变了"神"的存在方式，对真理是什么的认识开始发生变化。这集中体现在耶稣是"道成肉身"这一核心教义。新约的"道"与希腊哲学的"逻各斯"是同一个希腊词，代表最高智慧、理性，新约中专指圣子、基督。"道成了肉身，住在我们中间，充充满满的有恩典有真理。"（《约翰福音》1：14）与"神"同在的永恒之"道"，通过一个具体的"肉身"在历史中得以显现，被我们所认识，使我们理解永恒之"道"的存在。这意味着"基督教肯定真理既存在并隐藏于具体的、历史的、特定的（事物）之中，同时，在一切的历史时刻，都永不失其真实性"①。借助于这一教义，以后欧洲哲学家改变了希腊哲学家的真理观，形成自在的绝对真理和不断在历史中显现的相对真理两者统一的新真理观。基督教的"神"既超越时空又在时空里，既超越历史又在历史中，它需要在历史中呈现，向人们启示真理。

认识"神"在神学中有两种途径：第一，通过神启或其他神秘仪式接近神、理解神，这是主要的；第二，通过被造物——自然界和人去认识"神"，这是辅助性的。希腊哲学获得智慧的途径大致也是两种，一是用心灵、理性直接沉思本质的东西，这是最好的办法。二是从经验、现象入手观察世界，这不是好的路径。希腊哲学家大多瞧不起经验和技能，从经验的现象世界只能获取意见而非知识。这一倾向直到近代英国经验主义哲学才发生改变——人类全部知识建立在人的感觉印象上。

能否认识神？这意味着真理的可认识性。神学中同样有两种观点。一种观点，"神"的本质是不可认识的，人的有限智慧无法理解全知全能的"智慧体"。你可以说"神"不是什么，但不能说是什么。另一种观点，人通过理解"神"的显现，"神"的作品，可以间接认识它。反映在哲学中的对"本体"或"自在物"（终极本原和原因）认识就有不可知论和可知论，但不管如何，人要一劳永逸地把握绝对真理却是不可能的。即便是最乐观的可知论，只能说绝对真理在人类历史进程中通过相对真理不断被人们所

① 〔美〕胡斯都·L. 冈察雷斯：《基督教思想史》第 1 卷，陈泽民等译，译林出版社 2010 年版，第 17 页。

把握。这里还有一个问题，作为心灵的认识主体，为什么可以认识独立于我的客体？这也是一个贯穿于西方思想史的大问题。即便是笛卡尔，依然需要借助"神"来作保障——"神"不会欺骗我。直到坚持彻底无神论的马克思主义，提出了通过实践实现主客观统一的命题，比较好地解决该问题。

5. 灵魂和肉体

灵魂与肉体的问题，既是神学也是哲学中的大问题，它同精神与物质，心与物的关系紧密相连。灵魂与肉体是可以分离的两个实体；没有灵魂作为推动力，肉体就不会运动。这是希腊哲学的普遍信念。我们将看到，离开灵魂不朽和灵魂转世这一基础，柏拉图学说体系不仅逻辑上难以自洽，许多观点也将难以理解。亚里士多德尽管反对灵魂转世，但是依然保留了某一部分灵魂可以离开身体而不死的观点。

上述 5 个问题构成了西方神学和哲学的共同课题，而双方在思维方式上的相互借鉴达到了水乳交融的地步。西方思想史表明：任何一次有意义的观念上的变革，都与"神"的观念的变革密不可分。由此得出普遍性的推论：西方历史任何一次有意义的革命和进步，都需要神学和宗教上的改革为先导。后面的叙述将会证明这一点。

第三章　苏格拉底和柏拉图

新柏拉图主义后期代表人物、罗马人普洛克罗在《柏拉图的神学》中写道："如我所说的，所有这些人都把事物最初、完全自足的原理称为神，把关于它们的学科称为神学。"① 柏拉图及后来的一批哲学家们常常把本性上处于最优先位置的东西称为"神"，把它作为万物的第一原理。这些哲学家的"神"已经与希腊诸神完全不同，安静、智慧、良善、正义，对人类充满友好，只满足于待在最高处控制世界，从来不曾想着试图越过多个层级干预人间具体事务。智慧属于"神"，爱智慧就是爱"神"。这样的学问被称为哲学而不叫神学，是因为严格意义上的神学是关于人格化最高存在者的学问。

第一节　古希腊世界和苏格拉底

要理解苏格拉底思想的意义，需要首先理解古希腊世界的真实状况，而理解这种真实状况，需要避免对古希腊的两种极端的评价。

一、古希腊世界

文艺复兴以来，欧洲人出于对自身文化传统的寻根之需要，逐渐将古希腊理想化，看作智慧与美的化身、自由与理性的发源地，从而滋生反闪

---

① 〔古罗马〕普洛克罗:《柏拉图的神学》,石敏敏译,中国社会科学出版社 2007 年版,第 6 页。

米特的情绪、反基督教的思想。尼采攻击基督教是奴隶道德，颂扬希腊日神和酒神精神。黑格尔不遗余力赞美希腊的一切：

> 一提到希腊这个名字，在有教养的欧洲人心中，尤其在我们德国人心中，自然会引起一种家园之感。……那更高的、更自由的科学（哲学），和我们的优美自由的艺术一样，我们知道，我们对于它的兴趣与爱好都根植于希腊生活，从希腊生活中我们吸取了希腊的精神。如果我们可以心神向往一个东西，那便是向往这样的国度，这样的光景。
>
> ——《哲学史讲演录》①

通过黑格尔及以后相关思想家们的思想传递，在中国知识分子中、包括早期中国共产党的高级知识分子党员中，也存在把希腊过度理想化的倾向。人民领袖毛泽东在延安时期就批评说："许多马克思列宁主义的学者也是言必称希腊，对于自己的祖宗，则对不住，忘记了。"② 值得注意的是，颂扬古希腊的风气在那些坚守希伯来传统的西方保守人士中，却遭到贬斥。一位美国保守主义者写道：

> 希腊人在古代世界以其诡计多端而臭名昭著，无论作为个人还是群体，常常弄巧成拙。……一则俄罗斯谚语说道：希腊人会讲真话，不过每年只讲一次而已。……归根结底，希腊政治思想的问题可以被归因于希腊宗教的缺陷。……奥林匹亚众神和冥界神祇多次互相厮杀，所有的希腊城邦也都如法炮制，一旦他们觉得侵略行径有利可图，便时刻准备着发动对蛮族或其他有着相同渊源和体制的希腊城邦的战争。③

---

① 〔德〕黑格尔：《哲学史讲演录》第一卷，贺麟、王太庆译，上海人民出版社2013年版，第157页。

② 《毛泽东选集》第三卷，人民出版社，第797页

③ 〔美〕拉塞尔·柯克：《美国秩序的根基》，张大军译，江苏凤凰文艺出版社2018年版，第53、54、56、60页

这位有浓厚基督教福音派背景的保守主义者认为，除了梭伦以外，希腊对于现代美国秩序的贡献几乎为零，他更愿意把摩西作为真正的文化精神源头。休谟也曾说："我知道普列皮斯①把希腊人信用的丑名归罪于伊壁鸠鲁哲学的流行；……（实际上）在伊壁鸠鲁哲学兴起之前，希腊人的信用早已是丑声远扬的了。"② 当然，比较接近事实真相的，应该是在上述两种偏激的观点中持公允的立场。雅典城的辉煌前后不过五十年，其兴也勃、其亡也忽。

希波战争结束后，希腊形成了以雅典为首的提洛同盟和以斯巴达为首的伯罗奔尼萨联盟。这是希腊尤其是雅典民主政体短暂的黄金时期。但雅典民主的辉煌建立在两个基础上：一是对城邦内奴隶的压榨，二是对盟邦的人力和经济的压榨。其奥秘在于：必须有一个为自由公民创造财富、提供服务的奴隶群体，有一大批忍气吞声、无偿缴纳贡金的城邦附庸，以便为那些不事劳作的自由公民们谈天说地、开会议政、锻炼身体提供源源不断的物质财富。由于雅典采取扩张的帝国主义政策，加上双方互不信任，终于在前431年爆发两大集团之间的战争。修昔底德的《伯罗奔尼撒战争史》既讲述希腊的光荣，也记录希腊的野蛮。比如战争期间，坐落爱琴海西南的米洛斯岛的居民请求在雅典和斯巴达之间保持中立，但雅典公民大会不仅拒绝而且决定杀掉米洛斯城邦的所有成年男子，把妇女和儿童全部卖为奴隶。雅典人毫无公义而只有赤裸裸的利己，"雅典人所认识的国际正义只能存在于实力相等的强国之间，而强国的特权就是可以按一条不同的原则对待弱国，即权衡利弊、不问是非的原则"③。雅典人的原则可以归结为一句话："强者为所欲为、弱者俯首听命。"希腊社会的暴力性被古希腊诗人品达神圣化了，他把"高举的暴力之手"当作天然的正义（柏拉图：《法律篇》714E）。欧里庇得斯的名著《特洛伊妇女》，借特洛伊战争中妇女的遭遇来谴责雅典屠杀米洛斯人的暴虐行径。特洛伊王后赫卡柏悲怆道：

---

① Polybius，前205—前123，希腊历史学家。——笔者注

② 〔英〕休谟：《自然宗教对话录》，陈修斋、曹棉之译，郑之骧校，商务印书馆1962年版，第105、106页。

③ 〔英〕N.G.L.哈蒙德：《希腊史》，朱龙华译，商务印书馆2016年版，第613页。

曾经闻名遐迩于东方的特洛伊啊，

你的名声很快即将湮没。

他们把你烧毁了，还要把我们带离这里

去做奴隶！

——《特洛伊妇女》①

　　雅典民主政体下的穷兵黩武，导致公元前415年到前413年远征西西里岛的惨败。按照修昔底德的看法，雅典人对于西西里的广大面积和叙拉古丰富资源——这些都是战争潜力——并不清楚，就贸然投入规模不亚于伯罗奔尼撒战争的另一场战争。出征前夕，一些赫尔墨斯（众神使者）神像遭到毁坏，给西西里之战蒙上阴影。作为远征军主帅之一的西亚比德，曾希望出征前能查明此事件，但遭到雅典当局的拒绝，原因是他的政敌需要在他的支持者大多随同出征的情况下，操纵公民大会指控他亵渎神明。果然，在远征西西里作战期间，西亚比德接到回雅典受审的命令。但他发现自己早已经被缺席判了死刑，受审只是形式，于是投奔斯巴达。这种为搞垮政敌而搞垮政敌的民主政治内斗模式无疑是资敌行为，但在雅典极为普遍，政治领导人为了个人私利和飞黄腾达，可以置城邦安危于不顾。雅典人的极度迷信，在远征西西里中暴露无遗。当战争失利雅典军队准备从叙拉古撤退时，公元前413年8月27日夜晚，发生了月食，占卜师宣称必须就地等待3个9天即27天后才能转移。雅典人接受这个愚蠢的神意，从而为全军覆没开启倒计时。在伯罗奔尼撒战争的最后阶段，雅典人曾于公元前406年赢得最后一次海战胜利，却因傲慢再次拒绝了斯巴达提出的和平建议。不仅如此，因受到极端民主派的鼓动，公民大会投票决定以没有给受伤的兵员提供救助的罪名，判处此次战役的10名将军死刑。这一愚蠢、莽撞的决策成为压死骆驼的最后一根稻草，公元前405年羊河海战溃败，雅典在与斯巴达的争霸中失败了。

　　当然，作为雅典对手的斯巴达也并不高尚。他们奴役同族的希洛人，

---

① 《古希腊悲剧喜剧集》下部，张竹明、王焕生译，译林出版社2011年版，第672页。

在公元前 426 年攻克希腊中部的普拉提亚城邦后实施屠城。为了能击败雅典，斯巴达不惜与波斯人合作。战争虽然以雅典的全面失败而告终，但并没有赢家。因为"希腊世界从伯罗奔尼撒战争中除了灾难外一无所获"[1]。希腊内部相互残杀和长期内斗，不仅给了北方马其顿人可乘之机，以后又给罗马人各个击破创造了条件。

二、苏格拉底的意义

作为雅典人的苏格拉底（Sokrates，约公元前 470—前 399 年），出生于希波战争后期，死于伯罗奔尼撒战争结束后的第 5 年。他大部分时间生活在雅典最辉煌的时期，却深刻体会到繁华背后的危机。他目睹雅典帝国主义政策带来的罪恶，希望启蒙雅典人的良知，但最后死于雅典同胞之手。呼唤德性、强调伦理，成为苏格拉底思想的主轴。亚里士多德评论说："苏格拉底致力于伦理学，对整个自然则漠不关心。"（《形而上学》987a30）这就是希腊哲学中所谓苏格拉底转向的时代背景。

苏格拉底被判死刑的主要理由是："他腐蚀青年人的心灵，相信他自己发明的神灵，而不相信国家认可的诸神。"（《申辩篇》24C）对此，苏格拉底断然否定。他说："神指派我过一种哲学的生活，对自己和其他人进行考察。"（《申辩篇》29A）毫无疑义，苏格拉底有自己的"神"并确认自己是在遵从"神"的指令，以便完成教化雅典公民的使命。他在法庭上陈述：

> 雅典公民们，我敬爱你们，但是我要服从神灵胜过你们，只要我还有口气，还能动弹，我决不会放弃哲学，决不停止对你们劝告、停止给我遇到的你们任何人指出真理。
>
> ——《申辩篇》29D[2]

很显然，苏格拉底的"神"与雅典公众所认可的"神"是不一样的。那么，它们之间的差别在哪？为什么苏格拉底要违背希腊传统而塑造新的

---

[1]　〔英〕N. G. L. 哈蒙德:《希腊史》,朱龙华译,商务印书馆 2016 年版,第 660 页。

[2]　〔古希腊〕柏拉图:《柏拉图对话集》,王太庆译,商务印书馆 2004 年版,第 42 页。

"神"？答案在柏拉图《国家篇》（或称《理想国》）里有透露。这篇对话是柏拉图的中期作品，可以看作是柏拉图和苏格拉底共同认可的观点。在讨论如何培养理想国的卫士时，苏格拉底不断谴责荷马、赫西俄德等人所叙述的关于"神"的各种故事——不仅亵渎神灵，而且不利于青年人的身心健康，不利于培养合格的城邦卫士。苏格拉底说：

> 如果要他尊敬神明，敬重父母，不忽视朋友之间的情谊，我看就要明确该让他们从小就听到哪些关于神灵的说法，不该让他们听到哪些神话。
>
> ——《国家篇》386A

哪些是不该听到的关于神灵的说法？首先不能说第一代神王乌拉诺斯囚禁自己的孩子，第二代神王克罗诺斯割掉父亲生殖器，第三代神王宙斯打败并囚禁父亲等事情，即便是真的也不能说，这会教唆年轻人犯道德败坏的罪行。不能说特洛伊人背信弃义是雅典娜和宙斯的指使，不能同意诸神之间的争吵归因于宙斯。"如果说坏人倒霉是因为他们需要惩罚，神惩罚他们是希望他们变好，那样说是允许的。可是宣称神虽然善良，却是某个人邪恶的原因，我们必须加以驳斥。"（《国家篇》380B）苏格拉底提出城邦立法的首要准则就是："神"只是好事的原因，不是一切事情的原因。不能像荷马说的，宙斯在给人好运的同时还给人以厄运。后来这条准则一直成为西方世界的"政治正确"。第二条准则是"神"只能有一个面目，那就是永恒、不变的最完满者。这条准则也一直为以后的西方世界所遵守。苏格拉底说，诗人们不能吟唱"神灵变换着形相，以多种面目，从一个城邦走到另一个城邦"（《国家篇》381D）。"神"作为绝对完满的存在不应该变化，犹如一个最好的东西不可能再好，如果要变化就只能变坏。苏格拉底列举了荷马史诗中大量亵渎神明的例子。

比如宙斯说：

> 哎哟！我心爱的人被追得抱头鼠窜，
>
> 我亲眼目睹，心如刀绞。

或者众神看到瘸腿的火神一拐一拐地行酒后：

> 神灵们爆发出一阵大笑，
> 竟看到赫派斯多青衣行酒。

或者如阿喀琉斯咒骂阿波罗：

> 没有比你更恶毒的神，你将我引入歧途。我要惩罚你，如果我有
> 力量。

或者赫西俄德在《神谱》里说：

> 贡品打动神灵，打动尊贵的君王。①

苏格拉底无比气愤。他认为这类非道德主义的故事对读者非常有害，使每个人很容易谅解自己干坏事，只要他相信这类坏事现在和过去都有"神"做过。看来，苏格拉底的确用心良苦，凭自己"受难圣徒"般的坚毅，要重塑被人败坏的希腊诸神的形象。其实奥林匹斯诸神的德性不正是现实中希腊人的德性？苏格拉底试图与习俗对抗，通过塑造有崇高德性的"神"，使自己站立于道义制高点，获得对雅典人毫无德性现状的批评权利。苏格拉底的历史意义在于：首先将德性问题引入希腊哲学，希望凭借一己之力让希腊人过上有德性的幸福生活；其次，开启了一个新的哲学传统——重视对概念的辨析、反对独断论、重视对人自身的研究。他的学生色诺芬说："苏格拉底并不像以前的大部分哲学家那样谈论整个自然，他并不寻求世界的本质和自然现象的法则；相反，他宣称研究这些主题是愚蠢的；因为在充分了解人类事务之前考察神圣的事物是不合理的；况且，自然哲学家们相互冲突的观点已然证明，他们研究的对象超越了人类知识的能力。"② 这段话的真实性可能会有争议，但苏格拉底学说的主题是伦理学，

---

① 以上引自《国家篇》388C、389A、390E。
② 转引自〔德〕爱德华·策勒：《古希腊哲学史》第二卷，吕纯山译，人民出版社2020年版，第92页。

却是没有任何争议的。苏格拉底作为真正的希腊哲学的代表，并不关注自然哲学是不争的事实。

在判处他死刑的法庭上，苏格拉底仍然在大声呼吁：

> 我的好朋友，你是一名雅典人，属于这个因其智慧和力量而著称于世的最伟大的城市。你只注意尽力获取金钱，以及名声和荣誉，而不注意或思考真理、理智和灵魂的完善，难道你不感到可耻吗？
>
> 我每到一处便告诉人们，财富不会带来美德（善），但是美德（善）会带来财富和其他各种幸福，既有个人幸福，又有国家的幸福。
>
> 我试图逐个劝说你们不要把实际利益看得高于精神和道德的良好状态，或者更广义地说，把国家或其他任何事物的实际利益看得高于保持它们的良好状态。
>
> ——《申辩篇》29E、30B、36C

苏格拉底以及柏拉图对希腊传统宗教的批评，在以后的基督教神学家奥古斯丁那里找到了知音。他说："荷马编造这些故事，把神写成无恶不作的人，使罪恶不成为罪恶，使人犯罪作恶，不以为仿效坏人，而自以为取法于天上神灵。"[①] 甚至在近代西方的康德那里找到知音，他批评基督教可能导致的非道德主义，认为道德才导致宗教、道德才是宗教的基础。

这意味着，维护"神"的至善形象是苏格拉底之后的西方主流思想的最大任务。

那么，苏格拉底的"神"具有什么特征呢？

第一，最高的智慧。苏格拉底通过大量考察认为，那些自认为有智慧的智者、政客、诗人、手艺人，其实都是愚蠢的人。因为"只有神才是真正智慧的"，"人的智慧价值不大，甚至毫无价值"（《申辩篇》23A）。

第二，最完满的美德。苏格拉底在与美诺经过冗长的讨论后说：人世间的美德只能来自"神"。《美诺篇》结尾处，他总结说："根据当前的推理，我们可以说美德通过神的恩赐而来。"（《美诺篇》99B）

---

① 〔古罗马〕奥古斯丁：《忏悔录》，周士良译，商务印书馆 2015 年版，第 19 页。

第三，绝对的真理。苏格拉底接受毕达哥拉斯的灵魂不朽、灵魂转世说，并作了进一步发挥。他认为人要获得真理只能等到灵魂脱离肉体的一切束缚，到达另一个纯洁的世界才能实现。他说："只要我们还保留着不完善的身体和灵魂，我们就永远没有机会满意地达到我们的目标，亦即被我们肯定为真理的东西。""如果有身体相伴就不可能有纯粹的知识，那么获得知识要么是完全不可能的，要么只有在死后才有可能，因为仅当灵魂与身体分离，独立于身体，获得知识才是可能。"（《裴多篇》66B、67A）既然人只能在死后通过灵魂获得真知，那么现世中人的知识的来源只有一种可能性：通过灵魂"回忆"过去从"神"那里获得的真理。顺便指出的是，近代西方的"天赋观念"甚至康德的纯粹理性假设实质都是灵魂回忆说的一种别样表达方式。

第四，最高的正义。"神"不能通过祷告、献祭等方式被安抚或收买，只有正义的人才是"神"所喜悦的。如果人作恶并从作恶的收益中拿出一部分献祭给诸神，将诸神争取过来，那么人还有什么理由不会选择作恶呢？（《治国篇》336A、B）"关键是诸神决不会忽视任何愿意投身于成为正义，并且通过尽人力所及地实践美德以使自己接近神的人。"（《国家篇》613B）这些观点从琐罗亚斯德最早提出，到苏格拉底大力倡导，通过柏拉图的学说、延续到基督教神学、康德的道德宗教等。

苏格拉底的"神"是集智慧、美德、真理、正义于一身的最完满的存在，具有"神正论"的萌芽，显然与雅典公众热衷的诸神完全不同。希腊人只把"神"作为谋取私利的依靠，但苏格拉底以"神"的名义要求雅典人过有德性的生活。他身体力行，超脱于个人的利害得失，只满足于道德内省而对外部世界的荣辱无动于衷。无论从神学发展方向看，还是从哲学发展趋势以及雅典社会走向看，苏格拉底无疑是站在"历史正确"的一边。但雅典人并不领情——尽管苏格拉底有圣贤般的品性——因为他在颠覆雅典传统的价值体系。但真正颠覆雅典的不是苏格拉底而是雅典人自己——秉持暴力和非道德主义的族群必然衰败。在雅典极盛的余晖中，苏格拉底喝下了监刑官准备好的一杯毒药，说出最后的话：

克里托，我们必须向阿斯克勒庇俄斯祭献一只公鸡。注意，千万别忘了。①

无人知晓这位"最勇敢、最聪明、最正直的人"为什么要献祭公鸡！谁能猜透这个迷局——难道是公鸡破晓？

苏格拉底永远自称"无知"，这意味着过时的学说必须清除，而真正的哲学才刚刚开始——恰恰是建立在颠覆希腊传统的基础之上。

第二节　柏拉图的创世神

柏拉图（Plato，约公元前 427—前 347 年）出生于雅典附近的埃癸那岛（Aegina），这时伯罗奔尼撒战争已经进入第四个年头，他在战争中度过整个青少年时期。希腊世界和雅典社会的危机必然给柏拉图以强烈刺激。柏拉图的叔父兼继父皮里兰佩（Pyrilampes）支持民主政体，并与伯里克利关系密切，但不容否认，柏拉图终其一生都有强烈的反民主倾向，对僭主政治也很不满。在苏格拉底受审并被民主派判处死刑后，他对雅典现实政治彻底失望，转而寻求乌托邦式政治，心灵也从现实转向理想。苏格拉底死后，柏拉图与苏格拉底的其他弟子来到科林斯地峡北部城市墨伽拉，形成一个志趣相投的学术圈子，以后又辗转前往埃及、意大利南部、西西里岛游学。他为了实现心中的政治理想——教育出真正的"哲人王"，曾三次应邀前往叙拉古，但最终失败。第一次被叙拉古僭主卖作奴隶——幸亏得友人相救，第二次被僭主流放，第三次差点被杀。幸运的是，古稀之年的柏拉图还是回到雅典的家，度过最后一段安详的晚年时光，临终前写作最后一部对话录——《法律篇》。在苏格拉底众多弟子中，柏拉图显然是最重要的传承者。

英国数学家、哲学家怀特海写道："对构成欧洲哲学传统最可靠的一般描述就是，它是对柏拉图学说的一系列脚注。"② 他是想以此说明柏拉图对

---

① 《斐多篇》118A。同上，第 132 页。
② 〔英〕怀特海：《过程与实在》，李步楼译，商务印书馆 2012 年版，第 63 页。

西方思想的巨大影响。柏拉图的作品大多没有明确结论，各种相左的观点似乎都可以从中找到依据，从而成为启迪不同时代欧洲人思想的宝藏。与苏格拉底专注于伦理学不同，柏拉图是一位宏大叙事者，从宇宙、人类起源，到国家运作，伦理学和知识论等，都有涉及。这与他长期在外游历，视野开阔有很大关系，更与他吸收其他地区的宗教形成独特的神学有关。柏拉图继承"神"是最完满存在的观点，还接受"神"是宇宙设计者、创造者的观点[①]。在他临终前撰写的《法律篇》中，还在殚心积虑地论证三个命题："诸神是存在的；诸神关心我们人类；诸神绝对不会听从人的怂恿而偏离正道。"[②] 他心目中的好法律必须对"野兽般凶残"的无神论者、相信"神"不关心人事或相信"神"懒惰的人规定死刑或监禁，设立三座不同的监狱关押不虔诚的人。看来柏拉图理想国度其实是绝对神权统治的"乐园"。幸而柏拉图不是大权在握的政治领袖，也不是信徒众多的宗教领袖，只是耽于沉思的书生。但他在宗教上的不宽容，很快在犹太教和基督教的一神论宗教中找到了知音，更在以后的宗教裁判所中落了地。

柏拉图把宗教等同于哲学、把"神"等同于哲学沉思的终极实在，还将对"神"的信念转化为立志纯洁希腊人道德的使命，并将此作为自己哲学构思的起点和终点。爱慕智慧等于爱慕"神"，这是哲学的终极事业。柏拉图看来，哲学家（爱智者）必然是虔诚的人、蒙"神"喜悦的人，最后又复归于"神"的人；在自由和悠闲中成长的哲人，会沐浴在神圣光辉之中；哲人的生活是属"神"的生活，是圣洁和幸福的。[③] 一般人认为践行美德是为了看起来不是恶人而是好人，柏拉图认为是纯属妇人之见，践行美德的根本目的在于让人看上去像"神"一样，这是人类幸福的根源。我们可以对比一下《马太福音》的一段话，可以看出两者之间的精神相通处。"有一个人来见耶稣说，夫子，我该作什么善事才能得永生。耶稣对他说，你为什么以善事问我呢，只有一位是善的。你若要进入永生，就当遵守诫

---

① 《蒂迈欧篇》27C,29A、B,30A、B、C。
② 《柏拉图全集》第三卷，王晓朝译，人民出版社 2017 年版，第 675 页。
③ 《泰阿泰德篇》175E、176B、176E;《斐多篇》63C、64A 等。

命。"（19：16、17）意思是：有人问耶稣做什么样的好人才能永生，耶稣回答说世界上没有好人，只有"神"是至善的，遵守"神"颁布的诫命就可以永生。做一般意义上的好人，或者世俗认为的好人，既不是柏拉图的目的，也不是基督教的目的，而模仿"神"，遵照"神"的诫命才是毕生的目标。从这我们可以理解柏拉图哲学流派的最终归宿会在哪里了。

柏拉图将"神是完全正义的"作为前提，"真正的智慧与德性"就在于理解这一点（《泰阿泰德篇》176C）。人在世上只有两种选择：背弃或模仿"神"。（1）背弃"神"就是行不义的人，遭受的惩罚不是受鞭笞和死刑，而是成为不幸的人——死后不能进入没有恶的纯净世界，只能和罪人呆在一起。（2）模仿"神"是行正义的人，这将是幸福的人——死后能进入没有恶的纯净世界。

真正的哲学家如同仰望苍穹时掉入坑里的泰勒斯，会受到色雷斯女仆的讥笑：渴望知道天上的东西，却忽视脚下的东西（《泰阿泰德篇》174A）。而有了"神"作依靠，世俗的讥讽和辱骂算得了什么？柏拉图坚信："哲学就是通往死后最高幸福的唯一途径。"[1] 哲学不仅是知识，更重要的是一种生活态度、一种生活方式，或者说是一种宗教。柏拉图的思想开启了重视精神、蔑视物质的倾向，灵魂只有摆脱肉体的束缚才能获得纯粹知识——智慧。他说："如果我们想要对某事某物得到纯粹的知识，那就必须摆脱肉体，单用灵魂来观照对象本身。"[2] 这种倾向在以后的斯多亚学派、新柏拉图学派中体现得更为明显。令人意外的是，对蔑视物质这一倾向进行纠偏的是后来进入希腊世界的基督教。

第三节　柏拉图的学说体系

当我们理解柏拉图的"神"之后，再来梳理柏拉图的学说体系，会显

---

① 〔德〕爱德华·策勒:《古希腊哲学史》第三卷,詹文杰译,人民出版社 2020 年版,第 361 页注 1。

② 〔古希腊〕柏拉图:《柏拉图对话集》,王太庆译,商务印书馆 2004 年版,第 221 页。

得容易多。这里以《蒂迈欧篇》《国家篇》《泰阿泰德篇》《智者篇》等为重点，进行讨论。

一、宇宙和人类——创世论

柏拉图用神话般的语言在《蒂迈欧篇》讲述了世界如何形成的故事。"这篇对话被西塞罗译成了拉丁文，后来就成为西方中世纪唯一的一篇为人所知的对话。"① 这篇对话无论对新柏拉图主义，还是基督教神学都有过巨大影响，也促进物理学、天文学和生物学的发展。尤其值得注意的是柏拉图改变了两河流域以来的普遍观点，即创世之初的"神"只是一些能力一般的神祇，真正强大的诸神都是以后产生的。柏拉图认为诸神之前还有一位至高神（德穆革），即造物工匠。

宇宙究竟是永恒存在，还是被创造出来的？柏拉图的答案是："它是被创造出来的，因为它看得见、摸得着，并且有形体。"② 柏拉图设想创世之初就存在四种东西。一是至高神——造物工匠。二是完美的宇宙原型（或理念），可以理解为"神"的智慧、宇宙设计图。三是空间，它是安放全部事物的地方。四是用于构建宇宙的质料，如火、水、气、土四种元素，它们杂乱地搅和在一起。看来，创世之初并不是只有孤零零一个"神"，如同犹太人的"神"单凭自己的思想就从虚无中创造一切。可是至高神为什么要造出这个世界？柏拉图的答案："神"是善的，不会嫉妒，希望所有的一切都尽可能地像他自己。"神"看到质料杂乱无序，就觉得有序比无序好；看到质料缺乏理性，就觉得有理性的生物要比没有理性的生物好。于是创造出独一无二、有灵魂的宇宙，因为理性只能存在于灵魂之中。由于创造宇宙是至高神亲自完成，并按照永恒的原型、使用最纯粹的材料，所以宇宙是被造物中最完美的。要注意的是，至高神只是将质料按最合适比例结合在一起，完成对宇宙灵魂和宇宙形体的塑造。宇宙总体呈圆形，理由是

---

① 《罗素文集》第 7 卷《西方哲学史上》，何兆武、李约瑟译，商务印书馆 2012 年版，第 225 页。

② 《柏拉图全集》第三卷，王晓朝译，人民出版社 2017 年版，第 280 页。

所有形状中，圆形最完美。柏拉图写道："他在宇宙中心安放了灵魂，灵魂从那里扩散到整个宇宙，又使之包裹整个宇宙的外表。他使宇宙成为惟一旋转的圆球，卓越无比，能够与自己交谈，因此不需要其他的朋友和伙伴。怀着这些意图，他把这个宇宙造成了一个有福的神。"① 这位至高神创造出第一位"神"——宇宙神。他既不需要眼睛、耳朵，也不需要能呼吸、能接受食物的器官，更不需要手、脚等，永恒的至高神就是这么安排的。尽管宇宙是被造物中最完美的，但是与永恒的原型相比，还是有差距的。为此，至高神制造一个运动着的永恒的影像——时间，以区别于真正的永恒者——超越时间，只有永恒的现在，没有过去和将来。

随着时间一起创造出来的是太阳、月亮，以及各种星辰。他们被安排在各自恰当的轨道，成了有形体的生灵。柏拉图坚持地球是宇宙的中心，所有天体围绕地球旋转。"神在大地之上的第二条轨道上点燃了一堆大火，我们称之为太阳，照亮整个天空。……由于这些原因，黑夜和白天被创造出来，这是一个最合乎理智的旋转周期。月亮循轨道运行一圈并赶上太阳，这就是月；而太阳走尽了它自己的轨道，这就是年。"② 这些神圣的天体，柏拉图称之为"诸神的族类"，被散布在天穹中，使整个天空闪闪发光。至高神赋予它们两种运动，原地运动——自转，前进——公转。地球作为承载我们的天体，也称作大地，是诸神中最年长的。当诸神全部创造完毕，至高神说：

> 众神啊，众神的后裔啊！你们是我创造出来的，我是你们的创造者和父亲，未经我的许可，我创造的作品是不容毁坏的。……现在，你们要聆听我的吩咐。还有三个有生灭的族类不曾创造出来，没有它们，这个宇宙就是不完整的。……为了使它们有生灭，而这个宇宙又能真正地包容万物，所以我吩咐你们，按照你们的本性，仿效我在创造你们时所显示的那种能耐，由你们来创造这些生物。
>
> ——《蒂迈欧篇》③

---

① 《柏拉图全集》第三卷，王晓朝译，人民出版社 2017 年版，第 284 页。
② 《柏拉图全集》第三卷，王晓朝译，人民出版社 2017 年版，第 290 页。
③ 《柏拉图全集》第三卷，王晓朝译，人民出版社 2017 年版，第 292、293 页。

按照柏拉图的设想，至高神将鸟类、水族、陆地生物（包括人）交由诸神去创造。因创造主体不同，摹本不同，所用质料不同，这三个族类要比天体低等。不过，人的灵魂和诸神的灵魂都是由至高神将原先用来调制宇宙灵魂的剩余材料创造的，因此人有诸神般的理性和智慧，但其形体却是可朽的。当至高神做完这一切并发布完所有命令："就按以往习惯的方式过日子去了，而他的孩子们（诸神）听了这些吩咐后就照着去办。"① 看来，柏拉图的至高神在完成主要的创世工作后就过自己的日子去了，不再亲自操心以后的事情，而是交由孩子们（诸神）管理。

柏拉图接着描绘诸神是如何创造人类形体的，详细论证人身体各部位安排的依据。比如，头模仿宇宙的圆球形状，是最高贵的，躯干是头的运载工具，依靠四肢到处行走；诸神认为正面比反面更荣耀，所以人的大部分时间是向前运动。接着，又讨论了人的触觉、视觉、听觉、味觉、嗅觉等感觉的产生机制。可能是出于逻辑严密的需要，在人类拥有至高神创造的不朽灵魂的同时，柏拉图又让诸神给人类创造了可朽性质的灵魂。"这种灵魂会受到各种可怕的、不可抗拒的情感的影响。这些情感首先有快乐，是趋向罪恶的最大的引诱者；其次有痛苦，是对善的妨碍；再次是急躁和恐惧，经常给人提出愚蠢的主意；还有不易劝解的愤怒和容易使人误入歧途的希望。"② 按照柏拉图的规划，这两个灵魂分别被安放在人体不同部位，不朽灵魂在头部，代表智慧、理性、正义，可朽灵魂只能在胸腔，拥有勇敢、激情和争强好胜。为了解释人为什么对饮食和其他东西产生欲望，柏拉图又设想出第三个灵魂，放在胸腔和脐孔之间，负责身体的食物消化。"这部分灵魂就好像一只野兽被束缚在这里，人要想存活就必须喂养它。诸神把这个地方作为这部分灵魂的处所，为的是让它始终得到喂养，并让它的处所尽可能远离思想中枢，让它尽可能少发生喧闹和骚扰，从而使那部分最优秀的灵魂可以安静地思考全体和个人之善。"③ 柏拉图发明多重灵魂说，目的是

① 《柏拉图全集》第三卷，王晓朝译，人民出版社 2017 年版，第 294 页。
② 《柏拉图全集》第三卷，王晓朝译，人民出版社 2017 年版，第 323 页。
③ 《柏拉图全集》第三卷，王晓朝译，人民出版社 2017 年版，第 324 页。

想解释坏的、恶的东西从何而来，不能归罪于"神"创造的不朽灵魂；还要解释人为何会有生理需求，而不朽灵魂只需要智慧和善就够了。

柏拉图用神话及哲学、科学混杂的语言，解释心脏、肺脏、肝脏、大肠以及骨骼、骨髓、肌肉、血管、气管的机能。比如，"神把肝造得坚实、平滑、光亮、甘美，同时又带有苦味，以便那发自心灵的思想力抵达肝脏时可以像照着一面反映物象的镜子那样被反映出来，提醒这部分灵魂，使其有所畏惧"。说到骨髓，"因为连接灵魂和身体的那些纽带紧紧地维系在髓，骨髓是人这个种族的根基"①。有趣的是，柏拉图还不厌其烦、认认真真地介绍诸神是如何制造骨髓、骨骼的。至于人体腹腔内为什么有弯弯曲曲的肠子，柏拉图解释是为了不让食物通过太快而使身体马上需要食物，"成为永不满足的饕餮之徒，使整个种族成为哲学和文化的敌人，反叛我们身上最神圣的成分"②。可见诸神造人之良苦用心！柏拉图分析人得病的原因，包括生理疾病和心理疾病，其中讨论心理疾病那一段很有趣。他认为，由于疯狂或无知，人缺乏理智，长时间处于巨大快乐和痛苦状态，使灵魂受身体牵制而变得愚蠢。人们往往以为这些人是故意作恶，但柏拉图不接受这种观点。他接受苏格拉底"没有人想要成为恶人"的观点，提出恶人之所以恶，是因为身体有病或受到不良教育。要避免恶，需要解决身体之恶、政治制度之恶、公共言论之恶，以及从儿童起缺乏良好教育等问题。柏拉图给出两条建议：

第一，保持身体与心灵的均衡。既不能用弱小无能的身躯去承载伟大坚强的灵魂，也不能把小小的灵魂安置在巨大的身躯中。最好的状态是：健美的身躯和智慧的心灵相互结合。那些沉浸在理智活动中的学问家应当经常参加体育活动，醉心于身体健美的人要注意艺术和哲学修养。

第二，使人体内的三种灵魂保持均衡。"神"把神性赋予每个人的灵魂中最崇高的部分，是为了让人拥有不朽的、神圣的思想，拥有允许获得的真理，使人身上的神性保持完美，使人类趋向天上的同类，获得至高无上

---

① 《柏拉图全集》第三卷，王晓朝译，人民出版社2017年版，第324、326页。
② 同上，第326页。

的幸福。同时，要提供与其余两个可朽灵魂相符的食物和运动，不过度追求欲望的满足。

如果人做不到或做不好上述要求，结果会如何？柏拉图说："世上的男人如果是懦夫，或者过着一种不正义的生活，那么可以合理地认为他在下一次出生时就会变成女人。""鸟类却是由那些天真而又轻率的男人变形而形成的。……野生爬行动物这个种族来自那些思想上从来没有哲学，又不考虑天空性质的人。……水中的居民，是从最愚蠢、最无知的人变形而来的，诸神认为他们不再配得上呼吸纯净的气，因为他们拥有一颗犯下种种过失的污浊的灵魂。"① 柏拉图的这些说法，明显有与印度婆罗门教相似的痕迹。

《蒂迈欧篇》结尾处，柏拉图感慨道："被造的天是一位可以感知的神，它是理智的形象，是最伟大、最优秀、最美丽、最完善者的形象。"②

用现代人的眼光看，似乎柏拉图说了许多愚蠢的话，以至于一般哲学教科书都不愿提及这部分内容，担心折损思想者的形象。不过，在真实的西方思想史上，这篇对话是柏拉图影响最大的作品之一，尤其是在古代晚期和中世纪，对欧洲人的心灵产生广泛而又深刻的影响。柏拉图完全改变了希腊人的神学传统，在诸神之上设置了至高神和被造的宇宙神（宇宙灵魂），除了至高神无法被人感知，其他都可以感知；可感知的事物中，宇宙神是最完满的；至高神创造了诸神（天体），诸神按照指令创造了人类，通过灵魂这一中介，使人能与"神"相通，拥有智慧，但因肉体这一可朽物的拖累，不朽灵魂也会堕落。柏拉图的这些观点刺激出各种各样的神学哲学流派，在后来的斯多亚学派、新柏拉图学派、基督教异端和正统中都可以看到这些思想的影子。天体是有智慧的生灵等观点是如此刻骨铭心影响西方人的宇宙观，以至于17世纪初期的天文学家开普勒仍相信是"神"让宇宙遵循"几何美感"的原则，行星的运动很有可能是行星的"大脑"在判断它的角度，计算它的轨道之后产生的结果。③ 科学与神学纠缠在这位杰出天文学家的大脑里。

① 《柏拉图全集》第三卷，王晓朝译，人民出版社2017年版，第344、345页。
② 《柏拉图全集》第三卷，王晓朝译，人民出版社2017年版，第345页。
③ 〔美〕蒙洛迪诺：《思维简史——从丛林到宇宙》，龚瑞译，中信出版社2018年版，第72页。

柏拉图力求构建思想清晰、逻辑自洽的神学或哲学，它带来两个结果。第一，起到鼓励科学探索的作用。柏拉图说："流行的观点确实认为，对最高的神和整个宇宙进行研究，忙于解释它们，这样做不仅是错误的，而且亵渎神明。然而我的看法与此正好相反。"① 从《蒂迈欧篇》的内容看，柏拉图显然对天象、自然和人体做过深入细致的观察，只在无法合理解释时，才诉诸"神"的力量。可以设想：一个熟读柏拉图的作品，具有求知识欲的人，必然会激起深入考察自然界，洞察蕴藏自然中智慧的强烈动机。随着观察的不断深入，需要借助神话才能解释的领域会越来越少，"神"将从一个又一个领域被"驱逐"，用自然本身来解释自然的知识就逐渐壮大。第二，促使证明规则不断完善。根据现有资料，柏拉图是第一个用理性证明"神"存在的哲学家。他没有停留在这样的常识判断，即如此奇妙和有规则的世界肯定由智慧体创造的，而是进一步从运动如何可能的角度进行证明。他的证明逻辑是这样的：

（1）世界所有的事物只能是运动或静止；（2）运动最初的原因在哪？一个只能靠别的事物推动的事物显然不可能是最初的原因；（3）最初肯定有一个自己能运动、又能推动其他事物的东西，这个东西称作"灵魂"，它有许多个，控制着宇宙的各个部位，也称为诸神；（4）灵魂的自我运动从何而来？必然有一种自身不运动却使别的事物运动的东西，这只能是至高神。柏拉图的证明是经典的，以后亚里士多德和奥古斯丁、阿奎那、斯宾诺莎、洛克、卢梭等人从不同角度论证"神"存在，不断发展思辨性的证明体系。只不过，他们所理解的"神"各不相同，也使他们的学说各不相同。

柏拉图深受毕达哥拉斯主义的影响，因此这篇对话的核心之一是力求用数学、几何来说明物质世界的本质——尽管非常简陋，但代表着正确的方向——借助数学这一工具发展自然科学。柏拉图认为，火、气、水、土四种元素并非是原初的，它们相互可以转化，说明背后肯定有更为基础的东西。这个东西要具备这样的性质：不可感的、无形状的，即无定形的未限定者。只有无定形的东西才能转化为各种定形的事物，只有未限定的东

---

① 《柏拉图全集》第三卷，王晓朝译，人民出版社 2017 年版，第 581 页。

西才能转化为有限定的事物。那么，这个东西是什么？柏拉图声称是三角形中两个"最美的三角形"，一个是内角分别为 90°、60°、30°的直角三角形，一个是内角分别为 90°、45°、45°的等腰直角三角形。这两块三角板正是现代学校的学生学习数学时必备的工具。前一种三角形的 6 个能组成 1 等边三角形，再用 4 个、8 个、20 个等边三角形分别组成四面棱锥体、八面体、二十面体，代表火、气、水；后一种三角形的 4 个能组成正方形，6 个正方形可组成六面体，代表土。不同元素分解后变为三角形碎片，这些碎片可重新组合成新的元素。比如，火有 24 个直角三角形，气有 48 个，水有 120 个，1 单位气分解后可以重新组成 2 单位火，或者说 2 单位火分解后可以重新组成 1 单位气，而 1 单位水分解后可以重新组成 2 单位气、1 单位火。只有土是由等腰直角三角形组成，所以它与火、气、水不能相互转化，土只能自我聚集、分散。这里有一个疑问，各种元素为什么会不停地相互转化和运动？柏拉图解释说："所有四种元素都被包含在宇宙的旋转运动之中，而且这种运动是环状的，具有一种聚集的倾向，其中的一切都会压缩聚拢，不留任何空隙。"[1] 这里，柏拉图抛开"神"的作用，坚持从元素自身说明变化的原因。他区分了宇宙中的两种原因："一种是神圣的原因，一种是必然的原因。"[2] 说明宇宙的变化除了神意，还有自然演化的必然性。西方自然科学的发展史，见证了神圣原因不断弱化，必然原因不断强化的过程。到了 18 世纪的牛顿那里，"神"的作用只是体现在切线方向的第一推动力，以后宇宙就按照必然原因自己照顾自己了。

从哲学上说，柏拉图对宇宙中存在着的事物的描述，使人们对世界深层结构有了更为深刻的认识，不断启发着近代哲学发展。柏拉图哲学的逻辑起点始于寻找一个永恒不变的、能始终保持自身同一性、绝对完美的东西。他以为自己找到了，那就是理念、原型。它以自身为自身、始终保持同一的存在状态，柏拉图用希腊语 Ειναι 来表达，德语用 Sein，英语用 Be-

---

[1] 《柏拉图全集》第三卷,王晓朝译,人民出版社 2017 年版,第 311 页。
[2] 同上,第 322 页。

ing，中文可用"自在"或"终极存在"来表达①。自身性、同一性、不变性、非被造性是其主要特征，另外还有世界以其为原型并由其推动的本意。柏拉图以此为起点，发现了更多的事物以不同的状态存在着，从而深刻影响欧洲人的哲学思维。第一种存在，非被造的、不可毁灭的、绝对自存的，叫理念或者原型，属于终极存在或自在。它不需要依靠任何东西、单凭自己就存在，而其他事物都需要依靠它才能存在。比如至高神，以及它的智慧、完美的宇宙原型，属于这一种。第二种存在，仿照完美原型创造出来的存在，并不是永恒、不可毁灭的，而是始终处于运动、变化之中的存在，可用中文"此在"来表示。这类存在最复杂，如果没有理解错的话，灵魂、诸神、人类和其他生物都应属于这一类，从不朽的到可朽的，从完美的到不完美的，都是至高神的创造物。第三种存在，是永久存在、不会毁灭的空间或虚空，给一切被造物提供场所的存在。柏拉图描述说："它可以被一种虚假的推理所把握，这种推理很难说是真实的，就好像我们做梦时看到它。"② 空间好像存在，否则事物无处安放，好像又不存在，它无法用感知、思想触及。可用中文"虚拟存在"表示。按照柏拉图，空间并不由至高神创造，似乎也是独立自存和永恒的。第四种存在，是被创造出来的时间，它有开端、有结束。柏拉图把时间称为"运动着的永恒的影像"，是至高神希望宇宙永恒但事实又不可能的副产品。宇宙作为完满原型的模仿者，不可能等同原型，只能在时间的流逝中给人永恒的感觉。时间这种存在姑且用中文"影像存在"来表示。第五种存在，属于非实在的存在，那就是数学对象，既不同于可感事物，也不同于理念③。这确实是一种特殊的存在，数学完全凭借数字、符号和逻辑演绎，却与世界如此贴切。第六种存在，

---

① 国内部分学者希望替换为"是"，其实大可不必。只要对"存在"赋予其更准确的含义，比用"是"更符合中文习惯，也更易于理解。——笔者注

② 《柏拉图全集》第三卷，王晓朝译，人民出版社 2017 年版，第 304 页。

③ 亚里士多德："他还说，数学对象处于感性事物和形式（理念）之外，是一些居间者，它们以其永恒和不运动与感性事物相区别，另一方面又区别于形式（理念）。"《形而上学》987B14

无定形的、未限定的存在（未限定者），它是组成物质性元素的本原①。柏拉图明确提出这些东西在宇宙创世之初就已经存在，似乎说明至高神无法创造出物质性的质料，其作用只是给予这团混沌的物质以秩序。柏拉图的这一洞察力无疑是深刻的。二十世纪之前，人们由于对物质缺乏深刻的认识——认为物质是由不可变的原子组成，而对"未限定者"组成物质性元素觉得不可思议。现代物理学表明，物质的奥秘远比我们之前认识的要复杂得多②。与此相对应，柏拉图探讨了人体内的三种灵魂，分别代表了人的理智（理性）、勇敢（激情）、欲望（情欲和食欲），这种思维方式贯穿于《国家篇》到《蒂迈欧篇》。

柏拉图的存在论，将人们的思维引向由多种存在组成的复杂结构的探讨，贯穿欧洲哲学史的本体论、存在论，近代以来的人格分析（理性、激情、欲望）基本没有越过这个思维框架。存在问题既是神学也是哲学的逻辑起点，而望文生义，试图用"是"替代"存在"来表达希腊哲学核心概念的，实在是不懂得其中的关系。

二、正义和幸福——理想国家

《国家篇》是柏拉图最为人所熟知的作品，至今仍是欧美各大学阅读最多的作品之一。它通过苏格拉底与格老孔等人的对话，讲述一个理想城邦的故事。城邦的开端是人们通过分工建立起满足彼此需求的共同体，接着需要有一批卫士来保卫这个共同体，不受来自内外的侵犯，当然还需要有一位统治者来管理。柏拉图讲述的是仿照永恒理念建立起来的等级制的共同体，而非彼此平等合作的共同体（如卢梭的契约共同体）。这个理想城邦

---

① 亚里士多德："凡是接触过自然哲学的，都讨论过有关无限（未限定者）的问题，把它看作为事物的最初根源。有些人，如毕达哥拉斯派和柏拉图，把无限（未限定者）看作独立自存的东西，其自身就是实体，而非其他事物的属性。"《物理学》203A3

② 量子力学创始人海森堡一再强调《蒂迈欧篇》对自己的影响。希腊自然哲学的两种观点，即宇宙由原子构成的德谟克利特观点，宇宙由数学结构支撑的毕达哥拉斯观点，依然影响今天的自然科学，而柏拉图将两种观点进行了综合。见范明生：《柏拉图哲学述评》，上海人民出版社1984年版，第333页。

由三个等级组成，分别是统治者、卫士、平民，"神"在他们身体里分别掺入金、银和铁。统治者由哲学家担任，除哲学他还要学习算术、几何、天文等知识；卫士主要接受体育、文艺等方面的严格训练，他们过统一的集体生活，不得拥有金银等财产，其妻子、孩子实行共有；平民负责提供城邦所需的一切物资供给，从事农业、商贸等低贱工作。三个等级各司其职，互不兼职、互不越位、保持均衡。法律是多余的，甚至是有害的，因为"把这么多法律条文强加给这些好人和高尚的人是不恰当的"。统治者应该把大部分时间用于哲学沉思，提升自身灵魂德性的同时提高城邦整体德性，幸福就在其中了。柏拉图借苏格拉底之口说：

> 除非哲学家成为我们这些国家的国王，或者那些我们现在称之为国王和统治者的人能够用严肃认真的态度去研究哲学，使政治权力与哲学理智结合起来，而把那些现在只搞政治而不研究哲学或者只研究哲学而不搞政治的碌碌无为之辈排斥出去，否则我们的国家就永远不会得到安宁，全人类也不能免于灾难。
>
> ——《国家篇》473D①

柏拉图的理想国家是以至善为目标，能普遍实现正义、节制、勇敢、智慧四种美德。按照这种整齐划一的思路，只要目标高尚，即便用强迫的手段也是正当的。对此，亚里士多德评论道：

> （按柏拉图意见），整个城邦愈一致愈好。但是，一个城邦一旦完全达到了这种程度的整齐划一便不再是一个城邦，这是很显然的。……即使我们能够达到这种一致性也不应当这样去做，因为这正是使城邦毁灭的原因。……他们所说城邦的至善实际上不过是使城邦毁灭而已。
>
> ——《政治学》1261a15、1261b5②

---

① 《柏拉图全集》第二卷，王晓朝译，人民出版社2017年版，第461、462页。

② 〔古希腊〕亚里士多德：《政治学》，颜一、秦典华译，中国人民大学出版社2003年版，第30、31页。

看来，亚里士多德对柏拉图建设一个整齐划一城邦的设想很不以为然。针对柏拉图提出在城邦卫士之间实行"共产、共妻、共子"，亚里士多德写道："一件事物为愈多的人所共有，则人们对它的关心便愈少。……人们一旦期望某事情由他人来经手，那么他便会更多地倾向于忽视这一事情。"①他认为财产共有可能会导致人人漠不关心的后果。柏拉图在世时并非没有意识到来自多方面对此的质疑，但他坚持认为用语言创造一个好国家的样板，即便在现实中不能证明一个国家可能如描述的那样治理良好，并不意味着自己的描述是错误的。他说："即使有人反对，我仍旧要说用语言表述出来的事情有可能在行动中实现，尽管用语言表述的事情实行起来总会打些折扣。"②说明柏拉图坚信巴门尼德的核心观点：思想与存在同一——能够被思想到的就必然存在。比如，我想到"神"是那样的完美，那肯定存在完美的"神"，因为我的这个思想不会凭空产生。由此引出思维和存在关系的讨论，成为西方思想史的永恒课题，还通过马克思主义哲学影响到中国共产党领袖毛泽东。他批评苏联《政治经济学教科书》把掌握和利用规律说得太容易了，他认为思维和存在有同一性但并不等同，存在是第一性、思维是第二性，思维只有通过实践获得对存在的认识，然后再通过实践回到现实中检验，才能证明两者具有同一性。③实际是对巴门尼德、柏拉图提出该问题的中国式回答。

柏拉图理想国开启了西方乌托邦的历史，激励着一代又一代西方人去构筑理想世界，甚至还受到基督教会的支持。写出《乌托邦》的托马斯·莫尔于1886年被罗马天主教会庇护十一世册封为圣人，也正是这个托马斯·莫尔还被欧洲共产主义者视为空想社会主义学说的创始人。但这种脱离希腊历史传统的个人构想，一直遭到质疑。亚里士多德评论道：

① 〔古希腊〕亚里士多德:《政治学》,颜一、秦典华译,中国人民大学出版社 2003 年版,第 33 页。

② 《柏拉图全集》第二卷,王晓朝译,人民出版社 2017 年版,第 461 页。

③ 《读苏联〈政治经济学教科书〉的谈话》,《毛泽东文集》第八卷,人民出版社 1999 年版,第 104 页。

就柏拉图所企求的目的说，这种妇孺归公的社会毋宁实行于被统治的农民之间，不应该实施于统治阶级的卫国公民。在妇孺公有的社会中，友爱的精神一定削弱，而被统治阶级减少相互间的友谊恰恰有利于服从而免得他们试图反叛。

——《政治学》1262b①

亚里士多德把公有制视为羁縻被统治阶级、削弱被统治阶级反抗意识的重要工具，其思维比较奇特，反映了他强烈的等级意识和阶级偏见。当然，大多数的评论是：柏拉图过分理想化了。言下之意，只要现实条件适宜，包括财产公有等理想总会实现的。黑格尔的评论也很奇特，认为柏拉图的真正缺点在于他太不够理想了，如果他的理想能更卓越一些，可能会设计出一个更好的理想国。他说："如果柏拉图的理想国是一个幻想的话，那并不是因为人类缺乏他所描述的那些卓越的东西，而是因为这个卓越的东西对于人类来说还不够好。"那么，对人类足够好的是什么呢？就是被柏拉图忽略、排斥的主观自由或个体自由。他继续说："与柏拉图的原则正相反的是个人的自觉的自由意志原则，这原则近来特别被卢梭提到很高的地位：认为个人本身的意志、个人的表现是必然的。"②说实在的，柏拉图正是从雅典的现实政治中看到个体自由、个体意志极度扩张带来的后果，才坚决予以排斥。

《国家篇》第八卷有大量嘲讽民主制的言论：

在那样的政体下，老师害怕学生，迎合学生，而学生反而轻视老师和他们的监护人。

那里的马和驴也会享有最大的自由和尊严，它们在大街上行走，要是有人挡道，就把人踩倒。总之，那里的一切充满自由的精神。

在民主制中由于允许充分的自由，因此这种疾病广泛蔓延，最终

---

①　〔古希腊〕亚里士多德：《政治学》，吴寿彭译，商务印书馆1965年版，第49页。

②　〔德〕黑格尔：《哲学史讲演录》第二卷，贺麟 王太庆等译，上海人民出版社2013年版，第236，253页

奴役了民主制。

过度自由的结果不可能是别的，只能是个人和国家两方面的极端的奴役。

民主制国家里的这种人（指懒惰的公民阶层）比寡头制国家里的这种人要更加凶狠。①

柏拉图的这些批评是针对雅典，认为"雅典式的民主"在通往奴役之路。这些观点可能会被指责带着"贵族式"的偏见，但这些批评似乎切中了当今自诩民主制的一些国家的现实——轻视老师的学生、懒惰的公民、马和驴也可以在大街上把人踩倒、民主制国家里的人更加凶狠等。

不管如何，柏拉图的理想国并不因种种质疑、批评而被历史湮没，反而成了西方世界一系列乌托邦思想的源头，其主要特征是：社会成员财产共有、公共食堂集体就餐、金银毫无用处、反对商业牟利等。2000 多年前的柏拉图并非不知道这个理想国家的非现实性。他说：

也许在天上有这样一个国家的模型，愿意的人可以对它进行沉思，并看着它思考自己如何能够成为这个理想城邦的公民。至于它现在是否存在，或是将来会不会出现，这没有什么关系。②

听起来很有一种理想者的悲壮感。罗素认为"这是历史上最早的乌托邦"③，但更准确地说，这只是神权统治下西方世界的最早的乌托邦，与之相对的世俗社会下的理想国愿景是由中国的孔子及弟子们绘就的④。它们各自代表两种不同文明形态下的理想国，无论是国家目标、社会结构和生活方式都有着本质性的区别。之所以说柏拉图的理想国是神权社会的产物，有以下几个原因。

其一，柏拉图的理想国是理念世界（彼岸世界）原型在此岸的投射。

---

① 《柏拉图全集》第二卷，王晓朝译，人民出版社 2017 年版，第 571、572、573 页。
② 同上，第 612 页。
③ 《罗素文集》第 7 卷《西方哲学史上》，何兆武、李约瑟译，商务印书馆 2012 年版。
④ 可参考拙著《中国道统论》上卷，第五章，中国社会科学出版社 2021 年版。

关于国家的公共和私人的制度设计都来自"神"，所有节制、正义和公民德性也来自"神"。他明确说："我们讲，没有一个国家能得到幸福，除非国家的设计人，依据天上的原型来描绘。"（《国家篇》500E）柏拉图称自己的工作是把城邦和人的品性全部擦干净，然后按照神圣的原型绘就一幅新的图画，于是在这个理想国"人的形象就是神的形象，人就和神相似"（《国家篇》501B）。

其二，国家的目标和使命是为了保证人的不朽灵魂尽可能地像"神"一样，以获得"神"的喜爱，有永恒的幸福。人有三个灵魂组成，而城邦也由三个等级组成，都分别代表着智慧、勇敢和欲望，前一个不朽，后两个可朽。国家要获得秩序和不朽，避免混乱和毁灭，除了爱慕"神"一样的智慧，就别无他途；而人要获得幸福（柏拉图所定义的幸福），就不可贪恋肉体的欢愉，须寻求精神上的愉悦——对至善及其派生的正义、节制、勇敢、智慧等德性的沉思。柏拉图明确说："在建立我们的城邦时，我们关注的目标并不是个人幸福，而是作为整体的城邦所可能得到的最大幸福。"①

其三，"神"在造人的时候就确定了人的本性中存在神性和兽性两部分，国家中自然也存在这两部分。美好和荣耀的事情是因为兽性臣服于神性，而丑恶和卑鄙的事物是由于受到兽性的奴役。人的管理与国家的管理都一样，由优秀的部分统治低贱的部分才是正当的，或者说才是正义的。柏拉图的理想国是以奴隶制为前提，而且把这套制度叙述得如此正义。柏拉图说：

> 那么我们之所以说这种人应当成为最优秀的人的奴隶，最优秀的人也就是自身有着神圣统治原则的人，其目的不是因为我们认为奴隶应当接受对自己有害的统治，就像塞拉西马柯对被统治者的看法一样，而是因为接受神圣的、理智的统治对大家都比较好。这种神圣的和理智的统治最好来自个人内心，来自他自身，但若缺乏这种统治，就要从外部强加于他，为的是我们大家能尽可能成为亲朋好友，因为我们

---

① 《柏拉图全集》第二卷，王晓朝译，人民出版社 2017 年版，第 390 页。

的统治和引导是一回事。①

　　看来奴隶们最好的前途是接受有神圣理智的主人的统治，因为可以提升奴隶们卑劣的灵魂。这是对各方面都有利的事情。柏拉图给西方世界的奴隶制奠定了坚实的理论基础。神权社会的理想国——如莫尔爵士的《乌托邦》，神权社会的奴隶制——如早期美国的奴隶主，都从不同角度复述着类似柏拉图的这些观点。

　　其四，"神"是理想国能否实现的最终保证。柏拉图说："如果能有什么德性得救，能有一个好结果，那么这是神的旨意。"② 因为理想国的所有制度设计最终都建立在这一前提之上："神"是正义的，能够分辨正义与非正义之人；"神"钟爱正义的人并为他们造福，憎恶非正义的人并给他们以惩罚③。离开这一基础，该理想国就会轰然倒塌。柏拉图无法回避对话人塞拉西马柯提出的现实难题：正义之人与不正义的人打交道总是吃亏，干坏事干得最多的人就是最快乐的人，最不愿意为非作歹的人也就是最倒霉的，那些看上去正义的人常常名利双收，而真正正义的人却颠沛流离、吃尽苦头。对话中，苏格拉底对此展开有力的反驳，逼迫对手不得不放弃不正义之人更幸福的看法，但现实逻辑并不会因思想逻辑而改变。柏拉图只好求助于"神"的力量，保证不正义的人受到惩罚，正义之人能得到好的回报，过上幸福生活。为此，柏拉图在《国家篇》的结尾叙述了一个关于灵魂转世的神话故事。说是有个叫厄尔的人在一次战斗中被杀，十二天后尸体运回家准备火葬时竟然复活了。原来是冥府判官让他回来向人类传递消息。在冥府，他看到好的灵魂升天，享受良辰美景，坏的灵魂进入地狱，遭受无数苦难。这些灵魂最终还要转世，通过抓阄、自由选择等方式，确定来世要过一种什么样的生活。在投生之前，所有灵魂都喝了"忘川"的水。待到灵魂全部睡着后，半夜里雷声大作、大地震撼，灵魂们被抛起，各自投生去了。因神明不许厄尔喝"忘川"的水，所以他回来后依然记得死去

---

① 《柏拉图全集》第二卷，王晓朝译，人民出版社 2017 年版，第 610 页。

② 同上，第 484 页。

③ 柏拉图：《国家篇》612D、E、F，613A、B。

时的情景。柏拉图最后用一段充满激情的话结束这篇对话：

> 无论是寓居在这个世界上的今生，还是在死后像竞赛胜利者领取奖品一样领取报酬的时候，让我们永远坚持走上升之路，追求正义和智慧，只有这样我们才能得到我们自己和神的珍爱。①

这条上升之路通向"神"的国度，但这样的国度是通向现代西方极权国家的思想源头。

三、正义、智慧和至善——有德性的神圣生活

柏拉图继承苏格拉底的做法：从改变诸神的形象入手，重塑希腊价值观。荷马史诗之所以深受希腊人喜爱，是因为诸神不必顾忌别人，为所欲为。谁能拒绝像"神"一样的生活？这样的神学必然产生诸如追求自我利益就是成功、弱者才谈正义等价值观。柏拉图批驳荷马、悲剧作者诋毁和歪曲"神"，维护"神"是正义、智慧的形象。他要把诗歌、戏剧、绘画全部逐出理想国，只留下体育和音乐，以及数学、几何、天文等。柏拉图深知，如果仅仅依靠死后冥府中不同灵魂的命运来逼迫人们奉行正义，显然不够，还需要证明现世生活行正义也比不正义更幸福。他反复证明：不义之人无论在尘世取得多大成功，都永远比不上正义之人幸福；正义之人遭到迫害，也要比大权在握的不义之人幸福。那么，柏拉图念兹在兹的正义、智慧、至善到底指什么？什么是有德性的生活？我们首先要弄清楚这些词语的准确含义，否则很容易望文生义、严重误读。

正义是什么？柏拉图回答说："正义就是做自己份内的事和拥有属于自己的东西。"② 它可以分为国家正义和个人正义。所谓国家正义就是统治者、卫士、平民做好份内的事，千万别动歪脑筋，如工匠、商人想跻身于卫士、甚至统治者行列，统治者和卫士也不能屈尊干修车、补鞋、耕耘等低贱的事。柏拉图断定："三个现存等级的人相互干涉、相互取代他人的事务，这

---

① 《柏拉图全集》第二卷，王晓朝译，人民出版社 2017 年版，第 648 页。
② 同上，第 410 页。

是对国家的最大危害，可以最正确地确定为主要危害国家的事情。"① 所谓
个人正义，就是代表智慧、勇敢、欲望的三个灵魂各安其位；所谓不正义，
就是灵魂三部分之间的内战，相互争吵和干涉。前者是自由的、正义的、
幸福的人，而后者是受奴役的、非正义的、不幸的人。总之，安分守己、
各干各的，正义就实现了。

　　智慧是什么？柏拉图认为，对于一个城邦来说，智慧不是指木匠、工
匠、农民拥有的技能，而是保卫和统治城邦的知识，这种知识只有城邦的
统治者那里才有；而城邦之所以能成为有智慧的城邦，完全取决于人数很
少的统治者及他们拥有的智慧。(《国家篇》428C、D、E) 智慧带有统帅其
他德性的特点，"实际上是智慧造成了勇敢、明智和公正。真正的美德只是
与智慧一同存在"②。智慧是能够兑换任何德性的东西，是统治者的专属品。

　　至善是什么？善是苏格拉底的核心概念，是人的终极目标。柏拉图继
承这一看法，认为善具有最高价值，哪怕拥有世上一切但没有善相伴都是
没有价值的，而没有邪恶的至善只存在于"神"那里③。至善就是至高神，
至高神就是至善，连诸神都在至善的下面④。人通过拒斥感性生命转而对
"神"的纯粹沉思，变得尽可能与"神"相似，才能看到善。就如被绑在黑
暗洞穴中的人，先挣脱束缚看到洞穴中的火堆，接着走出洞穴看到真实世
界，最后看到耀眼的太阳——善的本原。正义、智慧、理性、节制等，都
是至善在可感世界的显现。它们不是善本身，而是"善的儿子"⑤。柏拉图
把至善比作太阳，它照耀万物，使万物茁壮成长，也使人看清楚万物；至
善就是至高神，来自神圣领域，一切美好的事物、美好的秩序的都来自至
善。因此谈到柏拉图的至善时，一定要与中文本义的至善区别开来。

---

　　①　《柏拉图全集》第二卷，王晓朝译，人民出版社 2017 年版，第 410 页。
　　②　《斐多篇》69B。〔古希腊〕柏拉图：《柏拉图对话集》，王太庆译，商务印书馆
2004 年版，第 224 页。
　　③　柏拉图：《泰阿泰德篇》176A："恶是不可能被取消的，因为善永远有它的对立面；
不过恶不会在诸神的世界里存在，而是必然盘踞在可朽的存在者之中，在我们这个领域中
游荡。因此，我们必须尽快从此岸逃离到彼岸。"
　　④　柏拉图：《蒂迈欧篇》30A、37A。
　　⑤　《柏拉图全集》第二卷，王晓朝译，人民出版社 2017 年版，第 503 页。

解读柏拉图的这些思想，我们会浮现出柏拉图描绘的有德性的神圣生活的画卷：以"神"为出发点，又以"神"为归宿。柏拉图在《法律篇》中说："一切有益的、严肃的努力都以神为真正的目标，而人，如我们前面所说的那样，只是被创造出来作为神的玩偶，这实际上对人来说最好的。"（《法律篇》803C）人最严肃、最有价值的社会活动是成为"神"的玩偶，告诫人类尽可能地扮演好这个角色是最伟大人物存在的意义。这样的游戏中，统治者——哲人王的全部工作是沉思"神"，获得正义、智慧、理性、节制等，使整个国家和社会按照这样的原则生活，卫士保护这一神圣秩序，平民保证物资供给。这样的神圣生活画卷纯属柏拉图个人的思想火花，早已湮没于历史长河中了吗？并没有！因为柏拉图《国家篇》依然是当今欧美大学阅读人次排首位的书籍，有的西方学者归因于大家"把《国家篇》视为论述教育的文章，它在政治方面发出的信息是：需要开发民智，使人民有资格成为理想的国家的居民"①。但是，我们真的很奇怪它能开发什么样的民智。这个乌托邦充斥大量没有任何政治权利的工匠、农民，正如现实世界的奴隶们。这种神圣奴隶制建立在这样的理论基础上：一部分人的灵魂和精神要比另一部分人的灵魂和精神更高尚，低贱灵魂不能离开高贵灵魂的指导。这种奴隶制从希腊、罗马开始跨越整个西方历史而从未中断，也曾盛行于美国南部，而当今西方主导下的国际政治经济秩序依然还是这一制度的翻版。拥有金子般灵魂的哲人王有"神"一般的话语权，银子般灵魂的军事力量保护这套话语体系让所有人接受，黑铁般灵魂的各色人种提供物质保障。这套神圣制度的罪恶不仅在身体上的压迫，更体现在精神上的摧残——主人灵魂、精神高尚，而奴隶灵魂、精神卑劣。这套神圣制度依然是现代西方主导下的国际秩序的模板。

砸碎物质性的奴隶制容易，但砸碎精神上的奴隶制却很艰难。

四、理念世界——知识论

柏拉图的理念论是西方思想史经久不衰的课题。与变幻不定的现象世

---

① 〔英〕阿兰·瑞安：《论政治》上卷，中信出版社 2016 年版，第 59 页。

界相对应的是永恒的理念世界，它自存、自立，是"永恒的，无始无终，不生不灭，不增不减"（《会饮篇》211A）。我们会好奇，柏拉图的这种思想从何而来？

赫拉克利特的一切皆流、一切皆变的观点对希腊世界的影响极为深刻。但人的本性总喜欢确定性、不喜欢不确定性，总希望找到某个恒常的东西作为思想立足点。对生活在神权社会的人们来说，能永恒、不变的只能是"神"。柏拉图的"神"是造物工匠，创世之初需要有"质料""图纸"，以及能安放事物的"空间"，正如工匠干活时需要具备的条件，这里的图纸就是柏拉图的"理念"，图纸的总和就是"理念世界"。贯穿柏拉图整个学术生涯的就是从不同角度研究这堆图纸（理念），这些理念世界的东西具有永恒不变的特性，这才是最可靠、最真实的知识，而在可感、易逝事物上没有知识，只有意见。但理念论并不是一成不变的理论，由于自身存在许多不可克服的内在困境，柏拉图在不同时期对理念有不同的表述①。概要说，理念包括六重含义。

第一重含义，是指"神"的智慧，或者就是"神"本身，属于无始无终的永恒的非被造物②。这重含义表明了理念的来源，最高理念（善之理念）就是至高神。

第二重含义，是指宇宙的原型（图纸），我们通常从这个角度理解理念。世界依照原型创造出来，可感世界只是仿制品，而仿制品的存在与否、生灭与否都不影响原型（图纸）的存在。《国家篇》说"神"造了张床，这是所有床的原型，工匠们只是按照这个原型造出各种具体的床。世界上有没有具体的床，不影响床的原型。这说明现实世界与理念世界是独立的两种存在，是模仿与被模仿的关系，现实世界中的任何事物都可以在理念

---

① 可参考范明生：《柏拉图哲学述评》，第三章"理念论"。上海人民出版社 1984 年版。

② 策勒也认为："柏拉图本人从来没有把动力因和概念因分离开来，没有把神与最高理念（善之理念）分离开来。"《古希腊哲学史》第三卷，詹文杰译，人民出版社 2020 年版，第 208 页。

世界找到原型。但这种说法给理念论带来无法克服的逻辑困境①。比如，现实中有坏蛋，那么纯粹的理念世界是否有坏蛋这样的原型？这样理念世界必然是个大杂烩，好的、坏的、美的、丑的、高贵的、卑贱的都可以找到原型。后来亚里士多德针对该问题进行批评，抛弃了理念说。

　　第三重含义，是指现象世界各种事物的本质。现象世界的一切事物都处于运动、变化和生灭过程，那么背后必定有一个不变的实在——事物的本质，它们构成了理念世界。比如，存在无数美的事物，其背后必定有一个美的本质，是美的原型，当事物分有了美的本质而成为美的事物。但这种说法再深入一步就带来很大困难。《巴门尼德篇》中巴门尼德追问分有的含义。如果将理念世界的原型比作一张帆，覆盖在所有人身上，每人只分得帆的一部分，那么这是不是分有的含义？如果是的话，原型本身必定会分割成部分而被多个事物分有，这个被分割的部分依旧是原型本身吗？显然不是。理念世界有"相等"这样的原型，若干事物分有"相等"这个原型的一部分，那么事物之间还可能"相等"吗？逻辑上讲是不能相等的，但这显然与事实不相符。还比如，理念世界存在"小"这个原型，当事物分有"小"这个原型的一部分，符合逻辑的结果是该事物比"小"自身还要小，反而"小"这个原型是较大的，显然又是矛盾的。当然，我们还可以把分有理解为事物拥有全部的原型，这不仅与最初的定义不符，也会使事物之间没有区别。

　　巴门尼德质疑现象世界的事物分有理念世界的原型，以获得某种性质的说法，但对话没有提出解决该问题的思路和办法②。《巴门尼德篇》这篇对话的价值在于，促使人们思考理念世界与现象世界不是分离的，而是同

---

　　①　柏拉图：《巴门尼德篇》130B-135C。巴门尼德认为：说头发、泥土、污垢这样一些微不足道的、卑贱的事物也有理念可能会被认为是荒谬的；如果说知识也有理念，那么按照模仿说，人类永远不可能掌握真正的知识；如果可感世界的殊相与理念世界的共相是独立的，意味着"神"永远不可能知晓可感世界，更不用说干预了。

　　②　对比一下朱熹解决该问题的思路。他在解释万物同理，天理贯穿所有事物时，借用佛学的"月映万川"提出"理一分殊"的命题，以解决理的世界与现象世界之间的关系。"问理与气。曰：理一分殊，合天地万物而言，只是一个理；及在人，则又各自有一个理。"《朱子语类》卷一理气上。

一事物的两个方面，体现一般与个别，本质与现象的关系。亚里士多德正是沿着这一思路，将理念世界与现象世界结合在一起，对柏拉图理念论进行修正，建立起有别于柏拉图的学说体系。

第四重含义，是指现实世界产生的原因。假如理念世界没有植物生长的原型，自然界怎么可能从先前不存在中生长出植物？柏拉图区分了"神的生产"和"人的生产"①，将所有动物、植物还有自然物都归结为"神"按照目的生产出来的。这是一种神学目的论的宇宙观，任何自然事物的产生都是基于"神"事前规定好的目标。"在神的手中，把握着一切事物的开端、中介、终结。"② 这重含义表明柏拉图的理念起着目的因的作用。

第五重含义，是指先于个别事物的共相。柏拉图在《曼诺篇》中讨论美德，最后的结论是要找出关于美德的共相，它是美德之所以是美德的本性，其他具体的美德如勇敢、节制等，则是分有了这种共相后成为美德。被柏拉图看作理念的事物共相，实质是一类杂多事物的共同名称，是事物共性的概括。比如白马、黑马、黄马、小马、大马等，都用"马"称呼，各种类型的具体的床，都用"床"来称呼；或者从普遍性事物中，提炼出动和静、同和异、存在和非存在等概念。前者是殊相、后者是共相。对于这个问题，亚里士多德评论说，是苏格拉底最早提出普遍与一般、共相与殊相问题，认为两者之间是统一的；但到了他的继承人柏拉图那里，开始将两者分离开来（《形而上学》1086b7-10）。柏拉图认为共相独立存在于理念世界，与现象世界的殊相无关。

不过，柏拉图也意识到这种说法并不是没有问题的。如果这些名称作为共相独立存在于理念世界，与具体事物没有任何关系，会有难以克服的逻辑困境。比如，存在知识本身这个共相，如果只存在于理念中，我们并不拥有它，因此显然我们不可能拥有任何知识；由于知识本身与我们这个现象世界无关，那么即便拥有知识本身的"神"，也可能不认识我们这个世界；但如果我们否定存在"共相"，那么任何有意义的讨论都不可能有了

---

① 柏拉图:《智者篇》265A-266A。

② 《柏拉图全集》第三卷，王晓朝译，人民出版社 2017 年版，第 475 页。

（《巴门尼德篇》134-135c）。后来，亚里士多德采取的办法是将殊相和共相统一起来。

第六重含义，理念是一个有结构的实体，不是排斥多的一、排斥运动的恒常。这是柏拉图后期对理念论的重要修正。他认为，真实存在的事物，必定是具有力量的东西，可以接受或实施影响，并不是绝对不变的。而理念作为真实存在，必然具有能动的力量和生命，因此理念不仅仅指那堆一成不变的"图纸"、原型、本质，还指可变化的、能动性的理智、生命、灵魂，如宇宙灵魂、诸神、人的不朽灵魂等。《智者篇》中的客人说：

> 任何具有真实存在的事物总是具有某种力量，或者是影响其他事物，而无论影响程度是多么微小，或者是受到最重要动因的影响，哪怕这种影响只有一次。真实的事物无非就是力量。
>
> 他必须宣称，真实的事物或事物的总和同时处在动和静两种状态下，一切事物既是不变的，又是变化的。
>
> ——柏拉图：《智者篇》247D、E，249D①

这一看法具有双重意义。从哲学发展史看，柏拉图放弃了真实的事物必定是不变的观点，而是动与静、变与不变的统一。从柏拉图学说自身看，经过改进的理念论，能够实现逻辑自洽。试想，一个没有力量，不能影响他人又不能受影响，不能作为人的思想对象，不能与人的认识发生关系的理念世界，又有什么意义？如果固守凡是变化就不适宜作为真实存在的观点，理念世界不就是一个僵死的世界吗？因此，变化、生命、灵魂、理智应该在理念世界占有一席之地。在柏拉图的学说体系里，灵魂、诸神属于被造物，既非永恒、不变化，也非诸神创造的可朽被造物，它们低于创世之初的原型，高于可感世界的事物，需要把它们划入理念世界。于是，从最高的至善，到智慧、正义、美、灵魂，再到低层事物的理念，柏拉图的理念世界成了一个有秩序、有结构、有活力的世界。有了这样的修正，柏拉图的"灵魂回忆说"在逻辑上就可以自洽了。当灵魂脱离肉体的束缚，

---

① 《柏拉图全集》第三卷，王晓朝译，人民出版社2017年版，第49页。

就能进入理念世界与真实存在发生关系，获得知识，当灵魂转世后，人通过学习把灵魂早就有的知识再一点点回忆起来。

从知识论看，柏拉图认为真正有价值的认识对象只能是理念世界，真正有价值的知识只能是关于理念世界的"知识"，对现象世界的认识只能属于"意见"。柏拉图在《裴多篇》反复说明感觉是不可靠的，必须依靠心灵去思考把握本质。《国家篇》明确提出可感世界（现象世界）和可知世界（理念世界）的划分，同时通过"线喻"和"洞喻"，又分别将可感世界、可知世界分为两个部分，将知识划分为四个不同层级。

第一层级是理性知识，即关于善之理念的知识，属于最高级。"它确实就是一切正义的、美好的事物的原因。……在可知世界里就是真理和理性的真正源泉。"①

第二层级是理智知识，即关于数理学科的知识，较理性知识略低。比如几何和算术一类的学问，"从这些假设出发，通过首尾一贯的推理，最后达到所想要的结论"②。几何研究的是纯粹的图形，而不是生活中的具体图形。

以上两类都是理念世界的纯粹知识。以下两类则属于现象世界的"意见"，算不上真正的知识。

第三层级是确信意见，即关于自然物、人造物的确信意见。比如，木匠、工匠的技能就属于这一类。

第四等级是想象意见，即关于自然物、人造物摹本的想象意见。比如模仿可感世界的诗歌、戏剧、绘画等。它们属于理念模仿者的再模仿，与真实的理念世界最远。可见，柏拉图眼里艺术知识的等级是最低的。

我们不清楚柏拉图轻视技艺而注重思辨的态度，究竟是纯粹个人偏好还是希腊人普遍风俗？如果认为是纯属柏拉图的个人偏好，但我们同样在希腊其他学派中找到同样的趣味。假如这是希腊人普遍风俗，似乎与古希腊人在戏剧、雕塑取得辉煌成就的印象不符。一种合理解释是希腊知识精

---

① 《柏拉图全集》第二卷，王晓朝译，人民出版社 2017 年版，第 514 页。
② 同上，第 508 页。

英形成相对封闭的圈子，与普罗大众、现实社会没有直接联系。知识究竟是什么，柏拉图并没有结论性意见。《泰阿泰德篇》否定了知识的三种定义：知识是感觉；知识是确信的东西；知识是带说理的确信的东西。但知识是什么依然没有结论。对话的结尾暗示真正的知识也许是一种态度："自己不知道的时候不要想象自己知道。"不管如何，理念世界和现象世界的划分，对于推动西方世界构建一个能解释现象世界的知识体系，作用是巨大的。"一切思想的萌芽，甚至绝大多数基督教思想的萌芽，都可以在柏拉图那里找到。"① 这种说法并非夸张，比如近代西方哲学理性世界与经验世界的划分，可以看到柏拉图思想的影子，康德要做的工作只不过是对纯粹理性世界作一些限制，事实上他依然认为纯粹理性中几乎什么都有，既有自然法则也有道德法则、审美法则。

　　这里比较一下孔子和柏拉图，他们各自代表着两个完全不同的文明形态。孔子的人生目标是成为尧舜禹周公般的圣贤，柏拉图的人生目标是模仿"神"，变得像"神"一样；前者的态度是"未知生、焉知死"（《论语·乡党》），后者的态度是灵魂不朽、灵魂转世；前者的人生动力来自"文不在兹乎"（《论语·子罕》）的使命意识，后者的人生动力来自诸神对好人的命运不会无动于衷（《申辩篇》41D）；前者用圣贤来教化民众，后者用"神"来净化大众；前者倡导"有教无类"的教育方式，后者对统治精英和普罗大众实行等级教育。他们分别代表着世俗社会和神权社会的两种价值观。凡是世俗社会，总是用凡人的榜样鼓舞人心，凡是神权社会，总会用来世的幸福激励人们。从这个意义上说，当人们不再崇拜本民族的贤达，意味着世俗社会的脱轨；而当人们不再膜拜"神"，同样意味神权社会的解体。在这一点上，迄今人类历史无一例外。

---

① 《不列颠百科全书》第 11 版第 21 卷，"柏拉图"条目。

第四章　亚里士多德的学说

　　亚里士多德（Aristotle，公元前 384—前 322 年）出生于色雷斯地区的斯塔吉拉（Stagira），父亲是马其顿国王的医生。亚里士多德 18 岁来到雅典进入柏拉图的学园学习，前后有 20 年之久，直到柏拉图去世才离开。他离开雅典到各地游历，曾担任马其顿国王的儿子亚历山大的老师，在距柏拉图去世 13 年后重返雅典并创立自己的学园。在雅典的最后 12 年时间里，亚里士多德完成了大量令人难以置信的研究，构建起有别于柏拉图的学说体系。他创立的形式逻辑依然是现代逻辑不可或缺的组成部分，他的《形而上学》《伦理学》等依然是现代学者必读的书籍，他的物理学，直到 17 世纪初依旧统治欧洲。阅读他的《物理学》如同阅读哲学书，通篇没有一个数学公式——这对现代物理学是不可思议的——因为他怀疑用数学构建宇宙的能力。他只通过观察获得常识性的看法，而这些常识，比如地球是宇宙的中心、是静止不动的，没有外力物体就不会运动，重的物体要比轻的物体坠落快等，全是错的。似乎印证了柏拉图的观点——感觉不是知识、感觉是会骗人的。不过，亚里士多德的"三段论""不矛盾律"和"排中律"，尽管受到诸多质疑，但在一定条件下依然是有效的思维工具。亚里士多德和柏拉图是师生关系，各自代表着两种有差异的学说体系，而这种差异根本点还在于双方预设的神学不同。策勒评价说："我们在他的体系中很难感受到那种宗教情感的温暖，但在柏拉图的著作中，敏感的心灵总是能够感受到它；与之相比较，亚里士多德的哲学似乎是冷冰冰的和死气沉沉的。"① 相对于柏拉图的"神"，亚里士多德的"神"更安静、更爱沉思，只满足于纯粹思想和自我实现中。亚里士多德说，人必须爱"神"，但别期望能够从"神"那里得到爱的回报，因为"神"根本不愿与人世生活有染，只愿"做"一些诸如"第一推动力"的大事。其实用"做"这个动词还不准确，因为亚里士多德的"神"是"纯粹思想本体"，把"做"这个动词用在它身上简直就是亵渎，因为它是个"不动者"。这样的"神"很接近近代欧洲自然科学家们的"神"，这样的"神"有利于亚里士多德放开手脚去大胆设想逻辑学、形而上学、物理学等，不必担心遭"神"的谴责②。但也正是这样不可思议的"神"，使亚里士多德需要创造许多新概念来描述在这样的"神"支配下的宇宙体系，使一些著作晦涩难懂。不同于柏拉图谴责荷马、赫西俄德，亚里士多德从不责备希腊传统神话中那些不伦不类的诸神，因为那仅仅是神话而已。他经常摘录荷马等人的句子，几乎是随心所欲地做出符合自己需要的新解释。因此，他走上不同于柏拉图的对待希腊历史传统的做法：重新诠释而不是抛弃，并创造出原有经典所不具有的新的意义③。

第一节　亚里士多德的动力神

神学是亚里士多德学说体系的预设。这一预设与他的整个学说体系相互融合。思慕"神"、敬畏"神"是一条不言而喻的公理，它成为亚里士多德形而上学、物理学、政治学、伦理学得以成立的基础④。简而言之，亚里

---

① 〔德〕爱德华·策勒：《古希腊哲学史》第四卷下，曹青云译，人民出版社 2020 年版，第 534 页。

② 亚里士多德驳斥了希腊人的传统观点：自然的秘密只许神知道，人类应安分于人间的知识，不要上窥天机，以免遭到神的嫉妒而带来灾难。他坚持认为：神喜欢人类去从事这些神圣的学术。见《形而上学》卷一第二章，982b30。

③ 比如他引用荷马《伊利亚特》中描述赫克托耳的诗句"且不似凡人所生，而像某位神祇的后裔"以说明人有超越于动物兽性的神性。这就与原诗的本意完全不同。《尼各马可伦理学》1145a20.

④ "神是万物的第一动因，神是世间第一原理"是亚里士多德《形而上学》《物理学》的首要观点；他把人们对神的回报和爱，看作如同对父母的回报和爱那样天经地义。(《尼各马可伦理学》1163b15、1164b4)

士多德的"神"是让宇宙运转的动力神而非创世神。

亚里士多德在据说是给亚历山大的一封信中写道：

> 确实，神在任何意义上都是这个宇宙中的一切东西的保护者和生成者，但是无论如何完满，他并不是为统治和生成某一东西而劳作，而是运用不倦的能力，并因此而支配甚至似乎远离他的事物。神有自己的居所，在最上面的和第一的地方。……渗透于万物之中乃是神灵的本性。……它渗透于和出现于这样的地方，在那里，他若要掌管地球上的事务，则似乎是不光彩的，也是不合适的。
>
> ——《论宇宙》①

这篇被一些人认定是伪作的作品，却准确地表达出亚里士多德的神学思想。策勒说："亚里士多德不能解释有规律和有秩序的事件，除非将其与有目的的人类活动进行类比。因此，他尽管反对柏拉图的宇宙灵魂的理论，但他自己却采用一种相似的观点"② 这是神权社会思想者的宿命，无论是柏拉图还是亚里士多德，他们最终都要借助"神"来解决难题。不过亚里士多德与柏拉图的神学存在重要差异，这种差异性决定了双方学说体系的不同。那么，亚里士多德的预设神学有哪些特点呢？

首先，亚里士多德的"神"不负责创世。在柏拉图看来，至高神不仅负责创世，还创造较低级的诸神去创造并管理人类。这在亚里士多德看来是错误的。宇宙没有开端，没有结束，时间也没有开端和结束，而宇宙空间是有限的。出于他的偏见——只有低贱人做具体事务——因而认为"神"要操心、掌管地球事务是不体面的。

其次，"神"是纯粹思想本体。它是纯形式的完全实现者，没有任何需要变化的潜能，故而是不动的。它高居天穹的顶端，过着亘古不变的最美好生活——沉思，其思想和思想对象合一。它是一个至善而永恒存在的实

---

① 《亚里士多德全集》第二卷,苗力田主编,中国人民大学出版社 1991 年版,第 621、622 页。

② 〔德〕爱德华·策勒:《古希腊哲学史》第四卷上,曹青云译,人民出版社 2020 年版,第 300 页。

体。(《形而上学》1072b15-30)

第三，人与神互不关涉。人能够领会和分享"神"的生命，但"神"的世界与人的世界是绝然不同的两个世界。"神"沉浸在对思想的沉思中，不屑于知道地上世界的情况；人喜爱"神"，但"神"未必关注人，人与"神"并不能互爱①。这样的神—人关系，一方面极大压缩了"神"干预人事的空间，另一方面赋予了人类神圣使命和自由探索的空间——毫无功利目的地探究事物变动的本原和原因，发现其中的规律。人是为了摆脱愚蠢，而不是为实用目的寻求智慧（《形而上学》982b20）。

第四，"神"既外在于宇宙，又内在于宇宙。当它外在于宇宙时，是一个永生的纯粹思想本体，作为"第一动因"推动着天体作圆周运动；当它内在于宇宙时，渗透到万物之中，是保证宇宙是现在这个宇宙的本体，是其所是的本因。"神"不仅是宇宙的推动者、宇宙之所以是宇宙的保证者，还是宇宙终极目的的来源者。

第五，"神"用独特的方式支配宇宙。犹如波斯国王大流士，尽管居住在壁垒森严的华丽宫殿之中，但采用烽火传递等方式将命令连续传递到帝国最遥远的地方，其意志可渗透到帝国的各个角落但不屑于直接指挥民众和奴隶（《论宇宙》398a10-398b10）。"神"用"预先设计"的方式将目的和意志渗透到宇宙之中，通过内在于事物的运动和静止的本性体现出来。亚里士多德把这种本性称为"自然"，把由于本性而产生的事物称为"自然物"。自然代表着向一个确定目的的内在活动，自然物本身就包含了预设的运动规则。自然界到处渗透着"神"预先设计的目的。看来，亚里士多德的"神"虽不是造物者，却是个设计者、推动者。"预先设计"是理解亚里士多德宇宙论的关键概念。这种思想将在近代西方自然神学、哲学中重新复活。

第六，反对灵魂不朽和灵魂转世说。这是从亚里士多德预设神学中必然推导出的一个结论。灵魂与个体生命结合，当个体生命完结，灵魂也消

① 人—神世界的分离必然导致这样的结论："神"的统治不能对我们人类实施，人类也不能真正认识"神"，人—神互不关涉。这个观点柏拉图已进行过认真讨论（《巴门尼德篇》134D-E）。亚里士多德将它嵌入自己的学说体系。

失。但正如任何一个学说体系总会存在不可克服的内在困境，亚里士多德事实上又承认灵魂的某一高级部分是属"神"的，是不朽的、永生的。

第七，"神"在亚里士多德体系中还发挥着保证某一假设前提正确、可靠的作用。比如，亚里士多德断言：人的幸福在于德性的实现，在于灵魂诸善。这是他的政治学、伦理学得以成立的前提。有人会质疑该假设的正确性。他宣称："神的本性正该是这一真理的证据。神是快乐而幸福的；但神之所以为快乐而全福，无所凭借于外物诸善，他一切由己，凡所以为乐而得福的诸善已全备于它的本性中了。"（《政治学》1323b22）他搬出"神"作为依据，别人就无话可说了，除非质疑"神"。这种思路以后又被康德应用于实践理性，以及德行与幸福相匹配的至善如何实现之中。

亚里士多德以预设神学为出发点和立足点，在对柏拉图体系的批判和继承上，构建起能与自己的预设神学相容的学说体系。一般而论，亚里士多德对柏拉图的批判集中体现在对"理念论"的修正。柏拉图的理念世界与可感世界分离，这在亚里士多德看来是不正确的。亚里士多德的"神"既不是创世者，也不是终结者，而是世界的支配者、维护者，这就意味着柏拉图的理念，即用来创世的图纸（原型），在亚里士多德体系中就显得多余了。亚里士多德对能工巧匠的技艺存在偏见和鄙视（技艺属于奴隶的本性），在他看来，"神"不可能屈尊像工匠一样按照图纸（原型）去制造万物。他的解决办法是把柏拉图的理念作为"神"的智慧和意志，渗透到可感世界之中，使之合二为一。既不存在独立的理念世界，也不存在只有质料而没有理念的物质世界，而是存在两者相结合的可感世界。这一哲学上的修正方向与"神"支配世界的方式完全一致——即通过"预先设计"将理念和物质相结合，使理念成为保证万物"是之为是"——即保证万物就是万物自身的这个东西。这个东西（理念）在亚里士多德体系中被称为"本体"。亚里士多德批判柏拉图理念论另一个理由是：理念不具有主动的能力，既不能使可感事物动，也不使其变，对于认识事物也没有帮助（《形而上学》991a10）。有西方学者认为这种批评是有力的①。但事实是柏拉图在《智者篇》中已经意识到这个问题并提出修正。此外，如果理念仅仅是原型，是"神"造物用的"图纸"，当然不必具有主动的能力。而在亚里士多德体系中，由于"神"不再承担造物的角色，理念在与可感世界的结合中必须发挥主动的作用。

　　亚里士多德还对柏拉图驳杂的理念世界进行了一次大清理，因为"理念实际上已多于个别可感事物，但在寻求事物的原因时，却越过事物进而从理念中寻找"（《形而上学》1079a）。此外，还将一些可能导致荒谬的理念清除出去，如头发、泥土、污垢的理念。于是亚里士多德体系中，独立自在的理念变成了必须存在于事物中的本体，理念论被本体论代替。本体虽来源于理念，但含义已经有了很大变化。本体是指真实存在的、体现事物本质的、使事物成为该事物的这个东西，即使事物"是其所是"的这个东西，很多时候又用"形式"来称呼。亚里士多德把研究本体，尤其是研究终极的不动的本体作为哲学家们的重要工作。他是这样定义本体的：

　　　　本体有两种含义：属于最底层（终极存在）而不能再由其他事物来描述的；以及成为一个"这个"，可以分离而独立的——各个可独立的形式。

　　　　　　　　　　　　　　　　　　　　　　——《形而上学》1017b23

　　因此，本体是可认识、可定义的，一种是终极意义上的，另一种是存在于个别事物之中。他把本体分为三类：一类是永恒的，比如天体，二类是可灭坏的，比如动植物，三类是不动的，比如神、精灵（《形而上学》1069a30-1069b）。这个分类与本体的定义是相互对应的。第一种定义与第三类对应，这类本体是哲学、神学的研究对象；第二种定义与第一、二类对应，这类本体属于物理学、生物学等的研究对象。本体只能存在于具体的个别事物中，而不能存在于普遍之中。这是亚里士多德本体论批判理念

　　① 〔德〕爱德华·策勒：《古希腊哲学史》第四卷上，曹青云译，人民出版社2020年版，第219页。

论后确立的原则。他说：

> 似乎任何普遍性名词皆不可能称为一个本体。每一事物的本体其
> 第一义就在它的个别性，属于个别事物的就不属于其他事物。而普遍
> 则是共通的，所谓普遍就不止一事物所独有。
>
> ——《形而上学》1038b6

比如，柏拉图认为理念世界分别存在有限、无限，大、小等的理念，但亚里士多德予以否认，由于这些带有普遍性的一般概念，并不专属于某一具体事物，它们被排除在本体之外。但亚里士多德对本体的定义和分类同样带来不可回避的困难，比如亚里士多德认为"人"是有本体的，那么作为人的苏格拉底是否有本体？他与人的本体究竟是什么关系？这就涉及具体事物的分类等一系列问题。《形而上学》第七卷专门讨论了作为事物的本质与作为与质料相对的形式是否是本体的问题，认为作为事物的本质属性就是本体，保证某事物是该事物的形式就是本体。这样，亚里士多德体系中，本体与本质、形式等概念是等价的。由于保证人之所以是人的那个东西是灵魂，所以在亚里士多德体系中，灵魂与本体、形式、本质等概念同样也是等价的。所谓等价，是说它们都是作为确保某事物是该事物、某事物区别于他事物的那个东西。

正如柏拉图的理念论存在模糊和混乱，亚里士多德的本体论同样存在含混和矛盾，存在内在的逻辑困境。一方面他反对柏拉图理念独立自在的观点，认为本体只能是一个"这个"，即具体事物的形式，另一方面，那个不动的"神"是没有质料的纯形式，自在地生活在另一个世界，正如同柏拉图的理念世界。学者常常因此批评亚里士多德对柏拉图理念论批判得不彻底，最后还是落入柏拉图的思维模式。其实，这是神权社会思想者的宿命。此外，他说具体事物才有本体，意味着人们只能研究个别性的事物，但这与他宣称知识研究普遍的不变的存在有矛盾。

亚里士多德描绘了一幅宇宙图景：

1. 宇宙既不是生成的，也不会消灭，而是永恒的。亚里士多德批驳了

世界是生成且永恒或世界是生成但要毁灭这两种观点，坚持宇宙没有开端也没有结束（《论天》1卷10章）。地球是宇宙的中心且静止不动，星辰分别在各自轨道围绕它旋转。从地球起始由内而外共有五十六层空间，宇宙最外层的恒星空间是天体世界中最完美的，它们离"神"最近，做着纯粹的圆周运动，低层空间的行星会偏离圆轨道，因为低层空间被高层空间带动而形成复合运动①。宇宙是一个有限的球体，宇宙内部有空间，外部不存在空间，因此宇宙并不在空间里。亚里士多德提出一个有限但永恒的宇宙，没有开始，也没有结束。后来，天文学家托勒密据此构建起第一个完整的描述星辰运动轨迹的数学方案。

2. 宇宙分为对立的两部分，一部分是天体世界（月上世界），一部分是地球世界（月下世界）。天体世界的永恒和有序与地球世界的可朽和无序形成强烈的对比，使亚里士多德深信这是两个本质完全不同的世界。天体世界由更高级的以太组成，而地球世界由土、水、气、火四元素组成，前者本性喜欢圆周运动，后者本性喜欢直线运动。以太有神圣性，使天体有不朽和永恒的本性（《气象学》339b25，《论天》270b10）。统治两个世界的规律不同，主要原因是构成它们的质料有区别。亚里士多德关于"两个世界"的理论，直到伽利略用望远镜对准月球观察以后才逐渐被抛弃。

3. 宇宙的运动是永恒的，并且与时间紧密关联。这是亚里士多德宇宙体系的一个重要前提。要区别运动中的施动者和受动者，就必然要有原动者。按照亚里士多德的计算结果，这样的原动者有五十五个（《形而上学》1074a10）。但真正永恒不变的原动者只有一个，这是天体世界和地球世界所有运动的"第一动因"（《形而上学》1072a 10，1074a35）。毫无疑问，第一动因就是"神"，它是宇宙运动的本因。那么"神"是怎样传递运动的？根据亚里士多德，"神"既不用身体接触也不用意念，而是用"爱"。"神"的至善性引来爱慕和喜爱，从而使离"神"最近的第一层天体发生运动，随后带动其他天体和地球一切事物依次运动。其逻辑关系是：宇宙存在原

———————

① 如以地球为中心计算行星围绕地球的轨道，必然是极为复杂的，这也是后来以地球为中心的托勒密天文学行星轨道异常复杂的原因。

动者，原动者肯定是善的，而善的东西必然引来爱慕，而爱慕带来运动。（《形而上学》1072b1-15）亚里士多德这一惊人的见解，完成了西方思想史第一个"爱的梦呓"。以后经院派学者根据亚里士多德的观点，再对照新约"神就是爱"（《约翰壹书》4：16），完整地证明"神"是出于爱创造宇宙、推动宇宙。可见西方世界的"爱"确实力量无边。

　　亚里士多德对西方世界的影响深刻且复杂。本质上讲，亚里士多德的"神"与基督教的"神"完全不同，因此他的学说在基督教世界长期遭忽视。直到中世纪，欧洲学者通过伊斯兰世界才了解并熟悉亚里士多德。在阿奎那等人努力下，实现了基督教信仰与亚里士多德学说的融合，使亚里士多德成为欧洲经院哲学的权威。亚里士多德进入基督教欧洲，一方面使基督教神学有了更为系统的发展，另一方面对基督教传统信仰造成损害。但阿奎那的亚里士多德式神学之所以能获得罗马教廷的认可，是因为他们更需要一个较安静的"神"，以便使大公教会——"神"在地上的代理——发挥更大的作用。但正是这个安静的"神"为人类理性赢得一席之地，帮助自然科学挣脱迷信获得发展空间，从而冲击教廷的权威。历史的发展就是如此诡异。亚里士多德主义在发挥瓦解传统秩序作用的同时，又树立一个新的权威而阻挠知识的进步。比如，数学在柏拉图体系中可以被纳入理念世界，但与亚里士多德的本体论不相容。他批评毕达哥拉斯："明显地，他们引进数的创造说，于理论并无裨益。"（《形而上学》1091b29）对数学的忽视是亚里士多德的最大失误。他的物理学（自然哲学）恰恰阻碍着近代自然科学发展。正如罗素所言："自十七世纪的初叶以来，几乎每种认真的知识进步都必定是从攻击某种亚里士多德的学说而开始的。"①

　　这里有个疑问，亚里士多德的学说为什么能对后世产生如此巨大的影响？为什么他的《形而上学》依然是所有学习哲学的学生的必修课？其原因恐怕与他建立起一套完整的分析框架有关，这套分析框架代表着一套价值体系。

---

①　《罗素文集》第 7 卷《西方哲学史上》，何兆武、李约瑟译，商务印书馆 2012 年版，第 247 页。

第二节　新的分析框架

亚里士多德大大压缩了"神"发挥作用的空间。自然界的闪电、狂风、干旱、洪水、地震等,不再是希腊大众宗教所称的,是"神"在发怒或捣乱,而是预定的自然表现。亚里士多德不批评荷马和赫西俄德,是因为他们所讲的仅仅是神话而已,不值得去批驳。他提出了一套描述事物的分析框架。

一、"目的论"分析法

亚里士多德继承柏拉图理念论内含的目的论思想,宇宙不再是诸神随心所欲的活动场所,而是由一个至善的目的所支配。这是亚里士多德分析框架的首要方法。比如,他在《灵魂论》中写道:

> 一个动物生育一个动物,一棵植物生殖一棵植物,繁殖后裔是生物界惟一可得参与宇宙的"永恒与神圣事业"的方法;每一生物恰都力求要把自己垂于永恒,而这正是所有它们所以备有种种自然机能的终极目的。①

他的意思是说,动植物生命有着终极目的,这个终极目的就是使自己能够永恒。人是动植物中最高级的,那么为什么会有比人低等的动植物呢?亚里士多德的答案就是:它们是为了服务于人类这个目的。服务于人类成了低等动植物生存的重要目的。亚里士多德提出人生的目的是追求幸福,而第一等的幸福生活是"沉思",这是属"神"的生活,因此人生终极目的还在于像"神"一样去沉思。目的论可以用来解释一切现象。比如,山羊走动是为了觅食,老鼠逃跑是避免被吃掉,雄兔和雌兔交配是为了生出更多的兔子等。亚里士多德的理由是:"既然技术产物有目的,自然产物显然

---

① 〔古希腊〕亚里士多德:《灵魂论及其他》,吴彭寿译,商务印书馆1999年版,第97页。

也有目的。"（《物理学》199a19）他还说："同样明显的是，植物的存在就是为了动物的降生，其他一些动物又是为了人类而生存，驯养动物是为了便于使用和作为人们的食品，野生动物虽非全部，但其绝大多数都是作为人们的美味，为人们提供衣物以及各类器皿而存在。"（《政治学》1256b15）世界就是由一个个目的串联起来，小目的服从大目的，全部目的服从终极目的，而终极目的就是"神"，就是永恒。

关于必然性和偶然性，也和目的性关联。因为存在普遍的目的性，就存在必然性。就好比为了建造房子，必先预备好砖头、石料等，因此砖头、石料的存在就是必然。而一种不能与目的因关联的变动，则称为偶然。比如，一个人的庄稼在打谷场上遭雨霉烂了，可是这不符合下雨的目的（滋润大地），霉烂就属于偶然。这是一种倒果为因的思维方式：必然不是来自之前发生的原因，而是来自最后要达到的目的；偶然也不是因为前置因素的扰动，而是不符合最终的目的。这种看上去有些荒唐的目的论，似乎不符合现代人认识自然界的方法，但它赋予了人类和社会一种无与伦比的价值体系，使人的生活有了意义。比如按照目的论的分析框架，我们说：生命的目的在于更好地实现自身的价值，或者说人类的目的在于全面发展自己，国家的目的在于保护每一个人的自由，等等。这些观点估计会获得现代大多数人的赞成，但谁也不会意识到这是一种目的论的思维方法。这种目的论的思维方法，设定了人们努力追求的价值目标，使人有了动力、有了意义。至于生命、人、国家是否真的有这样的目的，谁又能证明一定正确？它只是一种信念罢了。因此亚里士多德的目的论并不是如人们通常说的那么荒谬。当目的论这种分析方法从自然界被驱逐出去以后，却依然在生命、人、社会诸领域牢牢占据着主导地位。同样，当亚里士多德对偶然、必然的解释在学理上被推翻后，人们还是常常把合乎目的性的事物称为必然，将不合乎目的性的事物称为偶然，因为必然和偶然的界限也是相对的。

二、"自然"分析法

现代人一般把排除人为干扰因素的变化称为自然（nature），这与亚里士多德所说的"自然"（physis）有较大差距。"自然"体现着内在的或预定的目的性，它来自"神"，"自然使所有存在物都分有神性"（《尼各马可伦理学》1053b32）。他在《物理学》中写道："自然是它原属的事物因本性（不是因偶性）而运动和静止的根源或原因。"（192b23）亚里士多德的"自然"是指事物内在的目的性、内在的变动原因，"很显然，自然是一种原因，并且就是目的因"（《物理学》199b32）。就如家庭主妇会给主人分配最好的食物，给仆人分配粗糙的食物，给家畜最粗糙的食物，自然也会把好的质料用于最高贵的部分，较差的质料用于低贱的部分（《论动物的生成》744b11）。借助有目的的自然，亚里士多德提出了他的名言："自然绝不创造无用的事物，也不会节省任何必要的物件。"（《灵魂论》432b20）那么自然物为什么具有内在的目的和原因？这只能归于"神"给宇宙的预设。"自然"具有最高的优先性，成为亚里士多德重要分析工具，除了用于分析自然界，还用于分析人、社会和国家。在亚里士多德看来，自然物不仅仅指自然界有生命和无生命的事物，还包括家庭、村落、城邦等共同体，它们都是自然的产物，既然是自然产物，必然是先于个人而存在的（《政治学》1252b30、1253a25）。"城邦显然是自然的产物，人天生是一种政治动物。"（《政治学》1253a3）他正是从自然的角度推导出人是一种政治动物，人的生活必然和城邦生活相连，因为这符合自然。他还从自然出发推导出奴隶制度的合理性："自然赋予自由人和奴隶不同的身体，它使得一部分人身体粗壮以适于劳役，使得另一部分身体挺拔，这虽然无益于劳作，但却有益于无论是战时还是和平时期的政治生活"（《政治学》1254b26）。他还说："如果人们之间在形体上的差别有如神像和人像的差别那样大，那么大家就应当承认，低贱者应当成为高贵者的奴隶。"（《政治学》1254b36）亚里士多德区分强迫奴隶和自然奴隶，那些高贵的族群因暴力被奴役是不正确的，就如把希腊人当奴隶会引起非议，而让野蛮人成为奴隶则是自然而公正。看来在"自然"中，处处体现出偏爱希腊人、偏爱高贵者的自然正义。"自然"在亚里士多德体系中成为衡量行为是否正当性的标杆，事物好坏的价值尺度。比如，组成地球世界的四元素，其自然本性是做直线运动，而组成天体世界的以太，其自然本性则是做圆周运动，如果干扰了这种运动，就是不正当、不自然的；城邦是自然产物，其目的是让公民过有德性的生活，这就是城邦的自然本性；对那些天生低贱的奴隶，做奴隶对他们来说是最好的结果，被奴役不仅有益而且符合自然。看来"自然"确实是个好东西，什么事物都可以在极为高尚的境界里得到"完美"诠释。切莫以为这只是亚里士多德个人的想法，而是被西方社会普遍接受的观念。近代以后，"自然"在西方社会再次显赫，自然神学、自然法则影响巨大，即便1776年新生的美利坚合众国依然建立在"自然"的思维方式上。他们认为自然法则赋予人有若干不可剥夺的生命权、自由权和追求幸福的权利，但印第安人和黑人显然不属于"人"的范围，这是由他们的自然本性比较低劣所决定的，黑奴接受主人的指导，是符合自然正义的，因为他们的心智不成熟。销售量仅次于圣经的《汤姆叔叔的小屋》，过去曾看作是推动黑奴解放的杰作，实质是充满种族偏见。其中完美的黑人奴隶的形象就是按照亚里士多德对奴隶的看法设计的：身体粗壮、忠心耿耿、因主人教导而使天性得以完满——至死不渝信仰基督；而完美的白人奴隶主的形象则是：身材挺拔、风度翩翩，热心政治、富有德性①。

　　亚里士多德在讨论如何获取财富时，坚持"自然"的方式才是正当。什么是"自然"的方式？比如通过正常贸易等商业活动聚敛财富就不是"自然"方式，而狩猎则是"自然"方式。"由于战争导源于狩猎，既然猎取野兽以维持人类的饱暖是人类熟悉的技术，那么，对于原来应该服从于他人的卑下部落，倘若竟然不愿意服从，人类向它进行战争（掠取自然奴隶的战争），也应该是合乎自然而正当的。"（《政治学》1256b24）西方世界的殖民扩张史、奴隶贸易史、种族压迫史很生动地诠释了亚里士多德这样的自然正义观。值得注意的是，当现代一些西方学者开始对亚里士多德的自然观以及由此产生的一系列观点持否定和批判的态度时，中国学者们依然在高声赞美着亚里士多德的一切，即使批评也是冠以"代表剥削阶级学说"这类无关痛痒的评价。个中原委令人深思。古希腊的生产力和社会

　　①　亚里士多德说："自然所赋予自由人和奴隶的体格也是有些差异的，奴隶的体格总是强壮有力，适于劳役，自由人的体格则较为俊美，对劳役便非其所长，而宜于政治生活。"（《政治学》1254b27-30）我们再看看好莱坞拍摄的电影,其黑奴的形象和白人奴隶主的形象无不如亚氏所说。

状况同近代以来的欧洲尤其是美国有如此不同，但在奴隶制度、种族压迫观念上与亚里士多德描述的竟然如此惊人地相似，我们只能把它归结为一种文化现象，单纯从经济的角度很难有效解释。

用"自然"作为分析工具，在西方思想史上可以列举一长串名单，包括近代的格劳秀斯、霍布斯、洛克、卢梭等，只是他们与亚里士多德对"自然"的解释略有不同，以后还将讨论。古代中国的庄子、王弼等人，同样以"自然"立论，但是双方所称的"自然"差异性更大。现代人依然也会用"自然"作为分析工具，但此自然不是彼自然。一个时代有一个时代的自然，一种文化有一种文化的自然。当大家都在谈自然正义的时候，含义却差之千里。

三、"潜在—实现"分析法

在亚里士多德看来，事物都由质料和形式构成。质料指材料，具有变化的内在潜能，是形成一事物的基质，没有它事物不会发生；形式是把材料组织起来的结构、内在原理，是事物本体，是一事物区别于他事物的本质，代表着实现。老子云"圣人抱一为天下式"，这里的"式"与形式之义相同。亚里士多德用质料—潜在，形式—实现，即"潜在—实现"作为分析事物的框架。比如，有一个青铜球，青铜是质料，圆球是形式；青铜之所以成为青铜球，是因为青铜具有铸造、锻造成球形的潜能；但如果没有圆球这种形式，青铜就不会成为青铜球，它可以成为青铜剑、青铜刀。再以房屋为例，"砖块、木材、石料"作为质料，有成为房屋的潜能，把"可以安顿生物与器具的隐蔽场所"作为形式，是房屋的实现，将两者结合起来就成为现实的房屋，从房屋的潜在状态变为实在状态。亚里士多德不仅用"潜在—实现"分析无生命的物体，还用于分析动植物、分析人、分析国家、分析宇宙等一切事物。比如，鸡蛋有变成小鸡的潜能，当鸡蛋孵化出小鸡时，会认为潜能实现了；石头有向下运动的潜能，石头往地上落，也会认为潜能实现了。比如人的身体有健康的潜能，但身体也会生病，是否意味着身体有疾病的潜能？亚里士多德说，不是！那是因为健康的潜能被剥夺带来的。（《形而上学》1044b30）他拒绝将坏的可能性、不符合目的的可能性视作为潜能，理由是世界的终极目的来自"神"，是至善的，故而由终极目的派生的各种目的必然不可能是坏的。他区分了潜能和潜能缺失（被剥夺），代表了事物向好的与坏的两方面发展，潜能只向好的方向发展，当潜能被剥夺，就会向坏的方向发展。坏的东西没有潜能。他说：

> 所以，恶显然不在事物之外，恶在本性上是后于潜能的。所以原初的、永恒的事物，没有恶、没有缺失、没有偏邪。
>
> ——《形而上学》1051a16

亚里士多德把"恶"解释为潜能的被剥夺，一种缺失，而原初的、永恒的事物只有善、没有恶，事实上为今后的基督教学者解释"恶"的来源，证明"神"的至善提供理论基础。这就坚持了神学上的一元论，避免世界存在善、恶两端的二元论的信仰困境——既然"神"是至善的全能者，为什么还允许存在"恶"？我们将在奥古斯丁、阿奎那、莱布尼兹等一长串人员的作品中不断发现这种思维方式，用来解释"神"至善与世间有"恶"之间的矛盾。

亚里士多德把潜能区分为：被动潜能和不受动变潜能，前者受外在作用而变动（可能向好或坏的方向动变），后者不受外在作用（指不会变坏或毁灭）。他还区分理性潜能和非理性潜能，前者专指生物，后者既有生物也有非生物。理性潜能并不在受作用后就必然实现，比如人有吹笛子潜能，只有经过训练才能实现，它与权衡和抉择等意志有关；而非理性潜能，如种子发育，受一定的作用就会实现。亚里士多德讨论了什么是"实现"（energeia），以及不同阶段的实现的递进发展，达到"终极实现"（entelecheia）。世界充满目的性，正在进行的活动而没有达到某一目的，就不能称为"实现"，因此"实现"指有目的性结果的完成。但是，"潜能"与"实现"又是相对的，比如矿石中有铜的潜能，铜提炼出来，说矿石的潜能实现了；但铜又存在雕像的潜能，雕像完成了，就说铜的潜能实现了。雕像有装饰的潜能，那么当作为装饰品放在家里，是否其潜能就实现了呢？这说明"潜能"在亚里士多德那里有很大的主观性、随意性。比如土有生长树木的潜能，树木有成为木箱的潜能，木箱又有放衣服的潜能。亚里士多德从不同阶段的递进关系来理解"实现"与"潜能"。准确地讲这里的"实现"还是指"部分实现"，因为它还不是实现"终极目的"。在时间次序上讲，亚里士多德认为"实现"要先于"潜能"，"因为那些潜能均由这些已实现的事物产生。由已实现事物产生潜在事物，而这潜在事物又成为实现的事物。"原因就在于"世上常有一个原动者，而这原动者先已实现地存在"（《形而上学》1049b22-26）。亚里士多德的意思是：世界上所有事物总是奔向某一"终极目的"，事物之所以存在潜能就为了要达到这"终极目的"，从一个"实现"不断向上一个"实现"递进，"一直上溯到永恒的原动者之实现"（《形而上学》1050b5）。那个原动者即"神"先于宇宙中的一切，就是一个永恒的"终极实现"。"终极实现"是不可灭坏的、最完美的，没有一丝潜能，属于完全实现，其存在状态是实在而非潜在。

"潜在—实现"的分析方法，内含有两个重要的看法。第一，地球世界的发展有单向性——不断趋向于终极目的、终极实现（走向最美好未来）；第二，现实世界的事物都是不完美、有缺失的——但肯定有一种完全实现的状态，比如"神"的世界属于"终极实现"。我们可以在奥古斯丁的《上帝之城》和阿奎那的《神学大全》中看到这种思想的延续，也可以在黑格尔等其他思想家中看到这种思想的发展，甚至马克思主义关于人类社会终极目标——共产主义也都有这种思维的影子。

四、矛盾律和排中律

《形而上学》四卷将研究"存在之所以为存在"（to on hei on）以及"存在"的属性，确定为哲学的重要任务。意思是：哲学家们研究本体，必然要研究适用于一切事物的基本原理，这些基本原理说明了"存在之所以为存在"的原因，这些基本原理适用一切事物，为各种存在着的事物所普遍遵守。亚里士多德认为，这些基本原理类似于数学中的公理，只是数学家和自然哲学家提出公理时，并不证明公理的真假，而站在自然哲学家之上的哲学家还要证明这些公理。那么，这些公理是什么？那就是矛盾律和排中律。《形而上学》四卷第三到第七章着重进行讨论。

　　所谓矛盾律是："同一种属性在同一情况下，不可能同时属于又不属于同一事物。"（《形而上学》1005b21）他坚决反对赫拉克利特的说法：同样的事物可以为是亦可以为非是。甲不能同时是"乙"与"非乙"。其结论是：只有符合矛盾律的事物才能存在，否则不可能存在。比如，我们在世界上找不到"是一个人"又"不是一个人"的人。排中律是指：相反叙述之间不存在中间者，于某一事物必须予以肯定或者否定（《形而上学》1011b25、1012a24）。比如真假问题，凡以不是为是、是为不是者，就是假的，凡以实为实、以假为假者，就是真的，这种情况下人们就得说这是真的或是假的，而不能有其他选择。

　　这两条公理中，亚里士多德尤为重视矛盾律。但矛盾律是无法被证明真伪的。因为你在证明这条基本原理正确的时候，已经把不矛盾性作为前提，实际上是在循环论证。但这条基本原理同样又是不可否定的，当用"是人"指代一事物时，本身就已经排除了"不是人"，两者是不能同时存在的。亚里士多德对这一点非常清楚。实际情况是，矛盾律只是在一定条件下适用于一切事物，并不是无条件的，排中律同样如此。不过，这里还要区别亚里士多德的"矛盾"与中国人所称矛盾之间的不同含义。亚里士多德把"矛盾"定义为两个相反的陈述，一个是肯定、一个是否定。比如说，这是人，这不是人。两个陈述之间没有必然的联系，并不存在互为条件、互为依存的关系。华夏文明下的矛盾是指相互依存、互为条件的两个对立事物，比如战争与和平，阴与阳之间的关系，彼此不能分离。同样的矛盾思想，说的不是一回事，适用领域也不同。亚里士多德的矛盾律适宜于预先设计的机械系统，而华夏文明的矛盾观适用于有机体系统。

五、"四因"分析法

　　亚里士多德认为哲学还要探讨"事物之所以是这个事物"，即"是之所以为是"（to ti en einai）[①]的原因。他说："显然，我们应须求取原因的知识，因为我们只能在认明一事物的基本原因后才能说知道了这事情。"（《形

------

① 国内一般翻译为"本质"。——笔者注

而上学》983a25）寻求原因是人类的普遍诉求，神话体系本身就是对世界原因的一种探寻。当某个现象无法用原因解释，人们就会陷入困惑，即便在现代，当量子超距作用的原因无法解释时，物理学家会深感惶惑。但我们要注意亚里士多德的"原因"和现代人理解的原因是不同的。假如用亚里士多德的理论解释量子超距作用，会说存在一个目的因，比如存在"绝对无法破解的加密通讯"这个目的，这就是发生量子超距作用的目的因。他正是这样来理解原因的。他说健康是散步的原因（目的因），而不是我们认为散步是导致健康的原因之一；他说建筑工人是房屋的原因（动力因），而不是我们所说的建筑工人是建造房屋的条件之一；他说铜是产生雕像的原因（质料因），而不是我们认为的铜是适合于雕塑的材料之一；他说建造房屋的图纸和技术是房屋的原因（形式因），而我们一般不会这样想问题。亚里士多德经过对前人思想的系统考察和梳理，提出了解释事物本原和原因的"四因"说，即形式因、质料因、动力因、目的因。（《形而上学》983a25-30）宇宙体系的变动就是四种原因共同作用的结果。

（1）"形式因"或"本因"。它是保证事物之所以为该事物的原因，有了"形式因"便使事物有了本质，有了本体。（2）"质料因"或"物因"。它是制造事物的材料。质料既包括土、水、气、火四元素，以及木材、铜铁和肌肉、血管等材料，当然也包括组成天体世界的高级元素以太。（3）"动力因"或"动因"。它是事物发生动变的原因。宇宙变化的动力问题是希腊哲学家关注的重点，如阿那克萨戈拉的努斯，恩培多克勒的友爱和憎恨，都是解释事物动变的动力来源。亚里士多德提出了从"神"到各种灵魂的完整的宇宙动力系统。（4）"目的因"或"极因"。它是宇宙一切创生与动变的目的。他的逻辑关系是这样的：既然人的活动有目的，"神"的活动怎么没有目的？"既然技术产物有目的，自然产物显然也有目的。"（《物理学》199a1-20）

"四因"说构成亚里士多德分析事物的基本框架，既用来解释有生命的，也用来解释无生命的；既可以用来解释宇宙运行，也可以用来解释一棵树生长。亚里士多德常常将形式因、动力因、目的因合而为一，"因为形式因和目的因是同一的，而运动变化的渊源又和这两者是同种的"（《物理学》198a25）。因此，"四因"说又可用"二因"说来替代，即用形式因和质料因来分析事物的动变。研究"是之所以为是"转化为对形式因的研究。对事物原因的分析，亚里士多德认为不可能进行无限地追溯，总会有一个尽头，这个尽头就是第一原因，它既是一切事物的终点也是一切事物的起点。"第一原因既是永恒的，就不该被毁灭"，"极因是一个终点，这终点不为其他什么事物，而其他一切事物却是为了这个目的"（《形而上学》994b7,994b10）。如果没有第一原因，事物将无穷尽地推衍下去，"则知识也将成为不可能。"（《形而上学》994b29）亚里士多德提出第一原因，使人类知识有一个确定性的基础。"第一原因"成为中世纪经院哲学的第一原理，阿奎那神学的"神"，以及近代自然科学家的第一推动力。从希腊哲学家提出智慧和知识来自"神"，直到近代欧洲，知识的可靠性似乎还需要它来保证。这一点，我们将会在欧洲近代哲学之父笛卡尔那里再次看到。

六、其他分析法

自足也是亚里士多德的重要分析工具。"我们所说的自足是指一事物自身便使生活值得欲求且无所缺乏，我们认为幸福就是这样的事情。"（《尼各马可伦理学》1097b15）凡是自足的，就是具有最终价值的东西，无须依靠外在的东西就能存在，而不自足，则表明需要借助外部条件才能实现。比如"神"为什么是好的，就在于它的自足性——万事不求人；理性为什么是好的，就在于能摆脱外在的束缚。自足性的高低，成为衡量好、较好的标准。这种哲学思维贯穿亚里士多德整个学说体系。比如，城邦为什么是人类社会进化的高级状态？理由是"在这种社团以内，人类的生活可以获得完全的自给自足"（《政治学1252b28》）。那么，城邦为什么有存在的价值？因为"城邦的目的在自给自足"（《政治学》1326b3）。

亚里士多德所建立的分析框架，以及嵌入其中的价值体系，能给西方世界带来多大影响，也就能知道给西方世界的发展尤其是自然科学发展带来多大的障碍。因为现代自然科学的分析框架、思维方式与亚里士多德并不相容。他讲的目的、自然、原因、潜能等，与我们现在对这些概念的理解几乎是相反的。他对运动感兴趣并不是运动本身，而是运动最终要实现的目的；他观察石块总是向下坠落的现象，但感兴趣的不是描述现象而是发现坠落的原因——那是石块有下落的自然本性；标枪在脱离运动员之手后为什么还会飞行，他认为是自然"讨厌"虚空，空气中的微小颗粒不断填补标枪尾端的虚空，从而推动标枪继续运动。美国物理学家蒙洛迪诺说："亚里士多德分析问题——寻找目的——的特点对于后来人们的思想产生了巨大的影响。这让各个时期的许多基督教哲学家对他推崇备至，但也在近2000年的时间里阻碍了科学的进步，因为它和今天指导我们调查研究的强大的科学定律完全不能兼容。"[1] 从中我们似乎明白，真正推动人类社会发展的是思维方式、分析框架的革命，但思维方式、分析框架的革命并不是一个抽象的存在，是与历史进程密切相关。谬误、偏见、压制可能还不是科学发展的真正敌人，因为真正的敌人是对科学知识的漠视、轻视和蔑视。对知识的冷漠才是我们最大的敌人。

第三节　灵魂论和伦理学、政治学

灵魂、人类、伦理和政治等问题在亚里士多德体系中相互关联——研究政治学必须首先研究伦理学，研究伦理学首先必须研究人类，研究人类必须研究灵魂，而研究灵魂则始于区别有生命和无生命物体。亚里士多德说：

> 我们所寻求的是人的善和人的幸福。人的善我们指的是灵魂的而不是身体的善。人的幸福我们指的是灵魂的一种活动。如若这样，政治家就需要对灵魂的本性有所了解。
>
> ——《尼各马可伦理学》1102a12

在这个意义上，他说："选择灵魂这一课题加以研究，可以说是学术上的首要功夫。"（《灵魂论》402a5）

---

① 〔美〕蒙洛迪诺：《思维简史——从丛林到宇宙》，龚瑞译，中信出版社 2018 年版，第 97 页。

一、灵魂论

亚里士多德用目的论分析自然现象，我们会觉得荒谬，但用来研究人和社会现象时就必须认真对待。罗素说："当亚里士多德谈到天文学的时候，我们可以确切地说他是错了。但是当他谈到伦理学的时候，我们就不能以同样的意义来说他是错了或者对了。"[①] 这就好比有人说宇宙不能没有灵魂，我们会吹出轻蔑的口哨，但有人说一个人不能没有灵魂，一个国家、一个民族不能没有灵魂，我们会鼓掌赞同。灵魂依然是现代社会不可或缺的重要概念。不过，亚里士多德所说的与我们理解的灵魂，有相同也有不同。他是从哲学—神学和生物学、生理学、心理学诸角度去研究灵魂问题。这些内容主要集中在《灵魂论》《自然诸短篇》《动物志》等。

1. 灵魂的作用

亚里士多德在《灵魂论》卷一评述过去各派观点后，在卷二提出灵魂的定义：灵魂就是事物之所以是该事物的本体。他举一斧子为例。"斧的本体就是之所以成其为斧的东西，这就是它的灵魂。如果它失去了之所以成为斧的东西，就不再是通常意义上的斧。"（《灵魂论》412b13–15）令人吃惊的是，范缜《神灭论》也有类似的比喻。"神之于质，犹利之于刃，形之于用，犹刃之于利。"双方用的都是比喻，既有相同也有差异。1. 范缜从功能和作用上讲神（灵魂），亚里士多德从斧子之所以是斧子的本质讲灵魂，同时也从功能上讲，比如他把眼睛视觉功能看作是眼睛的灵魂。2. 范缜讲神形统一，彼此不能分离，亚里士多德也讲"灵魂与躯体是不可分离的"。（《灵魂论》413a5）但某一特殊的灵魂又可"独立的、可分离的"。（《灵魂论》430a17）3. 范缜讲形神相互依存，神是形的属性，但亚里士多德的灵魂对身体起主导和支配的地位。除了上述三点，亚里士多德的灵魂有促使事物的潜能变成现实的作用。双方的差异体现出两种文化、两种思想体系之间的差异：华夏文化的主流思想是形与神、阴与阳统一，西方文化的主

---

① 《罗素文集》第7卷《西方哲学史》上，何兆武、李约瑟译，商务印书馆2012年版，第277页。

流思想是灵魂与身体、精神与物质分离。至少说明，古代中国思想不能用唯物或唯心的标签来划分。

根据亚里士多德，植物、动物、人类都有灵魂，分别称植物灵魂、动物灵魂、人类灵魂。植物灵魂只具有营养和繁殖机能，也称营养灵魂；动物灵魂有感觉、运动的机能，也称感觉灵魂；而人类灵魂在具备上述机能外还具有推理和思想机能，也称理性灵魂。植物灵魂、动物灵魂、人类灵魂是一个依次递进发展的关系，后者包含前者的全部机能，体现生命逐渐向上发展的层级。

亚里士多德用"质料—潜在，形式—实现"分析灵魂。具有生命潜能的身体是质料，使身体的生命潜能实现的灵魂是形式。植物、动物、人类分别是身体与相应灵魂结合的产物。亚里士多德反对毕达哥拉斯学派的"灵魂转世说"，斥责为荒谬的鬼神故事，因为人的灵魂不会跑到一只狗身上，一棵树的灵魂更不可能跑到人身上。亚里士多德也用"四因说"分析灵魂。"灵魂通有一切生物诸原因中的三因：灵魂为生物动变所由发生的动力因，又是其动变所趋向的目的因，还是一切生物的形式因（是生物的本体）。"（《灵魂论》415b10-13）作为动力因，灵魂使植物、动物、人类的潜在生命得以实现，作为目的因，使生命目的各自得以实现，作为形式因，使生命是其所是，成为应该成为的样子。亚里士多德把柏拉图分别居于身体各个部位的"三个灵魂"合为一个，全部放在心脏部位，理由是这个部位维持着"生命原热"（《动物之构造》650a14）。尽管从解剖学看，亚里士多德把具有感觉统合、思想、算计等机能划归心脏是错误的，但由于他的巨大影响力，后人依然把关于灵魂的知识称作"心理学"而非"脑理学"。亚里士多德的灵魂论包含目的驱动的进化思想：生命从低级形态向较高级形态发展；在统一的生物链条中，低级的、低贱的总是为高级的、高贵的生命服务；人处于所有生物中最高级的地位，是所有生物进化的目标。整个自然界，植物的存在是为了动物的降生，动物又是为了人类而生存，自然的安排保证动植物生命是为人类服务的（《政治学》1256b15）。亚里士多德揭示出宇宙系统的 U 型发展曲线，即从最高处的"神"到天体世界再降到地球世界，到达谷底后，接着开始上升，从无生命到有生命物体再到人类，而人类的终极目标又回到"神"——永恒沉思者。

2. 人类灵魂

亚里士多德的灵魂论实质是研究动植物的生理机能、繁殖机能、感觉机能、运动机能，尤其是人类的心理机能、思想机能等，涉及生物学、生理学、心理学和认识论。人与所有生物都拥有营养灵魂，有进食和繁殖等机能，这种使生命不断繁衍的机能，体现着自然界终极目的——都希望自己永恒（《灵魂论》415a30）。同时，人与动物一样拥有感觉灵魂，有感觉与运动等机能。理性灵魂专属人类，有思想与计算等机能，具有神性，它是亚里士多德关注的重点。从人类灵魂构成看，是兽性和神性的混合。

理性灵魂是具有推理和认识能力的心灵（努斯）。心灵犹如一个容器，自身空空荡荡却可以容纳思想和知识。他说："除了具备着容纳功能外，心灵一无所有。"（《灵魂论》429a21）心灵在从事思想之前并不以现实的方式存在，每种感觉有与之对应的感觉器官，但心灵没有对应的器官，心灵并不与身体混合。"若说它是合于躯体之中的某物，这就不通于理了。"（《灵魂论》429a25）这说明，"感觉机能与身体不相分离，而心灵却是与身体分离"（《灵魂论》429b5）。按照亚里士多德，心灵可以与身体分开，身体死亡并不必然导致心灵死亡，人类灵魂可以不死。这个观点给研究亚里士多德的学者带来很大困惑。按照亚里士多德对形式与质料的定义，两者是不可分离而自存的，灵魂作为形式当然不能与作为质料的身体分离。一个具有潜在生命的身体与灵魂相结合，才能成为一个活的人。而灵魂不死、灵魂转世等观念与亚里士多德体系并不相容。此外，心灵如不与身体混合，是如何发挥作用的？由于亚里士多德拒绝柏拉图"神"创造灵魂的说法，那么这个可与身体分离的灵魂（心灵）到底是怎么来的？希腊哲学史专家策勒用了很长的篇幅讨论其中的疑惑和矛盾①。其实这些矛盾源于亚里士多德体系的自身困境。亚里士多德为了说明"神"的特殊，告诉我们"神"是非物质的、纯形式的，是完全没有潜能的、完全实现的存在。形式与质

---

① 〔德〕爱德华·策勒:《古希腊哲学史》第四卷下,曹青云译,人民出版社 2020 年版,第398-402 页。

料结合的原则，在这里就被破坏了。亚里士多德学说需要在人的灵魂中预设有不死的神性，表明人以"神"为终极目标，否则他以"神"这个至善为终极目的的伦理学、政治学都将丧失成立的基础。

　　这里的问题是，由于亚里士多德的"神"既没有创世，也不亲自干预世界，那么人类灵魂中"永恒的、不朽的、神圣的"那部分灵魂到底怎么来的？亚里士多德语焉不详。以至于后世许多学者认为《灵魂论》中"灵魂不死""神性"的段落是伪造、添加的，有人"指责阿奎那篡改了亚里士多德的文义，或中古的拉丁文译本窜改了古希腊抄本的原文"①。当然，实际情况并非如此。在欧洲遗忘亚里士多德的时候，阿拉伯学者伊本·西那认真研读亚里士多德著作，并与伊斯兰教义进行糅合，针对不灭的神性灵魂的来源，他认为是"神"（真主）通过辐射（流布）精神，由外部将此灵魂带入生物体内。这种观点也能够被基督教接受。"神用地上的尘土造人，将生气吹在他鼻孔里，他就成了有灵的活人。"（《创世纪》2：7）旧约的这段文字正可以作为人类不死灵魂由"神"赋予的证据。"生气"这个词在圣经希腊文本中兼有"精神""灵性"的含义。于是，不朽灵魂应由外部进入人身体的观点为西方学者所接受。

　　那么，亚里士多德所称的不死的人类灵魂究竟指哪一部分？亚里士多德将心灵区分为被动心灵和主动心灵。所谓被动心灵是指思想主体和思想客体不同一，即"心灵为可思想物所作用而被动容受"（《灵魂论》429b23）；主动心灵是指思想主体和思想客体同一，即"心灵不依赖他物而将自己作为思想客体"（《灵魂论》429b26）。亚里士多德的"神"是一个永恒的沉思者，既是思想者，又是思想对象，即思想客体与思想主体处于永恒同一的状态。正是从这个意义上，亚里士多德讲人的灵魂中有神性，不死的灵魂指的就是这部分主动心灵。那么，思想主体与思想客体同一的主动心灵是如何进行思考的？这里以亚里士多德经常举的例子做说明。比如一个是具有物质性的"凹鼻子"，一个是排除一切物质属性的"凹"，主

――――――――――

　　① 〔古希腊〕亚里士多德:《灵魂论及其他》,吴寿彭译,商务印书馆 1999 年版,《译者序言》,第 30 页。

动心灵是以"凹"为思考对象，研究"凹"的各种性状，而被动心灵不能脱离鼻子这个实体去思考"凹"，而是研究"凹鼻子"诸事项（《形而上学》1064a20-26）。为了进一步解释被动心灵和主动心灵，亚里士多德说："心灵，如我们所说明的，具有一个适应一切事物的要素，也具有另一个缔造一切事物的要素。这后一个要素类似光照的效应，当光照亮物体，使物体潜在的颜色成为现实的颜色。"（《灵魂论》430a14）说明主动心灵犹如光一样照射，使潜在的知识显现出来，从时间上说，潜在的知识要早于显现的知识。主动心灵可以与具体事物分离，"只有在这情况下，它才是不死灭的，永恒的"。而被动心灵，"是要死灭的，而灵魂失去了被动心灵就再不能思想（理解）任何事物了"（《灵魂论》430a25）。这个不死的部分——主动心灵，实质是一个无法对外界事物作出任何反应的，只以自身为思想对象的精神实体。与身体相结合的被动心灵一旦死灭，即便主动心灵没有毁灭，人还是失去理解外界事物的能力。

需要指出的是，亚里士多德被动心灵与主动心灵的说法，可以在近代欧洲哲学中的经验主义、理性主义和综合经验主义和理性主义的康德哲学中找到其中的影子。我们还可以说数学正是与主动心灵相匹配的知识，尽管亚里士多德从未这样说。纯粹数学世界里，全部数学知识早已经潜在地存在，当被我们主动心灵的光照射时，它显现出来并被发现，照射得越多、发现得越多。数学规律如同物理规律一样，需要发现。

3. 人的感觉、认识和行为

亚里士多德研究视觉、听觉、嗅觉、味觉、触觉这五种感觉后认为，感觉是真实可靠的，是可感觉客体作用于感觉主体的结果，接受的是可感觉事物的形式而非质料。"正如蜡块接受图章上的印文，而不是图章的材质。"（《灵魂论》424a20）

亚里士多德的感觉认识论带有"实在论"的色彩，即强调世界的客观性、感觉的可靠性，而人的感觉就是客观实在本身。针对早期一些自然哲学家的看法，比如"认为如无视觉，白或黑就不存在，如无味觉，世上就没有滋味"（《灵魂论》426a21），他认为一部分是对的，另部分是错的。意思是：客观物体中的颜色（如黑或白），滋味（甜或苦），潜在地存在于物体中，通过人的视觉、味觉与该客观物体的相互作用，从潜在状态变成现实。关于感觉和感觉主体与客观对象的关系，是西方近代哲学不断被讨论的课题。比如，笛卡尔认为，物体中并没有颜色、滋味这种性质，只有广延性，但不能通过感觉把握；洛克区分物体的第一性和第二性，认为像颜色、声音等属于第二性，并不在物体之中；贝克莱和休谟走向另一个极端，否认或怀疑客观对象实在性，否认感觉是对客观对象本身的反映。对此，后面会继续讨论。这里需要指出的是，亚里士多德讨论的议题更为广泛。一方面他认为认识与思维有赖于感觉，感觉有赖于感觉客体，知识是从感觉、知觉和经验逐渐发展起来的。"人若不具备感觉机能，他就永远不能学习或理解任何事物。"（《灵魂论》432a7）另一方面，他又强调脱离物质性客体的纯粹理性，它不死不灭，所获得的知识更加纯粹和高贵。这就是说，近代西方理性主义和经验主义的两种认识论，都可以在亚里士多德灵魂论中找到最初的思想源头。

人的行为是如何发动的？亚里士多德认为是欲望和实践理性①两个因素共同作用的结果。在外界可欲客体的刺激下，人产生情欲、欲念（贪欲）这两个欲望，而实践理性具有权衡、算计能力，产生人的意志，欲望只考虑当前的事情，而意志要考虑更长远的事情，意志引导欲望，就产生有道德的行为，当然欲望有时也不受意志的控制。"欲望的客体既是思想过程的终端（目的），又是行为过程的始点（原因）。""欲望与实践理性两者相互协同。产生人的行为。"（《灵魂论》433a17）亚里士多德把幸福定义为最高的善，它正是人欲望的客体。人们追求最高的善——幸福，因此幸福既是思想的目的，也是行为的原因。那么，人如何获得幸福？对这一问题的研究构成了亚里士多德伦理学的主题。人为获得幸福这个至善的目的而进行的理性活动，亚里士多德称为"实践"，实践理性是指导人类以善为目的的自主性活动的能力。康德沿用这种说法，他的实践理性专指人的道德能力。

---

① 这个词的希腊文是：νουξο πραητινος，指被动心灵、被动理性，阿奎那称为实践理性，与人的道德性行为关联。

二、伦理学

何为善、如何获得善？何为幸福、如何获得幸福？何为德性、如何获得德性？何为友谊、如何获得友谊？这些构成亚里士多德伦理学的主要内容。要准确理解亚里士多德的伦理学，首先须注意区别他所使用的概念与中文词汇意义的差异。

1. 什么是善和幸福

中文的"善"字，最早见于金文、不见于甲骨文，本义是像羊一样说话，有美好、吉祥、善良、友善、擅长、易于等义。但亚里士多德之善的本义与汉语之"善"差距很大。首先，善是值得追求的目的，凡是有价值的都可以称作善，如健康、技艺、良好视力、战斗中的胜利等。不值得追求的目的不是善，比如商贩的牟利技能。其次，善是有等级层次的，划分为具体善与至善两类。具体善既是目的，也是实现上一层级善的手段，所有的具体善都是目的和手段的统一，只有至善不是手段，因为它对应着终极目的，至善是属"神"的善。第三，对于人来说最高善就是幸福，是属人的善。"幸福是完善的和自足的，是所有活动的目的。"（《尼各马可伦理学》1097b21）第四，善不是知识，而是有以目的作导向的自主活动。比如，明白勇敢是什么，但不付诸行动就不是善。因此善体现在有自由意志的行动中，这也是要把有道德活动称作实践理性的缘故。"人的善就是灵魂的合德性的实现活动，如果有不止一种的德性，就是合乎那种最好、最完善的德性的实现活动。"（《尼各马可伦理学》1098a16）按照这样的理解，中文"善"的本义与亚里士多德伦理学所讲的善，有较大区别。至少中文语境下的"善"肯定不包括勇敢、胜利、荣誉、健康、谨慎等含义。

幸福作为属人的最高善，在亚里士多德那里也有独特的含义。良好的生活环境，加上良好的精神、身体状态以及和谐的社会关系，是现代人所理解的幸福，但这不完全符合亚里士多德的本义。首先，译为幸福的"eu-daimonea"代表着值得追求的目的，幸福是实践所能达到的善。其次，幸福代表着某种正在进行的自主活动的状态，是人自主争取的。被动接受好的生活状态，或没有能力参与这种属人的高尚活动，就没有幸福。"所以，我们有理由说一头牛、一匹马或一个其他动物不幸福，因为他们不能参与高尚的活动。由于这一理由，小孩也不能说是幸福生活的，因为他们由于年纪的原因还不能做出高尚的行为。"（《尼各马可伦理学》1100a）傻吃傻喝傻乐的优裕生活，衣来伸手饭来张口的寄生虫生活，被动接受的良好生活等，按照亚里士多德的标准，绝无幸福可言。幸福还是一种实践活动，只有具备参与这种实践活动的能力才有幸福。"所以，较好的能力或较好的人的实践活动总是更优越，更具有幸福的性质。肉体的快乐任何一个人都能享受，奴隶在这方面并不比最好的人差。但是没有人同意让一个奴隶分享幸福。"（《尼各马可伦理学》1177a8）第三，人的幸福内涵是与动植物生活的比较中形成的。植物灵魂负责营养和生长，凡有生命的都有这种活动；动物灵魂负责感觉和运动，马牛羊等动物都有。很显然它们不专属于人的活动，因此人的幸福不会从中产生。"剩下的是那个有逻各斯的能自主选择的有目的的活动部分。"（《尼各马可伦理学》1098a3）人的幸福是人类灵魂的符合德性的实践活动。第四，幸福分为两个不同的层次，合于德性的生活只是第二好，沉思是最高的幸福。沉思既是属神的，又是人类灵魂中不朽的部分（主动心灵）的活动，它是最持久的、最令人愉悦的智慧活动，又是自足的、闲暇的，具有最高价值的。因此，沉思是人类最幸福的状态！他反对这种说法，即"人就要想人的事，有死的存在就要想有死的存在的事"，而是要"努力追求不朽的东西，过一种与我们身上最好的部分相适应的生活"（《尼各马可伦理学》1177b30）。

如果从世俗化的角度对亚里士多德幸福观作出诠释，他可能想表达出这样的愿景：超越平凡的生活，不断追求永恒的东西，才是人的真正最幸福的生活。当把全部潜能都发挥出来，做到人能尽其所能，事能尽其所善，这便是幸福。但这不是亚里士多德的本意，他内心念兹在兹的幸福是"神"的生活——永恒的沉思者。他的伦理学传递这样的神学幸福观："能与神的沉思最为接近的那种活动，也就是最幸福的。""所以，幸福与沉思同在。越能够沉思的存在就越是幸福，不是因偶性，而是因沉思本身的性质。因为，沉思本身就是荣耀的。所以，幸福就在于某种沉思。"人的沉思体现在智慧活动中，"所以，智慧的人是神所最爱的。而这样的人可能就是最幸福的。这便表明了，智慧的人是最幸福的"（《尼各马可伦理学》1178b22、27,1179a28）。当我们欣赏西方思想者或沉思者之类的艺术作品时，准确的体验应是：那是"神"一样的生活。亚里士多德表达了神权社会的终极幸福观——修道院的沉思生活是最幸福的。可这种生活毕竟不是所有人都能达到，亚里士多德着墨最多的还是人的德性的实现问题。

2. 什么是德性

德性作为人的好品质，在柏拉图体系中一般译为"美德"。苏格拉底曾说"智慧即美德"，把知识等同于美德，理由是如果知道那个行为是恶的，人就不会去做，愚昧无知是恶的根源。苏格拉底的名言是：没有人故意为恶。但亚里士多德不赞同。一个缺乏自制力的人，即便具有知识也因无法驾驭知识而表现得很无知。这说明自制是重要的品质，但自制和坚强同样不是人的好品质（德性），属于中间品质。因为自制既可能克制坏的欲望，也可能克制好的欲望。那么，什么是德性？是与恶相对的，专门属人的品质。"野兽与神祇无德性与恶可言。神性高过德性，兽性则与恶不属同种。"（《尼各马可伦理学》1145a25）亚里士多德区分神性、德性、兽性，伦理学研究专属于人的好品质——德性，避免坏品性——恶性。

亚里士多德将德性分两类，一类是理智德性，另一类是道德德性。"理智德性主要通过教导而发生和发展，所以需要经验和时间。道德德性则通过习惯养成，因此它的名字道德的也是从习惯这个词演变而来。"（《尼各马可伦理学》1103a15）简要地说：理智德性包括科学、技艺、智慧等，处理真假问题，可以通过学习获得；道德德性包括勇敢、慷慨、大度、诚实等，处理好坏问题，只能通过习惯养成。可见，亚里士多德的德性和伦理学的范围要比现代的大得多，现代人一般不会把研究科学技术等视为德性。

不同于柏拉图认为美德只能靠"神"获得，亚里士多德强调人凭借自身可以获得理智德性，养成道德德性。人类德性的养成，"既不是出于自然，也不是反乎于自然"，"从小养成这样（有德性）的习惯还是那样（无德性）的习惯绝不是小事。正相反，它非常重要，或宁可说，它最重要"（《尼各马可伦理学》1103a24、1103b24）。理智德性通过学习可获得，而道德德性来自后天习惯的养成，有什么样的成长环境、有什么样行为模式就有什么样的德性，这是亚里士多德伦理学的重要观点。这为他在伦理学基础上研究政治学提供了一个基础和前提。

亚里士多德是西方世界第一个将伦理学建立在非宗教基础上的学者，即抛弃灵魂转世、天堂地狱说，不是用死后受地狱之苦来逼迫人们过有道德的生活。他把人的道德行为建立在获得快乐、避免痛苦这一人类最基本的感情基础之上。"战胜快乐比赫拉克利特所说战胜怒气更难。"（《尼各马可伦理学》1105a7）快乐对人有不可抗拒的吸引力，痛苦则人人避之唯恐不及。因此，德性的习惯养成最终归结为正确的苦乐观的养成，把合乎德性的活动视为快乐，把背弃德性的活动视为痛苦。"对快乐与痛苦运用得好就使一个人成为好人，运用得不好就使一个人成为坏人。"（《尼各马可伦理学》1105a11）但这一点真的可靠吗？亚里士多德头脑是清醒的。他说："多数人都只知恐惧而不顾及荣誉，他们不去做坏事不是出于羞耻，而是因为惧怕惩罚。"（《尼各马可伦理学》1179b12）人的道德行为最终还是需要借助良好的政治和法律来实现。"因为，多数人服从的是法律而不是逻各斯（理性），接受的是惩罚而不是高尚的事物。"（《尼各马可伦理学》1180a3）因此伦理学的后面就必须跟着政治学，跟着完善的法律制度，没有惩戒做后盾的道德行为终究是不牢靠的。

亚里士多德研究人的德性与人的灵魂的关系，将伦理学建立在有生命、有意志的个体生命之上。他将人的灵魂划分两类：无理性的，即营养灵魂和感觉灵魂；有理性的，即理性灵魂。无理性灵魂分为两部分，即①与行为无关，属于纯生理的营养、生长、感觉等；②分有理性，或者反抗理性影响的行为，如有行为的选择、考虑、意愿等。理性灵魂也分两部分，即③服从理性的行为，如勇敢、节制、羞耻等；④纯粹理性的行为，如沉思不会变化的事物本质等。亚里士多德将②、③两部分对应的行为划归道德德性，将④划归理智德性。

从亚里士多德对德性的系统分析看，一是继承了苏格拉底"智慧即美德"的思想，德性与人的知识密不可分。二是对智慧与美德作了区别，知识不等于德性，从而将苏格拉底—柏拉图体系中的美德扩展为涵盖更广的德性。三是将伦理学建立在灵魂论基础上，即建立在生理学、心理学和生命哲学的研究基础之上。

3. 道德德性

亚里士多德讨论了道德德性的具体内容，包括勇敢、节制、慷慨、大方、大度、温和、友善、诚实、机智、羞耻，以及公正和公道等。他特别强调道德德性不同于一般的能力，比如我们有了视觉能力才能运用它，而德性只有运用之后才能获得。人的德性取决于实践，一个人被称赞为公正，不是拥有公正的知识，而是做了公正的事。以后西方学者用实践理性指称伦理道德领域的行为，正是从这个意义上说的。亚里士多德提出贯穿所有德性的原则：适度。适度与过度和不及相对，其含义与儒学的中庸、佛学的中道接近，都有避免走极端的含义，但在文化意蕴上存在较大差异。亚里士多德的适度是一种分析工具，先举出同一德性的两种极端，然后在两个极端之间进行选择。一般情况下，适度容易被理解，比如，勇敢是介于鲁莽和怯懦之间，慷慨是介于吝啬和挥霍之间，机智是介于滑稽和呆板之间，能避免过度和不及这两种恶，必然就是适度。但在实践中并不容易把握，尤其做到"要对适当的人、以适当的程度、在适当的时间、出于适当的理由、以适当的方式做这些事"（《尼各马可伦理学》1109a27）。亚里士多德的办法是："我们有时要偏向过度一些，有时又要偏向不及一些，因为这样才最容易达到适度。"（《尼各马可伦理学》1109b25）适度是动态的。

这里选取亚里士多德所称的勇敢、大度和公正这三种德性做一阐释。

1. 勇敢是指为着一个高尚的目的，在适当的场合、以适当的方式经受住巨大的危险。按照这样的定义，一个以死来逃避贫困的人，就不能是勇敢；一个被强迫作战的士兵不是勇敢；一个装备精良的雇佣兵面对力量弱小的对手，同样不是勇敢；只有为荣誉或避免耻辱，自主选择的行为才是勇敢。

2. 大度是亚里士多德对"理想人物"所具有品质的描画。这个"理想人物"自视甚高，但他的重要性确实与他的自我认知相匹配，这就是大度。一个自我评价要低于自身实际价值的人是谦卑，而自我评价高于自身实际价值的是虚荣，而亚里士多德不赞成谦卑和虚荣，大度是介于两者之间。大度的人关注的是荣誉，不会在撤退时拼命奔跑，也不大可能待人不公正；

他不屑于微小荣誉，但坦然接受重大荣誉而不会沾沾自喜；他因荣誉获得权力和财富，但不会因命运好而过度高兴，不会因命运坏而过度痛苦；他不纠缠琐碎的事情，也不喜欢冒险，但他敢于面对重大危险，甚至不惜牺牲生命，因为绝不会顾惜生命而牺牲其他一切宝贵的东西；他乐于给人好处而羞于受人恩惠，喜欢听到有人提起他给别人带来的好处，不喜欢听到别人给他的好处；他无求于人或很少求于外人，而愿意给他人提供帮助；他不会崇拜什么，因为对他来说没有什么事情是了不起的；他不会记恨什么，尤其是别人对他所做的不公正的事情，宁愿忘记；他不讲别人的坏话，甚至对敌人，除非是出于明白的目的去羞辱他们。看来，这种大度的德性并非普通人，而是一个领袖人物应当具有的品性。对此，罗素揶揄道："这样一个虚伪的人会像个什么样子，想起来真是让人发抖。"① 因为罗素把它与尼采的"超人"关联，与纳粹相联系。但这种指责显然是不公正的，反倒是罗素有这样的嫌疑——显示盎撒人在道德伦理上的优越性。亚里士多德的大度这种德性建立在自尊、自爱基础上，他不做坏事不全因为坏事是错的，他不争夺小荣誉不是因为小荣誉不好，他不怎么计较钱财不是因为财富是恶的，而是不屑于或不值得去做、去争取，因为他有更重要、更宏大的使命需要完成。

3. 公正是最重要的德性，"公正常常被看作德性之首"（《尼各马可伦理学》1129b28）。公正在柏拉图体系中被译为正义，亚里士多德将它与守法、平等相关联。"公正的也就是守法的和平等的；不公正的也就是违法的和不平等的。"（《尼各马可伦理学》1129b）公正分为守法的公正和平等的公正，亚里士多德侧重分析了平等的公正，包括分配公正、矫正公正、回报公正、政治公正、约定公正和公道。首先需要理解亚里士多德所称的平等与现代意义上的平等完全不同。他的理想城邦是一个等级社会，正是人与人之间有不平等才体现自然公正。他认为，当两个等级相同的人能分享着同等的社会资源，这就是平等；而两个等级不同的人却获得同样的配得，

---

① 《罗素文集》第 7 卷《西方哲学史》上，何兆武、李约瑟译，商务印书馆 2012 年版，第 270 页。

这就是不平等；地位高贵人的配得却少于地位卑贱人，则属于极端不平等。他把这样的平等理解为公正，不平等为不公正。体现在政治经济领域，所谓分配公正就是社会按照人的等级序列有比例分配社会资源。但在私人活动中，面对民事法律和法官，亚里士多德关于"平等"的含义又有不同。比如，商品交换，A 有一产品值 a 元，B 用 a 元购得该产品，双方等价交换，因而是公正。如 B 用大于 a 元的价格购买该产生，明显受损，而 A 获得不公正的利益。当法官作为中间人，判令 A 将获得的超额利益返还 B，这就是亚里士多德所谓的矫正公正。因此矫正公正体现在司法领域。人们要公正地联系在一起，必须确立"以恶报恶、以善报善"的原则。每个人的付出必须获得相应的回报，一个建筑师需要鞋子，一个鞋匠需要房子，彼此自愿交换获得自己所需要的东西。这就是亚里士多德所说的回报公正，它主要发生在商业领域。政治公正体现在国家治理之中，根据贵族制、寡头制和民主制的不同政体，采取有比例或平均地分配政治权利。"我们不允许由一个人来治理，而赞成由法律来治理。因为，一个人会按照自己的利益来治理，最后成为一个僭主。"（《尼各马可伦理学》1134a34）政治公正中既有自然公正，也有约定公正。这个问题将是政治学的重要课题。亚里士多德区分出比公正更优越的德性——公道："一方面，公道优越于一种公正，本身就是公正；另一方面，公道又不是与公正根源上不同而比它优越的另一类事物。"（《尼各马可伦理学》1137b8）公道不属于法律公正，其实质是对法律公正的一种纠正。因为法律是一种普遍性的规定，对一些具体、个案性的事情用法律来处理难免造成失衡。法律的缺陷需要依靠公道来弥补。亚里士多德特别指出："公道的人是出于选择和品质而做公道的事，虽有法律支持也不会不通情理地坚持权利，而愿意少取一点的人。"（《尼各马可伦理学》1138a2）意思是一个人尽管在法律上、道德上都占优，他却没有居高临下、得理不让人。具有公道品质的人更富有同情心，更富有人情。历史上，英国法律体系引入"公道"概念后，便形成了与普通法相对的衡平法。这是亚里士多德伦理学应用于实践的成果之一，使合法的事情变得更加合情、合理。

4. 理智德性

讨论道德德性之后，亚里士多德重点分析理智德性。现代伦理学一般把理智德性排除在道德范畴外，因为它主要处理真假问题。但亚里士多德把代表真的品性称为理智德性，并提出两种不同意义上的真。一种是事物本然的真，它与人的目的和欲望无关，比如三角形内角之和等于两个直角，火在任何时候都会发光发热。它由沉思的理智处理，表现出的德性有：科学、技艺、努斯、智慧等。另一种是与人的目的和欲望有关的真，属于主观判断意义上的真，比如向他道歉他就不会生气，经常送礼物有助于维持好的关系。它由实践的理智处理，表现出的德性有：明智、考量、理解、体谅等。亚里士多德把真引入伦理学，与好一起作为伦理学的课题，有其合理价值。比如，一个人表现出勇敢、公正的德性，必然与对某些事实的考量、理解有关，即第二种意义上的真。即便第一种意义上的本然之真，我们尽管不能说一个人有智慧、掌握科学和技艺知识就是有德性的人，但它有助于明智、大度等德性的养成。从科学中派生出的科学精神——认真、求真、批判，完全可以纳入人的道德德性之中。因此伦理学不仅处理与好有关的行为，也应处理与真有关的行为。

亚里士多德所说的科学是专门研究不变化的、必然性的存在，而变化的事物不在其观察范围。他说："科学是对于普遍的、必然的事物的一种解答。而证明的结论以及所有科学都是从始点推出的。"（《尼各马可伦理学》1140b32）演绎要从始点开始，但始点无法通过科学或技艺等获得，"那么始点就只能靠努斯来获得"（1141a6）。努斯（心灵）通过对个别事物归纳获得一般的看法，再将这个一般的看法作为科学演绎的始点。在亚里士多德语境里，智慧显然指哲学。他说："智慧显然是各种科学中的最为完善者。有智慧的人不仅知道从始点推出的结论，而且真切地知晓那些始点。所以智慧必定是努斯与科学的结合，必定是关于最高等的题材的、居首位的科学。"（1141a16-20）理智德性的三种德性科学、努斯、智慧，呈现这样的关系：科学研究永恒不变的东西；努斯（心灵）提出科学研究的始点；智慧即哲学，是前两者的结合，是最居首位的科学。亚里士多德《伦理学》中对哲学的定义——努斯与科学的结合，可以与《形而上学》定义的"解释事物的原因与本原"（981b26），作一对比，我们会对亚里士多德的知识论有一个大致明晰的把握。哲学居首位，研究最高等的永恒事物，与人的利益无关，其次是物理学、伦理学、政治学，它们研究某些领域不变的事物，第三是与制作有关的技艺等。

亚里士多德将伦理学建立在有德性的生活才是幸福这一前提上。那么，人的德性为什么是可能的？他说："人们都认为，各种道德德性在某种意义上是自然赋予的。公正、节制、勇敢，这些品质都是与生俱来的。"（1144b5）人的德性之所以可能，亚里士多德认为是人有自然天赋的自然德性。近代欧洲用自然天赋来解释人类有天生的自由、平等，其思维是一致的。当然亚里士多德没有把自然德性等同于道德德性，还需要通过明智将潜在的自然德性转化现实。他说："在道德的方面也有两个部分：自然的德性与严格意义的德性。严格意义上的德性离开了明智就不可能产生。"（1144b15、16）无明智，德性则无；无德性，明智则空。亚里士多德所称的明智实质是人在目的确定后的利害权衡、得失计算等能力，保证勇敢、慷慨、公正等道德德性得以正确实现。很明显，亚里士多德的伦理学实质是建立在利害权衡和得失计算之上的道德实践。策勒认为"他的《伦理学》是唯一地建立在道德动机而忽视了宗教的动机"①，莫不如说道德动机建立在非道德因素刺激的基础上。亚里士多德主张：一个有完善德性的人就是有权利获得更多资源的人。德性只不过是获取更多社会资源的筹码而已。这样的伦理体系缺乏为实现一种信念而舍弃自我的"崇高"精神，也缺乏对人类苦难普遍关注的"慈爱"精神，更缺乏一种甘居人后的"谦逊或谦卑"精神，而这几种品性恰恰是人类道德实践最重要的。亚里士多德讲的友爱这种德性，仅仅是指地位相似的人之间的亲密感情，或者是政治学中的同党之间的团结友爱，而非对人类同胞的普遍的爱。亚里士多德伦理学缺乏的这些元素，可以在罗马民族精神（如崇高）和基督教伦理（如慈爱和谦卑）中发现。不过，亚里士多德将公正定义为按照地位能力配得社会

————————

① 〔德〕爱德华·策勒：《古希腊哲学史》第四卷下，曹青云译，人民出版社2020年版，第538页。

资源的正义观，可能会有人表现出道义上的愤慨，却揭示着几乎所有社会的实情。

继伦理学之后再讨论政治学。亚里士多德的政治学专门研究城邦如何实现最高的善（城邦的幸福），使公民的德性得以实现。

三、政治学

人只有在城邦生活才能获得幸福。这是亚里士多德政治学的立论基础①。他能够理解的人类最崇高、最有权威的共同体只能是城邦，而真正的立宪政体只能在人数适中的城邦实行。亚里士多德在世时，他曾经的学生亚历山大已经创建起人类第一个横跨欧亚非的辽阔帝国，开始将希腊文化与东方文化糅合，倡导世界主义意识。但这一事实居然对亚里士多德的作品没有丝毫影响。他依然坚持城邦生活，坚持希腊人优先的意识。城邦主义基因留存在西方文化之中，而视大一统为异类或反自然。从苏美尔人的城市国家，到希腊人的城邦，再到欧洲中世纪的公国以及近现代欧洲小国林立，直到当代摇摇欲坠的欧盟，整个西方世界都以相互纷争为常态，而视统一为非常态。

1. 什么是政治

亚里士多德说："有人说城邦政治家和君王或家长或奴隶主相同，这种说法是谬误的。"（《政治学》1252a8）这段话是对柏拉图《政治家篇》观点的批驳。亚里士多德认为，政治不是奴隶主对奴隶的统治，不是家长对家族的统治，也不是君主的专制统治，这种统治活动都是非政治的。政治是指作为自由人的统治者对同样是自由人的被统治者的统治活动，期间充满博弈和竞争。而主奴之间，是围绕主人利益来开展活动；家长的统治属于家务管理，内含主奴关系、配偶关系、亲嗣关系等；君王的统治是从家长统治演化而来，发端于自然村落。他说："希腊古代各城市原来都由君王

---

① 这与亚里士多德固有的神学思想有关,他认为:"为无定限的事物创制秩序,只有神才可能,神维系着整个宇宙的万物。"但人的能力有限,只能在规模有限的城邦创制并维持秩序。(《政治学》1326a32)这种思想代表着希腊社会中关于神—人关系的普遍观念。

统率，而各野蛮民族至今还保持王权，其渊源就在这里。"（1252b20）因此，亚里士多德理解的政治专指希腊城邦政治家的活动："这类治理的方式就是所谓城邦政治家的治理体系。"每一个自由公民既是统治者，又是被统治者，这样的过程中才有政治可言。"统治者和被统治者的德性虽属相异，但好公民必须修习这两方面的才能，他应该懂得作为统治者，怎样治理自由的人们，而作为自由人之一又须知道怎样接受他人的统治——这就是好公民的德性。"（《政治学》1277b7、1277b13）

政治是自由人之间的关于统治和被统治的竞争艺术。这一观点影响深远，以至于当代西方政治学家以此为标准批评柏拉图的政治思想是反政治的，因为乌托邦思想家的理想是："社会秩序井然，人民安居乐业，没有经济和政治竞争，统治者也不必向统治阶层的其他成员或老百姓解释自己的决定。"① 为了解释东方民族既不会产生哲学和科学这类高雅学问，也缺乏政治这种高贵的实践哲学，黑格尔断定东方专制社会中只有一个人是自由的，其余都是奴隶。这既是从亚里士多德等希腊哲学家传承的观点，也是偏见使然。因为，政治完全可以这样定义：政治是一门为谋取最大多数人福祉的竞争艺术；政治的目标是实现社会成员的共赢与和谐。

2. 作为政治共同体的城邦

亚里士多德提出政治的定义后，借助"目的论"和"自然"的分析工具，对城邦及城邦政治活动进行研究。

城邦是按照某种目的建立的政治共同体，这个目的先天存在、与人的意愿无关。这是亚里士多德关于城邦的第一个重要观点。城邦是为了实现诸善，包括外在诸善，如丰饶的财富；身体诸善，如健美的身体；灵魂诸善，如德性的实现。灵魂诸善是城邦的终极目的，因为"最高尚的灵魂也一定比我们最富饶的财产或最健壮的躯体更为珍贵，所有这些外物（财产和健康）之为善，实际都在成就灵魂的善德"（《政治学》1323b16）。实现人的德性、使人过上幸福的生活，这就是建立城邦的目的。在亚里士多德看来，幸福的内涵是无需论证而不言自明的，那就是"善的极致和德性的

_____

① 〔英〕阿兰·瑞安：《论政治》上，林华译，中信出版社2016年版，第57、58页。

完全实现"。城邦必须以此为目标展开各项政治活动。至于城邦的目的为什么是这个而不是别的，比如不把战争和征服作为城邦的目的，亚里士多德把它归因于"神"。因为"神"只凭自身的善过着幸福生活，城邦当然也应该这样。他说："神的本性可以为此作证。神享有快乐和幸福，丝毫不凭借外在诸善，而是全凭借自身的本性。"（《政治学》1323b22）亚里士多德的这种城邦学说或国家学说至今仍有很大影响，其特点是预先为国家设定某一"高尚的目的"，接着按照整体优于部分的原则，分析国家各部分的功能以及个人在国家中的地位。

城邦是自然产物，是自然演化的结果。这是亚里士多德第二个重要观点。家庭最早产生，作为满足日常生活需要的基本单位，随后若干家庭联合组成了村落，最后由若干村落联合而成为城邦，当规模足以实现自给自足、安全稳定时，城邦就进入高级而完备的阶段。亚里士多德将城邦视为人类社会自然进化的终点或最高阶段。"一切城邦既然都是这一生长过程的完成，也该是自然的产物。这又是社会团体发展的终点。""事物的终点，或其终极因，必然达到至善。那么，这个完全自足的城邦正该是自然所趋向的至善的社会团体。"（《政治学》1252b30、1253a）人类趋向于城邦生活是自然演化的结果，因为自然注定了人必须在城邦中生活，做一个统治者或被统治者，在这个意义上亚里士多德说："人天生是一种政治动物。"（《政治学》1253a3）当然城邦里的大量奴隶和近乎奴隶的农民、工匠并不在此列，他们并不是亚里士多德所称的人。城邦与个人的关系上，按照整体优于部分的原则，"我们确认自然生成的城邦先于个人，就因为个人只是城邦的组成部分"（《政治学》1253a23）。城邦利益天然要优先于个体的利益。城邦既然是自然产物，肯定体现着自然公正。

那么，城邦的公正有哪些？大致有两类，一类是体现在城邦奴隶制中的自然公正，一类是城邦公民中的政治公正。亚里士多德发誓，奴隶主和奴隶的关系符合自然公正。"那些较低贱的天生就是奴隶，做奴隶对他们来说更好。……使用奴隶与使用家畜没有大的差别。"（《政治学》1254b16）奴隶是城邦物质资料和低贱劳役的承担者，其功能是保障本性高贵的公民有足够的闲暇开展政治活动。那么奴隶从哪来呢？野蛮人之中天生没有统治者，与奴隶的本性一致，就应该由希腊人来统治，因为野蛮民族天然都是奴隶。在亚里士多德看来，通过战争俘获其他民族的人做奴隶就更自然不过了，"这应当归属为战争技术和狩猎技术中的组成部分"（《政治学》1255b38）。捕获奴隶犹如狩猎那么自然，是不言而喻的自然公正。亚里士多德的想法代表着西方世界的普遍价值认知。关于公民中的政治公正，首先要弄清楚什么是公民。"公民是有权参加司法审判和治权事务的人们。"（《政治学》1275a20）这说明只有具备完整政治权利的有闲暇的人才能称得上是公民。这符合希腊人尤其是雅典人的价值观。公民权包括城邦主权，投票权、议事权、行政权、审判权等，但现代意义上公民经济、社会、民事等私权利并没有包括在亚里士多德的公民权利清单之中。在政治与经济民事权利方面，他更加重视前者。城邦是为维持自给自足而聚集在一起的公民集团，至于从事贱役的工匠、商贩，以及德性欠缺的女人等不得进入公民之列。城邦之善取决于公民之善，城邦幸福取决于公民幸福。决定城邦兴盛的取决于公民中能否有政治公正。所谓政治公正是亚里士多德在伦理学中阐述的分配公正和矫正公正在政治领域的体现，即不同等级的人按比例分有不同等政治权利，同等级的人享有同等政治权利。

亚里士多德的政治公正反映了希腊的政治现实。黑格尔批评说："他没有把人当作真实的结合之外的抽象的人来考察的观念。……同时希腊也不认识我们近代国家抽象的权利，这种权利把个人孤立起来，准许按个人的选择去行动。"① 黑格尔是要用抽象人性、抽象权利来替代亚里士多德基于现实政治的公民权利。结果，我们可能从抽象的层面消灭了等级制，但发现现实政治中的公民权利依然是分等级的。

3. 理想城邦

亚里士多德运用他的分析工具提出了理想城邦的模型。首先，城邦土地、人口要适中，假如城邦太小，生活就做不到自给自足，假如太大，"它难以构成一个真正的立宪政体，也就不能成为一个真正的城邦"（1326b5）。

---

① 〔德〕黑格尔：《哲学史讲演录》第二卷，贺麟、王太庆译，上海人民出版社2013年版，第345页。

至于多少人口才合适，亚里士多德并没有说明，从他批评柏拉图《法律篇》提出的 5000 公民人数太多看，他理想城邦的人数肯定少于这个数。其次，城邦既不要太富，也不要太穷。"经验证明，一个极为富庶的城邦虽未必不可能，却总是很难使人人遵守法律而维持良好的秩序。"（《政治学》1326a25）第三，理想城邦的地理环境应该是敌军难以进入而居民却容易外出，它还应该是一个商业中心，要运输便利，成为各种原料和产品的集散地。第四，有理想的人民。寒冷地区如欧罗巴各族的人民精力充沛、富有激情，但大多绌于技艺，有自由精神但从未培养治理他人的才德；亚细亚人擅长技艺、深于理解，但精神卑弱、激情不足，常为臣民，或者沦为奴隶。"唯独希腊各族群，地理位置既处于两大陆之间，其秉性也兼有了两者的品质。"（《政治学》1327b27）这说明禀赋独异的希腊人适合当统治者，建立理想城邦。

土地、粮食和房屋及生产者虽然是城邦存在的必要条件，但"这些财产却不能算作城邦的一个部分。所谓财产，既包括无生命的东西（如土地），也包括有生命的东西（如奴隶）。城邦只是同等的人们之间的共同体，其目的是人类所可能达到的最优良生活，而奴隶们就完全不参与这个目的"（《政治学》1328a35）。物质生产属于贱业，须排除出城邦组成部分，武装团体与议事行政团体是城邦的两个主要部分，公民可按照年龄大小分为两组，青壮年进入武装团体，中老年人进入议事行政团体，随着时间的推移，权力在不同年龄段公民之间顺利交接。"既然自然给予青壮年以体力，而给予老年人以智慧，那么遵照自然的秩序，把城邦这两种权力分配给年龄高低的两组人，最为适宜。"（《政治学》1329a15）

理想城邦需要有优良的政体，"只有具备了最优良政体的城邦，才能有最优良的治理，而治理最为优良的城邦，才能有获得幸福的最大希望"（《政治学》1332a5）。优良政体的标准是让全体公民做到政治人人有责、人人负责，用好的德性参与政治生活。公民群体中必然存在统治者和被统治者，如果政治权利为一部分公民所专有，其余被排除在外，势必引起城邦动荡直至瓦解。"我们应该选取统治者和被统治者更番迭代的政体。这种体制是切合时宜，具有多方面的理由。"（《政治学》1332b23）理想的城邦是每个公民先学会做被统治者，再学习成为统治者。亚里士多德讨论了君主政体、贵族政体、共和政体这三类正宗政体，君主政体是由德性卓越超群之人统治，贵族政体由若干德性出类拔萃之人统治，共和政体则由才德中等的中产阶级统治。它们的共同特点是为城邦的共同利益而非个人或某些人利益。僭主政体、寡头政体、平民政体是三类变态政体，其共同特点都是为了统治者自身的利益。希腊特殊的地理和文化传统，造就了人类历史上唯一同时有多种政体并存的地区。共和政体是亚里士多德的理想政体，在这样的城邦，特别富裕的和特别贫穷的都不占主导地位，政治由中产阶级主导。这似乎符合他一贯倡导的"适度"原则。

　　亚里士多德的《政治学》是一部未完成稿，在第八卷介绍完体操和音乐教育后就戛然而止。这部作品建立在对柏拉图学说批判，以及对众多希腊城邦考察的基础之上。对于两者的区别，大多数论者更多关注双方财产所有制的区别，如柏拉图主张卫士阶层实行共产共妻，亚里士多德认为不可行。对这种分歧，亚里士多德自己也作过比较。第一，柏拉图试图将一切都应该整齐划一的原则是错误的。即便可以实现整齐划一也不应当做，这正是导致城邦毁灭的原因（《政治学》1261a20）。第二，当一件事物共有的人愈多，那么关心它的人就愈少。人们大多关心自己的所有，而忽视公共事物，即便要顾及也仅仅是与其利益相关的那部分（《政治学》1261b33）。第三，如人们共同拥有妇女儿童，爱就会变得淡漠，亲属观念将不复存在。第四，城邦出现的各种罪恶并不是由于缺乏共产制度，而是人类邪恶本性。很显然，人的自爱来源于天性而非偶然的冲动；实行财产私有但财物公用要比单纯的财产公有或财产私有更优良，因为人们一旦感觉某一事物为他自己所有就会感到无穷快乐，同时当个人用私有财富对朋友、伙伴有所帮助时，更会感到无上的欢悦。（《政治学》1263a39、1263b20）第五，柏拉图剥夺了处于统治地位的卫士们的幸福，那么就没有人能够从城邦中获得幸福了。更重要的是，永远让同一个人或同一些人担任统治者，必然会引起动乱。（《政治学》1264b8、1264b22）柏拉图与亚里士多德对理想城邦的设计，实质代表了两种不同神学观的国家学说。柏拉图的理想国是对彼岸世界的模仿；而亚里士多德的理想国是自然进化的极致。柏拉图的"神"创造了世界并经常以主宰的身份干预人类社会，代表着神学极权主义和神学共产主义的思想；亚里士多德的"神"则过着孤独而幸福的沉思生活，从不过问世事，代表着较为世俗化的多元主义和民主主义。这两种学说体系在西方历史上，同时都有较大的信徒。同柏拉图厌恶民主相比，亚里士多德相信多数人组成的集体总要比一个或少数贤明的人更优秀。"单独一个人就容易因愤懑或其他任何相似的感情而失去理智，终致损伤了他的判断力；但全体人民总不会同时发怒，同时错判。"（《政治学》1286a33）亚里士多德坚信：由好人组成的集体与单个好人相比，前者不容易腐败而后者容易腐败。当然，亚里士多德在谈到这一原则时是有保留的，即从事奴性行业的工匠、佣工以及奴隶并不适用。（《政治学》1281b17）通过对希腊城邦的观察，亚里士多德发现："一旦有过多的人被排斥于公职之外，城邦中就会遍地都是仇敌。唯一的解决办法是让他们参与议事和审判事务。"（《政治学》1281b30）这是实行民主制的现实原因。当大批公民被排除于政治活动之外，内乱就将不期而至。相对于柏拉图，亚里士多德政治学说对后世的影响更大。文艺复兴以后，"学者们想寻求政治上的启悟时，读的是亚里士多德的《政治学》，而非柏拉图的《理想国》"①。罗素则批评亚里士多德："对于亚历山大给全世界所造成的彻底变革甚至丝毫没有察觉到。全部讨论都谈的是城邦，他完全没有预见到城邦就要成为陈迹了。"② 这种批评仅仅是皮相之见。亚里士多德政治学所描绘的恰恰是西方世界两千年来现实政治的标准版本，因为西方历史上的帝国从来都是昙花一现，包括罗素本人所在的大英帝国。

亚里士多德的政治系统中有两个完全不同的部分，一个是提供物质生活的基础部分，由大批奴隶、佣工组成，一个是过闲暇生活的上层部分，由人数有限的公民组成。第一个部分除了提供劳动，没有任何权利，受奴役、听命令是唯一适合他们的生活方式。第二个部分有足够的闲暇和财富

---

① 〔英〕阿兰·瑞安：《论政治》上，林华译，中信出版社 2016 年版，第 59 页。
② 《罗素文集》第 7 卷《西方哲学史》上，何兆武、李约瑟译，商务印书馆 2012 年版，第 281 页。

思考政治、发表演讲、享受人生。但两个部分的人员相互隔绝从不流动。如果说，古希腊城邦因禁止外邦人成为本邦公民，致使希腊社会始终处于城邦林立而无法形成强大国家，那么后期的罗马城邦则克服了这一缺点，建立起有选择地让外邦居民成为罗马公民的制度。正是这一制度安排成就了罗马的强大。但罗马的政治架构并没有改变亚里士多德的政治体系，即一个负责提供物质财富的基础部分，另一个负责政治军事的上层部分。罗马共和国或帝国内，只有少部分罗马公民才能享受政治权利，其人身权、财产权不受非法侵犯，但大部分人处于无权地位。中世纪以后，随着葡萄牙、西班牙、荷兰和英国的依次崛起，占领大片殖民地，两个部分的政治架构又以另一种形式出现，即宗主国内的臣民享受公民的政治及经济、文化权利，而殖民地的绝大部分民众的作用是提供物质财富以保证宗主国公民有闲暇有财富思考政治、享受人生。观察当代西方主导的国际秩序，依然还是如此。古希腊至今的西方历史已经证明并将继续证明，当不能继续从外部攫取超额财富，政府再也无法"输血"以维持公民们体面生活时，有财富、有闲暇思考人生、享受人生的民主机制就必将崩溃，因为一个长期被娇惯的高贵的公民群体已经丧失靠自身勤劳获得幸福生活的能力。

第五章　希腊化和文明大融合时期的学说

公元前 323 年 6 月 13 日，亚历山大在即将为新帝国首都的巴比伦去世，随后他的庞大帝国被手下的将军们瓜分。翌年，亚里士多德逃离雅典，在旅途中染病而亡。他们的相继离世，象征着一个时代的陨落和另一个时代的开始——以城邦为基础的旧观念被世界主义取代。西亚、北非广大区域不同文化相互融合，开始了欧洲人所称的希腊化时代。但"希腊化"很容易误解为希腊文明向西亚、中亚和北非的单向传播，事实并非如此。亚历山大的军队和刀锋为不同区域的文明交流创造了条件，且后期的亚历山大更注意采取世界主义的态度，如鼓励马其顿将军与波斯贵族妇女联姻，采用非希腊仪礼等。差不多同一时期，亚平宁半岛中部的古罗马城邦开始崛起，经过长达一百多年的三次布匿战争，扩张为又一个横跨欧亚非的大帝国。从亚里士多德离世，到公元 313 年罗马皇帝君士坦丁颁布《米兰敕令》承认基督教合法，这 600 多年的西方思想呈现出不断融合、创新的特征。主要的有伊壁鸠鲁学派、斯多亚学派、怀疑论学派和新柏拉图学派等，他们既相互指责对方是"无神论者""渎神者"这一西方世界最可怕的罪名，又都思考同一个主题：怎样获得幸福？这一时期除了神学—哲学，在数学、天文学等领域取得的成就也令人印象深刻。

第一节　伊壁鸠鲁主义

伊壁鸠鲁（Epicurus，前341—前270）是萨摩斯岛的雅典殖民者的后代，其父在该地教书，是雅典颇具名望的菲拉伊德家族的一员。他少年时就对哲学感兴趣，18岁时为了公民身份曾一度回雅典居住，以后在提奥斯岛跟随德谟克利特学派的瑙西芬尼学习，从而熟悉了原子论。但是他一直否认这种师承关系，称瑙西芬尼为"软体生物"。大约在公元前306年伊壁鸠鲁回到雅典建立自己的学校，由于教学活动大多在创始人拥有的私人花园内进行，由此也被人称为花园学派。但伊壁鸠鲁的名声在西方世界一直不佳，第欧根尼记载时人的评价："他来自萨摩斯，是所有自然哲学家中最新近、最无耻的那一个。作为文法学教师，他却是最没有修养的人。"[①] 根据新约记载，伊壁鸠鲁学派后人与使徒保罗有过激烈的思想交锋：

> 保罗在雅典等候他们的时候，看见满城都是偶像，就心里着急。于是在会堂里与犹太人和虔敬的人，并每日在市上所遇见的人辩论。还有彼古罗（伊壁鸠鲁）和斯多亚两门的学士与他争论。有的说，这胡言乱语的要说什么，有的说，他似乎是传说外邦鬼神的。这话是因保罗传讲耶稣与复活的道。
>
> ——《使徒行传》17：16-18

这段记载间接证明了伊壁鸠鲁去世300多年后，他所创立的学派在雅典的活动之盛。由于伊壁鸠鲁的唯物论和"无神论"观点，以及接受妇女进学校学习等，受到时人的攻击，他的名字在基督教世界甚至是粗鄙、放荡、享乐的代名词。但是，2000多年后的马克思在他的博士论文中却给予伊壁鸠鲁高度赞扬，称为"最伟大的希腊启蒙思想家"[②]。客观地说，伊壁鸠鲁

① 〔古希腊〕第欧根尼·拉尔修：《古希腊名哲言行录》，王晓丽译，中国华侨出版社2021年版，第359页。
② 《马克思恩格斯全集》第40卷，人民出版社2006年版，第242页。

并不是一个无神论者，只是信奉不同于大众信仰的诸神。伊壁鸠鲁的"神"要比亚里士多德的更懒惰，甚至连第一推动力这样的事情也不愿意干。伊壁鸠鲁认为宇宙由多个世界组成，"神"并不居住在我们这个世界，而是生活在诸世界之间的虚无地带。"神"既不斥责人类也不滥施恩惠，而是无牵无挂、逍遥自在，对人类漠不关心、不理不睬，对善行和恶行更是无动于衷。如果"神"真的是这样，宗教肯定是要破产的。更令人难以接受的是，这个倡导快乐为人生目的的唯物主义者、"无神论者"，却是个善良得让人厌倦、对物质欲望极低的人。"一片素面包和一杯清水就能让他心满意足。"① 难怪在神权统治下的西方世界，伊壁鸠鲁会遭到长期的敌视，被斥责为追求"肉欲"快乐的无耻之徒。

伊壁鸠鲁在致友人梅瑙凯的信中说："要认识到神是不朽的和幸福的生物，正如关于神的通常观念所相信的那样；你不要把那些与不朽性和终极幸福性格格不入的事情归于神。要用你的一切力量维护神的永恒幸福的观念。神是确实存在的，因为这一知识是清楚明白的。"② 在伊壁鸠鲁看来，"神"代表永恒幸福，而幸福与劳作、操心、愤怒和偏爱不相容，如果"神"整天忙着操心宇宙的事务，人类的事务，怎么会有幸福可言？他给友人希罗多德的信中写道："一切蕴含着冲突或者烦恼的东西都是与不朽和幸福的本性（神）不相容。"③ 从这样的神学观念出发，任何关于"神"创造世界、关心人类福利的说法都是荒诞不可信的。从中可以看到伊壁鸠鲁是基于什么样的价值判断、什么样的逻辑提出如此别出心裁的神学思想的。按照这样的神学，就可以推导出一个基本结论：清心寡欲的沉思生活才是最幸福的。这与柏拉图、亚里士多德等人的观点基本接近，代表着希腊知识精英的普遍趣味。也与西方世界加诸唯物论和无神论者的恶名——贪图物质和感官享乐——背道而驰的。这里可以摘录伊壁鸠鲁的若干言论：

---

① 〔古希腊〕第欧根尼·拉尔修：《古希腊名哲言行录》，王晓丽译，中国华侨出版社2021年版，第362页。
② 〔古希腊〕伊壁鸠鲁、〔古罗马〕卢克莱修：《自然与快乐：伊壁鸠鲁的哲学》，包利民等译，中国社会科学出版社2018年版，第29页。
③ 同上，第16页。

　　奢侈的财富对于男人和女人毫无意义，就像水对于已经倒满水的杯子毫无意义一样。它们都是无用的和毫无必要的。

　　这些就是所有的坏事的根子——害怕神，害怕死亡，害怕痛苦，以及欲望超出了自然为幸福生活所要求的东西的界限。

　　能带来宁静的最佳办法就是简单的生活方式。

——《奥依诺安达的第欧根尼铭文残篇》

　　幸福和不朽的存在者自己不多事，也不给别人带去操劳，因此他不会感到愤怒和偏爱，所有这些情绪都是软弱者才有的。

　　没有任何快乐本身是坏的，但是某些享乐的事会带来比快乐大许多倍的烦恼。

　　如果用自然所确立的生活目的来衡量，那么贫穷就是巨富了；相反，如果一个人不知限度，那么财富也意味着赤贫。

——《梵蒂冈馆藏格言集》

　　伊壁鸠鲁攻击宗教，认为它助长了人类的迷信和恐惧，导致更大的罪恶。对此，古罗马的卢克莱修给予了高度赞扬。"当人类在宗教迷信的重压下可怜巴巴地跪拜于地时，当迷信从天空探出头来面目狰狞地俯视着人类时，一位希腊人首次勇敢地抬起凡人的双眼直视它，起来抗拒。"[1] 伊壁鸠鲁被卢克莱修描述成与宗教迷信作斗争的英雄。《物性论》长诗中卢克莱修指控宗教孵育了罪恶和亵渎，比如攻打特洛伊的希腊联军统帅阿伽门农，由于听信祭司的建议，把亲生女儿作为牺牲祭献给女神阿特米斯，鲜血污染了神圣祭坛。卢克莱修认为，如果人类知道苦难终有尽头，就能抵御宗教迷信的恐吓，"然而事实上，因为人们害怕死后的永久惩罚，所以失去了反抗宗教迷信的力量"[2]。卢克莱修的这种思想与伊壁鸠鲁一脉相承。伊壁鸠鲁告诫世人，要消除对于永生不死的不切实际的渴望，真正理解生命的

---

　　① 〔古希腊〕伊壁鸠鲁、〔古罗马〕卢克莱修：《自然与快乐：伊壁鸠鲁的哲学》，包利民等译，中国社会科学出版社 2018 年版，第 57 页。
　　② 〔古希腊〕伊壁鸠鲁、〔古罗马〕卢克莱修：《自然与快乐：伊壁鸠鲁的哲学》，包利民等译，中国社会科学出版社 2018 年版，第 58 页。

结束并不是一件坏事，能让人从容面对死亡。他说，死亡其实与我们无关，"当我们活着的时候，死亡还没有来临；当死亡来临的时候，我们已经不存在了。死亡既与活着的人无关，又与死去的人无关；对于生者，死还不存在；至于死者，他们本身已经不存在了"①。由此看来，无神论者的生死观更加豁达：活着好好履行使命、享受生命；死后不卑躬屈膝求"神"赐予自己永生。那么，离开"神"的人生意义何在？伊壁鸠鲁提出人生的目的在于快乐。因为快乐是幸福生活的开端和目的，人的一切追求始于快乐，又终止于快乐。正是在这个问题上，伊壁鸠鲁遭到历史上持续不断的伪君子们的攻击。试想，如果人生不追求快乐，还追求什么？而能够正确识别快乐，感受快乐，享受快乐，反映着人生的境界。伊壁鸠鲁认为，正是因为快乐是首要的好和天生的好，我们不应选择所有的快乐，反而要放弃许许多多的快乐，如果这些快乐会带来更多痛苦；有时候痛苦要比快乐好，尤其是一种持续性的痛苦会带来更大的快乐；自足是最大的好，素淡的饮食与奢侈的宴饮带来的快乐是一样的，面包与水可以带给一个人最大的快乐，如果这个人正好处于饥渴之中。他特别强调，说快乐是目的的时候，"不是花费无度或沉湎于感官享乐"，"不是无止境的宴饮狂欢，也不是享用美色，也不是大鱼大肉什么的或美味佳肴带来的享乐"，而是"身体的无痛苦和灵魂的无烦恼"，"是运用清醒的理性研究和发现所有选择或规避的原因，把导致灵魂最大恐惧的观念驱赶出去"②。从伊壁鸠鲁来看，真正快乐的有价值人生，是对"神"有虔敬的态度，对自然有深刻理解，过着明智、正义的生活，不畏惧死亡，不相信所谓命运主宰人生。

伊壁鸠鲁的"神"既不创造世界，也不干预世界，世界完全是物质自身运动的结果。这在卢克莱修的《物性论》中阐述得非常清晰和完整。从这可以看到，西方世界的唯物主义和唯心主义最初源于两种不同的神学。一个是懒惰无为的"神"，只想过自己的幸福生活，与我们这个世界毫不相

---

① 〔古希腊〕伊壁鸠鲁、〔古罗马〕卢克莱修：《自然与快乐：伊壁鸠鲁的哲学》，包利民等译，中国社会科学出版社 2018 年版，第 30 页。

② 〔古希腊〕伊壁鸠鲁〔古罗马〕、卢克莱修：《自然与快乐：伊壁鸠鲁的哲学》，包利民等译，中国社会科学出版社 2018 年版，第 31、32 页。

干；另一个是积极有为的"神"，不仅过自己的幸福生活，还有强烈的冲动来创造并控制我们这个世界。前者的代表是德谟克利特、伊壁鸠鲁、卢克莱修等唯物论者，后者的代表则是巴门尼德、柏拉图等唯心论者，而亚里士多德的"神"则介于懒惰和积极之间，因此后人评价亚里士多德并不是合格的唯物论者，而是带有唯心论倾向的唯物论者。

卢克莱修给世人描绘了一幅唯物主义的宇宙图景①。

我们身处在与"神"无关，独立自在的物质世界。这个世界有序而非混沌，被若干原理（规律）所支配。第一条原理是："无物能由无中生。"物质不会凭空产生，永远不会有任何事物借助神力从无中产生。万物可以分解为原子，但原子是不可毁灭的，因此万物不可能复归于无。从而带来第二条原理："无物不能归于无。"物质是不可毁灭的，永恒的，所以宇宙中一物的损失等于另一物的增加。所有事物都由物质（原子）和虚空组成，没有虚空就没有物质的运动。在自然中再也找不到与物质和虚空无关的第三种东西。构成万物的始基是有边界的、无法感知的、坚实的微粒——原子，而不是赫拉克利特的纯粹而单一的火，恩培多克勒的四元素（气土水火），阿那克萨戈拉的"种子"。由于空间的无限性，也就是宇宙在它的任何一个方向都是无限的，决定了原子向各个方向永不停歇地扩散、碰撞。卢克莱修告诫说："所有的物质微粒都在四处游荡。要记住，万物的总体并没有底部，原初物体无处可以停歇，因为整个空间并无终点和边界。"支配世界的第三条原理就是："物质运动是永恒的。"没有不运动的物质，也没有无物质的运动，运动是物质的根本属性，物质是运动的承载者。卢克莱修还以其惊人的天才直觉提出被近代物理实验所证明的结论：不同重量的物体，因重力作用在虚空（真空）中下落的速度相同。可以对比一下亚里士多德的错误结论：重力作用下，重的物体下落快、轻的物体下落慢。卢克莱修根据自己的结论，认为原子运动的轨迹不是因自身重力作用在虚空之中直线下落，而是在一个无法确定的时间和地点做偏斜运动，否则的话，

---

① 以下引文出自〔古罗马〕提图斯·卢克莱修·卡鲁斯：《物性论》，方书春译，译林出版社2014年版。不再一一标注。

下落速度相同的原子就永远不可能发生碰撞，大自然永远无法产生任何事物。不仅如此，从原子的这种偶然偏斜，卢克莱修引出"自由意志"如何可能的问题。"如果所有运动总是构成一条长链，新的运动总是以不变的次序从老的运动中发生，如果原子也不通过偏斜而开始新的运动以打破这一命运的铁律，使原因不再无穷地跟着另一个原因，那么大地上的生物怎么可能有其自由意志呢？"伊壁鸠鲁学派反对命定论，主张自由意志。卢克莱修提供了逻辑清晰的证明。他说："使心灵不至于在所有行为中都服从必然性，使它摆脱被奴役和被迫承受苦难与折磨的，正是原子（始基）在不确定的时间和不确定的空间的细微偏倚。"伊壁鸠鲁学派并非独断论者，而是给偶然性、自由意志留下足够的空间。卢克莱修还对原子的特性作了大胆猜测。比如，原子形状多样，同一种形状的原子数量无限，但形状的数量有限；事物由多种原子组合而成，但组合的方式有限；原子没有颜色、冷热等宏观事物才有的物理特性，原子没有感觉等心理活动，但却产生了有感觉的生物。这里卢克莱修描述了第四条原理："感觉、知觉等精神现象产生于没有感觉能力的物质。"从物质和精神的关系看，是物质决定精神，而非精神决定物质。

卢克莱修描述的宇宙是由无数个世界组成，世界和世界之间是一片无垠的虚空，幸福的诸神就居住在这里。他描绘说：

> 我看到了这整个虚空中发生的诸般事情：在我面前，出现了庄严肃穆的诸神，还有他们那安宁祥和的居所。在那里没有狂风刮过，没有乌云撒雨，严寒霜冻凝结的白茫茫大雪也不能损害它半分；相反，这里总是万里无云，天空眉开眼笑，遍洒光辉，庇护着一切。
>
> ——《物性论》第三卷，序诗

卢克莱修道出了追随伊壁鸠鲁和写作《物性论》的原因——驱散人们因宗教迷信而带来的对亚基龙（地狱）和死亡的恐惧。人的灵魂是由十分精细的物质组成，不能离开身体而存在，只能随身体的成长而成长，随身体的死亡而死亡。卢克莱修提出：真正的地狱在人间，而不是死后的冥界。死亡是任何人都必须服从的自然规律，不值得过分悲伤。人们描述的地狱中所有悲惨的故事，其实都发生在人间。人们的贪婪、无知和愚蠢，将人的生命过程变成了现世的人间地狱。因此，改变自己，改变自己的认知，探索万物的真正本性，保持宁静的心境，或许就是避免自己落入人间地狱的最好办法。这样的观点已经不同于希腊人对哲学的看法，罗马时期哲学家开始将哲学视为灵魂治疗术。

卢克莱修反对亚里士多德的目的论。他说：

> 这一类解释以及其他那些人所给出的解释，都是倒果为因，而且基于扭曲的推理之上，因为我们身上的一切并不是为了我们能够使用它而诞生的。相反，是诞生出来的东西创造了它的用途。
>
> ——《物性论》第四卷，第三节

他坚持认为，舌头的出现并不是为了说话这一目的，耳朵的出现也不是为了听声音这一目的，所有器官的出现都不是因为有一个孤悬的目的首先存在。他坚持从物质自身寻找变化的原因，用物质的运动解释世界的起源、解释天体的运动及其他自然现象，甚至用物质现象解释人类和文明的起源，在古代西方世界树立起一座高耸的思想灯塔。他用物质运动，而非神意来解释各种天气现象，如地震、火山、泉水、磁铁等，尽管现在看来并不"科学"，但其方向是正确的。只要方向正确，哪怕步伐慢一点，总会到达，而一旦方向错误，哪怕有最快的马车，只能离目标越来越远。

伊壁鸠鲁学派前后存在700年时间，直到公元4世纪才逐渐消失。这个时期正是基督教在罗马帝国高歌猛进的时代。文艺复兴以后，伊壁鸠鲁学派开始盛行，其原子论则启发了近代物理学家。爱因斯坦曾这样评价卢克莱修："他认为原子只有几何的、机械的特征，不但完全相信有可能以遵循一定规律的不变的原子运动为基础来说明世界上一切变化着的东西，而且还认为可以为这一论点提出根据。生命现象也好，感官所感觉到的热、冷、色、香、味也好，全部被归结为原子运动。他把灵魂和理智都说成是由特别轻的原子构成的；他有时更彻底，竟把一定的心情同物质的各种特性相提并论。"① 但仔细阅读卢克莱修的著作，会发现爱因斯坦的评论有些夸大。事实上卢克莱修并没有直接认为人的心情同物质特性相关，而只是认为起主宰作用的灵魂本身也是物质性的。

第二节　斯多亚学派

希腊罗马哲学流派中影响最大的应该是由塞浦路斯的芝诺创立的斯多亚学派，它后来事实上成为古罗马的官方哲学。

一、芝诺和斯多亚学派

芝诺（Zeno，约公元前 336—前 264）来自塞浦路斯，由于他经常在雅典市场北面的"斯多亚"讲学，后人称之为斯多亚学派（或斯多葛学派）。从该学派的创始人开始，就与马其顿国王和其他希腊化国家的国王们交往颇深，罗马统治希腊后，又与古罗马上层统治阶层关系密切，且该学派后期的重要成员马可·奥勒留就是罗马皇帝。罗素曾转引其他学者的话说："几乎所有亚历山大的后继者——我们可以说芝诺以后历代所有主要的国王——都宣称自己是斯多葛派（斯多亚派）。"② 从该学派的人员构成看，主要来自小亚细亚、叙利亚和爱琴海东部岛屿，而"完全的希腊人在这个学派中基本上属于三四流的"③。芝诺在雅典的影响很大，雅典公民大会专门通过法案，"将一顶金冠授予他，用公款为他在克拉美科斯修建一处墓地"，以表彰他用克制、德性教诲那些向他求教的年轻人，并宣布"他的实际生

---

① 《爱因斯坦文集》第一卷，许良英、赵中立、张宣三编译，商务印书馆 2013 年版，第 297、298 页。

② 《罗素文集》第 7 卷《西方哲学史》上，何兆武、李约瑟译，商务印书馆 2012 年版，第 378 页。

③ 〔德〕爱德华·策勒：《古希腊哲学史》第五卷，余有辉、何博超译，人民出版社 2020 年版，第 25 页。

活就是人们的榜样，他在各方面都言行如一"。① 公民大会还成立 5 人委员会，负责金冠和墓地的建造工作。比较苏格拉底、柏拉图和亚里士多德等人在雅典的境遇，可见芝诺在雅典是多么受人尊敬。尽管如此，芝诺始终称自己是来自塞浦路斯的西提翁（Citium）人，拒绝雅典人授予他的公民身份。"有一次，在修缮公共浴室时，他的名字以'哲学家芝诺'的形式被刻在了那里的石柱上，而他提出还要加上几个字，即'西提翁的'。"② 这一事例反映出他对故土的热爱。芝诺去世时，马其顿国王安提戈洛斯（Antigonus）派出使者，请求雅典人允许由他来埋葬芝诺。"有人问他，为什么这么敬重芝诺，他回答：'虽然我送给他很多礼物，但是他一直保持着不卑不亢的态度。'"③ 看来，芝诺很有中国战国时期的一代学术宗师的气派——天子不得而臣，诸侯不得而友。他严格践行自己的哲学信条，只靠清水、面包、无花果、蜂蜜维持生活。④ 这些都成为斯多亚学派的处世态度：生活简朴、甘受神命，追求心灵宁静。

斯多亚学派的重要特点是神学和宗教色彩强烈，或者说其学说本身就是神学，所有内容都与神学有关联。"这个体系的一个相当大的部分由严格的神学问题构成。例如关于神存在的证明，关于天意存在的证明，关于神的本性，神在世界中的统治和显现的探究，关于人类活动与神圣法令的关系探究，以及所有与自由和必然相关的诸多问题的探究。"⑤ 在斯多亚学派中，既有对"神"世俗化、物质化的解释，也有对物质世界的神圣化、精神化的解释。他们的神学属于泛神论，其神谱由一个永恒不变的至高神和一群被创造出来的有生死、会变化的诸神组成。"神"是宇宙秩序的创造

　　① 〔古希腊〕第欧根尼·拉尔修：《古希腊名哲言行录》，王晓丽译，中国华侨出版社 2021 年版，第 228 页。

　　② 〔古希腊〕第欧根尼·拉尔修：《古希腊名哲言行录》，王晓丽译，中国华侨出版社 2021 年版，第 228 页。

　　③ 同上，第 229 页。

　　④ 〔德〕黑格尔：《哲学史讲演录》第三卷，贺麟、王太庆等译，上海人民出版社 2013 年版，第 13 页。

　　⑤ 〔德〕爱德华·策勒：《古希腊哲学史》第五卷，余有辉、何博超译，人民出版社 2020 年版，第 190 页。

者——世界的一切来自"神"，这一点与柏拉图相同，但"神"又是宇宙秩
序的终结者——世界毁灭后又回到"神"，这一点又与柏拉图不同。斯多亚
学派的"神"要比伊壁鸠鲁、亚里士多德、甚至柏拉图的"神"更加勤快，
它时时刻刻关注着人类的命运。鉴于"神"是仁慈的，并不是希腊传统诸
神般喜怒无常、逞强好勇，因此很愿意将人类急需的尊贵礼物赠送人类。
占卜、星占等活动受到斯多亚学派的大力支持。他们还为神—人感应提供
理论依据，比如，人的灵魂本性是神性的，是整个宇宙灵魂的一部分，具
有特殊的观察能力，可以事先知道祸福，达到趋利避害的目的。在这种神
学体系下，以地球为中心的宇宙体系是最神圣的，他们攻击萨摩斯的阿利
斯塔克斯（Aristarchus）提出的太阳中心说，理由是他把宇宙的火炉移到不
恰当的位置。对世界神圣化的结果，便产生出更多的奇怪神灵，如年、月
和季节等都是神灵①。从中可以看出，斯多亚学派之所以深受古希腊罗马人
欢迎，为统治阶层所喜爱，其原因还是其神学观念与古希腊罗马的大众信
仰有一致性。罗素强调"斯多亚学派比以前所探讨的任何哲学流派都更少
希腊性"。② 这一结论是值得怀疑的，原因是斯多亚派的神学非常符合古希
腊的传统信仰。他们支持传统的诸神信仰，因为这个信仰为阻拦人类激情
和暴力树立起一道屏障③。不过，在总体支持传统的诸神信仰的同时，也进
行改进。比如，芝诺就对修建庙宇、建立神像的做法表示轻蔑，晚期斯多
亚学派成员塞涅卡还否认祈祷的价值，认为对"神"的崇拜，不在于牺牲、
祭祀，而在于有洁净的生活。这些观点其实代表了西方世界宗教仪式的变
迁，从野蛮时期的血祭，逐渐过渡到精神上的虔敬。

　　从斯多亚派哲学的倾向看，初期是唯物主义的，与伊壁鸠鲁学派相似，

---

① 〔德〕爱德华·策勒：《古希腊哲学史》第五卷，余有辉、何博超译，人民出版社
2020 年版，第 194 页。

② 《罗素文集》第 7 卷《西方哲学史》上，何兆武、李约瑟译，商务印书馆 2012 年版，
第 377 页。

③ 〔德〕爱德华·策勒：《古希腊哲学史》第五卷，余有辉、何博超译，人民出版社
2020 年版，第 191 页。

但到了后来"终于连一点唯物主义的影子都没有了"①。这种转变的根本原因在于：在斯多亚学派长达600多年的传承中，神性发生变化，从物质性转变为精神性——"神"从纯物质实体变成了纯精神实体。我们会奇怪，一种有强烈神学色彩的学说体系，为何有唯物主义倾向？为什么后来又抛弃了这种倾向？

早期斯多亚学派认为，"神"和世界并不是两种不同的存在，因此"神"就是世界，世界就是"神"。就如芝诺说的，"神"渗透到物质世界里就像蜜渗透到蜂房里一样。这个观点使斯多亚学派成为有别于柏拉图、亚里士多德和伊壁鸠鲁的学说体系。"神"与世界的关系大致有三种。（1）"神"在世界中，这是斯多亚学派的观点；（2）"神"在世界之外，这是伊壁鸠鲁的观点，亚里士多德和柏拉图部分赞同；（3）"神"既超越世界，又在世界，这是犹太教和基督教的观点，柏拉图和亚里士多德部分赞成。根据"神"是否创造世界，又分不创造世界、创造世界、既创造又毁灭世界等三种。根据"神"与世界的密切程度，又分为根本不发生关系、发生特定的关系、经常发生关系等三种。对中国人来说，的确很难理解这些细微区别的意义，但它们是区分古代西方不同学说、不同宗教的基本依据。简要地说，斯多亚学派认为"神"并不外在于世界，而是渗透进全部世界之中，主宰着人的命运。

斯多亚学派的第二个观点是，具有作用力和被作用力的只能是物质客体。用毫无物质性的爱、语言来推动和塑造世界，在他们看来是荒谬的。世界上真实存在的只能是物质性事物，而物质实在就是"神"，"神"就是物质实在。他们把灵魂、德性看作是物质性的；把亚里士多德体系中使事物相互区分开来的"形式"，也看作是物质性的；知识是灵魂内部的物质性元素的呈现，因此知识是物质性的。个别极端的，甚至把白天、黑夜、年月、季节都看作是物质性的，因为这些自然现象的出现都依赖于物质的运动。亚里士多德用形式因、质料因、动力因、目的因来解释事物的发展，

---

① 《罗素文集》第7卷《西方哲学史》上，何兆武、李约瑟译，商务印书馆2012年版，第377页。

但斯多亚学派只承认动力因，而这种动力因只能从物质中寻找。物质运动归因于两种基本力：膨胀和凝缩。凝缩产生物体，膨胀产生物体的属性。但这种力量都归因于神圣的"火"元素，"火"使世界获得生命和存在。这种充满力量的"火"就是"神"，可以称之为世界的灵魂、最高的理性、至善的存在。哲学上对"火"的崇拜，可以追溯到赫拉克利特，更可以追溯到古波斯宗教。这里我们可以看到斯多亚派神学分化的可能性，"神"既可以看作是物质性的，也可以看作是渗透在物质中的精神、理性，或称逻各斯。因此，策勒说："斯多亚主义用来谈及神的话语，有时强调神的物质性，有时强调神的精神性。"有时候"神"被说成是火、以太、气，有时候描绘为灵魂、世界理性，还可以被描绘为自然法则、命运、理性等。但是，"神"是原初之火、世界动力源，确实是斯多亚派的基本观点。按照这样的神学，斯多亚派提出了宇宙发生的进程、自然演化的过程。

宇宙始于一团原初物质，包含有一切的种子和力量，实质它就是原初之火——"神"。通过四种元素的相继转化，产生了诸神及世界的一切。经过一个漫长时期，会有一场遍及世界的大火，诸神和万物从大火中回到原初状态。世界从"神"中诞生，又回归到"神"，接着又诞生一个新的世界，然后在另一场大火中回到"神"，世界就在周而复始中不断循环。提欧根尼评论说：

> 他们从三重意义出发来探讨宇宙。首先，宇宙是神本身，他的特性来自整个实体，他是非生成的，也是不朽的，他创造了整个有序的世界，他按照既定的时间周期将一切实体吞噬，接着再一次创生它们。其次，他们认为，各个天体的秩序本身就是宇宙。再者，宇宙是前面两者的结合体。①

不过，在斯多亚学派内部也有一些不同意见。比如有的认为世界周期性地毁灭于洪水，有的认为被洪水毁灭的只是地球和地球上的居民，有的

---

① 〔古希腊〕第欧根尼·拉尔修：《古希腊名哲言行录》，王晓丽译，中国华侨出版社 2021 年版，第 259 页。

认为世界不应该毁灭。从这种争论中，我们可以看到埃及、两河流域、波斯和犹太神学的影子。从斯多亚派的宇宙生成理论可推导出一个基本观点：任何个体事物都绝对依赖自然法则（神意）。宇宙的起源遵循一连串前后相继的因果关系，全部事物都笼罩在必然性之中，被必然的自然法则所统治。包括人类在内的所有事物都受命运支配的命定论，是斯多亚学派的重要主张，这与古希腊人关于诸神和人类都受命运控制的观念完全一致。

他们还坚持这样一些观点。"在两情相悦的前提下，智慧之人应当实行共妻。""最好的政治制度是民主制、贵族制以及君主制的混合政体。"① 他们所理解的人类自由，是遵循自然法则的自由，而不是伊壁鸠鲁派的自由意志。比如，人可以被暴君关在监狱中，但人是受自然法则决定的，人生命中唯一的善——德性——依然可以遵循自然法则，只要德性遵循这种必然性就是自由的。斯多亚学派告诫你：当你蔑视死亡和囚禁时，拒绝胁迫时，你就是自由的人！相反，那些为了蝇头小利，哪怕为了获取权力如为了做总督和执政官，向他人低三下气、阿谀奉承，就是绝对不自由的人。自由是对必然的认识。这种在德国古典哲学中看到的观点，其实可以从斯多亚学派中找到渊源。这种自由观很容易混淆一些基本的事实，即权势熏人的国王和一文不名的穷人，都会做违背意愿的事情，都会被必然性的命运所支配，因此他们都是不自由的，都是奴隶。这是从斯多亚学派中推导出的奇怪的自由观。这种学说能同时吸引富得流油的罗马大臣，一文不名的罗马奴隶和权力显赫的罗马皇帝，他们分别是塞涅卡、爱比克泰德、奥勒留，这是晚期斯多亚学派的三个代表人物。他们悲哀于必然性和命运对人的控制，都希望做个自由的人，获得幸福的生活。他们关注伦理学和神学，关注哲学对灵魂的治疗功能，想过一种属灵的宁静生活。

他们发出这样一种教诲：只要内心强大，哪怕身陷囹圄也依然是强大的自由人，而内心孱弱，哪怕身居高位也只是一个可怜的奴隶。②

---

① 〔古希腊〕第欧根尼·拉尔修：《古希腊名哲言行录》，王晓丽译，中国华侨出版社 2021 年版，《著名哲学家的生平和学说》7. 131

② 以上是根据策勒等整理的斯多亚学派资料所作的概括，见《古希腊哲学史》第五卷，余有辉、何博超译，人民出版社 2020 年版，有关引文的出处不一一标注。

二、塞涅卡

塞涅卡（Seneca，约公元前4—65年）出生于罗马的西班牙行省，父亲是该行省的一位官员。塞涅卡政坛经历坎坷，曾被克劳狄乌斯皇帝流放，后给少年时期的尼禄当过教师，但在尼禄成为罗马皇帝的5年后，因卷入一起刺杀尼禄的事件被逼自杀。塞涅卡曾献给尼禄一篇《论仁慈》，开头就说："尼禄皇帝，我写了一篇关于仁慈的文章，希望你把它当成一面镜子，看到自己是注定要获得最大快乐的人。"[①] 塞涅卡用一种奇特的，甚至厚颜无耻的方式宣布尼禄具有伟大的仁慈，希望用虚幻出的仁慈皇帝的标准规劝尼禄要有仁慈的德性。因为仁慈可以让士兵为皇帝的军旗不倒而慷慨赴死，能够让民众簇拥那个伟大的灵魂。但实际上，尼禄是罗马历史上最无耻、残忍的皇帝之一。这不得不让人怀疑教育在培养一个人的德性上有多大作用？似乎又回到柏拉图在《美诺篇》里提出的美德不是通过学习获得，而是通过灵魂从"神"那里获得——美德归于天性。同所有的斯多亚学派的学者一样，塞涅卡侧重在伦理学上，驳斥伊壁鸠鲁学派把幸福与快乐相联系的观点，着力塑造"贤哲"人格，解释好人为什么还会屡遭不幸。

他认为，"贤哲"是不可能被伤害、被侮辱的，正如海边嶙峋的岩石，任凭海浪肆虐也无法伤及丝毫。因为"贤哲"唯一的财产是美德，而美德是无法剥夺的；那些以身外之物为财富的人，却很容易失去财物而受到伤害。不过，"贤哲"作为一个人很容易被关进监狱，甚至被杀害，怎么会不可能受伤害？塞涅卡告诉你："如果我们意识到死不是一件坏事，因此不是一件伤害，我们会更容易忍受其他一切——失败、痛苦、耻辱、流离失所、丧失亲人或与亲人分离。"[②] 也就是说，只要不把伤害和死亡看成伤害，还有什么伤害可言？同样，"贤者"不可被羞辱的理由，还是"贤者把来自这

---

① 〔古罗马〕塞涅卡：《强者的温柔——塞涅卡伦理文选》，包利民等译，王之光校，中国社会科学出版社2017年版，第153页。
② 〔古罗马〕塞涅卡：《强者的温柔——塞涅卡伦理文选》，包利民等译，王之光校，中国社会科学出版社2017年版，第292页。

些人的羞辱看成是一出滑稽剧"①。比如，谁会认为孩子具备羞辱他人的能力？谁不觉得奴隶羞辱主人仅仅是令人可笑的滑稽剧？塞涅卡的论证逻辑非常奇怪，实际是说：只要改变自己看问题的态度，所有问题就不再是问题。塞涅卡这种极度有趣的阿Q式"精神胜利法"，为什么一直受到西方世界的赞誉？从中揭示了古罗马乃至近代以来西方世界并不为我们所熟悉的价值观。塞涅卡认为所有给"贤哲"以伤害和羞辱的人和事，本身不过是命运的工具，正是这些所谓的伤害和羞辱让"贤哲"更像"神"一样。塞涅卡反复阐明一个观点，古希腊苏格拉底和古罗马伽图的死得到"神"的赞扬，无愧于"神"的教导，因为"死亡能神圣化那些甚至连敌人也不得不赞扬的人的终极时刻"②。塞涅卡的这种价值观使人吃惊，因为脱胎于犹太教的基督教也有类似的观点。耶稣被钉死在十字架上，却是基督徒最神圣的时刻，意味着基督的神性得到完美诠释，意味着人类的救赎得以确认。那些受逼迫的基督徒视死如归，因为他们把死亡看作是献给"神"的荣耀。我们很难断定是斯多亚学派影响了基督教，还是基督教影响了斯多亚学派，或者都不是，但至少两者的精神存在相通性。当斯多亚学派越受罗马社会的喜好，基督徒的鲜血就结出更为丰硕果实，俘获更多人心。

有人发出疑问，既然神意统治着世界，为什么好人还是会遇上许许多多的不幸？塞涅卡回答得很干脆：

如果你看到那些好人、那些神会接受的人在辛苦流汗，攀登险道，而坏蛋却寻欢作乐，那你就想想：我们的孩子让我们高兴的是他们的谦和，而奴隶的孩子让我们开心的是他们的冒失无礼；我们用严厉的纪律约束前者，对后者则鼓励他们大胆一点。③

① 〔古罗马〕塞涅卡:《强者的温柔——塞涅卡伦理文选》,包利民等译,王之光校,中国社会科学出版社2017年版,第295页。
② 〔古罗马〕塞涅卡:《强者的温柔——塞涅卡伦理文选》,包利民等译,王之光校,中国社会科学出版社2017年版,第309页。
③ 〔古罗马〕塞涅卡:《强者的温柔——塞涅卡伦理文选》,包利民等译,王之光校,中国社会科学出版社2017年版,第306页。

塞涅卡实际上是用"打是亲、骂是爱"来回答这个问题。他认为，被"神"所喜爱的人，注定分配他一个需要不断奋斗的一生，"神"愿意看到伟大人物与灾难搏斗，那些被人看作艰苦、困难的事物，恰恰是有益于人类大家庭的。他还说："一个人如果从来没有遇上困难，在我看来那就是最为不幸的了。因为这样的人从来都没有机会考验自己。""他遭受的折磨越大，他的荣耀也就越大。""我以为，伟大的人对遇到困境经常感到高兴，就像勇敢的战士有仗打了一样。"① 塞涅卡的这些观点代表了罗马人的价值观：你遭受常人难以想象的困境，那是"神"看得起你，是"神"想给你增加荣耀。这种冷酷的伦理学，是否就是罗马人取得成功的密码？他提出，幸福的生活就是与自己的本性和谐一致的生活，有的东西虽然带来快乐，但不高尚，有的东西极为高尚，但不快乐。塞涅卡的结论是："美德常常缺少快乐，而且从不需要它。"② 显然是针对伊壁鸠鲁学派而说。塞涅卡的"神"喜欢经受苦难考验而不动心的人，而亚里士多德的"神"却视永恒的沉思为最好的生活，代表了两种不同的文化精神。

塞涅卡留下一句很有趣的名言：

"你的好运就是你不再需要好运。"③

三、爱比克泰德

爱比克泰德（Epictetus，约公元55—135年）出生于古罗马东部的弗里吉亚，今土耳其的中西部，童年时被卖到罗马为奴，后师从斯多亚哲学家鲁福斯学习并在之后获得自由人身份。罗马皇帝图密善（在位89—92年）驱逐在罗马的哲学家，于是爱比克泰德移居希腊东北部的尼戈坡里斯，主持一个哲学学校，以教学终其一生。爱比克泰德是类似于苏格拉底式的人物，没有专门的著述，后来由他的一个学生记载了老师的谈话编辑成《哲

---

① 〔古罗马〕塞涅卡：《强者的温柔——塞涅卡伦理文选》，包利民等译，王之光校，中国社会科学出版社 2017 年版，第 310 页、第 313 页。

② 〔古罗马〕塞涅卡：《强者的温柔——塞涅卡伦理文选》，包利民等译，王之光校，中国社会科学出版社 2017 年版，第 330 页。

③ 同上，第 320 页。

学谈话录》，对后世产生很大影响。爱比克泰德有斯多亚学派的基本特征——蔑视财富、甘愿清贫，以最低限度的物质欲求度过一生。

他反问："难道拥有谦让的德性不是比拥有钱财更好吗？"这句话的意思是"神"总会把最好的东西给最好的人，而世上没有比德性更好的东西了。他还告诫说："我们应该做的不是驱逐贫困，而只是要驱逐关于贫困的判断"①。只要改变关于"贫困的判断"，一个身无分文的乞丐也会为自己高尚的品德感动，认为自己是世界上最富裕的人。这又是一种精神胜利法。爱比克泰德一生坚守清贫，其全部财产就是他自己。好像这也不完全正确，因为自己的这身"皮囊"还不算是自己的，它只是物质宇宙的一部分。这种轻视财富的思想与后起的基督教在精神上是相通的。耶稣对门徒说："我又告诉你，骆驼穿过针的眼，比财主进神的国还容易呢！"（《马太福音》19：24）爱比克泰德轻视财富是为了像"神"一样。那么，"神"是什么？他说：

> 什么是神的真正本质呢？肉体？绝不是！财产？绝不是！名望？绝不是！是理智、知识和健全的理性。②

不仅视财富为无物，爱比克泰德还要求人们不要取悦权势人物，理由是什么？还是因为"神"。他告诫说：

> 当你去见某个显赫的重要人物的时候，请记住"另一位"（神）正从天上注视着所发生的一切，而且你必须取悦于"它"，而不是那个显赫的重要人物。③

由于"神"，爱比克泰德充满了无比的坚毅和勇气，无比的力量和自信，能面对纷乱的世界始终不为所动。从古希腊神话的神—人同性、同源

---

① 〔古罗马〕爱比克泰德:《哲学谈话录》,中国社会科学出版社 2017 年版,第 204、205 页。

② 〔古罗马〕爱比克泰德:《哲学谈话录》,中国社会科学出版社 2017 年版,第 98 页。

③ 同上,第 78 页。

的传说中，从"我们同神有亲缘关系"的信念中，爱比克泰德不仅推导出"我是一个世界公民"，不属于任何一个城邦或地域，还推导出我终将要返回到"神"那里去的思想。对于那些想马上脱离卑微肉体囚禁，离开人世、回到原初的人，爱比克泰德则告诫说：

> 朋友，听神的吩咐吧。当他发出指令，让你免于这一义务的时候，你再离开并动身回到它那里去；但眼下，就请忍着待在这个它已经为你安排的位置上吧。……对于已经如此轻视肉体及其财产的人来说，暴君、窃贼或法庭还有什么可怕的？待着吧，别自行离开了，那是毫无理性的。①

从爱比克泰德的思想中我们可以确认，西方所倡导的个体独立、精神自由，与此类神学思想密切相关。爱比克泰德告诉你："神"不仅创造了你，而且只把你托付给你自己。你难道要辜负"神"的托付，而把自己交由别人主宰吗？我们既然可以把人间帝王，自己的上司指派给我们的任务不折不扣地履行好，难道对"神"的嘱托还如此无视吗？"自己照顾好自己"——不仅是爱比克泰德的"神"的命令，还是近现代西方自由主义、个人主义的信条。爱比克泰德说：

> 神已经把你自身托付给了你自己照管，并且说："除了你，我没有任何人值得信赖了；请你将这个人为我看管好，不要让自然赋予他的这些特性有丝毫的改变：即谦恭、忠诚、高洁、无畏、宁静、平和。"难道你不会按照神所说的那样去保全那个人吗？②

在这样的观点支配下，爱比克泰德对"自由"的含义作了独特的解释，即丝毫不违背个人意愿的精神自由。按照这样的标准，深陷囹圄的犯人、卖身于人的奴隶，甚至也要比显赫的元老院议员、行省总督更配称为自由的人。前者可以守护真正属于自己的东西——品德，而后者需要按照别人

---

① 〔古罗马〕爱比克泰德：《哲学谈话录》，中国社会科学出版社 2017 年版，第 25 页。

② 〔古罗马〕爱比克泰德：《哲学谈话录》，中国社会科学出版社 2017 年版，第 100 页。

的意愿去行动。"当那些所谓的国王无法按自己的意愿生活，而那些国王的朋友们也无法按自己的意愿生活时，还有哪些人是自由的呢？"那些阿谀奉承只为混口饭吃的人，和不择手段往上爬的行省总督，都只是他人的奴隶而已。"我们把那些为蝇头小利而做这些事的人称作'小奴隶'，而为了权势这么做的人，则可以名副其实地称作'大奴隶'。"① 按照爱比克泰德的观点：一个人受死亡和囚禁的威胁，如果你蔑视此类威胁，还需要看他人脸色吗？不会。那好，你就是自由人！别人禁止我散步，我无法自由散步，难道我就不自由了？不会！因为没有人告诉你"不受阻碍地散步"就属于你。既然不属于你，你并没有失去，所以你就是自由人。对于爱比克泰德关于自由的逻辑，我们会觉得很是奇怪。但是，这种奇怪的逻辑却是西方哲学家们评价东方社会的锐利武器。黑格尔颇为自得地写道："在东方只是一个人自由（专制君主），在希腊只有少数人自由，在日耳曼人的生活里，我们可以说，所有的人皆自由，这就是人作为人的自由。"即便如此，黑格尔还要追加一句："东方那唯一专制的人也不能自由，因为自由包含别的人也是自由的。"② 而日耳曼人之所以是自由的，那是因为哪怕被关在监狱里还是自由的，因为他依然还有精神的自由、思想的自由。也难怪英国人罗素讽刺日耳曼人黑格尔的自由观："这是一种无上妙品的自由。这种自由不指你可以不进集中营。这种自由不意味着民主，也不意味着出版自由，或任何通常的自由党口号，这些都是黑格尔所鄙弃的。……就在君主把有自由思想的臣民投到监狱里的时候，这仍旧是精神自由地决定自己。"③ 爱比克泰德的精神自由是要摆脱一切外在事物的羁绊，专注于内心。"如果你羡慕不属于自己的东西，如果你酷爱受制于人的、有生灭的东西，你已经受奴役了，给自己的脖子套上了枷锁。"④ 这种自由观类似于中国庄子，都有摆脱尘世羁绊放归自然的倾向。他们都以自然为依规，轻视财富、权势、

①　〔古罗马〕爱比克泰德：《哲学谈话录》，中国社会科学出版社 2017 年版，第 258 页。

②　〔德〕黑格尔：《哲学史讲演录》第一卷，贺麟、王太庆译，上海人民出版社 2013 年版，第 98 页。

③　〔英〕罗素：《西方哲学史》，《罗素文集》第 8 卷，商务印书馆 2012 年版，332、333 页。

④　〔古罗马〕爱比克泰德：《哲学谈话录》，中国社会科学出版社 2017 年版，第 261 页。

名位，但出发点和理由不同，爱比克泰德是以"神"的名义，庄子则以"道"的名义。

爱比克泰德的"神"能够事无巨细地俯察万民。当有人对此提出疑问，询问如何才能使一个人相信他所做的每件事都逃不过神的眼睛时，爱比克泰德回答道："难道你认为万事万物不是一个被联结在一起的整体吗？"① 既然万物都联成一个整体，既然这个世界是如此自然地运转，花开花落、永不停歇，我们的灵魂与"神"联结在一起，难道"神"不是与我同在吗？爱比克泰德的思想影响着当时的罗马世界，其中有位后起者尤其佩服，简直是崇拜至极，那就是罗马皇帝马可·奥勒留。奥勒留很喜欢重复爱比克泰德的一句话：

"人是一个拖着皮囊的小小灵魂。"②

阅读奴隶出身的爱比克泰德《哲学谈话录》和罗马皇帝奥勒留《沉思录》，我们都能感受到极为阴郁的笔调，使人喘不过气来。

四、奥勒留

马可·奥勒留（Aurelius，公元 121—180 年）是所谓的古罗马"五贤帝"中的最后一位，在他们统治下的罗马帝国有了一段难得的和平、稳定的美好时光。但在奥勒留统治后期（161—180 年），罗马帝国的战争、瘟疫频繁，出现了严重危机。读奥勒留的《沉思录》，如果不是事前知道，在其字里行间根本感觉不到作为最高统治者的气息，而是一位饱经风霜的老者在寻求心灵宁静的港湾。他写道："我坚信，内心的宁静是心灵进入井然有序的状态。""我们人类这种理性的动物是为彼此而存在，克己忍耐是人类正义不可或缺的一部分。"他秉承斯多亚学派的宇宙观：万物皆流、生灭循环，物质元素永不停止地不断聚合、分散。他坚持唯物论的生死观，"死与生一样，都是自然的奥秘；生是同样元素的合成，死是同样元素的分解。"他并没有灵魂不朽或灵魂转世的观点，人死后灵魂进入空气中停留一

① 〔古罗马〕爱比克泰德：《哲学谈话录》，中国社会科学出版社 2017 年版，第 37 页。
② 奥勒留：《沉思录》4:41、9:24。

段时间，便消散于空气之中。灵魂与身体一样，都属于物质性的实体，分解为元素后再进入新的物质循环之中。世界上的所有一切终将毁灭，任何东西不过是过往云烟，最多只留下一个传说。他用忧伤的笔调写道：

> 究竟有没有永恒的纪念呢？根本就没有。那这否定回答带给我们的沉重痛苦该如何处置呢？答案只有一个，你要做到思想公正、行为友善、不打诳语并欣然接受一切事物，将其视为一种必然和惯例。①

奥勒留思想的某些方面很像古代中国的列子一派的自然天道观，徒留下伤感和清醒。列子告诉我们：每个人的身体都是大自然的一部分，是你从天地那里借来的，暂时属于你，其实并不属于你。奥勒留同样写道："千万不要有这样的错误观念，即固体和气体的物质，在你产生时就属于你所有。因为，这些物质是在昨天或前天，你从食物和空气中获得的。"他借用荷马《伊利亚特》18 章的"树叶，被风驱散到地上——人"，感叹人不过是被风吹落到地上的树叶罢了。

> 你的孩子们是这些树叶；那些叫喊着看似配得上称赞与颂扬的人，也是树叶；暗中诅咒、冷嘲热讽的人，也是树叶；同样，那些流芳百世的人，也是树叶。②

当春天长出了树叶，"你"出生了，然后秋风吹落了这片树叶，"你"离开了，待到来年春天"你"又来了。万事万物都只是短暂的存在。那个埋葬"你"的人，不久又会因他的死而有人悲伤。奥勒留告诉你，如果想无怨无悔地离开人世，最好能悟出这样的道理。

> 我就要向这样一种生活告别了，在这种生活中，不管我多么努力、祈祷和关怀我身边的人，他们仍然希望我消失，甚至希望能因此而获

---

① 〔古罗马〕奥勒留等：《沉思录》，蔡新苗、史慧莉译，中国华侨出版社 2011 年版，第 23 页。
② 〔古罗马〕奥勒留等：《沉思录》，蔡新苗、史慧莉译，中国华侨出版社 2011 年版，第 72 页。

得蝇头小利。我们为何还要苦苦追求在尘世间稍长一点的停留呢?①

　　一个历史上有作为的罗马皇帝会写出如此伤感的文字,确实令人震惊!奥勒留的宇宙观和自然观告诉我们:"你"以为自己是什么? 其实什么也不是。因为你的这身"皮囊"都是由物质元素组成的,只是暂时附着"你"身上,它们以后完全可以变成"纺织工的梭子、作家的笔杆,还有牧人的鞭子"。犹如庄子所言:"伟哉造化! 又将奚以汝为? 将奚以汝适? 以汝为鼠肝乎? 以汝为虫臂乎?"(《庄子·大宗师》)庄子说属于"你"的身体完全可以是老鼠的肝脏、虫子的臂膀。在这样万物流转、转瞬即逝,没有永恒、没有不朽的宇宙中,还能依靠谁? 信赖谁?"我"的意义又何在? 奥勒留告诉你:请依靠"神",相信"神"。

　　　　你必须谨记神的存在,你还记住神并不喜欢被奉承。神所希望的是一切有理性之物皆能被塑造成与他们完全一致的事物;你还要记住,一株无花果树所要做的就是成为一株无花果树,而一只狗所要做的,就是做一只狗,一只蜜蜂就是做一只蜜蜂,而一个人要做的,就是做一个人;而且只有这么做才会给你带来最大的益处,并帮你牢记上述的美德。②

　　遵循自然规则塑造自己,这是斯多亚派的基本信条。自然让你成为一条狗,就好好做狗,自然让你成为一只蜜蜂,就好好做蜜蜂。同样,自然让你做皇帝,就好好做皇帝,自然让你做奴隶,就好好做奴隶。不要悲伤、不要高兴、不要忧惧,总之不要动情,因为做狗、做蜜蜂、做皇帝、做奴隶,没有本质的区别,这一切都是自然这个神奇的力量——"神"所做出的不可抗拒的安排。万事万物都无法抗拒命运的流转。斯多亚主义的自然观适应着古罗马的等级制社会,这就是笔者所称的"自然等级制",它有别

---

　　①　〔古罗马〕奥勒留等:《沉思录》,蔡新苗、史慧莉译,中国华侨出版社 2011 年版,第 72 页。

　　②　〔古罗马〕奥勒留等:《沉思录》,蔡新苗、史慧莉译,中国华侨出版社 2011 年版,第 68 页。

于中国社会的"人为等级制"①。所谓自然等级制是说现世社会的秩序都是自然力量或超自然力量的"神"所安排的，人无法改变"神"的自然法则确定的秩序，只有遵循自然的安排，好也罢、差也罢，只能如此。而人为等级制是说社会秩序按照人为设定的标准形成的，既然由人设立就可以由人来打破——就如陈胜吴广的呐喊："王侯将相，宁有种乎？"

斯多亚学派的思想笼罩着罗马世界的精神世界——准确讲是罗马统治阶层的精神世界。随着古罗马疆域不断扩大，不同族群、不同文化、不同的宗教也随之进入帝国版图。宗教冲突导致帝国各个部分的严重对立。罗马皇帝开始将自己打造成"神"，但究竟是谁的"神"呢？信奉古雅利安主神密斯拉的不会承认日耳曼人的"神"转化的皇帝，皈依埃及宗教的不会把自己真心奉献给斯多亚派的"神"化身出的皇帝。基督徒则反对任何派别的"神"，所以成为各派的共同敌人，但每次大规模迫害的结果，反而教会组织更巩固、信徒越加扩大。在各派别相互对立的背景下，一种倡导悬疑搁置的怀疑论学派出现。

第三节　怀疑论学派

怀疑论学派由两个不同的源头交汇而成，一个源头是埃利斯（Elis）的皮罗（Pyrrho，约前360—前270），另一个源头是柏拉图学园。按照第欧根尼的说法，怀疑主义思想在大多数希腊哲学家那里都能找到，如怀疑知识的可靠性，怀疑运动的可能性，怀疑事物有属性。总之，怀疑人看到的一切，比如人所看到的死很可能是生，看到的生很可能是死，事物是完全不可知的。既然这样，人面对变幻莫测的表象，最好的态度当然是"不动心"。皮罗跟随谟德谟克利特的信徒阿那克萨尔库斯（Anaxarchus）学习哲学，后者以"不动心"教人。有一次，阿那克萨尔库斯掉入大水坑，皮罗直接离开，有人因此指责皮罗冷漠，但阿那克萨尔库斯本人却对此赞赏不已。他们曾跟随亚历山大到过波斯和印度，并与那里的哲学家有过交往。亚历

---

① 蔡晓:《中国道统论》上,中国社会科学出版社 2021 年版,第 512 页。

山大去世不久，阿那克萨尔库斯被他得罪过的塞浦路斯国王抓获后扔进石臼，准备用铁杵捣死他。阿那克萨尔库斯却毫不在意地说：

> 请捣碎阿那克萨尔库斯的皮囊吧。但是，你永远不能捣碎阿那克萨尔库斯本人。①

皮罗继承了这样的风格。有人评论皮罗说："生而为人，你如何能活得这般宁静祥和。人海茫茫，为何唯有你能如神那般活着。"② 粗看起来，作为怀疑论者的皮罗与伊壁鸠鲁、芝诺没有大的区别，都在寻求一种宁静、幸福的，像"神"一样的人生。但是，他们背后的思想逻辑，尤其是神—人关系上有较大区别。这种不同实质是为实现同一目标的路径选择上的不同。独断论者相信人的理性具有神性，可以掌握真理，而怀疑论者认为，真理只能由诸神拥有，人只负责探究可能性。他们不仅怀疑人通过感觉获取知识的可能性，还怀疑人通过理性获取知识的可能性。这一点在代表柏拉图体系的新学园派重要人物的卡尔内亚德（Carneades，约公元前213—前129年）那里表现得更为明显。由于柏拉图的大多数对话都没有确定的结论，其学说体系本身就存在自我否定的因素。柏拉图学园在卡尔内亚德的老师阿塞西劳斯（Arcesilaus）的影响下，彻底转化为怀疑学派。正是卡尔内亚德对斯多亚学派的核心——对神的信仰、关于灵魂和理性及宇宙结构的目的论——提出异议，才最终完成了该学派的理论构建。

> 如果神为了人类的利益安排世界，那导致对人的伤害和危险的事物从何而来？如果理性被赞颂为神赋予人的最高礼物，那怎么解释这一明显的事实：大多数人正凭借理性变得比野兽还坏？……神为什么要赋予人这样一种可被如此误用的理性？③

------

① 〔古希腊〕第欧根尼·拉尔修:《古希腊名哲言行录》,王晓丽译,中国华侨出版社2021年版,第338页。

② 〔古希腊〕第欧根尼·拉尔修:《古希腊名哲言行录》,王晓丽译,中国华侨出版社2021年版,第341页。

③ 〔德〕爱德华·策勒:《古希腊哲学史》第五卷,余有辉、何博超译,人民出版社2020年版,第314页。

　　通过这一系列的异议，卡尔内亚德完成了对斯多亚神学的逻辑批判。比如，如果说"神"有生命，必然是各种元素的复合体，而复合体终究是可以毁坏的；如果把德性归于"神"，那就意味着"神"是不完善的，因为德性都以不完善为前提；如果宙斯是"神"，年、月、日和早、中、晚也都是"神"，那么还有什么不是"神"，或者说"神"只是被人宣称为"神"而已。当这样的神学被否定之后，人的理性和认识能力，世界的确定性和必然性就遭到怀疑，正义和道德的确定性也受到怀疑。怀疑主义有如下主要观点：

　　1. 事物是完全不可知的；

　　2. 任何相反的命题都可以同等为真，因此要悬置判断；

　　3. 对任何事物都不动心，无论是杀戮还是欢庆；

　　4. 自然正义不存在，所有伟大国家常常通过不正义手段成就。

　　但是，怀疑主义者为什么不对怀疑本身产生怀疑呢？面对这种质疑，怀疑论者回答说："独断论者总是运用判断从正面来肯定，指出它们是可以理解与把握的；而我们却认为它们是不能确定的事物，从而悬搁判断，我们唯一知道只是当前的感受罢了。"① 看来怀疑本身是不能怀疑的，当你怀疑怀疑本身时，表现出来的还是怀疑。近代笛卡尔就是采用这样的逻辑找到绝不可能怀疑的东西——我思。

　　由于怀疑论者的著作大多散失，作为一个学派的思想主要保存在后期怀疑论者塞克斯都的著作中。塞克斯都（Sextus）大约生活在 2—3 世纪的罗马，本人是一位医生，公开承认自己是皮罗主义的怀疑论者，对希腊各种哲学流派进行怀疑性批判，留下丰富的著述。他在《皮罗学说概要》对怀疑论与其他学派做了区别。

　　　　那些宣称已经发现了真理的人是独断论者，举例来说，尤其是亚里士多德，还有伊壁鸠鲁、斯多亚学派以及其他某些人。……学园派

① 〔古希腊〕第欧根尼·拉尔修：《古希腊名哲言行录》，王晓丽译，中国华侨出版社 2021 年版，第 351 页。

把真理看成是不可把握的。怀疑论者则继续研究。这样，人们似乎可以合情合理地把哲学分成三种主要类型：独断论、学园派和怀疑论。①

怀疑论者并不是疑虑于各种对立观点中的"困惑派"，"其终极目的是对于意见之争保持灵魂的平静状态，面对不可避免的事情保持情绪平和"②。一个被好、坏的价值判断所折磨的人，如果不再费尽心思去断定事物本性的好与坏，必然会获得超脱般的心灵宁静。

我们来看看诸如"神"究竟存不存在的问题上，怀疑论者是如何表明自己的态度的。塞克斯都说："怀疑论者拥有一个更为稳妥安全的立场，这是由于他们遵循先辈们的习俗及其规定，申明诸神是存在的；一切有助于信仰和尊崇的事，他也履行不误。不过，就哲学研究而言，他反对过于轻率的认信。"③ 这表明怀疑论者是传统习俗的尊重者，不会轻率地破坏先辈的习俗，但在哲学研究上却另当别论。塞克斯都列举了持无神论观点的人。比如，有个叫塞奥多瑞斯的无神论者，专门写《论神》，颠覆希腊人的神学信念；还有叫欧荷米卢斯的人讽刺荷马，"一个吹牛老头，写了些邪恶的书"；也有人因在诉讼中发现对方作伪证却没有受到任何惩罚，转而变成无神论者；有些人认为伊壁鸠鲁在公开演说中承认神的存在，但在阐释万物的真实本性时并没认可。那些坚称"神"存在的人，试图通过四类方式证明神的存在。"第一式是诉诸人类普遍一致的同意进行证明；第二式是从宇宙井然有序的安排来加以证明；第三式是通过否定"神"存在而必然导致的荒谬结果来反证；第四式是凭借与己方观点相左的各种论证的否证来证明。"④ 第一式的论证思路是这样的：所有人，不管是希腊人还是非希腊人都相信"神"存在，如果都错误，显然不可能，因为错误主张及其流行观点是不能持久的，因此"神"是存在的。第二式的论证思路是：恰如我们

————————

① 〔古罗马〕塞克斯都：《悬搁判断与心灵宁静》，包利民等译，中国社会科学出版社 2017 年版，第 3 页。

② 同上，第 9 页。

③ 〔古罗马〕塞克斯都：《反对理论家》，孙仲等译，中国社会科学出版社 2017 年版，第 183 页。

④ 同上，第 187 页。

看到一件精美的青铜器便急于知道谁是制作者，当看到有序运转的宇宙天体必然会去寻找推动者，这个推动者就是"神"。这是设计论的思想，以后成为近代西方自然神学的理论基础。第三式的论证思路是：假如"神"不存在，虔敬也就不存在，因为虔敬是一门"供奉诸神的学问"，但是虔敬是存在的，所以"神"存在。类似的说法还有，如果"神"不存在，智慧也就消绝了，但断言智慧不存在是荒谬的，所以称"神"不存在也是荒谬的；正义由人与人、人与"神"之间的联结而形成，如果"神"不存在，正义也将不存在，但这是荒谬的。这是一种从虚假前提出发的循环论证。第四式的论证思路与第三式有些类似，斯多亚派创始人芝诺说：人可以合理地敬拜神，但不可能会合理地敬拜那些不存在的东西，所以神存在。

　　针对上述"神"存在的论证，持相反立场的人总会提出一些反证加以回应。比如，只要大家都持有同样的观点，这个观点就一定存在，但两者之间没有必然的逻辑关系。就如许多人都在谈论冥界的传说，但并足以断言冥界确有其事。比如，有神论者认为诸神是有智慧的生命，那他们就是生物，既然是生物就一定有感觉，如果有感觉就一定具备听觉、视觉、嗅觉、触觉，假如真是这样，就必定有让诸神喜悦或烦恼的事物，诸神就会发生改变，那他们就会是可朽可灭的。由此可见诸神并不存在。除此之外，反对"神"存在的人还会这样论证。"神"是拥有全部德性和全部幸福的生物，既然有全部德性就必然拥有"自制"这种德性，这就意味着"神"需要用"自制"面对难以忍受的事情，假如存在让"神"感到痛苦的事情，"神"就不可能是至福的，也会发生改变，说明"神"是可朽、可灭的，因此"神"不存在。同样，我们说"神"是智慧的，意味着"神"拥有正确思考的能力，如果"神"需要思考则说明它还有不明了的事物，这些不明了的事物会让"神"处于不安的状态，而这种不安的状态使"神"发生变化，说明"神"就是可灭可朽的。这同样证明了"神"并不存在。在列举了那些主张"神"存在和主张"神"不存在的独断论者所提出的相反论证之后，塞克斯都表明怀疑论者态度是对"神"是否存在采取"悬搁判断"。塞克斯都运用同样的方法，提出对是否存在"真理"，是否存在"标准"，是否有绝对的"好与坏"都应采取"悬搁判断"的怀疑论主张。当然，怀疑论者最终的诉求还是不动心，始终保持清醒和谨慎，所有一切可能是真的，也可能是假的，因此不要轻易被他人的观点所迷惑、所激动，这样就能获得心灵的宁静，获得幸福。怀疑论者对真理的可知性保持怀疑，比如我们看到一些现象，仅仅是看到现象而已，对现象如何产生的并不知道，也无须深入深究。就如皮罗在《论感觉》一书中所说的：

> 我不承认蜂蜜是甜的，但我承认它显现出了甜。①

这触及怀疑论者的哲学倾向：现象才是有意义的。他们具有反实在论的倾向，承认蜂蜜显现出甜的特征，但不承认蜂蜜具有甜的本质。近代怀疑论者休谟受到这种思想的影响——承认感觉印象，但不承认对象具有实在性。从思想发展的逻辑看，怀疑论是思想理论发展到某一阶段的必然产物。在知识荒芜阶段，会有多种理论并起，宣称自己掌握一种确定性的知识，待知识积累到一定阶段，发现对同一事物的解释居然有若干对立的观点且都号称自己绝对正确，怀疑主义就应运而起。无论是古代皮罗的怀疑主义，还是近现代的怀疑论莫不如此。当怀疑主义完成解构任务后，新的思想理论又会随之而起。或许这就是人类思想，人类知识发展的规律。记住塞克斯都下面这段话还是有价值的。

> 悬搁判断指的是我无法说眼前的观点中哪一个是应当相信或不相信的，这表明有关事情在其可信性与缺乏可信上对我们显得是一样的。②

当然，塞克斯都的价值不完全在此，他记载逻辑学、自然哲学和伦理学上完全相对的两派观点，给后人保留了很多原始思想素材。

---

① 〔古希腊〕第欧根尼·拉尔修：《古希腊名哲言行录》，王晓丽译，中国华侨出版社 2021 年版，第 352 页。

② 〔古罗马〕塞克斯都：《悬搁判断与心灵宁静：希腊怀疑论原典》，中国社会科学出版社 2017 年版，第 37 页。

第四节　普罗提诺和新柏拉图学派

普罗提诺（Plotinus，约公元 204—270 年）出生于埃及，28 岁时突然对哲学感兴趣，于是赴亚历山大城，拜著名的哲学家为师，结果却索然无味，最后投入阿摩尼乌斯（Amonius）门下，勤奋学习 11 年。阿摩尼乌斯当过麻袋搬运工，是有基督教背景的神秘学者，后致力于研究柏拉图学说。阿摩尼乌斯的另一位学生奥利金（Origenes，公元 185—254），后来成为著名的基督教神学家。普罗提诺于公元 243 年跟随罗马皇帝革提安三世的远征军到达波斯，渴望了解波斯人和印度人的哲学。部队到达美索不达米亚时，革提安三世被叛军所杀，普罗提诺克服重重困难，最后来到罗马。以后他在罗马居住，教授哲学，度过 25 年的下半辈子。生活在这个风雨飘摇、充满苦难世界中的普罗提诺，却给我们描绘了一个善与美的永恒世界，提出了到达这个彼岸世界的办法，这给尘世中苦苦煎熬的心灵以巨大的慰藉。哲学与神学、理性与宗教的彻底混一，在新柏拉图学派上体现得尤其明显。普罗提诺的学说事实上代表着罗马官方的神学和宗教。英国利物浦大学哲学教授劳埃德说：

> 新柏拉图学派的成长，不只是作为罗马帝国中的一个学术机构，而且还是一个宗教时代的一种精神运动。这种发展早已在普罗提诺之前已经开始，它的这种特征是非常清楚的。无论是在名义上还是事实上，神学原来就是属于希腊哲学的。……普罗提诺把宗教作为哲学一样接受，追求相同的目的。①

理解普罗提诺的学说，必须从神学和宗教的角度看待。他在罗马有大批追随者，既有达官显贵、元老院议员，也有来自各地的外乡人。有位叫罗加提亚努斯（Rogatianus）的元老院议员受普罗提诺哲学的影响，彻底弃绝公共生活，抛弃所有财产、遣散全部仆人，又辞去了公职。一些达官显

---

① 引自范明生：《晚期希腊哲学和基督教神学》，上海人民出版社 1993 年版，第 354 页。

贵临死前甚至将全部财产和子女托付给普罗提诺，认为他是一位圣洁的、如"神"一样的监护人。普罗提诺曾利用与罗马皇帝伽利厄努斯（Galienus）及皇后的特殊关系，试图在离罗马不远处按照柏拉图的理想建立"柏拉图城"，但终因种种原因未能如愿①。建立在柏拉图学说体系之上的普罗提诺神学，是非基督教的，但通过奥古斯丁等人，对基督教神学产生间接影响。他的《九章集》以后翻译成阿拉伯文，对伊斯兰世界产生很大影响，但该书作者被误认为是亚里士多德，给穆斯林学者带来很大混乱。

普罗提诺认为整个有形世界都是从非物质的太一流溢出来，其次序是从太一流溢出努斯，从努斯流溢出灵魂，再从灵魂流溢出有形的可感世界，于是整个世界便有了生命。犹如太阳普照寰宇，让世界生机勃勃。当然，有形世界最后又通过一系列的过程回归到太一。从"神"的世界下降到现实世界，再从现实世界上升到"神"的世界，构成了新柏拉图学派的主题。这里我们可以看到，无论是唯物主义的斯多亚学派——认为"神"由物质组成，还是唯心主义的新柏拉图学派——认为物质世界从"神"流溢出来，最终的结论都一样：人是现实世界中的匆匆过客，尘世只是暂时寄居的驿站而非家园，"神"才是人的最终归宿。这代表了那个时代人们的普遍心理，正是这种社会心理为基督教发展提供基础。

他的学生坡菲利（Porphyry，约 232—305）这样评价他：

> 我们时代的哲学家普罗提诺似乎对自己住在躯体里深以为耻。正是出于这种心理，他从来不愿谈论自己的家族、父母或出生地。②

普罗提诺之所以被称为新柏拉图学派的创始人，一方面他的"神"与柏拉图的"神"一样，是这个世界的创造者；另一方面又吸收其他学派的观点，进行了原创性的阐发。普罗提诺的问题并非是柏拉图式的，而是在认可柏拉图观点基础上根据那个时代而提出的新问题。比如柏拉图认为现

---

① 〔古罗马〕坡菲利:《普罗提诺的生平和著作顺序》。见〔古罗马〕普罗提诺:《九章集》上册,石敏敏译,中国社会科学出版社 2018 年版。

② 〔古罗马〕坡菲利:《普罗提诺的生平和著作顺序》。见〔古罗马〕普罗提诺:《九章集》上册,石敏敏译,中国社会科学出版社 2018 年版,第 2 页。

象世界只是分有理念，但如何分有并没有说清楚，《蒂迈欧篇》提出至高神创造了宇宙，但也留下诸多疑问，在试图回答这些问题中，新柏拉图学派走上了一条不同于正统柏拉图学园的学术路线，从而完成了新的思想综合，后者或者固守柏拉图旧说，或者走向怀疑主义、折中主义的路子。普罗提诺所处时代已经感受到基督教神学的强烈冲击，他在书中对诺斯底主义——基督教的异端——作了批驳。新柏拉图学派和基督教所代表的两大神学体系之间的冲突是异常残酷和不宽容的。普罗提诺的学生兼学说继承人坡菲利，对旧约和新约的内容提出过质疑，遭到基督教护教者的围攻，被诋毁为恶棍、无耻之徒、疯子、疯狗等。奥古斯丁也把坡菲利看作基督信仰的敌人，进行不遗余力地批判。公元4世纪末期，基督教成为罗马帝国的国教，新柏拉图主义分化为注重从数学和自然科学研究入手的亚历山大学派，以及从神秘主义宗教入手的雅典学派。亚历山大学派的代表人物叙帕提娅（Hypatia，约公元370—415），是一位杰出的数学家、天文学家，被基督教暴民们野蛮杀害。她从一辆马车被拖下带到基督教堂，剥掉衣服，用尖锐牡蛎壳刮掉她身上的肉后用火焚烧。雅典学派的重要作家普洛克罗（Proklos，约公元412—485年）完成了与基督教神学相对的、新柏拉图派神学体系的构建工作。但是普洛克罗主持的柏拉图新学园，在他死后的40年，即公元529年，被罗马皇帝查士丁尼下令关闭。希腊罗马诸神和近东的神灵作为异教神，彻底完败于亚伯拉罕系的"神"。从此，建立在异教神基础上的学说体系彻底凋零，不闻于西方世界达千年之久。当这种异教神以自然神论或泛神论方式在西方世界再度兴起的时候，意味着新思想的产生、启蒙运动的开始。

　　要准确理解普罗提诺的哲学，需要理解那个时代人们的普遍认知。（1）我们面对的可感世界，是一切皆流、一切皆变的世界，但在背后肯定存在永恒不变的东西。流变的东西毫无价值，只有不变的东西才值得追求。（2）这个不变的东西肯定是"自因""自生""自存""自在""自足"，它无须凭借任何事物，但万物却因它而存在。这就是"神"。（3）人生的终极意义是认识、观照、凝思"神"，人要像"神"一样，并最终与它同一。（4）尘世的肉体和有形世界是妨碍灵魂不断超越、回到"神"的巨大障碍，需要不断净化、摒弃低级的欲望，抛弃对地上事务的恋恋不舍。除了以上四点，我们还要理解当时的有神论者和无神论者关于"神"的各种争论，严格来说他们都是有神论，只是彼此间"神"的形象不一样。普罗提诺的策略是：说"神"不是什么，回避说"神"是什么。

罗马帝国时代，还存在着普遍的退步历史观。即开头的绝对是最好的，最初出生的肯定是最好，之后是一代不如一代，回到最初的原点便是最理想的奋斗目标。普罗提诺的神学发生论正是建立在这样的思维模式之上。

普罗提诺的问题是：世界从何而来，将向何处去？他用"三一原理"做出解释。

1. 第一原理是太一。太一是不可描述的超实体、超存在，唯一能肯定的它是万物终极的唯一最高原理。它在一切之前，是一切的原因；它不是一种存在，既无形式也无属性，可以说是"空"；它不运动，但也不静止，因为它不在时间、空间之内；它不是潜在的，也不是实现的，因为它超越一切；它不与万物发生关系，但又是万物的根本原理；它不是善，因为它超越善，却是全部善的本原；它是不可认识的，因为它没有差别性、规定性，但世界的一切都从它那里流溢出来。但要注意，当万物从太一流溢出来的时候，太一依然保持不变。犹如光不断从太阳喷射出来，但太阳丝毫不曾改变。普罗提诺说：

> 太一就是万物，而不是万物之一；太一是万物的原理，而非万物本身，万物有另一类超越的存在。从某种意义上说，它们确实在太一里面，或者更确切地说，它们还未在太一里面，但将来总要归于太一。太一既然是单一的，不包括任何多样性，也没有任何双重性，那么万物又怎能从太一产生出来？正是因为它里面一无所有，它才能产生出万物。①

太一没有物质性，也非一般意义上的精神，因为它超越一切。普罗提

---

① 〔古罗马〕普罗提诺：《九章集》下册，石敏敏译，中国社会科学出版社 2018 年版，第 472 页。

诺似乎在讲"无"能生"有"，如老子云："道生一，一生二，二生三，三生万物。"（《道德经》四十二章）但普罗提诺那个"一无所有"的太一自身又是完全充盈的，正因为完全充盈才会流溢出东西。从太一流溢出的是第二原理努斯。

2. 第二原理是努斯。努斯是太一的头生子，是第二个神圣的本原。因此太一和努斯是父子关系。努斯的产生是一个自动的流溢过程，排除太一的预谋、计划。因为有预谋、有选择、有计划这种人类的意志不能出现在"神"的身上，否则"神"就不是永恒和不朽。从太一流溢出的东西，最初是"不确定的二"，当它止步并回转来凝视太一时，就成为努斯。通过对太一的凝思、模仿，努斯获得多样性。努斯是太一的复制品、影像，不同于太一的"超存在"，努斯是永恒的最初存在，包含有一切的数、一切的形式、一切的生命。"从不确定的二和太一生出了诸形式和数，那就是理智（努斯）。因此理智（努斯）不是单一而是多，它显然是一个复合物，当然是可理知的复合物。"[1] 努斯相对于太一总是不完全的，因此它离不开太一，需要不断凝思太一，除此之外，它只以自身为思考对象，实现思考与思考对象的同一。这种知识的自足性、自己是自己的证明，便是希腊人所谓真理的本义。因此，努斯还是绝对真理，是次于太一的"神"。普罗提诺说：

> 谁能说理智（努斯），正确而真实的理智（努斯）会陷入错误，谁会相信非真实的东西？当然不能。如果它没有知识，怎能算是理智（努斯）呢？这样我们就看到了一种原理，就是理智（努斯），也是真理，它包含一切实在。它就是伟大的神。[2]

普罗提诺把柏拉图《蒂迈欧篇》的造物主（工匠、德穆革）看作第二原理努斯——尽管是对柏拉图的曲解，但解决了两个重要问题：一是迎合了"神"超越一切，不与可感世界直接接触的神学偏好，二是解决了赋予

---

① 〔古罗马〕普罗提诺：《九章集》下册，石敏敏译，中国社会科学出版社 2018 年版，第 498 页。该译著将第二原理翻译为"理智"，作者依然采用"努斯"这一概念。

② 〔古罗马〕普罗提诺：《九章集》下册，石敏敏译，中国社会科学出版社 2018 年版，第 500 页、第 503 页。

有形世界以生命的灵魂由谁来创造的问题。

3. 第三原理是灵魂。灵魂从努斯中流溢出来，"理智（努斯）模仿太一，以同样的方式连续不断地发出多种能力。这种产生于理智（努斯）实体的活动就是灵魂。在灵魂生成的同时，理智（努斯）保持不变，就像理智（努斯）生成之后，理智（努斯）生成者保持不变一样"①。不过，灵魂有双重性。当它凝思自己的源头——努斯时，获得理性能力，当它向另一方向运动时，获得生长和感知能力。灵魂的这种双重性，类似于亚里士多德对理性灵魂和非理性灵魂的划分，它成为普罗提诺讲灵魂堕落和灵魂净化的理论基础。灵魂是个杂多的统一体，包括高级和低级的部分，它不需要依赖肉体和质料而独立存在。这就与亚里士多德的灵魂作为形式要与肉体相结合的说法不同，而是接受柏拉图灵魂不朽和灵魂转世的观点。灵魂是活泼和不安分的，在凝思努斯而获得完满的理性，得到观照之喜后，就迫切转向可感世界，复制出"影像"。普罗提诺说了一段很有诗意的话：

> 不妨想象一下，灵魂一旦进入这个宁静的天宇，它就仿佛流溢、倾泻、遍及天宇的每个角落，并照亮整个天宇：就好比阳光迸射，照得金光万道。②

灵魂使天宇从一具僵死般的躯体有了生命和活力，保证万物各有其位，由于灵魂的缘故宇宙成为一个"神"，太阳也因赋予灵魂而成为一个"神"。灵魂是统一而不可分割的，任何个体皆因拥有完整的灵魂而具有生命；但灵魂又不是完全不可分的，有相对独立的无数个灵魂管理着宇宙，这些无数个灵魂组成灵魂统一体。普罗提诺说：

> 我们必须认为，灵魂既是一又是多，既可分又不可分。……如果我们不接受这一点，那么掌控并管理万物的本性就无法存在，这本性

---

① 〔古罗马〕普罗提诺：《九章集》下册，石敏敏译，中国社会科学出版社 2018 年版，第 473 页。

② 〔古罗马〕普罗提诺：《九章集》下册，石敏敏译，中国社会科学出版社 2018 年版，第 459 页。

凭智慧聚集并管理万物。它是多，因为宇宙的存在是多；同时它又是一，因为将万物统一起来的只能是一。它正是凭借这种多样性的统一性将生命分配给所有部分，又凭借不可分的统一性用智慧管理它们。①

多样性的宇宙从太一、努斯、灵魂这三个最初的本原不断流溢而创造出来。灵魂中流溢出宇宙灵魂，天体因灵魂而成为"神"；还流溢出个体灵魂，人因灵魂而具有神性。普罗提诺体现出泛神论的思想，与斯多亚学派一致，依然属于希腊罗马传统神学范畴。从形式上看，普罗提诺的"三一原理"与基督教的"三位一体"相似，但实质上有重大区别。基督教的圣父、圣子、圣子在位格上是没有区别的，而太一、努斯、灵魂则有从高到低，从绝对完美到相对完美的次序之分。当新柏拉图主义与基督教结合产生希腊化的基督教神学时，便成为早期基督教的异端。普罗提诺学说中有诺斯底主义的观点，认为物质是一种黑暗的、绝对欠缺的质料，带有永远缺乏、永远不确定、永远不满足的特点，由于离"神"最远，最不完美，因而是"恶"的。但基督教认为物质由"神"最先从无中创造出来，并不是"恶"的。但普罗提诺关于"恶"的本性和本原的观点，却对奥古斯丁产生重要影响，促使他从摩尼教中摆脱出来，皈依基督教。普罗提诺认为，"恶"源于黑暗和欠缺，"恶"的本性就是匮乏和不完全，因此"恶"不是由"神"创造（流溢）出来的，而是因离"神"太远、没有回转而凝思"神"造成的。

普罗提诺的物质因自身的欠缺而属于非存在，"恶"就存在于非存在的事物中，而灵魂使物质获得生命、获得存在、获得意义。人的灵魂从大全灵魂（宇宙灵魂）中流溢出来，进入肉体，管理着人的身躯。灵魂的双重性同样体现在人的灵魂中，当指向身躯、关注身躯、满足欲望，则属于低级部分，当指向神圣领域，凝思努斯继而到达太一，则属于高级部分。前一种会带来悲伤、恐惧等，而后一种只有幸福、高贵。当灵魂带着神意下降到寰宇之中，下降到肉体之中，接下来就要踏上上升、回归之路，返回

---

① 〔古罗马〕普罗提诺:《九章集》下册,石敏敏译,中国社会科学出版社 2018 年版,第 324 页。

最初的出生地，否则从神圣处流溢出来的灵魂将变成孤魂野鬼，不断地进入新的躯体，戴着肉体这副沉重的镣铐，深陷物质世界而不可得救。

普罗提诺学说解释了可感世界如何从太一不断流溢出来，它是由一股强大力量推动的必然结果。"显然，不可能只有一个孤立的一，否则一切事物都将被毫无区别地隐匿在那无形的一中了。如果那个一始终停留在自身之中，就不会有任何一个真正的存在者存在；如果由太一源生的真实存在者没有接受各层次的灵魂而生发出自己的后代，就不可能有它们的多样性。"① 现代人要理解普罗提诺的宇宙发生论，或许可以把太一类比为大爆炸之前的那个密度无限大、能量无限大、温度无限高又完全同一的极点。不过，普罗提诺用的是神学语言，其目的是要解决人的终极归宿问题。他要求人关注灵魂最高级部分，实现与"神"同在，不要去关注灵魂最低级的生长、欲望部分。从这出发，普罗提诺提出一套伦理学主张。他采纳亚里士多德关于道德德性和理智德性的划分，将道德德性称为公民德性。人通过培养公民德性规范自己的行为，继而依靠理智德性实现与"神"相似，最终通过对"神"的爱，达到与"神"的同一。这是神人感通、物我相忘的神秘境界。人的灵魂的上升和回归过程，不仅是德性培养的过程，也是认识不断升华的过程。普罗提诺利用柏拉图的灵魂回忆说，灵魂借助对努斯的凝思而逐渐清晰回忆曾经知道的高级事务知识，而认识的最高阶段则是灵魂进入神秘的"迷狂"状态。这是不同于可感物质世界的另一个世界的知识模式。在那里，灵魂没有观察、推理、综合，而是对全部知识的通览式的观照，思想和思想对象合一，没有主客体之分，没有自我意识，没有时间和空间，而是灵魂摆脱一切任由"神"塑造自己。

普罗提诺要求人的灵魂不要沉湎、放纵于尘世的事务，而要转向神圣的本原、趋向太一，但并不意味着他是个厌世主义者。相反，他极力赞美宇宙世界，捍卫它的美和善。好比同时住在一间破房子的两个人，一个骂骂咧咧嫌这嫌那，另一个毫无怨言坦然处之。普罗提诺属于后一种。"当我

---

① 〔古罗马〕普罗提诺：《九章集》下册，石敏敏译，中国社会科学出版社 2018 年版，第 449 页。

们还拥有身体的时候，就必须住在我们的房子里，这房子是一个好姐妹灵魂为我们建造的，它有大能。"① 但是，我们要记住：普罗提诺所赞赏的这样的人是缺乏同情心的人。他会用漠然的眼光扫视地上世界的贫富、杀戮、压迫，然后再平静地转身去凝思"神"。有人指责现实中的不平等，普罗提诺认为圣贤并不追求这些事上的平等，因为不觉得拥有大量财富、掌握权力有什么好处。"世界就像一个竞技场，有人赢了，有人输了，这有什么不合理的呢？"② 普罗提诺赞赏的是存在就是合理，世态炎凉于我何干的超然态度。从这似乎看到新柏拉图主义的神学最终败于基督教神学的原因，后者正是以"神"的博爱、牺牲、公义俘获了广大穷苦百姓的心。作为当时势力很大的宗教派别——斯诺底主义（被正统基督教指责为异端），提出邪恶神创造罪恶世界的神学理论，以证明逃避和反抗现实世界的合理性。这套理论威胁着罗马帝国的统治秩序，必然受到普罗提诺的指责。

　　这个时期希腊罗马哲学思想的整体倾向是更加注重伦理和内心体验。"人们不再研究科学了，唯有德性才被认为是重要的。"③ 其实，哲学思想的伦理化倾向正是从苏格拉底开始，抛弃了非希腊本土诞生的自然哲学传统，把对自然的研究从属于伦理学特别是宗教的需要。古希腊罗马世界被一股强烈的思想情绪左右：人只是短暂地停留于、束缚于肉体世界，最终都要返回到"神"那里。出世成了这个时代的普遍精神。其中稍微积极一点的，如塞涅卡，把现世的各种磨难看作是"神"对好人的荣耀，或者如奥勒留，把现世生活看作是"神"以必然的方式指派给你的不得不完成的任务。人的死去非但不是悲哀，而是如释重负的最大解脱。难怪受尽病痛折磨的普罗提诺在临终前说："我已经等了你很长时间了。"然后又说："务必把我们

　　① 〔古罗马〕普罗提诺：《九章集》下册，石敏敏译，中国社会科学出版社 2018 年版，第 190 页。

　　② 〔古罗马〕普罗提诺：《九章集》下册，石敏敏译，中国社会科学出版社 2018 年版，第 177 页。

　　③ 《罗素文集》第 7 卷《西方哲学史》上，何兆武、李约瑟译，商务印书馆 2012 年版，第 439 页。

里面的神带回到大全里面的神!"①

　　还有什么比回到"神"那里更有吸引力？如果说统一的罗马帝国为基督教的传播架设了广阔舞台，这种灰暗的社会意识为基督教的高歌猛进烘托浓烈的氛围。基督教对西方世界的意义很难用几句话概括，但有几点可以肯定：给希腊罗马世界带去了慈爱、谦卑的德性；一定程度扭转了希腊罗马哲学轻视物质、仇视肉体的观念；真正确立人的自由意志，反对命定的思想；产生了历史哲学，赋予人的历史有进步意义——获得救赎和解放。但是我们也不要忽略基督教的负面作用，至少对古代数学和科学来说并不是福音。

第五节　古代数学和科学成就——阶段性小结三

　　数学和科学作为人类探索客观事物最有力的工具，在古代世界蛰伏在形而上学的迷雾之中。其实，即便在现代社会，对数学和科学的理解依然存在一些差异。有些人会把数学理解为从一组公理和定义出发推导出的一组结论，除了它们之间必须符合逻辑，那些公理、定义及结论是可以根据数学家意志决定的。但这种观点遭到很多质疑。不过，数学是建立在自然数基础之上，可以精确描绘从自然物到人的行为的工具，对于现代人来说，却是不容质疑的共识。但在古希腊并不存在这样的共识，他们固执地用点、线、面组成的几何图形来处理数学问题。生活在现代的人们早就放弃把科学视为宇宙的唯一真理的观念，但另一方面又对科学的力量更加坚信不疑。现代科学将不可观察、不可验证的"形而上学幻影"清除出去，将科学与数学和实验牢牢结合在一起。但这些思想观念在古代数学和科学中极为罕见。

　　历史学家希罗多德将埃及视为几何学的起源地，因为他相信，这一学科产生于实际需要，因为尼罗河每年定期泛滥后必须重新测量土地。但亚里士多德则坚持认为，几何学之所以产生埃及，是因为那里存在一个有闲

---

　　①　〔古罗马〕坡菲利(Porphyry):《普罗提诺的生平和著作顺序》。见〔古罗马〕普罗提诺:《九章集》,石敏敏译,中国社会科学出版社 2018 年版,第 2 页。

的祭司阶层，能够对几何学进行非实用目的的探索研究。或许，这两种说法都对——几何学来自现实需要，但又不停留于现实，而是在逻辑和证明中获得自身的独立发展。相较于埃及的几何学，算术一般认为起源于两河流域，那里发达的城市贸易催生对计算的需要。其实，两河流域的几何学也有突出成就，比如多边形面积的计算。只不过，两河流域处理几何问题的方法与我们熟悉的希腊人采用的方法明显不同。两河流域人用数字及数字间关系说明图形，希腊人用点、线、面处理图形和数字；前一种方法依然适用现代数学，后一种方法已经淡出现代数学。两河流域地区出土的丰富的泥板楔形文书，为后人了解他们的数学成就保留了丰富材料[①]。在大多数文明采用十进位制的情况下，两河流域的苏美尔人和阿卡德人采用六十进位制，这一奇怪的计数法异乎寻常地长寿，至今仍应用在对时间和角度的度量之中。在尼罗河和两河流域的文明不断发展的同时，公元前 1000 年后，一波波从北方蜂拥而下自称是 Hellene（希腊）的人，在爱琴海沿岸及意大利半岛南端的各处殖民，他们接受腓尼基人的字母表，还游历学习埃及和巴比伦的数学、天文学，发展出有希腊特色的数学（几何学）、科学（自然哲学）。数学和科学肯定来自实际需求，是为着解决实际问题而出现，但在希腊人那里，被视为与现实生活无关的学问，是依靠公理、推导和纯粹的沉思构建起来的知识体系。这种态度赋予了数学和科学以全新面貌，但同时也妨碍了它们的进一步发展，因为数学和科学最终必须与现实经验关联并在现实需求中获得发展动力。

《几何原本》是人类历史上最成功、最畅销的数学教科书（没有之一），也是最完美的人类理性的杰作，其作者是生活在北非亚历山大城的欧几里得。但对这部伟大作品的作者身世，我们知之甚少。欧几里得不关注所研究课题的实用方面。有一个流传甚广的故事，当有人询问研究几何学有什么用时，欧几里得吩咐自己的仆人拿来三个硬币，"因为他试图从自己所学的东西中获得收益"。几何学与工程的关系的确令人费解。罗马人并不熟悉

---

① 〔美〕卡尔·B. 博耶:《数学史》上,秦传安译,中央编译出版社 2013 年版,第 45—46 页。

这部作品，也没有在几何领域有原创性发现，但建造了当时最宏伟的建筑。最早的拉丁文《几何原本》是公元 1120 年从阿拉伯文翻译过来，标志着这部作品开始真正进入欧洲。《几何原本》有十三卷，内容极为丰富，不只是平面几何知识的概要，而是一本涵盖所有初等数学的数学书，包括数论、代数、立体几何等知识。第一卷的内容是所有接受过中学几何教育的人都熟悉的，其中最后两个命题，即 47、48 是著名的毕达哥拉斯定理（勾股定理）及逆命题的证明。欧几里得用几何方法，完美证明了直角三角形的三条边符合 $a^2 + b^2 = c^2$ 的规律。第二卷是用几何方法证明算术的定律，比如乘法的交换律、结合律和分配律，如命题 1 实质是用几何方法证明 $a(b + c) = ab + ac$，命题 5 是用几何方法证明 $(a - b)(a + b) = a^2 - b^2$。此外该卷还包括用几何来解决二次方程求解，以及三角学余弦定律的几何表示等。第三、四卷处理圆的几何学，比如与圆的内接或外切的图形。第五、六卷分别研究比例和相似，第七至第九卷研究现代数学所称的数论，处理素数、完全数、公约数等。第十卷研究那个时代最令人畏惧的不可公度性问题，其中包括让人难以理解的无理数。很显然，边长为 1 的正方形，其对角线就是无理数 $\sqrt{2}$。但不幸的是，欧几里得所定义的"有理的"与"无理的"显然与现代数学不同。由于 $\sqrt{2}$ 的平方数 2 是可公约的，按照欧几里得的定义，$\sqrt{2}$ 是有理数；而 $\sqrt[4]{2}$ 的平方数 $\sqrt{2}$ 是不可公约的，按照欧几里得的定义，$\sqrt[4]{2}$ 是无理数。第十一卷到十三卷讨论立体几何，其中最令人印象深刻的是第十三卷的最后一个命题，也是全书的最后一个命题，该命题证明，除了正四面体、正六面体、正八面体、正十二面体和正二十面体这五种，不可能再有其他的正多面体。这一事实的确令人震撼和困惑。比欧几里得更早的柏拉图在《蒂迈欧篇》中，试图用最基本的等腰三角形与锐角分别为 30°、60° 的直角三角形组成的若干正多面体解释宇宙的基本结构。1900 多年后的天文学家开普勒又试图用这样的多面体去构建太阳系各行星轨道。但事实证明这一思维路线是错误的，宇宙并不按照点、线组成的几何规律运行，而是服从代数的数学方程。希腊化背景下产生的几何学的积极意义是给欧洲人如何构建知识体系上了很好的一课，它为人类知识的整理、系统阐述提供了一个模板、一种方法。从斯宾诺莎的《伦理学》到牛顿的《自然哲学之数学原理》都摆脱不了欧氏几何体系的深刻影响。但从近代数学发展来看，希腊人显然弄错了方向——不是用点、线组成的几何图形去表达数学，而是用数、代数方程以及后来发展出的函数表达数学。而代数学需要借助七世纪崛起的阿拉伯人借鉴两河流域数学传统得到快速发展。几何学与代数学一起从阿拉伯人那里传播到欧洲，当笛卡尔借助坐标把代数与几何图形相互结合，标志着近代数学的产生。

　　希腊化时代的数学中心显然是埃及的亚历山大城，但对后世影响深远的数学家兼物理学家阿基米德（Archimedes，前287—前212）却生活在位于西西里岛南岸的叙拉古。阿基米德可能一度在亚历山大城求学，师从欧几里得的弟子，以后返回家乡。阿基米德在数学和杠杆原理、静力学原理等方面有杰出贡献，但他同样关注一般原理而不是实际应用，甚至认为自己发明的机械装置并没有多少价值。与一百多年前亚里士多德的《物理学》相比，阿基米德"建立起了数学与力学的密切关系，这种关系无论是对物理学还是数学都有着极其重要的意义"①。这在亚里士多德《物理学》中根本没有。阿基米德并不是第一个讨论杠杆问题的人，亚里士多德及其逍遥学派作过哲学推理。他们有一个形而上学的基本观点：垂直的直线运动是地球上唯一自然的运动。他们发现，杠杆端点围绕支点的运动是圆，而离开支点越远的端点的圆越大，其轨迹就越接近于直线，因此这一端点的运动越容易。但阿基米德并不关注这些形而上学的学说，通过观察发现：离支点距离相同的两端，各放置同一单位的重量，可以实现平衡；一个端点与支点距离是另一个端点与支点距离的2倍，前一个端点放置半个单位的重量就可实现平衡。用现代代数方程，杠杆原理可以表示为：$F_1 L_1 = F_2 L_2$。当然，阿基米德时代还没有这样的符号体系。但物理现象可以用数学来表达，的确是阿基米德最有价值的想法。此外，阿基米德发现的流体静力学中的浮力定律，同样是一个杰出的成就。他揭示：流体中的浮力等于所排流体

---

　　①　〔美〕卡尔·B. 博耶:《数学史》上，秦传安译，中央编译出版社2013年版，第140页。

的重量。他在《论浮体》一书中说：

> 如果把比流体轻的任何固体放入流体中，它将刚好沉入到固体重量与它排开流体的重量相等这样一种状态。（第一卷命题5）
>
> 如果把一个比流体重的固体放入流体中，它将沉至流体底部，若在流体中称量固体，其重量等于其真实重量与排开流体重量的差。（第一卷命题7）①

这一原理与杠杆原理同样都是普适的，不会因时间和地点的改变而改变。从阿基米德研究中揭示出带普遍方法论意义的方法：专注于揭示可观察现象之间普遍的数学关系，而不应将精力耗费在沉思现象背后的本质。比如，亚里士多德物理学在解释箭为什么会飞行时，首先假定空间中布满物质，而且物质厌恶真空，当箭朝前飞时，尾端必然会出现真空，于是空间中的物质迅速填补该真空，从而推动箭往前飞。我们可以肯定地说，亚里士多德物理学的方法决定了不可能发现抛物线原理。同样，如果阿基米德沉浸在浮力本质的哲学思考，设想出流体对固体有排异性的抵抗力之类的形而上学观点，甚至展开深刻的哲学沉思，那么可能永远不会关注到浮力与流体重量之间的相等关系。以后我们将会看到，牛顿之所以能发现万有引力的数学表达式，关键是避开了这类形而上学思想陷阱，不去过多沉思引力的本质。

在亚历山大城学习和居住的克洛狄斯·托勒密（Claudius Ptolemaeus，约公元90—168）在数学和天文学上的成就给西方世界竖起又一座灯塔。他的《至大论》（*Almagest*，又译《天文学大成》）所创立的托勒密体系一直流传到十六世纪，成为西方天文学的圣经。他放弃了阿里斯塔克（Aristarchus，约公元前315—前230）的"日心说"，转而采用欧多克索斯（Eudoxus，约公元前408—前355）的"地心说"。这两位数学家、天文学家的差异，似乎是最早的"科学范式"之争。亚里士多德及后继的逍遥派

---

① 〔美〕卡尔·B. 博耶:《数学史》上,秦传安译,中央编译出版社 2013 年版,第141 页。

接受了"地心说"，提出以地球为中心的水晶球宇宙学说。在当时，"地心说"有着比"日心说"更明显的优势：能较好解释可以观察到的各种天文现象。一个最明显的证据是：在地球上完全观察不到恒星视差。这是"日心说"无法解释的，因此难以被人所接受。当然，托勒密并没有沿用欧多克索斯的同心球体系。按照托勒密的设计，行星沿着小的"本轮"转动，"本轮"的圆心随同该行星再绕"均轮"转动，地球则处于偏离"均轮"圆心的位置；行星除了作上述轨道运动，还同恒心一起每天绕地球高速转动一周。总的来说，托勒密天文学较好预言了行星的位置，与实际观察相差很小，具有很大实用价值。有意思的是，托勒密声称他的体系并不一定具有物理的真实性，而只是一个计算天体位置的几何学方案。对于那个时代的人们，物理上的真实性可能并不重要，而具有神性的几何体系可能更真实。托勒密对后世有深刻影响的另一部作品是《地理学》，16世纪之前欧洲地图基本都是托勒密所绘地图的翻版。但是他估算地球大小时发生严重错误。正是这种错误使哥伦布误以为，从欧洲向西航行将很快到达印度。如果他事先知道托勒密的计算有如此大的误差，很有可能不敢冒险启航了。托勒密研究天文学、地理学和光学的同时，还研究占星术，写出《四书》。其实那个时代的星占术与天文学是如此紧密联结在一起。

　　需要特别指出的是，上述代表古代数学和科学最高成就的作品最初并不是通过拉丁语世界传递给现在的欧洲各国，而是从中世纪以后陆陆续续从阿拉伯伊斯兰世界传递而来。欧洲人正是借助阿拉伯人才理解古希腊人的数学、科学和哲学成就。古典晚期的亚历山大城，在数学上取得非凡成就的无疑是丢番图（Diophantus，约公元246—330）。他完全脱离几何形式，沉浸在数的科学之中，去寻找生命的慰藉。丢番图的数学体现了一个非希腊传统的另一种来源。17世纪初法国数学家费马在丢番图《算术》书上写下费马大定律，即当 n 大于 2 时，不存在这样的正整数 x、y、z，使 $x^n + y^n = z^n$。但三百多年来一直未能证明，该命题究竟是真的还是假，或许该定律在数学中并不那么重要，但在试图证明它的过程中引出许多重要数学发现。直到1994年由英国数学家安德鲁·怀尔斯给出了完整证明。古代西方世界的数学和科学的衰落，是以亚历山大城的西帕蒂娅（Hypatia，约公元370—

415）之死为标志。这种衰落与来自迦勒底的一神教进入罗马世界相伴随，当基督教的"神"高居世界之巅俯视人类时，惊恐万状的信徒们战战兢兢地俯卧在尘埃之中，人类的理性和智慧一钱不值。如果这时候竟敢有人抬起头颅凝视宇宙，俯卧尘埃中的那群谦卑的"羔羊"瞬时就可以变成面目狰狞的暴徒。杰出的数学家、天文学家西帕蒂娅就死在这样的暴徒之手。理性之光开始黯然失色。

第六章　多重文明背景下的
原始基督教

　　当马其顿人、罗马人用武力持续向东方扩张的时候，来自东方的文化和宗教则向西方传播。关于基督教究竟是外来的还是本土的，欧洲近代以来曾有过激烈争论。受恩格斯赞扬的青年黑格尔派代表布鲁诺·鲍威尔主张基督教产生于希腊化的亚历山大港而不是耶路撒冷①。这种观点符合西方中心主义的情结，却遭到基督教会的强烈反对，因为基督教源于犹太教的历史血脉无法割断。希腊化时代，犹太人开始散居地中海东部沿岸，形成许多犹太社区，他们还从外邦人吸收犹太教徒，成为散居的犹太教徒，基督教就脱胎于犹太教母体。但基督教并不是犹太教的延续，而是融合周边各种文化后的产物，是文明融合的结果。

第一节　犹太教内部的变革

　　相对于犹太人，其他各民族的"神"相对宽容。无论是两河流域、古埃及、古印度宗教，还是希腊罗马宗教，甚至是波斯一神教，只要自身崇拜仪轨不被新的神祇所威胁，万神殿中永远可以容得下另一个神祇。但亚伯拉罕系宗教并非如此。它的规则是：只要和我不一样，就必须受到谴责、

---

　　① 恩格斯:《论原始基督教的历史》,《马克思恩格斯选集》第4卷,人民出版社2006年版,第334页。

直至被毁灭。它容不得别的神祇存在。这种极端排外性、极端不宽容性，在犹太人弱小的时候尚无法对周边世界产生太大的损害，只能在经书中发泄纸面上的愤怒。一旦借道基督教坐大，这种潜意识就构成实质性的对现实世界的威胁。近代基督教欧洲崛起后对其他文明的毁灭，可以作为一个现代的注脚。在极端不宽容的近代基督教欧洲产生出所谓的宽容思想，并不是一件奇怪的事情——只有不宽容时才会有对宽容的强烈渴求。

犹太教的不宽容性，首先体现在对自身的不宽容。从约书亚以后，旧约中随处可见"神"对以色列的谴责。比如，由于以色列的堕落，"神"就借巴比伦王尼布甲尼撒之手惩罚，在流亡 70 年后，"神"又借波斯王居鲁士之手拯救悔改的犹太人。犹太人当然不感谢波斯人，而是感恩"神"使他们重返耶路撒冷。希腊化时代的犹太人，在塞琉西王国和托勒密王国的夹缝中顽强生存。希腊人试图将犹太人的耶和华与希腊人的宙斯混同，引起犹太人的反叛。公元前 167 年，在马喀比率领下巴勒斯坦地区犹太人趁安条克四世南下进攻埃及时发动了起义，公元前 164 年收复耶路撒冷。犹太人与罗马人结成军事同盟打击塞琉西王国，最终于公元前 143 年建立马喀比王国，坚定维护了割生殖器包皮、不吃猪肉等犹太律法的权利。罗素评论这段历史时说：

> 假如犹太教作为一个宗教，在安条克统治下被人灭绝，那么基督教所由滋生的种床就没有了；……因为基督教和伊斯兰教的一神教义都出自犹太教的源泉。所以我们可以说今天在世界上，不论东方或西方，一神教的存在实有赖于马喀比一家。[1]

不过，犹太人同样不会感谢马喀比，他们感恩的还是"神"，以及殉教者，比如在严刑拷打和死亡威胁下依然不肯吃猪肉，不肯祭拜别的"神"。但是，看似受严格教义约束的犹太人，其实是受到其他民族宗教的深刻影响。最显著的，比如相信肉身死后可以复活，以及灵魂不死、灵魂轮回等。

---

[1]　《罗素文集》第 7 卷《西方哲学史》上，何兆武、李约瑟译，商务印书馆 2012 年版，第 463 页。

这显然是古埃及人和古波斯人的信仰，在传统犹太教中并没有。另外，起源于波斯琐罗亚斯德教的二元论渗入犹太教义之中，认为世界由善恶两大势力激烈斗争，善神终将战胜恶神。这类"异端"一直影响着后来的基督教。

在希腊人为统治者的世界里，犹太人和犹太教如何生存和发展，是一个问题。一派犹太人固守传统，抗拒环绕四周的希腊文化的诱惑，秉持"神"的选民的信念，严格遵循律法和传统祭祀，严格区分犹太人和外邦人。这派主要以居住在耶路撒冷及周围的以色列人为主。一派则积极用希腊化世界能听得懂的语言，即利用主流文化资源讲好"犹太人的故事"，消除邻人（外邦人）诧异的目光。这派主要是以散居在各地的犹太人为主。他们是犹太教内部变革的重要力量。比如亚历山大城的裴洛（Philo，约公元前20年—公元50年）就是后一派的代表。他出生于亚历山大城的犹太家庭并在此地度过一生，在他出生前10年罗马人已控制该城市。裴洛与耶稣同一时代，都不会希伯来文，耶稣使用亚兰语传教，而裴洛用希腊文写作。亚历山大城位于地中海的东南方，是东西方各种文化相互汇聚、激荡、交融的港口城市，在托勒密家族的大力扶持下，已经成为超过雅典的古代西方文化中心。托勒密二世（公约前285—前247）从巴勒斯坦请来七十二位长老，将犹太人"律法"摩西五经翻译成希腊文。在以后的一百多年时间，完成了全部犹太经典翻译工作，形成《七十子本》，其中包括被基督教采用的《旧约》。这部书对希腊化犹太人思想体系的形成起了重要作用，因为"要把古代希伯来人的概念转译出来，必须使用一些希腊词汇，而这些词汇往往含有一些意义，是希伯来思想原来所完全没有的"①。一些不懂希伯来文的犹太知识分子，是通过希腊文的犹太经典去理解犹太教义，其神学思想必然与生活在巴勒斯坦地区的犹太人有差异。裴洛就是这样的。犹太文化向希腊罗马世界的传播有两个进路，一个是在下层百姓中延揽信众，建立广泛的群众基础，另一个是如裴洛这样的犹太知识分子在上层文化圈

---

① 〔美〕胡斯都·L. 冈察雷斯：《基督教思想史》第1卷，陈泽民等译，译林出版社2010年版，第33页。

传播。这两个进路呈现互相依靠、互相促进的关系，以后由使徒保罗这一类理论家兼实干家来完成两个进路的融合。希腊化犹太人力图证明犹太文化和希腊文化的连续性、一致性，有的认为"摩西创造了字母表，腓尼基人是从犹太人那里学来，后来又把它传给希腊人"，有的甚至"把希腊哲学中的精华全部说成是得自犹太人的《圣经》"①。类似于佛教进入中土后最早借助于玄学的话语体系为人所认识、理解，斐洛则主要借助柏拉图的学说体系诠释犹太教经典，将犹太人的"神"及律法与希腊文化调和、融合起来。作为犹太人的斐洛，其目的是要证明犹太人的"神"才是唯一非受造的、值得崇拜的真神。斐洛晚年，因罗马皇帝卡利古拉强迫犹太人对其行敬神礼，触犯犹太人核心利益——不得认"耶和华"以外的为"神"，曾组织代表团赴罗马向皇帝请愿。古罗马教会史作家优西比乌（Eusebius，约260—340年）记载道："斐洛在罗马竭力捍卫祖先的律法，最终不但一无所获，而且备受耻笑，甚至还差一点就丢掉身家性命。"②

　　斐洛使用"喻意解经法"，用希腊罗马人能够接受的观点解释犹太圣经，即便曲解原意也无所谓，其目的：要让人们相信犹太人的"神"、犹太人的摩西、犹太人的律法有无比优越性。在斐洛那里，犹太人曾经的耶和华——那个血腥、残暴、偏私的"神"——转变成了慈爱、理性、公正的"神"。他站在那个时代的道义制高点，对犹太经典《摩西五经》作了尽可能伦理化的诠释。他把以色列的先祖亚伯拉罕、以撒、雅各描写成希腊世界的"美惠三神"，把摩西描写成具有王的能力、哲学家的能力，还有立法者、大祭司、预言家的能力，对以色列先祖和历史作了极尽美化和渲染。因此读斐洛的作品，常常有春秋笔法、文过饰非，甚至强词夺理的感觉。比如，摩西率领以色列军队掠人钱财、霸人土地，用屠城、灭族等方式消灭原住民，却被赋予了极为高尚的道义。摩西向以色列人宣称："你们面前的争战不是为了获得领土，不是占有别人的财富，那是其他战争的唯一或

---

　　①　〔美〕胡斯都·L. 冈察雷斯:《基督教思想史》第 1 卷,陈泽民等译,译林出版社2010 年版,第 35 页。
　　②　〔古罗马〕优西比乌:《教会史》,翟旭彤译,生活·读书·新知三联书店 2009 年版,第 69 页。

主要的目标。而这次是为了捍卫敬虔和圣洁，因为我们的亲人和朋友在敌人的阴谋下偏离了这些事物，这些敌人以迂回的手段使受害者悲惨地毁灭。"① 这种措辞与近代西方人的口吻完全一致，他们也是信誓旦旦地保证自己根本不是为了土地和财富，而是为了捍卫神圣道义而杀死你们。读裴洛的作品还会让人产生"一本正经地胡说"的感觉。比如，"逾越节"起源于《出埃及记》中的"神"越过以色列人，专门击杀埃及人的头生子。这样充满暴力和血腥的节日，被裴洛解释为以色列人的德性实践，是将情欲从德性中消除出去。"一旦盲目情欲的最强大力量被摧毁，对神有清醒认识的以色列的可贵的长子就得以成圣。因为，邪恶出去了，有利于美德进入，反之亦然。"② 这样的话真让人莫名其妙，却符合后亚里士多德时代希腊罗马世界尊崇德性的氛围。在为被人嘲笑的犹太人割礼——割除生殖器的包皮进行辩护时，裴洛作了多方考证。首先埃及这个"以人口众多、历史悠久、热爱哲学而被视为出类拔萃的民族"③，也有割礼，其好处是不患阴茎包皮病、使身体更加洁净、使被割的器官与心灵更相像、适宜于多生孩子。其次是去除蛊惑心灵的享乐，因为割礼象征着切除过分、多余的享乐，遵守理性。第三是除去灵魂里自负狂妄的恶疾，虔敬"神"。"割礼"作为野蛮风俗的剩余，是早期基督教向外邦人传道的重大障碍，却被裴洛赋予如此多重的美好意义。这或许可看作人类最早的认知战。当人们相信这些意义时，就等于给自己的思想和行为套上了他人制作的牢笼。由此也反证一个道理：现象世界本来没有意义，意义都是通过不断的诠释而获得，意义既给人以勇气，也会使人自溺其中。

　　裴洛的"神"本质上是犹太人的"神"，同时又经过伦理化、希腊化改造，对人类充满着慈爱、友好。之所以说裴洛的"神"本质上又是犹太人

---

　　① 〔古罗马〕裴洛:《论摩西的生平》,石敏敏译,中国社会科学出版社2017年版,第144页。

　　② 〔古罗马〕裴洛:《论凝思的生活》,石敏敏译,中国社会科学出版社2017年版,第37页。

　　③ 埃及人的割礼最早见于希罗多德的《历史》,但比较可信的应是埃及祭司实行割礼,并非全民割礼。——笔者

的"神",是因为他坚持一神论,反对多神论和泛神论。他反对把日月星辰看作是"神",更反对把金银铸造、石头雕刻的偶像作为"神"来崇拜,这些都是批评希腊化世界存在的偶像崇拜。由于裴洛的"神"与希腊罗马的诸神有明显不同,因此不能将裴洛的学说纳入希腊—罗马体系,而是属于希伯来—基督教体系。在希腊哲学家中,柏拉图的"神"与犹太人的"神"最接近,不同的是,犹太人的"神"更关心人类,甚至会屈尊向自己选中的人降下启示。裴洛说:

> 神是永恒的,并来自永恒;真正的神是唯一的,是神创造了这个世界,并且只创造了这一个世界,这个世界像本身一样是唯一的;神对他的创造物事先作了精心安排,使之过一种幸福的神圣的生活。①

不过,裴洛毕竟生活在希腊化世界里,对旧约中"神"凭空创造物质世界并不能完全接受。"神"只是用质料来建构世界,而这些无生命的混沌的质料不能归因于它。裴洛所理解的创世,实际上是世界按照"神"的意愿对质料的重新塑造,而不是完全从虚无中产生。这一点上,他认可柏拉图《蒂欧迈篇》的观点,即有黑暗的质料独立于"神"。他接受柏拉图的理念论——这正是"神"塑造世界的模型(图纸)。裴洛说:

> 我们关于神的观念正应如此。我们必须设想,在他要建造一座大城市时,神在动手之前,先想出它各部分的模型,从而构筑并完成一个只有理智才能识别的世界。然后,以此为模型,我们的感官所能感受到的世界才被造出来。②

他还用"人是照着神的形象被造的"(《创世纪》1:27)说明"神"也是按照既有的模型创世。"假如部分是形象的形象,那么显然整体也是形象的形象。"③ 这个创世的模型不在别处,而在"神"的里面。从捍卫一神

---

① 〔古罗马〕裴洛:《论创世记》,王晓朝、戴伟清译,商务印书馆2012年版,第70页。
② 〔古罗马〕裴洛:《论创世记》,王晓朝、戴伟清译,商务印书馆2012年版,第25页。
③ 同上,第27页。

论出发，裴洛把"理念"看作"神"的思想。这是他的创新之处，因为柏拉图把造物主和理念看作各自独立不相隶属的。西方哲学史家把裴洛看作哲学史上第一个"认为理念是神的思想"[①] 的人。裴洛的这一看法被新柏拉图学派，尤其是基督教神学家所继承。由于理念带有杂多性，为了解决理念的统一问题，裴洛借用希腊哲学中的逻各斯概念，把逻各斯解释为诸理念的理念、诸原理的原理。逻各斯在斯多亚学派中被看作是宇宙的理性或宇宙的原理，裴洛借用来说明统率"神"的思想（理念）的第一原理。他区分"内在的逻各斯"和"外在的逻各斯"，即逻各斯的双重性。内在的逻各斯是非受造的、永恒的存在，创世之前就与"神"同在，它是"神"的长子，属于"神"与世界的中介。外在的逻各斯是"神"说出来的，赋予世界的原理。"神"把逻各斯作为恩典，放入宇宙之中。由于逻各斯，宇宙便有了秩序和规律，也正是逻各斯，使宇宙成为一个单一的世界、单一的国家。不同的城市、不同的民族、不同的国家都笼罩在这种神圣逻各斯之下，依照"神"定的规律运行。借着逻各斯，裴洛形成了超越血缘、地缘和族群的世界主义观念，适应了统一的罗马帝国新形势，也为犹太教自身改革、向外邦人传道提供理论基础。裴洛的神学包括几个重要概念："神"、逻各斯、诸理念和可见世界。"神"要创造可见世界，须依靠逻各斯和诸理念，它们既是可感世界的原型，也是创造可感世界的动力；"神"要有逻各斯，然后是诸理念，再按逻各斯和诸理念塑造质料，产生可感世界。裴洛的"神—逻各斯—理念"说，显然对新柏拉图学派的"太一—努斯—灵魂"说产生影响。双方的不同在于，裴洛强调逻各斯和理念都内在于"神"，突出一神教特征和"神"与世界的密切关系，新柏拉图学派认为从太一依序流溢出努斯、灵魂，强调太一的超越以及与世界的疏离。基督教受裴洛的启发，将耶稣看作是逻各斯与肉身的结合。双方的区别在于，裴洛秉持正统犹太教的观点，认为逻各斯只是"神"的思想且低于"神"，但基督教认为圣子耶稣这个逻各斯是与圣父同一本质的。最初在柏拉图体系中作为现象世界原型的理念，造物主塑造世界的图纸，通过裴洛的转换，在基督教

[①] 范明生：《晚期希腊哲学和基督教神学》，上海人民出版社1993年版，第225页。

那里就变成"神"的唯一独子、"神"的另一个位格。旧约《创世纪》的"神"独自凭空创造世界,经过裴洛神学的转换,到了新约《约翰福音》变成了依靠"道"(逻各斯)来造万物。

那么,"神"能否被人所认识呢?这个问题,裴洛基本上作了否定性回答。除非出于"神"的恩典,人是无法主动认识"神"的。裴洛说:

> 我(指神)按接受者的能力白白给予,适合什么就给予什么;因为我能给予的,人的能力并不一定能轻松接受,因此,凡配得我的恩典的,我就赐给他所能接受的一切恩典。但是领会我是人性所不能承受的事,即使整个天和宇宙也不能担当。①

只有当"神"主动向适当的人启示才能为人所知悉,人只能被动地等待恩典并依靠心灵来接受"神",真理来自"神",人只能靠"神"的启示来获得真理。人对真理的认识只能等待"神"的启示。这一观点在很长时间主宰着西方世界。这里有两个维度:"神"超越万物的本质,这是人永远无法认识的;当"神"在世间活动,即"神"自我显现时,人可以认识。这种思想实质是后来康德哲学的立论基础:超越现象世界的"自在之物"不可认识,人的知识只能限定于现象世界。不过,裴洛关注的是宗教神学而非哲学。神—人关系上,在裴洛那里,人是被动的主体,是"神"手上的木偶。因"神"的恩典,人获得了思维能力,但这种能力只能用于沉思"神"的完美;人获得了说话的能力,但这种能力只能用于对"神"的赞颂;人获得感觉能力,但这种能力只用于向心灵报告可感世界的实景。

裴洛努力向希腊化世界讲好犹太人的故事,但依然难以消弭犹太人与主体社会的冲突。裴洛去世那年,亚历山大城发生了针对犹太人的有计划屠杀。幸而罗马人出于政治上的考虑,喜欢犹太人往往胜于希腊人。在罗马帝国初期,犹太人与罗马人的关系总体比较良好。"在1世纪结束前,犹太教在罗马帝国境内已占有非常强大的地位。整个帝国的十分之一是犹太

---

① 〔古罗马〕裴洛:《论律法》,石敏敏译,中国社会科学出版社 2017 年版,第 42 页。

教徒；在裴洛的亚历山大港，40% 的人口是犹太教徒。"① 这是一个惊人的数字。它还不包括那些不愿意接受犹太教割礼、遵守全部律法的荣誉信徒，即所谓"神的敬畏者"。这一庞大的群体成为原始基督教发展的首要对象。但是，身处耶路撒冷附近的犹太人不乏狂热教徒，甚至无法容忍罗马钱币上的凯撒头像这种异教崇拜。公元 66 年巴勒斯坦地区发生反抗罗马的暴动，公元 70 年罗马军队攻占耶路撒冷，彻底摧毁了波斯人统治时期犹太人修建的第二圣殿，只留下一堵后称"哭墙"的断垣残壁。犹太人再次被迫流亡。基督徒把这一事件描述为犹太人罪有应得，"这些事情之所以临到犹太人，乃是因为他们无视义者雅各的公义，杀害了他；他是那被称为基督耶稣的兄弟。"② 基督徒认为犹太人杀了耶稣的弟弟雅各而遭天谴，是"神"借罗马军队攻占耶路撒冷惩罚了犹太人的不义。这一事件对犹太教带来的影响不亚于"巴比伦之囚"，与传统犹太教不同的派别获得更大发展空间，基督教开始了从耶路撒冷向外扩散的漫漫征程。

第二节　原始基督教的出现

正当裴洛在亚历山大城写作时，巴勒斯坦北部的拿撒勒人耶稣开始了他的传教生涯——"神的国近了、你们当悔改。"估计他自己都不会意识到，他将创立的是人类历史上影响最大的宗教。耶稣最初是作为先知摩西、约书亚，大卫之子，弥赛亚等形象出现，最后被见证为既创造了世界、又掌握着活人死人审判权的"神之子"。

一、犹太教中的异端

按照基督徒的说法，旧约早就预言基督将降临。他们将犹太经典进行重新诠释，证明这一切在创世前早就预定了。他们宣扬，为了洗涤人的罪

---

① 〔英〕凯伦·阿姆斯特朗:《神的历史》，蔡昌雄译，海南出版社 2013 年版，第 87 页。

② 〔古罗马〕优西比乌:《教会史》，翟旭彤译，生活·读书·新知三联书店 2009 年版，第 96 页。

恶、传播福音，"神"的独生子化为肉身，由童贞女马利亚感圣灵而生，成年后向人布道，被彼拉多的手下钉死在十字架，后复活、升天，坐在父的右边，当日子到来时，又会驾着祥云重临世界，对活人和死人进行审判。这段看似简单又离奇的文字，对基督教有重大意义，但犹太人对此不仅嗤之以鼻，还认为是渎神的异端。

犹太人的历史充满苦难和矛盾——既是加害者、又是受害者，他们屠杀迦南地原住民，又被亚述人、巴比伦人、希腊人和罗马人侵略，与周边族群的关系始终处于紧张状态。但犹太人用极为奇特的方式解释产生这种紧张状态的原因，即犹太人常常对"神"背信弃义，使"神"感到愤怒，因此屡屡假借外族之手攻击犹太人，但最终又会假借外族之手解救犹太人，他们相信自己是"神"的唯一选民。由此得出结论：必须有更虔诚的信仰。犹太人的"神"极为严厉且动辄发怒，导致人—神处于对立状态。以犹太先知与"神"同在的体验除了迷恋、震慑，更多伴随着无可名状的战栗、恐惧。犹太人独特的宗教体验，使他们有永不断绝的"希望之光"，即通过自己的忍耐、盼望、信念，使"神"重新眷顾以色列，从而形成有别于其他族群的文化心理。（1）弥赛亚（救世主）的信念使犹太人坚信必有一个摩西、约书亚、大卫般的人物降临，来拯救他们。（2）犹太传统中的"替罪羊"文化，需要有弥赛亚式的人承担他们的全部罪。（3）这个能够将众人的罪孽全部都担负起来的弥赛亚，应是一个"打不还手、骂不还口"的无辜者、一只任人宰割的羊羔。（4）犹太人的苦难被赋予特殊的神圣意义。如果将犹太人长期颠沛流离、蒙受羞辱的苦难看作真的苦难，那么全部苦难都将毫无价值。这就需要赋予这种苦难以神圣意义。先知们坚信：犹太人的傲慢而未能保持信仰的纯洁，才导致"神"的愤怒，所有不幸皆因此而产生。耶稣的出现正好迎合了犹太人的民族心理——一个受苦受难、卑微形象的人，必定是蒙"神"喜悦、至福的人。他顺着犹太文化价值取向，宣扬虚心的人、哀恸的人、温柔的人、饥渴慕义的人、怜恤的人必定有福了。苦难正是给蒙"神"恩典的人准备的。

但是，要注意耶稣对苦难的解读与旧约先知对苦难的解读，双方存在重大差异。这种差异体现出基督教与犹太教之间的第一个有实质性意义的区别。旧约把犹太人的苦难仅仅归因为对"神"信仰的不纯正，但新约并没有，它从另两个层面来理解人类苦难。第一个层面，苦难是考验信徒的试金石，苦难越深重福分越厚实。由于对苦难的这种解读，原始基督教中出现一批又一批的义无反顾的殉道者，产生了压迫越大、发展越快的结果。第二个层面，苦难是人因罪而普遍存在的现象。基督教的"神"怜恤这种苦难，决心将人从罪中拯救出来。"神"被赋予了普遍慈爱的形象，而慈爱是犹太教所缺乏的。当然，希腊世界的诸神也缺乏慈爱。相比于智慧、勇敢等德性，慈爱、怜恤更受到底层民众、受压迫族群、社会失意者的欢迎。这决定了原始基督徒的成分，正如恩格斯说的："它最初是奴隶和被释放奴隶，穷人和无权者、被罗马征服或驱散的人们的宗教。"① 相比旧约，新约给"神"涂抹上浓厚的伦理色彩。这样的伦理化的"神"与正统犹太人所认识的那个万军之主有很大区别。犹太人看待基督教的"神"，犹如一个整天受主人虐待、呵斥的奴仆，突然发现这个暴虐的主人开始和颜悦色、慈眉善目起来，内心反而会更加不安和恐惧。旧约充斥着"神"的愤怒、指责、惩罚，但在新约中再也看不到了，只看到"神"的牺牲、救赎、恩典。对"神"的体验再也不是旧约先知们的战栗和恐惧，而是基督徒们满满的爱和感恩。耶稣以受苦受难的卑微形象出场，用自己的"死"换取人类的"活"。这种形象的转变是革命性的，使基督教成为与犹太教性质不同的宗教。

相较于犹太教，原始基督教的"神"非常讲究博爱。似乎不需要你在尘世行多大的善、积多少功德，或者按照世俗的标准做一个好人，一个正直的人，这些都不重要！唯一重要的是：相信基督。凭着信基督，就可以蒙"神"喜悦；凭着信基督，就可以洗净一切罪孽；凭着信基督，就可以死后复活、得到永生。过去哪怕作恶多端，或者杀人如麻，或者男盗女娼，只要信基督，就可以得救。按照他们的说法，由于耶稣，"神"与人和解了。这就是所谓必须让人知道的天大喜事，天大福音。原始基督教的核心

---

① 　恩格斯：《论原始基督教的历史》，《马克思恩格斯选集》第 4 卷，人民出版社 2006 年版，第 327 页。

信念其实可以用一句话就能概括："信而受洗的必然得救，不信的必被定罪。"（《马可福音》16：16）使徒保罗就是从这一核心教义出发，发展出一套"因信称义"的神学理论，发展出以崇拜耶稣基督为核心的一套教义，成为基督教事实上的创立者。毫不夸张地说，新约主要反映了保罗的神学思想，保罗几乎成了日后判断基督教正统与异端的标杆。

保罗（Paulos）原名扫罗（Saulos），公元 1 世纪初出生于小亚细亚的大数城（Tarsus），属于便雅悯支派的犹太后裔，在尼禄（Nero，公元 54 — 68年在位）统治期间成为殉道者。"保罗在罗马被斩首，彼得也被钉上十字架，罗马当地至今还遗留着名为彼得和保罗的墓地。"[1] 保罗有罗马公民身份，给传教事业带来诸多便利[2]。如果说耶稣是否属于历史人物尚有争议，那么没有任何理由怀疑历史上的确有一个叫保罗的人在传播基督教。大数城既是古罗马东部连接东、西和南、北通商要道的重要节点，也是文化繁荣的城市，希腊文化和近东文化在此相互交融。保罗熟悉希腊文化，但本质上还是犹太人，接受严格正规的犹太教育，是一名虔敬的犹太教徒和法利赛人。他们强调每个犹太人都可以在日常生活中体会"神"的临在，无须以祭司阶层为中介。"神"是唯一的，但个人能感受到的意象却可以是千差万别的。每个人对"神"的体验都是主观经验，无人能替代，无人能强制，因为体验"神"的临在乃是属于私人事务。这种神学思想以后在新教运动中，尤其是在加尔文教义中得到更为系统的阐发，使僵死的基督教重新焕发活力、成为西方社会的变革力量。同时这种神学思想也是西方近代个人主义、自由主义的精神文化源头之一。另外，法利赛人相信肉体复活，相信有魔鬼，有末日审判。保罗起初是虔敬的犹太教徒，没有见过耶稣，只在耶路撒冷听到一些传说，但他认为奉耶稣之名的新教派，是严重威胁

---

①　〔古罗马〕优西比乌:《教会史》,翟旭彤译,生活·读书·新知三联书店 2009 年版,第 98 页。

②　《使徒行传》记载:"千夫长就来问保罗说,你告诉我,你是罗马人么? 保罗说,是。千夫长说,我用许多银子才入了罗马的民籍。保罗说,我生来就是。于是那些要拷问保罗的人,就离开他去了。千夫长既知道他是罗马人,又因为捆绑了他,也害怕了。"(22:27、28、29)

犹太教的异端。他曾积极参加搜捕和迫害该教派门徒的活动。保罗在赶往大马士革搜捕耶稣的使徒和门徒的路上，突然受到某种"神秘"的启示，转而成为原始基督教的灵魂人物。他先后在叙利亚、小亚细亚、马其顿、雅典、罗马开展传教，建立教会，同时撰写了大量的书信以指导各地教会的活动，这些作品后来成为新约的主要内容。

基督教之所以能够称为新的宗教，其标志是"神"的样态已经不同于犹太教。经过长期的历史变迁，希腊诸神从最初的恣意妄为、挑动战争、勾引妇女、恶棍式的宙斯神，变成哲学家们自足、自在、安静的"神"，永恒沉思是至福的唯一原因。希腊人，包括如斐洛这样的希腊化犹太人，对"神"的体验不是犹太人的战栗和恐惧，而是平静和幸福。处于希腊化、罗马化大时代的犹太教，必然会受时代风气的熏染。一部分犹太人理解的"神"发生深刻变革，变得有慈爱和怜恤。基督教的"神"从原本血腥暴力、偏爱犹太人的"万军之主"变成为博爱至善、拯救世人的"救世主"。基督教的产生源于犹太教内部变革力量，也源于当时社会环境，因此不能离开人类思想史的发展，离开特定的社会环境去理解基督教。耶稣虽是犹太人，却已经不懂希伯来语，他实际上是用亚兰语（Aramaic）传道，而最早的《马太福音》起初也是用亚兰语写成。事实上，从历史的、文化融合的角度，才能看清基督教。

二、耶稣的身世

耶稣是人，还是"神"，还是人与"神"的合一，不仅是基督教的头等大事，对西方思想史也意义非凡。四福音书关于耶稣的表述，存在着多重含义的解读。

耶稣30岁以前的身世基本空白，正式出场是接受约翰的施洗。对耶稣的身份至少有三种不同的解读。第一种，耶稣不具有神性，只是蒙"神"的喜悦和临时派遣。这种只承认耶稣有人性、没有神性的观点，对基督崇拜显然是有害的，一些诺斯底教派就持这种看法，属于原始基督教的异端。但500多年后的伊斯兰教创立者穆罕默德依然持这种看法，耶稣是人、是先知，但不是"神"。近代西方自然神论者、康德的道德宗教等都强调耶稣的人性。第二种，耶稣具有神性。耶稣作为唯一的神之子，取得"神"的全部授权，但受生于父，显然要比父低一级。这种观点的危险性在于，它会导致事实上的多神论。对于信奉多神论的希腊罗马世界来说，并不是一个问题，但对于严格一神教来说却是不能容忍的。公元 4 世纪正统派与阿里乌派的争论就是因此而起。阿里乌派承认耶稣神性的同时，坚持作为子的耶稣与父有本质区别，引起广泛的争议。顺便补充一句，现代物理学奠基人牛顿便是阿里乌派的信奉者，但他巧妙地掩饰了自己的真实信仰以免遭迫害。第三种，耶稣是与父同一的子，是与"神"同一的"神"。这种观点在晚出的《约翰福音》中体现得比较明显。所谓"太初有道，道与神同在，道就是神。这道太初与神同在。万物是借着他造的，凡被造的，没有一样不是借着他造的"（《约翰福音》1：1-3）。这说明宇宙产生之前，"道"就已经存在，万物凭借它才创造出来。当"道"成为肉身，就是使徒可看到的人性和神性相结合的耶稣，同时"神"将全部真理在这一历史时刻显现给世人。耶稣体现着神性和人性的结合，在欧洲思想史的意义是：（1）真理通过该历史事件存在于世间，成为人们可以认识的对象；（2）启示真理要高于理性真理；（3）人类历史是一个有价值的过程，等待着某个美好的永恒目标的到来。

四福音书中，《约翰福音》更多借用希腊哲学的元素，形而上学色彩更浓，在构筑基督教神学、反对异端中发挥着无可比拟的作用。罗素说："在教父著作中读者将发现论及约翰福音的地方比论及其他三福音书的总和还要多。"[①] 早期教父们一方面需要哲学思辨，同时又警惕理性思辨对信仰的危害。

基督教最初借用希腊哲学的理性为其服务，包括耶稣神性和人性问题，"三位一体"问题等。同时，又斥责哲学理性对宗教信仰的败坏。宗教需要狂热更胜于需要理性，其本质是反智慧的。"我要灭绝智慧人的智慧，废弃聪明人的聪明。"（《哥林多前书》1：19）基督教首先不是一门学问或理论

---

① 《罗素文集》第 7 卷《西方哲学史》上，何兆武、李约瑟译，商务印书馆 2012 年版，第 476 页。

体系，而是一种运动，是一种西方文明定义下的寻求过有意义生活的运动、寻求自身得救的运动。这种运动的本质是狂热的群众运动。

三、因信称义

人如何能蒙恩典而得救？这是基督教作为宗教必须解决的核心问题。旧约中只有亚伯拉罕后裔才是"神"拣选的选民，这一思想在新约中完全没有。基督教的"神"不仅对犹太人和非犹太人一视同仁，甚至对非犹太裔的外邦人更友好。保罗深刻领悟了"只要信，就必得着"（《马太福音》21：22）的精髓，认为人能得救的唯一依靠是相信耶稣基督。

什么是恩典？保罗认为，如果做工得到工钱，就不算恩典，只是一种交换，如果你什么善事都没做、仅仅因为信就蒙恩，这才是非等价交换的恩典。基督教不讲积德行善，因为人世间的所谓公平、正义，在"神"眼里都不值得一提。正如《约伯记》中的约伯，唯一要做的是对"神"的完全顺服，这才是称为"义人"的正确途径。保罗提出，只要你口里承认耶稣是救世主，心里又确信，就可称义，就可得救。这就是"因信称义"教义的基本含义——"神"只按照自己的意志行事，而不会看人的眼色。你做个好人就自以为了不起，在"神"的眼里反而一钱不值。历史上白人殖民者的残暴，其实是可以从这种教义中找到根源的。"因信称义"的教义，以后在路德、加尔文的新教改革中再次崛起，对欧洲历史产生重要影响。但基督教存在的这种非道德主义、非人道主义倾向，对西方社会乃至人类文明带来多方面的负面影响，受到包括康德在内的一些启蒙学者的批评，促使欧洲人道主义觉醒和宗教道德主义兴盛。

犹太教中的神—人关系始终处于对立的紧张状态。一方面犹太人常常悖逆"神"，另一方面"神"屡屡惩罚犹太人。但在基督教中，这种紧张关系消失了，根源在于有耶稣做了神—人之间的中保。保罗反复宣传这个观点。借着耶稣的死，神—人紧张关系被消除了。为什么会有这样的效果？保罗对此作过解释，意思是因始祖亚当的过错使人类成为罪人，又因耶稣的顺从和受难使人类成为义人。人因原罪跌落尘世，那么借恩典使人称义，就能获得永生，其中的关键就是要"信"。

四、基督教与世俗政权的关系

原始基督教之所以迅猛发展，我们固然可以从其教义去理解，但是从基督教组织形式，以及与世俗政权的关系上会有更深刻的理解。原始基督教首先是半秘密的社会组织，是以互助合作、生活资料共有为基础的社团。财产共有是原始基督教的重要特征。有一个叫亚拿尼亚的人与妻子卖了田产，但是将部分价银私自藏匿，最后夫妻双双死亡。这说明，原始基督教团实行财产共有、各取所需的制度，一方有难多方支援，使每个信徒都有归属感。散居各处的教会建立相互救济的制度。比如，保罗在安提阿传教时，因巴勒斯坦地区发生饥荒，特意将众信徒中募集的捐款送过去。互助和福利成为基督教会得以发展的基石，而这些制度建立在"彼此相爱"的最初教义之上。保罗进一步加以发挥，提出"爱人如己"。这种彼此相爱、爱人如己的要求在旧约中几乎没有，新约却反复提及。爱人与爱"神"，成为贯穿原始基督教的两条首要诫命。怎么爱"神"，就要怎么爱人，两者是统一的。对比新旧约，旧约提出"要尽心、尽性、尽力"，新约增加了"尽意"，要求用思想、用深思熟虑的态度去爱。

基督教作为相对封闭，体现自我管理、合作互助精神的社团，毕竟生活在罗马帝国境内，必然涉及与世俗政权的关系。对此，保罗提出基督徒应当顺服世俗统治者，提出对后世有深远影响的"君权神授"。

> 在上有权柄的，人人当顺服他，因为没有权柄不是出于神的。凡掌权的都是神所命的。所以抗拒掌权的，就是抗拒神的命，抗拒的必自取刑罚。

——《罗马书》13：1、2

他要求信徒必须忍受统治者加诸他们的任何暴政，基督徒的美德是服从和忍受。这种意识在奥古斯丁以及马丁·路德、加尔文等神学家那里不断得到强化。与此不同，中华世俗文化中没有这样"君权神授"思想，所谓"天命"就是"民心"、"天意"就是"民意"，如孟子说的"得乎丘民而为天子"，只有获得民心才能获得统治的资格。基督教世界罕有底层民众揭竿起义的情形，这与古代中国农民起义频繁形成极为鲜明的对比。在神权统治下的西方社会的底层民众更加顺服、更加逆来顺受。这种社会样态，决定了西方社会的战争主要是由统治阶层的利益冲突引起的，比如教权与王权，大公教会与异端，贵族与国王，低级贵族与高级贵族，低级教士与高级教士，商人与封建领主之间的斗争。此外，保罗颠覆了犹太传统。犹太人根深蒂固地认为建立"神"直接统治的神权国家才是最好的，君主统治是堕落的象征，王权与神权存在不可调和的内在冲突。但保罗提出"君权神授"，使神权和王权既分立又统一。首先，"神"拥有对整个世界的绝对主权，这是前提；其次，"神"并不管理一切，所谓"凯撒的物当归给凯撒，神的物当归给神"；第三，王权源于"神"的授予，王权与神权是一致的，抗拒王权就是抗拒神权。因此，基督徒向耶稣祈祷的同时还要为皇帝祈祷。拉丁教父德尔图良说：

> 我们是一个以共同的宗教信仰、统一的教规和一种共同盼望的纽带紧密结合起来的团体。我们以集会和聚会的形式相聚在一起，集中力量向神献上祈祷，就可以促使他俯听我们的哀求。这种角力，神是喜欢的。我们也为皇帝们，他们的大臣以及所有在位者，为世界的幸福，为全面和平以及末日终结的延迟到来祈祷。[1]

王权和神权的关系贯穿西方世界全部历史，大致有三种模式。第一种，西方教会与西欧君主国的关系，神权与王权分开，但神权压制着王权，王权来源于神权。第二种，东方教会与拜占庭等君主国的关系，理论上王权来源于神权，但实际上神权处于王权的保护之下。第三种，伊斯兰教哈里发国家，"神"有绝对主权，"神"的代理人既是宗教领袖又是世俗领袖。第一种模式的社会属于二元结构，第二和第三种模式的社会属于一元结构。从思想史的角度看，二元结构的社会要比一元结构的社会更具有包容性，而这种包容性使思想创新的萌芽不容易被遏制。当受到神权打压的时候，

---

[1]　〔古罗马〕德尔图良：《护教篇》，涂世华译，商务印书馆2012年版，第88页。

可以寻求王权保护，反之亦然。

五、灵与肉的两个世界

将世界区分为神性世界和物质世界，在希腊哲学中有久远的传统。柏拉图表述为理念世界和可感世界，亚里士多德表述为月上世界和地上世界，斯多亚学派分永恒不动的世界和变化易逝的世界。灵魂受肉体禁锢，但最终要返回"神"的世界。基督教受到了这种思想的影响，提出灵与肉两个世界。这里我们要注意原始基督教与希腊哲学关于两个世界划分的差异。

首先，与希腊哲学将两个世界截然分开不同，基督教关于灵和肉的世界是相互纠缠、相互搏斗。人同时生活在灵与肉两个世界，保罗就深深为灵与肉在自己身上的缠斗而痛苦，因此正统基督教不把灵与肉截然分开，奥古斯丁在《忏悔录》里的表述代表了这种正统思想的延续。两者的区别还表现在，希腊哲学认为只有灵魂才是我自己，而身体这个皮囊并不是我，我只是被迫而临时穿戴它；而基督教认为，灵与肉都是我的，人的复活包括身体和灵魂的同时复活，耶稣的道成肉身，被钉死又复活就已经证明这一点。

其次，希腊哲学的两个世界，一个代表光明和永生，另一个代表黑暗和死亡。人的终极目标是逃离黑暗和死亡的现实世界，努力上升到光明和永生的神性世界。但基督教灵的世界和肉的世界，并不能作这样简单的区分。不同于斯多亚和新柏拉图学派，正统基督教没有肉体绝对罪恶、灵魂绝对良善，肉体是灵魂的枷锁、灵魂逃离枷锁等思想。基督教宣称，当耶稣被钉死在十字架，人身体的罪得到了救赎，靠着耶稣这个中保，人肉体中的罪得以洗涤和救赎。把物质看作黑暗和罪恶的希腊观念属于早期基督教的异端。比如，当奥古斯丁摆脱异端皈依基督教后，开始认识到："我们天主所创造的，一切都很美好。"①

第三，通过"人的重生"创造出不同于旧人类的新人类。基督教把耶稣从童贞女中降生和最后在十字架受死，看作是人类的重生，是人类新纪

---

① 〔古罗马〕奥古斯丁：《忏悔录》，周士良译，商务印书馆 2015 年版，第 136 页。

元的开端。那么，什么是重生？重生是肉的重生和圣灵的浇注。如何获得重生？必须成为基督徒并与耶稣的身体合一。从宗教仪式看，通过两种方式获得重生。一是洗礼，二是圣餐礼。通过洗礼，原来罪恶的肉身死亡，让圣灵永驻，从而获得新生，象征死里复活。通过圣餐礼，分食饼和酒，象征着分食耶稣的肉和血，实现信徒与耶稣同体，经历同样的受难、复活而得永生①。这的确是一条让人费解的教义，难怪早期基督徒被攻击为吃人肉者。保罗还对耶稣钉死在十字架的意义作了进一步诠释：旧人类随着基督之死而死亡，新人类随着基督之复活而重生。他说：

> 因为知道我们的旧人和他同钉十字架，使罪身灭绝，叫我们不再作罪的奴仆。因为已死的人，是脱离了罪。我们若是与基督同死，就信必与他同活。因为知道基督既从死里复活，就不再死，死也不再作他的主了。
>
> ——《罗马书》6：6-9

保罗的这些文字，可以与华夏文明的"新民"思想作一比较。"大学之道，在明明德，在新民，在止于至善。"（《礼记·大学》）提出了人的自我革新问题。这是两种不同文化背景下的新民学说。华夏文明强调通过人自身的道德实践，做到"苟日新，日日新，又日新"，不断去除自身的污垢，达到至善的境界。而基督教则是借助"神"的恩典，无须通过自身的道德实践，实现个人的重生，达到永生境界。尤其当它与"选民"思想结合在一起，更是如此。人只是凭借"神"的恩宠才能得福，很容易导致基督徒缺乏对自我的道德反省和检视，缺乏对世俗道德实践的兴趣。尽管耶稣倡导谦卑慈爱，爱人如己，但是我们在西方历史上寻觅到真有如此道德自觉的信徒寥若晨星。试想，只要我信基督就能获得恩典，何必要辛辛苦苦做世俗社会认为的好人呢？基督教历史中，基督徒的一切道德准则都是以能

---

① 这是早期基督教的核心教义。安提阿主教伊格内修斯被押送到罗马行刑途中（约公元 107 年）写的《致以弗所人书》(20:2)中说："那饼是叫我们不死的良药，是我们吃了不至于死亡，反而在耶稣基督里永远活着的解毒药。"见〔古罗马〕克莱门等著：《使徒教父著作》，高陈宝婵等译，生活·读书·新知三联书店 2013 年版，第 85 页。

否荣耀主耶稣作为前提。一个信"神"的世俗标准下的坏人，一个不信"神"的世俗标准下的好人，在基督教看来，前者依然可以得救，而后者却十恶不赦、永坠黑暗。西方历史上我们会看到太多的这类坏人——贩卖黑奴、屠杀原住民、压榨其他族群等，但他们却有光辉的未来，因为他们是能得救而永生的神之选民。

第三节　原始基督教的异端和护教者

诞生于巴勒斯坦地区的基督教，在向外扩张过程中吸纳了不同文化背景的皈依者，不得不面临着与各种异端作斗争的问题。当然，所谓正统与异端并不是一开始就有明确的界限，它首先是一个实践而非理论问题，正是在不同信仰交锋中才逐渐凝聚起正统。"很明显，我们不能先验地划出这个界限，因为那些最终被认定为异端派者并非活动于基督教社团之外，而是些基督徒并试图以其同代人可以理解的说法解释福音的人。"① 早期基督教面临若干重要问题。

一、基督教与犹太文化

这个问题从基督教诞生之日起就存在。基督徒把托勒密王朝组织翻译的希腊文《七十子本》犹太经典作为自己的经典，借用类似斐洛的寓意解经法，对其中内容进行重新诠释。尽管犹太教和基督教经典有一大半重合，但由于解释不同，意义完全不同。

基督徒认为，耶稣的降生以及订立新约等，旧约早就有预表，但犹太人拒绝这些信息，因此被"神"抛弃，丧失得救的可能。基督教与犹太教的切割，以及对犹太人的谴责，埋下了西方世界反犹主义的种子。殉教者查斯丁所写的《与特里弗的对话》便是这一类作品中非常重要的一篇。查斯丁约100年至114年出生于今天的巴勒斯坦中部的夫拉维新城（Flavia

---

① 〔美〕胡斯都·L.冈察雷斯：《基督教思想史》第1卷，陈泽民等译，译林出版社2010年版，第114页。

Neapolis），即旧约所称的示剑，是当时的罗马殖民地。他出身非犹太人、非基督教家庭，从小接受希腊教育，熟悉希腊哲学。他自述年轻时看到基督徒蔑视死亡颇受震撼，认为："他们不可能生活在邪恶和享乐之中。"[1] 后来听了一位老人的教导后，"一团火焰迅速在我心中燃起，对先知的爱，对那些基督的朋友的爱，占据了我的身心"。[2] 从此他皈依基督教。查斯丁在书中的谈话对手特里弗是一位犹太教师，在讨论耶稣是不是"神"时，他要求查斯丁提供证明。于是，查斯丁宣称《创世纪》的幔利橡树中向亚伯拉罕显现的"神"（18：1），其实不是那个永远高高在上的父，而是子；那位与雅各摔跤并让雅各改名以色列的"神"（32：28），也是子；《出埃及记》中在燃烧的荆棘丛中同摩西说话的"神"，还是子；《约书亚记》中那个自称来做耶和华军队元帅的人（5：14），依然是子。查斯丁将旧约记载的"神"向人显示的形象全都解释为子。特里弗当然不接受对经文的这种解释，声称自己只是父神的仆人根本不需敬拜子耶稣时，查斯丁搬出《诗篇》里的一些话作佐证。查斯丁说：

> 你们应当记得，圣经如何宣告他要从高天上出来，又回到同样的地方去，好叫你们认出他是从上面降下的上帝，又是住在人中的人。还有圣经如何宣告他要再次显现，扎他的人要看见他，并为他痛哭。[3]

这类曲解原意的寓意解经法，在当时比较盛行。比如一度被列入新约正典的《伪巴拿巴书信》对旧约禁止吃猪肉解释说："神的律例并不是对食物的禁令，乃是摩西所讲的灵性。指的是你们不可跟那像猪一样的人交往。他们顺利时就忘记主，但到需要时才承认主，正如猪有得吃的时候不顾主人，到了饥饿时它便开始叫喊。"[4] 意思是说禁止吃猪肉，并不是不让人吃

---

　　[1]　〔古罗马〕查斯丁：《护教篇》，石敏敏译，生活·读书·新知三联书店2014年版，第69页。

　　[2]　同上，第84页。

　　[3]　同上，第151、152页。

　　[4]　《伪巴拿巴书信》10：2、3。〔古罗马〕克莱门等：《使徒教父著作》，高陈宝婵等译，生活·读书·新知三联书店2013年版，第196页。

猪肉，而是不要和猪一样的人交往。还有，"神子以此成为肉身，好成全那些迫害他众先知至死的人所犯下的全部罪孽"。意思是耶稣的道成肉身，最后钉死十字架，都是"神"事前计划好，是为了彰显犹太人的罪孽。这样的解释对于熟悉经典的犹太人来说肯定不会相信，甚至会产生相反的效果，但对于目不识丁或者盲从的信众却有极大的蛊惑性。现代社会的宗教极端势力和邪教组织基本是按照这种套路来释读宗教经书。这表明：一种学说之所以能产生巨大影响，是因为找到了合适的对象，而不在于它是不是真理。撰写历史上首部《教会史》的优西比乌也采信查斯丁的说法，认为向亚伯拉罕、摩西、约书亚显现的"神"就是子基督[1]。由此可知当时基督徒的普遍认知是：旧约里所有向先知显现的"神"的形象其实就是基督，当基督按照预言成为耶稣肉身临世时，犹太人却不认识了。

在完成犹太经典基督教化的过程中，面临的首要问题是如何对待犹太化基督徒。这些犹太化基督徒固守犹太律法，尤其是割礼和食物禁忌，反对保罗的解决方案；依然把耶稣与犹太历史上的亚当、亚伯拉罕等人物并列，取消耶稣的神性。这些犹太化基督徒起初占据一定的势力，但随着外邦人大量皈依基督教，逐渐被边缘化，原来认为是极重要的原则问题，如割生殖器包皮、不吃猪肉等，已经显得无足挂齿。到了二世纪中叶，犹太人神圣的、引以为骄傲的割礼、禁食、安息日竟然成了耻辱的象征，遭到基督徒的嘲讽。查斯丁认为，正是因为犹太人刚硬、贪吃，所以"神"要让他们行割礼，禁止他们吃猪肉等食物，以便于同他人区分开来；正是犹太百姓有罪和不义，才让他们遵守安息日。很有趣的是，查斯丁在作这样论证的时候，居然全都是借用旧约中的话——犹太经典，作为护教者反对犹太人的有力证据。后来的奥古斯丁依然用这种释经法。在解释以撒的两个孪生子，晚出生的那一位反而取得长子继承权时，他写道："这里说大的要服事小的，我们都只能理解为，古老的犹太人要服事新生的基督徒。"[2]

---

[1]　〔古罗马〕优西比乌:《教会史》,翟旭彤译,生活·读书·新知三联书店2009年版,第23—24页。

[2]　〔古罗马〕奥古斯丁:《上帝之城:驳异教徒》中,吴飞译,上海三联书店2009年版,第318页。

犹太人直接祖先，那个蒙"神"召唤的雅各（以色列），居然被奥古斯丁当作犹太人要服侍基督徒的征兆。基督教的教父不仅善于讲故事，还以"神格"担保这故事千真万确。这种编造故事、制造话题、控制舆论高地的文化传统也一直在西方延续至今。这是一种屡试不爽、颇有杀伤力的认知战。

二、基督教与其他文化的关系

这是一个更为复杂的问题。优西比乌记载了基督教如何受到罗马统治者、异教学者、普通民众的敌视和攻击。由于优西比乌把这种攻击看作是"神"的荣耀，其记载的真实性应该有保证。对于基督教来说，它实际包括两个层面的问题。第一是如何处理基督教与居统治地位的希腊罗马文化和宗教的关系。第二是如何为基督徒和教会进行辩护。在处理这些问题的过程中，产生了最早的一批护教者，如查斯丁、塔提安、德尔图良等。

1世纪后期，半秘密性质的基督教会迅速发展，与主流社会的冲突日益加深。关于基督教的谣言四处流传，比如基督徒是邪恶的无神论者，搞人肉宴会，有类似俄狄甫斯式的乱伦等，人们不断向罗马政府指控。罗马皇帝图拉真（公元98—117年在位）提出处理此类案件的原则：如果基督徒不向异教诸神祷告并诅咒基督，就把他们处死。图拉真死后哈德良（公元117—138年在位）即位，采取了稍微缓和的政策。他给一位行省官员的指示说："如果你所管行省的居民至今仍然坚持这一请求，要在某个法庭上指控基督徒，我不禁止他们这么做，但我不能容忍他们只是凭借哀求和喧嚷来指控别人。"① 但总体上说，罗马政府在《米兰敕令》颁布之前并没有改变对基督教的敌视态度。

面对凶险的社会环境，消除人们的误解、否定不实指控，为基督信仰辩护成了基督教作家当时的重要工作，由此产生一批护教者。查斯丁写过两篇护教文，第一篇是写给罗马皇帝安东尼·庇护（公元138—161年在位）及养子，第二篇是致罗马元老院的。事实上，这两篇护教文都没有送

---

①　〔古罗马〕查斯丁:《护教篇》,石敏敏译,生活·读书·新知三联书店2014年版,第55页。

达收信人，也没有给罗马帝国的国策产生任何影响。查斯丁提出，基督徒只信仰独一而公义的"神"，而异教的诸神则源于邪灵，是鬼魔；这些鬼魔只是悖逆的、堕落的天使以及它们与人类女人生下的后代；如果把这些鬼魔指称为"神"，"那么我们承认自己是无神论者"①。查斯丁历数诸神们混乱不堪的生活，如阿波罗、维纳斯等为情欲所困，而耶稣的教诲使人们学会鄙弃这些事，热爱有道德的生活，让不同族群团结在一起。"我们这些原先喜欢淫乱的人，如今只拥抱贞洁；原先利用巫术的人，如今只将自己献给那位善良、非受生的神；我们原本最看重财富的获得，如今只将自己所拥有的一切纳入公共财产，分给每一个需要的人；我们原本彼此憎恨、毁灭，并因生活方式的不同不愿与异族共处，如今由于基督的到来，与他们亲如一家，并为仇敌祷告。"②另外，他认为基督徒比任何人都顺从罗马政府。查斯丁反对斯多亚学派的命定论，肯定人的自由意志。"人类若没有能力凭自由意志择善避恶，那他们对自己的行为，不论什么样的行为，也就没有责任可言了。"③在希腊和希伯来的关系上，查斯丁坚持柏拉图受惠于摩西。"摩西乃第一位先知，是比希腊作家更伟大的古人。"④他坚持柏拉图的《蒂迈欧篇》是读了摩西的作品后写成。不过，查斯丁还是承认苏格拉底等希腊哲学家也能获得一鳞半爪的真理，但不能与基督相比。基督道成为肉身，一次性就把全部真理显示给世人。查斯丁在《第一护教篇》附录了三件罗马皇帝关于基督教的书信。第一件是哈德良写给行省官员的，一般认为是真实的，第二件是安东尼致亚细亚大会的书信，第三件是奥勒留致元老院书信，后两件是伪造的。看来，为了神圣事业，捏造一些事实是必须的。

塔提安（Tatian，约公元110—172年）是亚述人，来到罗马后成为查

---

① 〔古罗马〕查斯丁:《护教篇》,石敏敏译,生活·读书·新知三联书店 2014 年版,第 6 页。
② 〔古罗马〕查斯丁:《护教篇》,石敏敏译,生活·读书·新知三联书店 2014 年版,第 11 页。
③ 同上,第 34 页。
④ 同上,第 47 页。

斯丁的学生并皈依基督教。他曾写过《四福音合参》，已经佚失。从书名可以得知，在 2 世纪中叶四部福音书已被认定为权威。塔提安唯一留下的是《致希腊人书》，该书怀着对希腊哲学的蔑视，给予辛辣的讽刺。晚年他陷入狂热的禁欲主义，在叙利亚创立教派，实施极为严苛的戒律，如禁止结婚、戒食荤腥等。《致希腊人书》一开头就告诫希腊人不要对"野蛮人"充满敌意，因为希腊人从巴比伦学到天文学，从波斯学到逻辑学，从埃及学到几何学，从腓尼基学会了字母，并且希腊人在日常交往中从来没有操相同的语言，真不知该称谁为希腊人。塔提安不屑地说："柏拉图，一个哲学家，却因为讲究饮食而被狄奥尼修斯（指叙拉古僭主）收买。亚里士多德，荒唐地企图为神意划界并将幸福降格为提供快感者。"① 塔提安将希腊文化看作大杂烩，必须与希腊人的所谓智慧断绝关系。他依据圣经重新讲述了一个创世以来的故事。太初，有一个绝对自在的"神"，无须凭借任何事物就存在，却是一切事物的原因。圣子逻各斯内在于"神"，凭"神"绝对意志，逻各斯跃然而出。正如光从光源发出而无损光源，声音由人发出而不会使人的言语匮乏，子从父出，既拥有父的全部本质，也丝毫不影响父的完整性。万物和人类皆由圣父借着圣子创造出来。

针对人死后肉体腐烂，为什么还能复活的疑问，塔提安说："尽管我的肉体被大火焚烧了一切痕迹，其蒸发物仍旧在这个世界存留着；尽管飘散于河流海洋之中，或被野兽撕成碎片，我仍被一位无所不有的主储存于他记忆的库房中。"② 虽然"我"死了，但依旧储存在"神"的记忆仓库中，既然神可以创造人类，怎么就不能把记忆仓库中的"我"恢复如初呢？这在逻辑上是合理的。人有选择善恶的自由意志，这是体现"神"的公正，以保证作恶的人受惩罚，择善而顺从"神"的人得褒奖。因此基督徒从来不相信、不屈从命运，因为人类的罪并非命定，而是由于自由意志。塔提安嘲笑希腊诸神，"不正是那些诸神自己，与他们的首领宙斯一起，屈从于

① 〔古罗马〕塔提安等：《致希腊人书》，滕琪、魏红亮译，中国社会科学出版社 2009 年版，第 137 页。
② 同上，第 144、145 页。

命运，与人类一样被此激情所压倒?"① 诸神热衷于人类祭品，干着通奸、说谎、抢劫的勾当，怎么会被希腊人崇拜为"神"？因此崇拜诸神是人们堕落的根源。塔提安讽刺道，那些造谣基督徒吃人肉的人，其实他们所崇拜的诸神早就吃人肉了，比如"克罗诺斯（第二代神王）吞吃了他的孩子们，宙斯（第三代神王）吞下了美提斯"②。

　　与塔提安同时代但稍晚出生的雅典人阿萨那戈拉（Athenagoras）继续着为基督教辩护的事业。阿萨那戈拉是雅典人，原本是一位希腊哲学家，起初为了批评而阅读圣经，结果却皈依了基督教。公元 177 年左右，他写下致罗马皇帝奥勒留的《为基督徒一辩》。现代的一位英译者称：在这些护教者之后，"基督教的信仰就会获得自己的声音，不再仅仅为自己辩护，而是成为人类心智的主宰，它是发现新世界，征服广阔疆域的领航员。自由万岁，从此之后，基督徒推翻异教，成了势不可挡的结局"。③ 不过在早期基督教会史中，阿萨那戈拉很少被提及。阅读他的作品，可以看到一个雅典人放弃本民族的传统宗教，进而崇拜外来宗教的心路历程。他从几个角度为基督教作辩护。

　　第一，基督徒只希望获得公平对待。在罗马帝国治下，各种族都有自己独特的崇拜。比如，斯巴达人像崇拜宙斯那样崇拜阿伽门农，雅典人举行宗教仪式纪念潘多拉这个给人类带来灾难的女人，埃及人崇拜猫、鳄鱼、蛇、山羊等。罗马人和罗马法律都给予许可，为什么基督教独独受到排斥？对此，阿萨那戈拉认为"每个人在生活中都拥有同等权利"，在基督徒受到指控时有权获得与其他受指控者同等对待，而不能仅仅因"基督徒"这个名称就被定罪。

　　第二，基督徒并非无神论者，而是只承认独一的"神"。阿萨那戈拉列举希腊诗人、哲学家的话来论证"神"的唯一性。如柏拉图《蒂迈欧篇》

---

　　① 〔古罗马〕塔提安等:《致希腊人书》,滕琪、魏红亮译,中国社会科学出版社 2009 年版,第 148 页。

　　② 同上,第 180 页。

　　③ 同上,第 325 页。

中的造物主，亚里士多德的推动天体运动的不动者，斯多亚学派的渗透于物质的"神"。这说明"神"的唯一性被所有人承认。但为什么还会有多神论、泛神论呢？阿萨那戈拉认为，那些诗人和哲学家虽然被圣灵感动而作出一些正确的叙述，但固执地从自己出发而不是凭借"神"来理解世界，才会有如此多的谬误。因此基督教的教义更优越。

第三，基督徒崇拜圣父、圣子、圣灵一体的"神"。"神"用圣言逻各斯创造万物，圣言逻各斯就是圣子，因此"神"有儿子并不是荒谬的想法。父与子合一，子在父里，父在子里，父的思想便是子。圣灵是"神"的流溢，既是父的灵，也是子的灵。

第四，基督徒有更为崇高的道德标准。阿萨那戈拉高举道德主义的旗帜，不仅反驳基督徒吃人肉、淫乱的不实指控，还宣示基督徒有更为高尚、严苛的道德准则。比如，合乎礼节对待妇女，尊重婚姻；谴责角斗士与野兽的肉搏，拒绝观看此类残忍的表演；谴责用药物等方式堕胎，认为是谋杀受"神"照看的生命等。

第五，非基督教的偶像崇拜是荒唐的迷信。"神"既是一切的创造者，再用黄金、陶土塑造出"神"的形象供人顶礼膜拜，是渎神的偶像崇拜。基督徒不敬拜天体，因为天体只是"神"的作品，谁都应赞美作者而非作品。而希腊诸神的形象是由作家、画家、雕塑家创作出来，无非是些泥土、石头的集合。阿萨那戈拉对希腊宗教的谴责，不同于苏格拉底和柏拉图，后者只是想改造希腊宗教的非道德性，而阿萨那戈拉是要全盘否定希腊传统。从阿萨那戈拉对希腊诸神的控诉，可以看到原始基督教开始高举道德主义旗帜[1]，站在道义制高点谴责希腊宗教的非道德。从阿萨那戈拉对偶像崇拜的谴责，说明原始基督教祷告场所是没有任何绘画和雕塑的。但这一教义在具有悠久的绘画和雕塑艺术传统的希腊罗马地区遇到很大阻力，信徒们制作大量圣像、圣物，认为有特殊的神力给以崇拜。两种理念的冲突终于在

---

[1]　研究基督教历史的学者注意到基督教的道德主义倾向，"从基督教思想史的观点看，《十二使徒遗训》之所以重要，就在于从它可以看出，基督教神学很早就出现了道德主义的倾向"。〔美〕胡斯都·L. 冈察雷斯：《基督教思想史》第 1 卷,陈泽民等译,译林出版社 2010 年版,第 61 页。

8—9 世纪的东罗马帝国引发剧烈的毁坏圣像运动，大量圣像艺术品被焚毁，教堂内的圣像雕刻被铲除，代之以几何、花卉图案。这场运动尽管反映了基督教会与世俗政权之间的利益之争，但不可忽视内在的文化冲突。经过一个多世纪的反复拉锯，大批圣像破坏者以异端罪被处死、雕塑和绘画艺术完全融入基督教文化而告终。真正将非偶像崇拜的犹太传统继承下来的是同为亚伯拉罕系的伊斯兰教，至今我们看不到任何关于先知穆罕默德的绘画和雕塑。

德尔图良（Tertullian，约公元 155—230）是出生于迦太基的拉丁基督教作家，是最后一位希腊护教士和最早一位拉丁护教士。他出身非基督教家庭，受过良好的法学教育，父亲是罗马军团的一位百夫长，38 岁时皈依基督教。严谨的道德主义在德尔图良身上体现得尤为明显，以至于在 207 年后接受孟他努主义这一基督教异端而脱离教会。他有强烈的基督徒道德优越感。比如，世俗法律只规定不可杀人，但基督还教导不可动怒；世俗法律禁止奸淫，但基督还教导不可邪视；世俗法律禁止伤害人，但基督还教导受人伤害也不可报复。之所以有这样的差距，是因为世俗的惩罚至多是处死，而在一位明察一切的"神"面前，惩罚将是永恒的。

德尔图良是第一位用拉丁文写作的基督教作家，是教会拉丁文的创造者。基督教进入希腊罗马世界，首先是用希腊语来表达希伯来经典，这一过程中融入了原希伯来文化中完全没有的思想，接着从希腊文转译为拉丁文，形成一套拉丁话语体系下的基督教思想，与希腊语基督教产生差异。中世纪以后，随着欧洲民族国家的兴起，又将拉丁基督教经典翻译成各民族语言，如英语、法语、西班牙语、德语等，大大增加了基督教内部多元文化的复杂性。德尔图良用两个拉丁词 Persona（位格），Substantia（本质）表述他的基督论，被奥古斯丁和后世西方教会所沿用。"神"有圣父、圣子、圣灵三个位格，它们共有一个不可分的本质。但德尔图良的 Persona（位格）有法人（Legal Person）的含义，Substantia（本质）是指可以共享的权利、财产等。德尔图良不是从哲学而是从法学含义上去理解"三位一体"，意思是有三个不同位格的人格神共享对世界和人类的全部权能、权利。这是他所理解的圣父和圣子拥有同一个本质（Substantia）的真实含义。从这点可以看出，拉丁化基督教已经同使用希腊文的东方教会善于从哲学沉思、神秘体验去讨论"三位一体"有较大区别。这种区别决定了东、西方两大基督教会的不同走向。但是德尔图良对三个位格的理解，容易向圣父与圣子有区别的方向发展①，滑向基督教所称的多神论异端。

德尔图良继承保罗的观点，试图划清基督徒与哲学家的关系。"不能将基督教视为一种哲学，基督徒与你们的哲学家在认识和方法上都没有什么相似之处。"② 比如，哲学家们总自以为是，把问题搞复杂化，不是根据启示去认识"神"，而是按自己的想法来讨论"神"是有形体还是无形体，"神"是由原子组成还是由数或者火组成；有的认为"神"掌管世上的事情，有的却认为无所事事；有的认为"神"处在世界之外，像一个游荡者，有的却认为处于世界之内，像舵手操纵着船舶。对世界是受造的还是非受造的，究竟是要毁灭的还是永存的，哲学家们更是莫衷一是。"有的甚至在我们的基督教新启示中掺假，将它歪曲成一种哲学体系，从一条正道中又搞出许多邪道来。"③ 德尔图良坚称：希腊罗马的诗人、哲学家凡是与基督教相似而显得有些道理的说法都从圣经中剽窃的。他彻底否定希腊文化的价值，要在雅典与耶路撒冷之间二选一。尽管德尔图良极力贬低雅典传统、抬高耶路撒冷的地位，但他依然不免要借用希腊哲学逻各斯的概念，说明圣子就是逻各斯、逻各斯就是圣子。

德尔图良从护教的角度阐述的神学思想成为拉丁基督教的精神遗产。德尔图良同阿萨那戈拉一样，首先是呼吁罗马统治者公正对待基督徒，不可剥夺基督徒自我辩护的权利，因为不允许辩护就定罪是不公正的；所有对基督徒的指控——渎神、乱伦、吞吃小孩、危害皇帝等——都没有任何证据。德尔图良还首次提出了"宗教自由"的概念。

　　　　你们要知道，如果取消了宗教自由，禁止选择所崇拜的神明，使我不能按自己的心意崇拜，而违背心意被强制崇拜，那么不信教的罪

---

① 〔美〕胡斯都·L.冈察雷斯：《基督教思想史》第1卷，陈泽民等译，译林出版社2010年版，第171、172页。

② 〔古罗马〕德尔图良《护教篇》，涂世华译，商务印书馆2012年版，第101页。

③ 以上内容根据德尔图良《护教篇》47章。

名就没有任何依据了。①

　　德尔图良是想说明，在一个没有宗教自由的社会，强制人们违背心意去信仰某种神灵，这样的信仰必然是虚假的，那么再指控这些人缺乏信仰便是荒唐，真诚信仰须建立在自由意志基础之上。这是一个很不错的逻辑论证。但是从大历史的角度看，极端排外的一神教却指责具有包容性的多神教社会缺乏宗教自由，本身就是滑稽的。德尔图良攻击希腊罗马的诸神是假的、虚构的，理由是"你们神的命运是由人的判断决定的。神如果不能令人满意，就不能成为神，神都要得到人的好感"。② 确实，按照罗马法律，皇帝所立的任何"神"均须经元老院批准。德尔图良还认为，罗马人所说的"神"其实都是凡人。罗马人的主神朱庇特（希腊主神宙斯）握有闪电这种可怕的权能，而电闪雷鸣、狂风骤雨是在朱庇特之前就存在了，可见这些权能都是由人交到他手上去的。而基督教崇拜的是创造万物的唯一真神，在世界万物出现之前就永恒存在。"神"超乎人的想象，人无法通过感官认识，只能透过众多伟大事物（如宇宙）的存在确认它真实存在。德尔图良事实上提出了西方思想史关于认识事物的两条路径：启示和理性——依靠神启，获得对真理的认识；依靠人的理性主动认识受造的世界，获得真理存在的证据。

　　德尔图良认为，远古时期"神"就通过先知向犹太人启示，这些启示在托勒密时期转译成希腊语，凡是读过、听过的没有不相信的。但蒙"神"恩宠的犹太人"却以其高贵的祖先而盲目自满，骄傲自大，偏离神的道路，走上邪恶的歧途，深深陷入罪恶之中"，于是圣子在预告中降生，向世界传递福音："到世界末日，神将从各个民族、人民和国家中，为其选出较为忠诚的崇拜者，将其恩宠赐予他们。"③ 德尔图良承认犹太经典中的"神"与基督教所称的"神"是同一个，旧约早就有了预言，但犹太人丧失心智不认识已经降临的主耶稣。德尔图良呼吁罗马人不要像犹太人那样被"神"

---

① 〔古罗马〕德尔图良：《护教篇》，涂世华译，商务印书馆2012年版，第65页。
② 同上，第13页。
③ 〔古罗马〕德尔图良：《护教篇》，涂世华译，商务印书馆2012年版，第54、55页。

抛弃。他认为基督是"神"的有力证据就是，"接受了它就会使一个人得到改造，使它真正成为一个好人"。① 德尔图良承认世界上还有其他鬼神存在，但它们是一群凶恶的魔鬼，它们犹如微风中的毒素，借助空气散布瘟疫毁灭人类。德尔图良驳斥了将罗马的强大归因于对传统宗教虔敬这一观点，提出罗马早期由国王统治时，并没有诸神崇拜的宗教②，"将罗马称号的伟大归之于宗教功劳是多么糊涂，因为正是在罗马成为帝国或王国之后，她所崇拜的宗教才获得基本发展的"③。罗马帝国是依靠战争得来，依靠战争胜利而扩展。"他们有多少战利品，就有多少被俘的神。"德尔图良以此讽刺罗马人把希腊及其他被征服民族的"神"拿过来放在万神殿里崇拜，而这些被俘虏的"神"居然若无其事、甘愿受辱、接受崇拜。因此将罗马的强大归因于宗教虔敬显然缺乏根据。针对神权和王权，德尔图良认为"只有主是统治世界和君王的真神"，神权包括王权，神权高于王权。德尔图良在《护教篇》发誓，基督徒最忠诚于罗马皇帝，因为皇帝是由"神"指派来统治万民。基督徒唯一不能接受的是皇帝自称为"神"，因为皇帝称"神"是在自找诅咒。④ 从德尔图良为基督教辩护看，基督教会与世俗政权争论的焦点之一是，谁对罗马的繁荣有贡献，谁应该为罗马的衰败负责。这种争论一直持续到奥古斯丁时期。

　　直到戴克里先（Diocletianus，公元284—305年在位）时期，罗马惯用的手段是以是否向罗马皇帝献祭区分帝国忠诚者和异己者，区分非基督徒与基督徒。优西比乌记载了罗马第三世纪的危机及结束危机期间，大量基督徒受迫害的情形。一些基督徒因拒绝献祭而被投入饥饿的狮群，或者被斩首。德尔图良大力讴歌基督徒为"神"赴难的精神。我们（基督徒）正是在死去和赴难中获得胜利，因为这讨得了"神"的喜悦、获得"神"给予的永生。他讽刺异教作家西塞罗、塞涅卡等劝人忍受痛苦和死亡的道德

---

　① 〔古罗马〕德尔图良:《护教篇》,涂世华译,商务印书馆2012年版,第58页。
　② 罗慕洛兄弟于公元前753年建罗马城,而建立神庙崇拜朱庇特及诸神则在公元前509年。德尔图良试图以这段历史驳斥罗马繁荣源于传统宗教的观点。——作者注
　③ 〔古罗马〕德尔图良:《护教篇》,涂世华译,商务印书馆2012年版,第69页。
　④ 〔古罗马〕德尔图良:《护教篇》,涂世华译,商务印书馆2012年版,第78、79页。

训诫，却始终产生不了像基督徒那样视死如归的门徒。德尔图良说："我们越是遭到你们的屠杀，人数越是增加。基督徒的血就是种子。"① 的确，原始基督教的历史验证了"教会通过受难取得胜利、基督徒从软弱中成为强有力者"，基督徒的血繁殖出更多的基督徒。戴克里先死后那年，君士坦丁带着基督的允诺率军跨过台伯河进入罗马城，不久被元老院选为奥古斯都——罗马皇帝。翌年，即公元313年，君士坦丁与东部帝国的奥古斯都李锡尼共同颁布《米兰敕令》，正式承认基督教的合法地位。君士坦丁慷慨地授予教士以特权，将罗马禁卫军兵营的旧址划给教会，未来西方基督教中心的彼得大教堂正是在这一地基上建立起来。曾经声名狼藉的基督教一夜之间成为光芒四射的贵妇，被视为可以维持罗马疆域统一的救命稻草。原始基督教进入早期基督教的发展史。

三、异端和正统

原始基督教由大批具有不同文化背景的人组成，因此在整个历史发展阶段都面临着正统与异端的斗争。这些所谓的异端对西方思想史的影响绝对不容忽视。

1. 诺斯底主义

诺斯替主义是原始基督教的重要异端，据说是由行巫术的西门创立。《使徒行传》第八章记载有一个行邪术的西门周围聚集一群门徒，后来受洗皈依基督教。但是他试图用金钱贿赂使徒，获得赐予圣灵的权柄，结果受到诅咒。但真实的历史是，诺斯底主义实质是希腊和波斯文化等影响的产物。这些分歧表现在以下几个方面。

第一，诺斯底主义认为得救在于解放被囚禁在肉体之中那神圣而不朽的灵魂。肉体、灵魂两分法，认为灵魂受到肉体的禁锢而不能接近"神"，是典型的希腊哲学的观点。但基督教肯定人的肉体的重要性，基督的救赎包括肉体的复活，使人实现重生。"愿你们中间不会有人说：这肉身不会受

---

① 〔古罗马〕德尔图良:《护教篇》,涂世华译,商务印书馆2012年版,第115页。

到审判，也不会复活。……因此，我们必须守住这肉身，视之为神的殿。"①
第二，诺斯底主义带有根深蒂固的仇视物质的偏见，认为"神"不可能以
低贱的肉身来到世界。他们用"幻影论"解释基督的道成肉身以及钉死十
字架，证明圣灵并没有与肉身结合。但正统基督教认为耶稣的肉体、生活、
受难、死亡和复活都是真实的，正是从这里启示"神"救赎人类的真理和
福音。如 1 世纪末 2 世纪初的安提阿主教伊格纳修在《致士每拿人书》说：
"他为我们的缘故承受这一切的苦难，好叫我们可以得救。他确实受过苦
难，正如他确实已经复活一样；并非如一些信徒所说，他只是看似受苦。"②
第三，诺斯底主义形成一套不同于基督教的创世和人类被救赎的理论。他
们信奉善恶二元论，圣父是绝对的至善，罪恶来自恶神。在创世上，认为
圣父并没有创造世界，而是由一些坏的天使或精灵创造了这个罪恶的物质
世界。由于某种原因，坏神灵创造出的人类依然残留一些神性，但被禁锢
在肉体中。圣父为了救人，派出他的独生子，其使命是唤起人类沉睡的灵
性，以便能冲破坏天使的层层阻挠，上升到圣父的身边——一个光明的神
性世界。很明显，这些异端有浓厚的琐罗亚斯德教和斯多亚学派的观点，
而且伴随基督教发展的始终。

诺斯底主义自身并不完全统一，是各种思想的大杂烩。比如，2 世纪中
叶被赶出罗马基督教会的瓦伦提诺斯（Valentinus），试图将埃及宗教元素带
入基督教。他年轻时在亚历山大港住过一段时间，皈依基督教，以后又来
到罗马。瓦伦提诺斯提出了完全不同的神学宇宙体系。世界最初一片混沌，
里面只有寂静，之后，产生出心灵和真理。混沌、寂静、心灵、真理构成
了世界最初的四元。接着又产生出逻各斯、生命、人类、教会。这种流溢
的产生过程不断进行着，最终有了智慧，而物质世界正是从智慧那里产生
的。但智慧的能力有限，根本无法理解最初的"神"——混沌，所以创造

① 《克莱门二书》9:1、3。见《使徒教父著作》，高陈宝婵等译，生活·读书·新知三
联书店 2013 年版，第 59 页。
② 〔古罗马〕克莱门等：《使徒教父著作》，高陈宝婵等译，生活·读书·新知三联
书店 2013 年版，第 111 页。

的世界必定是混乱而不完美的。于是，混沌决定再造出基督和圣灵，重建混乱的秩序，这就是人因基督和圣灵得救的原因。由于诺斯底主义有着深厚的非希伯来文化作基础，许多信众又都有这类文化背景，因此所提出的人得救或解放的教义必然有大批追随者。

2. 孟他努主义

孟他努（Montanus）主义也是基督教的异端。孟他努是异教的一名祭司，约公元155年受洗成为基督徒。但是不久他就自称被圣灵充满，开始说预言，宣称从圣灵那里接受了新启示，甚至自称自己就是圣父、圣子、圣灵下凡成人。尽管孟他努称自己是接受了特殊的、最后的启示，但是无法禁止门徒们企图效仿他，也都声称他们从"神"那里获得特殊的预言的恩赐。如此一来，教会组织的权威性、稳定性就受到极大威胁。

优西比乌记载："有位新近皈依的人，名叫孟他努。他的野心毫无限度，被那魔鬼撒旦所趁，结果鬼迷心窍，陷入出神的癫狂状态。"① 但孟他努派的疯狂举动有深厚的本地文化背景，人们已经习惯于一个恐怖的、严厉的"神"，要求人献身、成为与邪恶作斗争的战士。另外，孟他努派严格的道德主义吸引了一批信众，包括迦太基的拉丁神学家德尔图良。他痛感现世教会的奢华，力求基督徒与世俗世界分离。"但愿我们不与这些恶人同居在此世界上！尽管这一点无法做到，至少在世俗之事上要与他们分开，因为这世界是神的，而世俗之事是魔鬼的。"② 他禁止信徒看戏、参加公共娱乐活动，禁止信徒从军、担任公职，甚至鼓励信徒去寻求殉道，至于结婚，虽然不能说是坏事但也不是一件好事，而鳏夫寡妇则不允许再婚。这些教义基本建立在世界末日很快到来的基础上。基督徒不属于这个世界，而是天上的国民，名字都在生命册上，现世中只是一个漂泊的异乡人，在等候救主从天上降临。③

---

① 〔古罗马〕优西比乌：《教会史》，翟旭彤译，生活·读书·新知三联书店2009年版，第235、236页。

② 〔古罗马〕德尔图良：《护教篇》，涂世华译，商务印书馆2012年版，第179、180页。

③ 德尔图良：《论花环》23章。这是德尔图良加入孟他努派后大量引用圣经阐述自己的观点。

3. 克莱门特和奥利金

将异端和正统交织于一身的神学家中，亚历山大的克莱门特（Clement）与他的学生奥利金（Origen）是重要代表。他们深受新柏拉图主义影响，属于柏拉图主义的基督教，其许多观点被罗马教会宣布为异端，但由于其虔敬又被作为重要人物放置于教堂供后人瞻仰。优西比乌《教会史》有大量篇幅记载他们的事迹。克莱门特出生于雅典的异教家庭，在这里受教育并皈依了基督教，后为寻求真理辗转多地，最后来到东西方文化交融互鉴的亚历山大城，跟随创立"亚历山大教理学校"的潘代诺（Pantaenus）学习，潘代诺去世后，大约公元 200 年克莱门特继任该校校长。由于受到迫害，他不久就离开亚历山大，约 214 年左右去世。克莱门特在犹太经典和希腊哲学方面采取比较平衡的态度。"克莱门特认为，神把哲学赋予希腊人，与赐律法给犹太人，具有同样的目的，那就是起着一个使女的作用，把人们引向基督。"[①] 他的基本论点是：世界上的真理只有一个，都源于"神"；犹太人和希腊人在"神"的感应下分别领悟了律法和哲学，但这都是不完全的真理；这些不完全的真理最后都导向耶稣基督，因为只有圣子能认识圣父。最后的结论是：基督启示的才是绝对真理，人类的全部真理都在圣经之中。比如有一艘船，不同的人都在临摹，但真正能全部理解这艘船的只有设计者和建造者。克莱门特有一句经典的话：知识离不开信仰，信仰应是可理解。不过，克莱门特更有价值的是他的历史观。他把"道成肉身"看作人类旧历史的终结和新历史开端的最高事件，从此人类历史进入了一个螺旋式上升的发展阶段。这种人类历史朝着一个美好的终极目标螺旋式上升发展的观点，改变了古代世界的历史退步观，深刻影响着西方思想史上的各种不同派别的思想人物。

奥利金（Origen，约公元 185—254 年）出身于亚历山大城的基督教家庭，年少时其父亲因基督徒身份陷于监牢，但他写信鼓励父亲殉道。在他不到 17 岁时，父亲殉道，家庭财产遭没收，后来被一位家境殷实的女士收

---

① 〔美〕胡斯都·L. 冈察雷斯:《基督教思想史》第 1 卷,陈泽民等译,译林出版社 2010 年版,第 185 页。

养，但这位女士"信奉当时的一个著名异端分子"①。由于教理学校受到恐怖迫害，所有教师都逃亡，奥利金支撑起教学工作，并在 18 岁时成为这所学校的校长。奥利金性格偏激，根据新约的某个故事而将自己阉割。根据优西比乌记载，他的学生中至少有七位殉道，其中一位女士以这样的方式被折磨而死："滚烫的焦油，一滴一滴慢慢地浇淋在她从头到脚的全身各处。"② 其酷烈程度令人胆裂。奥利金一生的工作是注释旧约和新约，证明两者统一，证明柏拉图与基督教有一致性。

　　奥利金采取裴洛的寓意解经法。《创世纪》第一、二章在创世方式的记载略有不同——事实上反映了该作品是将不同时期的材料拼凑而成——奥利金就讲述了一个不同的创世过程。第一章是讲"神"创立了纯粹精神的世界，"神"照着自己的形象造人，但没有男女性别之分；第二章记述有形世界的创造过程，先用尘土创造了男人，后来用男人的肋骨创造了女人。前一个世界与后一个世界有完全不同的意义。奥利金曾与新柏拉图主义创始人普罗提诺一起跟随阿摩尼乌斯学习，受到柏拉图理念论的影响。他将"神"创造的第一个世界视为纯精神的理念世界，充满"理智因子"。"理智因子"本来应该永恒地思考"神"，但由于它们享有自由，一部分就脱离"神"开始堕落，根据堕落的程度分为三个层次："身体缥缈稀薄的天神，以血肉之躯堕入这个世界的我们人类，以及魔鬼、其身体之粗糙更甚于我们。"③ "神"为了惩罚这些堕落的精神受造物而创造了有形受造物④。人类得救的意义就是摆脱这个有形世界，重新返回最初的神性世界。奥利金展示了一种乐观主义的愿景：全人类、整个宇宙，甚至魔鬼也将最终得救。这种神创论基本是新柏拉图主义的翻版。按照这种神创论，"道成肉身"是

────────────

　　① 〔古罗马〕优西比乌：《教会史》，翟旭彤译，生活·读书·新知三联书店 2009 年版，第 264 页。

　　② 同上，第 268 页。

　　③ 〔美〕胡斯都·L. 冈察雷斯：《基督教思想史》第 1 卷，陈泽民等译，译林出版社 2010 年版，第 210 页。

　　④ 见〔意〕托马斯·阿奎那：《神学大全》第一集第五卷，段德智、方勇译，商务印书馆 2013 年版，第 221 页。

道与一个未曾堕落的理智因子一起，与肉体结合，耶稣基督不仅有神性，还有人的理智（灵魂）、人的肉体。在圣子与圣父的关系上，奥利金神学存在着两种理解。一种强调子的神性和永恒性，与父处于相等位置。一种强调父的绝对超越性和一元性，子的派生性和杂多性，子是父与被造世界的中介。这两种理解代表着正统基督教与新柏拉图主义基督教之间的冲突。奥利金之后的弟子由于在这个问题上的分歧，很快就分裂为两派。"一派强调子的神性及其与父的平等地位，另一派则企图使子成为一位从属性的存在者，以此区分子与父的界限。"① 一百多年后，持后一种观点的阿里乌派与教会多数派又发生历时半个多世纪的大争执。

4. 尼西亚信经

基督教的内部纷争贯穿基督教发展全过程，在成为罗马帝国国教后，为避免内部纷争影响帝国统一，在君士坦丁撮合下于 325 年在尼西亚召开会议。300 多名主教出席会议，产生了尼西亚信经。为了平衡各方意见，381 年在君士坦丁堡召集另一次大公会议，对个别措辞进行修订。

原始基督教中的异端与非异端冲突，很大程度上是不同文明背景带来的多元化。埃及、印度、波斯、希腊等地的本土宗教以及犹太教，都是同一主体民族创立，而基督教不同，它是融合不同文明思想成果形成的新宗教。没有西方世界各文明之间的融合创新，就不可能有现在意义上的基督教文明。尼西亚信经并不能完全解决各派的思想统一问题，其中最重要的是对拉丁语 Consubstantialis（同一本质，同质）的理解。"圣父圣子拥有同一种本质"至少有四种解释。第一种是从权能的角度，如得尔图良那样，圣父和圣子共同拥有对世界的全部权利。第二种是从哲学的角度，如奥利金那样，圣父和圣子有同样的本质、本体。第三种是从质料的角度，如尼西亚信经，圣父和圣子都由同样的质素组成。但它又可分为两种，一种认为双方质素完全一致，另一种认为双方质素相似。比如，1 两金子与 2 两金子做的金币怎么能完全一致？对于这种争论，局外人会觉得莫名其妙，纯

① 〔美〕胡斯都·L. 冈察雷斯:《基督教思想史》第 1 卷,陈泽民等译,译林出版社 2010 年版,,第 209 页。

属浪费时间，可基督教内部却为此争得乐此不疲、你死我活、毫不退让，甚至最后用杀人解决问题。这对于西周以来始终生活于世俗社会的中国人而言，更难理解这种争论的意义究竟在哪里？比如说，有的认为圣父、圣子、圣灵是同一个"神"，只是在不同场合有不同表现，而有的认为确实有三个位格，但本质相同。这两者之间有什么实质性区别？再比如，承认圣子稍微次于圣父与坚持圣子圣父地位完全相同之间，难道真有那么大的差别吗？各派之间至于斗得你死我活吗？其实，撇开形而上的神学争论，其本质还是利益之争。尤其当教会掌握巨额土地、财富、影响力后，话语权就是实实在在的利益。正统与异端的斗争，还反映着教权和王权之争，即教会与世俗政权对权力和财富的控制之争。当然，我们也不能否定这种争论对于推动西方思想发展的意义。比如，"神"超越世界又绝对关心世界，与超越世界且不干涉世界这两种观点，涉及的是宗教还是非宗教，是神权社会还是世俗社会的区别；人只能依靠"神"的启示认识真理，还是可以通过理解"神"的作品认识真理，涉及启示与理性孰高孰低。这些问题贯穿于西方全部思想史。当然，从思想发展的规律看，早期基督教面临最迫切的问题还是对自身神学思想进行系统总结，而该神学体系的构建代表着西方思想发展到一个新阶段。这个任务是由奥古斯丁来完成。

第七章 奥古斯丁的学说

奥勒留·奥古斯丁（Aurelius Augustine，354—430），出生于北非，靠近今天的利比亚首都的黎波里（Tripoli）。奥古斯丁生活在罗马中产家庭，母亲是基督徒，父亲是罗马治安部队的小军官，临终前才皈依。奥古斯丁的父亲有望子成龙的愿望，筹措了昂贵学费送儿子到寄宿制学校读书，并在奥古斯丁17岁时送他去迦太基留学，以便将来在罗马政府获得有声望的职位。这是一条典型的罗马人的成长路线。奥古斯丁在迦太基学习期间，与一名女友同居并生下私生子，还成为摩尼教信徒。384年，奥古斯丁30岁时，通过摩尼教教友的关系在米兰谋得修辞学教授这样有声望的职位。这时，母亲为他张罗一门婚事，与一位有地位的罗马家庭的女孩订婚。为此，他的情妇被迫返回北非家乡。由于女孩订婚后还有两年才够法定结婚年龄，奥古斯丁又陷入与另一女人的风花雪月之中。386年，奥古斯丁在米兰大主教的影响下接受洗礼，正式皈依基督教。但奥古斯丁受洗后不久母亲就离世，受到很大打击。他摒弃女人和名利，回到北非，试图追求宁静的修道院生活。391年，他前往希坡（Hippo）受职为神父，396年，担任主教一职直到去世。他死的那一年，希坡落入蛮族之手。

奥古斯丁一生著述极多，对西方社会有异乎寻常的影响。他的重要作品有《忏悔录》《论三位一体》《上帝之城》《论自由意志》等。有当代学者评论说："西方传统里的所有伟大思想家都读奥古斯丁，并在他的著作中发现有价值之物——不管最后赞同与否。"[1] 他的影响不仅体现在中世纪经

---

① 〔美〕沙伦·M. 凯、保罗·汤姆森：《伟大的思想家——奥古斯丁》，周伟驰译，清华大学出版社2019年版，第13页。

院哲学和 16 世纪的新教神学，还体现在近代西方哲学，如笛卡尔、康德、胡塞尔等。奥古斯丁建立起有别于柏拉图、亚里士多德和斯多亚学派的学说体系，这一体系是从新约—保罗的神学发展而来。保罗对奥古斯丁的影响是决定性的，后者自述说："我读了自称使徒中最小的一个，保罗的著作，这些思想憬然回旋于我心神之中，这时仰瞻你（指神）的神功伟绩，我不禁发出惊奇的赞叹。"[1]

第一节　《忏悔录》及表达的意义

《忏悔录》大约成书于 400 年左右，是奥古斯丁任希坡主教不久后的作品。从形式上看《忏悔录》似乎是个人的自传，实则不是。这是一个充溢圣灵的我与一个必死的我之间的对话，也是我与"神"的对话。通过向"神"忏悔，爱慕"神"、赞美"神"，获得"神"的垂青，从必死的泥淖中挣扎出来；通过自我认罪彰显"神"的伟大和恩典。这部作品见证一个观点：人只有投入"神"的怀抱才能脱离罪恶生活，才能认识宇宙真理，才能获得永恒幸福。这种宗教感情在现代西方国家的白人精英中依然强烈。

一、奥古斯丁理解的罪恶

理解罪恶、解释罪恶是奥古斯丁神学的基础。《忏悔录》主要围绕对罪恶的反思展开。奥古斯丁长期困惑于这样的问题：一个全知、全能、全善的"神"，所创造的世界为何充斥如此多的罪恶？这是奥古斯丁母亲这样的家庭妇女所信奉的教会难以回答的，导致他长期对基督教毫无印象，原因就在于他觉得它太肤浅了。后来他从与波斯文化有密切关系的摩尼教中找到了答案：世界存在善神和恶神两个实体，所有罪恶都是恶神带来。奥古斯丁自叙道："为此我也相信存在着恶的本体，是一团可怖的、丑陋的、重浊的东西——摩尼教名之为'地'——或是一团飘忽轻浮的气体，这是他

---

①　〔古罗马〕奥古斯丁:《忏悔录》,周士良译,商务印书馆 2015 年版,第 145 页。

们想象中在地上爬行的恶神。"① 后来，他从新柏拉图学派中接受一个观点——恶不过是善的缺乏，不存在恶的本体——这才从思想上逐渐脱离摩尼教。那么，为什么"恶"的问题是一神教的核心问题？我们可以从以下的一组陈述得到理解。

1. 有一个基本事实：世界存在恶；

2. 假如"神"不知道恶，那就不是全知的；

3. 假如"神"知道恶，却不能阻止，那就不是全能的；

4. 假如"神"知道恶，也能阻止，却没有这么做，那么就不是全善的。

这组陈述在理论上会产生一个不利于一神教的结论：不存在全知、全能、全善的"神"。由于多神教本身就允许存在好的神与坏的神，恶的问题反而不是紧迫的神学问题。在现实中，基督教的繁荣依赖于罪恶。罪恶既是宗教的乳娘，又是宗教的动力，宗教是恶之花的果实。奥古斯丁通过对恶的探讨，发展出"神正论"（Theodicy）——"神"对恶的容忍是正当的，人离开"神"就没有爱的能力，人需要救世主脱离罪恶。奥古斯丁的这些观点"支配着以后的西方思想"②。那么，奥古斯丁究竟是如何分析恶？

《忏悔录》通篇贯穿着罪恶，但这种罪恶与世俗意义上的罪恶有很大不同。奥古斯丁忏悔："我的犯罪是由于不从他那里，而独在他所造的事物中、在我本身和其他一切之中，追求快乐，追求超脱，追求真理。"③ 凡是专注于世俗事务，不关心神圣事业，一律被称为罪恶。这就是奥古斯丁所理解的恶，与世俗理解的恶不是一回事。那么，《忏悔录》里梳理了哪些恶呢？

（1）学习世俗知识。比如，奥古斯丁从小喜欢背诵埃涅阿斯的流浪故事④，醉心木马腹中藏着战士、大火烧毁特洛伊等故事。当世俗学问越好，离"神"就会越远，因此知识就是罪恶。

---

① 〔古罗马〕奥古斯丁：《忏悔录》，周士良译，商务印书馆 2015 年版，第 91 页。

② 〔美〕沙伦·M. 凯、保罗·汤姆森：《伟大的思想家——奥古斯丁》，周伟驰译，清华大学出版社 2019 年版，第 17 页。

③ 〔古罗马〕奥古斯丁：《忏悔录》，周士良译，商务印书馆 2015 年版，第 24 页。

④ 指罗马诗人维吉尔（前 70—前 19）所著古罗马史诗《埃涅阿斯》中的故事。

（2）追求世俗成功。比如，奥古斯丁父亲缩紧家庭开支送儿子去迦太基留学也是莫大的罪恶，因为父亲只关心儿子是否善于辞令，而非关注心灵保持纯洁向"神"。世俗越成功，往往是罪恶越大。

（3）享受世俗友谊。奥古斯丁忏悔和谴责那种不是因"神"而产生的友谊、友爱。当人们沉浸在因人与人之间的友爱、心灵交融带来的满足，在共同阅读、彼此体贴中感受人间美好的时候，这正是最大的罪恶！"因为只有你把那些'将神的爱浇灌在我们心理'而依附你的人联结在一起的友谊才是真正的友谊。"① 这说明，只有同为基督徒，相互之间的爱才是正当，反之就是罪恶。

（4）寻求世俗刺激。奥古斯丁十六岁时曾与一帮孩子偷摘果园的果子。他反思其恶不在偷，而是寻求偷的快乐。a. 偷摘的果子大多丢弃了，纯属为了满足犯罪的欲望，享受犯罪的乐趣；b. 追逐犯法后不被惩罚的虚假自由，为偷而偷；c. 喜欢与同伴们狼狈为奸的感觉，体会一起作恶的快感；d. 欺骗那些绝对料想不到自己会做这类坏事的人，产生忍俊不禁的坏笑。

（5）专注世俗肉欲。奥古斯丁忏悔自己与一名女友长达十几年的同居生活，但不是谴责男女交媾，而是谴责为享受快感而进行的交媾，只有为繁育后代的交媾才是正当的。当然，奥古斯丁从未反思此事给同居女友带来什么伤害，或许认为这一点根本不重要。

（6）依照世俗标准判断是非正义。他谴责自己从众心理，"我是依据人们的判断而爱重一人，不是依据你天主的判断，但唯有你不会欺骗任何人"② 。人的罪恶在于，不按照神律去衡量何为正义，只凭世俗标准去看待正义，不知道不同时代不同地区看似矛盾变化的正义标准，其实都要遵循"神"之永恒正义。假如"神"的命令与风俗习惯抵触，首先必须执行"神"的命令。

从奥古斯丁对罪恶的理解，说明他极端反世俗社会。按照现代人标准，奥古斯丁的深沉忏悔有些装模作样，因为它们不能称为恶，更谈不上罪。

---

① 〔古罗马〕奥古斯丁:《忏悔录》,周士良译,商务印书馆 2015 年版,第 58 页。
② 同上,第 69 页。

比如，现代法律惩罚"偷窃罪"，但绝不会追究奥古斯丁所述的偷窃心理体验。但现代人认为是恶的行为，奥古斯丁却大力赞许。比如，他母亲因顺从丈夫而没有遭受其他女人常常遭受的家庭暴力，因为她把婚约看成是卖身契，正是有这样的意识，她谨守闺范，从不与丈夫争辩。一些妇女知道她从未被丈夫殴打，便来取经。结果，"凡是受她指导的，琴瑟和好，每来向她致谢；不肯遵照的，依旧遭受折磨"①。奥古斯丁的"闺范"不仅会被现代女权主义谴责，也超越普通人的认知底线。奇怪的是，奥古斯丁对罪恶大声忏悔的同时，又认为罪恶具有神圣性，甚至是使人登上天国的必然一环。比如，他童年不喜欢读书，却被人逼迫和惩罚，尽管这些人是抱着"罪恶"的功利目的，却是"神"假借的工具。"你利用一切催促我读书的人的错误使我得益。"② 他母亲年轻时有嗜酒恶习，一次与使女发生争执时，被使女咒骂为"女酒鬼"。她羞愧难当，发誓痛改前非。奥古斯丁认为是"神"假借使女的恶毒实现了教化他母亲的目的。阅读奥古斯丁《忏悔录》，我们非但没有看到他有一丝一毫的真诚忏悔，反而感觉到一种虚伪和强辩，一种对罪恶的享受和满足。他自认为自己的一生都有"神"在冥冥中安排。比如他离开迦太基到罗马去任教，动因是为了获得更优厚待遇的罪恶念头，想摆脱迦太基目无尊长的学生，谁知背后体现着神圣意志。他得意地写道："你（指神）却暗中利用我和这些人的腐朽来纠正我的步伐。"③ 当奥古斯丁母亲为儿子离开迦太基的决定哭得死去活来，却不知道这正是为她准备莫大的快乐。奥古斯丁认为"神"与他同在。"我在如此思索时，你就在我身边；我叹息时，你倾听着；我在飘荡时，你掌握我；我走在世俗的大道上，你并不放弃我。"④ 从奥古斯丁的忏悔中，可以获得这样一种看法：除了迷恋尘世、不信基督这一绝对的邪恶以外，其他的所有罪恶不仅可以容忍，甚至是登上天堂的通行券。人性本恶，人的犯罪是必然的，除非有基督帮助你摆脱。从奥古斯丁的忏悔中，我们丝毫感觉不到这种信仰的崇高，

① 〔古罗马〕奥古斯丁:《忏悔录》,周士良译,商务印书馆2015年版,第186页。
② 同上,第14页。
③ 〔古罗马〕奥古斯丁:《忏悔录》,周士良译,商务印书馆2015年版,第86页。
④ 〔古罗马〕奥古斯丁:《忏悔录》,周士良译,商务印书馆2015年版,第104页。

只是体会冷冰冰的功利和算计。比如，他谈到与伊壁鸠鲁学派的关系时说，如果不是惧怕有灵魂不死、死后受审判，就一定会将伊壁鸠鲁学说奉为圭臬。我们既能享受肉体快乐而免于恐怖，又能够长生不死，怎么不是幸福？阻止奥古斯丁信奉伊壁鸠鲁的原因，"只有对死亡与死后审判的恐惧，这种恐惧在这种思想的波动中，始终没有退出我的心"。① 看来，恐惧和算计才是奥古斯丁宗教信仰的真正基石。有神论者的信仰大抵如此。

二、"神创世界"本来是好的

世界由"神"创造，包括物质和肉身在内的一切都是好的。这是新约作者的基本观点。基督教虽然视现实世界为人的驿站，但不否定现世生活的意义，可称为积极的、乐观的厌世主义者。由于奥古斯丁长期受希腊哲学的影响，这种哲学否定现实世界的价值，否定物质、否定肉身，只有灵魂才属于自己，才真正好的，因此奥古斯丁一直不接受"道成肉身"的教义。"神"怎么能与如此罪恶的肉身混合呢？他说："我看不出怎样能混合而不受玷污。"② 直到后来他转变思想，认为神创世界是有价值的，哪怕毒蛇昆虫，本身也是好的。在一定程度上，奥古斯丁通过否认"世界存在恶"来理解现实世界。

首先，针对摩尼教的"恶属于真实存在"，他相信恶是虚无，属于善的缺乏。他是这样思考的：如同人的疾病是健康的缺失，当身体痊愈，疾病这种恶就消失了，恶同样没有独立的本原。他把事物分为至善、善、恶三类。至善是"神"，是永恒不变的存在。善是包括人类在内的受造物，尽管不能与"神"比，但它们都是好的。但事物不可避免地存在腐败的过程，即善不断缺失、恶不断产生，因为受造物不能像"神"一般永恒不变。当腐败越多、恶越多，善的缺失就越多，等到善彻底消失，该事物被腐败所消灭，恶也就不存在了。如果用现代人的知识去理解，等于病毒（恶）在寄主身上繁殖，待杀死寄主后，病毒也就无处存身了。用奥古斯丁的存在

---

① 〔古罗马〕奥古斯丁：《忏悔录》，周士良译，商务印书馆 2015 年版，第 118 页。
② 〔古罗马〕奥古斯丁：《忏悔录》，周士良译，商务印书馆 2015 年版，第 92 页。

论来理解，世界上唯一自有自存的是"神"，它是至善的，没有一丝一毫的恶；其余事物都不能独自永恒存在，当离"神"越近，善越多，其存在等级越高，离神越远，善越少，其存在等级越低，逐渐趋于虚无；当事物只有恶，没有善可剥夺时，便进入永恒的虚无（不存在）状态。奥古斯丁的存在论与现代人的理解，在角度上有很大不同。但这是理解奥古斯丁善、恶理论的关键点。

其次，事物的腐败和善的缺乏是一个必然的过程，只有靠基督才能逆转这一必然趋势。绝对完美的"神"无法创造一个与自身一样完美的存在。受造物虽然是好的但并非至善，随时间流逝腐败和善的缺失不断增加，最后灭亡。人无法凭自身的能力打破这种必朽、必死的必然趋势。但靠着神和人之间的中保——耶稣基督，居然就可以改变这一必然趋势。奥古斯丁《忏悔录》通篇贯穿着这种恩典思想。他先是忏悔自己竟然不懂没有"神"的帮助，单凭人自身难以抵抗罪恶这一真理，然后坚信："如果我不在我们的救主基督内寻求出路，我不会贯通，只会自趋灭亡。"① 靠着基督的恩典——本来不配得到的恩宠、却使人白白得到了——不仅洗去原来的罪孽，还在最后复活中得到比始祖亚当犯罪前更为完美的灵性身体②。从此以后，善的缺失即恶才永远不再发生。

第三，人类所能理解的公义，所能判断的恶，并不具有终极性价值。人类有限的心智是不能认识"神"的无限心智。人类所理解的义或恶，可能在"神"那里根本不算什么，而只要是"神"所做的就永远公义。正如以色列人获取"神"应许的迦南地，哪怕屠城、毁灭、血流成河都是公义的③。这是一种可怖的"神正论"，不幸的是，奥古斯丁接受并传播的正是这样的神正论。他在记叙个人经历的《忏悔录》和记叙人类历史的《上帝之城》中反复阐明一个观点：所有的貌似"恶"实质都是为了实现一种公

---

① 〔古罗马〕奥古斯丁：《忏悔录》，周士良译，商务印书馆 2015 年版，第 142 页。
② 奥古斯丁在《上帝之城》卷十三中，用 anima 和 spiritus 这两个拉丁词表达人类接受基督恩典前后的两种生存状态，即"血气性生命"和"灵性生命"，前者的生命是必朽的，有为恶、为善的自由意志，后者的生命是不朽的，只有为善的自由意志。——笔者注
③ 当代巴以冲突，以色列之所以敢冒天下之大不韪，依然还是依据这样的可怖逻辑。

义，是人类永远无法认知的终极公义。只要信"神"，一切世俗罪恶都可救赎，如果不信"神"，一切善业都一文不值。《忏悔录》通篇围绕该主题展开。历史上，神权统治下的西方社会接受的正是这样的神正论，直到近代，这种神正论开始遭到质疑，因为"神"也不能不接受人道主义的审判。

三、"恶"来自人的原罪和自由意志

奥古斯丁尽管在一定程度上否定"世界存在恶"，不认同世俗标准的恶，但恶毕竟存在，不管称为善的缺失还是别的用词，都无法掩盖这一事实。他要清楚解释恶的具体原因。

犹太教是一种典型的罪孽文化。奥古斯丁继承并发展这种文化："谁能告诉我幼时的罪恶？因为在你面前没有一个人是纯洁无罪的，即便是出世一天的婴儿亦然如此。"① 他认为这些可恨的罪恶从娘胎里就遗传下来了。他观察到小婴儿们那种罪恶的妒忌："他们还不会说话，就面若死灰，眼光狠狠盯着一同吃奶的孩子。"② 普通人眼中满是可爱的小婴儿，奥古斯丁看到的却是罪恶。那么，人类原罪来自哪？就来自始祖亚当。他说："初人犯了大罪，相应的惩罚是把他们的自然变得更坏，对初人之罪的惩罚，自然就传给了以后出生的后人。"③ 但是，光有原罪还不足以说明世界不断发生的各种罪恶，于是奥古斯丁搬出"自由意志"——人具有为恶（但不是为善）的自主决定能力。自由意志是导致人的罪恶的根本原因。他写道：

> 我意识到我有意志，犹如意识到我在生活一样。因此我愿意或不愿意，我确知愿或不愿意的是我自己，不是另一个。我也日益看出这是我犯罪的原因。④

奥古斯丁通过内省的方式发现自由意志存在的证据。《论自由意志》一

---

① 〔古罗马〕奥古斯丁:《忏悔录》,周士良译,商务印书馆 2015 年版,第 8 页。

② 〔古罗马〕奥古斯丁:《忏悔录》,周士良译,商务印书馆 2015 年版,第 9 页。

③ 〔古罗马〕奥古斯丁:《上帝之城:驳异教徒》中,吴飞译,上海三联书店 2009 年版,第 153 页。

④ 〔古罗马〕奥古斯丁:《忏悔录》,周士良译,商务印书馆 2015 年版,第 123 页。

开始就否定恶是人学习中得来的，而是人意志的自由选择。但既然自由意志是"神"给的，又带来同一个问题，是否"神"是行恶事的原因？对此，奥古斯丁解释说：

> 人不可能无自由意志而正当地生活，这是神之所以赐予它的充分理由。……假如人类没有意志的自由选择，我们如此渴慕的在神之正义中的善，即他之惩恶扬善，怎么可能存在呢？如果我们行事不靠意志，那就无所谓罪恶或善事了，而如果人类没有自由意志，奖惩就都会是不义的了。①

奥古斯丁不仅通过内省证明自由意志的存在，还将这种自由意志视为"神"造人时的赐予，体现正当性。（1）善恶与意志关联，没有意志的自由选择就没有善恶可言。（2）没有自由意志下的善恶，就失去惩恶扬善的对象，"神"之公义就无法彰显。（3）"神"赐予自由意志是为了保证人类过正当的生活，即在"神"的引导下，追求永恒的神圣之物，不迷恋必朽的属世之物，如果违背这一初衷，行悖"神"的恶事，给予惩戒便是公义的。自由意志理论是奥古斯丁学说的关键一环——自由意志成为人之所以为人的预设前提，使恶的发生有了具体原因和责任主体。但奥古斯丁的自由意志与现代人理解的有较大差异，奥古斯丁坚称，如果没有"神"的指引，自由意志没有为善的能力，只能为恶。

古罗马的西塞罗（Cicero，前106—前43）是自由意志的早期倡导者，反对盛行于古罗马的命定论。西塞罗认为，如果一切归于命运，"那么人类生活整个就毁了，颁布法律没有用，批评和赞美都没有用，也就没有什么确定的正义来奖善"。②奥古斯丁在《上帝之城》卷五中对他与西塞罗之间的观点作了区别。西塞罗认为，事情在我们意志的控制之下与存在对未来的前知，两者只能选其一；如果存在前知，就会承认命运对人的安排。但

---

① 〔古罗马〕奥古斯丁：《独语录》，成官泯译，上海社会科学院出版社1997年版，第110页。
② 引自奥古斯丁：《上帝之城——驳异教徒》上，吴飞译，上海三联书店2009年版，第183页。

奥古斯丁反对，认为承认"神"的前知和人有自由意志并不冲突。"我们说神能够在一切发生之前就知道，同时也强调我们靠意志做事。"① 奥古斯丁反对命运和命定论，事实上他把"神"的前知看作不可更改的"言说"（fando），或者是超越人类的必然性。我们是在"神"确定的因果顺序中，在超越人类意志的必然性中行使自己的自由意志。奥古斯丁还反对斯多亚学派关于必然性是对自由意志的控制，即自由与必然是冲突的观点。他举例说，我们讲"神"不能犯错，但丝毫不影响"神"的全能。"神"所确立的必然性，与"神"赐予人的自由意志，两者并不构成冲突，因为人要实现必然性，需要通过自由的抉择来展开并最终完成。有学者指出，"奥古斯丁是第一个提出了成熟的意志概念的哲学家。意志是使得人类自由的心灵层面。"② 这一判断是站得住的。当我们剥除神学外套，"人生而自由"，"人具有自由的类特征"等，在西方社会便成为一种无须证明的常识和公理；自由是对必然的认识，自由体现着必然，自由是必然规制下的选择等思想，都已经在奥古斯丁学说体系中存在了。

四、奥古斯丁的皈依

奥古斯丁宗教信仰离不开功利和算计这块基石，但也离不开另一块基石——理解。奥古斯丁自述，他在阅读西塞罗劝人读哲学的文章《荷尔顿西乌斯》之初，开始接触圣经。但对照西塞罗的典雅文笔，圣经质朴平淡的文风让奥古斯丁很不满意，后来又沉湎摩尼教和希腊哲学之中。奥古斯丁叙述了自己对摩尼教从坚信不疑到开始怀疑的心路历程，哲学给了他重要启迪。那些多才多艺能探索宇宙奥秘的希腊哲学家至少在受造物的探寻方面水平要高于摩尼教，因为摩尼教关于天象和日月星辰的神话同实际观察完全不符合。福斯图斯（Faustus）是摩尼教中首屈一指的人物，奥古斯丁曾抱有很高期望，但事实证明其学问平庸，无法解答他的长期困惑。柏拉图学园派中的怀疑主

---

① 引自奥古斯丁：《上帝之城——驳异教徒》上，吴飞译，上海三联书店2009年版，第184页。

② 〔美〕沙伦·M·凯、保罗·汤姆森：《伟大的思想家——奥古斯丁》，周伟驰译，清华大学出版社2019年版，第22页。

义引导了奥古斯丁，"他们主张对一切怀疑，人不可能认识真理。"[1] 他认为这些哲学家的见识要高于摩尼教。但希腊哲学的博学依然不敌关于"神"的认识。他忏悔说："一个人精通一切而不认识你，是不幸的，相反，不知道这一切而能认识你，是有福的。"[2] 在与米兰大主教安布罗西乌斯接触后，其"文字使人死，精神使人生"的信条使奥古斯丁思想发生转变。当奥古斯丁用新的方法——寓意释经法——再去读圣经时，发现原来的矛盾荒谬之处都不存在了，他找到使圣经逻辑自洽的释经法。

奥古斯丁经历了从摩尼教、到哲学，再转向基督教的心路历程。他认为，如果先接受圣经再接触哲学家的作品，基督信仰很可能被推翻，反之，如果从接触哲学开始再去研究圣经，就会确立坚定的信仰。从中可以解读出这样一些信息：哲学给神学提供了理性思维和学术训练，只有建立在理性思维和学术训练上的神学才是坚固的；假如缺乏理性和理解，神学很容易被冲垮。奥古斯丁的学说体系中，神学和哲学既相互交织、密不可分，但又相互对立，哲学只是神学的工具。

奥古斯丁《忏悔录》卷八讲述了最终皈依基督教的若干触因。第一，罗马一位德高望重的博学之人维克托利努斯，许多罗马元老都出于他的门下，却义无反顾皈依基督，领受了使人重生的洗礼，并公开宣布自己的新信仰。此事在罗马城引起极大轰动，促使奥古斯丁决心效法。第二，皇宫中担任要职的同乡来访，看到奥古斯丁在阅读保罗书信，除了表示祝贺外，还介绍了著名隐修士安东尼的事迹，特别讲述了他在皇宫中的两位同事因阅读了安东尼的事迹立即辞官去职成为终身侍奉神的隐修士。这几则故事对奥古斯丁产生极大的情感冲击。他对朋友叫喊着：

> 我们等待什么？你没有听到吗？那些不学无术的人起来攫取了天堂，我们呢？我们带着满腹学问，却毫无心肝，在血肉中打滚！是否他们先走一步，我们便耻于跟随他们？不是更应该惭愧自己没有跟随吗？[3]

---

① 〔古罗马〕奥古斯丁：《忏悔录》，周士良译，商务印书馆2015年版，第90页。
② 同上，第80页。
③ 〔古罗马〕奥古斯丁：《忏悔录》，周士良译，商务印书馆2015年版，第160页。

奥古斯丁随后以肺部不适和嗓子沙哑为由，辞去了世俗的雄辩术教职，于391年回到北非，前往希坡接受圣职，成为一名神职人员。

第二节　奥古斯丁的神学—哲学

尼西亚信经确立了"三位一体"教义，确认只有一个神，但有三个位格：圣父、圣子、圣灵。这个奇特的观点只能从思想史的角度去理解。基督教诞生于犹太教的母腹，但犹太教已经有了独一的"神"，那么中途冒出来的那个耶稣算什么？基督教必须在不突破一些原则的基础上确定耶稣的定位。这些原则是：（1）世界上只有一个"神"，否则就承认多神教了；（2）不能抛弃犹太经典中的"神"，因为传统意味着权威，时间越久远、权威越高；（3）耶稣必须是"神"，同时也必须是有肉身的人，否则崇拜基督和肉身复活就丧失依据；（4）圣灵必须是"神"，否则难以坚固圣徒的信心；（5）圣父、圣子、圣灵必须是独立存在的三位格，但又不能是在不同时间里分别显现的三个。上述原则尽管相互矛盾，但必须统合起来，保证逻辑自洽。这的确是人类思想史上一项罕有的、富有挑战的、高难度的智力活动。而奥古斯丁的目标更为宏大，要把希腊哲学、罗马历史编织到整个神学体系之中，正是在这富有综合性创新的智力游戏中，产生了一系列影响西方的思想观念。这确实是西方思想史上一件有趣又古怪的事情。

一、奥古斯丁的"爱的梦呓"

《论基督教的教义》是奥古斯丁395年成为希坡主教后的作品。他把人类知识的对象分为三类。第一类是关于天国的知识。第二类是关于世间万事万物的知识。第三类是关于人类的知识。在他看来，人类犹如一群在异国他乡的流浪者，盼望回到自己的家乡，必须借助一定的交通工具并经过很多风景秀丽的地方。其中，有的人不留恋于沿途的美景而很快回到快乐的家，有的人却沉湎于旅途中虚假的快乐，犹如迷途的羔羊，不再思念自己的家。天国是人的真正归宿，现实世界是人的驿站。他与斯多亚学派之间的差异是，后者认为现实世界是监狱，身体是牢房，人唯一的盼望是灵魂摆脱枷锁回到"神"的身边；而奥古斯丁认为现实世界有其美好处，只是不如天国美好，它是人走向幸福的必要阶梯。他区分两种爱：爱尘世和爱天国。前者是使人腐化的贪爱，后者是使人得救的真爱。

"神"不可言说，但又不得不说。这是神学的悖论。奥古斯丁认为："如果不可言说就是不可能对它有任何论说，那么它若还能被称为是不可言说的，就不是真的不可言说。"① 这说明"神"还是可以用语言符号来表达的。就如无理数或超越数，人类迄今无法把它们完整表达出来，但并不妨碍证明它们存在并且可用符号表达。当人们说到"神"的时候"就会想到一种至善至美、永恒存在的本性"，这说明"神"是可以思考并存在的。思考的方法论，那就是从信仰出发，而不是借助理性。奥古斯丁的"神"是充满慈爱的天主，同时还是位没有形体、永恒不变的智慧生命。人无法认识他，只有他屈尊向我们走来，向我们显示，才能被我们看到。奥古斯丁神学的关键一环是基督论。他说："他从天堂出发来到人间，最先降到童女的怀中，和人性、和具有死亡性的人身结合，使吾人不再处于死亡之中。"② 这个过程好比我们把心里的话变成一种外在的声音让人听见，但我们的思想并没有因为变成了声音而失去。

当基督教成为罗马国教，投机分子大量进入教会，使教会成了鱼龙混杂之地。这时候再说只要皈依就一定得救，显得不合时宜。奥古斯丁发展了"预定论"的思想——人能否得救完全建立在不可抗拒的恩典之上。按照"预定论"，被"神"拣选的人数是固定的，当满了这个数额，剩下的就不能再得救。"神把自己赐给他的百姓，但不是赐给所有的人，而是在他自己的时间赐给每个人，经过一代代人的离世、进入神的国，最终满了他百姓的数目。"③ 从"预定论"产生的新"选民"思想，在 16 世纪的宗教改

---

① 〔古罗马〕奥古斯丁:《论灵魂及其起源》,石敏敏译,中国社会科学出版社 2017 年版,第 18 页。

② 〔古罗马〕奥古斯丁:《忏悔录》,周士良译,商务印书馆 2015 年版 2009 年版,第 67 页。

③ 〔古罗马〕奥古斯丁:《论灵魂及其起源》,石敏敏译,中国社会科学出版社 2017 年版,第 196 页。

革中被路德和加尔文采用，成为新教神学的重要理论基础。

奥古斯丁把整部圣经归结为爱"神"和爱邻人。他认为，只要以增进爱为目的，即便没有准确理解圣经的一些段落也是无害的。奥古斯丁认为，爱"神"是前提，我们因爱"神"才获得爱邻人的能力。同时，我们还因爱"神"而获得救赎的恩典。假如没有"神"的恩典，人只能是罪恶的奴隶——我们既不可能真正行善，也不可能具有爱的能力。如果不爱"神"，那么人什么都不是。

我们之前讨论过亚里士多德完成了西方历史上第一个"爱的梦呓"——宇宙因喜爱"神"而被驱动，那么奥古斯丁完成了西方历史上第二个"爱的梦呓"——我们因爱"神"而拥有一切。这类"爱的梦呓"，逐渐演变成"博爱"这一近代西方的普世价值。从中，我们会发现一个小秘密——西方殖民者凭空获得土地的秘密。首先要让原住民相信，因为始祖亚当的缘故，所有人都是罪人，但请别灰心，现在有个好消息（福音）告诉你："神"派他的独生子白白地替人做了牺牲，凭着这份无边的爱，会洗掉你的罪恶。对于进入天国的人来说，土地等财产只会是负担，而交给耶稣的身体——教会，或者交给白人基督徒是唯一的好办法。当原住民一个个因屠杀、瘟疫、贫困死去的时候，西方殖民者用"爱的梦呓"获得土地，他们举着十字架真诚地说：你们应该感激才对，因为你们是作为受洗的基督徒死去，不仅灵魂获救，甚至获得了灵性的身体和永生的权利。[①]

二、"三位一体"的证明

奥古斯丁《论三位一体》写于 399 年或 400 年，但直到 420 年左右才完

[①] 罗素说："墨西哥和秘鲁的西班牙人经常给印第安婴儿施行洗礼,然后当场把婴儿撞得脑浆崩裂,他们用这种方式保证这些婴儿作为基督徒都能升入天堂。"见《罗素文集》第 11 卷,徐奕辉等译,商务印书馆 2012 年版,第 49 页。无独有偶,2021 年 5 月以来,加拿大多地因陆续发现大量非正常死亡的土著儿童遗骸,引起全世界关注,其责任正是基督教会所办的寄宿学校。正当加拿大原住民为此愤怒的时候,2021 年 7 月 8 日美国一份保守党杂志发表的一篇文章称:我们相信原住民会感激这些孩子是作为基督徒死去,因为他们的灵魂已经得救。

成。与其他作品不同，这部著作贯穿着奥古斯丁的个人旨趣。奥古斯丁证明"三位一体"的基本方法是，用信仰获得理解，又用理解使信仰坚固。当然，奥古斯丁的所谓理解，有时恰恰是无法理解，因为无法理解代表着最高的理解。

人无法直接观察"神"，但可以从研究受造物，尤其是研究人自身入手来间接证明。奥古斯丁的这一方法，其依据来源于旧约。既然人是按照"神"的形象和样式造的，那么把人研究明白了，关于"神"也就大概搞清楚了。按照这样的思路，奥古斯丁还真的在受造物身上，尤其是人身上发现了大量"三位一体"的证据，从而证明"三位一体"的确凿性。对此，后世的西方学者称赞"是奥古斯丁发明了内在的人"①。奥古斯丁《忏悔录》说：

> 我愿意人们对自身三个方面思索一下。……我所说的三个方面是：存在、认识和意志。我存在，我认识，我愿意；我是有意识，有意志；我意识到我存在和我有意志；我也愿意我存在和认识。一个生命，一个思想，一个本体，不可分割却又截然分清。谁能领会的，希望他细细体会。希望每人面对着自身，观察自身，然后答复我。②

奥古斯丁认为，人自身的三个方面，存在、认识、意志，类似于三个位格。这种通过神—人类比的方式证明"三位一体"。这种方式，很容易令人联想到比奥古斯丁早出生 500 多年的董仲舒用"天人同类""天人相副"的方式证明天人感应的合理性③。他们的思维方式有惊人的相似之处，不同的是，董仲舒常遭后人诟病为迷信、愚昧，而奥古斯丁却得到后世西方学者的普遍赞扬。由此可看到学术评判上的"双标"。

奥古斯丁是如何通过神—人类比的方式来展开论证的？他说："至高的三位一体的像，我们就是在尚未幸福的人身上都能找到。"找到什么？那就

---

①　〔美〕沙伦·M. 凯、保罗·汤姆森：《伟大的思想家——奥古斯丁》，周伟驰译，清华大学出版社 2019 年版，第 78 页。

②　〔古罗马〕奥古斯丁：《忏悔录》，周士良译，商务印书馆 2015 年版，第 315 页。

③　参看拙著《中国道统论》上，中国社会科学出版社 2021 年版，第 448、449 页。

是"我们存在，我们知道自己存在，我们热爱自己的存在和对此的知识"。
概要地说就是"存在、知识、对前两者的爱"① 这三位，分别对应着圣父、
圣子、圣灵。即圣父代表永恒的终极存在，圣子代表最高的智慧，圣灵代
表永恒真实的爱。此外，奥古斯丁从一般受造物，人的感觉和人的心灵等
多个方面都发现"三一"的形象。比如，在《论三位一体》卷九中分析人
的心智形象中的"三一"，即心灵、心灵的自知、心灵的自爱。人有心灵，
这是绝对真实的存在；心灵爱它自己，说明心灵之外有一个不同的东
西——自爱；心灵若非认识自己，是不能爱自己的，说明存在第三个东
西——自知；三个不同的东西，实质只有一个。

> 当心灵用这三者知己爱己时，三一仍然是心、爱、知的三
> 一。……它们每一个都在另两个之中，因为知己爱己的心灵正在其爱
> 与知中，正在知己爱己的心灵的爱也在心中及其知中，正在知己爱己
> 的心灵的知也正在心中及其爱中。②

冈察雷斯称赞奥古斯丁对三一思想作出两大贡献："他的圣灵所从出的
理论，以及他的三位一体在受造者里面留下痕迹的教义。"③ 前面我们已经
介绍了他的后一个贡献，他的前一个贡献是解答这样的疑问：同样都是从
圣父出来，圣灵为什么就不能叫圣子呢？他是这样回答的：

> 你看，他（圣灵）从父出来，不是受生而是被赐，因此他不被称
> 为子，因为他不像独生子那样受生，也不像我们这样为恩典所造或拣
> 选。……圣灵既是上帝的灵，也是我们的灵，上帝赐了他，我们受
> 了他。④

---

① 〔古罗马〕奥古斯丁：《上帝之城：驳异教徒》中，吴飞译，上海三联书店 2009 年
版，第 105、108 页。

② 〔古罗马〕奥古斯丁：《论三位一体》，周伟驰译，商务印书馆 2018 年版，第 265 页。

③ 〔美〕胡斯都·L. 冈察雷斯：《基督教思想史》第 1 卷，陈泽民等译，译林出版社
2010 年版，第 314 页。

④ 〔古罗马〕奥古斯丁：《论三位一体》，周伟驰译，商务印书馆 2018 年版，第 179、
180 页。

对于这类所谓的"论证和解释",现代读者必定会感到很无聊,甚至觉得荒唐,但我们要注意到这些论证过程引发的思想价值,以及对近代欧洲哲学的启发。奥古斯丁在说明"我们存在,我们知道自己存在,我们热爱自己的存在和对此的知识"时,所作出的一大段说明,绝对会让我们联想到1200多年后的笛卡尔为寻找确定性而提出的"我思故我在"。奥古斯丁在回答"三一"的形象可能是被欺骗的假象时这样说:

> 即使我被骗了,我还存在。因为不存在的人不能被骗;如果我被骗,这恰恰证明我存在。因为被骗了我也存在,那么在肯定我存在这件事上,怎么能骗我呢?……那么无疑,在我知道我存在这一点上,我也不会被骗。……在我爱这件事上,我不会被骗,因为在我所爱的事情上我没有被骗;即使这些是假的,我对这些假的事物的爱仍然是真的。①

奥古斯丁试图用逻辑证明三一形象的真实存在,这种证明思路被笛卡尔用来证明人的思想存在的真实性,从而为人类知识寻找确定性基础。当然,笛卡尔本人一直对这一命题的出处讳莫如深。

三、时间和创世

古希腊哲学中,柏拉图与奥古斯丁之间最密切,是因为他们在世界是被创造出来上找到最大公约数。奥古斯丁说:"我们最好和柏拉图主义者讨论哲学,因为他们的意见超过了所有哲学家的教条。"② 当然,他坚称柏拉图只是受惠于圣经,因为"柏拉图并非不知道那些圣经"。③ 但奥古斯丁并不是柏拉图主义者,原因还是双方对创世方式的理解完全不同。

奥古斯丁的"神"是从无中创造出宇宙的一切。如何创造?答案是:

---

① 〔古罗马〕奥古斯丁:《上帝之城:驳异教徒》中,吴飞译,上海三联书店 2009 年版,第 105、106 页。

② 〔古罗马〕奥古斯丁:《上帝之城:驳异教徒》上,吴飞译,上海三联书店 2009 年版,第 286 页。

③ 同上,第 295 页。

言语。他说："你一言而万物资始，你是用你的道——言语——创造万有。"①"神"的言语就是圣子——最高的智慧、真理、思想和逻各斯。当然，人们会产生疑惑，"神"在创世之前干什么？为什么偏偏在这个时候创造宇宙？对此，奥古斯丁的回答是：宇宙产生之前没有时间，是"神"创造了时间，所以不存在创世之前干什么的假问题。他继续自问自答："那么时间究竟是什么？没有人问我，我倒清楚，有人问我，我想说明，便茫然不解了。"②亚里士多德将时间与运动关联，通过对运动的度量来理解时间。但奥古斯丁不赞成，认为时间是主观的印象。《忏悔录》卷十一对此作了比较深入的探究。他认为，过去已经不存在、将来尚未出现，因此过去和将来都不存在，存在的只有一个稍纵即逝的现在。时间只能分为过去的现在，现在的现在和将来的现在这三类，它们只存在我们的心中，别处找不到。过去的现在成为记忆，现在的现在便是感觉，将来的现在就是期望。过去、现在和将来，最终还原成心灵中的三种印象。

奥古斯丁提出如此奇怪的时间理论，并不是有对纯粹形而上问题的偏好，而是有特定目的。他要解释"起初神创造天地"，这个"起初"是指时间的开端，时间是伴随受造物而一起被创造出来。他在《上帝之城》写道："世界的创造和时间的开端发生于同时，哪个也不比另一个在先。"③除此以外，奥古斯丁还想说明天国没有过去和将来，只有永恒的现在。既然时间只是心灵的一种印象，我们必须超越它给人带来的束缚。

柏拉图、裴洛的神创论，实质是造物主给早已存在的质料塑形。普罗提诺的流溢说，暗示"黑暗物质"并非从"神"那里流溢出来。但奥古斯丁坚持正统基督教信念，认为包括物质在内的一切都由"神"从虚无中创造出来。其基本顺序是这样的："神"用智慧创造天地，一个是我们肉眼看不到的天外之天，是一种具有理智的、纯精神的、永远仰望"神"的受造

---

① 〔古罗马〕奥古斯丁：《忏悔录》，周士良译，商务印书馆 2015 年版，第 251 页。
② 〔古罗马〕奥古斯丁：《忏悔录》，周士良译，商务印书馆 2015 年版，第 258 页。
③ 〔古罗马〕奥古斯丁：《上帝之城：驳异教徒》中，吴飞译，上海三联书店 2009 年版，第 83 页。

物，专属"神"居住；另一个是大地和肉眼能看到的地上之天，通称为"地"，是不具有形相的、混沌的、黑暗的物质，赐给人居住。这两者都超越时间，因为它们没有变化，不受时间流逝的支配，或者准确地说时间还没有产生。"你（神）从空虚中创造了近乎空虚的、未具形相的物质，又用这物质创造了世界。"① 这里，奥古斯丁提出了两个世界，一个是"神"从虚空中创造了属于自己的纯精神世界，然后又创造出精神性受造物，比如天使；另一个是从虚空中创造出混沌、无形相物质世界，然后再用这些物质塑造出包括人类在内的完整的现实世界。从奥古斯丁神学思想中引申出西方思想史上一个大问题：物质究竟从虚无中创造出来，还是永恒存在？基督教出现之前，希腊哲学的主流是后一种观点。基督教内部对此有不同的争论。但奥古斯丁坚持认为：

> 任何有分寸的学说不至于因《创世纪》提到水而未言什么时候创造水，便说这些水是和天主一样永恒。圣经上名为空虚的地和黑暗的深渊的无形物质，即使对于它的创造缺而不载，我们为何不能根据真理的教训，肯定它是天主从空虚中创造的，因此不能和天主一样永恒？②

奥古斯丁是凭着信仰，提出"物质是从虚空中创造出来"。对于深受希腊哲学浸润的人来说，这一断言是难以接受的，但随着基督教的胜利，开始主宰欧洲思想界。近代以来，随着基督教传统信仰的衰竭，这种观点逐渐被边缘化。但是，我们不能忘记，时间有开端，物质并非永恒、物质从虚空中创造的观点似乎又从现代物理学中找到一些知音。

奥古斯丁对时间和创世的分析，实质是分析了时间与存在的关系。一方面时间使受造世界有了历史，有了意义——一种主观的赋予，另一方面给后世思想家探讨时间与存在拓展了思想空间。

---

① 〔古罗马〕奥古斯丁:《忏悔录》,周士良译,商务印书馆2015年版,第281页。
② 〔古罗马〕奥古斯丁:《忏悔录》,周士良译,商务印书馆2015年版,第296页。

四、人的灵魂

柏拉图体系中，宇宙是一个生命体，是具有灵魂的生灵。但奥古斯丁的宇宙并不是，而是类似于一个机械装置，因为他否认宇宙有灵魂，否定灵魂可以在各个生物之间轮回。《论灵魂及其起源》是奥古斯丁关于灵魂问题与一位名叫维克提乌·维克多（Vincentius Victor）的年轻人争论灵魂问题引发的。维克多原为基督教异端多纳徒教派（Donatism）分裂出来的一个小教派罗格派（Rogatianism）的信徒，后来归信大公教会。他在一些信件中阅知奥古斯丁关于灵魂的观点后很不满意，写了小册子批评，奥古斯丁看到这个小册子后写了四封书信给予反驳，这四封书信集结成《论灵魂及其起源》。

双方在几个问题上意见相左。（1）维克多认为，身体不属于人，真正属于人自己的只有灵魂，灵魂来自"神"，但身体不是。奥古斯丁认为身体和灵魂都属于人，它们都来自"神"。他借用新约的经文说明"身体也是出乎神的"。① （2）维克多认为，灵魂既非出自遗传，也非出自虚无，而是由"神"向人吹气形成，因此灵魂具有神性。奥古斯丁则认为，人最初的灵魂和身体既不是从"神"的自身中也不是从永恒物质中创造的，而是由"神"从虚无中创造出来，人的后代则是从父母那里遗传身体和灵魂。他说："我们毫不犹豫地断言，他（指维克多）所推论的前提，即人的灵魂既不是出于遗传，也不是出于虚无，肯定是错误的。"② （3）维克多认为，人的灵魂是好的，但是受了肉身的沾染，因而有了罪恶。奥古斯丁反问："灵魂在接受肉身之前有什么罪过，使它注定要披上肉身，从而同流合污？"③

奥古斯丁与维克多的争论实质反映了基督教与希腊罗马哲学之间的深刻差异，体现了两种神学之间的斗争。奥古斯丁坚持"神"的一元性，强

---

①　〔古罗马〕奥古斯丁：《论灵魂及其起源》，石敏敏译，中国社会科学出版社 2017年版，第 204 页。

②　〔古罗马〕奥古斯丁：《论灵魂及其起源》，石敏敏译，中国社会科学出版社 2017年版，第 200 页。

③　同上，第 184 页。

调宇宙的一切包括物质都是"神"从虚无中独自创造出来，而希腊哲学的"神"只是有序宇宙的塑造者，并没有创造惰性混沌的物质。正是奥古斯丁使一元论的宇宙观更加牢牢占据欧洲思想界的正统地位。第二，奥古斯丁强调人的罪恶来源于生命诞生之前的原罪和生命诞生之后的自由意志。而希腊哲学把恶仅仅看作善的缺失，来源于物质，来源于肉身对人的灵魂的禁锢。希腊哲学关于恶是善的缺失的观点对于奥古斯丁摆脱摩尼教的善恶二元论起到了很大作用，但并不意味着他全部接受希腊哲学的观点。两者之间的这种认识上的不同，具有多重意义。如果按照维克多的理解，"神"创造了灵魂，接着让灵魂受肉身罪恶的沾染，然后再去救赎。不就等于推你下河然后再救你吗？但如果是因为人类的原罪以及自由意志犯下的罪，"神"再来拯救，体现的才是白白赐予的恩典。第三，奥古斯丁从两重含义去理解灵魂，一重是指通过繁殖从父母那里带来的，可理解为"魂魄"，与人的气血共同构成了人的生命。另一重是基督徒受洗后领受的灵，也就是圣灵。因此奥古斯丁讨论灵魂问题，是把魂魄和圣灵前后分开来理解的。魂魄与生俱来，带着人的原罪，而圣灵是人受洗进入基督身体后接受的。

从某种意义上讲，奥古斯丁的灵魂论更接近现代人所理解的灵魂含义，而在古代哲学中，尤其是亚里士多德的灵魂论则包括了生理学、心理学和伦理学。

第三节　人类历史中的两座城

在基督教成为罗马国教后不久，410 年哥特人首次攻破并洗劫了罗马城。按照奥古斯丁的说法："众多伪神的崇拜者，也就是我们通常称为异教徒的，总想把这种摧残归罪给基督教，从此用更加尖刻和更加野蛮的方式污蔑真正的神。"[①] 于是他创作了卷帙浩繁的《上帝之城》，驳斥这些观点。他试图证明，罗马帝国的衰落不是基督教的错，罗马的毁灭不过是"神"

---

① 〔古罗马〕奥古斯丁：《上帝之城：驳异教徒》上，吴飞译，上海三联书店 2009 年版，第 3 页。

永恒计划的一部分，正是通过人类历史中的苦难来启示"神"的绝对正义。人世间的所有悲惨都为了彰显彼岸世界的好，"神尤其默许了这些侵扰，向我们揭示此生是充满灾难的，必须到别处去寻找幸福"。① 奥古斯丁将犹太教把苦难神圣化，继而从中寻找神圣意义的办法发挥到极致。通过人的苦难和被解救，人类历史不再是一个又一个的无意义轮回，而是被赋予朝单一方向发展的、不断进步的意义。罗素曾将奥古斯丁与马克思的历史哲学作过一番类比："圣奥古斯丁把这种方式应用于基督教，马克思则将其应用于社会主义。为从心理上来理解马克思，我们应该运用下列的辞典。亚威＝辩证唯物主义；救世主＝马克思；选民＝无产阶级；教会＝共产党；耶稣再临＝革命；地狱＝对资本家的处罚；基督做王一千年＝共产主义联邦。"② 罗素暗示马克思的共产主义社会与奥古斯丁上帝之城有着相同的思维方式，或者说正是奥古斯丁赋予历史向极美好社会发展的终极意义，才使得西方社会中产生进步历史观、有了产生共产主义社会的文化传统。我们不知道罗素的这种比较是否有确凿的依据，或者说不知道他做这种比较的动机何在。但有一点似乎是肯定的，奥古斯丁和马克思对国家都没有什么好感，在各自学说体系中，国家终究都要消亡。他们都坚信人类会迎来一个没有国家、没有压迫的光辉灿烂的未来。这两者的共同性在二十世纪六七十年代的拉美"解放神学"中得到新诠释，马克思著作、圣经和 AK47 自动步枪成为为穷人解放而奋斗的拉美神甫的标准配置。但拉美解放神学之后，留下的依然是满目疮痍。

一、上帝之城和地上之城

在奥古斯丁体系中，宇宙有一个永恒不变的原理，有一个自有永有的终极存在，世界万物因他们而出现、而存在。至于为什么会有这样的原理、这样的终极存在，那是不可追问的，否则人的思维会陷入无意义的无限追

---

① 〔古罗马〕奥古斯丁：《上帝之城：驳异教徒》下，吴飞译，上海三联书店 2009 年版，第 325 页。

② 《罗素文集》第 7 卷《西方哲学史》上，何兆武、李约瑟译，商务印书馆 2012 年版，第 527 页。

问之中。这个原理和终极存在是奥古斯丁思考的逻辑起点，借着它创造出现实世界，而上帝之城和地上之城的原理在创世之前就存在。

奥古斯丁认为"神"创世的第一日就创造了天使。"如果我们把这光的创造理解为天使的创造是对的，那么天使们就分参了永恒之光。"① 就如人有自由意志，天使也有自由意志。按照事奉或悖逆"神"，天使也分为好的与坏的，前者生活在上帝之城，后者生活在地上之城。坏天使的出现并没有超出"神"的永恒计划。他说："神在制造魔鬼的时候，并不是不知道他未来会为恶，神甚至预见了，魔鬼的坏中会生出好来。"原来"神"不仅制造出坏天使，还有意利用它的恶。"如果有谁精心安排万物，罪恶也会装点美丽，虽然就其自身的状貌而言是丑陋的。"② 在好与坏的问题上，老子也讲"祸福相倚"，也有"坏事变好事"的观点，但两者有本质区别。老子的祸和坏事虽不依人的意志为转移的，但人的努力可以使之发生转化，所谓事在人为。而奥古斯丁把它看作"神"的有意安排，人无法改变只能甘愿承受。对于这样的神意，我们可能会质疑："神"为什么要用这种方式折磨人？为什么不能用更加善良的方式对待自己的受造物？就如人的某种疾病，当医学不发达时确实无可奈何，而医学能够治疗却不予治疗时，是否应受到指责？或者只能说"神"并非是全能的，因为他无法消除恶，或者说并非是全善的，因为他有能力但不愿意做。但奥古斯丁的"神"不接受人的质疑和道德审判，正如《约伯记》里"神"在旋风中嘲笑渺小的人："我立大地根基的时候，你在哪里呢？"（38：4）近代西方发展起来的人道主义，其实首先针对这种冷酷的神学—哲学的反叛。

因天使的分化而开启的两座城，预示着人类这种受造物的命运。但奥古斯丁借着新约的一段经文③，证明人类在被创造之前，就预定将来要过永

①　〔古罗马〕奥古斯丁：《上帝之城：驳异教徒》中，吴飞译，上海三联书店2009年版，第87页。

②　〔古罗马〕奥古斯丁：《上帝之城：驳异教徒》中，吴飞译，上海三联书店2009年版，第102页。

③　"盼望那无谎言的神，在万古之先所应许的永生，到了日期，借着传扬的工夫，把他的道显明了。"《提多书》1：2、3

生的幸福生活。按照这样的观点，初人的创造、伊甸园的故事、亚当的堕落、该隐杀害亚伯、大洪水、亚伯拉罕受启示、耶稣道成肉身、与异端的斗争、末日审判等一连串的因果链条就构成了一个有完整意义的人类故事。他说："初人被造时，如果他们不犯罪，他们的身体就不会在死亡中消解，而是因为服从而得到神赐予的不朽，会永远活着。"① 亚当和夏娃在伊甸园的生活本来是可以如此永恒地进行下去。这是一个没有财产、没有等级、没有压迫的简单社会。阿兰·瑞安评论说："如果没有自天堂的堕落，人可能会生活在简单朴实、人人平等的共产主义社会中，没有财产，没有法律，也没有政治权威。"② 按照永恒的神圣计划，有自由意志的人必然要犯罪。他们偷吃善恶果子，象征着鄙视"神"的命令而选择自由意志，由此开启苦难、悲惨的人类历史。但"神"并没有放弃人类要过永生的幸福生活的预定计划，派遣独子耶稣披上肉身来到人间。靠着这个神—人之间的中保，"人才可能脱离必朽的悲惨，到达不朽的幸福"③。人类将重新走向"神"曾预定的永生的幸福生活。但这一次并不是所有人都那么幸运，只有被"神"选中的才能在末世审判后登上天国，其余则永远死去。因为，"上帝最初创造的初人中，隐藏着整个人类的两个集团和两个城的种子。这并不是显而易见的，而是隐藏在上帝的前知中"④。人间之城的第一个建造者是杀害弟弟的该隐，这是人类历史上发生的第一件谋杀案。该隐和亚伯的冲突，反映出人间之城与上帝之城的敌对，而诸如罗马建立者雷姆斯和罗慕洛两兄弟之间的残杀，表明人间之城内部的冲突。在整个人类历史过程中，究竟谁将来能生活在上帝之城，谁生活在人间之城，并不清楚，直到末日审判才会明了。奥古斯丁还特别承诺，审判后获得不朽的选民，将拥有比

---

① 〔古罗马〕奥古斯丁:《上帝之城:驳异教徒》中,吴飞译,上海三联书店2009年版,第171页。

② 〔英〕阿兰·瑞安:《论政治》上,林华译,中信出版社2016年版,第242页。

③ 〔古罗马〕奥古斯丁:《上帝之城:驳异教徒》中,吴飞译,上海三联书店2009年版,第16页。

④ 〔古罗马〕奥古斯丁:《上帝之城:驳异教徒》中,吴飞译,上海三联书店2009年版,第150页。

初人的"血气性身体"更加完美的身体——"灵性身体"。"所谓灵性的，并不是缺少身体，而是能够靠带来生命的灵维持生命。"①

　　奥古斯丁把人类历史看作是"神"的选民不断成长的历史。比如，从亚当到诺亚是选民的婴儿期，诺亚到亚伯拉罕是选民的儿童期，亚伯拉罕到大卫是选民的青春期，而从大卫开始，选民开始变得成熟，耶稣基督的一个主要称呼就是"大卫的子孙"。奥古斯丁描绘了人类将迎来的美好未来。比如，"我们的肉身将因不腐而会复兴，同样，我们的灵魂会因为信仰而复兴"②。最初的人类是有灵魂的气血之身，复活后是完全灵性之身。我们可以从奥古斯丁关于未来人类的讨论中看到目前流行于欧美的 LGBTQ③运动的宗教因素。奥古斯丁认为，那个时候，依然会有男女身体上的差异，但"女性的性别不是一种罪过，而是自然，那时候女人们就不再交媾和生育了，但是女性器官依然存在，不再服务于旧日的用处，而是形成新的美丽，这美丽不会激发情欲"④。这说明，同性恋、双性恋、跨性别、无性恋等，在"神"之爱中都是允许的，天堂没有嫁娶。针对有人担心自己的身体原来比较丑，或者缺胳膊少腿，或者是大胖子或瘦子怎么办的问题，奥古斯丁打保票：我们都会复活为完美的人。当然，还会有人疑虑，人有自由意志，那时候再选择干坏事怎么办？奥古斯丁信誓旦旦："在那个城里，所有人都有一个共同的、不可分的自由意志，解脱了所有的坏，充斥了所有的好。"⑤ 意思是人依然有自由意志，但这一次的自由意志与前一次的自由意志不同，前一次的只选择做坏事，后一次的只会选择做好事。完美的

---

　　① 〔古罗马〕奥古斯丁：《上帝之城：驳异教徒》中，吴飞译，上海三联书店2009年版，第174页。

　　② 〔古罗马〕奥古斯丁：《上帝之城：驳异教徒》下，吴飞译，上海三联书店2009年版，第176页。

　　③ L指女同性恋者，G指男同性恋者，B指双性恋者，T指跨性别者，G指挑战传统性取向的酷儿。

　　④ 〔古罗马〕奥古斯丁：《上帝之城：驳异教徒》下，吴飞译，上海三联书店2009年版，第316页。

　　⑤ 〔古罗马〕奥古斯丁：《上帝之城：驳异教徒》下，吴飞译，上海三联书店2009年版，第345页。

社会，会有一群完美的人与之匹配，连自由意志都只用来做好事。这种思想在柏拉图，在奥古斯丁，甚至在列宁那里都有体现①。

奥古斯丁的人类历史将走过一个螺旋式上升的路径：人类最初生活在无国家、无政治的伊甸园，虽快乐但很简陋；中间经过一段苦难的过程，但这是必要的、值得的；在历史终点，人类又将进入无国家、无政治的天国，这是高级乐园，甚至于人的身体、心灵都有脱胎换骨的改变。

二、国家是需要消亡的必要的恶

对现实政治，奥古斯丁有一种很奇怪的理论。"在这大地上，好人统治对人类的事业有用，但对他们自己没有什么用。而真正坏人的统治伤害更多的是治人者自己，因为他们的这种罪行和奢侈毁坏了自己的心灵；这些不会伤害到那些被统治的奴隶，除非他们自己也变得邪恶。"就是说，无论是好人还是坏人，做一个尘世的统治者对自己都没有好处。奥古斯丁对国家嗤之以鼻，"没有了正义，国家不过是一大群强盗。而强盗不过是一个小王国。"② 国家是历史的产物，从人堕落直到第二次复活之前，是一种不可避免的现象，将随着历史的终结而消亡。国家存在的价值是让人在尘世间的渴望得到满足，同时避免过分的混乱。但如果人们把这种羁旅中的暂时现象作为目的来追求，忘却未来天国的好，无疑是不可饶恕的罪恶。

与亚里士多德赞美并论证奴隶制符合自然正义不同，奥古斯丁有反奴隶制的倾向。"神"造人的时候，是按着自己的形象，命令人管理地上的一切生物，但并未规定人管理人，因此人的自然天性中不存在奴仆和主人之分。在诺亚诅咒含的儿子为奴仆之前，圣经并没有"奴仆"这个词。人之所以成为奴仆是因为罪而非自然的因素。在事奉"神"方面，也就是获得

---

① 列宁在《国家与革命》中针对有人把"各尽所能，按需分配"冷嘲热讽为"纯粹乌托邦"，认为未来实现这一制度要满足两个条件："既不是现在的劳动生产率，也不是现在的庸人。"将出现共产主义新人与物质财富极大富裕并列为共产主义的两个基本条件。人民出版社 2015 年版，第 99 页。

② 〔古罗马〕奥古斯丁：《上帝之城：驳异教徒》上，吴飞译，上海三联书店 2009 年版，第 137 页。

救赎的权利方面，所有人是完全平等的。但是，奥古斯丁发展出一种新的更冷酷的奴役理论。他声称：

> 人们做了别人的奴仆，要比做自己的欲望的奴仆幸福，因为欲望的统治无比野蛮，会毁掉必朽的心。……在人类的和平秩序中，那些受别人统治的人可以产生服从的谦卑，这是有益的；而统治的高傲是害人的。①

这意味着，对于那些心性桀骜不驯的人，做别人的奴仆要比做自己欲望的奴仆幸福多了，至少可以养成谦卑美德，更有益于获得救赎。这是一种有别于古希腊罗马的有基督教特色的奴役理论，但本质都一样——做奴仆对本人只有好处。相比而言，古代中国虽发展出"君君臣臣"的等级制理论，但从来没有一位儒学大师会告诉你：做别人的奴仆要比服从自己更幸福。但奥古斯丁以"神"的名义告诉你这是千真万确的，因此西方发展出更严酷的奴役制度就不足为怪了。

当然奥古斯丁期盼的美好在天上，并不在地上，因此对于地上之城的各种罪恶并不以为有多大的问题。这种神学的冷酷性就在于此，它让底层民众安于贫困和恭顺，尼采就指责基督教倡导奴隶道德。奥古斯丁接受保罗的教诲，要求奴仆心甘情愿服从主人，服从是两座城共同的准则。他在《忏悔录》中写道："因为服从君主是人类社会共同的准则，那么对万有的君主，天主的命令更应该毫不犹豫服从。人类社会中权力有尊卑高下之序，下级服从上级，天主则凌驾一切之上。"② 这两种服从有本质区别，对主人和君主的服从是短暂的、是手段，而对"神"的服从是永恒的、是目的。人为什么要服从尘世的权威呢？奥古斯丁告诉你，那是"神"用来惩罚我们的方式。国家是必要的恶。当这一切结束，才是旧人类历史终结、新人类历史开始的新纪元。由人统治的城邦和国家会在那一刻消失，进入由

---

① 〔古罗马〕奥古斯丁：《上帝之城：驳异教徒》下，吴飞译，上海三联书店 2009 年版，第 151 页。

② 〔古罗马〕奥古斯丁：《忏悔录》，周士良译，商务印书馆 2015 年版，第 48 页。

"神"直接统治的历史——神在万物之上，为万物之主。这将是一个没有罪恶、没有奴仆、没有主人、没有人对人压迫的新世界。

从早期基督教发展轨迹看，基督徒们有放弃一切财产权的强烈愿望，过一种共产的集体生活。奥古斯丁同样如此。成为主教后，他建立了西方最早的宗教修道会，即后来称为"奥斯定会"（the Augustinian Order）的组织。根据该会章程，成员须放弃一切财产甚至不能拥有自己的衣服。奥古斯丁希望通过取消财产所有权来消除人与人的不平等和人对人的压迫。这种思想冲动，在被天主教册封为"圣人"的托马斯·莫尔那里产生强烈回应，写出了《乌托邦》，成为欧洲社会主义运动的先驱。

由于奥古斯丁怀疑国家和现世生活价值，因此对文化教育持反对态度，有强烈的反智主义倾向——人在世间唯一重要的是事奉"神"，几乎不需要世俗的文化修养。他认为圣经所说的鬼怪，在希腊词汇对应的是"知识"。经上说："知识是叫人自高自大，惟有爱心能造就人。"（《哥林多前书》8：1）他断言："如果没有爱，知识毫无用处；没有爱，知识就会膨胀，也就是变成最空洞和饶舌的高傲。"[1] 奥古斯丁《忏悔录》强烈表达了这种反智倾向。他说自己20岁时对亚里士多德的《十范畴论》就能即刻领会，对修辞、雄辩、几何、音乐、数学的论著更是驾轻就熟，可这一切在他看来毫无用处。"这些聪明天赋不仅没有用，反而害了我。"[2] 一个充分享受着古典教育成果的博学者，最终成为西方反智主义的重要源头之一。

三、自然秩序和正义法则

正义同样是奥古斯丁所关注的问题，它基于自然秩序。我们首先需要明白奥古斯丁所说的自然秩序是指什么。这里有两个角度。

第一，从生命的角度看待自然秩序。在一切受造物中，"有生命的高于无生命的，……有感觉的高于没感觉的，……有理智的高于无理智

---

① 〔古罗马〕奥古斯丁：《上帝之城：驳异教徒》中，吴飞译，上海三联书店2009年版，同上，第22页。

② 同上，第74页。

的，……不朽的高于必朽的"①。由此形成了一个自然等级阶梯，"神"居于最高端，其次是天使、人类以及各种生物，最后是无生命的物体。但在现实生活中人们常常违反这种自然秩序，为了自身的利益而"自由地"改变评价标准。比如许多人爱马匹胜过奴隶，爱珠宝胜过爱侍女。这是违反自然秩序的。奥古斯丁认为是由贪欲和世俗需求驱使的非正义。

第二，从存在的角度认识自然秩序。"神"是终极存在，是不需要凭借任何事物的"自有永有"，因此在存在的自然秩序中等级最高。其他所有被造者，则按照"让某些存在多一些，让某些少一些"②。这样的标准确立被造物的自然秩序。什么叫"存在多一些或少一些"？这是典型的经院哲学概念。比如一个人，一条狗，都真实存在，怎么能确定谁的存在多一些、谁的少一些？奥古斯丁的意思是：万物由"神"创造、因"神"存在，凡是更接近"神"的，更爱"神"的，其存在就多一些，否则就少一些。比如"恶"，不是"神"创造，不分有任何"神"的特征，其存在就是零，属于非存在的虚无。这就构成了奥古斯丁的"由高到低的存在大链条"。当分有"神"的特性越多，其存在的等级越高。比如，天使高于人类，人类优于动物，动物优于植物。

上述两种秩序观并非奥古斯丁原创。第一种来自亚里士多德，他用灵魂中理性的多少来判定不同生命的等级秩序。第二种来自柏拉图，他用现象世界中分有善理念的多少来区分不同的等级。但奥古斯丁把它们都纳入自己的理论框架，进行综合并赋予了新的意义。

当我们明白了自然秩序的含义后，就可以弄清楚奥古斯丁所理解的正义是什么了。其基本公式是：当且仅当 X 高于 Y 时，X 有权管理 Y。凡是符合这一公式的就是正义，否则就是非正义。比如，人的自然秩序高于动物，所以人管理动物就是正义的；好的天使高于人类，服从好天使就是正义的；"神"居于自然秩序的最高端，世界服从神就是正义的。反之，就是

---

① 〔古罗马〕奥古斯丁：《上帝之城：驳异教徒》中，吴飞译，上海三联书店 2009 年版。
② 〔古罗马〕奥古斯丁：《上帝之城：驳异教徒》中，吴飞译，上海三联书店 2009 年版，同上，第 118 页。

非正义的。对于这种正义观，有学者评论说："有人可能会认为，很容易运用存在大链条来为人世间的等级秩序作辩护。"① 历史上，神权统治下的西方社会的统治者就是按此为自己的统治辩护。但奥古斯丁的理论并不必然推导出这样的结论。他坚持圣经所说的，人是按照"神"的形象创造，无论从哪个角度说，每个人在自然秩序中的高低都是一样的，任何人都应该得到平等对待。那么，从奥古斯丁的神学理论中，从他的自然秩序中推导出"人生而平等"是一件看起来显而易见的事情，符合常识、符合正义。如果国家实现不了这种平等，这种国家就是非正义的。但任何理论都有其多面性，在奥古斯丁体系中，人因罪而做奴仆是正当的，心智健全的人，其自然秩序要高于心智不健全的人。当基督教的西方宣布异教是最大的邪恶，有色人种的心智不如白人健全，那么基督徒统治非基督徒，优秀人种奴役落后人种就是完全正当。它可以从奥古斯丁神学中推导出来。这种新的奴役理论，可用来为西方社会基于宗教和人种的奴役制度的合理性和正义性辩护。

　　作为与正义有关的被强暴妇女是否有罪，奥古斯丁有过较深入的讨论。罗马城被哥特人攻破后，大批基督教妇女受到强奸，但奥古斯丁坚持认为她们并未因此失去贞操。他说："如果意志保持不变和牢固，别人用他的身体做的，或施加给他的身体的事，如果承受者无力逃开以避免犯罪，就不能算是承受者的罪。"说明只要妇女在受辱中保持自己的抗拒意志，尽管被迫与人交媾，但心灵并未受玷污。他反对受辱后自杀的行为，这等于谋杀了一个无辜的人。"只要法律没有宣判某人死刑，哪怕是罪人，任何私人都没有权力杀死他。"② 这个任何私人也包括自己。他认为贞节是心灵的美德，别人的野蛮欲望无法污染他人的心灵，如果能够被污染，也只能被自身的欲望所污染。如果贞节只是属于身体的好，而非心灵的美德，更没有必要冒着失去生命的危险去保护。他进一步提出，"身体的神圣性并不在于它的

---

① 〔美〕沙伦·M. 凯 保罗·汤姆森:《伟大的思想家——奥古斯丁》,周伟驰译,清华大学出版社 2019 年版,第 129 页。

② 〔古罗马〕奥古斯丁:《上帝之城:驳异教徒》上,吴飞译,上海三联书店 2009 年版,第 26 页。

器官的完整无损"，比如妇科医生因各种原因，"在伸手检查女孩是否处女的时候，弄坏了处女膜，我认为，不会有人会如此愚蠢，以为那女子的身体的神圣性因此失去了"①。从这点看，奥古斯丁具有现代人的意识，受辱的妇女并没有失去贞洁。古犹太人盛行，后又被伊斯兰教沿用的众人用乱石砸死奸淫妇女的行为，被正统基督教所禁止。

奥古斯丁以古罗马历史上最后一位国王为例，倡导一种异于罗马传统的道德观念。该国王的儿子强暴了一位贵族的妻子叫卢克莱西亚。这位妇女向自己的丈夫揭露了自己受辱事实后自杀。正是这一事件，导致罗马王政的垮台和共和政体的建立。历史上，卢克莱西亚作为忠贞而高贵的象征获得罗马人赞扬。但奥古斯丁提出质疑。首先，为什么那个没有犯奸淫的卢克莱西亚要遭到更重的惩罚？因为她被自己杀死了，而那个犯奸淫的塔昆王之子仅仅被驱逐出罗马？其次，如果卢克莱西亚是无辜的、贞洁的，却被她自己杀害了，杀害无辜的卢克莱西亚的那个卢克莱西亚是否犯罪？第三，假如卢克莱西亚认识到自己并不是无辜的，甚至在那个青年暴烈的欲望勾引下激起自身的情欲，那么她确实犯了奸淫。这导致两难困境：或者承认卢克莱西亚是杀害无辜的罪犯，或者承认卢克莱西亚确实犯了奸淫。古罗马人引以为傲的英雄般人物，被奥古斯丁解构成一个可疑的有污点的人。

奥古斯丁提出了基督教特有的生命伦理：在任何情况下，都没有权威授予基督徒自杀的权利。"杀自己的人，和杀人没有不同。"②那么，什么时候杀人是允许的？答案是：除非按照"神"的法律，或者遵照"神"的命令。基督没有教导人们为免于落入迫害者的手中，可以动手杀死自己，你可以从这个城逃到另一个城，但任何时候，自杀都是不可取的罪。在战争中，基督教西方的士兵甘愿被俘、被卖作奴隶也不会自杀，而非基督教的东方士兵宁愿自杀也不甘心被俘。过去常常把前者解读为重视生命，象征

① 〔古罗马〕奥古斯丁：《上帝之城：驳异教徒》上，吴飞译，上海三联书店2009年版，第28页。
② 〔古罗马〕奥古斯丁：《上帝之城：驳异教徒》上，吴飞译，上海三联书店2009年版，第32页。

着文明，把后者斥责为轻视生命，象征着野蛮。但在笔者看来，除了基督教西方的自我美化和旁人的无知，确实找不出如此解读的理由。因为基督教义告诉你，你的生命不属于你，你没有权利决定自己的生死，而东方民族的观念则是我有主宰我自己生命的权利，当我的生命受辱而无法摆脱时，死亡才是保持生命尊严的最好办法。[①]

当每个人都是自己生命的看护者时，生命的尊严和价值才能得以体现。斯多亚学派中有这样的思想，但奥古斯丁体系中显然没有这样的思想。

[①] 《吕氏春秋·贵生》云："全生为上，亏生次之，死次之，迫生为下。……故曰迫生不若死。"与其忍气吞声活着，不如有尊严地死去。这代表了华夏文明对生命尊严的价值追求。——笔者注

第八章　广袤欧亚大陆上的不同学说

　　奥古斯丁于 430 年在希坡去世。爱德华·吉本说："当那座城在他死后数月被汪达尔人焚烧的时候，很幸运他的藏书得以幸免于难，其中还包括了他自己的大量的作品——232 部关于神学问题的书或论文，此外还有全面对诗篇和福音所作的注释，和大批书信和布道讲稿。"① 虽然奥古斯丁的书保存下来了，但西方世界开始面目全非。攻占希坡等罗马北非领地的汪达尔人，信奉的是属于基督教异端的阿里乌教派。不久（476 年），罗马化日耳曼人奥多亚塞（Odoacer）杀死西罗马最后一任皇帝，控制了意大利，自此西罗马灭亡。随着东西罗马的分离，基督教东西方教会开始貌合神离。罗马教会以耶稣首席门徒彼得的继承者自居，坚持自己在各基督教区中的首席地位。858 年，罗马教皇尼古拉一世拒不承认拜占庭皇帝任命的君士坦丁堡主教佛提乌（Photios）并开除其教籍，867 年佛提乌还以颜色、开除尼古拉一世教籍。佛提乌分裂之后，1054 年双方再次分别开除教籍，自此公教和正教彻底分裂。与此同时，伊斯兰教于 7 世纪初在阿拉伯半岛迅速崛起，其势力几乎直达基督教在东方和北非的全部地盘，甚至延伸到欧洲的伊比利亚半岛。同属亚伯拉罕系的基督教、伊斯兰教、犹太教，开始了在欧亚非的大角逐。最初，三教之间，尤其是基督教和伊斯兰教之间，关系总体良好，耶路撒冷的基督教主教甚至赞扬阿拉伯人在信仰上的宽大。但随着什叶派在整个穆斯林地区的兴起，西方对穆斯林的态度发生巨变。11

---

　　① 〔英〕爱德华·吉本：《罗马帝国衰亡史》下册，黄宜思、黄雨石译，商务印书馆 1996 年版，第 70 页。

世纪末，在罗马教皇和欧洲封建领主的蛊惑下开始了长达两个世纪的十字军东征。这次征战的意外收获是欧洲人在陷落的君士坦丁堡发现了大量保存完好的希腊文献。当我们的目光从地中海、西亚地区扫向南亚次大陆时，惊异地发现从吠陀经典中已经孕育出了婆罗门教和佛教等宗教，其中佛教还走出南亚大陆，传播到东北亚和东南亚广大地区，与华夏文明相互融合。从印度到意大利这片辽阔的区域，因人们对"神"认知不同，变得更加支离破碎。公元 1453 年，土耳其人攻占君士坦丁堡，将其更名为伊斯坦布尔，基督徒失去在亚洲的最重要支撑点。此时的欧洲正陷入分裂和内斗之中，正如吉本所描述的：

> 一个凡夫俗子谁能有办法使英格兰人和法兰西人、热那亚人和阿拉贡人、日耳曼人和那些匈牙利和波西米亚人友好相处？[①]

第一节　婆罗门教和佛教

在一神教逐渐统治西方，两河流域、古埃及和古波斯的传统宗教相继消亡的时候，属于多神教的印度宗教却在南亚次大陆顽强生存下来。印度宗教有两条线并行发展，一条是从吠陀经典、摩奴法典发展而来的婆罗门教、印度教，一条是从反吠陀经典中发展来的佛教、耆那教等。从婆罗门教发展而来的印度教依然是现代印度的主体宗教，而佛教在除印度之外的许多地区依然信徒众多，成为当今世界三大宗教之一。要准确理解婆罗门教和佛教的各自特点，不妨从奥古斯丁在《忏悔录》中的一段忏悔入手。他说："我观察在你座下的万物，我以为它们既不是绝对有，也不是绝对无；它们是有，因为它们来自你，它们不是有，因为它们不是自有的。因为真正的有，是常在不变的有。"[②] 奥古斯丁区分了两个世界：一个是绝对

---

① 〔英〕爱德华·吉本：《罗马帝国衰亡史》下册，黄宜思、黄雨石译，商务印书馆 1996 年版，第 648 页。

② 〔古罗马〕奥古斯丁：《忏悔录》，周士良译，商务印书馆 2015 年版，第 135 页。

自有永有的世界——神性神界，一个被创造出来、既非绝对有、又非绝对无的世界——现象世界和人类。无论是婆罗门教、佛教，还有希腊哲学，都赞同两个世界的划分。但他们对两个世界及其相互之间关系的理解很不同，从而形成了不同的学说体系。

奥古斯丁看来，前一个世界永恒、不朽，后一个世界依靠前一个世界存在，是变化、可朽的，但两个世界都是实在的、有意义的。新柏拉图学派否定现象世界的意义，认为它只是禁锢人类灵魂的监狱。婆罗门教把"梵"看作最高的实在，其他一切都是梵的化身，包括人在内的生命体（我，阿特曼）与梵合一，因此两个世界本质上同一。佛教把如来藏、真如视为唯一有自性的存在——绝对不变异、不依存他物，而我们所看到的现象世界都是从这个如来藏中缘起，属于无自性的存在，如幻如影。奥古斯丁认为两个世界本来是无法沟通的，但因为有了耶稣基督的"道成肉身"，"神"向人呈现，使得两个世界发生联系，真理被人认识。但从婆罗门教和佛教看来，这两个世界实质就是一致的，每个人都可以觉悟到世界的最高实在。作为反婆罗门种姓制度的佛教，倡导人人皆有佛性、人人皆能成佛。从上述简要对比中，我们发现，它们都有一个共同的特点，即人的终极意义在于超越现象世界，实现与神性世界或精神世界的同一。比较而言，基督教肯定现实世界的相对价值，而婆罗门教和佛教倾向于否定；基督教否定轮回说，而婆罗门教和佛教宣传轮回；基督教认为"神"从虚无中创造出世界，而婆罗门教认为现象世界是最高神的化身，佛教认为现象世界是真如缘起，是幻相而不真实。在这些方面，印度思想与基督教有较大差异，反而与希腊哲学比较接近（柏拉图承认轮回、贬低现象世界的价值）。从比较中，既看到基督教与婆罗门教、佛教之间在思维上的相通之处——这种相通性意味着不同宗教、不同文明之间可以相互沟通、相互理解；同时也看到不同之处——这种不同说明不同的文明形态的差异。

一、婆罗门教、佛教的神学—哲学

与其他宗教相比，婆罗门教有一个很大特点："该教并没有一个最初的创教者或始祖，而是由印度古代一个特定的社会阶层群体创立，逐步形成的。"① 这个群体就是婆罗门——祭司阶层。吠陀文献中雅利安人的主神因陀罗，在岁月的流逝中失去光彩，而《奥义书》描述的无所不在、遍布宇宙的力量——梵，到了婆罗门教，成为一种最高的实在。它完整而不可分割，所具有的三种神性——创造者、保护者、毁灭者，演变成三位主神，即梵天—创造者，毗湿奴—保护者，湿婆—毁灭者。三位主神职责不同，都由梵变身而来，属于多神教的"三位一体"。当然在婆罗门教、印度教派生的一些教派中，比如，信奉湿婆的教派，并不认为湿婆的职能是单一的，而是同时具备创造者、守护者、毁灭者的能力。

梵天虽然是创造之神，但在婆罗门教和印度教中却很少受到人们的关注和崇拜。一个创造了宇宙却与人的生活没有太多关联的神灵，必定被人淡忘。人性的势利，同样体现在宗教信仰中。毗湿奴作为保护神，具有惩恶扬善的能力，当世界要被恶魔等毁坏时，总是以某种化身出现，拯救世界。他在世间有多个化身，比如鱼、龟、野猪、狮子等动物，还有罗摩、黑天等英雄。当印度教吸收佛教的思想后，佛陀也成了毗湿奴的化身，打败罗刹等恶魔。湿婆是毁灭之神，吠陀文献并没有记载，可以认为是雅利安人的楼陀罗神演化而来，最后成了印度教中最受大众欢迎和崇拜的神祇。印度的禁欲主义者和苦修者看来，湿婆可能是最符合他们想象的神灵，因为他们在对自己身体的摧残中，在肉体痛苦中感受到精神上极度快乐。自虐成为印度宗教信仰的重要基础。由于印度教观念中，死亡意味着重生、毁灭意味着再创造，因此湿婆的形象往往和挺直的大阴茎相关联。他有很多很奇特的配偶，具有极旺盛的生殖能力。"神"对于人的意义，最根本的还是使人获得"解脱"，实现"梵我同一"。宇宙本体的梵，与人的主体的我（阿特曼），本质上是一样的。当我能认识到这个伟大的自我就是梵，还会再有什么欲望呢？可惜世人愚昧（无明），发现不了这一点。《大森林奥义书》说：

---

① 姚卫群:《印度婆罗门教哲学与佛教哲学比较研究》,中国大百科全书出版社 2015年版,第 3 页。

这条微妙而悠远的古道，

已经接触到我，被我发现；

知梵的智者们获得解脱，

沿着它，从这里上达天国。

……

如果一个人知道自我，

知道自己就是这个自我，

还会有何愿望和欲求，

为了这个身体而烦恼？

任何人若是发现和觉悟到

这个进入身体深渊的自我，

他便是创造一切的创世者，

世界属于他，世界就是他。①

　　佛教作为反吠陀传统的宗教，主要反映了刹帝利阶层和部分吠舍阶层的利益，是一个近乎无神的宗教。这一点在早期佛教尤其明显。佛陀只是一个寻求解脱人生烦恼的觉悟者而已，"没有任何东西显示他要建立一个全新的宗教"。② 佛教的核心思想体现在"三法印"，是检验佛说真伪的三条标准。一是诸行无常。宇宙万象迁流变异、诸多变化，因无自性皆是无常，犹如幻化。二是诸法无我。人我相、法我相皆为不真的幻相，或者皆从意识中产生，若真有我，何以我的心绪、生死皆非我自己能掌控？三是涅槃寂静。这是一种不生不灭，摆脱轮回之苦的真如世界。佛教不承认世界由一个最高的实在——梵所创生，而是认为世界万物因缘而起、因缘而散，任何事物都要依赖其他事物而存在、也因其他事物的消失而不存在，当然就不存在一个"自有永有"的"神"。但是从佛教宣传佛陀、菩萨具有的能力看，他们拥有超自然的力量，当然可以看作是异于凡人的神灵。佛教几

---

① 《奥义书》，黄宝生译，商务印书馆 2012 年版，第 86、87 页。

② 〔美〕刘易斯等：《世界宗教》第 11 版，北京联合出版公司 2018 年版，第 151 页。

乎否定一切的相对主义态度，也给自身的教义带来逻辑上的漏洞。由于它强调"无我"——并不存在一个永恒不变的主体我，那么，怎么证明现在生活在人世间的"我"的确是"我"？"我"在受苦，怎么证明就是前世的"我"在今生受苦？如果连"我"都不真实，所谓的轮回，解脱就不存在特定的主体，其摆脱世间轮回之苦的学说也就失去任何意义。佛教否定一切个体生命独自存在价值，就意味着轮回主体的不真实。佛教尽管讲"无我"，但依然需要有一个特定的"我"作为轮回和解脱的主体，这就是"补特伽罗"（pudgala），人的假名而已。众生从无穷轮回中解脱后，将去往哪里？早期的部派佛教设想有一个彼岸的涅槃世界，脱离轮回的众生将生活在那样的极乐世界——"贪欲永尽，瞋恚永尽，愚痴永尽，一切烦恼永尽。"（《杂阿含经》卷第十八）到了大乘佛教，涅槃世界与世俗世界合二为一，双方已没有绝对的分界线。《维摩诘经》云："世间出世间为二，世间性空即是出世间。"这暗示理想世界就在现实世界之中。

二、《大乘起信论》和大乘佛法

《大乘起信论》的作者是印度人马鸣，但这种说法长期受到质疑。一般认为是中国佛教发展到一定程度后由中国人撰写的论大乘佛理的作品。但不管如何，《大乘起信论》是中国佛教史上最重要的作品之一，解释了大乘佛法的根本教旨、教理。该书的主旨归纳起来："为令众生离苦得乐"，"令诸众生正解不谬"，使善根成熟的更加增进佛法，善根未熟的增持信心等。那么，《大乘起信论》讲述了什么样的佛法（真理）？

按照该书的观点，整个世界，不管是超越轮回的精神世界还是有轮回、有生灭烦恼的现象世界和人类，都总括在"众生心"。"一切色法，本来是心。"所谓心外无境，境外无心，全境即心，全心即境。"众生心"指世界全部的本体、功德、因缘果报。这是理解大乘佛学的关键，所谓"众生心"和"如来藏心""阿赖耶识""真如"讲的都是一回事，名称不同、含义相同。那么，这个"众生心"在哪里？小乘佛学一般认为确实有一个远离尘世的极乐世界，到了大乘佛学，认识到这个极乐世界就在每一个人的心里。你的世界是由你的心造出来的。每一个人的心里都有一颗"自性清净心"，只不过众生愚顽不知，要由伟大的佛师点拨你。"众生心"针对能持的有情众生讲，"如来藏心"是针对所持的功德讲，"阿赖耶识"是针对万物唯识讲，"真如"是针对不增不减的无差别状态讲，综合起来就一句话：看上去气象万千的世界都是从一个不生不灭、绝对无差别、绝对不变异、绝对不依赖于他物的本体缘起的。

为了在比较中理解佛教哲学，我们简要归纳迄今已经讨论的六种创世观。一是"神"从虚无中创造出整个世界，这是基督教的观点；二是"神"按照自己的意愿塑造出世界，柏拉图、斐洛持这种观点；三是"神"作为某种神圣物质不断产生和毁灭整个现象世界，斯多亚学派、琐罗亚斯德教认同这样的看法。四是从"神"不断流溢出整个世界，这是新柏拉图学派的看法；五是由"神"自身幻化而来，从吠陀经典、婆罗门教到印度教都坚持这样的创世论；六是佛教的缘起论和境由心生。比较而言，与佛学的缘起论最相近的是新柏拉图学派的流溢论，前者讲大千世界从"真如"不断缘起。后者讲大千世界从"太一"持续流溢。"缘起"的思维方式是多因论、相互依存，"流溢"的思维方式是单因论、控制论。

严格讲，佛学的缘起论并不是讨论世界如何创生，而是讨论本来没有差别、不生不灭的世界为什么会让人感到森罗万象、变化多端的？套用现代术语来说，有一个科学达人（觉悟者）观察大千世界，发现所有千姿百态的物理世界实际上最终都是由一些相同的量子组成，或者说所有生物都由最基本的细胞单元组成。这就是世界的实相、真相，但没有现代物理学、生物学知识的人（不觉悟者）永远不可能明白这一点。比如，我明明看到巍峨的高山，奔腾的河水，啸谷的猛虎，怎么可能最后都归结为一堆无差别的粒子？明明这是一只灰狼，那是一只兔子，怎么都是由相同的细胞组成？觉悟者会认为那是你看不到事物真相、实想，是由于缺乏科学知识也就是佛学讲的"无明""妄念"带来的。所谓"法界一相"，当祛除了无明、掌握了佛理，你就会发现大千世界所有变化都是如幻如影，最终不过是几颗粒子在因缘组合。所谓"万法唯识"，你认为自己生活在一个真实的世界里，其实这个世界是由你的感觉、认知编织成的。奥古斯丁讨论过类似的问题，他的答案是不管我的感觉是否在欺骗我，但我的感觉以及我这个感觉主体真实存在是毋庸置疑。"神"真实存在，所以世界必然真实，耶稣基督的"道成肉身"，保证进入基督身体里的人能够获得永生。但佛学不承认有这样的终极实在，更不承认世界由它凭空创造。佛学描绘出这样一幅宇宙图景：世界永远处在"不生不灭与生灭和合"状态。这种状态非一非异、非有非无；非非一非非异、非非有非非无；非一异俱有、非有无俱有。简要地说：世界什么都不是。但这么说又不对，因为世界不能用判断句描述；因此最好是无念、无执，但这么说也不对，"无念无执"还是有念有执。最后，我们会看到大乘佛学在中国的最后出路就是禅宗的不立文字、不著一言、棒喝机锋。

　　不过，起信论并未走向极端的相对主义，至少宇宙万物还有一个本原，那就是"众生心"，现实世界的一切皆由众生自心所生。它有两种含义，所谓"一心生二门"。第一种含义为心真如门，处于没有任何妄念，看不到事物的变化、差别，处于不生不灭、不增不减状态。"一切诸法唯依妄念而有差别，若离开心念，则无一切境界之相。"（《大乘起信论》）真如是有自性的存在状态，但由于某种必然的原因，真如不守自性，忽然念起，从而在众生心识中产生妄念和执着，从而看到世界是有生有灭的。因此产生第二种含义，即心生灭门。"心生灭者，依如来藏故有生灭心。"（《大乘起信论》）如来藏心本来是不生不灭的，但又会有了生灭的心念。犹如海水与波涛的关系。如来藏心好比大海水，风就如无明，吹过海面生起波涛，这个起伏不定的波涛犹如现象世界，不管如何生灭变化，其湿性与作为本体的大海水一样，没有变化。可能会有疑问，风（无明）从哪来的？那个自性清净的如来藏心为什么会心生妄念？这里涉及佛学的底层逻辑——任何事物都有正反两方面的特性。一和异、有和无、净和明、生和灭都是相伴而生，不生不灭的反面就是有生有灭，这是一种必然性，但佛学希望能跳出或摆脱这种必然性。佛学思维存在一种无限倒退的危险，你说有，他说空，可空还是一种"有"，于是"非空"，但"非空"似乎是另一层次上的"有"，于是"非非空"，如此循环会让人抓狂，语言和逻辑在这样的情况下已经失效，所以起信论提出"离言说相，离名字相，离心缘相"，离开语言、声音、概念、心识去想象那个东西。到底是什么？只可意会、不可言传。尽管不可言传，正如奥古斯丁说"神"无法言说，但还是要说。起信论力图说明自性清净心为什么会生妄念，因为人有八识，其中阿赖耶识是种子识，"能摄一切法，生一切法"。人的阿赖耶识很神奇，既含摄一切染净诸法，又能生出一切染净诸法；既有觉悟的一面，又有不觉的另一面。我们所看到的、感觉到的现象世界，无一不是依众生的心、意、意识等精神活动而辗转生起的。所谓"三界虚伪，唯心所作。离心则无六尘土境界。"这就好比现代的虚拟现实，当你完全沉浸其中时，会以为生活在这个世界里，只有当电源掐断才发现一切"虚伪"。

　　大乘佛学告诉每个人都有自性清净心，人人皆有佛性、人人皆可成佛。既然这样，靠个人修炼觉悟就行了，但为什么还需要佛的帮助？起信论说："诸佛法有因有缘，因缘俱足，乃得成办。"尽管人有成佛的内因，如缺乏外部的条件——缘，也不能取得正果。"若不遇诸佛菩萨、善知识等以之为缘，能自断烦恼入涅槃者，则无是处。"众生只有依靠佛、菩萨、善知识这样的缘，才能入涅槃成佛。其思维与基督教既相同又不同。相同处：都需要有一个"中介"或"中保"人才能脱离尘世。不同之处：佛学的"中介"并不是高不可攀，你也可以成为这样的"中介"，但基督教的"中保"只有"道成肉身"的基督，人永远不可能成为他。大乘佛学中的菩萨作为先觉者，其使命是度尽众生，其特有的思维方式与华夏文明有相似性。孟子说："天之生此民也，使先知觉后知，使先觉觉后觉。"（《孟子·万章上》）一人有知识就让所有人都有知识，一人有觉悟就让所有人都有觉悟。这与"先富带后富"，最后使所有人都富裕的思维如出一辙，是至今仍需要大力弘扬的中国道统之精髓。

三、龙树和《中论》

　　龙树在佛教史上有第二代释迦之称，出生于佛灭后七百年的南天竺，为南印度婆罗门种姓，大约活跃于150—250年之间。他一生著述颇丰，被誉为"千部论主"，不过"真正具有完整思想体系的独立论著只有《中论》

一部"①。龙树天资聪颖,早年遍习印度外道之法,还曾与其他三人潜入王宫与嫔妃淫乱,被发现后其余三人被斩,龙树侥幸逃脱,后在一处佛寺出家。龙树对佛学理论的贡献体现"中道"观,即八不谒:

> 不生亦不灭,不常亦不断,
>
> 不一亦不异,不来亦不出。
>
> ——《观因缘品第一》

我们可能会疑惑,龙树的"中道"与亚里士多德的"中项"(Mean)、孔子的"中庸"这三者,究竟有什么异同?弄清楚这一点,有助于理解不同文明的特征。

概要地说,三者都有不走极端、不能偏激的含义,至于什么是极端、什么是偏激,不同情况下肯定有不同的判断标准。比如亚里士多德考察各种不同的德性后,提出勇敢是胆怯与鲁莽之间的中项,机智是滑稽与粗鄙之间的中项。作为德性的中项,还必须和正当性相关联。比如说勇敢,有时候需要战斗到死,有时候必须避免死亡,都不失为勇敢。中项只能局限在某一范围内才有效,比如就不能在自私与无私之间选择一个中项②。孔子的中庸有不偏不倚的本义,正所谓"过犹不及"。但中庸内涵的丰富性绝对不能用走中间路线所能概括的,它的落脚处是如何实现"成己"(成就自己)、"成人"(成就他人)、"成物"(化育万物)、"与天地参"(人与天地并立)这样一套思想体系③。与前两者相比,龙树的中道观有很大不同。佛陀觉悟后第一次传道就告诉世人:无论是极端的纵情享乐,还是极端的禁欲苦行,都是不可取的,应该在避免极端中寻求中道。因此原始佛教就包含了不苦、不乐的中道修行之路。龙树将这种思想作了进一步的发挥,提出了与原始含义基本相同、但内容更为丰富的中道观,破斥一切法相。

---

① 王孺童:《中论讲记》,中华书局 2019 年版,第 3 页。

② 《罗素文集》第 7 卷《西方哲学史》上,何兆武、李约瑟译,商务印书馆 2012 年版,第 267 页。

③ 见拙著《中国道统论》上,第二卷第五章中的"孔学与《中庸》《易传》",中国社会科学出版社 2021 年版。

理解《中论》须理解佛学核心概念——"自性"。佛学告诉你，眼前的现象世界，包括你自己都是幻影，是空的。可是我明明看见眼前的水杯实实在在摆在那里，怎么会是空的？那是因为你把自己的意识付诸其上，产生水杯的认识。这就涉及水杯到底是客观还是主观的问题。现在假定水杯是客观的实体，也就是龙树所说的有"自性"。所谓"自性"必须符合两个条件。第一个条件是独立、不依赖于其他事物而存在。水杯的出现需要借助各种条件，比如说要有原料，制作的设备，制作的人，最后放到你的桌子上。如果这些条件有一个不具备，水杯就不会出现在你的桌子上，因此水杯并非是独立、不依赖其他事物存在的。第二个条件是永恒而不可变化。"水杯"就是水杯的自性，即"是其所是""我就是我"。但水杯是会变化的，只要有一块石头砸过来，马上成为碎片，"水杯"就变成了"碎片"，显然不符合这个条件。龙树把同时满足这两个条件的事物称为有自性，否则就是没有自性。真能同时满足这两个条件的，唯有基督教说的"自有、永有的神"，只有他不凭借任何其他事物就存在，且永恒存在、永不变化。但龙树是佛教徒并不是基督徒，他不相信有一个外在于世界、创造世界的"神"。在他看来，世界是因缘和合而成，一切事物皆无自性，无自性就意味着是假有、是空。刚才说的水杯，因无自性，是空的，即便有也属于假有，属于非客观实体。但这个水杯毕竟存在着，因为我知觉到它的存在，我还是不愿意相信它是空的。怎么办？龙树说："诸佛依二谛，为众生说法，一以世俗谛，二第一义谛。"（《四谛品第二十四》）所谓谛即为真理。他要用俗谛和真谛（义谛）来辨析这个疑难问题。龙树首先认可这个水杯是实有的说法，你总不能一概否定世间有生有灭这样的事实。这就是佛学上讲的俗谛——众生所认为的真实。但龙树又告诉你，千万别执着于这个俗谛，因为还有真谛。所谓的真谛就是这个水杯无自性而空。龙树详细讨论了各种事物，比如物质世界、人的精神，甚至于佛法，它们都因没有自性而空。他说：

众因缘生法，我说即是空，
亦为是假名，亦是中道义。

未曾有一法，不从因缘生，

是故一切法，无不是空义。

——《观四谛品第二十四》

诸法因缘生，诸法因缘灭，因缘生灭的佛法何有自性？何有实在性？如此一来，有人可能就要问，真谛是否比俗谛更具有真理性？有了真谛是否就不需要讲俗谛了呢？不是！"若不依俗谛，不得第一义；不得第一义，则不得涅槃。"（《观四谛品第二十四》）没有俗谛就没有真谛，没有真谛还谈什么涅槃？人如果执著于空，也是错误的，所谓说空不住空、从空见不空。这大概就是龙树讲中道思想的精髓之处了。《放光般若经》云："第一真谛，无成无得；世俗谛故，便有成有得。"从真谛看，世界确实无成无得，但从俗谛看，又是有成有得。俗谛、真谛不二法门，讲的都是同样一件事。龙树对世界真相的描述可以用"缘起性空"四个字来概括。这里要注意，龙树所讲的空是指事物因无自性而空，并非该事物没有、不存在，而是呈现假有、幻有的一种状态。正如僧肇所说："譬如幻化人，非无幻化人，幻化人非真人也。"（僧肇：《不真空论》）如果我们从世俗的角度，而不是从宗教的角度看待龙树的思想，或许思想价值更大一些。按照龙树的观点，不存在基督教"自有永有"的"神"，不存在希腊哲学家们一直寻找的世界本原，也不存本质不变的事物，只有互为条件、互为因果的现象世界。这一观察问题的视角可以引导我们专注于现象世界，研究现象世界，而不要过多关注所谓本质、本原等形而上的问题。事实上迄今为止，现代物理学依然避免抽象思辨物理现象的本质，比如停止形而上追问光速恒定的本质，引力的本质，质量的本质等，而是专注于描述能知觉到的现象。但龙树毕竟是菩萨，研究其作品的主要还是佛教徒，他们对无自性而假有的现象世界并不感兴趣，他们要寻找不变的、自在的东西使众生脱离烦恼。据说还真的在众生的心中找到自性清净心，而且告诉众生觉悟到了那颗"心"就能成佛了。

四、商羯罗和《示教千则》

商羯罗（ZaGkaRa）出生于西南印度喀拉拉邦的婆罗门种姓，现代印度教把他神格化为湿婆神。由于印度是一个没有历史的社会，商羯罗的生卒年代各家说法很不一致，已很难确定，大致上活跃于 8 世纪中后期①。据说他 30 多岁就离世，却完成了常人一辈子难以完成的著述，至少有 300 部以上，但大多真伪难考，能确认的应该是《示教千则》，在这部书中他的哲学思想得到了自由发挥。商羯罗属于婆罗门教六大派别之一的吠檀多派，主要从奥义书的解释中获得思想养分，其中影响最大的就是他的不二论。中世纪的印度，政治上处于四分五裂状态，经济政治权力掌握在作为刹帝利的各土邦国王和武士阶层手上，婆罗门出身的商羯罗自然要极力维护婆罗门法典确定的社会秩序，巩固种姓制度。由他创办的僧院只招收婆罗门出身的弟子，保障婆罗门子弟成为知识权贵、精神领袖。

与佛教的龙树不同，作为印度教的商羯罗相信世界有一个最高的终极存在、唯一的宇宙本原，那就是梵（Brahman）。梵作为精神实体是不可知的，奥义书采用"遮诠法"来描述，即"遮其表面诠其本"，用否定达到肯定的目的。梵意味着"不是这个，不是那个"（《大森林奥义书》2，3，6）。当梵作为创造主，用空、风、火、水、地这五种细微物质作为基本材料，组合、变幻成现象世界时，就要采取肯定的方式描述。"每一位神都是他的创造，因为他就是所有这些神。"（《大森林奥义书》1，4，8）既用否定、又用肯定，是神学的共同思维路线。梵有真、假之分，所谓真梵是无形无相、绝对同一、永不变化的，但它为了显示自己，通过幻力（摩耶）变出有形有相的现象世界，这就是假梵。假梵离不开真梵，真梵又通过假梵显现。作为有生命有意识的我，分假我和真我，假我是小我（Aham），是人自我意识到的个体生命体，真我是大我（Atman），完全不变的我，它作为纯粹精神与梵完全一体。正如人只把假梵误认为是梵，同样也把假我误认为是我，认识不到有形有相的我背后的那个真我。商羯罗认为这是人始终不能从痛苦的轮回中解脱出来的根本原因。他说：

　　　承认小我的有情，罪恶将会随他去；

①　参考孙晶：《印度六派哲学》，中国社会科学出版社 2015 年版，第 130、131 页。

认识阿特曼的人，小我结果皆无求。①

真我阿特曼与梵同一，因此我和梵的关系，既不是梵的分有，也不是由梵生出，而是"梵我一体"。这是婆罗门教从奥义书中获得的一条基本信念。只是世人执着谬误，把千姿百态的现象世界——假梵，个体生命的我——假我，看成是真的。商羯罗希望把这种错误的看法扭转过来，让大家意识到那些活泼泼的生命，还有鲜艳艳的花儿，红彤彤的太阳，凉飕飕的清风等都是假的，都是梵的幻相。在现象世界是虚幻方面，婆罗门教的商羯罗和佛教的龙树观点是一致的。所以有人称他为"假面的佛教徒"，由此也说明印度教对佛教思想的吸收。商羯罗借用龙树的"空性"（无自性）描述人的肉身："若对非我加否定，即此实为述性空。"② 但商羯罗自认为与佛教——他称佛教徒为"虚无论者"——有根本性的区别，因为人身体内那个不与任何肉身混同的阿特曼还是实在的，而佛教徒"会产生一个身体与阿特曼二者都不是实在的结论。然而那是虚无论者的主张，不会得到认可"③。其实，商羯罗的说法并不完全正确，大乘佛学认为众生有始终不变的"自性清净心"、佛性，只是佛学不承认有一个外在的终极实在、外在的世界本原。商羯罗以为世界的虚幻性是由梵具有魔力变现出来的，而大乘佛学的世界虚幻性是认为心识的无明引起的，但他们都认为在人的身体里有一个不变的、超越的东西，只是印度教称为阿特曼，大乘佛学叫作自性清净心。这里再比较商羯罗与普罗提诺学说，可以看出东西方两种思想的区别，既没有想象中的那么大，也没有想象中的那么小。商羯罗主张现象世界由梵通过魔力变现出来，是不真实的，而普罗提诺认为从"太一"那里持续流溢出现象世界，是真实的；商羯罗认为人身体有阿特曼，是梵安放到物质之中，且与梵同一，普罗提诺主张灵魂是从太一流溢出来，被囚禁在物质性肉体之中；他们都寻求解脱或回归，商羯罗认为只要获得关于梵的知识就可以解脱，而普罗提诺的灵魂要努力上升才能回到"太一"的

---

① 〔印度〕商羯罗：《示教千则》，孙晶译释，商务印书馆 2012 年版，第 19 页。
② 〔印度〕商羯罗：《示教千则》，孙晶译释，商务印书馆 2012 年版，第 26 页。
③ 〔印度〕商羯罗：《示教千则》，孙晶译释，商务印书馆 2012 年版，第 409 页。

怀抱。他们都用怀疑的、甚至是仇视的目光看待物质世界，轻视变动不居的现象世界，他们都各自想象出一条脱离这个苦难社会的途径。

商羯罗作为婆罗门种姓的"智者"，哲学思考的最终目的还是要为有资格的"再生族"（高级种姓）如何去除无明、实现解脱寻找一条道路。这条道路说起来也很简单，那就是获得关于梵的知识，意识到"梵我同一"。他说：

> 因此为了去无知，为了停止恶轮回；
> 梵的知识要确立，从此讲述奥义书。①

由于采取颂、偈的格式翻译，商羯罗的文字看起来有些类似于打油诗。但他的思路很清晰：要停止可怖的轮回，就必须去除无明，要去除无明，就必须掌握梵的知识，要掌握梵的知识，还要回到《奥义书》。《奥义书》是婆罗门尊崇的圣典，所有知识都是从《奥义书》里阐释出来。

读商羯罗的书，笔者眼前总会出现一幅滑稽的画面：一个喝了致幻剂的所谓"智者"迷失在森林深处，他误打误撞希望冲出森林；他的身体不断撞到树干上，树枝划破了他的皮肤，鲜血直流；但他依然固执地认为眼前这一切都是虚幻，身体的疼痛是虚幻的感觉，因为这个身体并不是我，疼痛不是我在疼痛，而是被误认为我的身体在感觉到痛苦；直到"智者"在这片迷雾森林中耗尽最后一点气力，扑倒在地，死了。Game over。游戏结束！原来图画也是假的。真正的我（阿特曼）正舒舒服服地坐在沙发上喝茶呢。这里有商羯罗的偈句为证：

> 因为头疼即思量，自身实为痛苦人。
> 见者非为苦对象，原为识主并无苦。
> 人苦因为思量苦，而非实际体验苦。
> 具有四肢集合体，见苦之物并不苦。②

商羯罗认为，真正的认识主体是永远不会有痛苦的。在这样的思想支

---

① 〔印度〕商羯罗:《示教千则》,孙晶译释,商务印书馆 2012 年版,第 19、20 页。
② 〔印度〕商羯罗:《示教千则》,孙晶译释,商务印书馆 2012 年版,第 167、168 页。

配下，印度知识精英认为：政治经济的混乱与我无关，黎民百姓的煎熬于我无关，国家政体的分裂于我无关，我只关心我的阿特曼。但千万别搞错了，我可不是指有身体、有统觉机能的那个我，而是与梵同一的真我。印度社会的长期停滞不前，的确与这类宗教意识有莫大关系。

第二节　伊斯兰文明的神学和哲学

伊斯兰为阿拉伯文 Islam 的音译，意思为顺从，要顺从独一、至上的安拉，顺从安拉的人就叫穆斯林（Muslim）。安拉有 99 个美名[1]，有叫至仁者、至善者、掌权者等，但其实质还是"神"。伊斯兰教的创立者穆罕默德被称为"真主的使者，和众先知的封印"（《古兰经》33：40）。他出生约570 年，属于麦加古来氏部落的哈希姆族人。他在未出生前，父亲已去世，6 岁时，母亲去世，由祖父和伯父抚育，没有接受教育的机会，基本是个不识字的文盲。他 25 岁时与一名富有的寡妇赫蒂彻结婚，从此摆脱经济上的拮据，有了思考神学的财务自由。610 年的某一个夜晚，先知穆罕默德在希拉山洞突然接到天使吉卜利里（加百列）传来"神"的命令：

> 你应当奉你的创造主的名义而宣读。他曾用血块造人。你应当宣读，你的主是最尊严的。[2]（96：1、2、3）

先知穆罕默德遵照"神"的启示开始传教，期间不断接到各种启示，到 632 年辞世为止，在短短的 20 多年时间，他所创立的伊斯兰教开始席卷阿拉伯半岛，将一盘散沙、相互仇杀的阿拉伯人凝聚在伊斯兰的旗帜下。之后在首任哈里发（安拉使者的继任人）阿布·伯克尔、第二任哈里发欧麦尔等带领下，很短时间就征服巴勒斯坦、叙利亚、伊拉克、利比亚、埃及和波斯大部。毫无疑问，先知穆罕默德是人类历史上最成功的宗教创始

---

[1]　金宜久主编：《伊斯兰教》，附录一，中国社会科学出版社 2009 年版。
[2]　《古兰经》的中文译本全部来自马坚，中国社会科学出版社 2013 年版。以后只标章节。

人。与其他宗教社团相比，穆斯林社团独一无二，它不仅是宗教的，更重要的还是政治的、军事的、民政的社团，假如没有政教合一的军事征服，伊斯兰教不可能有如此快速的传播。这套制度始于穆罕默德受到麦加贵族的压迫，转移到麦地那之后。麦地那人长期陷于哈兹拉吉部落、奥斯部落和犹太社团相互内斗，各方俱伤而无力再斗，于是邀请穆罕默德作为第三方力量介入。因此穆罕默德首先是作为有神力的公正的仲裁者、法官来到麦地那。"伊斯兰教对他们的效用，首先还不是作为一个新宗教，而是保障安全和恢复秩序的政治权威和政治制度。"[1] 在此基础上，穆罕默德逐步成为各方力量的精神领袖、军事领袖、政治领袖。从麦地那社团章程看，穆斯林社团最初功能是制止内部仇杀，协调各方关系，抵御共同敌人，宗教因素反而是其次。迁往麦地那后，穆斯林武装开始频频袭击麦加商队，甚至穆罕默德亲自率队伏击大型商队、指挥战斗。军事上的胜利带来巨额战利品，巨额财富增添了穆斯林社团威望，而不断增加的威望进一步帮助了穆斯林在宗教上的虔信。穆罕默德利用每一次的军事胜利，清除内部的"伪信士"、纯洁伊斯兰信仰，最终将居住在麦地那的最初同盟者——犹太人社团驱逐，处死全部壮丁，妇女和儿童则全部卖为奴[2]。穆斯林社团的最初发展轨迹对以后伊斯兰文明的发展具有决定性影响。

先知穆罕默德去世后，伊斯兰教的发展经历了正统哈里发（632—661年），倭马亚王朝（661—750年），到阿巴斯王朝（750—1258年）达到全盛。在蒙古人的铁骑到来之前，阿巴斯王朝所在地巴格达是整个西方世界的文化中心，在吸收前伊斯兰的各古代文明成果的基础上，创造出辉煌的伊斯兰文明。在官方的大力支持下，从750年到1000年的200多年时间里，大量的哲学、数学、科学、天文学、医学著作从古希腊文、古叙利亚文、波斯文和梵文翻译成阿拉伯文，给伊斯兰世界的文化融合、学说创新提供了极为良好的条件。由此，阿拉伯文成为西方世界那个时代国际性通用文字。相比之下，此时的欧洲犹如闭塞的穷乡僻壤。当阿拉伯人努力钻研天

---

① 金宜久主编:《伊斯兰教》,中国社会科学出版社2009年版,第18页。

② 金宜久主编:《伊斯兰教》,中国社会科学出版社2009年版,第20页。

文学、医学、代数、几何学等知识，从东方引进火药、罗盘等实用技术，欧洲有文化的僧侣们却在耗费大量时间争论"共相是实在还是非实在""针尖上可以站多少天使"等课题，即便东罗马帝国的君士坦丁堡，争论最大的问题还是诸如"圣餐该用有酵饼还是无酵饼"。事实上，基督教欧洲正是通过伊斯兰文明这个中介，才迎来以后的文艺复兴和近代文明的曙光。

一、《古兰经》中的独一"神"

伊斯兰教的一神论来源于犹太教、基督教。不同于基督徒将自己看作是基督的信徒，穆斯林不认为自己是穆罕默德的信徒，而是服从"神"的人，因为穆罕默德并不是"神"，只是"神"的使者，是最大也是最后一位先知。先知是人类道德上的完美典范，正如"神"赞美的："你确是具备伟大的品格。"[①]（68：4）穆斯林的"神"是易卜拉欣（亚伯拉罕）的"神"，易司马仪（以实玛利）的"神"，易司哈格（以撒）的"神"，叶尔孤白（雅各）的"神"，与犹太教、基督教属于同一个。

> 他是我们的主，也是你们的主。（2：139）
> 我们确信降示我们的经典和降示你们的经典，我们所崇拜的和你们所崇拜的是同一个神明，我们是归顺他的。（29：46）

《古兰经》将阿拉伯人的血缘追溯到易卜拉欣（亚伯拉罕）的长子易司马仪（以实玛利），自觉把伊斯兰教植入亚伯拉罕系宗教之中，称犹太人、基督徒为天经之民，承认三者拥有同一个"神"。"他是天地的创造者，当他判决一件事的时候，他只对那件事说声'有'，它就有了。"（2：117）这个独一的"神"也用语言创造世界，所用的时间不多不少，正好都是 6 天。

> 你们的主确是真主，他在六日内创造了天地，然后升上宝座，他使黑夜追求白昼，而遮蔽它；他把日月和星宿造成顺从他的命令的。真的，创造和命令只归他主持。多福哉真主——全世界的主！（7：54）

---

① 马坚译本将"品格"一词译为"性格"，笔者参考其他译本，使用"品格"一词。——笔者

《古兰经》称"神"用黑色的成形的黏土创造了人。"你的主曾对天使们说：'我必定要用黑色的黏土塑造人像而创造人。当我把他塑成，而且把我的精神吹入他的时候，你们应当对他俯伏叩头。'"（15：28、29）被创造的人叫阿丹（亚当）。天使是"神"用光创造的无上妙体，遍布天上人间，掌管各种事务，是"神"的差役，是"神"与人的中介。天使分为各种等级，其中最著名的是天使长吉卜利里（加百列），作为"神"与穆罕默德之间的信使，传递神意。有个不服从、背叛主的恶魔叫易卜劣斯，专门祸害人类。阿丹（亚当）经不住这个恶魔、而不是蛇的诱惑，吃了不该吃的果子，结果被逐出了乐园。《古兰经》记载："当时我对众天使说：'你们应当向阿丹叩头。'他们都叩了头，但易卜劣斯除外。他本是精灵，所以违背他的主的命令。他和他的子孙，是你们的仇敌，你们却舍我而以他们为保护者吗？"（18：50）历史上"神"多次向人世间派出使者，传达旨意，但结果都不好。比如，"我确已派遣努哈（诺亚）和易卜拉欣（亚伯拉罕），我以预言和天经赏赐他们俩的后裔，他们中有遵循正道的，他们中有许多人是悖逆的。在他们之后，我曾继续派遣我的众使者，我又继续派遣麦尔彦（玛利亚）之子尔撒（耶稣），我赏赐他《引支勒》（福音书），我使他的信徒们心怀仁爱和慈悯。……他们中有许多人是悖逆的。"（57：26、27）"神"一次又一次地派遣使者向人启示，结果一次次遭到悖逆，最后一次是选择穆罕默德为使者向麦加居民宣布："悔改吧！因为审判日切近了!"

尽管穆斯林与犹太人、基督徒信奉的是同一个"神"，但他们所看到的或者说"神"所显现的模样并不相同。犹太人认识的"神"只属于犹太人，而穆斯林的与基督教的"神"一样具有普世价值①。与基督教三位一体不同，穆斯林的"神"没有儿子，更没有三个位格。《古兰经》说：

---

① 这种普世价值往往是导致宗教极端主义的思想基础,无论是基督教还是伊斯兰教原教旨主义,都是如此。现代埃及穆斯林兄弟会领导成员之一的赛义德·库特布说:"谁接受我们的宗教,我们就接受谁为我们的兄弟,我们将撤回,而对他和他的家园不作丝毫侵犯;谁拒绝接受它,我们就与他开战,直到战死疆场而升入天堂或者通向胜利。……伊斯兰有权先发制敌,采取行动。因为伊斯兰不是某个民族的信仰,某个国家的制度;而是一条来自安拉的天启道路,全世界的制度。"——转引自金宜久主编《伊斯兰教》,中国社会科学出版社2009年版,第348页。

圣洁哉真主！他降示准则给他的仆人，以便他做全世界的警告者。天地的国土是他的；他没有收养儿子，在国土中没有伙伴。（25：1）

除此以外，它们之间的区别还在于，伊斯兰教认为之前赐给摩西、耶稣的天经并不完整，都有缺漏，而传达给先知穆罕默德的才是完整版天经。天经的原本保存在第七层天上，《古兰经》与这个原本完全一样。相比之下，犹太人的摩西五经，基督徒的福音书都是人写的，只有阿拉伯文的《古兰经》才是"神"的语言。"神"把宇宙的全部真理都写在《古兰经》里，人类再也不需要在别处寻找真理。

按照一神教的思维，既然"神"创造了天地，创造了世界，必然拥有绝对主权统治这个世界。"天地的国权，归真主所有。……任何人也不配与真主对话，除非启示。"（42：49，51）这就与耶稣说的"凯撒的物当归给凯撒，神的物当归给神"（《马太福音》22：21）的政教分离不同，伊斯兰教追求政教合一的神权体制，《古兰经》本身就是治理社会的"神"的法律。世界是"神"创造的，是好的，因此伊斯兰教对现世生活的价值并不完全否定，但现世生活的美好比不上复活后进入天国乐园。《古兰经》告诫：

你们应当知道：今世生活，只是游戏、娱乐、点缀、矜夸，以财产和子孙的富庶相争胜。……今世生活，只是欺骗人的享受。（57：20）

《古兰经》否定灵魂轮回说。人在现世生活的生命仅有一次，死亡后身体要很快埋入土里，灵魂处于昏睡状态，直至世界末日，在天使的号角声中人的身体和灵魂将复活，接受审判。

难道你们不信自己将被复活，在一个重大的日子吗？在那日，人们将为众世界的主而起立。绝不然！恶人们的记录，将在一本恶行簿中。……真的，善人们的记录，确在善行簿中。（83：4-7，18）

与基督教的末日审判权由圣子执掌不同，伊斯兰教的末日审判权还是由安拉自己行使。"在那日，我将使山岳消逝，你看大地变成光秃秃的。我将集合他们，而不遗漏任何人。"（18：47）经过审判以后，善人进入天国乐园，恶人堕入地狱。《古兰经》详细描述了天国乐园的美景，它坐落在 7 层天，按照沙漠居民的梦想，那里有四条河流环绕，既有水质不腐的水河、乳味不变的乳河，还有饮者称快的酒河、蜜质纯洁的蜜河（47：15）。还有贫穷牧民所能想象到的最美好生活：那里绿树成荫、泉水流淌（56：30、31），人们穿绫罗绸缎、有白皙美目的女子做伴侣（44：53、54），还戴着金镯和珍珠（35：33），吃喜欢的水果和肉食、有童仆轮流服侍（52：22、24），获得两乳圆润、年龄划一的少女（78：33），将永远居住如此优美的居所（25：76）。

　　与天国乐园相对的火狱是完全另一情形。据说火狱有 7 道门，每道门收留一些恶人（15：44）。那里燃烧着熊熊烈火，燃料是人和石头（66：6），烈火烧灼他们的肌肤，烧焦一层再换一层继续烧（4：56），只能喝沸水和脓汁（78：25），内脏和皮肤被沸水所溶化、被铁鞭抽打、进入火狱则永远无法逃脱（22：20、21、22），他们不得进入乐园，直到缆绳穿过针眼（22：40）。

　　根据《古兰经》，在天国乐园与火狱之间有一个叫高处的地方，在末日审判时，那些功过相抵的人会生活于此，既可看到天国乐园的幸福生活而不得入，也能看到火狱之苦而不得不祈求"神"的赦免和宽宥（7：46、47）。

　　《古兰经》用通俗的语言描述的"神"、天国乐园和火狱的景象，对于长期生活在沙漠边缘地带的贫穷而目不识丁的阿拉伯人有着极大的吸引力，尤其是军事征服带来的巨额战利品更成为信仰的催化剂。伊斯兰教六条基本信仰开始确立，即信独一的"神"；信使者穆罕默德；信《古兰经》；信天使；信末日；信前定。他们借鉴了犹太人禁止偶像崇拜的诫命，禁止饮酒、吃猪肉等。阿拉伯穆斯林带着这些信仰冲出阿拉伯半岛，逐一攻占叙利亚（634 年）、埃及（642 年）、波斯（650 年）、以及印度（664 年）、迦太基（697 年）等古代文明发祥地，形成了东起印度河谷，西至直布罗陀，横跨亚非欧三大洲的阿拉伯哈里发帝国。这是人类迄今第三个跨亚非欧的大帝国。这一庞大帝国境内，以先知穆罕默德在麦地那创立的第一个穆斯林社团为范本，将被征服土地转变为用穆斯林模式构建的社会，伊斯兰教信仰和教法占据主导地位。但各种不同文化对伊斯兰教的影响是显而易见的，正是在多元文化的交融互促中，形成了具有伊斯兰特色的哲学和科学，在西方中世纪的黑暗天空中熠熠生辉。

二、伊斯兰"哲学—科学"学派

伊斯兰教兴起前的中亚、北非等地，流行的是基督教异端聂斯脱利派和一性派。聂斯脱利派的创立者为 428 年任君士坦丁主教的聂斯脱利（Nestorian），因主张基督二性二位格（人性、神性）说，主张玛利亚是基督之母，被 431 年以弗所会议判为异端，受到教会谴责①。该教派主要集中在波斯和美索不达米亚地区，得到波斯帝国的支持，以后曾进入印度和中国，即唐代所称的"景教"。该教派从东正教分离后，开始培育专属自己的语言，即古叙利亚语，有系统地将希腊文献翻译成古叙利亚语，建立起学术研究中心。在希腊哲学中，这一派更加青睐源于亚里士多德的漫步学派，尤其是其中的逻辑学、形而上学。除此之外，伊拉克的哈兰地区（Harran）、伊朗的军迪沙浦尔（Jundishapur）等都是前伊斯兰的学术中心，有相当群体从事古代学术研究，他们精通希腊文、古叙利亚文、帕拉维文和梵文等。自 7 世纪中叶，这些古代文化底蕴极为深厚的地区相继纳入伊斯兰范围。聂斯脱利派作为基督教异端长期受拜占庭帝国的压迫，而穆斯林对异教的政策相对宽容，因此"很多人把伊斯兰教徒看成是上帝为了惩罚拜占庭帝国而兴起的正义之师"。② 阿巴斯王朝采取文化包容态度，持续两百多年将各种古文献翻译成阿拉伯文。有学者分析其动机时说："也许对于这一重要问题能够给出的最好答案是，在那个时候，穆斯林开始接触到犹太人和基督教的宗教权威，这些人诉诸被穆斯林所忽视的亚里士多德逻辑学和哲学以

---

① 事实上后来发现聂斯脱利符合正统基督论,有学者怀疑以弗所会议的公正性。1994 年天主教会与东正教会签署《共同声明》,放弃以弗所会议的裁定。——笔者注

② 〔美〕胡斯都·L. 冈察雷斯:《基督教思想史》第 2 卷,陈泽民等译,译林出版社 2010 年版,第 103 页。

捍卫自己的信条，同时也攻击伊斯兰教的信条。"① 但更深层的原因还在于《古兰经》对前伊斯兰历史文化的肯定，以及早期阿拉伯人的自信。在这样的氛围下，逐渐产生了有很大影响的伊斯兰"哲学—科学"学派。

金迪（al-Kindi，约801年—866年）是少有的阿拉伯哲学家，出生于巴士拉一个阿拉伯金德部落的贵族家庭，父亲曾任库法城的官长。他在伊斯兰世界的学术中心巴格达接受教育，成为学识渊博、才华出众的学者。他的部分哲学和科学著作被翻译为拉丁文。"事实上，他是在西方最为人所知的穆斯林人物之一。"② 金迪曾翻译了一本《亚里士多德的神学》，其实是普罗提诺《九章集》的一部分，给伊斯兰世界正确分辨柏拉图和亚里士多德带来一些混乱。但这部书的影响很大，其中世界从最高神那里"流溢"出来的观点几乎主宰了伊斯兰世界的神创论。但真正对亚里士多德的作品进行全面注疏的是法拉比（al-Farabi，870—950），欧洲人称其为阿尔法拉比乌斯（Alpharabius）。他出生于波斯东部的法拉卜（Farab），靠近今哈萨克斯坦境内的卡拉图。年轻时，他来到巴格达、哈兰等地，学习逻辑学和哲学。法拉比对亚里士多德作品的阿拉伯文旧译本不满意，通过研读古叙利亚文的译本和注释，对亚里士多德的逻辑学著作，以及《物理学》《伦理学》和《形而上学》进行详细注释。同时，他也关注柏拉图的作品，通过对《国家篇》和《法律篇》的研究，试图把柏拉图的"哲人王"与先知、立法者对应起来，描绘了神启法律凌驾于世俗社会之上的理想国家。法拉比坚信任何智慧从终极上说，都来自"神"的启示，因此世界上的智慧是统一的，且只有一种。由于他在伊斯兰世界第一次系统划分了知识的各种分支，被称为穆斯林学者的"第二导师"③。

伊本·西纳（Ibn Sina，980—1037年），欧洲人称其为阿维森纳（Avicenna），出生于中亚布哈拉城（Bukhara）附近，这是一座伊斯兰学术重镇，

① 〔美〕赛义德·侯赛因·纳塞尔：《穆斯林三贤哲》，周传斌译，商务印书馆2017年版，第8页。
② 同上，第15页。
③ 〔美〕赛义德·侯赛因·纳塞尔：《穆斯林三贤哲》，周传斌译，商务印书馆2017年版，第20页。

现在乌兹别克斯坦境内。他的父亲是萨马尼亚德王朝的中级官吏，属于什叶派的七伊玛目派信徒。他具有非凡的学习能力，在十八岁前就已经学贯古今，通习了那个时代的所有学科。他曾反复阅读亚里士多德的《形而上学》而不得其解，后来偶然发现了法拉比对此书的注释，才得以理解。他由于医术高超，治好身患重病的国王，得以在王家藏书楼从事学术研究。后因政局变动，他逃离布哈拉来到花刺子模，以后又迁居哈马丹（现伊朗西部）、伊斯法罕等，最后回到哈马丹并死于此地。从伊本·西纳的人生经历看，主要活动范围在波斯，这些城市大多处于古代丝绸之路沿线，既是商业也是学术活动中心。但时局动荡、战乱频繁和颠沛流离，给伊本·西纳的学术活动造成很大困难。即便在这种情况下，他依然能够完成如此丰富和高质量的学术著作，在伊斯兰世界确实是前无古人了。伊本·西纳是一位百科全书式的学者，他的哲学对中世纪的欧洲产生重要影响，医学著作《医典》被称为"医学之王"，直到十七世纪依然是欧洲医学院的教科书。

伊本·西纳的哲学从思考存在开始。他是这样想的。人们在思考事物的时候首先想"它是什么？"，接着思考该事物是必然存在、还是可能存在、还是不可能存在。比如，人们思考宇宙中有两个不相容的原理，或者思考马头人身之类的东西，这些显然是不可能存在的；当人们思考马或其他自然物时，这些被造物显然是可能存在的；当人们思考"神"时，其本质就是存在，它是必然存在的。因此伊本·西纳将全部事物分为不可能存在、可能存在、必然存在三类。"神"的本质与存在同一，而其他任何受造物是存在先于本质，首先必须存在然后才有本质。伊本·西纳关于本质与存在的研究对阿奎那产生直接影响。

伊本·西纳的"存在论"有伊斯兰教背景。他想表明：整个宇宙的存在只是一个偶然，它的出现与否完全依赖"必然存在"——"神"。他借用普罗提诺的"流溢"说，解释"神"如何通过持续流溢维持着所有事物的存在。其基本过程是这样的：必然存在首先流溢出单一存在，即第一理性，它等同于最高的大天使；接着产生第二理性，即第一层天的灵魂与形体；接着产生第三理性，即第二层天的灵魂与形体；……依次一直到产生第十理性和第九层天——月亮天。天的创造完成后，再接着完成月亮以下世界——人类生活的世界。由此可见，作为可能存在的被造物又可以分为两大类。第一类是一定意义上的必然存在，比如"理性实体""天使"等，是由"神"专门设置的，体现着不朽的力量；第二类是有生有灭的被造物，它们出生后就面临凋谢和死亡。对于第二类事物，按照与物质的关系，伊本·西纳又分为理智、灵魂、形体①。比如灵魂尽管是非物质的，但需有一个物质性的身体相配合。伊本·西纳不仅叙述了神创世界的过程，同时也对宇宙世界各事物进行分类。

这里有三点还需要指出。第一，伊本·西纳的"神"主要发挥第一因和第一推动者的作用。法国学者勒南说：他的"真主是绝对的统一，所以并不能直接影响世界，干预个别事物的运行；他好比车轮的轴心，是听任轮子的边缘按自己的考量滚动的"。② 这就把"神"的作用排除出现象世界。在研究具体事物时，比如石头往下掉，水向下流，火和空气向上运动等，只有从事物本身去寻找原因。这种理性方法来自亚里士多德，经过伊本·西纳等人的发展再传授给中世纪欧洲。第二，伊本·西纳存在论的三分法被穆斯林学者和拉丁学者所承袭。与印度的学说相比，都认为现象世界来自某一本原，但佛教把世界看作虚幻，婆罗门教认为只有梵—我是实在的，而伊本·西纳等伊斯兰学者肯定现象世界的实在性。第三，天使论在伊本·西纳的体系中占据重要位置，体现了伊斯兰特色的"信天使"。天使犹如基督教的圣灵启示着人类心灵。这些思想影响着基督教经院哲学，托马斯·阿奎那神学中有相当分量的天使论。但天使并不是"神"，内含着对其存在合理性的怀疑。西方学者对此评论说："随着这一天使论的毁灭，那些维持着宇宙的灵性存在被剔除，宇宙因而被世俗化了，为哥白尼革命提供了基础。"③ 意思是说，伊本·西纳的学说体系中，宇宙主要同天使的神圣性捆绑在一起，而不是

---

① 〔美〕赛义德·侯赛因·纳塞尔:《穆斯林三贤哲》，周传斌译，商务印书馆2017年版，第45页。

② 引自〔阿拉伯〕伊本·西纳:《论灵魂》，《伊本·西纳的生平和哲学思想》，王太庆译，商务印书馆1963年版。

③ 〔美〕赛义德·侯赛因·纳塞尔:《穆斯林三贤哲》，周传斌译，商务印书馆2017年版，第84页。

同"神"密切关联，基督教欧洲的学说体系不能排除"神"，但剔除"天使"是可以的。当宇宙的神圣性被取消，世俗化的宇宙体系就为欧洲科学思想的发展留下了空间。但是，这样的作用似乎并没有发生在伊斯兰文明之中，因为伊斯兰教中的"天使"是不可剔除的神圣存在。

西方思想史中，神圣信仰的范围与人类理性的范围在宇宙的空间中，的确是一个此消彼长的关系。近代自然科学发展建立在人类理性范围不断扩张的基础上。

由于亚里士多德体系中"神"不创造世界，与伊斯兰神学本质上是相冲突的，为此伊本·西纳将柏拉图与亚里士多德的学说作了比较成功的融合。针对事物的共相或本质（等同于柏拉图的理念、亚里士多德的本体）与事物的关系，伊本·西纳认为有三种状态。1. 共相在事物之先，创世之前必有各种事物的共相存在于"神"的理智之中；2. 共相在事物之中，对于被创造物，共相作为本质存在于具体事物之中；3. 共相在事物之后，我们认识已经存在的事物，获得该事物的共相，然后存在于人的思想之中。这些观点已经超越了经院哲学关于唯实论、唯名论之间的争论。唯实论认为共相在先，共相是实在的；唯名论认为具体事物在先，共相只是一个名称。以后托马斯·阿奎那利用伊本·西纳的思想资源提出介于两者之中的温和的唯实论，这一思想在现代西方依然有顽强生命力。

继伊本·西纳之后，同样致力于研究亚里士多德学说的是出生于西班牙境内的伊本·鲁世德（拉丁文名为阿维罗伊，Averroe，1126—1198 年），此时西班牙已纳入伊斯兰版图。他试图证明哲学与宗教具有共同的目标，其思想深刻影响着中世纪欧洲。尤其值得注意的是，我们在伊本·西纳这些穆斯林学者的著作中看到与现代社会完全不同的关于东方与西方的观念：

> "东方"在其象征意义上表征着光明世界或纯粹形式的世界，而"西方"则象征着阴暗世界或物质世界。人类灵魂像囚徒一样被羁押在物质的黑暗当中，它必须自我解放，以返回光明的世界。①

---

① 〔美〕赛义德·侯赛因·纳塞尔：《穆斯林三贤哲》，周传斌译，商务印书馆 2017 年版，第 71 页。

用这样的观念看待东方和西方，长期占据伊斯兰世界的主流，直到 18
世纪末的奥斯曼土耳其帝国依然用鄙夷的目光看待基督教欧洲。正是这种
固步自封的心态，使曾经辉煌的伊斯兰文明逐渐凋落。

三、伊斯兰教中的神秘主义和苏菲派

苏菲是伊斯兰教中的神秘主义派别。人们常常会问：知识是否都可以
通过学习获得？道德意识能否通过认识来获得？人能否通过理性认识
"神"？对于这些问题，苏菲派基本采取否定态度。现实中我们常可以看到，
一个满口仁爱却是一个极为恶毒的人，一个很有知识却是没有人文修养的
人。同样，在伊斯兰世界中，一个好的穆斯林并不是看掌握多少知识，而
是要经过长期修炼实践、不断提升净化。这就是苏菲的基本态度。那么，
什么是苏菲呢？"一般来说，是一种生活哲学、功修的特定道路，人们藉此
来实现道德的完美、对真主的认识和精神的幸福。"[1] 苏菲是人们通过直观、
体验、修炼等获得个性化的经验、实现道德的完满，以及体会与"神"合
一的神秘境界。伊斯兰苏菲派是从苦行、苦修者开始，吸收希腊哲学和波
斯、印度思想后逐渐形成的既有理论学说、又有实践路径的一个重要派别，
其中有与正统伊斯兰相一致的宗教苏菲，也有与正统相异的哲学苏菲。哲
学苏菲中，有两位学者的思想是值得注意的。

第一位是苏赫拉瓦迪（al-Suhrawardi，1153—1191），他出生于今伊朗
西北部赞詹（Zanjan）附近的一个村庄，后在伊斯法罕完成学业。

《古兰经》把"神"看作光：

> 真主是天地的光明，他的光明像一座灯台，……即使没有点火也几
> 乎发光——光上之光——真主引导他所意欲者走向他的光明。（24：35）

依靠《古兰经》这段经文，吸收古埃及赫尔墨斯学说和毕达哥拉斯派
思想，尤其是古波斯的智慧，苏赫拉瓦迪写出《光照哲学》。宇宙是"至高

---

[1]　〔埃及〕艾布·卧法·伍奈米：《伊斯兰苏菲概论》，潘世昌译，商务印书馆 2013
年版，第 6 页。

之光"流溢的结果。他说："最初绝对之光——真主——的本质，给予了源源不断的光照，由此他得以彰显并使万物得以存在，以其光线给它们生命。世界上的万事万物衍生自他本质之光，所有美丽和完善均是来自他慷慨的施予，而获得此完全的光照就是获救。"[①] 这里，他提出了不同于正统伊斯兰教的新的神创论。"神"作为绝对之光永恒存在，这个光不能仅仅从自然之光理解，还包括生命、真理、共相等，与此相对的则是完全黑暗的混沌的物质世界。当神之光源源不断流溢出来时，根据光照的多少和强度，被赋予了各种形式的生命在黑暗世界出现。根据光照的程度区分不同位阶的事物，比如位阶最高的是大天使伯赫曼（Bahman），依次产生不同位阶的天使。负责守护人类的大天使是伽百列，也是先知穆罕默德之灵，全部知识的揭示者。除了这位全人类共同的守护天使，苏赫拉瓦迪认为每个人都有一个属于自己的守护天使，因为"灵魂"下降到肉身之前在天国就有一个"先在"。如此说来，人生的意义在于灵魂摆脱肉身桎梏，寻找至高之光。灵魂要在肉身活着的时候净化自己，体验被光照耀的快乐，达到苏菲大师们所称的"法纳"[②] 状况。苏赫拉瓦迪关于光明与黑暗及天使学带有浓厚的波斯琐罗亚斯德教思想，其灵魂受肉身桎梏又明显受到希腊哲学的影响，与伊斯兰正统思想有较大差异。最重要的还是苏赫拉瓦迪行事风格易得罪人，在伊斯兰教法学家的多次强烈要求下，萨拉丁（1137—1193）下令将苏赫拉瓦迪在阿勒坡处死，时年 38 岁。但苏赫拉瓦迪的光照哲学一直流传在什叶派和伊斯兰东部世界之中。

第二位是伊本·阿拉比（Ibn Arabi，1165—1240 年），出生于穆斯林统治的西班牙南部梅西亚的属于阿拉伯塔伊部落血统的家族，以后在北非游历，最后死于大马士革。他完成了将苏菲派思想系统化、理论化的工作。他的一位学生曾经对他说："一些人否认我们，要求我们拿出证据。"伊本·阿拉比说："如果有人向你要求这一玄妙的知识的证据，你就问他：

---

① 引自〔美〕赛义德·侯赛因·纳塞尔:《穆斯林三贤哲》,周传斌译,商务印书馆2017 年版,第 114 页。

② 法纳(fana)或称浑化是苏菲派的专用术语,指人经过精神磨炼后达到一种意识不到自我的状况,与"神"同一的境界。类似于庄子所称的"坐忘"。——笔者注

'蜂蜜甜的证据是什么?'那人一定会说:'这只有通过品尝才能知道!'这时你可以对他说:'苏菲的证据也是同样!'"① 它揭示一个基本事实:人的知识很多是属于个性化的体验,无法形式化和用语言来表达。假如真有人不信这个邪,非要去研究蜂蜜甜的证据,拿出一套数据和理论证明蜂蜜含有 70%—80% 左右的葡萄糖和果糖,少量的蔗糖和麦芽糖,甚至还发现了葡萄糖和果糖的化学式都是 $C_6H_{12}O_6$,两者属于同分异构体。那么,它们就代表着两种不同的思维方式和文明发展路径。前者以知识带有个性化体验为理由,否定形式化的、可证明的知识,从而遁入神秘主义、体验主义之中。而后者代表着理性的、科学的方向,但哲学—科学学派遭到伊斯兰正统派的斥责,而代表非理性、神秘主义的苏菲派开始在伊斯兰世界大为流行。有学者对此评论说:"基督教和伊斯兰教这两大姐妹文明在伊历 7 世纪(公元 14 世纪)以后的分道扬镳,在很大程度上可以解释为这一理性主义哲学在两大文明中所扮演的角色的不同。"② 伊本·阿拉比曾记录他 20 岁时与 60 岁伊本·鲁世德(阿维罗伊)一次会晤的情形,代表了灵知主义和理性主义的两条路线。不久之后,伊本·鲁世德(阿维罗伊)的著作在伊斯兰世界被烧毁,但在欧洲知识界获得一批狂热的崇拜者;而伊本·阿拉比在伊斯兰世界得到很高尊崇,他的墓地成为穆斯林重要的朝圣地点。

伊本·阿拉比是伊斯兰苏菲中第一个完整阐述"万有单一论"的人。什么是"万有单一"?伊斯兰的基本信条是:"万物非主,唯有真主。"《古兰经》说:"今世的生活,只是虚幻的享受。"(3∶185)"今世的生活比起后世的生活来,只是一种〔暂时〕的享受。"(13∶26)这些经文给苏菲派提供了哲学上的依据,他们理解成"除了主外,无物存在"。世界上只有一种存在,那就是"神"的存在,至于现实世界中所看到的事物,它们的存在只是一种假象和幻影,其实并不存在。这种观点类似于印度婆罗门教——除了梵我,其他一切皆虚、皆幻。伊本·阿拉比说:"赞颂创造万物

① 〔埃及〕艾布·卧法·伍奈米:《伊斯兰苏菲概论》,潘世昌译,商务印书馆 2013 年版,第 13 页。

② 〔美〕赛义德·侯赛因·纳塞尔:《穆斯林三贤哲》,周传斌译,商务印书馆 2017 年版,第 91 页。

的主,他就是万物本身。"① 他的存在论不同于伊本·西纳将事物分为不可能的存在、可能的存在、必然的存在三类,而是认为只有两类:必然的存在和不可能的存在。世界是依靠"神"才存在,它们的存在只能归于"神"这个必然的存在。他说:"这一问题的最终秘密是'可以存在物'的根源没有存在,存在只是真主的存在,他体现于'可以存在物'的本身形象。"②世界并不是从无中创生出来,其最初的原型都潜在于"神"那里,万物的出现只是"神"的显现,所有被造物中都显示着"神"的存在。伊本·阿拉比明显带有泛神论的色彩。他在一首诗中写道:

> 分就是合,合就是分。
> 一为万物,万物不存。

诗中的"一"就是"神",万物都由"一"流溢转化,将隐藏在"一"中的"潜在"转化为"显在",但真正的存在(自在)只能是"一"(神)。宇宙世界是独一"神"之本体的显现。《古都斯圣训》说:"我就是隐藏的宝藏;我期待被追寻,于是我创造了世界。"伊本·阿拉比认为这段圣训含有对创世目的的理解。"神"把自己显现于所创造的万物之中,期待着被人追寻。如此一来,苏菲派的目标也就昭然若揭:那就是实现与"神"的合一,达到"浑化"的境界。这里的"合一"并不是我这个存在与"神"合二为一,而是要领悟到我们一开始就是附属于"神"的,不是要消融"自我",而是认识到本来就没有"自我"这个存在。伊本·阿拉比说:

> 多数那些知晓神的人,若把"浑化"和"化化"作为寻求对神的知识的一种状态,乃是一个错误,一种明显的失误。因为对神的知识,并不以"浑化"或"化化"为先决条件。因为事物并不存在,根本就不存在之物也就无所谓浑化。"化"意味着假设了"有",也就成了以

---

① 引自〔埃及〕艾布·卧法·伍奈米:《伊斯兰苏菲概论》,潘世昌译,商务印书馆 2013 年版,第 220 页。
② 同上,第 221 页。

物配主。如果他们知晓了自身并无"有"或"化"可言，则他们就知晓了神；若非如此，则不可知晓神。[①]

我们认识到自我的不存在，并在这样的状态下实现人与"神"合一，这成了灵修的终极目标，它始于人的肢体对"神"的礼拜，并在心灵的礼拜中达到极致。伊斯兰苏菲哲学有更多的斯多亚学派、新柏拉图主义的特色，接近印度教的神学思想，充满着神秘主义色彩。现象世界只是"神"的显现，充满虚幻性、非实在性，人最终的归宿就是与"神"同一。与这种灵修的路子不同，同时期的托马斯·阿奎那却承袭伊斯兰"哲学—科学"学派的思路，试图用清晰的语言、严密的逻辑去揭示和证明"神"，把对"神"的本质的认识而不是与"神"浑然一体作为人类活动的目的。这是两种不同的精神世界，在这样的历史交汇点上，同为亚伯拉罕系的基督教世界和伊斯兰教世界作出了各自不同的选择。

伊本·阿拉比对"神"普世性的强调，以及对神启内涵的关注，超越了宗教外在的形式，因为神圣的天启之道殊途同归，导向同一个终点。他提出了"诸宗教统一论"。他说："神之崇拜千般万种，我信世人所有信奉。"其中各种信仰和宗教最终都万川汇流归海，凡是能体现爱神、爱人、爱人如己的宗教都值得信奉。有学者评论说："今天的穆斯林所做的所有意义深远的与其他宗教敦睦友好的努力，都建立在伊本·阿拉比和鲁米所建立的丰厚基础之上。"[②] 从这个意义上说，伊本·阿拉比给伊斯兰信仰注入了宽容精神，注入了各种宗教和平共处的精神。就这一点讲，就具有跨文明的价值。苏菲派是充溢着爱之芬芳的灵修，伊本·阿拉比写道：

> 我追随爱的宗教，
>
> 爱之驼队选取的路线，
>
> 就是我的宗教和信仰。

①　〔美〕赛义德·侯赛因·纳塞尔：《穆斯林三贤哲》，周传斌译，商务印书馆2017年版，第187页。

②　〔美〕赛义德·侯赛因·纳塞尔：《穆斯林三贤哲》，周传斌译，商务印书馆2017年版，第191页。

第三节　托马斯·阿奎那和《神学大全》

托马斯·阿奎那（Thomas Aquinas，1225—1274 年），出生于意大利南部那不勒斯的一个贵族家庭，6 岁时，父亲把他送到家乡附近的隐修院接受教育。15 岁时，他被送往那不勒斯的一个类似于大学的综合性学术研究机构，在这五年期间，他开始阅读亚里士多德及其伊斯兰注释者阿维森纳、阿维罗伊的作品。20—23 岁，他在巴黎大学从事学习和研究，以后，又在德国科隆的一家研究机构进一步深造。1256 年，阿奎那成为神学硕士，这属于那个时代最高级别的头衔。1256 年 3 月后他开始写作《论存在者与本质》，1259 年开始写作《反异教大全》，1266 年开始写作《神学大全》。这三部作品奠定了阿奎那在欧洲中世纪神学和哲学上的地位，被教会称为"天使博士"。1274 年阿奎那因健康恶化，死于前往意大利弗斯诺瓦西多修道院的途中，时年 49 岁。

一、阿奎那学说的意义和局限

阿奎那的学说代表着天主教学说的正统。1323 年，教皇约翰二十二世封阿奎那为圣徒。1567 年，阿奎那又被罗马教廷封为圣师。1879 年 8 月，教皇利奥十三世发表著名的《永恒之父通谕》，其中见证说：

> 托马斯首要的和真正独享的荣誉，任何一个天主教博士都不能分享的荣誉，在于：特伦特大公会议期间，神父们竟一致同意，将托马斯的《神学大全》与《圣经》和至上教皇的教令一起，摆放在祭坛上，昭示它们乃是人们寻求智慧、理性、灵感和各种答案的源泉。①

天主教会将一位神学家的著作放在与圣经、教皇教令同等地位，的确

---

① 见〔意〕托马斯·阿奎那:《神学大全》第一集第八卷附录一,段德智、徐弢译,商务印书馆 2013 年版。

是史无前例的。通谕还说："托马斯、圣大阿尔伯特，以及其他经院哲学领袖，都不是只痴迷于哲学研究，以至于几乎不关心关于自然事物的知识。……现代物理学的得到证明了的结论与这些学派的哲学原理之间真的可以说没有任何矛盾。"以这篇通谕提出"复兴托马斯黄金般的智慧"为开端，欧洲思想界形成了代表天主教势力的"新托马斯主义"流派，深刻影响着现代欧洲思想。

阿奎那立志将宗教事业作为毕生追求目标，始于 18 岁那一年。他不顾家人强烈反对决心加入多明我修道会（Dominican Order）。多明我会是中世纪欧洲的第二大基督教社团，由西班牙教士创立。12 世纪末期，持有类似于早期基督教异端摩尼教神学思想的卡特里派基督教团体产生，并席卷欧洲南部。他们认为既然世界存在一个善的本原，就必然存在一个恶的本原，这个邪恶之神与物质世界关联。多明我会的宗旨是训练受过良好教育的教师和传教士，能面向普通民众讲道，传播正信、扑灭异端。由于多明我会有严酷的道德操守、坚持纯朴和简朴生活，完全不同于其他教士沉湎于奢靡生活，因此在清除卡特里派等异端上取得很大成功，引起罗马教会高层的重视。1217 年，多明我会成为教皇洪诺留三世（Honorius Ⅲ）直接管辖的修道会。在多明我会内，阿奎那有幸跟随享有盛誉的大阿尔伯特（Albert the Great，约 1200—1280 年）学习。大阿尔伯特是德国多明我会的创始人，对自然科学有特殊的兴趣，是亚里士多德和一些新柏拉图主义者作品的忠实读者。此时的基督教欧洲深受到伊斯兰文明的强烈影响，穆斯林学者的作品，比如伊本·西纳（阿维森纳）、伊本·鲁世德（阿维罗伊）的作品翻译为拉丁文，开始在基督教欧洲知识界掀起一股研读亚里士多德学说的热潮。但亚里士多德学说与基督教教义存在冲突，并不被早期基督教神学家所接受。就如之前就指出的，亚里士多德的宇宙无始无终永恒存在，"神"既不负责创世也不爱人类，只提供宇宙运动的动力，与基督教那个既负责创世又时时刻刻关注人类命运的"神"区别很大。此外，亚里士多德认为人的灵魂随着身体的死亡而死亡，只有其中的努斯（理智）是不死的，这与基督教的灵魂与肉体借着"神"的恩典可以复活产生抵触。因此亚里士多德学说最初被视为"最危险的敌人"，受到教罗马教廷的严厉禁止。1210

年，亚里士多德的《物理学》被罗马教廷列为禁书，1215 年《形而上学》又被宣布为禁书。但亚里士多德主义和亚里士多德学说终究在欧洲思想界形成一股不可抗拒的强大力量，在坚持启示真理的同时，竖起了理性真理的旗帜。这是欧洲思想史的一个重要时刻。亚里士多德学说之所以被中世纪欧洲奉为圭臬，原因可能有以下几个。一是强大伊斯兰文明的影响。许多穆斯林的一流学者醉心于亚里士多德，对基督教学者有示范作用。强盛文明所信奉的东西，往往对落后文明有吸引力。二是亚里士多德的神学观点修正以后，可以与基督教信仰不冲突。穆斯林学者已经证明这条路是可行的。正如奥古斯丁有选择地接受新柏拉图主义，阿奎那接受的正是经过基督教教义修正以后的亚里士多德主义。基督教坚持神创世界是好的信念，与柏拉图主义认为物质世界罪恶的观点存在冲突，反而与亚里士多德否定理念世界与现象世界分离、重视研究现实世界的倾向更加契合。三是亚里士多德的逻辑学、分析框架，对于研究自然现象以及精神世界都有很大帮助，尤其是他的以地球为中心的宇宙论，月上世界和月下世界的划分，很符合教会的需要。当然，基督教神学与修正后的亚里士多德主义的结合，既适应了时代的需要，但同时也不可否认，给基督教欧洲拉来一匹木马。一个更加安静，与人类命运没有瓜葛的"神"将悄悄地溜进中世纪欧洲的思想界，使罗马教廷精心维系的传统信仰出现多元性。这个与人类命运没有过多瓜葛的"神"，将成为欧洲一流哲学家、自然科学家信奉的"神"。

阅读阿奎那的作品，常常有一种惊异感，体会清晰思维所带来的力量感。尤其在《神学大全》中，他详尽罗列神学—哲学领域的各类问题作为入手处，采用正、反、合的辩证思维予以论证。至今仍有方法论的意义。不过，阿奎那的作品中也凸显一个基本事实，他所探讨的问题事前都已经有了结论，这些结论符合正统教义，他的工作只是用哲学和科学作佐证，使教义显得更合理罢了。阿奎那正是从这个意义上把哲学看作是神学的婢女，哲学本身没有独立存在的价值，只是为神学服务。罗素评论说："他并不是在探究那些事先不能预知结论的问题。他在还没有开始哲学思索之前，早已知道了这个真理；这也就是在天主教信仰中所公布的真理。……给预先下的结论去找论据，不是哲学，而是一种诡辩。"① 事先有不可动摇的权威结论，那么由此所产生的不同意见的论辩终究是一场自娱自乐罢了。从阿奎那的作品中我们可以得出一个看法：试图通过摘录古人的言论、用逻辑推理去发现科学真理被证明是一条死胡同。欧洲思想的革命性变革不是从阿奎那引进亚里士多德主义开始的，但至少他打进去了一根楔子，使基督教笼罩着的欧洲思想界出现裂痕。

二、存在者与本质

现象世界是真实的还是虚幻的，是西方世界争论的核心问题，无论是古印度还是古希腊皆如此。巴门尼德最早讨论存在问题，认为现象世界的"多"最终都归结为"一"，现象世界变动不居，只有"一"永恒不变。柏拉图则认为有一个独立存在的"理念世界"，现象世界只是它的模仿物。他们的共同观点是现象世界变动不居，实际存在的只有"一"或"理念世界"。由于神学思想的不同，亚里士多德反对柏拉图的理念论，认为理念世界与现象世界不可分离，理念论变成了描述事物之所以是该事物的本体论。理念世界并不独立存在，存在的只有具体事物，以及以自身为思想对象的沉思者——"神"。不同的是，具体事物由形式和质料组成，"神"只有形式而没有质料。但"神"这种存在，与具体事物的存在之间究竟是什么关系，亚里士多德体系并没有回答，穆斯林学者利用新柏拉图主义的"流溢"说回答了这个问题。伊本·西纳（阿维森纳）将事物分为不可能的存在、可能的存在、必然的存在三种。"神"属于必然的存在；被造物属于可能的存在，它们因"神"而存在，包括天使、理智等精神不朽物和可生可灭的被造物两大类。"神"的存在与本质是同一的。被造物没有被创造之前，其本质存在于"神"之中，因此被造物的本质先于存在。但被造物作为人的认识对象时，又是存在先于本质，它们首先存在并通过认识活动才在人的意识中形成该事物的本质。阿奎那正是模仿伊本·西纳的存在论，写出他

---

① 《罗素文集》第 7 卷《西方哲学史》上，何兆武、李约瑟译，商务印书馆 2012 年版，第 659 页。

的首部哲学著作《论存在者与本质》。因此，阿奎那这部哲学著作并不具有真正的原创性。

阿奎那区分三种不同的存在，1."神"；2. 单纯实体，比如天使、纯精神实体等，只有形式、没有质料；3. 复合实体，比如人、具体事物等，由形式和质料组成。阿奎那还用一组概念，即"存在"（esse）、"存在者"（ens）、"本质"（essentia）分别描述这些存在的实体。1."神"作为存在者是独立的、永恒的、第一因的，其存在是必然而非依靠他者，"其本质就是他自身的存在"。"神对摩西说：我是自有永有的。"（《出埃及记》3：14）2. 天使和其他精神实体是纯形式的被造物。它们的存在依靠"神"，并非必然的，属于非独立、非自在的存在者。由于这类存在者是纯形式的，没有质料，它们的本质就是形式。它们和"神"不同在于，并不是永恒不变的，因此存在并非是其本质。3. 人和其他事物是形式和质料复合的被造物，作为存在者同样是非独立的、非自在的，它们的存在同样是非必然的。那么，这类复合实体的本质是什么？是形式吗？前面已经讨论过，在亚里士多德体系，形式与本体、本质的含义通常是相同。但阿奎那没有沿袭这种说法。他说：

> 在复合体中，有形式和质料的标记，例如人身上就有灵魂与身体。既然如此，我们便不能够说单单形式和质料中的任何一方都可以称作复合实体的本质。单单一件事物的质料之不能构成复合实体的本质这一点是很明显的。因为事物只是藉着它的本质而成为可认知的，也是藉着它的本质被安排在它的种和属之下的。但是质料并不是认识的根据；一件事物之归属于它的属或种，也不是根据质料，而是根据某种现实的东西决定的。同样，单纯的形式也不能被称为复合实体的本质，即便有人极力主张这样。①

阿奎那对复合实体的本质不能仅仅根据形式来决定的思想，是对亚里士多德学说的修正，也是对希腊哲学将物质视为惰性的、黑暗的倾向的重

---

① 〔意〕托马斯·阿奎那：《论存在者与本质》，段德智译，商务印书馆2013年版，第14页。

要修正。这虽然是基于基督教信仰背景，但其意义是不可低估的。要认识一个物理实体，如果不了解构成该物理实体的质料，而只是通过形式来认识其本质，显然是不完整的。比如，青铜球和玻璃球，其形式都是球形，但绝不能认为两者的本质是同一的，还需要考虑其质料的差异性。因此，阿奎那考察各种说法后提出："唯一的可能性便在于：所谓本质，在复合实体的情况下，无非意指由质料和形式复合而成的东西。"① 形式具有普遍性，而区别同一种形式的各事物的本质，就在于各自质料的不同。由质料和形式复合而成的本质，具有将不同事物区别开来的作用，是保证事物是其所是的东西。所以阿奎那说："自身同时蕴涵有质料和形式的本质就只能是特殊的，而不可能是普遍的。"② 那么，在说明本质的特殊性时，如何解释本质的普遍性？亚里士多德的本体论有一个困惑，比如作为人的本体与作为苏格拉底这个人的本体，究竟是相同还是不同的。亚里士多德不考虑质料，只把形式作为事物的本体或本质，带来很大问题。如果人的本体与苏格拉底的本体相同，则苏格拉底与其他人没区别；如果不相同，那么苏格拉底就没有人的本体，或苏格拉底的本体不是人的本体。阿奎那采用"被标明质料"（materia signata）和"未被标明的质料"（materia non signata）来解决这个难题。比如当我们定义人的本质（本体）时，用的是泛指的"未被标明的质料"（非特指的），而定义苏格拉底的本质（本体）时，用的是特指的"被标明质料"（特指的）。阿奎那说：

> 因为人的定义里所安置的，并不是这个骨头和这块肌肉，而只是绝对的骨和肉，而这种绝对的骨和肉正是人的非特指质料。由此看来，很显然，人的本质与苏格拉底的本质，除去特指与非特指外，便没有什么不同。③

---

① 〔意〕托马斯·阿奎那：《论存在者与本质》，段德智译，商务印书馆2013年版，第15页。

② 同上，第17页。

③ 〔意〕托马斯·阿奎那：《论存在者与本质》，段德智译，商务印书馆2013年版，第17页。

苏格拉底的本质与人的本质的区别，在于前者是特指的质料，后者是非特指的质料。除此之外，两者的本质没什么不同。这样既维护了"人的本质"这一普遍性的意义，也保证了"苏格拉底的本质"的真实性。如果从欧洲思想发展的源流看，《论存在者与本质》这篇短文无疑是具有里程碑意义的。它突破了本质等同于形式，与质料无关的亚里士多德本体论的窠臼。它从两种意义上对质料的划分，拓展了哲学视野，使对事物普遍意义上和特殊意义上的本质的认识成为可能。

西方一些学者盛赞阿奎那哲学的原创性[1]，但严格讲，其思维框架来源于伊本·西纳。同时我们也应看到，阿奎那的存在论似乎是一场很深刻的哲学思辨，实质只是对神圣信仰的哲学分析。因为在展开讨论之前，他就坚信世界上有三种不同的存在者。第一位的当然是绝对单一的"神"，他是宇宙中一切事物存在的原因；第二位的就是纯精神实体的天使；第三位的才是人和现象世界。按照与"神"的远近，确定出存在的等级秩序。第二位与第三位尽管有区别，但是从存在的方式看——都属于被造物——又是相同的。而且，阿奎那事前就已经知道天使作为纯精神实体也会堕落，并不是完全的现实性存在，而是会变化的潜在性存在。

三、真理的形式与存在的方式

阿奎那的第二部重要著作是《反异教大全》，贯穿其中的主旨是坚持启示真理的同时，强调理性真理的作用。阿奎那很清楚，既然是反对异教，就不能用异教所不承认的基督教义和圣经来反驳，只能诉诸双方共同认可的人类理性和哲学来证明基督信仰。伊本·鲁世德（阿维罗伊）提出哲学的理性真理与神学的启示真理可以并行不悖，这种"双重真理论"被阿奎那所借鉴和发展。针对经院哲学中依然固守的惟一真理观——只有来源于"神"的启示真理，他认为真理被人认识的方式并不总是一样的。神学教条作为真理，有的是超越于人的理性，只能来自启示。比如，童贞女玛利亚

---

[1]　〔意〕托马斯·阿奎那：《论存在者与本质》附录一《西方形而上学传统中的一部经典之作》，段德智译，商务印书馆 2013 年版。

为基督之母，末日审判，灵魂和肉体的复活，三位一体等，这种真理只能来自启示。而有些神学教条，比如"神"的独一存在，是可以借着"神"的恩典来推论证明的。人的理性不仅用于对被造物的认识，还可以进入信仰领域，用于对"神"的认识。阿奎那神学是一个理性得到最大限度扩张的理性神学，它形成中世纪以来欧洲思想界的一个传统：首先诉诸理性解释世界万物，待到无法用理性证明时，再诉诸"神"的启示。但理性有没有限度，其限度在哪？直到康德对理性扩张到非现象世界进行批判，理性的边界和限度问题才被人真正认识。

《神学大全》第 1 个问题就是讨论哲学与神圣学问（神学）的关系。针对"除哲学学科外，是否还需要任何进一步的学问"这一疑问，他回答："在由人类理性所探究的哲学学科之外，另有一门源自神的启示的学问，对于人类救赎是必要的。"① 这个问题被列为《神学大全》的首条，显示了该问题的特殊意义。当时有两种观点：

第一种观点，人应该专注于凭借理性能认识的范围，不要企图认识超越理性的事物。既然宗教真理无法认识，就不应试图去理解和研究。这里暗含宗教界的两点看法：宗教真理高不可及，人要凭理性去探究是徒劳和愚蠢的；知识和哲学研究有损宗教信仰，宗教源于信仰的真诚而非知识的掌握。

第二种观点，哲学研究一切存在着的事物，它的内容包罗万象，关于神学或神的科学已经包括其中，因此不再需要有其他学问。亚里士多德就是在哲学范围内讨论神学，伊斯兰学者法拉比、阿维罗伊坚持把哲学与神学等同起来。他们认为，有智慧的人类只要拥有哲学就可以享受幸福生活。专门的神学是多余的。

阿奎那在两种对立的观点中走了一条折中的路线。他解释说，"神"的存在超出人的理性理解范围，但这些真理凭借启示而为人类所认知，这种真理对于人来说无论如何都不可或缺。有些关于"神"的知识，也可以凭借人的理性去发现。两者之间不是互为排斥，而是相互支持的两个不同学

---

① 〔意〕托马斯·阿奎那：《神学大全》第一集第 1 卷，段德智译，商务印书馆 2013 年版，第 3 页。

科。他举例说，天文学和物理学都同样可以证明地球是圆的，只是天文学家运用数学方法、而物理学家考察物质特性。作为神圣学问的神学（theologia）与作为哲学之一部分的神学，分属不同种类的学科。但是，神圣学问不仅是科学（scientia）还是更高级的科学，它以"神"启示的原理为权威；它要比其他科学更加尊贵，它把哲学作为较低一级的科学，即作为"婢女"来加以利用；神圣学问是智慧，是超乎所有人类智慧之上的智慧。阿奎那尽管讲启示真理和理性真理，但必须把启示真理摆在优先等级。这就涉及他的真理观。

　　什么是真理？真理就是真的东西。奥古斯丁在《独语录》中说："真的东西就是存在着的东西。"这是基督教文化背景下产生的观点。在印度思想中，或者希腊罗马哲学看来，"存在着的东西"很可能是不真实的、虚假的，因为他们认为现象世界背后那个无法用感觉触及的、不动的东西才是真的。在基督教世界里，"神"的真实性和超越性，保证了从虚无中创造出的世界是绝对真实的、有意义的。这里我们看到不同神学思想在看待可感的现象世界上的复杂性。可以分为三组。第一组，"神"在世界中塑造世界，或者说世界是"神"变现出来。持这种泛神论神学观点的有古埃及宗教、苏美尔人宗教以及巴门尼德、裴洛、柏拉图和新柏拉图主义、斯多亚学派等，基本上否定现象世界的真实可靠性。人的感觉是靠不住的，生灭无常的现象世界是虚幻的。伊斯兰教一些派别和印度教，佛教可以划入这一类。第二组，"神"在世界之外但没有创造世界。持这种观点的有亚里士多德、伊壁鸠鲁等，肯定现象世界的真实性，肯定人的感觉的可靠性。但在当时的欧洲思想界，他们的观点不占主流。第三组，"神"在世界之外但凭空创造了世界，"神"与现象世界之间没有连续性。基督教持这种观点。"神"创造的世界是好的、真实的，存在着的东西肯定是真的；"神"把本质赋予了被创造物，赋予了人以理性发现被创造物本质——真理的能力。我们可以在欧洲思想界发现一个现象：正统基督徒一般都是可知论者，而怀疑论者、泛神论者、部分的自然神论者容易陷入不可知论。

　　阿奎那在研读亚里士多德作品及伊斯兰注释者的作品中，发展出三重真理观。他在《神学大全》第16个问题"论真理"中提出，第一位的真理存在于"神"的理智之中，它不仅是绝对真理，还是一切真理的唯一来源。第二位的真理存在于被造物中，即符合于"神"的理智的事物本质。他写道："真理首先是存在于（神的）理智之中，其次是由于其作为事物的原则相关于理智而存在于事物之中。"① 第三位的真理存在于人的理性之中，因为人作为被造物，"神"必然保证人的理性能认识事物、使事物与理性符合。对此，有学者评论说："这种关于真理的论述包括两个层次，即人类自身是上帝观念中的范式的产物；人类关于真理的概念则以上帝的创造物为基础。对于现代读者而言，非常重要的一点是，我们所谓的真理，用阿奎那的术语来表达，仅仅是第三位的真理标准。"② 阿奎那的"真理观"具有积极意义。他表明真理存在于被造物中，是被造物的本质性规定，还表明人的理智中存在的真理是与被造物相一致，是通过认识获得的。他还承认真理存在于人的感觉之中，因为人对于任何事物的感觉都是实在的。阿奎那在他早期作品《围绕真理的纷争问题》（也译为《论真理》）中说："我们的知识是以这样的程序进行的：它首先从感性能力开始，然后完成于理智中。"③ 人用感官接触事物得到的感觉是实实在在的，当我们对这种感觉用理性作出判断，才会有真、假之分。

当欧洲思想界牢牢确立理性真理的价值，牢牢确立现象世界存在真理的观念，人类对现象世界的探索活动才有意义，才会有动力。阿奎那在整个西方思想史的发展链条中发挥承上启下的作用。

四、"神"存在的证明

阿奎那将神圣学问的研究对象确定为"神"，由此面临的首要问题是："神"是否存在。这是《神学大全》最有趣的问题之一。讨论了三个要点：1. "神存在"这个命题是否是自明的；2. "神存在"是否可以证明；3. 五种证明方式。

---

① 〔意〕托马斯·阿奎那：《神学大全》第一集第 1 卷，段德智译，商务印书馆 2013 年版，第 300 页。

② 〔美〕约翰·英格利斯：《阿奎那》，刘中民译，清华大学出版社 2019 年版，第 49 页。

③ 转引自黄裕生：《宗教与哲学的相遇》，江苏人民出版社 2008 年版，第 339 页。

阿奎那认为，判断一个命题是否自明，有两种方式。第一种，它本身是自明的，其特征是谓项包括在主项之中。如"人是动物"，因动物的本质包括在人的本质之中，所以这个命题是自明的。而"神存在"同样是自明的，因为"神"的本质就是存在，主谓项属于完全包含关系。第二种方式，对我们来说是自明的，前提是我们必须知道主项和谓项的本质。如果我们不知道人的本性和动物的本性是指什么，"人是动物"对我们来说就不是自明的。同样，如果我们不知道"神"和存在的本质，"神存在"对我们同样不是自明的。

接下来的问题是，如果"神存在"对我们并不是自明，那么可以证明吗？不能证明的理由主要有三条。1. "神存在"只是一个信仰，而信仰无法用知识来证明；2. 我们无法知道"神"的本质是什么，只能说不是什么，因而无法用逻辑证明；3. "神"是无限的，人只能接触有限的事物，无法通过有限去证明无限。但阿奎那引用新约的经文："神的永能和神性是明明可知的，虽是眼不能见，但借着所造之物，就可以晓得。"（《罗马书》1：20）从而认为是可证明的。从事物发生的最初原因开始，或者从产生的结果逐一溯及原因。阿奎那给出了证明"神存在"的五种方式。

第一种方式，从运动出发来证明。世界上一些事物处于运动之中，凡是运动的事物都需要靠别的事物来推动，任何事物不可能在同一个运动方向上既是能动者又是被动者。由此往前追溯，必然存在第一推动者。这正是我们所说的"神"。

第二种方式，从动力因的本性出发来证明。世界上存在动力因的一个序列，但我们找不到任何一件事物是它自身的动力因。动力因外在于事物。因此必须承认有第一动力因。这个第一动力因就是"神"。

第三种方式，从可能性和必然性出发来证明。自然界中许多事物既可能存在也可能不存在，它们都是有生有灭的。如果所有事物的存在都只是一种可能性，那么必然出现这样的情况：至少在一个时间内没有任何东西存在。如果在一个时间里没有任何东西存在，世界就什么事物都不会产生，甚至现在也没有事物能够存在。但这种情况显然是荒谬的。说明并不是所有事物都是可能存在，肯定有必然存在的事物。那个因自身而必然存在的事物，我们可以称呼为"神"。

第四种方式，从事物存在等级出发予以证明。在各种存在者中，根据所拥有的善，拥有的真，以及拥有的尊贵程度，形成一个等级阶梯。在全部存在者中肯定存在一个至善、至真、至尊的存在者，其他存在者都是从这位存在者中分有部分的善、部分的真、部分的尊贵。这位至善、至真、至尊的存在者，我们就称之为"神"。

第五种方式，从"神"对事物的管理出发给予证明。从世界中可以发现各种自然物都围绕一定的目的有序活动，很显然宇宙并不是偶然的，而是设计出来的。因此必然存在某个理智的存在者，在指导和管理着这些事物的活动，正如箭得不到弓的指导便不能射中靶一样。这个具有无限智慧的存在者，也就是我们所说的"神"。

以上就是阿奎那证明"神"存在的五种经典方式。他所开启的用理性证明"神"存在的方式，在基督教欧洲有重要意义。"神"成为概念化、对象化的事物，而不是活生生的神明。当阿奎那把基督教的"神"看作第一因、第一原理、原初的纯粹活动这样的存在者时，"神"的人格特征消融在理性和概念之中。从某种意义上讲，这是对基督教信仰的侵蚀。有学者评论说："神学的理智化导致了上帝的概念化与对象化，这是存在主义神学家对托马斯·阿奎那主义神学家作出的最深刻的批评。"[①] 从神学家们的批评看，阿奎那确实抽掉了宗教信仰中的直觉、狂喜等非理性因素。其功过是非，不同视角会有不同评价。此外，他将神学与哲学混同，将理性的触角延伸到信仰领域的做法成为欧洲理性主义的先声，既受到正统神学家的批评，也受到后来哲学家如康德等人的批评。有学者评论说：

> 从现代的角度看，阿奎那的学说似乎是成问题的，因为我们通常习惯于将哲学等同于运用理性去理解我们的世界，而将神学等同于超出我们的理解之上的超自然世界有关的描述和实践。……对于阿奎那来说，神圣的教义突破了对哲学和神学的这种界定。神圣的教义既是

---

① 黄裕生：《宗教与哲学的相遇》，江苏人民出版社 2008 年版，第 279 页。

运用理性理解上帝及其创造物的科学，也是超越于人类理性之外的关于人类目的的知识。①

　　事实上，阿奎那的这些所谓证明建立在特定的文化背景、特定的宇宙观之上，是以暗含其中的某些假设为前提。首先，要假设宇宙是一个机械装置，它的运动必须依赖外在的动力来推动，否则就无法自我运动。如果我们认为宇宙有内生的动力源，无须借助外部的动力，就如中国人用阴阳变易来解释宇宙演化的内在动力，那么外在的第一推动力、第一原理就会是多余的累赘。其次，要假设宇宙存在完整的因果大链条。事前要对因果关系作这样的假设，即原因独立于结果，结果存在于原因中，结果是原因的必然实现。但如果用佛学的"缘起性空"看待现象世界，事情就会变得复杂。任何事物的存在并不依据某个单一的原因，这样的宇宙观很难推论出独一"神"的存在。后来，休谟否定因果关系的真实性、必然性，指出因果关系只是一种主观联结，对于自然神论是个重大打击。第三，要假设必然性是一种实体性的存在。这是阿奎那第三种证明方式的前提。进一步讲，它实际是假设人的头脑中有一个完满的观念，必然会在现实中有一个完满的存在。这是巴门尼德哲学的一个信条。但如果我们认为必然性只是存在于可能性中的一种趋势、一种概率或一种观念，那么就不可能存在一个实体性的必然性——"神"。从现代量子力学所发现的物理世界看，并不存在确定的必然性。第四，要假设自然秩序等于自然等级。这是阿奎那暗含的宇宙观，这种思想长期支配着欧洲思想界。面对同一个有秩序的宇宙，大乘佛学产生了"众生平等"的思想。这说明，不同文化背景对自然秩序会有不同的解读。正因为阿奎那的基督教背景，才会从自然秩序推导出自然等级，再推导出最高等级的事物——"神"。第五，要假设秩序来源于管理，而管理必然有一个至高的权威。这是阿奎那第五种证明方式暗含的逻辑前提。实际上忽视了另一种可能性，宇宙有序运转来自"自组织"。在没有外部指令条件下，系统内部的各个部分能自行按照最简规则形成有一定结

---

①　〔美〕约翰·英格利斯:《阿奎那》,刘中民译,清华大学出版社 2019 年版,第 63 页。

构和功能的组织。在这样的思想背景下，宇宙一定要有最高管理者——"神"，也就丧失存在的必要性。

从阿奎那对"神"存在的五个证明中发现其思想得以展开的假设前提，而这些假设前提体现着西方思想最基本的思维方式和底层逻辑。阿奎那将人的宗教热忱引向对神创世界的理性探索，对欧洲思想走向产生深刻影响，其意义是巨大的。近代欧洲自然科学的产生，其动力很大程度上来自通过对神创世界的理性探索来理解"神"。

五、前定和人的自由意志

人的一切，包括被创造、犯罪、得救、永生等，都是由"神"前定的。这是奥古斯丁以来的一条神学信条。《神学大全》第 23 个问题中，针对"人是否是由上帝前定"，阿奎那说："上帝预先指定人得救是合适的。"① 因为全部事物都处于"神"的运筹之中。"神"给人的安排有两种。一种是超出被造物自身能力的，比如永生。另一种是与被造物能力相符合，引导被造物自己去实现的。阿奎那将"前定"限定在第一种安排，如"永生"问题。他认为，安排一些人永恒得救的"前定"只存在于"神"的理智中，任何人都无法探知。既然"神"安排一部分人得救，必然会弃绝一部分人。他说："既然人是通过上帝的运筹而注定要永生的，则允许一些人背离这个目的就同样是那个运筹的一个组成部分。而这也就是所谓的弃绝。"② 由于存在"前定"，必然会有"拣选"，即由"神"亲自预定某些人得救，而"拣选"肯定是因"神"之爱带来的。所谓"神"之爱，不过是将永恒得救的爱给了一些人，而弃绝一些人。

阿奎那具有与奥古斯丁同样的前定神学观，以后加尔文继续坚持，反映了从犹太教以来一直存在的"选民"意识，同时也反映了西方等级制社会的现实，即一部分人天生高贵、天生获得"神"的垂顾。中国早期道教

---

① 〔意〕托马斯·阿奎那：《神学大全》第一集第 1 卷，段德智译，商务印书馆 2013 年版，第 424 页。

② 〔意〕托马斯·阿奎那：《神学大全》第一集第 1 卷，段德智译，商务印书馆 2013 年版，第 430 页。

典籍《太平经》曾强调仙人有仙录，求生有籍，能否成仙早就命定，但在后来的《老子想尔注》中，对这种前定成仙论给予严厉批驳①。中华文明的主流意识是，人人皆可成仙、人人皆可成佛、人人皆可成圣，在人性、人格方面所有人是完全平等的。与之相对，"前定"得救的观点却在欧洲基督教世界大行其道，只有蒙"神"眷顾的人才能永生，深刻反映基督教世界潜藏的底层逻辑：在讲生而平等的同时，认可不同的人之间存在巨大差异，这种差异符合创世正义、是正当的。前定论还带来一个显性的消极后果——既然一切都是前定的，个人的努力都毫无意义，为此阿奎那从两个方面作了"理论"上的弥补。

第一，肯定祈祷和善事在得救中的作用。既然前定是不可更改的，那么任何祈祷，甚至是圣徒襄助的祈祷都不能改变什么。这是前提。但是阿奎那认为，祈祷和善事包括在前定之所以是前定的因素之中。他说：

> 凡是有助于这个人得救的事物也都属于前定秩序的范围，不管是一个人自己祈祷，还是别人的祈祷，或是别的善事等等都是一样，倘若没有这样的活动，他就不可能得救。②

这段话的意思是说："神"预先把祈祷和善事作为前定的原因之一，如果你今世向"神"祈祷和做善事，意味着成就了这些原因，最后也成就了结果。如果你不祈祷、不做善事，反而证明你被排除在前定的圈子内。这是一个很有趣的智力游戏，但信奉这样的智力游戏，绝对会成为基督徒不断祈祷、不断做善功的心理动力。这一理论的神学意义在于："神"的意志无法左右，不会受祈祷这类东西的影响。一句话："神"是不可贿赂、不可收买的。这又回到苏格拉底批评古希腊人的宗教，试图通过献祭获得"神"的垂青。同时，祈祷和善功又必须完成，它列入前定得救的计划之中。

第二，凭特殊恩典也能永生。阿奎那说："一个人是从两个源泉事先安

---

① 见拙著《中国道统论》上，中国社会科学出版社 2021 年版，第 512、513 页。
② 〔意〕托马斯·阿奎那：《神学大全》第一集第 1 卷，段德智译，商务印书馆 2013 年版，第 447 页。

排获得永生的，亦即从前定获得永生和从恩典获得永生。"[1]两者的区别在于，前定是绝不会落空，恩典有时会落空。因为一些人由于具有"神"的恩典而被安排获得永生，但他们因为世间的罪而得不到。

这里就产生一个问题，即人的自由意志。前定与人的意志无关，但恩典却与人的意志有关。一个享有恩典的人，会因自己的罪而失去。《神学大全》第83个问题专门讨论人的自由意志。在讨论两种相异的观点后，阿奎那提出："人是具有自由意志的。否则，忠告、劝诫、命令、禁律、奖惩就成了徒劳无益的东西了。"[2]人的活动不是基于自然的本能，而是经过理性的比较、选择。人有理性这一点，就决定人必定有自由意志，它是人的一种能力而非习性，准确讲是一种选择能力。同样讲人的自由意志，奥古斯丁与阿奎那的角度有所不同。奥古斯丁是从罪的发生和"神"惩戒的公正性来反证人必须有自由意志，因为"神"如果对我无法控制的行为进行惩罚，显然是不公正的。而阿奎那主要从人拥有理性的选择能力来证明自由意志，前定并不妨碍事物的活动依然是自愿的。简要说：人有自由意志与"神"的前定并不冲突，而是相互一致，人的自由意志建立在"神"的前定这一基础上。当我们把"前定"替换成"必然"，那么阿奎那的自由意志论实质讲的是关于自由与必然的问题，也内含有"人生而自由"这样的启蒙主义观点。

六、神创世界

"神"创造世界的神创论，作为与进化论并列的创世论依然被现代西方世界所信奉。《神学大全》第一集第2卷讨论"三位一体"存在者，第3卷讨论创造，第4卷讨论作为单纯实体的天使，第5卷讨论作为复合实体的受造物，第6卷讨论人这种特殊的受造物。阿奎那根据《创世纪》的"起初神创造世界"展开分析，代表了基督教世界对"神创论"的正统解释。《论

---

① 〔意〕托马斯·阿奎那：《神学大全》第一集第1卷，段德智译，商务印书馆2013年版，第454、455页。

② 〔意〕托马斯·阿奎那：《神学大全》第一集第6卷，段德智译，商务印书馆2013年版，第189页。

存在者与本质》是这部分内容的哲学基础。

多明我会是在反对卡特里派异端中发展起来的，核心是反对世界存在一个恶的本原。阿奎那依然用希腊哲学的基本思路：如果证明了"邪恶"不能独立存在，那么存在恶的本原的观点就站不住脚。阿奎那坚持奥古斯丁传统，认为邪恶并非是事物的本质——"恶只是意味着善的缺失"①。受造物从本性而言都是善的，但受造物的善并非是普遍的至善。受造物都有或多或少的善，而一个完全没有善、只有恶的事物根本就不会存在，所以卡特里派主张的"恶的本原"荒谬。阿奎那不同于奥古斯丁的是，不认为邪恶是善被腐蚀（剥夺），就如本来是好的东西被腐蚀后慢慢变坏了，而是这个东西一开始就不是至善，不完满的善肯定会反映出恶的一面。只有"神"的至善才没有任何的恶。他发展了奥古斯丁善恶相对的观点，指出同一事物的多面性。狼吃人对狼来说是善的，但对人来说是恶；一些人只看到事物不好的一面，很容易把世界看成是恶的。阿奎那把物质世界由恶神创造斥责为异教观点，他的宗教信仰暗含着或者可以推导出这样的观点：凡是存在的都是好的，只是好的程度不同而已。阿奎那论证了有形受造物都来自"神"。他的逻辑并不复杂：凡是不同事物中能发现共同的东西，必定是出于同样的原因；而"存在"是所有事物的共同点，必定是由"同一个存在"带来的；这"同一个存在"就是"神"②。阿奎那遵循着单线条的因果思维：同一个结果必然是由同一个原因造成，而同一个原因必然产生同一个结果。他的原因还有高、中、低之分，高级的原因产生更多的结果，低级的原因产生较少的结果。

在解释事物是如何逐一创造出来方面，新柏拉图主义的"流溢"说被包括伊本·西纳在内的很多学者所接受，但阿奎那不赞成。他说："有人曾经主张，各种受造物是依照等级按照下述方式出自上帝的，这就是：最初的受造者是直接出自上帝的，这样的受造物又进而产生出别的受造物，如

---

① 〔意〕托马斯·阿奎那：《神学大全》第一集第 2、3 卷，段德智译，商务印书馆 2013 年版，第 339 页。

② 其论证见《神学大全》65 个问题第 1 条。——笔者注

此进行下去，直到有形受造物产生出来。但是，这种观点是站不住脚的。"①
阿奎那不能接受的原因大概有三条，第一条，事物从"神"的本体中流溢
出来，意味着受造物与"神"同质。而基督教教义认为"神"创造了本质
上不同于自己的世界。第二条，流溢说否定全部事物都由第一原因直接产
生，比如柏拉图《蒂迈欧篇》认为是至高神创造了诸神，然后再由诸神创
造人类和地上事物，伊斯兰学者伊本·西纳主张"神"创造天使，再由天
使创造有形物。但阿奎那坚持正统基督教义，全部事物都由"神"直接创
造。第三条，流溢说的前提是最初的受造物要比后来的更完美。而阿奎那
的观点正好相反：不完满的是先于完满的造出来。这是一种受造物从低级
到高级、从不完满到完满的"进化"思想。这种"进化"思想最早可以追
溯到苏美尔人的创世神话。阿奎那在第 44 个问题中，用亚里士多德的"四
因"说来解释事物的生成。第一，全部事物由"神"创造，"神"是动力
因。第二，原初质料是第一原因（神）创造出来。"神"是质料因。第三，
事物的形式全部来自"神"，"神"是事物的形式因。第四，"神"的至善
是产生万物的目的，"神"是事物的目的因。阿奎那把基督教的创世论与亚
里士多德的"四因"说进行融合，使亚里士多德主义真正成为基督教能接
受的权威学说。阿奎那反对柏拉图的理念论，不承认有形事物是通过分有
理念世界的理念而存在，不同意有一种非物质的人、非物质的马事先独立
存在。他也反对伊本·西纳的说法，事物的形式存在于天使这类精神受造
物的理智之中。阿奎那在第 65 个问题的第 4 条中，坚持亚里士多德形式与
质料不可分离的观点，有形物的形式不是从某一非物质的东西中流溢出来，
而是在复合活动中由潜能到现实的过程中产生出来。阿奎那看来，事物的
形式并不是一成不变，而是不断变化，但事物产生时最初具有的形式却是
直接来自"神"。阿奎那思想中包含了形式与内容相互作用的观点。

　　阿奎那根据《创世纪》六天创世的记载，分析了光、苍穹、水、植物、
太阳、月亮、动物的特性，虽然从科学的角度看意义不大，但对一些问题

---

① 〔意〕托马斯·阿奎那：《神学大全》第一集第 4、5 卷，段德智译，商务印书馆
2013 年版，第 225 页。

的追问,比如"光是否是一种物体""光是否为一种性质"等,对推动人们不断用理性去思考自然物有重要意义。一种宗教和文化是鼓励还是不鼓励人们去探索自然物,对自然科学的发展有重大影响。伊斯兰哲学——科学学派对中世纪欧洲的影响,使一部分学者的兴趣发生转向,将智力聚焦于浩瀚的星空、聚焦于苍茫的自然界。冈察雷斯评价阿奎那哲学神学的意义时说:

> 如果说中世纪的前几个世纪,对于研究自然界及其规律不太感兴趣,其部分原因是蛮族的入侵,以及随之而来的混乱,但也有部分原因是建立在新柏拉图主义原则上的神学侧重于来世。因此并不奇怪,到了13世纪,就出现了新哲学,坚决主张感官作为认识的出发点的重要性,也出现了自然科学研究的觉醒。①

欧洲"自然科学研究的觉醒"与神学思维的转向密不可分,自然哲学和数学、物理学总是同某种神学思想相结合,在一种适宜其成长的思想文化土壤之中生长,如没有这样的思想文化,原发的科学之花难以盛开。冈察雷斯认为阿奎那不仅对神学作出贡献,而且也对西方科学发展作出贡献。这个评价是客观的。其中重要的一点是,亚里士多德主义和基督教神学的结合使人们更清晰认识到"神"是在历史中显现出来,同时重振西方世界研究自然界——"神"的作品的热忱。这种热忱从苏格拉底哲学转向后,就逐渐凋零。不过,亚里士多德主义对基督教事业未必是福音。受亚里士多德主义的鼓励,唯名论在中世纪后期开始盛极一时,对事物的共相产生怀疑,认为只有个体的事物才具有客观实在性。这种争论对中世纪经院哲学统一性的毁伤是很大的。冈察雷斯承认:"成为中世纪统一思想体系的顶点的托马斯主义,也给这个统一思想体系注入了灭亡的种子。"②阿奎那发展了基督教神学,但同时又对基督教神学带来无可挽回的瓦解。

---

① 〔美〕胡斯都·L.冈察雷斯:《基督教思想史》第2卷,陈泽民等译,译林出版社2010年版,第279页。

② 〔美〕胡斯都·L.冈察雷斯:《基督教思想史》第3卷,陈泽民等译,译林出版社2010年版,第13页。

第九章 从文艺复兴到宗教改革

　　13世纪末，罗马教皇的权威盛极而衰。1309年，教廷从罗马避居法国南部阿维尼翁长达70年，教皇成了法国王室的工具。为满足巨额财政支出，教廷采用巧取豪夺的方法，如出卖圣职、销售赎罪券等方式聚敛金钱，使整个教士阶层贪污腐败之风盛行。教士成为人文主义者嘲讽的对象，被但丁《神曲》打入地狱的大多是寡廉鲜耻的教皇和教士。与教会衰落相对的另一个不可忽视的现象是民族意识苏醒和民族国家逐渐形成，西班牙人驱逐伊斯兰摩尔人，英法百年战争，以及瑞士、荷兰等国独立，打破了以神圣罗马帝国为一个中心的观念。此外商业和货币经济的发展，从多个方面侵蚀了欧洲社会稳定的基础。1453年，土耳其奥斯曼帝国攻陷君士坦丁堡并更名为伊斯坦布尔，由此带来的直接后果是欧洲与东方的陆地商路受阻，迫使欧洲人转而往西发展，寻找到达富饶东方的其他通道。1492年意大利人哥伦布发现美洲，1497年葡萄牙人达·伽马绕过好望角于1498年到达印度。伴随地理大发现，金银等贵金属大量流入欧洲，造成16世纪欧洲史无前例的通货膨胀。在给商业资本带来丰厚利润的同时，通货膨胀给农民、城市平民以及依靠土地收入的封建贵族带来巨大冲击，加深了他们的贫困。教皇、皇帝和高级教士、封建公侯，要维持他们昔日所享有的控制权就更不容易了。这一期间，一股崇尚古代文化的风气首先在意大利一些富裕的商业城市蔓延开来，如佛罗伦萨、威尼斯等地聚集着大批的人文主义学者。科技的威力日渐显现，比如，罗盘的运用使远洋航海成为可能；活字印刷技术使书籍的批量生产成为可能，促进知识传播和人文主义运动的发展；火炮技术的改进，使原本坚固的封建堡垒变得不堪一击。1517年10月，马丁·路德公布《九十五条论纲》，掀起了宗教改革运动，使罗马大公教会发生分裂。宗教改革的一个直接后果是，过去通过阿尔卑斯山源源不断地将德意志地区的财富输往罗马的线路断绝，再加上绕开意大利城市的新的贸易线路的开辟，使意大利普遍陷入经济衰退，人文主义在意大利逐渐消失。1527 年，西班牙和德意志士兵以及雇佣兵洗劫罗马，标志着文艺复兴运动的终结。席卷欧洲的宗教改革运动使等级制教会权威衰落，开启信仰的个人化、私人化。欧洲基督教世界作为单一实体的存在，一去不复返了。

第一节　人文主义

　　人文主义是一个含义模糊的称谓，主要指 14 世纪到 16 世纪初出现在欧洲尤其是意大利的，对前基督教的古典文化抱有极大兴趣的社会思潮。人文主义者就是指具有古典异教文化素养的人。他们对拉丁文献、希腊文献的兴趣远高于对神学的兴趣，全身心投入对古典文献可靠性和作者的考证，以及真伪文本的辨识等工作，在古文献整理、编排和翻译、注释方面作出卓越贡献。正如阿巴斯王朝的百年翻译工作为伊斯兰文明奠定了基础，人文主义者对非基督教文献的大规模整理，同样给以拉丁语为载体的近代欧洲文明的发展奠定了基础。他们透过这些古文献，发现了一个不同于基督教的新世界。古罗马共和国成为人文主义者心中的楷模，意大利的一些商业城市发起人文主义政治运动，致力于重振共和与美德。佛罗伦萨人就宣称自己是自治共和国，既非专制君主政体，也不是教廷或神圣罗马帝国的附庸。意大利商业资本主义发展和财富积累，客观上也为知识阶层提供了不同于教会的新的职业选择，比如律师、文员等。本节介绍这一时期三位代表人物，第一位是佛罗伦萨的但丁，"他是中世纪的最后一位诗人，同时又是新时代的最初一位诗人"[1]。第二位是佛罗伦萨的马基雅维利，他的《君主论》列入 1559 年教皇颁布的《禁书目录》，近四百年后才得以去除。

---

　　[1]　恩格斯:《共产党宣言》意大利文序言(1893 年),《马克思恩格斯选集》,人民出版社 2012 年版,第 397 页。

第三位是英国的莫尔，是英国大法官、社会主义先驱，也是罗马天主教教皇庇护十一世册封的圣人。

一、但丁与《神曲》

但丁·阿利吉耶里（Dante Alighieri，1265—1321）出生于佛罗伦萨小贵族家庭，高祖父曾跟随神圣罗马皇帝参加十字军东征，被封为骑士。他饱览古罗马作家如维吉尔、西塞罗、贺拉斯等人作品，熟悉阿奎那、阿维罗伊等人作品，并通过他们的作品了解亚里士多德。政治上，他属于归尔甫党，试图借助教皇统一意大利。但是在卜尼菲斯八世当选后，归尔甫党分裂为两个阵营：但丁所属的白党，反对卜尼菲斯；还有黑党，依附教皇卜尼菲斯。1300 年 6 月但丁当选佛罗伦萨 6 名"最高执政官"之一，1301年他作为外交官出使罗马期间，黑党发动政变夺取政权，但丁被迫流亡，后来被判没收全部家产、终生放逐，如发现进入佛罗伦萨政府管辖区将会被处以火刑。流亡期间，但丁写出《神曲》《论世界帝国》等著作，1321年，但丁在流放中死于腊万纳。

《神曲》是但丁留给欧洲文化的重要遗产，其艺术成就不在本书讨论范围，这里主要分析其中的神学思想、宇宙论和社会理想。毫无疑问，但丁是一个标准的基督徒，在他看来，耶稣基督的出现揭开了人类历史新纪元，前基督的人类，哪怕最杰出的人物，如荷马、苏格拉底、柏拉图、亚里士多德等人，由于无缘接受基督的洗礼，也只能可怜兮兮地作为异教徒呆在地狱，等待着漫漫长夜中的救赎。而他年轻时的情人俾德丽采，对人类无尺寸之功的女人却可以凭着"神"的恩典生活在天堂里。看似不公，其实合理，人能否得救不在乎你是否有知识、有才干、有善功，全凭"神"的前定或恩典。基督教的这种救赎理论到了宗教改革领袖马丁·路德甚至有更极端的表述，他说："我们都是忘恩负义的罪人，但这却不能让神背乎他自己。就算我们犯下罪恶和败坏的行为，但因着这属神的使命，我们也不会被他看作是罪人。"① 这就是说，一个前定得救的人，哪怕犯下很大的罪恶，只要不是渎神，都会被宽容而上达天堂。基督教文明强烈的非道德主义、非人道主义倾向，在十字军东征、宗教战争，以及对外殖民战争中展露无遗。

《神曲》始于1300年复活节前的那个星期五凌晨，但丁在一座黑暗森林里迷了路。黎明时分，他走到一座洒满阳光的小山脚下，正要往上攀登时，被三只张牙舞爪的野兽拦住去路。三只野兽分别是豹，象征淫欲；狮，象征骄傲；狼，象征贪婪。危急时刻，古罗马诗人维吉尔出现了，受但丁爱恋的女人俾德丽采的委托前来搭救但丁。但丁因此有幸游历了地狱、炼狱和天堂。维吉尔尽管是但丁最崇敬的古罗马诗人，因其异教徒的身份，只能作为地狱、炼狱的向导而不得入天堂，游历天堂的向导将由俾德丽采担任。

但丁描绘的地狱形状类似漏斗，总共有9层，由外到里、从上而下一直到达地心魔王撒旦居住的地方。地狱入口处铭文的最后一句是：进来者，必放弃一切希望。通过入口处时，但丁看到一个幽魂，那是赶往地狱的教皇塞莱斯丁五世。塞莱斯丁五世于1294年被选为教皇，在位5个月后辞职退位，使卜尼菲斯八世当选教皇。而卜尼菲斯八世连同其他买卖圣职的教皇一道被但丁打入第八层地狱。教皇被打入地狱，并不是但丁个人的臆想或亵渎，而是有神学理论作依据的。奥古斯丁在《上帝之城》认为，进入教会的有麦子也有稗子，并不能保证得救，能否得救全凭基督的拣选。教皇并不能保证自己一定进入天堂，更别说襄助信徒得救了。这些观点成为日后新教改革的理论依据——罗马天主教会在人能否得救的问题上基本无能为力。

但丁渡过地狱界河到达地狱第一层时，他首先看到那些没有受洗的婴儿和善良异教徒的幽魂。为了能调和新约和旧约之间的矛盾，但丁特意安

---

① 路德1530年6月29日致菲利普·梅兰希顿的信。见〔德〕马丁·路德《路德劝慰书信》，〔美〕西奥多·G.泰伯特选编、英译，孙为鲲译，上海三联书店2017年版，第160页。

排耶稣在公元 33 年来到地狱，解放了一批幽魂，他们分别是人类始祖亚当及儿子亚伯，制造方舟的诺亚，族长亚伯拉罕，带以色列人出埃及的摩西，还有以色列大卫王等。这些人虽然出生在耶稣之前，因未受洗而不能进入天堂，但如果把他们都关在地狱里显然不合适。此外，但丁给黑暗的地狱留下一片光明的区域，供在哲学和艺术上有突出成就的异教徒居住，如苏格拉底、柏拉图、亚里士多德等。这在中世纪的基督教强权下，恐怕是最美好的结局了。在第二层地狱，但丁看见了引起特洛伊战争的美女海伦，埃及艳后克娄巴特等，属于淫欲者。第三层地狱关押的是贪吃者，第四层地狱关押的是贪婪者，第五层地狱关押暴怒者，在这里但丁看到了自己的仇人菲力波——一个满身污泥的幽魂，被人撕扯着。第六层地狱关押着异端邪说者，如不敬神的伊壁鸠鲁及其门徒。第七层地狱关押着残暴者，如暴君亚历山大、匈奴王阿提拉，甚至还有但丁自己的老师布鲁内托——一个同性恋者。第八层地狱关押着欺诈者，这一层地狱又分十个断层，分别关押不同类型的欺诈者，比如买卖圣职的教皇尼古拉三世、克雷门特五世等，巫师、占星家，以及伊斯兰教创始人穆罕默德及女婿阿里等。第九层地狱关押着背叛者，那些背叛家人、背叛祖国、背叛朋友、背叛领主的人都集中在地狱的最低层。

但丁游历地狱之后逐级上升，开始游历炼狱。如果说地狱只有永恒的绝望，炼狱则给了煎熬的灵魂以希望。炼狱是一座山，共分七层，要从山脚开始逐层攀登，逐渐洗刷掉七宗罪：傲慢、嫉妒、愤怒、懒惰、贪财、贪食、贪色，最后到达山顶——地上乐园。从地上乐园开始，将踏上去往天国的道路。但丁在登上地上乐园之前，维吉尔就开始隐退，因为再往上攀登已经超出他的能力范围。维吉尔注视着但丁说：

> 孩子啊，现在你已经看过了现世的火和永恒的火，也走到了一个我无法再施展眼力的地方。我已用智力和天恩把你带到这里，此后让你自己和欢乐来引导你，你已走出了险峻和狭隘的路。①

---

① 〔意〕但丁：《神曲》，朱维基译，上海译文出版社 2011 年版，第 418 页。

　　这些话寓意着面对天堂的事物、天堂的真理，已经无法再用异教徒维吉尔这样的理性来认识，只能由俾德丽采因信仰获得的真理来认识。但丁对天堂的构想建立在托勒密—亚里士多德的宇宙论基础之上，整个宇宙以地球为中心，从里向外由九重天组成。第一重天是月球天，居住着非本人原因而无法遵守誓约的精灵。第二重天是水星天，居住着正直有抱负的人，比如罗马皇帝君士坦丁、查士丁尼，法兰克查理曼大帝等的幽魂就在这里。第三重天是金星天，为爱的情人们准备的。第四重天是太阳天，居住着基督教会中的睿智者。奥古斯丁、阿奎那、方济各等人被但丁安排在这居住，他们通体泛着光芒。第五重天是火星天，居住着为基督而死的战士，一些十字军的英雄就被安排在这里。在但丁眼里，基督教烈士要比基督教智者享有更高地位。第六重天是木星天，居住着但丁心目中公正的统治者，包括罗马皇帝图拉真、特洛伊的利弗斯等。他们虽在耶稣之前出生，却依然符合基督徒的要求。第七重天是土星天，居住着一生都在祈祷、沉思和静修中度过的人们，他们的精灵闪闪发亮。第八重天是恒星天，是基督教圣母、圣人、使徒居住的地方。第九重天是原动天（或称宗动天、水晶天），这是但丁能到达的最高处，在这里九大天散发着光芒。最后是最高天，三位一体"神"居住的非宇宙空间，是人类完全无法理解的超物理存在。"神"用爱和光围绕着原动天，使天体因爱慕而运动。这种宇宙秩序体现以"神"之爱为最终目的，全部自然事物按照各自不同的命运、在各自的轨道上行驶。

　　但丁所描述的天堂与人们通常想象的完全不同，尤其与《古兰经》描述的天堂完全不同。这里既没有奢华的宫殿、甜美的饮食，也没有仆人、美女环绕的舒适生活，只有对"神"的无限热爱、无限满足、无限沉思。天堂中的精灵和幽魂，个个洋溢着灿烂的光辉，吟唱着美妙的歌曲。《神曲》从纯粹精神层面描绘天堂生活，与《古兰经》对天堂物质性享受的具体描绘，深刻反映出基督教与伊斯兰教的宗教观念之间的本质差异。基督教的终极目的是天堂中的重生，即人在精神和肉体上的重生；伊斯兰教的终极目的是天堂中的享受，即人在精神和肉体上的享受。但丁游历天堂的过程，实质是一个思想接受洗礼的过程，或者说是一个受教育的过程。他不停地产生疑虑，通过与天堂精灵的对话，或者通过俾德丽采的解释和回答，不断得到解疑释惑。这些对话和回答寓意着"神"启示的真理，让但丁陶醉其中。比如在第一重月亮天中，但丁为这些精灵抱屈：一个善的意志坚贞不屈的人，为什么因无法抗拒的外力而受牵累？俾德丽采的回答是："容忍暴力的人，纵使没有做出有助于暴行的事，也不能以此而获得谅解。"① 一个人的意志若不愿意，就绝不能被摧毁；意志如果屈从，不论程度如何，实际都帮助了暴力。面对暴行而默不作声的好人，尽管也能进入天堂，但只能居住在最低一层。在第二重水晶天，讨论了关于人的自由意志和誓约的履行问题。俾德丽采声称："上帝在当初创造万物的时候，他那最大、最与他自己的美德相似，而且最为他自己珍爱的恩赐，乃是意志的自由，他过去和现在都把自由的意志赋给一切有灵的造物，也唯独他们才有自由的意志。"② 这意味着自由是"神"赋予人类不可被剥夺的本质。对于誓约的履行，但丁又通过俾德丽采认为，誓约的形式必须履行，但誓约的内容可以根据实际情况作适当变更，表达出誓约形式重于誓约内容的观念。但丁用了一则旧约记载的故事。耶弗向耶和华起誓，若从亚扪人那里平安回来，就将第一个出来迎接的人献为燔祭，结果他回家时第一个出来迎接他的是他的独生女。他为了不背弃誓约，只得把自己的独生女燔祭（《士师记》11 章）。但丁认为这是极为糟糕的。对于罗马的历史意义，但丁依据前人观点，认为罗马帝国把人间变得同天国一样宁静，为基督的诞生准备好了一切。基督的死具有双重意义。第一重是实现了神圣正义，因为人类始祖犯罪，再由具有人性的基督赎罪，体现了公正。第二重意义是实现了犹太人的罪恶，让具有神性的基督死亡是不公正的，需要再假借罗马人毁灭耶路撒冷圣殿（公元 70 年）以惩罚犹太人。但丁思想中透露出强烈的反犹主义。第四重天是太阳天，但丁与阿奎那等神学家反复讨论"贫穷"对基督圣徒的意义，他把"贫穷"看作是基督的"夫人"。这位"夫人"是如此忠诚，在任何情况下都会死死跟随。圣方济各曾说：

---

① 〔意〕但丁：《神曲》，朱维基译，上海译文出版社 2011 年版，第 488、489 页。
② 同上，第 492 页。

　　在你受难时，只有她（指贫穷）不抛弃你。你的母亲玛利亚停在十字架的脚下，但"贫穷"却同你一起登上十字架，并且抱住你。①

　　但丁引用凯撒的一个典故。当凯撒与庞培作战，夜间偶然敲开一个贫穷渔翁的家门时，发现他安然睡在海草铺成的床上。凯撒有感说了下面一段话：

> 幸福的贫穷啊！你是上天所赐的至大的善，
> 却难得为人所领悟！
> 这里残忍的掠夺者不来找他的战利品，
> 这里也不会有凶恶可怕的军队光顾。
>
> ——卢甘：《法萨利亚》5 卷

　　从但丁的《神曲》我们会发现基督教是个极其有趣的矛盾体，其中既有穷奢极欲的教会和教皇，也有被教会和教皇册封的圣人，他们一生贫穷却信仰坚定。而但丁心中的理想依然是对穷人充满慈悲的基督的"新娘"——教会。他把守护贫穷作为第一诫命。"耶稣说，你若愿意作完全人，可去变卖你所有的，分给穷人，就必有财宝在天上，你还要来跟从我。"（《马太福音》19：21）但丁在第八重恒星天，看到使徒们都是以火焰的形式出现。但丁分别回答了圣彼得提出的"信心"、圣雅各提出的"希望"、圣约翰提出的"爱"等三个问题。这三段对话是《神曲》很重要的内容。在回答对基督教义的信心来自哪里时，但丁认为是通过阅读《圣经》直接获得的——《圣经》的权威高于人类的各种对"神"的证明。这一看法正是日后新教改革家的主要观点。不过，圣彼得反问道："谁向你保证曾经发生这些奇迹？向你作证的正是要被证明的经文。"② 圣经所说的奇迹本身需要证明，你怎么知道这些奇迹不是寓言或神话呢？圣彼得自我自答说，真正的奇迹是人们普遍信仰了基督教，其他的奇迹与此相比都不值得一提。

---

① 〔意〕但丁：《神曲》，朱维基译，上海译文出版社 2011 年版，第 537 页。
② 同上，第 632 页。

有这么多人信仰，不正是基督是真理的最好证明吗？这实际上表明，人的从众心理是强化宗教信仰的重要基石。对于什么是希望，但丁回答："希望是对于未来光荣的某种期待，也就是神圣的恩典和以往功绩之产物。"意思是期待带着肉体和灵魂进入天国。但雅各告诉他，目前为止能带着肉体和灵魂进入天国的只有耶稣和玛利亚。在回答什么是爱时，但丁说全部的爱来自"神"，而对其他生物的爱则根据他们从"神"那里接受了多少善。在回答信仰从哪来，他说：

> 我相信一个上帝，唯一而永恒的上帝，他自己不动，却用仁爱，用欲望，使诸天行动。①

从这可以看出，但丁的"神"已经被亚里士多德化了，仅仅是一个难以言说的至高存在。这样的神学观表达了从中世纪进入近代以来欧洲知识精英的主流。但丁在全部光明的最深处所能看到的"神"的容颜，也只是变幻的三个光圈。而此时他的意志和欲望犹如天体一样，受到"神"之爱的推动。

二、马基雅维利和《君主论》

尼可罗·马基雅维利（Niccolo Machiavelli，1469—1527）出生于佛罗伦萨，父亲是一名律师，母亲能作诗，家里薄有地产，在佛罗伦萨大学完成教育。1498年，马基雅维利担任新成立的佛罗伦萨共和国国务秘书，随后担任"十人委员会"秘书一职，负责办理外交与军政事务。1512年，曾统治佛罗伦萨的梅迪奇家族借助西班牙、罗马教廷势力复辟，马基雅维利从此陷入困境。他的余生在父亲留下的小农庄度过，生活拮据、勉强度日。他白天干农活晚上写作，在这样困顿的日子里，完成了《君主论》《李维史论》等经典作品的写作。他在1513年12月10日给友人的一封信中写道：

> 黄昏时分，我就回家，回到我的书斋。在房门口，我脱下了沾满

---

① 〔意〕但丁:《神曲》,朱维基译,上海译文出版社2011年版,第633页。

尘土的白天工作服，换上朝服，整我威仪，进入古人所在的往昔宫廷。……在四个小时里，我毫不感到疲倦，我忘记了一切烦恼，我不怕穷，也不怕死，我完全被古人迷住了。①

马基雅维利去世的那一年罗马城受到军队的洗劫，被认为是意大利文艺复兴终结的标志。阅读《君主论》，可能会有这样的疑惑：这本字数不多、其观点也无多大新颖处的小书，为何能在西方世界有如此大的影响力？英国政治学者阿兰·瑞安说："在他死后，欧洲关于政治的讨论和著述受他影响的程度惊人地巨大。至于他的观点除了被欧洲政治家为了自己虚伪的目的大肆批判之外，是否对他们的行为产生了任何影响，这是个无法回答的问题。"② 马基雅维利死后的评价趋于两个极端。莎士比亚称他为"凶残的马基雅维利"，"马基雅维利主义"在西方成为不讲信用、没有道德的象征。恩格斯则称赞马基雅维利是"巨人"，马克思推崇马基雅维利为近代政治学的先驱，因为他"已经用人的眼光来观察国家了，他们都是从理性和经验中而不是从神学中引出国家的自然规律"。③ 作为人文主义者的马基雅维利尽管对教皇和教廷的腐败及干涉世俗生活极为不满，但并不反基督教。他把政治研究独立于道德、独立于神学的态度，并非独创，而是根植于古希腊罗马传统，是"强者为所欲为、弱者俯首听命"这一政治理念的延续。何况，马基雅维利并没有把政治与道德截然分开，他指出，一个成功的君主必须是看起来具有令人赞扬的一切品质。

《君主论》要解决的核心问题是，君主如何保持自己的地位而不会丢失。这一论述建立在若干前提上。第一，人性邪恶。人总是忘恩负义、容易变心，以追逐利益为要务。这一思想的渊源比较复杂，可能与基督教原罪关联，但基督教关于人可以在基督里洗尽罪恶的乐观思想，在马基雅维利那里是没有的，因此更有可能是源于古希腊传统的人性观，以及从现实案例的观察中得出。第二，只要能达到目的任何手段都合理。这个观点尽

---

① 引自〔意〕马基雅维利：《君主论》"译者序"，潘汉典译，商务印书馆 1985 年版。

② 〔英〕阿兰·瑞安：《论政治》上，林华译，中信出版社 2016 年版，

③ 《马克思恩格斯全集》中文版，第 1 卷，第 128 页。

管遭人诟病，但事实上不能达到目的的手段凭什么判断是好的？但马基雅维利也给"为达目的可以不择手段"画定了底线，那就是不要引起人民的普遍憎恨和轻视。采取引来普遍憎恨和轻视的手段，会导致永远无法取得成功，这样的手段就不是合理的、好的手段。第三，从现实而不是从想象出发来研究君主应该采取的手段。这正是马基雅维利不同于过去时代思想家的可贵之处，在方法论上类似于归纳法而不是演绎法。他批评："许多人曾幻想那些从来没有人见过或者知道在实际上存在过的共和国和君主国。"①这"许多人"就包括柏拉图、亚里士多德、西塞罗和奥古斯丁等人。第四，一切以政治成功为唯一目的理性分析。马基雅维利始终在现实的各政治力量的较量中分析君主保存自身的办法，这些力量包括君主本人，贵族、人民以及教皇、外国君主。一个分不清敌我，看不到各方力量的此消彼长，预见不到敌、友会相互转化，就难以取得成功。第五，相信自由意志而反对命定论。他断言："命运是我们半个行动的主宰，但是它留下其余一半或者几乎一半归我们支配。"② 马基雅维利希望将此书献给佛罗伦萨的复辟统治者洛伦佐·梅迪奇，期待引起后者的重视而获得一官半职。因此《君主论》也是一本求职书、敲门砖，只是最终未能如愿。一本并不成功的求职书，却造就西方政治思想史上的经典。

马基雅维利把人类政体分为共和国、君主国两大类，君主国又分为世袭的、新产生的，以及既有世袭也有新占领土的所谓混合君主国。由于新占领的土地和人民较难控制，因此该书重点讨论混合君主国如何才能成功。马基雅维利认为，最困难的是征服在语言、文化习俗、制度上不同的国家。这一观点严格讲并不新鲜，他的新意是提出的两项对策。第一项对策是君主亲自前往驻守，比如土耳其人攻占君士坦丁堡后作为奥斯曼帝国的首都并永久占领。第二项对策是在那个国家的要害处殖民。他认为殖民统治是花费最少、效果最好的一种方式。对当地人，或者采取安抚，或者干脆消灭掉。他说："我们对一个人加以侵害，应当是我们无需害怕他们会报复的

① 〔意〕马基雅维利:《君主论》,潘汉典译,商务印书馆 1985 年版,第 73 页。
② 同上,第 118 页。

一种侵害。"① 马基雅维利之后的欧洲殖民者在美洲、澳洲、非洲等地基本遵循这条原理——或者是种族灭绝，比如北美；或者让土著人的后代接受殖民者的教育，接受殖民者的思维，比如澳洲；或者将原住民削弱到无力反抗，比如非洲。马基雅维利总结罗马人如何插足某一地区事务时说："正如大家所知道的，罗马人就是由埃托利亚人给引入希腊；而且罗马人过去侵入的任何地方都是由那个地方的人给引入的。"② 他还提出，要注意不能让任何同自己一样强大的外国力量插足自己的势力范围。对于马基雅维利的这段话，我们会很自然想到美国的"门罗主义"，以及它插足地区事务的方式，完全是马基雅维利式的。美国总统门罗站在"反殖民主义"的道义制高点上，于1823年国情咨文中提出，欧洲列强不应再殖民或插足美洲事务。同时，当美国要介入某一地区的事务时，必定先选择一个代理人，怂恿代理人与他人发生冲突，再利用捍卫"人类道义"的名义介入这些纠纷，实现驻足该地区的目的。马基雅维利认为君主的主要工作是控制军队、研究战争，这更符合希腊罗马以来西方社会的基本特征。古罗马历史是一部战争史，近代以来的欧洲历史也是一部战争史，而美国建国240多年，就打了220多场战争。马基雅维利说："人们绝不应当为了逃避一场战争而听任发生混乱，因为战争不是这样逃避得了的，延宕时日只是对自己不利而已。"③ 马基雅维利还从当时教廷、西班牙、法国和意大利四方之间的角力中，总结出一条他认为永远没错或者罕有错误的规律："谁是促使他人强大的原因，谁就自取灭亡。"④ 英国对欧洲大陆的均势政策，以及美国控制欧洲，乃至试图控制全球事务的方式，遵循的就是这一条规律。它时刻警惕和打击有可能超越自己的对手，而不管对手是谁。

马基雅维利分析各类新成立的君主国后认为，依靠自己的能力而不是凭借幸运获得君主地位的最稳固。实际上讲述了人类历史上人尽皆知的一

① 〔意〕马基雅维利：《君主论》，潘汉典译，商务印书馆1985年版，第10页。
② 同上，第10页。
③ 〔意〕马基雅维利：《君主论》，潘汉典译，商务印书馆1985年版，第16页。
④ 同上，第17页。

个事实：那些从布衣开始跃居君主之位的雄才大略者，其取得君主之位最困难，而一旦取得后地位最稳固。马基雅维利的价值不在于结论，而在于该结论的论证过程。他把那些白手起家的视为革新者，只有推翻全部旧制度才能成功，那些得益于旧制度的人都会成为你的敌人。在这种情况下，暴力就是唯一的选项，只有武装暴力才能迫使人们就范。他说："所有武装的先知都获得胜利，而非武装的先知都失败了。"[①] 他还以佛罗伦萨悲剧性的宗教改革家萨沃纳罗拉（Savonarola，1452—1498）为例，由于受到教皇的敌视，1498 年他作为异端被烧死。马基雅维利揭示了一个即将开始的欧洲宗教改革运动成功的秘密，是有各诸侯王国的武力保护。精神的批判只有转化为物质的批判，口诛笔伐只有转化为真枪真炮，才能最终取得成功——有时候真理就是如此平淡无味。马基雅维利还试图解开一直萦绕在人们心头的疑问：为什么有些无限奸诈、残暴的君主却能够长期在他们本国安全生活、颐养天年？而某些同样残暴、奸诈的君主却遭到失败？答案是："妥善地使用或者恶劣地使用残暴手段使然。"他解释说："妥善使用的意思就是说，为了自己安全的必要，可以偶尔使用残暴手段，除非它能为臣民谋利益，其后绝不能再使用。恶劣地使用的意思就是说，尽管开始使用残暴手段是寥寥可数的，可是其后与日俱增，而不是日渐减少。"[②] 使用残暴手段的秘诀在于：毕其功于一役，长痛不如短痛，用霹雳手段彻底解决问题后再展现仁慈的一面。否则一开始犹犹豫豫，导致手段残酷性不得不逐次升级，最后变得不可收拾。马基雅维利潜在的意思是：残暴手段毕竟只是达到目的的手段而已，如果反过来以手段为目的，或者使用手段而达不到目的，必然是失败的。

　　君主应以哪个群体作为自己统治的基础，究竟是贵族还是人民？让人颇感意外的是，马基雅维利的答案是：人民。他说："对于我的这条见解，谁都不要拿一句陈腐的谚语'以人民为基础，譬如筑室于泥沙'来进行反

---

① 〔意〕马基雅维利：《君主论》，潘汉典译，商务印书馆 1985 年版，第 27 页。
② 同上，第 43 页。

驳。"① 他是这么解释该问题的。如果有人把自己的基础建立在人民之上，深信自己受敌人或者官府压迫时人民就会来解救自己，那么这个人肯定是倒霉蛋。但如果一个君主把基础建立在人民之上，并且善于组织、善于指挥，能用自己不屈的精神和制度激励全体人民，那么人民就永远不会背弃他。马基雅维利的意思很清楚：一个仅仅依靠人民保护的人，人民是不可能保护你的；而一个善于组织人民、善于激励人民的人，人民就是你的铜墙铁壁。他之所以劝导君主重视人民甚于贵族，理由是："人民的目的比贵族的目的来得公正。前者只是希望不受压迫而已，而后者却希望进行压迫。"② 马基雅维利的这一见解是深刻的。人民只希望生活在公平正义的社会中，如果君主能做到这一点，人民就是你的坚强后盾，而贵族需要压迫人民才能过上舒心的日子。那么，马基雅维利为什么不主张君主联合贵族压迫人民，让贵族成为自己的同盟呢？理由很简单：有能力替代君主的是贵族而非人民。他告诫说："一个英明的君主应该考虑一个办法，使他的人民在无论哪一个时期对于国家和他个人都有所需求，他们就会永远对他效忠了。"③ 把人民的利益与国家利益紧紧捆绑在一起，是保证人民忠诚于国家的唯一法宝。我们看到，无论从马基雅维利的政治学，还是以后的马克思主义，虽然视角不同，最后推导出的结论几乎相同。

作为君主，应当具备什么样的个人素质？马基雅维利的意见是："君主必须是一头狐狸以便认识陷阱，同时又必须是一头狮子，以便使豺狼惊骇。"④ 这就是所谓的狐狸加狮子理论，君主必须既狡猾又凶猛。在慷慨与吝啬、残酷与仁慈、守信和背信等方面，他提出一套很有意思的观点。君主为了不去掠夺百姓，又能保卫自己，不应介意吝啬之名。君主的慷慨往往建立在对百姓压榨基础上，但是对于战利品、依靠战争掳掠的财物，则务必要慷慨地分配给战士，不能有吝啬的名声。每位君主都希望获得仁慈

① 〔意〕马基雅维利：《君主论》，潘汉典译，商务印书馆1985年版，第48页。
② 同上，第46页。
③ 〔意〕马基雅维利：《君主论》，潘汉典译，商务印书馆1985年版，第49页。
④ 同上，第84页。

的名声，但滥施仁慈往往给社会带来混乱，而残酷却带来秩序与和平。如果目的是使臣民团结一致和同心同德，君主就不应介意残酷这个恶名。同时，马基雅维利设定了"残酷"的底线，那就是千万别去触碰他人的财产！这是最遭人憎恨的事情。君主只要不去侵夺公民的财产，不染指他们的妻女，其余的都可以做。君主最理想的状况是既受人爱戴又被人畏惧，但做到这一点很难，如果非要取舍，那么宁愿被人畏惧，也不要只受人爱戴。马基雅维利的理由是："人们爱戴君主，是基于他们自己的意志，而感到畏惧则是基于君主的意志。因此一位明智的君主应当立足在自己的意志之上，而不是立足在他人的意志之上。"这就是所谓的任何情况下都要牢牢掌握主导权，而不能使局面失去掌控。在君主是否坚守信用方面，他说："我们这个时代的经验表明：那些曾经建立丰功伟绩的君主们却不重视守信，而是懂得怎样运用诡计，使人们晕头转向，并且终于把那些一贯守信的人们征服了。"① 马基雅维利的这些观点深得希腊罗马传统的精髓，也深得后来的美国精英阶层的喜爱。曾任美国国务卿的蓬佩奥就特别自豪地把美国如何撒谎、如何偷窃、如何卑鄙看作是美国的光荣传统。马基雅维利的奥秘在于：你尽管放胆这样做，但你必须在世人面前显得"慈悲为怀、笃守信义、合乎道义、清廉正直、虔敬信神"。他告诫说："一位君主应当十分注意，千万不要从自己的口中溜出一言半语不是洋溢着上述五种美德的说话。"② 他在书中不点名地暗指西班牙君主费尔南多二世（Ferrando，1452—1516），世上很少有人能像他那样大谈和平与信义，实际上却是极端仇视和平与信义。

马基雅维利的思想很自然地会让人与战国时期的韩非作比较。他们似乎都专注君主的利益，但两者的方法是不同的。马基雅维利同时关注国内、国际两个层面，有时更多关注国际，而韩非主要关注国内事务，用法、术、势控制臣民；马基雅维利更多关注军队的组成和军事问题，但韩非基本不谈军事；马基雅维利的君主是狐狸和狮子的结合，韩非的君主却以静虚为

---

① 〔意〕马基雅维利:《君主论》,潘汉典译,商务印书馆1985年版,第83页。
② 同上,第85页。

本，所谓"明君无为于上，群臣竦惧乎下"（《韩非子·主道》）；马基雅维利从现实案例中归纳观点，而不是应当如此的推演，韩非则是从"无为静虚"的天道中演绎观点，所举的案例仅起着佐证作用。马基雅维利是个现实主义者，而韩非是个理想主义者，他们共同把人性中丑陋的一面揭露出来，让道学家脸红、让伪君子跳脚、让统治者骂街。

三、莫尔和《乌托邦》

托马斯·莫尔（Thomas More，1478—1535）出生于英国伦敦，是一位人文主义者，深得英王亨利八世的宠信，1514 年受封爵士，担任过地位显赫的下议院议长和大法官。但在英王眼里，这样一位重臣也不过一颗草芥而已。1535 年，莫尔因为说亨利八世不能担任英国教会元首——实际上利用了伪证——而被判处绞刑，只是因亨利八世的特别"恩宠"，将肢解刑从轻改为斩首[①]。马基雅维利《君主论》修改定稿的第二年即 1516 年，莫尔这位反对宗教改革、试图改良天主教会的天主教徒，从柏拉图《理想国》和早期基督教社团中吸取灵感，写出了人类历史上第一部空想社会主义作品《乌托邦》（Utopia）。这位欧洲社会主义思潮的鼻祖同时也是天主教殉道者，去世三百多年后的 1886 年被教皇庇护十一世册封为圣徒。被公认为是欧洲社会主义运动另一源头的闵采尔，则是新教殉道者。欧洲社会主义的两位先驱分别是天主教和新教殉道者，这一事实可以迫使我们对欧洲式社会主义有更深层的理解——不能离开特定的历史文化传统去谈论社会主义。

"乌托邦"的本意是乌有之乡、没有的地方。但该书的内容并非是莫尔头脑的天才杜撰，而是来源于西方历史文化传统，与柏拉图主义和基督教传统密切关联。《乌托邦》模仿柏拉图对话体，毫不掩饰对柏拉图公有制的赞赏。书中的莫尔在建议对话主角将自己的主张贡献给君主时说："你爱读的作家柏拉图有这样的意见，只有哲学家做国王或是国王从事研究哲学，

---

① 考茨基在《莫尔及其乌托邦》详细介绍了英国法庭对莫尔的判词："绞至半死之时，不等其气绝加以凌迟，将其阴茎割下，将其腹部豁开，将其脏腑撕出烧毁，然后再将其四肢剁下，在城的四门各挂一肢，头颅应高挂在伦敦桥上。"关其侗译，华夏出版社 2015 年版，第 189 页。

国家最后才能康乐。假如哲学家甚至不屑于向国王献计进言，康乐将是一件多么遥远的事！"① 从有文字记载的人类历史看，首次提出"公有制"和"共产共妻"的是柏拉图，真正将财产共有付诸实践的则是早期基督教社团。莫尔谴责一些狡猾的传教士变通了基督的教训——财产共有，同时对英国红衣主教不吝溢美之词。莫尔的对话主角告诉莫尔：

> 我觉得，任何有私有制存在的地方，所有的人凭现金价值衡量所有的事物，那么一个国家就难以有正义和繁荣。……我深信，如不彻底废除私有制，产品不可能公平分配，人类不可能获得幸福。私有制存在一天，人类绝大的一部分也是最优秀的一部分将始终背上沉重而甩不掉的贫困灾难担子。②

《乌托邦》将私有制视为人类不能幸福、让绝大多数人陷入贫困的原因，同时描述公有制条件下的生活场景，试图回答公有制如何可能，以及公有制为何比私有制更优越等问题。不过，作为天主教徒的莫尔并不赞成废除家庭、实行公妻制这种极端的公有制。该书由两部分组成。第一部分讲莫尔在布鲁塞尔办理外交事务期间，因友人引荐结识葡萄牙人拉斐尔·希斯拉德——一位海外旅行家，三人一起相谈甚欢。拉斐尔将自己海外旅行的所见所闻与英国、法国进行对比，对现实政治的不合理现象进行批评。接着拉斐尔开始介绍遥远海外有个叫乌托邦的国家，这构成本书第二部分。可能大部分读者将注意力集中在第二部分，但第一部分的价值并不弱，对现实社会的批判更有力。

第一部分首先就英国政府对盗窃犯全部处以绞刑提出批评。在拉斐尔与英国红衣主教的一次聚会中，一位法律人士问，当局对盗窃犯的处罚从来是毫不留情，送绞刑架处死的有时一次达二十多人，可令人困惑的是，全国范围盗窃犯为何依然横行呢？拉斐尔回答说，恰恰是英国的不合理制度导致盗窃行为越来越多，光靠严刑峻法没有任何用处。比如，大批贵族

---

① 〔英〕托马斯·莫尔：《乌托邦》，戴镏龄译，商务印书馆1982年版，第32页。
② 同上，第43、44页。

像雄峰一样不事生产，只靠压榨别人的劳动享受生活。不仅如此，贵族们平时养了一大批游手好闲的随从，在主人死去后，那些随从会立刻被遣散。可这些人早已丧失养活自己的劳动能力，结局只能是或者盗窃或者死去。法国贵族同样有这样的癖好，将养一大帮懒散的随从看作有身份的象征。此外，英国还有"羊吃人"的特有问题。为了获取更高土地收益，贵族豪绅及教会纷纷将原来种植粮食的土地，还有公用荒地开辟成牧场，大批佃农被赶出世代租种的土地，成为无依无靠的游民或流民。他们除了盗窃或乞讨，没有任何其他谋生能力。说完这些后，拉斐尔在红衣主教引导下提出解决办法。首先盗窃犯不能一律判处死刑。"一个国家对盗窃犯和杀人犯用同样的刑罚，任何人都看得出，这是多么荒谬甚至危险的。"① 他认为古罗马人惩办犯罪就比较可取，比如给罪犯加上镣铐，罚去终身采石开矿。但拉斐尔总结说，所有类似的办法都不如他在波斯旅行时在一个名叫波利来塔（Polylerites，意指"一派胡说"）的地方看到的制度更优良。这个地方的法律规定，盗窃犯非法获得的赃物，应退还给失主，而不是上缴国库；犯人本身罚令做苦役，有能力而拒绝劳动的，可以强迫其劳动；犯人的伙食有保障，因为他们是替公家做工。这些犯人被削去一只耳朵的耳垂并穿同样的衣服，凡是赠予犯人金钱，或让犯人接触武器的都会冒被处死刑的惩罚。每一地区的犯人（或者奴隶）都带有特殊的标志，逃亡或密谋逃亡的被处以死刑，帮助他们逃亡的自由公民也被罚令充当奴隶。以上这些，应该是莫尔当时所能想到的对付盗窃犯的最仁慈、最合乎人道的方法了。此外，莫尔还想到保证奴隶罪犯不至于逃跑的方式，那就是削去耳垂以方便他人识别，不同地区的奴隶还有不同标志，禁止奴隶拥有金钱，不准奴隶之间相互交谈，对表现好的可以给予自由。最后几个谈话者们一致感慨：何以英国就不能采取如此优良的制度？

当他们讨论应该有责任将好的建议上达国王，尽一个哲学家的责任时，拉斐尔认为这根本办不到。他以法王为例作了一番推演。法王宫廷的枢密会议上，一群精明的谋臣绞尽脑汁商议如何帮助法王占领米兰、夺回那不

---

① 〔英〕托马斯·莫尔：《乌托邦》，戴镏龄译，商务印书馆 1982 年版，第 25 页。

勒斯、击败威尼斯、征服整个意大利，或者控制勃艮第等别的领土。拉斐尔说，如果在这样的会议上给法王讲述乌托邦岛东南方向的阿科里亚人（Achoriens，意思指"没有这样地方"）的故事，绝对不合时宜。因为阿科里亚人的国王也曾经拥有两块国土，结果精力有限治理得很糟糕，于是国王在别人的劝说下放弃了其中的一块而专心治理原有的国土。但拉斐尔认为法王绝对不会听从这样的建议，因为国王的宫廷只充斥着这样一些无耻的建议。比如，廷臣们为国王聚敛财富出谋划策，有的建议国王支出的时候让货币升值，收入的时候让货币贬值，可以两头得利；有的建议国王以战争的名义征税，款项筹集完毕后又庄重地休战，既捞了钱又落下仁慈的名声；还有的建议国王捡起早被人遗忘的古老法律，对不遵守的科以罚金，既维护法律尊严又聚敛了钱财；还有的建议国王先规定禁止性法律条款，既可以对违反者罚款，也可以给缴纳特许费的网开一面。甚至有的廷臣建议国王请法官们就一些法律问题进行商议，这时候法官们各抒己见，但意见绝对不可能统一，于是国王站在公正的立场对法律作出对自己最有利的解释。廷臣们的共同观点是："国王的保障在于老百姓不能有钱、有自由而变为犯上无礼。老百姓一旦又有钱、又有自由，就不肯接受苛刻而不公道的政令。相反，贫穷可以折磨他们的志气，使他们忍受，使受压迫者失去高贵的反抗精神。"[1] 拉斐尔对莫尔说，现实欧洲君主治国的指导思想是：百姓的贫穷有助于国家治理，有助于让国家太平。这样的治国理念下，很难让他们相信"老百姓选出国王，不是为了国王，而是为他们自己"[2]。

《乌托邦》第一部揭示的中世纪末期欧洲国家现状，其百姓地位之卑微、王权地位之尊崇，着实令人震惊。"立君为民"的理念在古代中国是一个常识，但在16世纪初的英国还是一种不敢说出口的危险思想。古代中国统治者深知普遍的贫穷只会导致百姓揭竿而起，不可能会有"百姓的贫穷有助于国家治理，有助于让国家太平"的治国术。欧洲历史上鲜闻底层民众起义的事，并不是压迫不烈，而是基督教义束缚着人民不敢反抗。"凡掌

---

[1] 〔英〕托马斯·莫尔：《乌托邦》，戴镏龄译，商务印书馆1982年版，第37页。
[2] 同上，第37页。

权的都是神所命的。所以抗拒掌权的，就是抗拒神的命。"保罗的箴言时刻
警告那些试图反抗者。在王权与神权的紧密结合下，人民就只能俯首听命。
但莫尔是虔诚的天主教徒，他无法从否定宗教的角度进行分析，只能把产
生罪恶的根源全部归因于私有制。他信奉柏拉图的教诲："达到普遍幸福的
唯一道路是一切平均享有。"① 他更信奉耶稣的教训："骆驼穿过针的眼，比
财主进神的国还容易呢！"（《马太福音》19：24）把私有制看作万恶之源的
观念，在西方世界有着深厚的历史文化根源。如果说这种观念在莫尔之前
还比较模糊，通过莫尔的理性思考开始变得清晰。他回答了若干对公有制
的质疑：假如一切东西都共有共享，人生还有什么乐趣？公有制使人好逸
恶劳，如何保证物资供应充足？剥夺财产所有权，难道不会造成流血和冲
突？人人处于同一水平，官员还有什么地位和领导力？这些问题都质疑
"公有制"的可行性。莫尔借助"乌托邦"这个海外国家的介绍，解除这些
疑虑。这些内容构成《乌托邦》第二部分。

乌托邦岛四面环海呈新月状，中部最宽处有200哩，往两头逐渐收窄，
从一头到另一头的曲线长有500哩、直线距离约11哩，怀抱着一个不受外
海风浪侵袭的巨大港湾，使居民之间的往来极为方便。港口出入处非常险
要，布满浅滩和暗礁，外敌难以攻入。岛的外侧有许多小港湾，到处是天
然的防御屏障，只要有少数兵力把守即可。这个岛的最早征服者为乌托普
国王，然后使岛上未开化的淳朴居民变成了有高度文化和教养的人。岛上
有54座城市，有共同的语言、风俗和法律，相互距离不超过一天路程。乌
托邦的首都是亚马乌罗提，每年各城市派3名代表到这议事，商讨涉及全岛
事务。城市之间的广大开阔区建有农场和住宅，市民轮流在这居住、务农。
每个农户居民不少于40人，外加2名农奴。必须注意，莫尔所设想的乌托
邦仍然存在农奴和奴隶，因为文化上的原因使他很难设想没有奴隶的生活，
哪怕天堂也是如此。每30户设长官一名，叫飞拉哈（意指"部落酋长"）。
每个农户每年有20人返回城市，空额由城市新来的20人填补，每人在农村
务农和居住的时间为2年，然后轮换。当农作物成熟时，飞拉哈通知城市官

① 〔英〕托马斯·莫尔：《乌托邦》，戴镏龄译，商务印书馆1982年版，第43页。

员组成农忙大军，很快就收割完毕。每个城市都一模一样，了解其中一个就熟悉全部。以首都亚马乌罗提为例，它坐落在一个缓坡上，从山顶处蜿蜒而下，直达阿尼德罗河，全城呈正方形。城里的住宅为三层小楼，前门通街道、后面通花园，装的是折叠门，推门进去后会自动关闭。任何人都可以随意进入，因为这里没有一件是私产。事实上，人们每隔10年还用抽签的方式调换房屋。每30户居民选出一名官员，过去叫摄户格朗特，现在叫飞拉哈，每10名摄户格朗特选出一名高级官员，过去称特朗尼菩尔，现在叫首席飞拉哈。全城有200名摄户格朗特，在4名总督候选人中用秘密投票方式推出一个总督。4名候选人来自全城的四个区，由公民推举。总督实行终身制，特朗尼菩尔每年选举，但无充分理由无须更换。其他官员一年一选。总督和20名特朗尼菩尔、2名摄户格朗特（每天轮换）组成议事会。未经议事会讨论，法令不得生效；在议事会外或公民大会外议论公事，以死罪论；议事会的议题必须是上次议事会提出的，防止出现"临时动议"；重要事项还要由摄户格朗特通知全体居民讨论，有的事项要交全岛大会审议。

乌托邦人的职业主要是务农，同时每人再掌握一门手艺，比如冶炼、纺织等，除此之外，莫尔实在想不出还有什么更高尚的职业。服装式样几百年来都是同一款式，唯一差别体现在男式、女式或已婚、未婚。特朗尼菩尔的主要和几乎唯一的职责是保证整个社会没有一个闲人，务必人人辛勤工作。他们每天工作时间固定为6小时，其余时间根据个人爱好搞些业余活动，绝不会累得像牛马。人们通常将闲暇时间花在学术探讨上。每天黎明前举行各类公共演讲，人们根据自己喜好选择某一类。许多人感兴趣于提高自己的手艺，只有一小部分从事较高深的学科。但脑力劳动与体力劳动的界限几乎没有。晚餐后有1小时文娱活动，都是一些有益而健康的活动，骰子以及类似的游戏被乌托邦禁止。所有公民实行"按需分配"的配给制，"由每一户的户主来到仓库觅取他自己以及他的家人所需要的物资，领回本户，不付现金，无任何补偿。"① 人们会疑虑，乌托邦居民每天工作

---

① 〔英〕托马斯·莫尔：《乌托邦》，戴镏龄译，商务印书馆1982年版，第61页。

时间短，怎么保证物资供应？莫尔的答案是：这个国家几乎没有游手好闲、不事生产的人。一个人人劳动的国度怎么可能物资匮乏？这种思维与《大学》是共通的。"生财有大道，生之者众，食之者寡，为之者疾，用之者舒，则财恒足矣。"干活的人多而且卖力，吃闲饭的极少，社会怎么可能不富足？"劳动致富、勤劳致富"的理想在这里得到践行。莫尔说：

> 倘使目前全部不务正业的人以及全部懒汉都被分配去劳动，做有益的工作，那么，你不难看出，只需要多么少的工作时间便足够有余地生产出生活上需要与便利所必不可少的一切。[①]

乌托邦宪法规定所有公民都应该从事体力劳动，同时要有充裕的时间用于精神上的自由；乌托邦的官员虽然依法可以免除体力劳动，但他们不肯利用这个特权；当一些工人业余钻研学问成绩显著，也可以脱离体力劳动专门做学问。莫尔提出的"按需分配"，以及官员参加体力劳动，取消脑力劳动和体力劳动差别等思想，对后来的社会主义运动产生很大影响。"按需分配"似乎也天然成为共产主义社会的一项最重要原则，而列宁、毛泽东等社会主义运动领袖都在不同场合倡导领导干部每年要参加义务劳动。他们所理解的劳动往往专指生产性的体力劳动。

乌托邦并不是静态的国家，也有人口不断繁殖、对外交往等事项。莫尔解决这些问题的构想绝对是"西方式"的。乌托邦明确规定全岛人口有一个上限，当超过规定的数额就必须向外移民，在其他地方建立殖民地。可土地资源毕竟有限，作为殖民者的乌托邦人与原住民的关系如何处理？莫尔写道：

> 对不遵守乌托邦法律的当地人，乌托邦人就从为自己圈定的土地上将他们逐出。他们若是反抗，乌托邦便出兵讨伐。如果某个民族听任自己的土地荒芜，不去利用，又不让按照自然规律应当依靠这片土

---

① 〔英〕托马斯·莫尔：《乌托邦》，戴镏龄译，商务印书馆1982年版，第57页。

地为生的其他民族使用，那么，乌托邦人认为这是作战的绝好理由。①

当读到这些文字的时候，我们可能在感情上很难接受一位人文主义者和社会主义鼻祖会持有如此恶劣的殖民主义思想，但如果换一个角度看，可能会释怀了。殖民是西方历史传统的组成部分，一个人又怎能跳出自身历史文化的窠臼呢？另外，莫尔设想的乌托邦体制也离不开奴隶。原因有以下几项。乌托邦的公民是如此淳朴、富有同情心，屠宰动物等工作就不宜由他们亲自动手，因此需要有奴隶干这些残忍、不洁的工作。此外，公共餐厅的厨房有一些又脏又累的贱活，也需要有奴隶来从事。那么，乌托邦的奴隶从哪来的呢？为了显得与"旧制度"决裂，莫尔排除了将战俘、奴隶的孩子及在外国处于奴役地位的人作为奴隶的通常做法。"乌托邦的奴隶分两类：一类是因在本国犯罪以致罚充奴隶，另一类是在别国曾因罪判处死刑的犯人。"② 还有一种是在另一个国家无以为生的苦工，自愿到乌托邦过奴隶生活。奴隶除了要做工，还要用链子锁上。当然，为表示对金银的鄙视，乌托邦的链子是用金银做的，还有粪桶溺盆之类的也用金银铸成。莫尔认为，通过从小对孩子灌输金银无用论，可以消除金钱至上的观念。我们无从考证莫尔为什么会有如此幼稚的想法。不过，莫尔还是承认乌托邦不能全部自给自足，还需要通过出口有价值货物来换得金银，再去购买岛内缺乏的铁。看来金银并非无用。人们可能会问，乌托邦物产如此丰饶，难道不会引起周边国家的觊觎？就不需要军队防守？莫尔的答案是高价招募外国雇佣兵。他强调："乌托邦人宁可使这种人上阵冒险，也不肯使用本国公民。深知只要有大量钱币，甚至可以收买和出卖敌人，或使其互怀鬼胎或公开动武而彼此残杀。"③ 看来，莫尔并不是不知道金银的价值，它可以雇佣武力保护自己，也可以用来收买和离间对手，让别人为乌托邦公民卖命。使用雇佣军在西方世界也有极为悠久的历史，最典型的是迦太基，但恰恰是这种政策成为与罗马争霸失败的重要原因。与莫尔同时代的马基

① 〔英〕托马斯·莫尔:《乌托邦》,戴镏龄译,商务印书馆1982年版,第60页。
② 〔英〕托马斯·莫尔:《乌托邦》,戴镏龄译,商务印书馆1982年版,第86页。
③ 同上,第66页。

雅维利，在佛罗伦萨试图实行的重大改革措施便是取消雇佣军，建立国民军。历史一再证明，依靠雇佣军来保家卫国是绝对靠不住的。

宗教在《乌托邦》有很重要的位置。天主教徒莫尔无法设想一个没有宗教却能治理良好的社会，也无法设想非"一神教"的社会。他笔下的乌托邦人允许个人有选择宗教的自由，但绝不允许有不信仰宗教的自由。这代表了西方自由派的宗教观——有信仰不同宗教的自由，但没有不信仰宗教的自由。乌托邦中有人崇拜月神，有人崇拜日神或其他星辰，也有把过去某位杰出先贤当作"神"，这没有人干涉，但绝大多数人只信仰单一的至高神。这个"神"远远超出人类的理解能力，它是永恒的，是世界的创造者、主宰者，乌托邦人称为"密特拉（Mythras）"①。由于人的理性永远无法认识"神"，不同的人对"神"会持有不同观点，而不同的观点就会产生不同的信仰、不同的宗教。"神"只有一个，真理只有一个，谁也不能断言自己对"神"的理解、对真理的理解就绝对正确。这大概是莫尔主张宗教宽容，宗教自由的主要理由。乌托邦人大多把这个至高神看作具有无比力量和威严的自然本身，万物起源、生长、演化、老死都归因于它。基于不同的神学观点，乌托邦一些人致力于探索自然，认为是对"神"最好的礼拜方式；有的却不这么认为，因而不从事科学探索，但专注于行善、致力于公共服务；有的不近女色，戒绝肉食，摒弃世俗一切享乐；但也有赞成婚姻，觉得生育儿女是对国家的责任，不拒绝世俗享乐。从《乌托邦》这段描述，可以看出莫尔是通过允许人们对"神"有不同理解，造就一个多元的神权社会形态。但是乌托邦绝不允许有人不信仰宗教，不信仰"神"！如有人相信灵魂会随肉体消灭，或者相信世界受盲目力量的摆布而不是由神意支配，那么乌托邦人甚至认为他不配做人，更不承认这种人是乌托邦公民。因为这样的人没有任何可害怕的，会想方设法回避或破坏国家法律。莫尔写道："怀有这种心理的人，乌托邦人取消他的一切荣誉，不给他官

_____

① "密特拉"是古波斯的太阳神，属于古雅利安人宗教的神祇，密特拉教后来在古罗马特别在军队中盛行，曾是基督教的强大竞争者。从莫尔的引用，可看到古波斯宗教对欧洲社会影响之深远。——笔者注

做，不使他掌管任何职责。"① 如因生活放荡受到教士的传唤或申斥，此人会被议事会以"不虔敬罪"逮捕法办。不过，对于那些认为兽类也有灵魂的人，乌托邦却不加干涉。大概是莫尔知道，从毕达哥拉斯、柏拉图以来，承认动物也有灵魂的人在西方社会大有人在。

　　莫尔在书中特意指出，虽然之前乌托邦人不知道基督，但一听到基督的名字及教义就欣然接受。其原因固然有基督不可思议的神通，但重要原因还是他们的"公有制"在基督教义中找到共鸣。"他们听说基督很赞同他的门徒的公共生活方式，又听说这种方式在最真正的基督教团体中还保持着。"② 莫尔想借此表明：真正的基督教社团都应坚持公有制，推行乌托邦的社会模式。在乌托邦，教士享有极高的社会地位和声誉。每座城市的教士不超过 13 人，其中 7 人遇到战争时须随军出发，成为随军教士。当两军交战时，他们就跪在地上，既祈祷和平，也祈祷在双方流血不多的情况下自己的国家取胜。在乌托邦军队占上风时，教士也会阻止本国军队不得滥杀无辜。因此"乌托邦教士的人身神圣不可侵犯"成为各国哪怕是最凶残、野蛮的邻国的共同信条。莫尔把教士作为乌托邦对外战争的重要组成部分，与现代欧美各国随军神父或牧师的职能没有任何区别。

　　我们有充分理由断言：莫尔的乌托邦不过是西方历史文化下的构想，如果把这样的构想称为社会主义，那么称之为西方特色社会主义可能更准确。西方特色社会主义依然是神权统治下的社会，这点在后继的康帕内拉《太阳城》、安德里亚《基督城》中更清楚显示，其政治体制基本上是政教合一、终身制寡头统治。

----

① 〔英〕托马斯·莫尔：《乌托邦》，戴镏龄译，商务印书馆 1982 年版，第 105 页。与莫尔观点一致的还有二十世纪美国总统老布什，在接受记者罗伯特·谢尔曼（Robert Sherman）采访时说："不，我认为无神论者不应该被看作是公民，他们也不应该被认为是爱国者。这是一个信奉上帝的国家。"见〔英〕理查德·道金斯：《上帝的迷思》，陈蓉霞译，海南出版社 2010 年版，第 32 页。

② 〔英〕托马斯·莫尔：《乌托邦》，戴镏龄译，商务印书馆 1982 年版，第 103 页。

第二节　宗教改革运动

　　16世纪初开始的宗教改革运动，使罗马教廷的权威进一步受到削弱，世俗王权和诸侯势力借机得到扩张。这场运动进一步验证了神权社会的发展规律：只有通过变革"神"、重新解释"神"才能获得革命性社会进步。"神"的多元是实现神权社会多元化的前提。恩格斯这样描述过欧洲社会："由此可见，一般针对封建制度发出的一切攻击必然首先就是对教会的攻击，而一切革命的社会政治理论大体上必然同时就是神学异端。"[1] 非神权社会的人对宗教改革的内容，会觉得匪夷所思乃至荒谬。比如洗礼，究竟是给婴儿洗礼还是给成年人再洗礼？圣餐礼上，我们吃面包和酒，是实实在在吃耶稣的肉和血还是象征意义上吃？我们能够得救，是因为努力为善的结果，还是因为未出生前就注定了？这些问题似乎无足挂齿，却成了欧洲宗教改革中划分阵营、斗得你死我活的重要原因。不过，当我们扒开表面的神学纷争，看到的其实是不同利益群体之间的博弈和搏斗。宗教改革尽管是不同"神"之间的斗争，实质还是利益之争——打破旧利益格局，重组新利益格局。恩格斯说："16世纪的所谓宗教战争也根本是为着十分明确的物质的阶级利益而进行的。"[2] 这场宗教改革运动的标志性开端，是1517年10月马丁·路德发表《九十五条论纲》。该论纲的真正名称是《关于赎罪券的力量和效验的争辩》，认为那些因购买赎罪券而确信自己得救的人，将同他们的教唆者一起受到永罚。这是一个很不起眼的事件，却产生了路德意料之外的结果。与之相对的还有一件事。路德通过研读《罗马书》发现了"因信称义"的观点，意识到所有人在"神"面前都属于败坏的罪人，人不可能因行公义的事情而称义，只能凭"神"的恩典而称义。路德曾把这一"新发现"发表出来，希望引起各方面的关注而掀起一场争论，但他失望了，因为丝毫没有人关注。冈察雷斯说："这件事在路德的生涯中

---

① 《马克思恩格斯全集》第7卷，第401页。
② 同上，第400页。

本来可能会成为一次经过精心策划的公开挑战，但是似乎完全未能达到预期的效果。无疑，这本来可能会变成一场大辩论的万炮齐发……但是结果什么也没有发生……路德不是第一次也不是最后一次发现，他最充分的计划变得毫无结果，然而在这时，在完全未料到的情况下，影响巨大而突如其来的事件终于来临了。"① 这个突如其来的事件就是他贴出《论纲》后引发的激烈反应，因为它搅动了最敏感的问题——经济利益。路德可能是出于基督徒的良心，对教会宣称"钱柜中的银币叮当作响，炼狱中的灵魂即会应声飞入天堂"表示质疑，却没意识到会激发起整个社会久待发泄的不满情绪。这种不满首先是针对教皇及教会在经济上的巧取豪夺和生活上的奢靡豪华，其次是德意志的一些选侯对神圣罗马帝国的不满，还有农民、市民、贵族、骑士等阶层对自身状况的不满。各种不满而导致的利益冲突在兜售"赎罪券"这一节点得以爆发——富得流油的教皇凭什么还在我的地盘搜刮钱财？路德在论纲中的话——"教皇是当今的富中之富，他的钱比古代最大的富豪克里沙士还多，那他为什么要花费可怜的信徒们的钱，而不掏自己的腰包来建造圣彼得教堂呢？"——引起广泛的共鸣。我们常说离开利益的思想会出丑，而当思想与现实利益结合在一起的时候，就会迸发出强大的力量。路德的有心栽花花不放、无心插柳柳成荫，说明这场宗教改革运动首先是利益之争，而神学观念只是为现实利益服务的。

一、新教诸派及其影响

16 世纪以来的宗教改革是多个源头共同发力的结果。大致有五个，一是路德宗，二是慈温利、加尔文的改革宗，三是再洗礼派，四是以闵采尔为代表的革命派，五是英国国教派和不信奉国教派。他们在改革的源头上略有不同，但都否认罗马教廷的权威，信奉路德的"信徒皆祭司"。

马丁·路德（Martin Luther，1483 — 1546）出生于德意志埃斯勒本（Eisleben），1501 年进入莱比锡大学学习，1505 年 7 月进入修道院，立志永

---

① 〔美〕胡斯都·L. 冈察雷斯：《基督教思想史》第 3 卷，陈泽民等译，译林出版社 2010 年版，第 28 页。

远奉献做个模范的修道士，1507年领受神甫职。他先是通过禁食、苦行等禁欲方式，并且借助教会寻求得救，但后来发生了转变。这种思想转变主要由三方面促成。第一，依靠罗马教会的信心动摇，尤其是赴罗马朝圣期间看到所谓的圣物及博取圣徒功德的手段被人肆意滥用，深感失望。第二，人在"神"面前绝对难以达到圣洁，在人的认罪和赎罪背后看到的是根深蒂固的渗透人心的罪孽，因此对通过修道士生活而获救的信心动摇。第三，维登堡大学期间开始研读圣经，终于在圣经中发现了一个与罗马教会讲述得很不一样的"神"。事实上，回归原典、回归圣经、回归原始基督教，成为宗教改革各派的最大公约数。

　　路德神学的逻辑起点是认识到自己是一个不义的、不圣洁的罪人，被一个绝对公义的"神"所抛弃，这种孤独和痛苦是人类，包括"道成肉身"后的耶稣都难以克服。但路德发现，这个公义的"神"其实还是爱世人的。离弃人和爱世人就十分隐秘地在"神"那里结合在一起。路德说："我在上帝面前是良心极度不安的罪人，我不能相信上帝由于我的苦行赎罪就会对我息怒。"但是通过研读圣经发现"上帝的义在福音上显明出来，即慈悲的上帝借着这个被动的公义使我们得以因信称义。"至此，路德忽然茅塞顿开。他继续说："我感到我好像完全得到重生一般，并且通过敞开的大门已经进入乐园。整本《圣经》以一个完全崭新的面目呈现在我的面前。"总而言之，"我们不因行公义的事而成为义人，而只有被称为义人后，我们才能行公义"①。上述观点基本上是以后包括加尔文在内的新教各派的观点。但路德的"神"与加尔文的"神"略有差别。路德的"神"对人既愤怒（因为人有罪），又慈爱（原因不清楚，或许神性使然），类似于奥古斯丁、柏拉图的"神"。加尔文的"神"则比较高冷，人根本不值得被爱或被恨，只是按着永恒的计划在将来的某一刻拣选一部分人或离弃另一部分人。犹如有人出身富贵之家，有人出身贫贱之家；有的生而为人，有的生而为动物，没有什么可奇怪或抱怨的。加尔文的"神"类似于亚里士多德的"神"。亚里士多德告诉

_____

① 转引自〔美〕胡斯都·L.冈察雷斯：《基督教思想史》第3卷,陈泽民等译,译林出版社2010年版,第26、27页。

你必须爱"神"但"神"不会爱你，因为人—神并不能互爱。加尔文则告诉你别想着"神"怎么待人，而要想想你怎么去爱"神"、事奉"神"。

路德依照新神学的原理写出了撼动历史的《九十五条论纲》。他认为，既然赦罪和救赎是"神"的专责，那么包括教皇在内的一切人就没有权力免除他人的罪孽，而靠赎罪券免罪、登上天堂更是荒诞和迷信。路德在论纲中宣称：教皇没有免除任何罪孽的权力，他只能赦免凭自己的权力或教会法加于人们的惩罚；教会法规只能及于活人，而不能加于任何死者身上，教皇无权赦免灵魂在炼狱中受到的处罚，那些推销赎罪券的教士们鼓吹教皇的赎罪券能使人免除一切惩罚并且得救，是完全谬误的；教皇的赎罪券不能免除哪怕最微不足道的罪孽。路德纯粹是从神学理论上论证教皇权力以及赎罪券效力的边界，这套理论适应了现实需要，为从罗马教廷的经济盘剥中挣脱出来提供依据。当这篇用拉丁文写的文稿迅速翻译成德文并广为流传时，教廷并未意识到可能引发的严重后果。1520 年 10 月教皇利奥十世开除了路德的教籍。1521 年神圣罗马帝国会议决定执行教皇通谕，但包括萨克森选侯在内的路德支持者开始行动，形成了与罗马教廷对峙的宗教改革运动。这场运动最终以当初当事人无法预见的方式展开——与罗马教廷彻底决裂，但路德相对保守，因为他认为教皇依然拥有帮助信徒得救的手段——代祷。1546 年 2 月 18 日，路德在他的出生地去世。这时候的改教运动已遍及整个欧洲，路德和路德派开始被称为保皇派。

乌尔利希·慈温利（Ulrich Zwingli，1481—1531）出生于瑞士圣加仑一富裕农家，先后在维也纳、巴塞尔大学学习，在巴塞尔大学跟随人文主义学者韦登巴哈学习期间，树立起以《圣经》为最高权威、依靠基督得救的观点。同时，慈温利还受到荷兰著名人文主义学者、神学家伊拉斯谟（Erasmus，1466—1536）的强烈影响。慈温利是独立于路德的第二个宗教改革的重要源头。由于历史原因，瑞士人骁勇善战，一直是外国雇佣军的重要兵源。慈温利年轻时曾作为教皇雇佣军到意大利作战，后来意识到瑞士人不值得为毫无价值的事业去送命，开始谴责为外国势力充当雇佣兵的做法。1522 年慈温利与民族主义思想结合，在苏黎世推行宗教改革。为整合改革派力量，1529 年慈温利与路德在马尔堡举行会谈，终因圣餐礼等方

面的分歧而作罢。其实慈温利的主张很理性：不同意耶稣的身体存在于圣
餐中的每一块饼和每一滴酒之中。1531 年慈温利作为随军牧师，在与天主
教军队作战中捐躯。

　　慈温利相信，要发现基督教本质就必须回到《圣经》，并根据《圣经》
复兴基督教。慈温利尽管受人文主义熏陶，但依然坚信需要通过启示来理
解《圣经》。《圣经》是"神"的话语的一种表达方式，必定正确无误。他
甚至说过如此极端的话："宁可要自然界的整个进程有所改变，而决不能让
上帝的话语落空而得不到应验。"[1] 造物主与被造物之间存在着难以逾越的
鸿沟，人不可能认识"神"的真实情况。即便是一只甲虫对人的认识，也
要比人对"神"的认识深刻得多。因此人只能通过"神"的话语——
"神"愿意让人类理解的方式——获得关于"神"的信息。那么，慈温利获
得了哪些关于"神"的信息？集中体现在眷顾与预定论。眷顾有两个含义，
"我们不仅可以依赖上帝得到我们的生计和幸福，而且也意味着，上帝与世
界之间的关系是如此密切，以至于世上发生的一切事情都是通过上帝的旨
意。"[2] 预定论则意味着世界上的一切，哪怕蚊子螫咬也是"神"预知的。
相对于路德，慈温利的神学是极端保守和极端激进的混合。路德只是反对
天主教传统中那些能被证明与《圣经》抵触的教义，而慈温利则认为除
《圣经》规定的，其余一概予以拒绝。这看上去极端保守，但从天主教看来
是极端激进的。他在苏黎世致力于恢复古代基督教，比如废除了大教堂的
风琴这一有千年传统的东西。由此可知，在瑞士宗教改革中出现更加激进
的教派，也就不足为奇了。

　　路德和慈温利宗教改革的最大公约数是回归原教旨、反对罗马天主教。
但在回归基督教源头的过程中，各方面的分歧开始暴露。一些人不可避免
地把基督教最初几个世纪与罗马帝国的紧张关系看作是常态。他们认为真
正的教会总是会招来迫害，君士坦丁的皈依标志着纯洁教会的终结，教会

---

　　[1]　转引自〔美〕胡斯都·L. 冈察雷斯:《基督教思想史》第 3 卷,陈泽民等译,译林
出版社 2010 年版,第 71 页。
　　[2]　同上,第 74 页。

不应与政府结盟。这种思想在基督教历史中有着悠久的传统，是近代欧洲无政府主义宗教的源头，也是欧洲宗教改革的第三个源头。苏黎世的宗教改革中产生的如再洗礼派，就是这样的宗教激进派。

再洗礼派认为，基督教是纯粹个人信仰的问题，需要由有理性的个人独立、自由作出决定，因此婴儿不应当受洗，因为婴儿自己无法作出信仰的决定。1525 年 1 月 24 日，一个名叫乔治·布劳罗克的被流放教士，要求另一个教友给自己施洗。布劳罗克接受施洗后，再给团体内的其他成员施洗。这个派别被反对他们的人称呼为"再洗礼派"①。他们由于不接受世俗政权的支持，反对政教合一，也不赞成以任何方式保卫自己，显得特立独行，因此受到当局的残酷迫害。历史上罗马皇帝西奥多修斯和拜占庭皇帝查士丁尼都曾颁布法律，判处任何实行再洗礼的人死刑，这些古老法律成为当局屠杀再洗礼派的依据。1533 年，再洗礼派占领德国蒙斯特（Munster），他们恢复早期基督教的财产共有制，宣扬末日很快来临，1535 年 6 月，该城市被天主教和路德派的军队联合攻陷，随之而来的是大屠杀。再洗礼派中的激进分子被镇压后，并不意味该派别的消失，其中的温和派在荷兰天主教士门诺·西蒙斯（Menno Simons，1496—1561）领导下再次兴起。他说："一个吹嘘自己是基督徒的人，把精神的武器放在一边，而拿起世俗的武器，这怎么能同上帝的话语协调一致呢？"② 再洗礼派倡导的政教分开，成为现代基督教社会的一项原则。在宗教改革运动中，还出现如托马斯·闵采尔这样的革命者，他们与再洗礼派分支，以及德国农民战争结合起来。闵采尔被认为是欧洲社会主义运动的先驱和源头。按照马克斯·韦伯的观点，宗教改革的另一个预料不到的结果是产生了资本主义精神。近代欧洲社会两种思想——资本主义和社会主义，其精神源头都指向16 世纪的宗教改革。

宗教改革的第四个源头是英国国教改革。英国国教，或称安立甘宗、

---

① 转引自〔美〕胡斯都·L. 冈察雷斯:《基督教思想史》第 3 卷,陈泽民等译,译林出版社 2010 年版,第 88 页。
② 转引自〔美〕胡斯都·L. 冈察雷斯:《基督教思想史》第 3 卷,陈泽民等译,译林出版社 2010 年版,第 96 页。

圣公会，是介于天主教与路德宗、加尔文改革宗之间的新教教派。英国国教改革的触因貌似英王亨利八世的婚姻，实质反映了盎格鲁-萨克逊人借机摆脱西班牙和罗马教廷控制的利益诉求。西班牙费迪南二世的女儿凯瑟琳嫁给亨利七世的长子阿瑟，可结婚没多久，阿瑟就病逝。亨利七世为了维护与当时的霸主西班牙的关系，建议凯瑟琳嫁给自己的次子也就是后来的亨利八世。这桩婚姻获得教皇的特许。但亨利八世与凯瑟琳的六个孩子中，除了女儿玛丽全部夭折。为了保证有一位男性继承人，亨利八世要求教皇宣布他与凯瑟琳的婚姻无效，但这是不可能的，因为罗马教皇实际上受到西班牙王室的控制。1534 年亨利八世操纵英国议会宣布英国教会脱离罗马教廷，由英王担任英国教会的最高元首，接着由英国教会宣布亨利八世与凯瑟琳的婚姻无效。为获得新教国家支持，英国签署了政治宗教联盟。亨利八世一方面允许新教合法进入英国，另一方面解散天主教修道院并没收其全部地产，断绝与罗马教廷的关系。1547 年，亨利死后由九岁的儿子爱德华六世继位，这个多病的孩子在位六年便死去。1553 年亨利与凯瑟琳的女儿玛丽在天主教势力和西班牙支持下继承王位，随即展开一系列的报复性屠杀，获得"血腥玛丽"称号。玛丽在位五年多死去，其同父异母的妹妹伊丽莎白继位。英国国教势力开始复辟，于 1571 年颁布了"三十九条教规"。

　　同欧洲大陆其他地方的宗教改革一样，《圣经》是英国国教的基础和权威。英国宗教改革领导人坎特伯雷主教克兰默（Cranmer，1489—1556）曾说："在《圣经》里有灵魂的肥沃的牧场；在那里没有腐肉，没有不卫生的东西；这些牧场提供美味佳肴。愚昧无知的人将在这里找到他应当知道的事情。堕落的罪人将在那里发现他被罚入地狱，使他吓得浑身发抖。努力侍奉上帝的人将在那里找到他的荣耀和永生的应许，从而使他更加勤奋地侍奉上帝。"[①] 因此，英国宗教改革的基本原则是：凡是与《圣经》相抵触的，都不合法。当然《尼西亚信经》所确认的"三位一体"是可信的，据说它可以由《圣经》证实。因信称义是"三十九条教规"的重要支柱，其

---

　　① 转引自〔美〕胡斯都·L. 冈察雷斯：《基督教思想史》第 3 卷，陈泽民等译，译林出版社 2010 年版，第 195、196 页。

中第十一条断言："我们在上帝面前被认为是义的，只是由于因信仰而蒙受的我们的主和救世主耶稣基督的功德，而不是由于我们自己的善行或理所应得。"人的善行是信仰的结果，而没有信仰的善行，"神"并不喜欢。这一教义与天主教苦行赎罪相悖。它带来的后果是，既然人的命运与做了多少善行、犯了多少罪孽无关，那么还有什么必要做善行呢？

英国宗教改革打开了一扇永远不可能关闭的大门。玛丽时代逃离英国的避难者，在伊丽莎白时代陆续回到英国，也带来了更加激进的改教思想——希望按照激进加尔文派要求对现有教会进行清洗，回到真正淳朴的新约时代。这批人被称为清教徒，也被称为不奉国教派，他们对北美历史产生了深远影响。

二、加尔文与《基督教要义》

约翰·加尔文（Jean Calvin，1509—1564）出生于法国努瓦永（Noyon），受过良好人文教育，23 岁就出版《塞涅卡〈论仁慈〉注解》，27 岁时获法学博士。1533—1534 年间，加尔文皈依新教，1535 年因在巴黎参加新教活动而被法国当局通缉，于是逃往瑞士巴塞尔。1536 年发表《基督教要义》第一版——仅有 6 章的小册子，但足以引起宗教改革领导人的注意。当加尔文路过日内瓦时，受法雷尔（Farel，1489—1565）邀请，从而开始了一个宗教改革领导人的生涯。1538 年 7 月加尔文被日内瓦自由派逐出日内瓦，到 1541 年又重新回到日内瓦。1539 年，加尔文在斯特拉斯堡出版《基督教要义》第二版，1559 年该书扩充为第三版，成为四卷本改革宗神学的系统说明书。加尔文对英国清教徒在内的新教各派有广泛影响。这里介绍最后一个版本。

《基督教要义》开头就说："我们所拥有的一切智慧，也就是那真实与可靠的智慧，几乎都包括两个部分，就是认识神和认识自己。"[1] 希腊德尔菲神庙有句箴言：认识你自己。加尔文通过认识"神"来认识人，最终还

---

① 〔法〕约翰·加尔文：《基督教要义》上册，钱曜诚等译，孙毅、游冠辉修订，生活·读书·新知三联书店 2010 年版，第 3 页。

是以认识人为落脚点——明白人的生存状态、终极归宿。人之所以要认识"神"，关键还是因为它与人的命运密切相关，认识"神"就是认识自己。

1. 加尔文理解的"神"

"神"的普遍存在性是加尔文的立论基础。他认为，"神"将某种认识安置在所有人的心里，所以哪怕最原始、最不开化的民族都深信不疑，有智慧的人都知道，对"神"存在的意识无法从人的思想中抹去。但总有一些人因愚昧和刚硬，总想抵挡"神"，但抵挡的结果只能使"神"存在的意识越发强烈。两种因素使人无法正确认识"神"。其一是人心里的邪恶，我们被罪奴役着，所以无法认识。其二是作为有限被造物的人，无法认识无限的"神"。加尔文因此提出两个正确的认识方法。

第一是通过被造物去认识。他认为，有关"神"的知识已经清楚地彰显在宇宙的创造和护理之中，它通过被造物宇宙的伟力时刻向世人显示，只是人无法测透罢了。他说："无论是在天上或地上，都有无数证明神奇妙智慧的证据，不只是那些研究天文学、医学，或一切自然科学家深奥事的专家，就连那些最无知之人睁眼也可见这些证据。"① 此外，人自身就是"神"智慧的最大证据。人能测量天体、确定它们的大小和相互的距离，人技艺高明，能发明许多奇妙的东西。"这一切皆是神性在人身上的明证。"② 单凭人自己怎么会具有如此超凡能力？加尔文说：

> 虽然我们的经验已充分地教导我们，我们所拥有的一切都是来自一位随己意分配的主宰，但我们仍要自以为是，认为自己发明许多艺术和有用的东西，而夺去神所应得的赞美吗？③

在加尔文看来，人拥有不可思议的力量，恰恰是"神"存在的证据。从逻辑上讲，的确很难反驳。从中可以推导出这样的结论：人越成功，越能彰显"神"的荣耀；越能彰显"神"荣耀，越证明是"神"的选民。这

---

① 〔法〕约翰·加尔文:《基督教要义》上册,钱曜诚等译,孙毅、游冠辉修订,生活·读书·新知三联书店 2010 年版,第 21 页。
② 同上,第 25 页。
③ 同上,第 26 页。

大概是马克斯·韦伯把新教伦理与资本主义精神拉扯到一起的原因之一。

　　但加尔文的"神"是一位不断彰显绝对权力的严厉主人，时时刻刻提醒作为受造物的人要处于卑微地位，决不可僭越。加尔文说："他要我们仰望他、相信他、敬拜他和求告他。"① "神"有治理人的主权、审判人的权能，人唯一能做的或必须做的就是不断祈求"神"的怜悯和白白的恩典。加尔文的"神"是一个创造神，但他的品性与华夏文明中同样是开天辟地的盘古神有本质的区别。前者创造世界的同时要奴役世界——当然加尔文不认为是奴役，而是拥有绝对的统治权、主权。"神"创造了你、当然有权主宰你，随己所欲地让你毁灭或者让你永生，这在加尔文看来是绝对公义的。后者却是创造世界的同时还把自己全部奉献给世界——当然加尔文不认为是在赞扬"神"的天下为公，而认为是在渎神，是无神论者的妖言惑众，因为加尔文的神权世界里绝对不可能有"生而不有、为而不恃、长而不宰"的价值观。道理很简单，一个丧失治理权、审判权、主宰权的"神"，还有谁会去敬畏、崇拜呢？一个死去的"神"，又怎能为人世间主持终极正义呢？② 如果说加尔文的"神"是一个专横的独裁者，确实名副其实。当然加尔文并不这样认为，因为"神"绝对公义，无论做什么都是公义。

　　第二个方面是经过圣经的引领和教导来认识"神"。尽管"神"在一切受造物上彰显奇妙智慧，但要正确认识"神"，唯有借助圣经才行，因为《圣经》是"神"的话语，是我们认识"神"的凭据。宗教改革是借助《圣经》的最高权威，否定教皇和罗马教廷的权威。加尔文认为，如果说《圣经》的可靠性依赖教会的判断，这是邪恶的谎言；必须由圣灵印证，《圣经》的权威才能确立，但离开《圣经》只诉诸圣灵，也会出现错误的狂热分子。显然加尔文既反对天主教会，也反对新教中的激进主义。

----

　　① 〔法〕约翰·加尔文：《基督教要义》上册，钱曜诚等译，孙毅、游冠辉修订，生活·读书·新知三联书店 2010 年版，第 27 页。
　　② 加尔文说过大意是这样的话：认识有这样的"神"，使人意识到当前只是未来更大事情的序幕；看到人世间有恶人安享尊荣而没有受罚，我们就会推论：一切罪行终将受报应；看到信徒常受神杖管教，就会确信总有一天恶人将受主的鞭打。《基督教要义》1.5.10。

加尔文否定从裴洛以来的寓意解经法，而是主张从字面含义直接理解《圣经》。这是改革宗理解《圣经》的方法。那么通过理解《圣经》的字面意义，我们能认识一个什么样的"神"？《圣经》常用拟人化的语言叙述"神"的命令，似乎"神"也有人一样的手脚、嘴巴、眼睛，但这样理解是错误的。加尔文认为是"神"迁就人的有限认识能力，用我们能理解的方式交流。他写道：

> 因为圣经常常描述神有口、耳、眼、手、脚，所以那些神人同形论者就幻想有与人一样的身体。要驳倒这些人是轻而易举的，连没有基本常识的人也明白，就像保姆经常以婴儿的口吻向婴儿说话一样，同样地，神向我们启示时也是如此。①

"神"用人能听懂的话语与人交流，并不意味着"神"有人格化的属性。"神"的本质是属灵的，无法猜透。加尔文严格遵循基督教的基本教义，坚持"神"的三位一体——只有一个本质，却有圣父、圣子、圣灵三个位格。对于三个位格之间的关系，加尔文说："当我们单独提到神这一词时，就包括圣子、圣灵和圣父。而当我们一旦将父与子相比时，却可因他们彼此不同的特征而辨别他们。再者，每一个位格都有其特征，并且他们之间的特征是绝对无法互相替代的。"② 概括起来，《圣经》里的"神"还有其他一些特点。比如他不仅是天地的创造者，还是人类的救赎者。他像一位慈父，乐意恩待人；又是严厉的"神"，他公义地报应作恶之人。他禁止一切偶像崇拜，任何雕像、画像都不被悦纳。但不能偏激地认为他禁止一切艺术，而是允许人雕刻和绘制历史事件和一切可见形体。

2. 加尔文所理解的人

人由"神"创造，并由灵魂和肉体组成。加尔文对人理解的独特之处有四点。第一点，人在受造之初纯洁无瑕。"人是彰显神公义、智慧和慈爱

---

① 〔法〕约翰·加尔文：《基督教要义》上册，钱曜诚等译，孙毅、游冠辉修订，生活·读书·新知三联书店 2010 年版，第 96 页。

② 〔法〕约翰·加尔文：《基督教要义》上册，钱曜诚等译，孙毅、游冠辉修订，生活·读书·新知三联书店 2010 年版，第 103、104 页。

的最高贵的杰作"①。有了这一点，人就不该因自己后来的犯罪迁怒造物主（神）。第二点，人以"神"的形象被造，但彰显这一形象的是灵魂而非身体。灵魂是不朽的，是人的主要部分；灵魂是"神"的形象的主要载体，人的身体辅助性彰显一些"神"的荣耀和形象。加尔文说："神的形象就是亚当堕落之前在他身上所照耀出来人性的完美"；"事实上，神的形象就是人灵魂内在的良善"②。第三点，灵魂是"神"从无中创造出来的。圣经说："神将生气吹在人的鼻孔里。"（创世纪2：7）有人因此就认为"神"向亚当吹生气时，神的一部分就给了亚当。加尔文说这是谬论，人的灵魂并非直接来自"神"的本质。理解这一点很重要。人效法"神"并不是借着最初注入的"神"的本质，而是靠外在的圣灵的恩典和大能。第四点，自从亚当犯罪灵魂堕落，"神"的形象已经所剩无几，人基本处于完全败坏的状态。这是理解加尔文的关键点，他的全部学说建立在"人是完全败坏的"这一基础上。他说："虽然我们承认在人堕落之后，神的形象没有完全被毁灭，但这形象已经败坏至极，所存留的部分也是残缺得可怕。因此，我们得救的开端就是在基督里重新获得神的形象。"③ 基督教的全部承诺——重生、永生，都建立在基督使我们重新获得"神"的形象这一前提上。

既然灵魂是人的主要部分，身体是次要部分——在这一点上，加尔文平衡了斯多亚学派重视灵魂、轻视肉体与早期基督教灵魂、肉体同样重要的两种观点——那么研究灵魂的机能对于认识人就极为重要。加尔文研究过古代哲学家的著作，并与他们保持距离。他说："我们必须远离哲学家的教导，因他们对人堕落后的败坏一无所知，就错误地将人两种不同的景况混为一谈。"④ 很显然，加尔文所认识的人是一个历史发展中的人，因为人

---

① 〔法〕约翰·加尔文：《基督教要义》上册，钱曜诚等译，孙毅、游冠辉修订，生活·读书·新知三联书店2010年版，第159页。

② 〔法〕约翰·加尔文：《基督教要义》上册，钱曜诚等译，孙毅、游冠辉修订，生活·读书·新知三联书店2010年版，第166、167页。

③ 同上，第165页。

④ 〔法〕约翰·加尔文：《基督教要义》上册，钱曜诚等译，孙毅、游冠辉修订，生活·读书·新知三联书店2010年版，第170页。

的灵魂须经历一条 U 形路线。最初受造时，人的心智是健全的，拥有择善的自由；但亚当犯罪后，人的灵魂就彻底败坏并代代遗传，但还存留一些"神"的形象；直到基督在历史进程中"道成肉身"并钉死在十字架上，完成了对人罪恶的救赎，使人的灵魂有了向上提升的可能；到世界末日，基督再次降临并主持审判，"神"的选民将获得完美的一切。加尔文是用历史的视角认识人，在历史变化中理解人的状态，而非古代哲学家用非历史的、静态的眼光看待人。如果说，奥古斯丁将历史引入人类社会之中，加尔文则将历史引入对人的灵魂、对人性的认识，人类社会不再是孤悬于历史之外的不变的若干政体，人也不再是孤悬于历史之外的不变的某些类特征。但是我们在强调加尔文用历史的视角认识人的同时，还要看到加尔文对人性的预设。这种预设是在"神"创造人的时候就赋予的一些机能。加尔文把这种机能概括为灵魂中的理解力和意志。他说："理解力的作用就是按照是否值得认同去分辨事物，而意志的作用是选择和跟从理解力所赞同的，并拒绝和回避理解力所不赞同的。"① "神"赐给人理解力是用来分辨善恶是非，也赐给人理智的亮光，又赐给人意志好做选择。加尔文同意人有选择善恶的意志自由，但这是在人没有堕落之前。在这个美好的时刻，"只要人愿意，就能借着神所赐的自由意志获得永生"。但是，由于人"不争气"，自己跌倒了，再加上"神"没有给他坚忍到底的恒心，很快就彻底堕落。堕落之后的人——他们全都是亚当的后裔并得到堕落的遗传，就丧失了自由意志，尤其是丧失择善的自由。可能有人会对此争辩，"神"为什么要创造一个意志薄弱的人，为什么不创造一位不能和不愿犯罪的人？加尔文的回答是："的确，这种不犯罪的本质更好，但在这事上与神争吵，就如神必须将这样的本质赐给人，这是非常邪恶的。"② 就是说，"神"怎么做都正确，绝对不能质疑，否则将非常邪恶。

同样的"认识你自己"，加尔文认为他与希腊哲学家的区别在于，他们

---

① 〔法〕约翰·加尔文：《基督教要义》上册，钱曜诚等译，孙毅、游冠辉修订，生活·读书·新知三联书店 2010 年版，第 170 页。

② 同上，第 172 页。

不知道亚当的堕落，他们只是傲慢地寻求人的价值和美德，却看不到人的无足挂齿和腐化堕落，而加尔文要让我们认识到初人的完整性，以及堕落后人的困境和神的仁慈。加尔文主要关注历史现实中人的困境，也就是亚当犯罪后繁殖出来的人的境况：是完全败坏的，是无益于"神"的，是根本不值得"神"眷顾的东西；但大能的"神"出于慈爱，要白白地恩待人，让人悔改，预定一部分人成为"神"的儿女，让他们在天国获得永生。这是多大的喜讯、多大的福分啊！新约之所以被称为福音，其本义就在于此。因此加尔文神学有两个核心关键词：眷顾和预定。眷顾是指"神"护理本身不值得护理的人，预定是指"神"创世之初的永恒不变计划，要拣选一部分人、摒弃一部分人。它构成了神—人关系的基础。加尔文赞同奥古斯丁提出的观点——若说有任何事在神的预定之外发生，则没有比这更荒谬的了，因为这等于说这些事实无缘无故发生。加尔文说："显然，他没有编造一位在瞭望台上无聊、闲懒的神，当另一个在他预旨之外的意志介入时，他就准许它发生了。"[1]

3. 神—人关系和"神"的救赎

加尔文提出认识"神"和认识自己，最终导向神—人关系以及得救等问题的讨论。它构成《基督教要义》第二、三卷的主要内容。

加尔文的神—人关系可用一句话来概括：什么都是"神"给的，而人什么都不是。人有自我崇拜、自我陶醉、自我赞美的倾向，深陷可怕的无知之中，因此必须消除一切的自夸、自大和自信，彻底断绝人靠自己就能够过幸福生活的念头。加尔文告诫说："要完全不再相信依靠自己能过正直的生活"。[2] 如果没有"神"赐给人的高贵和使命，人在世界将处于极悲惨的境地。加尔文对人在世界中境况的描述，会使人联想到 20 世纪存在主义哲学对人境况的描述——人是一种荒谬的存在。但加尔文相信"神"的仁慈和护理，既对人的未来充满乐观，又对人的无能有清醒认识。他说："人

①　〔法〕约翰·加尔文：《基督教要义》上册，钱曜诚等译，孙毅、游冠辉修订，生活·读书·新知三联书店 2010 年版，第 184 页。

②　〔法〕约翰·加尔文：《基督教要义》上册，钱曜诚等译，孙毅、游冠辉修订，生活·读书·新知三联书店 2010 年版，第 217、219 页。

对自己的认识可以分成两部分。首先，人应当思考神创造他并赏赐他高贵才能的目的。这认识应当激励他默想当归给神的崇拜和来世的盼望。其次，人应当思量自己的才能，更正确地说，人缺乏才能。而人一旦发现自己的缺乏，就对自己失望，羞愧地俯伏在神面前。前半部的思考使人认识自己的本分如何，后半部的思考使人确知他尽这本分的能力达到何种程度。"[①]加尔文的学说进一步强化了人是"神"的奴仆的意识，强化了人无法依靠自己过幸福生活、有道德生活的观念，从某种意义上说，欧洲启蒙运动反对的就是这种意识和观念，它让西方的人本主义意识觉醒，认识到人有理性力量、能够自己依靠自己。因此，后来康德把启蒙的口号归纳为要有勇气使用你自己的理性，是非常恰当的。

　　加尔文认为原罪导致人完全败坏，使人生来就受神憎恶。亚当对"神"的背信弃义，使人原有的超自然天赋（信仰）丧失，自然天赋（理智和意志）又被腐化。他说："原罪的定义是，人类本性中遗传的堕落和败坏，其扩散到灵魂的各部分，不仅使我们落在神的震怒之下，又使我们行出圣经所说情欲的恶事。"[②] 人的邪恶代代遗传，一人有罪将导致后代全部有罪，最初的邪恶在邪恶的后代那里会滋生出更多的罪恶。人性恶、人是彻底败坏的思想，在加尔文那里达到一个新的高峰。奥古斯丁讲自由意志，是专指人有择恶的能力。加尔文同样认为亚当的后裔——堕落的人已经丧失选择行善的自由意志，除非借助"神"的恩典。加尔文进一步认为，人喜欢行恶而不得不行恶，只能说人被罪恶控制，成为罪的奴仆，并不能叫自由意志，说明堕落的人连择恶的自由意志也不存在。加尔文之所以持这样的人性论，是为他的"因信称义"和"预定论"提供理论基础。既然没有"神"的恩典和赐予，人就没有任何择善的能力，那么人怎么可能通过积德行善以获得"神"的垂青、在"神"面前称义呢？如果没有"神"的恩典，任何人都只能陷入罪恶而永远沉沦，"神"拣选一些人得救，一些人遭

---

　　① 〔法〕约翰·加尔文:《基督教要义》上册,钱曜诚等译,孙毅、游冠辉修订,生活·读书·新知三联书店 2010 年版,第 220 页。

　　② 〔法〕约翰·加尔文:《基督教要义》上册,钱曜诚等译,孙毅、游冠辉修订,生活·读书·新知三联书店 2010 年版,第 236 页。

弃绝，不仅不是有人质疑的专断和不公正，恰恰是最大的恩宠，因为"神"并不亏欠人，它本来可以什么都不管。那么，"神"是如何彰显其恩宠？这就是人类的中保——基督。加尔文对神—人关系的分析，集中在人如何在基督里获得救赎，正是靠着基督，原本绝望的人类才有了盼望。加尔文说："基督之外没有关于神使人得救的知识。因此《圣经》从起初就教导说，选民应当仰望基督并全然信靠他。"①

加尔文从《圣经》的整体性、连续性认识基督。旧约的核心是基督的被应许，新约则把基督作为既成的事实；旧约借助尘世的某些征兆应许来世，而新约明确谈来世；旧约预示基督的降落，新约展示实际降临的基督；旧约是捆绑的律法，新约是自由的福音；旧约是属世的、暂时的，新约则是属灵的、永恒的；旧约只是针对一个民族，新约却是普世的。加尔文对圣经作出的解读与圣经实际发展史有很大差异，却代表了新教神学史观——人类历史需要救世主的护理。救世主的情结深植西方文化的内核，以至于当代西方尤其是福音派占主导的美国影视作品中各类救世主的主题经久不衰。这样的救世主既是日常生活中的普通人，又具有非凡神力，正如加尔文告诉我们：作为救世主的基督既是真神也是真人，唯有这样才能做神—人之间的中保②。靠着基督，原本受"神"憎恨的人能够与"神"和好，靠着基督洁净了人身上的罪，靠着基督使已经败坏的人获得救赎。基督既有完美神性，也有完美人性，是实实在在的人子与神子相结合的楷模。这样的知识无法从理性获知，只能来源于"神"的话语——圣经。基督除了是救世主，加尔文认为还有三种职分：先知、君王、祭司。基督作为先知的职分是最完备的，他所教导的教义使人获得完备的完美智慧；基督作为君主的统治具有永恒性，因为它是属灵的，在永生的国度掌握权柄；基督的祭司职分是用自己的身体作为祭品，向"神"献祭，以平息"神"的愤怒、除掉人的罪，使人获得"神"的喜悦。加尔文继续早期基督教的

① 〔法〕约翰·加尔文:《基督教要义》上册,钱曜诚等译,孙毅、游冠辉修订,生活·读书·新知三联书店 2010 年版,第 326 页。

② 同上,第 444 页。

说法：基督的诞生使紧张的神—人关系变得和谐，从而开辟人类历史新纪元——人再也不是在罪恶中永远沉沦的旧人，而是实现与基督联合、实现重生的新人。

《基督教要义》第三卷的大部分内容是讨论基督徒的品质和生活，从中可看到新教有一套比天主教更为完备的控制信徒思想的体系。

加尔文对信、望、爱作了新的解释。信是基督徒的第一品质。当"神"在耶稣基督里把他自己赐给人，接受这种赐予的基督徒，就会在心里产生信，然后有望、有爱。加尔文认为，对基督的信源于圣灵驻于人的心中，建立在救世主的知识上，而非天主教所说的教会教导；在有信的基础上，才有对得救的盼望，才会产生感激"神"的爱。加尔文反对经院神学家的观点，即爱先于信心和盼望，认为这不过是痴人说梦①。换句话说，基督徒之所以认为自己会得救，是因为对"神"的怜悯和赏赐有信心，而不是对自己的能力、自己的功德有信心，这种信心坚定了才产生盼望和爱。基督徒的悔改，固然有畏惧"神"的惩罚，但更多是信的结果。悔改包括离弃罪恶，脱去旧人与生俱来的性情，在基督里重生后成为心志焕然一新的新人。悔改是一生一世的过程，不仅表现在行为上，更重要的是内心的顺服。即便是一生悔改的信徒，尽管在基督里获得重生，但今生依然是罪人，"仍有罪的余烬在他们里面燃烧"②。加尔文神学体系中，哪怕最虔敬的基督徒，今生依然摆脱不了罪人的身份。他反对流泪、禁食等外在行为能证明悔改的说法，也反对天主教规定每年至少一次向神甫告解认罪就属悔改的说法。

加尔文对基督徒的生活提出了若干极为严苛的要求。第一，彻底地自我否定，认识到我不属于自己，我并不是自己的主人。我们爱邻舍、帮助邻舍，并不是他们值得你爱、值得你帮，而是因为他们身上有"神"的形象。基于这样的理由，加尔文说："因此，不管你遇到什么样需要帮助的人，你都没有任何理由拒绝帮助他。"③ 这就解释了这样一种社会现象，西

---

① 〔法〕约翰·加尔文：《基督教要义》中册，钱曜诚等译，孙毅、游冠辉修订，生活·读书·新知三联书店2010年版，第576页。
② 同上，第590页。
③ 同上，第686页。

方社会人与人之间，可以很冷漠地帮助别人，也可以很冷漠地获得他人的帮助，因为帮助和被帮助都是因为"神"，而非世俗的人情，值得感恩的永远只是"神"①。第二，跟随基督背起自己的十字架，准备遭受艰难困苦的生活，训练忍耐和顺服。苦难对基督徒来说是好事而不是坏事，"当我们想到我们越受患难，就越肯定我们与基督彼此的交通时，我们十字架一切的苦痛就大大减轻了"。②基督徒要心甘情愿地从基督手中领受我们的苦难，并把此作为是否虔敬的标志。为义受逼迫的将获得更大尊荣。加尔文写了以下一段令人震惊的话：

> 若我们的骨肉不认我们，将我们从家里赶走，神必定更亲近地接纳我们到他自己的家中；我们若受苦和被人藐视，就当在基督里更深地扎根；我们若为主的缘故受凌辱，在天国里的地位就更高；我们若被杀，就必进入那蒙福的生命中。③

这种极端的宗教狂热，在宗教改革中体现得淋漓尽致。加尔文区分了基督徒和斯多亚学派对苦难态度的不同。斯多亚学派强调灵魂伟大之人对苦难的不动心、不动情，无论忧伤和快乐都难以撼动其心灵。加尔文认为这是麻木和无奈，是对情感的弃绝，基督徒并不视情感为罪恶，也不摒弃忧伤。第三，训练自己轻看今世，默想永世。人生如烟如影，今世是虚空的，天堂才是家乡，才是永恒家园。当然，加尔文还要求基督徒看到"神"在今世为我们做的事，懂得感恩。"就连大自然本身也劝我们感谢神，因他赏赐我们生命，允许我们使用这世界，并供应我们一切所需要的，以保守这生命。而且，当为今世感谢神之更大的理由是：我们这辈子是在预备享

---

① 北美的第一批清教徒来到美洲大陆，得到印第安人的无私帮助才得以脱离困境。他们创立了"感恩节"，但他们并不是感恩印第安人，只是感恩"神"。这可作为真实历史中的一个注脚。

② 〔法〕约翰·加尔文：《基督教要义》中册，钱曜诚等译，孙毅、游冠辉修订，生活·读书·新知三联书店 2010 年版，第 693 页。

③ 同上，第 698 页。

受天国的荣耀。"① 第四，人要处理好与世间事物的关系，正确处理好"神"
的恩赐。今世生活既然是"神"赐予我们的，就必须依照一定的原则度过。
加尔文认为有两种危险的态度，一种只允许满足最基本的需要，而舍弃其
他一切财产，另一种是过度使用世间物品，不受限制。为此他提出第一条
原则：按照"神"创造世界的目的来使用他的恩赐。"神"创造饮食，既满
足人的需要，也是为了人享受和快乐。但对于贫穷的人来说，别说享受可
能连饱腹都困难，为此加尔文提出第二条原则：忍耐——无论饱足还是饥
饿，有余或者缺乏，都能知足。对于富裕的人，加尔文提出第三条原则：
节俭。因为世上的财产是"神"托付给你保管的，总有一天要交账。

除此之外，加尔文提出了被韦伯认定为与资本主义精神有渊源关系的
新教天职观。加尔文说：

> 为了避免人因自己的愚昧和轻率使一切变得混乱，神安排每一个
> 在自己的岗位上有其当尽的本分，也为了避免任何人越过自己所当尽
> 的本分，神称这些不同的生活方式为"呼召"。②

每个人在自己的岗位上尽心尽职就是顺从"神"的呼召。韦伯断定这
样的呼召是有助于培养职业精神、工匠精神。不过，在士农工商职业世袭
的社会里，一个人、一个家族累世从事某种技艺，不是更容易培养出职业
精神、工匠精神？如果说新教伦理把为"神"积攒钱财作为人生目的，容
易培植资本主义的节俭精神，那么这种节俭精神在把光宗耀祖作为人生追
求的社会、有悠久农耕文明传统的社会不也存在？仔细研究加尔文的天职
观，其实质是培养循规蹈矩、安分守己的顺民——可以逃离但不许向压迫
者反抗，没有"神"的吩咐就不许离开哨岗（职业）。加尔文说："连哲学
家们都承认最伟大的行为是救自己的国家脱离专制的统治。然而，若任何

① 〔法〕约翰·加尔文：《基督教要义》中册，钱曜诚等译，孙毅、游冠辉修订，生活·读书·新知三联书店 2010 年版，第 706 页。
② 〔法〕约翰·加尔文：《基督教要义》中册，钱曜诚等译，孙毅、游冠辉修订，生活·读书·新知三联书店 2010 年版，第 716 页。

364　神权禁锢下的西方思想史

国民以个人的身份谋杀专制者都要受到天上审判者的定罪。"① 这是基督教特色的政治学说：作为统治精英中的一份子有责任反抗专制者，但作为国民个人却无权反抗统治者。这可以说是代议制民主的神学基础。

4. 因信称义和预定论

因信称义和预定论是加尔文主义的两条基本教义。这并非加尔文原创，而是对新约作者思想的提炼和强化。

理解因信称义须明白何谓称义。"被神视为义人而不是罪人才算称义"，这是加尔文的定义。如何才能视为义？传统上有几种途径，或者是自己的行为完全合乎律法，因行律法称义，或者是自己决心过圣洁、虔敬的生活，因圣洁而称义，或者是遵从教会的教导，积攒功德、努力善行而称义。加尔文认为这些都是错误的，唯一正确的途径是因信称义。他说："因信称义是指，若人因不义的行为被弃绝，却借信心投靠基督自己的义并穿上这义，那在神面前的这个人并不被称为罪人，而是义人。"② 他的意思是，人因彻底败坏，永远无法通过自身的努力或者教皇教会的帮助成为义人，只有坚定信心投靠基督并借着基督的义而成为义人。最终确定谁是义人，完全是"神"根据自己的意愿作出决定。他想赐给谁恩典就赐给谁，他想拣选谁就拣选谁，他想憎恨谁就憎恨谁，他想弃绝谁就弃绝谁。好让那些能够称义的人明白，这是"神"白白赐给的恩典，而非自己真有这样的资格。在这个问题上，人的意志不能也不可能干涉，谁想质疑谁想反对，就是在渎神。这条教义的本意是为了反对天主教讲个人功德、个人行善有助于称义，反对教皇和教会自称掌握天国钥匙，甚至可以决定信徒能否称义等，而突出基督徒的信的重要性。

在因信称义的基础上，加尔文提出预定论，即人能否得救是"神"创世之初就预定下来的。它的理论前提是，所有人在"神"面前都是罪人，

---

① 〔法〕约翰·加尔文：《基督教要义》中册，钱曜诚等译，孙毅、游冠辉修订，生活·读书·新知三联书店 2010 年版，第 716 页。

② 〔法〕约翰·加尔文：《基督教要义》中册，钱曜诚等译，孙毅、游冠辉修订，生活·读书·新知三联书店 2010 年版，第 719 页。

都是平等的，人本来没有得救的资格，但"神"出于世人所不知的公义，因怜悯而选定一些人得救。保罗说："如今也是这样，照着拣选的恩典，还有所留的余数。既是出于恩典，就不在乎行为，不然，恩典就不是恩典了。"（《罗马书》11：5、6）"神"拣选一些人得救，并不是这些人有多良善，行为多么圣洁，就是恶人也在拣选之列。还是那句话：世俗的善恶，在"神"面前一钱不值。加尔文进一步强调："神并没有将救恩的盼望赐给所有的人，而是只赐给一些人，不赐给其他人。""既然圣经记载神爱一国胜过其他国，也记载神所拣选的是卑贱，甚至邪恶、顽梗的人，难道他们要因神喜悦彰显自己的怜悯而指控他吗？""神在此清楚地启示他在人身上找不到任何祝福人的理由，于是就出于自己的怜悯祝福他们，所以选民的救恩是他自己的工作。"①纵观基督教发展史，选民论、预定论或前定论为保罗、奥古斯丁、阿奎那和加尔文所认可并不断发展，那么，为什么加尔文的预定论会特别引人注目？他们之间有什么共同之处和不同之处？

　　"神"选择以色列人为选民，并给予特殊庇佑的思想，贯穿整部旧约。早期基督教不仅把旧约改造为耶稣基督的预言，而且把信奉基督的信徒视为蒙"神"拣选的选民。保罗到处鼓吹：赶紧悔改吧！选民的人数是固定的，现在还有一些余数，只要信奉基督就能进入天国获得永生。由于早期基督教受到罗马帝国的逼迫，面对迫害和死亡的威胁，一个人只要能皈依基督教，就意味着有坚定的信仰。因此保罗无须把信徒的日常善行作为能否被"神"拣选的依据。奥古斯丁处于基督教成为罗马国教的时代，教会开始"鱼龙混杂"（有麦子也有稗子），因此奥古斯丁的预定论包含有个人的功德和善行，即个人在今世的努力和修为也是能否得救的重要变量。但加尔文有意忽略这一点，强调"神"的拣选的绝对性。阿奎那时代，基督教不仅在属灵方面，也在属世方面发挥巨大影响，神职人员成为一个特权阶层，教士腐化成为一种常态。因此阿奎那不同意个人的功德和善行是拣选的原因，《神学大全》问题23专门作了讨论。阿奎那首先承认"神"预

---

①　〔法〕约翰·加尔文：《基督教要义》中册，钱曜诚等译，孙毅、游冠辉修订，生活·读书·新知三联书店2010年版，第925页、第931页、第944页。

先指定一些人得救，弃绝一些人，同时否定前定"存在于受前定的人身上的什么东西，而是仅仅存在于从事前定活动的位格之中的东西"[1]。也就是说前定与个人自身无关，完全由"神"决定。那么，圣徒的襄助，教会的祷告等能否影响前定呢？阿奎那给予肯定。他用了"前定秩序"这样的概念来说明"神"拣选一些人得救，而这个秩序里就包括祷告、善事等[2]。教皇和罗马教廷就利用这套理论，说明教会掌握天国钥匙、教会发行赎罪券等都包括在前定秩序之中，人的拣选得救与教会的作用密不可分。加尔文的预定论是要反对这种说法。预定和拣选，既与人没有丝毫关系，因为任何人都是彻底败坏的，也与教会等外在因素无关，而完全取决于"神"的怜悯，没有任何事物能影响"神"。一方面起到否定天主教会价值的作用，另一方面也带来非道德的可怖后果。比如，既然能否得救并不取决于我，我做个好人或者坏人与能否得救又有什么关系？路德宗就面临这样的困境。

　　加尔文详细列举了当时对预定论的五条异议。第一条异议：拣选的教义使神成为暴君；第二条异议：拣选的教义否定人的罪和他的责任；第三条异议：拣选的教义教导神偏待人；第四条异议：拣选的教义熄灭一切想过正直生活的热忱；第五条异议：拣选的教义使一切的劝勉落空。加尔文对这些异议给予详细反驳。他用很特别的因果关系——将圣洁和拣选的因果关系倒置——来化解这一困境。他说："拣选为了成为圣洁，而不是因为圣洁而蒙拣选。"[3] 这里的意思很清楚：人无法单凭自己产生善行，因此"神"不可能以此作为拣选的依据；但被"神"拣选而预定得救的人，因沐浴"神"的恩典，必然表现得非常圣洁。这样就给人以强烈的心理暗示：尽管"神"不因自己的善行而被拣选，但被拣选的人必然会因此而圣洁，那么我的忍耐、顺从、善行不正是我被拣选的证据吗？我的圣洁品性恰恰是我被"神"拣选的证据，是进入天堂的通行证！加尔文进一步认为，那些被拣选的自然要把荣耀归于"神"，就是那些被摒弃的也要将荣耀归于

---

① 《神学大全》问题 23,第 2 条。
② 《神学大全》问题 23,第 8 条。
③ 〔法〕约翰·加尔文：《基督教要义》中册,钱曜诚等译,孙毅、游冠辉修订,生活·读书·新知三联书店 2010 年版,第 940 页。

神，因为他们的邪恶便是被摒弃的证据。被拣选者、被摒弃者都是体现"神"绝对公义的工具。事实证明，加尔文的预定论要比积德行善论有更强的精神控制力，改革宗信徒有更为严苛的"自律操守"。韦伯把新教伦理与资本主义精神相联系的理由是：（1）在这种严峻而不近人情的学说下（预定论），个人内心会产生一种闻所未闻的孤独感，因为没有任何人、包括教会能帮助自己。（2）产生悲观主义色彩的个人主义，形成信奉新教者的独特族群性格——只信任"神"而不相信任何人。（3）"神"想要基督徒在社会上有所成就而广大它的名，那么今世的成功就成为确信自己被拣选的证据，从而产生渴望成功的强大内驱力。在韦伯这套推论的基础上，我们同样可以推论说：这正是造成冷酷资本主义、极端利己资本主义的原因。新教徒会把来自外界的一切机会视为"神"的恩赐，他们不相信这种机会是基于人与人之间的信任、友谊、互惠，他们信奉人与人之间只有零和游戏。

5. 教会与政府

加尔文不是一般地反对天主教会，而是要对现有教会进行改革，而政府的存在更是必要，是"神"所设立的。这部分论述构成《基督教要义》第四卷。

加尔文明确表示："神做谁的父亲，教会也就照样做谁的母亲。"① 教会是全体信徒的母亲，脱离教会是件悲惨的事。加尔文在打倒天主教教会权威的同时，树立起新教教会权威，信徒需要在新教会受教导，"不可藐视教会中代表神说话的牧师"②。那么，如何判断真教会和假教会？加尔文提出，凡具有传扬"神"的真道和施行纯洁圣礼这两个特征的就是真教会。由于教会信徒众多，理想状态是所有人对教义的认识都一致，但事实很难做到，加尔文告诫要"求大同存小异"。"教会中的丑闻不是离开的理由。我们应

---

① 〔法〕约翰·加尔文:《基督教要义》下册,钱曜诚等译,孙毅、游冠辉修订,生活·读书·新知三联书店 2010 年版,第 1024 页。
② 同上,第 1029 页。

当加倍地宽容教会中人在道德上的不完全。要明白教会同时有善人和恶人。"① 教会并不完美、教会并不圣洁，但这并不构成我们离开教会的理由，反而激励信徒之间在教会中彼此饶恕。可见，加尔文是一个现实主义者，而不是理想主义者。他反对再洗礼派要求信徒绝对纯洁的观点，因为圣徒也会跌倒。除此之外，他还有一条很重要的理由："我们也要知道真教会的定义是根据神的标准，而非人自己的标准。"② 人不能按照人道的标准、世俗的标准，而只能按照神道的标准衡量人的善恶，一个残暴的、恶棍式的人物，比如说殖民者、奴隶主，完全可以是虔敬的基督徒，是"神"的选民、"神"所赞许的义人。如果说基督教伦理支撑着地理大发现后的西方殖民扩张的社会意识，一点也不应为此感到奇怪。

人处于属灵和属世双重治理之下。教会是属灵的治理，政府则是属世的治理。"属世的治理也有神预定的目的，即珍视和保护信徒对神外在的敬拜，守护纯正的基督教教义以及教会的地位。"③ 从中可知，加尔文有强烈的政教合一、建立神权国家的意愿。他理想中的政府不仅具有维护社会治安的职责，还有护教的职责；"神"将自己的权柄赐给政府官员，"他们是神的代表，也在某种意义上代替他统治人"④。加尔文重复保罗的教导："没有权柄不是出于神的，凡掌权的都是神所命的。"（《罗马书》13：1）还进一步要求官员做"神"的忠心佣人，"只有他们记住自己是神的代表，他们就应当谨慎、热切以及殷勤地想要彰显神的某种护理、保护、仁慈、良善，以及公义"⑤。加尔文在宣传"君权神授"的同时，进一步地认为官员也是作为"神"的代表治理世间。加尔文在政府政体，政府与人的关系等方面有以下看法。

---

① 〔法〕约翰·加尔文：《基督教要义》下册，钱曜诚等译，孙毅、游冠辉修订，生活·读书·新知三联书店 2010 年版，第 1039、1040 页。

② 〔法〕约翰·加尔文：《基督教要义》下册，钱曜诚等译，孙毅、游冠辉修订，生活·读书·新知三联书店 2010 年版，第 1043 页。

③ 同上，第 1533 页。

④ 同上，第 1533 页。

⑤ 同上，第 1537、1538 页。

第一，政府的政体类型。究竟是选择君主制、贵族制、民主制，要取决于各国的具体情况。但加尔文更倾向于亚里士多德的贵族制和民主制的混合。他说："我并不否认贵族政治或某种贵族政治和民主制的混合，远超过其他政府的形态。"① 理由是依靠君主的自制和判断是不可靠的，最好的统治方式是许多人一起统治，彼此帮助、彼此监督。政府有发动战争、征税、颁布法律等权柄。加尔文反对这样的说法：采用国家法律治理国家而不采用摩西的政治制度，不蒙神悦纳。他认为这是愚昧和错误的观念。

第二，百姓对统治者须绝对顺服。对于官员，加尔文教导基督徒必须尊敬、顺服，藐视官员就是在藐视"神"，会受到严厉报应。对于不公义的官员，邪恶的统治者，也必须绝对顺服。加尔文搬出圣经来证明："因圣经教导我们：不但要顺服那些正直和忠心履行职分之君王的权柄，圣经甚至教导我们：要顺服一切在我们之上统治我们之人的权柄，不管他们用怎样的手段获得这权柄，即使他们根本没有履行君王的职分。"② 他继续用圣经来证明，邪恶的君主是主向世人所发的怒气，因此百姓受压迫是"神"的诅咒。"你们的君王将会嚣张到难以忍受的地步，然而神不允许你们抵抗；神只允许你们遵守他们的命令，并听从他们的话。"③ 加尔文称那些只服侍公正的统治者的想法是很愚昧的。比如，父母对儿女极为严苛，丈夫可恶地利用了妻子，加尔文反问道："难道儿女因此能减少他们对父母的顺服，或妻子减少他们对丈夫的顺服吗？不！他们反而仍应当顺服在他们之上邪恶和不忠心的人。"④ 绝对顺从权威是加尔文改革宗的重要特点，唯一反抗的手段就是逃跑而非抗拒。就如耶稣告诫门徒，可以从受逼迫的城逃到别的城。

第三，由百姓推举出官员来限制君主的专制是"神"所许可的。虽然

---

① 〔法〕约翰·加尔文:《基督教要义》下册,钱曜诚等译,孙毅、游冠辉修订,生活·读书·新知三联书店 2010 年版,第 1540 页。

② 同上,第 1559 页。

③ 〔法〕约翰·加尔文:《基督教要义》下册,钱曜诚等译,孙毅、游冠辉修订,生活·读书·新知三联书店 2010 年版,第 1561 页。

④ 同上,第 1563 页。

加尔文禁止百姓反抗邪恶的君主或官员，但认为"神"会假借大人物去除暴安良。比如，借摩西救以色列人脱离法老的专制，借波斯人压制巴比伦的骄傲，借巴比伦除去犹大和以色列王的悖逆等。因此由百姓挑选出约束君主专制的官员，这是符合"神"的意愿的。加尔文说："我不但没有禁止他们照自己的职分反抗君王暴力、放荡的行为，我反而说他们对这些残忍压迫穷苦百姓的君王睁一眼、闭一眼，这种懦弱的行为简直是邪恶的背叛，因他们不忠心地出卖百姓的自由，而且他们知道保护这自由是神所交付他们的职分。"①对于加尔文的这段文字，我们要引起特别关注，因为它无论对欧洲的政治理论还是政治现实都产生很大影响。君权神授实质是把双刃剑。宗教改革中的激进派、革命派，都利用这样的思想反抗君主统治——既然可以利用"神"来维护君主统治，同样可以利用"神"来推翻君主统治。因为这方面的原因，倾向新教的英国伊丽莎白一世，疏远了与日内瓦的关系。加尔文以"神"的名义要求百姓忍受邪恶君主的统治，但他的前提是神权绝对高于王权，当地上的君王要抵抗"神"的时候，就是君主失去权力的时候。从终极意义上讲，我们只做"神"的奴仆，而不做别人的奴仆。"我们岂可屈服于邪恶之人的命令。"加尔文用这句话作为《基督教要义》的结尾，而这句话恰成为西方社会反抗专制暴政的依据。在"神"的律法面前，作为凡人的邪恶统治者，又能算个什么东西？托马斯·潘恩（Thomas Paine，1737—1809）在美国独立战争中撰写的引起巨大轰动的小册子《常识》，论证北美人民脱离君主制和世袭制的理由正是依据《圣经》年表的记载，世界产生之初并没有国王，因而也没有战争，"神"并不赞同由国王掌控政府。

第三节 宗教改革的影响——阶段性小结四

宗教改革对近代欧洲历史进程的影响是全方位的，对资本主义的形成、

---

① 〔法〕约翰·加尔文:《基督教要义》下册,钱曜诚等译,孙毅、游冠辉修订,生活·读书·新知三联书店 2010 年版,第 1565 页。

社会主义运动的产生、现代国际关系秩序的建立，以及近代哲学科学的出现都起到直接和间接的促进作用。韦伯的贡献，使各方面就新教伦理对近代欧洲资本主义发展的作用有了深刻理解，而宗教改革对欧洲社会主义运动的影响，我们可以在马克思主义经典作家的作品中看到积极的肯定。德国工人运动理论家、第二国际领导人卡尔·考茨基（Karl Kautsky，1854—1938）充满激情地说："通向社会主义的入口处站着两个伟人：这就是当时驰名全欧的托马斯·莫尔和托马斯·闵采尔。……这两个人在观点、方法和性格方面虽截然不同，不过就他们的最终目标——共产主义——来说，就他们的勇猛无畏和坚定信念来说，就他们的结局——两人都死在断头台上——来说，两人又是相似的。"① 此外，各派在宗教改革中的博弈最终导致三十年宗教战争（1618—1648）。这场战争使德意志各邦国损失近一半男性，波美拉尼亚损失达三分之二人口，各方因无力继续战争，最终于1648年10月签署《威斯特伐利亚和约》，建立起依然是当代国际关系重要支柱的威斯特伐利亚体系。虽然从某种意义上讲，新教甚至比天主教更加敌视哲学和科学，但是它从铁板一块的罗马天主教信仰打开一个缺口，使自由神学开始滥觞。一批持泛神论、自然神论、甚至无神论观点的哲学家和科学家有了立足和生存的缝隙。进一步印证了这样的观点：西方历史任何一次有意义的革命和进步，都需要神学和宗教上的改革为先导。

马克思主义经典作家是通过宗教改革中的革命派寻找社会主义运动的精神源头。托马斯·闵采尔（Thomas Munzer，1489—1525）出生于德国施托尔堡的一个手工业家庭，他年幼时父亲死在施托尔堡伯爵的绞刑架上。他17岁进入莱比锡大学，以后又在法兰克福大学学习哲学和神学，1516年担任一所女修道院院长。1517年以后，他支持路德开展宗教改革，曾被称为路德分子。闵采尔的神学已经越出新教的最大公约数——以圣经为唯一权威，而是以"圣灵"启示为最高权威。这个"圣灵"我们可以理解为"理性"。1520—1524年间，闵采尔的思想发生很大变化，开始与路德产生

---

① 〔德〕考茨基:《莫尔及其乌托邦》,关其侗译,王志涵校,华夏出版社2015年版,第7页。

分歧，1521 年春在茨威考城建立"基督教同盟"，同年 11 月在布拉格发表《告捷克人民书》，开始从宗教改革逐渐转向社会革命的道路。闵采尔认为："天堂非在彼岸，天堂须在此生中寻找，信徒的使命就是要把天堂即天国在现世上建立起来。"[①] 闵采尔与再洗礼派和胡斯派，以及德国农民起义者建立直接联系，并于 1525 年春直接组织图林根和萨克森的农民战争。闵采尔的社会革命思想主要来自早期基督教和圣经，他从"神的儿女的平等"推论出"市民社会的平等"；从早期基督教社团的财产共有推导出财产公有制，取消徭役、地租、捐税、特权等；从对基督末日降临审判死人、活人中推导出对千年天国的信念；从基督说"我来并不带来和平而是带来刀剑"推导出用刀剑驱逐妨碍福音的恶魔及用暴力反抗的号召。其实，这些思想并不全是闵采尔的原创，它们在基督教发展史上从未断绝过，从基督教原始教义推导出的公有制一直是经院哲学家讨论的重要课题。闵采尔的意义在于系统地表达出来。恩格斯说："直到闵采尔才把这种共产主义思想的微光用来表达一个现实的社会集团的要求，直到闵采尔才以一定的明确性把它表达出来；自闵采尔以后，在每一次的民众大骚乱中都出现这种共产主义思想的微光，直到它渐渐与现代无产阶级运动合流为止。"[②] 恩格斯的意思是说，共产主义思想在欧洲历史上源远流长，可以追溯到原始基督教教义，但过去一直以某种神秘主义的、潜流式的方式表达，直到闵采尔才开始将这种思想与一个社会集团的利益诉求结合起来，转变为群众运动的鲜明旗帜，直到产生现代无产阶级运动，这种对共产主义的追求才转变为有希望、有未来的科学的共产主义运动。我们不难看出，恩格斯所定义的现代共产主义运动是基于欧洲历史传统的、不能离开欧洲特定历史文化，准确地讲不能脱离基督教历史文化的工人阶级运动。恩格斯在《德国农民战争》一文中，还将路德和闵采尔所代表的两种势力，与 19 世纪德国资产阶级改良派和德国工人阶级革命派进行对比，毫不犹豫地将德国工人阶级运动看作是 16 世纪闵采尔领导的德国农民运动的继承者。恩格斯断言："正

---

① 《马克思恩格斯全集》第 7 卷，第 413 页。
② 《马克思恩格斯全集》第 7 卷，第 405 页。

如闵采尔的宗教哲学接近无神论一样，他的政治纲领也接近共产主义。甚至在二月革命前夕，许多近代共产主义派别拥有的理论武库还不如 16 世纪闵采尔派的武库那么丰富。"① 闵采尔所理解的天国：没有阶级差别、没有私有财产、最完全的平等——成为现代国际共产主义运动的理想。闵采尔的口号：不敬"神"的人都不该有活着的权力，除非得到"神"的选民的恩赦——成为共产主义运动暴力革命的先声。不过，伏尔泰对于闵采尔的评价显得有些刻薄："闵采尔通过宣传平等思想而占据了图林根州的缪尔豪森；通过宣传大公无私，让老百姓把钱财都放到他脚跟前。"②

值得注意的是，同样是德国人的马克斯·韦伯（Max Weber, 1864—1920），却从新教运动中看到了资本主义精神的源头。什么是资本主义精神？韦伯借用富兰克林的话描述其主要特征：（1）时间就是金钱；（2）信誉就是金钱；（3）金钱本质上是用来增殖的；（4）勤劳、节制和守时、公道都能换来更大的金钱。总之一句话：资本主义精神就是让金钱增殖、增殖再增殖。它的生活之道便是：从牛身上榨脂，从人身上榨钱，从植物上榨油。韦伯进一步认为，资本主义精神把以下行为看作是伦理学的至善：

> 挣越来越多的钱，最严格地避免一切自然的享受、完全剥离一切幸福论甚或享乐主义的观点，将挣钱当作目的自身。……挣钱成了人所追求的生活目标，挣钱再也不是作为手段、为满足人的物质生活需求服务了。③

那么，主宰欧洲社会的这种以挣钱为唯一目标的资本主义精神、资本主义伦理，其源头在哪？韦伯的结论是在新教伦理之中。当然，韦伯强调他不是为这样一个教条辩护，即资本主义精神只能是宗教改革的产物，甚至于说作为经济体系的资本主义就是宗教改革的产物。他想论证的是："是否，以及在多大程度上，宗教的影响一同参与了那种'精神'在世界上进

---

① 《马克思恩格斯全集》第 7 卷，第 413、414 页。
② 伏尔泰：《风俗论》中册，梁守锵译，商务印书馆 1997 年版，第 592 页。
③ 〔德〕马克斯·韦伯：《新教伦理与资本主义精神》，林南译，译林出版社 2020 年版，第 24、25 页。

行的质上的塑造和量上的扩张，以及那种建立于资本主义基础之上的文化的哪些具体的方面得回溯到这些影响上去。"① 通过研究，韦伯认为新教的"天职"观，即把忠诚于现有职业作为"神"对我的呼召，新教的"世间禁欲"，即在世间过一种清醒的、有意识而又明澈的生活——合理性的生活，由此造成了一个在世俗职业中努力劳动、勤勉工作、追求禁欲的群体。韦伯表达这样一些观点，现代资本主义体系不能简单地认为是宗教改革的结果，但其中的重要元素，比如一切以赚钱为目的、个人主义、劳动分工神圣化、理性克制欲望的禁欲主义、对白手起家者的赞美等，可以从新教尤其是加尔文改革宗中找到精神支撑。新教伦理有助于形成一种特有的财富观——个人只是因"神"的恩典而成为财富的掌管者，必须对每一分受托的钱作出汇报，如果只是为个人的享受而花掉一部分钱，这样的品行是很可疑的、是"神"所不悦纳的。我个人的财产该怎么花是我的自由——这样的财富观与韦伯理论中的资本主义精神相差甚远。

恩格斯和韦伯采用两种不同的方式去研究历史事件对当代社会的影响，一种是用历史唯物主义的视野，一种是通过观察心理动机等精神现象来分析人们的行为，都共同发现了宗教改革运动中的人物和事件对后续历史的影响。这是两种并不完全排斥、完全对立的方法。正如笔者在前面指出的，宗教改革表面上似乎始于路德贴出很有学术价值的《九十五条论纲》，但真正的动因是经济利益分割。当然，精神和观念的因素在塑造宗教改革运动的走向、规范利益的表达方式上，会起着不可忽视的作用。物质生活的变化不会自动产生新的精神生活，而某种精神生活的变化，一旦与现实需要结合便会产生巨大的力量。以欧洲宗教改革为直接精神源头的资本主义和社会主义，随着西方中心主义意识进一步向全球扩散，似乎构成了20世纪的全球性议题。

宗教改革运动也通过战争，给欧洲社会带来天翻地覆式的变化。这场战争的一方是新教联盟，获得英、俄等国的支持，另一方是天主教联盟，

---

① 〔德〕马克斯·韦伯:《新教伦理与资本主义精神》，林南译，译林出版社 2020 年版，第 71 页。

以西班牙和神圣罗马帝国、罗马教廷为主。作为天主教的法国，在战争后期最终站队新教联盟，令各方大跌眼镜，说明这场以宗教为名的战争实质是欧洲新旧力量的重组和利益的重新分配。战争期间的 1620 年 11 月，一艘名叫"五月花"的帆船，载着受英国国教逼迫的清教徒来到北美，他们共同签署了《五月花号公约》、开始了殖民北美的历史，彻底改变了这片土地的命运。亚伯拉罕系宗教跨越大西洋开始殖民北美的历史。新教与天主教的三十年战争改变了欧洲的面貌，如哈布斯堡王朝受到极大削弱，西班牙霸主地位开始终结，德意志内部分裂加剧，荷兰独立并成为新的海上马车夫，瑞典成为北欧强国，法国则开始在欧洲大陆崭露头角。当双方力量均衡、无力压制对方的情况下，宗教宽容、宗教自由的思想终于进入欧洲的主流意识。此外，以力量均衡为基础的威斯特伐利亚体系在战后开始建立，这个体系依然是主宰现代国际关系的重要基石。

宗教改革给欧洲带来了多元化的"神"和多元化的宗教，也带来了一个多元化的社会。同时，人类精神领域另一个预料不到的最伟大成果——自然科学，开始在欧洲出现。它建立在非正统神学基础之上。与近代科学相伴的近代哲学开始出现。

第十章　近代科学的出现

迄今为止，人类历史上真正有意义的进步都可以归因于科学技术的进步。但在人类历史的大部分时期，科学和技术是分离的，比如我们鲜闻古罗马人有几何学上的成就，但并不妨碍他们到处建设宏伟的建筑。任何文明社会都有程度不同的技术以满足实际生活的需求，但科学只能产生于特定的文化。近代科学史的研究表明，科学与特定的哲学、神学密不可分，科学有一套隐蔽的形而上学作为预设。科学思想史学家柯瓦雷说："科学思想的演化，至少在我所研究的那段时期中，也不自成一体，而是恰恰相反，非常紧密地与超科学的思想、哲学、形而上学、宗教的思想相联系。"① 这一判断是符合史实的。

第一节　文化与科学

近代科学的产生，人们往往追溯到波兰天文学家哥白尼。他创立的"日心说"打破了托勒密—亚里士多德的"地心说"，使科学从神学独立出来，从此开始大踏步地前进。按照这种说法，科学犹如披着神圣光环的"真理"横空出世，与宗教、神学完全处于势不两立的状态。这不仅与历史事实不符，也把科学与神学之间复杂关系简单化了。正如哲学和神学有一个互为支撑的过程，科学的最初发展同样离不开某种形而上学体系的支撑。

① 〔法〕柯瓦雷:《我的研究倾向与规划》,孙永平译,《科学思想史指南》,四川教育出版社1994年版,第125页。

人类思想的整体性说明，科学思想与某种神学—哲学体系紧密关联在一起。

　　首先，这种形而上的神学—哲学体系鼓励人们把智慧导向对大自然的探索。很显然，基督教神学—哲学鼓励人们对宇宙的探索，因为他们把探索宇宙这个被造物视为荣耀"神"、赞美"神"的最重要途径。如果缺乏这样的文化氛围，就不会有一流思想人才把自己的毕生献身于科学探索。其次，这种形而上的神学—哲学体系相信大自然被统一规律支配并能够被人所理解。理性化的基督教神学—哲学同样支持这一信念——"神"有超自然的能力但不会更改已经前定的自然规律。第三，这种形而上的神学—哲学体系受到理性化的洗礼，"神"不再是喜怒无常的超人而是富有理性的智慧生命。经过宗教改革的欧洲基督教，"神"的形象再也不是刻板的"三位一体"，禁锢思想的枷锁被逐渐打破。毋庸讳言，近代科学首先出现在欧洲而不是在别的地区，有深刻文化根源。

　　除了上述因素，近代科学曙光首先出现在欧洲还有几个不容忽视的历史文化因素。

　　1. 宗教改革打破了罗马教廷对"神"的垄断权，使每个人有权直接面对"神"，这就为各种不同神学观点的传播提供条件。可以肯定的是，哥白尼、开普勒、伽利略等近代杰出自然科学家都是异教学说——毕达哥拉斯主义的信奉者。他们的"神"似乎就是一位伟大的数学家，在用数学原理构筑世界。毕达哥拉斯学派的理想——通过数学推理发现宇宙本质，终于在近代科学中结出硕果。这时候的欧洲人开始将古希腊人的几何与阿拉伯人的代数相结合，使数学面貌发生根本变化。如果说欧氏平面几何支撑托勒密天文学，那么几何与代数相结合的解析几何支撑了近代天文学、物理学的发展。1618 年德国天文学家开普勒在丹麦天文学家第谷·布拉赫收集的天文观察资料基础上，发现"行星绕太阳转动一周的时间的平方，正比于它们与太阳平均距离的立方"，这就是开普勒行星运动的第三定律。这是一个普适定律，不仅适用太阳系，对所有具有中心天体的引力系统都成立。宇宙天体关系不仅可以转化为数学关系，更重要的是，开普勒的第一、第二定律连同第三定律都可以通过数学公式推导出来。尤其不可思议的是，后来英国物理学家牛顿（Newton，1643—1727）在开普勒定律基础上发现的万有引力定律具有更大的普适性，不仅证明开普勒定律是特定条件下的适用，而且相互之间可以用数学推导、证明。自然探索中的每一次重大发现，都伴随着更复杂数学原理的发现。

2. 亚里士多德学说这匹植入基督教神学—哲学体系中的特洛伊木马，发挥出复杂和多层面的影响。亚里士多德成为经院哲学绝对权威的同时，异教信仰渗透到基督教体系之中。比如，亚里士多德的宇宙永恒存在，无始无终，"神"不仅不负责创世，更不会爱人类。13世纪以后产生一批所谓的"极端亚里士多德派"，他们强调理性真理可以独立于神启真理，强调世界永恒而否认"神"眷顾人类等。他们从世界服从统一性、服从自然规律的视角去理解"神"，人要接近"神"、赞美"神"、荣耀"神"，必须通过探索世界、发现自然规律。但随着时间的推移，极端亚里士多德主义的消极性也日益显现——似乎真理只要通过钻研古代经典就能获得。到了16世纪，欧洲对亚里士多德学说的迷信达到了登峰造极的地步①。"他们会说，宇宙始终是如亚里士多德在书上所说的那样，而不是如大自然要它成为的那样。"② 因此欧洲近代科学的几乎每一个重大进步都来自对亚里士多德学说的证伪。从中可以发现，亚里士多德学说对近代科学的阻碍有多大，就意味着对近代科学的贡献有多大。科学发展的障碍从来不是因为存在错误的观点，而是来自对科学的漠视。

3. 近代科学的产生，技术进步是绝对不能忽视的因素。很长一个时期，由于观察技术的粗糙，托勒密体系用"均轮"和"本轮"推导出的行星视运动，与观察结果大致相符。这个可以由实践观察反复验证的天文体系便有了崇高的权威。但是，随着观察精度的不断提高，由托勒密体系导出的

---

①　伽利略举过一个例子。一位解剖学家清晰地向大家展示神经离开脑部经过颈背，沿着脊椎向下伸展，只有一股很细的神经通向心脏。然后他问亚里士多德派的人有什么看法，是不是表明神经发源于脑部而不是心脏。但这位哲学家思考后说："这件事你使我看得非常清楚，如果不是因为亚里士多德的课本上讲的和这相反，我将不得不承认它是事实。"见〔意大利〕伽利略：《关于托勒密和哥白尼两大世界体系的对话》，周煦良等译，北京大学出版社2006年版，第76页。

②　〔意大利〕伽利略：《关于托勒密和哥白尼两大世界体系的对话》，周煦良等译，北京大学出版社2006年版，第225页。

结论同观察结果的差距越来越大，只得通过增加"本轮"的方式修正误差。结果托勒密体系越来越复杂。这不得不使人对该体系的合理性提出质疑。1572 年第谷在欧洲首次观察到超新星爆发，震动欧洲，1604 年天文学家观察到同样的超新星，这就打破了亚里士多德的天体永恒不变的神话。此外，来自中国的火药发明和近代欧洲频繁的战争，催生出对大炮炮弹运行轨迹的研究，形成专门研究枪弹、炮弹运动规律的弹道学。伽利略的研究发现，弹道的抛物线轨道是水平运动和垂直运动的合成，打破了人们一直信奉的亚里士多德结论——一个物体不能同时有两种以上的运动。尤其是当伽利略利用当时的技术成果制造出第一台天文望远镜并用于观察天体时，发现太阳黑子活动和月球的山峦沟壑。这一发现，标志着一个全新时代的来临。

首先站在这个全新时代门槛的是波兰天主教神甫哥白尼，而天文观察仅仅是他的业务爱好。

第二节　哥白尼和《天体运行论》

哥白尼（Kopernik，1473—1543）出生于波兰的托兰市，10 岁时父亲去世，由当主教的舅父抚养长大。舅父既是神职人员，又是一位人文主义者，哥白尼深受其影响。他 18 岁就读于波兰克拉科夫大学，学习医学，23 岁时赴意大利博洛尼亚大学留学，学习法律、神学等。1506 年哥白尼回国后在教会任职，担任教士，天文学只是他的业余爱好。他在 40 多岁时就形成太阳为宇宙中心的"日心说"，但由于担心与教义不一致而迟迟不敢出版。直到 1541 年，在朋友和学生的劝说下才决定将《天体运行论》付印。1543 年 5 月，病榻上的哥白尼收到出版商从纽伦堡寄来的样书后不久离世，终年 70 岁。1616 年罗马教廷将该书列入禁书目录。尽管从现代的角度看，哥白尼理论有重大缺陷或者说错误，却依然被认为是科学的，因为它符合三个重要条件：一是科学理论永远是假设，没有假设前提的绝对真理只能是"神"，二是现有理论要比之前的理论更加简洁，物理上真实的东西必然是逻辑上简洁的东西；三是现有理论要比之前的理论有更强解释力，理论推导出的数据更接近实验获得的数据。科学理论所揭示的科学事实只能无限逼近客观事实，而不可能完全等同。这一观点得到某种神学—哲学的支持，这种神学—哲学认为：人类的有限理性永远不可能达到"神"的智慧。

哥白尼作为一名教士，为什么要去研究天体运动并冒着风险出版这本可能给自己带来厄运的书呢？原因在于他强烈的宗教情感。哥白尼在全书引言的开头就说：

> 在人类智慧所哺育的名目繁多的文化和技术领域中，我认为必须用最强烈的感情和极度的热忱来促进对最美好的、最值得了解的事物的研究。这就是探索宇宙的神奇运转，星体的运动、大小、距离和出没，以及天界中其他现象成因的学科。……由于天空具有超越一切的完美性，大多数哲学家把它称为可以看得见的神。①

在哥白尼看来，研究天文学是最崇高的事业，可以劝导人们的心灵戒除邪恶，提供非凡的精神快乐，当一个人在研究如此完美的天体时，必定能激发出对万物创造者的由衷赞美。这是他从事天文学研究的根本动力。在给教皇保罗三世的献词中，他提出对现有天文体系不满意的原因。一是对太阳和月球运动的认识不可靠，对回归年的测定不准确；二是不是按照统一的原理描述天球运动，有的用同心圆，有的用偏心圆和本轮；三是过多的本轮使天球运行异常复杂，破坏了天球运行的对称美。为了佐证"日心说"，哥白尼从古希腊作品中摘录毕达哥拉斯学派的权威观点，认为地球像太阳和月亮那样，沿着倾斜的圆周绕着一团火旋转。当然，哥白尼天文学与毕达哥拉斯学说很少有相似处，但红衣主教会议将《天体运行论》列入禁书目录的判词硬是把哥白尼说成是在宣传毕达哥拉斯的"地动而太阳不动学说"②。

反对哥白尼"日心说"的声音，除了罗马教廷，也来自天文学界，其中杰出的丹麦天文学家第谷·布拉赫（Tycho Brahe，1546—1601）就坚决

---

① 〔波兰〕哥白尼：《天体运行论》，叶式辉译、易照华校，北京大学出版社2006年版，第3页。

② 〔波兰〕哥白尼：《天体运行论》，叶式辉译、易照华校，北京大学出版社2006年版，第259页。

反对"日心说"。我们一定要明白，当时人们所能获得的观察数据，大多支持"地心说"。比如有两个关键的证据不支持"日心说"。其一是恒星视差。如果地球绕太阳公转，意味着地球在轨道某一点与相差半年的轨道另一点有4亿公里，从这两个点观察同一颗恒星，必然存在视差。但按照当时的技术条件，根本观察不到。哥白尼正确预见到恒星距离太过遥远，因此观察不到视差。但当时的天文学家绝对想象不到即便最近一颗恒星距离太阳也有足足5光年之遥。第谷就此否定地球绕太阳公转，而是主张5大行星绕太阳公转，太阳带着5大行星绕地球公转。因此第谷天文学是"日心说"与"地心说"的综合。直到19世纪，随着测量技术的提高，人们才能观测到少数几颗恒星视差。其二是落体的落点偏移。如果地球自西向东高速转动，那么从高处掉落下来的物体不应当落在起始点的正下方，因为物体下落过程中地球已转过一段距离。但这种偏移始终没能测量出来。这一证据对于地球自转的观点很不利。后来伽利略用物体的惯性来解释，但持怀疑态度的依然大有人在。因此哥白尼是在有利证据很少、不利证据很多的情况下提出新的天球运动学说。那么在大多数证据不利于自己的情况下，哥白尼是如何坚信"日心说"而反对"地心说"的呢？

首先，哥白尼分析古人相信地球静居宇宙中心的理由。其一，物质分轻重，重的往下落、轻的往上走，这种上下垂直运动，保证重的东西静止在中心。地球成为收容一切重的物质的载体。其二，亚里士多德认为运动只有上下垂直运动与圆周运动，而圆周运动是最完美、最高贵的运动，只能属于天体。其三，托勒密认为地球自转是不可能的，在如此剧烈运动中所有物体很难聚集，地球会分崩离析。

接着，哥白尼对这些观点进行批驳。其一，他反驳托勒密自转会导致地球土崩瓦解的观点。理由是宇宙要远远大于地球，同样时间转一圈的速度要比地球快更多，托勒密反而不担心天穹会崩塌吗？他认为只要运动是遵循自然的，造物主必然会安排妥当，不是人的技艺和智慧所能理解的。其二，地球外形是圆球的，与其他天体没什么两样，于是哥白尼反问："为什么我们还迟迟不肯承认地球具有在本性上与它的形状相适应的运动，而宁愿把一种运动赋予整个宇宙呢？为什么我们不承认看起来是天穹的周日旋转，实际上是地球运动的反映呢?"① 他还摘录罗马诗人维吉尔的一句诗——"我们离开港口向前远航，陆地和城市悄然退向后方"，说明看到船外景色的移动而事实是船在移动。其三，亚里士多德的"神"是一个安静、自足、沉思的存在，这些特性体现了"神"的高贵。因此哥白尼说："作为一种品质来说，可以认为静止运动比变化或不稳定更高贵、更神圣，因此把变化和不稳定归之于地球比归之于宇宙更适当。"② 既然宇宙天体比地球更高贵、更神圣，哪有高贵和神圣的东西绕着次一等的地球转动的道理?这就是哥白尼很有力的形而上的反驳逻辑。其四，由于存在行星离地球时近时远、非匀速运动以及顺行和逆行等现象，哥白尼断定"地球不是一切运转的中心"，而是"太阳位于宇宙的中心"。只有当地球作为一颗行星，连同其他行星和恒星天球围绕太阳转动，这些现象才能有合理的解释。哥白尼所设想的宇宙结构依然类似于托勒密，最外层是静止不动的恒星天球，所有的恒星都集中在这里，从外向内依次是土星、木星、火星、地球和月球、金星、水星，居中的是太阳。所有天体的运行轨道依旧是圆形。

从哥白尼提出"日心说"，我们看到人类科学活动的一些基本特征，即在实验和观察数据并不充分，甚至还存在大量不利证据的情况下，依靠若干关键证据，凭借人类的非凡心智而提出新的假设;在此基础上，再通过持续不断的观察和实验，进一步验证或完善这一假设，形成普适性定律。而支撑哥白尼这一非凡心智的，则是神学的信念和哲学中的形而上学。我们可以在以后的杰出自然科学家中都能发现这些特征。

第三节　伽利略和《关于托勒密和哥白尼两大世界体系的对话》

伽利略（Galileo，1564—1642），原籍佛罗伦萨，出生于比萨城，父亲

① 〔波兰〕哥白尼:《天体运行论》，叶式煇译、易照华校，北京大学出版社2006年版，第11页。
② 同上，第12页。

是作曲家和音乐理论家。他 10 岁时，随父母回佛罗伦萨居住。1580 年伽利略进入比萨大学读医学，以便将来有谋生手段。但在大学期间，伽利略对数学、物理学等自然科学表现出极大的天赋，以至于他的老师、数学家利奇（1540—1603）多次拜访伽利略父亲，希望伽利略改学自然科学。伽利略父亲最后同意。由于伽利略的成就，其先后受邀在比萨大学、帕多瓦大学担任教职。在帕多瓦大学期间，伽利略完成了一系列的实验，比如著名的斜面实验、自由落体实验，发明了空气温度计、奠定了抛物线理论，依据透视原理发明制作了高倍望远镜等。利用望远镜，人类第一次清晰观察到月球表面，看到了太阳表面的黑子移动，发现巨大的恒星系统——银河系。正是借助望远镜这一观察工具，伽利略逐渐意识到哥白尼"日心说"的正确，而托勒密"地心说"是错误的，亚里士多德的许多观点也是错误的，从而开始了批判亚里士多德、反对托勒密体系、宣传哥白尼学说的历程。但伽利略的活动引起罗马教廷的注意，1616 年宗教裁判所传唤伽利略到罗马接受审讯。从这一年开始，哥白尼《天体运行论》列入禁书目录，伽利略被迫声明放弃哥白尼学说，不再宣传这种异端邪说。但伽利略并没有放弃对天文学的持续研究。1624 年，伽利略前往罗马拜访教皇乌尔班八世，受到热情接待。在相对宽松的环境下，伽利略开始写作《潮汐对话》，1632 年出版时更名为《关于托勒密和哥白尼两大世界体系的对话》。正是这部科学史上的巨著给伽利略带来凄惨的晚年，1633 年 4 月罗马宗教裁判所对伽利略进行审讯，最后因伽利略宣布放弃哥白尼学说而免去火刑，被判终身监禁。1642 年 1 月，风烛残年的伽利略离世，终年 78 岁。

伽利略采用托勒密和哥白尼两大体系对话的标题，但实际内容远超天文学，而是向世人揭示一个新的物理世界。他要打破流行欧洲思想界的迷信：只要刻苦钻研亚里士多德的著作就可以获得真知，因为那里什么都有。伽利略试图建立一套新的研究物理世界的方法——实验，以推翻亚里士多德物理学及其依附其中的整个学说体系，这使他赢得近代物理学之父和近代科学之父的声誉。对话分四天完成，主角有三位：萨尔维阿蒂（代表哥白尼方），辛普利邱（代表托勒密方），沙格列陀（代表中立方）。之所以采用对话形式，伽利略解释这种体裁不受数学定律严格约束的限制，还可以使讨论更加有趣和吸引人。他们第一天讨论空间、运动、自然界统一等问题，第二天讨论地球周日运动（自转），第三天讨论地球周年运动（公转），第四天讨论潮汐问题。潮汐问题是伽利略自认为最有贡献的领域，可遗憾的是恰恰在这个领域伽利略搞错了。他没有正确认识到正是太阳和月球的引力才是造成地球潮汐的原因，反而讽刺某主教把潮汐的原因归因于月球，并以容器运动造成水在容器中的变动为例，证明是地球的运动才产生潮汐。因此第四天讨论的内容这里将略去不谈。从伽利略的错误中，我们可以看到一个无效的物理实验，会导致一个无效的科学结论。

在介绍前三天讨论内容之前，有必要首先分析伽利略理解的"神"，这一点很重要但被大多数人所忽视。简要说，伽利略的"神"是一个具有无限智慧和能力的数学家和物理学家，它采取与人类完全不同的方式——直觉——来把握世界。相比于"神"的智慧，人的智慧几乎是零。虽然人在认识的广度上绝对不如"神"，但在深度上，也就是从能够掌握的物理定理看，其确定性并不亚于"神"。这是伽利略的信念，这条信念建立在对数学的运用上。他借萨尔维阿蒂之口说："为了把我的话解释得更清楚些，我说关于数学证明所提供的真知，这是和神的智慧所认识到的真知是一样的。"① 人与"神"的区别是："神"凭直觉就可以明白物理世界无限多的定理，而人只能通过观察、定义、推理获得对事物本质的理解。伽利略对"神"的理解使他坚定地持有这样的信念：万物的性质看上去是无限的，但它们在本质上以及在"神"的心灵里只有一个。只要人类持续努力，终究可以发现宇宙的终极奥秘！

下面分述伽利略在《对话》的前三天讨论的主要问题。

第一天讨论的问题。

1. 三维空间的几何学证明。从对话中我们发现伽利略讨论的正是直角坐标系即笛卡尔坐标系的雏形，但代表托勒密的辛普利邱依旧坚持："我仍旧赞成亚里士多德的意见，即在自然界事情上，我们用不着总是要求用数

① 〔意大利〕伽利略：《关于托勒密和哥白尼两大世界体系的对话》，周煦良等译，北京大学出版社 2006 年版，第 70 页。

学来证明。"①

2. 自然界是统一的整体。亚里士多德把宇宙分为由以太组成的永恒不灭的天体世界，以及由四大元素组成的有生灭的地上世界，并且推导出天体做完美的圆周运动，而地上世界只能做上下直线运动的结论。在现代人看来荒谬的"两个世界"理论，却在当时被认为是无法撼动的金科玉律。伽利略提出质疑，认为地上世界与天体世界没有本质不同，物理世界均服从同一套规律。这是一个极为重要的形而上学观念。

3. 运动是统一的。伽利略质疑亚里士多德把简单运动分为直线运动和圆周运动，断定直线运动和圆周运动没有本质区别，比如一个物体从静止状态加速沿直线运动，在切线方向有一定初速度后才能进行圆周运动。他以木星为例，认为是"神"先给了它切线方向的初速度，然后使木星开始匀速圆周运动。这个观点影响到牛顿。伽利略还通过斜面实验证明，力并不是维持物体运动的原因而是改变物体运动状态的原因，事实上发现了惯性定律。

4. 揭示光的镜面反射和漫反射机理。伽利略通过光的反射实验，证明月球并非是亚里士多德派所认为的是一个光滑的球体。我们夜晚看到的月球，属于对太阳光的漫反射而非镜面反射。这一判断与通过望远镜观察到的月球表面可以相互印证。

5. 揭示亚里士多德—托勒密体系的内在逻辑困境。这一体系形而上学的观点是：地球有生有灭而不够完美，因此不能有圆周运动，圆周运动只属于永恒而完美的天体。但天文观察发现不仅有彗星的生长和陨灭，以及太阳表面的黑子运动，还观察到 1572 年和 1604 年的两次新星爆发，因此天体世界同样是有生有灭。伽利略以此说明：有生有灭的变动并不是不完美的，恰恰是趋向完美的原因。退一步讲，假如天体确实比地球高贵，"那么自然界缔造和操纵所有这些庞大、完善而且尊贵的天体，使其成为不变、不朽和神圣的目的，仅仅是叫它们为这个变动的、无常的、终究要消灭的

---

① 〔意大利〕伽利略：《关于托勒密和哥白尼两大世界体系的对话》，周煦良等译，北京大学出版社 2006 年版，第 7 页。

地球服务吗？为这个被你称作宇宙渣滓，一切不洁净的渊薮服务吗？"① 按照托勒密体系的推论，那些高贵、光明的天体全部绕着肮脏、罪恶的地球运动，这本身就很荒唐。

第二天讨论的问题。

1. 揭露亚里士多德派的顽固愚昧。比如，有一位博学的博士坚持认为望远镜的发明是来自亚里士多德。"他叫人把一本课本拿来，在书中某处找到关于天上星星白天可以在一口深井里看得见的原因。那位博士就说：'你们看，这里的井就代表管子，这里的浓厚气体就是发明玻璃镜片的根据，最后还谈到光线穿过比较浓厚和黑暗的透明液体使视力加强的道理。'"② 一些极端的亚里士多德派，甚至坚信人类的全部真理都深藏在亚里士多德的著作里，他们对亚里士多德著作采用摘抄、断章取义的方法，写出不少与亚里士多德本意完全相悖的论文。伽利略把这些人形容为"甘心情愿做亚里士多德的奴隶，把他的什么话都奉为圣旨，一点不能违反"③。

2. 地球周日运动（自转）的证据。伽利略提出了七条证明。从现代科学角度看有些已经不足以为道，但从哲学思维看依然有价值。这里择主要的概要介绍。第一条证明是合理性原则。地球静止其他天体转动与地球自转其他天体静止之间，从视觉效果看没有区别，但伽利略指出，与其让巨大的宇宙绕着小小的地球转，不如让地球自转更加合理。任何自然规律都要符合简单、合理的原则。第三条证明是普适性原则。天文观察证实天体运动有这样的规律，即轨道越大公转时间越长、轨道越小公转时间越短。如果地球没有自转运动，那么宇宙中轨道不同的天体势必都要同时在24小时内绕地球周转一次，而这是不可能的。伽利略认为天体运动规律有普适性，轨道大小与公转周期成正比的规律，不可能这里适用在另外一个地方又不适用。假如地球存在自转运动，这些矛盾就不存在。第四到第七条证

① 〔意大利〕伽利略：《关于托勒密和哥白尼两大世界体系的对话》，周煦良等译，北京大学出版社2006年版，第39页。

② 同上，第77页。

③ 〔意大利〕伽利略：《关于托勒密和哥白尼两大世界体系的对话》，周煦良等译，北京大学出版社2006年版，第79页。

明，伽利略都是从假定地球静止，恒星视运动会出现不合理现象来反证地球自转的合理性。伽利略的可贵之处不仅仅提出这些证明，还归纳出一条更重要的现代自然科学的原则："只要一次单独的实验或与此相反的确证，都足以推翻这些理由以及许多其他可能的证据。"① 这就是说，任何貌似正确的科学理论，只要有一次实验与之不符，就可能被完全推翻。因此只有将证明地球不是自转的证据——证伪，地球自转运动的假设才能成立。正是在对这些问题的深入研究过程中，伽利略建立起近代力学的雏形。

3. 构建新力学体系。当时有三个关键证据证明地球静止，一是自由落体始终落在初始点的正下方，二是同样的炮弹向东或向西射出的距离没有显著差异，三是地球上的物体没有被抛离地球，因为圆周运动会产生离心力。为证伪这些所谓的证据，就必须从根本上推翻亚里士多德的力学理论。比如，亚里士多德在解释抛物和箭矢运动的原理时认为：因运动物体的后端形成空隙，当空气充溢空隙时就持续推动物体向前运动。这个明显错误的理论，却被西方推崇近两千年。假如一根箭纵向发射，另一根箭横着发出，按照亚里士多德的理论，岂不是横着发出的箭跑得更快、更远？因为这支箭后端的空隙更大、会得到更多空气的填补和推动。但事实却不是这样。当然，揭示前人的错误并不一定能导向正确的理论。伽利略提出了惯性、动能、势能、切线运动、重力等一系列力学概念，证明了质疑地球运动的三个关键证据的无效。比如，船舶无论运动还是静止，从桅杆顶端落下的物体始终落在桅杆底部，在一个相对封闭的船舱里，无论船运动还是静止，对内部的人、物关系不会造成影响，因此用落体和炮弹的特性无法否定地球运动。地球上的重力，足以保证地球上的物品不可能沿圆周的切线方向被抛出地球。伽利略在对话中提出了物体不会因地球自转而被抛出的几何学证明，这个证明为以后研究卫星环绕地球不同轨道的速度，以及逃逸地球的速度等，提供了数学基础。伽利略还提出了离心力（虚拟力）

① 〔意大利〕伽利略：《关于托勒密和哥白尼两大世界体系的对话》，周煦良等译，北京大学出版社 2006 年版，第 87 页。

与圆周半径成反比，与速度成正比[1]；还推翻了主宰两千年的落体速度和重量成正比的亚里士多德的结论，提出降落速度与落体重量无关而与时间成正比，以及降落的距离与时间平方成正比的结论。

4. 讨论反对哥白尼学说的自然哲学观点。除了来自科学阵营的反对，哲学上的反对同样不容忽视。代表托勒密的辛普利邱说："如果我们接受哥白尼的意见，那么科学本身的标准即便不完全推翻，也会动摇。"[2] 这里的标准，是指把感觉和经验作为思考自然哲学的向导。辛普利邱的意思是：一旦接受哥白尼的"地动说"，那么重物沿垂直线降落的感觉经验就是错误的；当我们感受到微风吹拂的时候，这种感觉同样是错误的，因为空气事实上在随着地球以极高速度运动。如果接受哥白尼，意味着一个人必须否定自己的感觉。这好像又回到柏拉图主义的意见上来：感觉是会骗人的。另外，辛普利邱拿出若干"哲学公设"质疑地球同时具有三种运动的可能性。这些"哲学公设"分别为：任何结果都是某些原因引起的；物体自身不能创造自己；运动的事物和引起运动的事物不能相同；一个原因只能产生一个结果。而哥白尼居然说地球有自转、公转、自转轴漂移三种运动。按照亚里士多德哲学的信念，辛普利邱断定："像地球这样的简单物体，按照它的本性，是不可能同时具有三种迥然不同的运动的。"[3] 意思是地球同时有三种运动必须由三种原因造成，而地球是简单物体、并非如动植物般的复杂物体，不可能三种原因同时加诸其身。对于这些问题，伽利略作了纯思辨的回答，但这些回答对科学贡献不大。要真正解决这些疑问，即解释地球同时有三种运动的原因，只能借助万有引力定律和角动量守恒来回答。而这些是牛顿以后的工作了。

对话第三天，主要讨论以下问题。

1. 超新星现象。1572 年发现的超新星爆发动摇了天体永恒不变的观念，

---

[1] 现代物理学证明离心力与"速度平方成正比"。这点上伽利略错了。——笔者注

[2] 〔意大利〕伽利略：《关于托勒密和哥白尼两大世界体系的对话》，周煦良等译，北京大学出版社 2006 年版，第 173 页。

[3] 〔意大利〕伽利略：《关于托勒密和哥白尼两大世界体系的对话》，周煦良等译，北京大学出版社 2006 年版，第 179 页。

为了维护旧观点，亚里士多德派必须把超新星爆发描述为月层以下空间发生的事件。为此他们有选择地摘录 12 位天文学家测定的地球与超新星的距离，最近的仅为地球半径的二分之一，最远的是第谷测算的 32 个地球半径，而伽利略的测算表明，超新星应该在恒星天球的仙后座。亚里士多德在天文学上的权威受到极大动摇。

2. 行星环绕太阳公转的证据。行星某一个时期靠近地球，某一时期远离地球，差距如此巨大，只能是它们共同绕太阳公转才能解释。地球昼夜长短与四季的变化，春分点的移动和岁差的出现，用托勒密体系很难解释，而采用哥白尼体系解释则容易得多、简单得多。伽利略实现了写作对话的初衷：哥白尼"日心说"的假说相比较于托勒密"地心说"占有绝对优势，同时使天文学得到简化。逻辑上的简洁和优美并不一定代表客观事实，但真实物理世界必定具有逻辑简洁优美的特征。伽利略坚信这样一条哲学公理：

> 大自然在没有必要时决不使事情复杂化，大自然总是采取最简便的手段取得它要产生的结果，大自然不做没有原因的事情。①

我们在牛顿的《自然哲学之数学原理》第三编的"规则Ⅰ"中看到类似表述。正是这样的哲学公理指引着欧洲最杰出的自然科学家不断发现宇宙的奥秘。但是，有一个问题是哥白尼还有伽利略都没有预见到的：真实的行星轨道并不是最简洁完美的圆形，而是有点像鹅卵蛋的讨厌的椭圆形。这似乎违背大自然简洁优美的哲学公理。提出天体按椭圆形轨道运动的是德国天文学家开普勒，他为此受到质疑，造物主怎么能让一个优美的天体走奇怪的椭圆形轨道？直到牛顿的万有引力定律证明椭圆形轨道只是一个特例，天体可能走趋近于圆形的轨道，也可能是双曲线、抛物线，但都服从一个简洁的原因——万有引力。看来，物理世界并没有违背这条哲学公理。但是，希腊哲学认为圆形最简洁优美，天体只能做圆周运动的古老信

---

① 〔意大利〕伽利略:《关于托勒密和哥白尼两大世界体系的对话》,周煦良等译,北京大学出版社 2006 年版,第 278 页。

念被开普勒推翻了。

第四节　开普勒与《世界的和谐》

开普勒（Kepler，1571 — 1630）出生于神圣罗马帝国符腾堡（现属德国）的小镇魏尔（Weil），家境非常贫困。他从小体弱多病，3 岁时遭遇肆虐欧洲的传染病天花，导致一只手半残，视力也受到损害，他的 4 个兄弟姐妹 3 个夭折，仅有他和患有癫痫的弟弟活下来。在开普勒苦难生活里，唯有高耸教堂和管风琴美妙和声，以及唱诗班童声合唱带给他无限温暖和安慰。他从小迷恋音乐，以至于他后来执着地把宇宙看作是用心灵而非耳朵才能听到的和谐音符。正是在这种信念的支配下，他完成了天文学上的伟大发现。我们完全有理由把这种信念看作是超越历史的普适性的哲学观念。开普勒依靠符腾堡公爵的助学金，完成了大学学业。他最初热衷神学，后在天文学家马斯特林的影响下，开始转向天文学，接受哥白尼的"日心说"。1594 年，在马斯特林帮助下，开普勒在奥地利格拉茨神学院谋到数学讲师的职位。1600 年开普勒成为第谷的助手，在第谷于 1601 年 10 月去世后，继承了第谷的宫廷数学家席位且获得大量珍贵的火星观察资料，从此开始了真正的天文学研究。但由于长期被拖欠薪水，开普勒在布拉格陷入贫困，1630 年他在讨薪途中死于雷根斯堡，终年 59 岁。历史上如此杰出的天文学家，在国王、贵族看来犹如贫贱的苦力。

开普勒是毕达哥拉斯和柏拉图的信徒，他相信离开几何和数字就没有任何事物能够存在或者被认识，研究宇宙的唯一途径就在于研究大自然内在的数学结构。开普勒坚信宇宙由数学和音乐统治，在弹奏着永恒的和谐乐曲。从属世角度看，探索宇宙奥秘没有什么用处，但从属灵角度看，却是在以最正确的方式去称颂、崇拜和赞美"神"。开普勒相信"神"难以置信的无限智慧就藏在大自然之中，人类认识大自然的过程，就是解开束缚宇宙歌喉的过程，让他们一起加入赞美"神"的队列中来，放声高唱。因此，在大自然中寻找和谐的数学、几何关系成为他毕生的使命。开普勒为自己的这些观点与毕达哥拉斯主义有相同之处深感自豪和惊异。他说："两个把自己完全沉浸在对自然的思索当中的人，竟对世界的构型有着同样的想法，这种观念上的一致正是神的点化，因为他们并没有互为对方的向导。"①

开普勒第一个重要成果是 1596 年，在他 25 岁时发表的《宇宙的奥秘》（*Mysterium Cosmographicum*）。这本给开普勒带来声誉的书，采用哥白尼的"日心说"为宇宙模型，猜测太阳沿着光线辐射方向给行星一种推动力，使它们沿着各自轨道运动。他尝试用几何原理来揭开行星轨道的奥秘。开普勒在学生时期就感兴趣于这样的问题：水星、金星、地球、木星、土星的轨道为什么是 8∶15∶20∶30∶115∶195？背后有什么几何含义？他相信神圣事物须建立在量的范畴基础之上。最初他采用平面几何图形，后来一种灵感促使他用立体几何来理解。古希腊人证明，大自然只可能存在 5 种正多面体，即正 4 面体、正 6 面体、正 8 面体、正 12 面体和正 20 面体。柏拉图在《蒂迈欧篇》认为正多面体属于作为天体的诸神。开普勒通过计算，发现经过组合后的正多面体恰好符合六大行星轨道的比例。他是这样安排的：与 8 面体的面相切的圆球是水星轨道；与该 8 面体顶点相接的圆球是金星轨道，该圆球同时与 20 面体的面相切；与该 20 面体顶点相接的圆球是地球轨道，该圆球同时与 12 面体的面相切；与该 12 面体顶点相接的圆球是火星轨道，该圆球同时与 4 面体的面相切；与该 4 面体顶点相接的圆球是木星轨道，该圆球同时与 6 面体的面相切；与该 6 面体顶点相接的圆球是最外层的土星轨道。开普勒由此得出结论，从内而外，由 8 面体、20 面体、12 面体、4 面体、6 面体嵌套在一起的 6 层圆球符合六大行星的轨道大小的比例。这种比例关系，现在看来纯属偶然，不具有任何普适意义。但是，开普勒试图揭示天体运动背后的数学几何原因，却是一个伟大的创举，这为他以后发现行星运动三大规律打下思想基础。在他后来的《世界的和谐》一书，承认需要对此作修正："要想同时确定轨道的直径与偏心率，除了五种立方体以外，还需要有另外一些原理作补充。"②

① 〔德〕开普勒:《世界的和谐》,张卜天译,北京大学出版社 2011 年版,第 5、6 页。
② 〔德〕开普勒:《世界的和谐》,张卜天译,北京大学出版社 2011 年版,第 19 页。

1600 年开普勒有幸成为第谷的助手，并在第谷去世后接受了第谷观察火星的全部资料。经过反复计算，开普勒发现一个惊人的问题：如果火星按照正圆形轨道做圆周运动，就与第谷的观察资料存在 8′ 的误差。这种情况下，开普勒有多种选择，或者选择放弃"日心说"，或者怀疑第谷资料的准确性，或者采用增加"本轮"的方式。但开普勒选择最不可能的途径：放弃圆周轨道，提出行星沿椭圆形轨道运动的设想。这在当时是令人震惊的，因为西方两千多年来圆周被赋予巨大的神学—哲学的美学价值，被认为是最高贵、最神圣的运动。经过大量观测和计算，1605 年，开普勒正式提出后来被称为行星运动第一定律的椭圆定律——所有行星绕太阳的轨道都是椭圆，太阳在椭圆的一个焦点上。接着开普勒又根据第谷的观测资料，发现行星在椭圆轨道上运动的速度并不一致，而是离太阳远时比较慢，离太阳近时比较快，但都符合一个规律，这就是行星运动第二定律——太阳到行星的矢径在相同时间里扫过的面积相等。1609 年，开普勒将他的发现写进《新天文学》（*Astronomia Nova*）予以出版。但是，他的观点遭到绝大多数物理学家和天文学家的激烈反对，甚至于伽利略也不相信椭圆轨道。伽利略在开普勒去世两年后，即 1632 年出版的对话中，依然坚称只有圆周运动最适合宇宙的天体运动。这说明，一种新的科学理论，除了受到权势集团这一最大既得利益者的反对，还会受到最富创造力的同行——另一种意义上的既得利益者的怀疑。这也说明科学理论不是不可替代的必需品，而是一定历史时期人类智力能达到的最优认知方案。这种最优的认知方案，对于已经掌握权力、财富、话语权的人来说，反而不是最优的。

到了 1618 年，开普勒有了更为重要的发现，即行星公转周期与轨道半径的数学关系，这就是著名的行星运动第三定律。开普勒在 1619 年出版的《世界的和谐》一书中写道：

> 这一思想发轫于今年，即 1618 年的 3 月 8 日，但当时的计算很不顺意，遂当作错误置于一旁。最终，5 月 15 日来临了，我又发起了一轮新的冲击。思想的暴风骤雨一举扫除了我心中的阴霾，我在第谷观测上所付出的 17 年心血与我现今的冥思苦想之间获得了圆满的一致。

起先我还当自己是在做梦，以为基本前提中已经假设了结论，然而这条原理是千真万确的，即任何两颗行星的周期之比恰好等于其自身轨道平均距离的 3/2 次方之比。[1]

正是开普勒的贡献，欧洲天文学从研究几何结构，进入到研究天体动力学、物理学的新阶段，开辟出崭新的领域。借着耶稣会士的传播，中国明末时期的学者如徐光启等熟悉了第谷天文学，即融合"日心说"和"地心说"的天文理论，掌握了第谷观测天体的方法。但是，开普勒的新天文学却是闻所未闻的。随着 1644 年 5 月清军进入北京，中西之间的文化交流陷入停滞。当我们揭示开普勒发现行星运动定律的历史文化传统，以及时代的背景，就不得不下这样的悲观结论：单纯依靠中华文化的智慧、几乎不可能会有中国学者作出如开普勒这样的发现。理由很简单：中国固有的历史文化传统不支持这样的思维模式。这也反证了一条更为普适性的公理：只有各文明互鉴式的交流才能促进人类文明的进步。

开普勒的行星运动三大定律，以及对行星运动背后的数学、物理学意义的探究，使人们对宇宙的认识深了一层，但是对于其中的运动机理仍茫然无知。当牛顿揭示出天体中普适的万有引力数学表达公式，人类对宏观宇宙的认识才达到一个崭新的高度。

第五节　牛顿和《自然哲学之数学原理》

艾萨克·牛顿（Isaac Newton，1642—1727）出生于英格兰林肯郡伍尔索普镇，按照旧历法，那天为圣诞节，这种巧合给牛顿一生都有强烈的心理暗示，感觉"神"赋予其揭开自然奥秘、宣示真理的崇高使命。牛顿属于早产儿，非常瘦弱，在出生前父亲就已经去世，母亲改嫁后，随同外祖母生活。少年时期的牛顿学习成绩普通，但喜爱读书、手工制作。中学时代的牛顿开始表现出众，酷爱数学、天文学。期间因家境困难，母亲要求

---

[1]　〔德〕开普勒：《世界的和谐》，张卜天译，北京大学出版社 2011 年版，第 21 页。

他退学务农,虽然他也顺从但郁郁寡欢。所幸牛顿所在中学校长说服了他的母亲,使他得以重返校园。1661年,牛顿中学毕业后进入剑桥三一学院学习,1665—1666年间,为躲避鼠疫,学校停课,牛顿回到家乡。这一时期是牛顿一生最富有创造力的阶段,微积分、万有引力定律、光的颜色等,相继被发现。1669年10月,不到27岁的牛顿成为剑桥大学第二任卢卡斯讲座教授。在以后的17年间,牛顿几乎是对着墙壁在讲课,因为他的课堂总是空空荡荡,没有一个学生来听他讲授数学、光学和力学。这说明当时剑桥大学的学生缺课现象极为普遍。1672年1月,牛顿成为皇家学会院士。1686年,在天文学家哈雷(1656—1743)的资助下,牛顿《自然哲学之数学原理》拉丁文本正式出版,为人熟知的物体运动三大定律,以及万有引力定律等一系列震惊世人的研究成果得以发表。牛顿开始享誉整个欧洲。1704年,他的另一部重要著作《光学》用英文出版。不过,牛顿一生中真正用力最多的是炼金术、神学研究,其文稿数量远远超出科学研究。1727年3月,牛顿去世,英国王室为他举行国葬,这是人类历史上第一个获得国葬的自然科学家。牛顿之后的300多年里,人类生活发生巨大变化,而这些变化大多基于牛顿的理论。

牛顿力学,以及他在数学、光学等方面的成就,已为当代高中生和大学生所熟悉,这里无须赘述。牛顿最负盛名的《原理》不仅整合了伽利略和开普勒理论,提出一套用数学推演、有实验支持的理论,同时揭开隐藏于自然之中的力,打开了工业革命的大门。数学家罗杰·科茨(Roger Cotes,1682—1716)作为《原理》第二版的编辑,在该版序言中从方法论的角度概述牛顿取得的成就。他提出,研究自然哲学(自然科学)大致分三类,第一类是亚里士多德及逍遥学派,将事物归结于若干种隐秘的特质,但从来不说这些特质从哪来的。第二类是弃绝混乱的术语而致力于有意义的工作,但任凭想象自由驰骋,用虚妄的猜测来推断事物的结构。罗杰·科茨没有点明是谁,实际是指笛卡尔这一派。第三类是牛顿的方法,崇尚实验。"他们固然从最简单、合理的原理中寻找一切事物的原因,但他们决不把未得到现象证明的东西当做原理。"[①] 这就是从观测现象入手，把能够观测到的现象看作事实，而理论须建立在能接受这样的事实验证基础上。在牛顿之前就有人猜测，所有物体都受重力作用，但只有牛顿通过对现象的观察证实了重力存在。通过实验知道地球上同一位置、不同质量的物体，其重力加速度相等，从这一事实推导出重力的大小正比于物体质量。单摆实验、真空实验都能验证不同质量物体的重力加速度相等这一规律。除了实验，使牛顿站立于自然科学巅峰的还在于他在数学领域的重大发现，使他掌握曲线斜率和曲面面积等的计算方法。1684 年哈雷拜访牛顿，提出行星受太阳吸引且它们之间的作用力和它们的距离平方成反比时，行星应走什么路线时，牛顿不假思索就回答是椭圆形。哈雷惊喜地询问如何得知，牛顿回答是自己计算出来的。牛顿不仅提出引力与距离平方成反比的数学表达式，与开普勒定律揭示的行星运动规律可以在数学上互相推导，而且通过计算出的行星轨迹与天文观察完全一致。这里还有一个关键问题是，引力现象与重力现象是什么关系？地球上物体的重力与地球对月亮的引力是否属同一个力？罗杰·科茨说："现在让我们来看看，通过把行星的向心力与重力作比较，我们究竟能否证明它们正好是一回事。如果他们具有相同的规律和作用，那么它们就是一回事。"[②] 通过观测和数学推理，牛顿证实了引力与重力受同一个规律所支配，因而是同一种力。这是一个划时代的伟大成就！它彻底打破了亚里士多德的两个世界的划分法，证明天体和地球同属一个整体，遵循着同一种规律。"同一种效应产生于同一种原因"这样的哲学观念，成为自然科学的一条普适规则。假如重力是石头在欧洲下落的原因，必然是美洲石头下落的原因，同时也是月亮、火星及其他所有星球石头下落的原因。没有这样的规则，自然科学也就不可能。当我们认识到这一规则的重要性，就能更加理解现代物理学头上的阴霾，因为迄今为止，物理世界中新的两个世界——微观世界和宏观世界——依然遵循

---

① 〔英〕牛顿:《自然哲学之数学原理》,王克迪译,袁江洋校,北京大学出版社 2006 年版,第 4 页。

② 〔英〕牛顿:《自然哲学之数学原理》,王克迪译,袁江洋校,北京大学出版社 2006 年版,第 5 页。

着两套似乎完全不同的物理定律，从牛顿开始的统一力场梦想依然遥遥无期。这似乎给了我们强烈暗示：或许物理世界并非是一个连续的整体，或许现有物理定律须作出重大修正？

自然科学必然要寻找可观测现象的原因。但罗杰·科茨提出，科学研究对原因的追寻要有一个限度，对于最简单的原因就不能再去寻求原因，否则会误入歧途。这准确反映了牛顿的科学方法论。比如，重力或者说向心力、引力，是全部天体运动和产生地球上各类宏观物理现象，如潮汐、岁差、昼夜、四季等的原因。引力作为原因已经足够简单和自明，不能再指望发现产生引力的原因。自然哲学家是不应该去思考"终极原因"之类的问题，这是人类理性所无法企及的。在牛顿之前，或与牛顿同时代的自然科学家，或者沉湎于引力原因的假想，或者因引力超距作用而视为超自然奇迹。但牛顿只是把引力看作一种简单事实，是可以观测、可以实验，可以用数学关系表达的一种自然现象。牛顿坦言，他可以用引力作用来解释天体和海洋中的现象，但还没有找到引力作用的原因，而且也不准备去做臆测。他强调，凡不是来源于可观测的现象而提出的假说都属于臆测，而这种臆测任何时候在"实验哲学"中都是没有地位的。他在《原理》第二版的结尾处写道：

> 对于我们来说，能知道引力的确存在着，并按我们所解释的规律起作用，并能有效地说明天体和海洋的一切运动，即已足够了。[①]

尽管牛顿在公开出版物中申明不对引力的原因和本质做臆测，但在未公开的文稿中，牛顿依然对引力的原因和本质进行探索。最初他假定遍布宇宙空间的以太作为引力超距作用的介质，但我们可以肯定地说这种探索并不成功。以后牛顿放弃以太转而用"神"来解释，虽然无法用实验和数学来证实，但至少使物体之间的超距作用有了合理解释。需要指出的是，20世纪初爱因斯坦用大质量物体造成时空弯曲来描述引力，依然还是对可观

---

① 〔英〕牛顿：《自然哲学之数学原理》，王克迪译，袁江洋校，北京大学出版社 2006 年版，第 349 页。

测现象的一种描述,爱因斯坦并没有揭示大质量物体周围产生时空弯曲的原因。停止对简单事实之原因的追问,是谦逊的、有价值的科学方法。比如所有圆的周长和直径都存在固定的比例,这个比例称为 π。但如果一定要追问 π 的数值为什么是一个有固定数值的无理数,而不是另外一个数,那么这种追问其实是毫无意义的。

《原理》第一版发行后,由于没有"神"的位置,牛顿招致强烈批评。为了回应这种批评,牛顿在第二版出版时,专门在结尾处写了篇"总释",解释自己的神学与物理学的关系。这篇短文中,他声称"(太阳系)这个最为动人的太阳、行星和彗星体系,只能来自一个全能全智的神的设计和统治。"① 毫无疑问,牛顿不是严格意义上的自然神论者,因为他的"神"不仅创造了宇宙,而且还要经常维护被造物,但也不是正统基督教的信仰者,因为他并不承认三位一体。牛顿信仰基督教异端阿里乌派的神学观点,但从未公开表露出来,而是暗中一直试图将他的科学与阿里乌信仰结合在一起。按照阿里乌派教义,耶稣并不是"神",而是在创世之前的首个被造物,并没有人的灵魂和肉体。牛顿从未放弃对引力超距作用的思考,但这种思考是基于不能验证的信仰:"神"通过基督的精灵身体掌控万物。《牛顿传——最后的炼金术士》作者、英国人迈克尔·怀特谈到牛顿将科学和宗教融合时说:

> 总而言之,耶稣的精灵身体既是第一个被创造的,也是创造这个物质宇宙的促成者,他提供能使宇宙不断机械运动的工具,并且也作为一种介质,使物体在看不见、触摸不到、测量不到的机制下产生超距作用。②

牛顿的自然科学与他的炼金术和神学之间的关系,存在两种对立的观点。一种观点是认为炼金术和圣经年表的研究有损牛顿作为自然科学家的

---

① 〔英〕牛顿:《自然哲学之数学原理》,王克迪译,袁江洋校,北京大学出版社 2006 年版,第 347 页。

② 〔英〕麦可尔·怀特:《牛顿传——最后的炼金术士》,陈可岗译,中信出版社、辽宁教育出版社 2004 年版,第 453 页。

形象，因而常常诟病牛顿将大量精力耗费在这类无聊的研究，妨碍其取得更大的科学成就。另一种观点认为炼金实验对牛顿思考重力发挥独特的作用，而他的神学信仰与他的科学探索密不可分①。这两种观点似乎都有一定的道理，但都不够完整。1936年经济学家凯恩斯从拍卖公司购得一批牛顿的文件——属于"不具有科学价值"的收藏品。凯恩斯研读这批被人所忽略的手稿、札记、论文后，在1942年牛顿诞辰三百周年纪念会上发表演讲，认为牛顿不是理性时代的第一人，却是最后一个魔术师、最后一个巴比伦人和苏美尔人。牛顿把宇宙看成是全能之神设下的密码，而"神"赋予他的使命就是解开这些密码，因此信仰赋予了他强大的精神动力。这是其一。其二，牛顿学说建立在一个更为基本的形而上假定上，那就是机械宇宙的假定。在机械宇宙的物理世界里，一切现象皆归因于力的相互作用，寻找宇宙的基本力就成为物理学最重要的工作。牛顿虽然用引力解释自然现象，但并不认为单凭引力就能解释天体为何能维系在各自轨道。天体的有序运转需要满足一系列初始条件，比如要将不同天体安排在各自的轨道上、并有与轨道相匹配的初速度，而这一切单纯依靠引力这个单一原因无法解释。牛顿强烈意识到，众多天体绝不可能从一开始就由物理规律自行获得有规则的轨道，尤其是彗星沿着偏心率极大的椭圆轨道跨越整个太阳系并穿越各行星的轨道，更是无法用单一的力学原因所能解释。因此整个宇宙体系需要有一个智慧的有生命的设计者、推动者。其三，与牛顿学说相匹配，必须有一位拥有巨大能力的钟表匠（机械师）——不仅制造了宇宙这个大钟表，同时给予日常维护以免失去继续运动的动力。牛顿在他的《光学》第三编疑问31中认为，天体运动会不断处于衰减之中，为了保持运动的持续就必须有"神"的不断护理。牛顿的"神"外在于世界，但它的意志贯彻在世界之中，既是世界的设计者也是统治者。他说："只有拥有统治权的精神存在者才能成其为神：一个真实的、至上的或想象的统治才意味着一

　　①　〔英〕麦可尔·怀特：《牛顿传——最后的炼金术士》，陈可岗译，中信出版社、辽宁教育出版社2004年版，第206页。

个真实的、至上的或想象的神。"① "神" 不是宇宙之灵魂，而是作为万物的主宰来支配一切；它拥有的不是自治权，而是如主人对奴仆般的统治权。其四，牛顿在自然哲学（自然科学）与形而上学和神学之间划定了边界。他认为，我们能知道物质世界的属性，但对任何事物的真正本质却一无所知。牛顿作为那个时代最杰出的自然科学家，他回避世界真正本质的问题，无疑是明智和正确的。"神" 以一种完全不属于人类的方式，一种完全不属于物质的方式，一种我们绝对不可知的方式控制着世界。因此超越现象的本质问题，应该交给神学—哲学去思考，而自然科学只满足于对现象的观测、并发现现象之间的关系和规律就足够了。牛顿对自己的神学信仰采取完全守密和自保的态度，当他挑选的卢卡斯讲座教授继任者惠斯顿因公开宣扬阿里乌教义而受到剑桥大学谴责、被解除职务后，牛顿因害怕受牵连采取置身事外的态度。其实不仅仅牛顿，我们可以发现那个时代所有顶尖自然科学家都不是正统基督教的信仰者，如果说神学与科学可以融合，绝对不包括与人的命运有牵扯的基督教神学。正统基督教是反智的。

任何人都存在双面性，牛顿也不例外。他在构思《原理》主要内容的近 20 年间，将大量精力耗费在炼金术，而在《原理》出版后长达 30 年的时间，又将大量精力用于圣经年表研究，包括《但以理书》的注释。他将余生用来追求神秘的神启知识，不再有举世瞩目的科学成就。这至少证明了一点，试图通过神学揭示超越现象的宇宙真理必定是死路一条。当一种神学引导最杰出的头脑去揭示大自然奥秘之后，其使命就结束了。

牛顿由于其成就太过于耀眼，也产生一些危险。他的同乡罗素评论说："这成功实在完满，牛顿便不免有危险成为第二个亚里士多德，给进步设下难破的壁障。"② 牛顿之所以没有变成这个时代不断进步的壁障，关键还在于 17 世纪以后欧洲社会的创造力呈现出多点爆发的态势。经过人文主义和宗教改革洗礼，新思想、新观念不断喷薄而出。比如比牛顿更早的威

---

① 〔英〕牛顿:《自然哲学之数学原理》,王克迪译,袁江洋校,北京大学出版社 2006 年版,第 348 页。

② 《罗素文集》第 8 卷《西方哲学史》下,马元德译,商务印书馆 2012 年版,第 67 页。

廉·哈维（William Harvey，1578—1657）于1628年公布血液循环理论，罗伯特·波义耳（Boyle，1627—1691）奠定了近代化学基础。这些革命性的科学理论都是建立在观念变革的基础之上，在这个过程中"神"活动的空间被不断压缩是个不争的事实。但是"神"并没有在物理世界被完全驱逐，牛顿的以及其他人的物理定律都只是描述现象，而不是解释原因。我们至今不清楚"力"为什么会遵循平行四边形法则，仍不清楚引力的本质；我们也不清楚物质为什么会有保持自身状态的趋势或能力，猜不透这种惯性现象的本质或原因究竟是什么。但自然科学中关于"神"的假定与公共宗教所说的"神"，已经渐行渐远。16世纪以来自然科学的进步，动摇了传统基督教的根基，作为自然科学形而上学基础的"神"反而与周敦颐的"神妙万物"的神有更多接近。泰勒在其巨著《世俗时代》中说："在正统基督教的上帝观念中，上帝是与人互动并干预人类历史的能动者；但到了自然神论那里，上帝则是宇宙的缔造者，宇宙按不变的规律运行，而人类不得不遵从这些规律，否则就要承担相应的后果。"① 近代自然科学的每一次进步都是对基督教的"神"的反叛，在哲学和其他思想领域又何尝不是如此呢？

---

① 〔加〕查尔斯·泰勒：《世俗时代》，张容南等译，徐志跃等审校，上海三联书店2016年版，第311页。

第十一章　理性主义传统

文艺复兴、宗教改革和近代科学的出现给欧洲社会带来深刻影响。路德的"信徒皆祭司"打破了罗马教廷对"神"解释权的垄断，进入"自由主义神学"阶段——人人都拥有理解"神"的权力。人们对人的理性能力充满自信，理性真理不仅能够与神启真理并列，甚至可以用来证明"神"存在。这意味着只有经过理性法庭审判的东西才有存在的理由。这是欧洲历史上的重要时刻。笛卡尔在《第一哲学沉思集》出版前致巴黎神学院的信中说："我一直以为，有关上帝和灵魂这两个问题是那些应该借助哲学而非神学来予以清楚证明的主题中最重要的两个。"[①]　理由很简单，无信仰者不可能被圣经说服，除非借助所有人共有的自然理性。但是，17世纪的罗马教会依然权势熏人。1600年2月布鲁诺因宣传"日心说"而被教会施以火刑，1633年6月伽利略被教会判决有罪。听闻伽利略的遭遇，笛卡尔吓得将自己正在写作的《论世界》隐藏起来而不再出版，转而去沉思形而上学方面的问题[②]。与现代社会正好相反，那个时代研究物理学尤其是天文学是最危险的事业[③]。由于亚里士多德主义与正统天主教神学的结合，成为不

---

① 〔法〕笛卡尔:《笛卡尔主要哲学著作选》,李琍译,徐卫翔校,华东师范大学出版社2021年版,第61页。

② 笛卡尔给友人的信中说:"这一事件严重影响了我,几乎使我焚毁所有手稿,或者至少不再向任何人出示它们。"转引自〔美〕汤姆森《伟大的思想家——笛卡尔》,王军译,清华大学出版社2019年版,第3页。

③ 比如,笛卡尔去世20年后的1669年,斯宾诺莎的友人、荷兰物理学家柯尔巴(Ko-erbagh)因其作品中的观点不同于教会而被监禁,死于苦役。——笔者注

可动摇的绝对权威，打倒亚里士多德主义、重建新学说，成为那个时代欧洲思想界的一项伟大事业。从笛卡尔开始，欧洲思想开始呈现出与过去时代完全不同的风格。由于笛卡尔的巨大贡献，黑格尔称笛卡尔为"现代哲学之父"，而作为英国人的罗素也很赞同这一观点。

第一节　笛卡尔

勒内·笛卡尔（Rene Descartes，1596—1650）出生于法国安德尔-卢瓦尔省，因传染了母亲的肺结核，差点死掉，造成其从小体弱多病的身体。母亲在他出生14个月后去世，父亲移居雷恩并于1600年再婚，担任该地区的议员和法院的法官。笛卡尔由外祖母带大，父亲负责提供经济资助，因此没有经济上的后顾之忧。10岁时，他开始在耶稣会的一所学校寄宿，养成喜欢安静、善于思考的习惯。在校8年，笛卡尔接受了良好的教育，对古典文学、历史、神学、哲学、数学等多有涉猎。1615年，笛卡尔进入普瓦捷大学学习法律。1618年他加入荷兰军队，并在这一年的11月遇见数学家、物理学家贝克曼（Beeckman），由此改变了他的人生。他们两人都有致力于将数学和物理学相结合的志趣。后来笛卡尔在给贝克曼的信中写道："当我的心正在偏离重大问题时，正是你将我引入正途。"① 1919年11月，笛卡尔在德国巴伐利亚一个极为寒冷的夜晚，据说连续做了三个梦，似乎预示着应根据几何学原理将人类所有知识统一起来，后人也把这一天看作解析几何诞生的日子。这是人类科学史的重大事件，意味着一种强有力的新观念的产生：运用少数几条法则来解释物质世界或物理世界的变化。这种观念产生于《几何原本》，迄今依然支配着现代自然科学的知识体系，并影响着经济学、社会学等学科。1929年，为了躲避教会可能的迫害，作为天主教徒的笛卡尔移居新教国家荷兰——这是当时欧洲唯一有思想相对自由的土地。他在荷兰居住了整整20年，所有公开出版的作品都是在那个时

---

① 转引自〔美〕汤姆森：《伟大的数学家——笛卡尔》，王军译，清华大学出版社2019年版，第17页。

期完成，如《谈谈方法》《第一哲学沉思集》《哲学原理》等。1649 年 10 月，笛卡尔接受瑞典女王克里斯蒂的邀请，前往瑞典寻求庇护。从 1650 年 1 月开始，笛卡尔每周三次在极为寒冷的清晨 5 点给年轻而精力充沛的女王讲授哲学。不幸的是，这年 2 月笛卡尔因风寒染上肺炎，很快死去。由于一位年轻君主的求知欲而使一位伟大的思想家过早离世，着实令人惋惜。

一、笛卡尔与欧洲哲学转向

按照一些人的说法，笛卡尔懦弱胆小，长期隐居荷兰并喜欢早晨躺在床上沉思，在这些深居简出的日子里，一套几乎全新的思想就从这位"现代哲学之父"的脑袋里流淌出来。当然，实际情况并不是这样的。

首先，笛卡尔有深厚传统学术根基。他熟悉希腊罗马的异教文化，以及奥古斯丁、阿奎那等人的学说，当然也熟悉最新的自然科学成就。他的作品中所用的术语，那些似乎显而易见的公理、逻辑推理、甚至思维方式大多是经院式的，他的"我思故我在""心灵与形体二元论"可以从奥古斯丁和亚里士多德那里找到源头，其"心灵的内省"可以看到柏拉图灵魂回忆说的影子，其对"神"存在的证明可以从奥古斯丁和阿奎那找到出处，其机械宇宙观可以从伊壁鸠鲁、卢克莱修和当时物理学、生理学最新成就中找到依据。笛卡尔在《谈谈方法》第三部分写道："人们拆除旧房的时候，总是把拆下的旧料保存起来，利用它盖新房。我也是这样办的。"① 他确实是用一些旧材料盖起新科学这座新房子。

其次，笛卡尔最初兴趣在数学和物理学，当意识到从事物理研究的危险后，才开始转向哲学——寻找自然科学的形而上学基础。他认为物理学、医学、力学等建立在形而上学根基上，而不是相反。他的一位追随者写了一本《物理学基础》，但他很不满意，准备划清界限。究其原因，"因为他不准确地抄下来一些材料，并且改变了顺序，而且否定了整个物理学必须

---

① 〔法〕笛卡尔:《谈谈方法》，王太庆译，商务印书馆 2000 年版，第 23 页。

立足于其上的一些形而上学的真理，所以我不得不完全否定了他的著作"①。亚里士多德的物理学建立在分析质料因、形式因、动力因、目的因这"四因"基础上，其中目的因是最基本的。笛卡尔基于自己的神学—哲学思想，认为在物理世界寻找目的因毫无意义，因为他的物理世界是惰性的纯力学的机械世界。他在"第四沉思"中说："我可以断定，人们通过思考事物目的而习惯于寻找的整个那一类原因，在物理学研究中毫无用处，因为，在我看来，让我去探究上帝深不可测的目的，那真是相当轻率。"② 笛卡尔通过沉思，把亚里士多德的目的论逐出了自然界。要读懂笛卡尔还须将他的哲学与数学、物理学、生物学统筹起来，他的意义之所以比伽利略、牛顿等自然科学家更大一些，就在于建构了完全可以取代亚里士多德体系的新学说体系。他把几何与代数结合标志着现代数学的产生，他把生物看作一架精密机器的思想对近代生物学发展有决定性意义，他的涡旋宇宙理论曾统治欧洲一个时期，直到被牛顿的引力理论逐渐替代。但我们要注意一个事实：现代天文学证实涡旋星系占了全部星系的一半。

第三，笛卡尔并不是书斋中的沉思者。他强烈怀疑自小受到的教诲，对于读书可以得到明白可靠知识、懂得一切有益人生道理等说法，嗤之以鼻。他认为书里充斥各种谬误，越学习越让人感到无知。于是，他下定决心："除了那种可以在自己心里或者在世界这本大书里找到的学问以外，不再研究别的学问。"③ 笛卡尔甚至认为，一个普通人推理中所包含的真理也要比读书人更多，因为如果他判断错了，马上会受到现实的惩罚，而读书人关在书斋里的思辨大多脱离实际，最后是大而无用，离常识越来越远。因此，笛卡尔立志研究世界这本大书，研究自己。

笛卡尔一生完成了大量值得赞扬的工作，尽管一些结论已不再被接受，但论证过程中所触发的思考却是恒久的。我们需要把笛卡尔的《谈谈方法》

---

① 〔法〕笛卡尔:《笛卡尔主要哲学著作选》,李琍译,徐卫翔校,华东师范大学出版社 2021 年版,第 157 页。

② 同上,第 110、111 页。

③ 〔法〕笛卡尔:《笛卡尔主要哲学著作选》,李琍译,徐卫翔校,华东师范大学出版社 2021 年版,第 9 页。

《第一哲学沉思集》《哲学原理》等作品统筹起来讲，才能对他的思想进行有效梳理，而不能一本一本介绍，因为这些作品之间既相互统一，又有大量重复。笛卡尔对欧洲思想的革命性价值可以用科恩的一段话来概括：

> 笛卡尔的"革命"在于这样一种尝试，即用以形而上学为基础的物理学来代替以物理学为基础的形而上学。①

康德正是沿着笛卡尔的路线，毕生寻找自然科学和数学的形而上学基础，人类道德的形而上学基础，宗教和人类学的形而上学基础。

二、寻找确定性知识的形而上学基础

笛卡尔代表着近代哲学向认识论、知识论的转向。他的全部工作可以归结为一点：发现一切知识的形而上学基础，并在此基础上建立起新知识。1637 年首次发表的《谈谈方法》中，笛卡尔提出人人都具有良好的分辨真假的能力，关键是要有运用好这种能力的方法。"凭着这种方法，我觉得有办法使我的知识逐步增长，一步一步提高到我的平庸才智和短暂生命所能容许达到的最高水平。"② 这是一种什么方法呢？普遍怀疑的方法。

笛卡尔回顾自己迄今为止接受的教育。他曾经在欧洲最著名的学校学习，读了能够拿到的所有书本，最后却"认为世界上根本没有一种学说真正可靠，像从前人们让我希望的那样"。比如，他特别喜爱数学，但惊讶于这样的事实，数学的基础是如此牢固，但是"人们竟没有在它上面造起崇楼峻阁"。再比如，他很尊敬神学，也想着升天，但被告知："最无知的人也同最博学的人一样可以进天堂，指引人们升天的天启真理不是我们的智力所能理解的。"哲学更是糟糕，"经过千百年来最杰出的能人钻研，却没有一点不在争论之中，因而没有一点不是可疑的"③。从哲学引申出来的其他学问，都建立在并不牢靠的基础上。笛卡尔回顾自己求学经历后得出一

---

① 〔美〕科恩：《科学中的革命》，鲁旭东等译，商务印书馆 1998 年版，第 200 页。
② 〔法〕笛卡尔：《谈谈方法》，王太庆译，商务印书馆 2000 年版，第 4 页。
③ 〔法〕笛卡尔：《谈谈方法》，王太庆译，商务印书馆 2000 年版，第 6、7、8 页。

个结论：唯一确定的就是根本没有确定的东西。他在《第一哲学沉思集》中宣称必须拆除旧有的知识大厦，而且，"如果我想要在各门科学中建立某种持久且不可动摇的东西，我就必须从地基重新开始"。① 基于这些缘由，笛卡尔决心不再从书本上寻求真理，而是从研究"世界这本大书"和"我自己"来获得真正的知识。

　　笛卡尔在观察中发现一些现象：（1）由一位好的建筑师经过周密设计的建筑，总比那些众人都在发表意见，边建设、边设计、边修改的"三边工程"更加整齐漂亮。（2）一座凌乱不堪的古城，每人把自己的房子推倒重盖，并不能使整体格局变美，反而显得愈加乱。（3）有些人飞扬浮躁，混进官场就老想着改革政治，反而欲速不达。笛卡尔还从斯多亚学派获得这样的启发：除了自己的思想，没有一样东西可以由自己做主。笛卡尔从中引出自己的人生目标："我的打算只不过是力求改造我自己的思想，在完全属于我自己的基地上从事建筑。"② 因此他必须找到坚实可靠的基础，建立新知识大厦。这个过程中既要避免过分自傲，否定一切；又要避免过分谦虚，满足现有。笛卡尔将自己的普遍怀疑与古希腊怀疑论作了区别，古希腊怀疑论者的目的是"悬疑搁置"，而他的目的是找到一条正确的道路到达真理。笛卡尔相信"神"的独一性，因此坚信世界上存在一个且只存在一个真理。笛卡尔分析了迄今为止各种知识的缺陷，他举逻辑、几何、代数为例，认为三段论只能说明已知的东西，却不能获得未知的东西，几何学只局限于图形分析，代数只是研究规则和数字，都对背后要表达的实际漠不关心。他取三门学问之长处而避其不足，成果便是《谈谈方法》附录一的《几何学》。笛卡尔提出了公理化知识体系的设想，即人类全部知识建立在若干简明的确凿的公理之上。这种设想在自然科学尤其是在物理学上取得极大成功。笛卡尔提出四条具体方法。第一，没有明确理解的绝不当成真的，避免先入为主；第二，将须解决的难题尽可能分解为具体问题，

---

① 〔法〕笛卡尔：《笛卡尔主要哲学著作选》，李琍译，徐卫翔校，华东师范大学出版社 2021 年版，第 74 页。

② 〔法〕笛卡尔：《谈谈方法》，王太庆译，商务印书馆 2000 年版，第 13 页。

再一一加以解决；第三，从最简单、易明的对象入手，直到认识最复杂的对象；第四，尽量全面考察，做到确信无遗漏。笛卡尔运用这些方法不仅在科学研究中取得实效，而且最重要的是，他认为它们有坚实的形而上学作基础。那么，这个形而上学基础是什么呢？

为了保证获得确凿知识，笛卡尔说："任何一种看法，只要我能够想象到有一点可疑之处，就应该把它当成绝对虚假的抛掉，看看这样清洗之后我心里是不是还剩下一点东西完全无可怀疑。"① 经过这种普遍怀疑的清洗，是不是任何东西都是虚假，都不真实存在呢？不！笛卡尔认为有一条绝对不容怀疑的第一原理，这就是"我思故我在"（法文：Je pense，donc je suis，拉丁文：Ego cogito，ergo sum）。"我"在怀疑这件事上是不能怀疑的，因为怀疑"我"在怀疑，本身就是怀疑；既然不能怀疑，一个怀疑着的"我"必然真实存在。笛卡尔说："我是一个真实的东西，一个真实的存在者；可是，是什么种类的东西呢？我已经说过了：一个思维的东西。"② 因此，笛卡尔的"我思故我在"的"我"是指剔除所有物质成分的"思想实体"——"心灵"，"在"是指"真实存在着的实体"。"我"这个"思想实体"正在怀疑、正在思想，它的确是作为"真实存在着的实体"而存在③。有人会疑虑，笛卡尔为什么要把一个纯粹的"思想实体"作为首要的实体予以肯定呢？这只能从历史文化中寻找答案。亚里士多德的"神"是一个纯粹的思想者，柏拉图的"神"以及基督教的"神"都是一个没有形体的纯精神存在，基督教的灵魂、圣灵还是一种无形体的精神存在。在诸如像华夏文明这样的世俗化社会中，难以想象有脱离物质形体的独立精神性存在。但在神权统治下的欧洲，"精神实体能独立存在"就是不言而喻的公理。当笛卡尔"发现"这一真理后，就自认为找到了一切知识的形而上学

① 〔法〕笛卡尔：《谈谈方法》，王太庆译，商务印书馆 2000 年版，第 26 页。
② 〔法〕笛卡尔：《笛卡尔主要哲学著作选》，李琍译，徐卫翔校，华东师范大学出版社 2021 年版，第 83 页。
③ 笛卡尔在《哲学原理》第一部分 51 中说："实体仅仅指以这种方式实存的东西，它不需要借助别的东西而实存。只有一种实体可以认为不需要别的东西而实存，那就是神。人能知觉到的实体，是借助并仅仅借助神的同意而实存的。"——笔者注

基础。他从中推出一条普遍法则：凡是"我"这个思维实体能清晰、明白理解的东西，都是真的。这是理性主义的基石——理性具有审辨真、假的能力。斯宾诺莎在《笛卡尔哲学原理》中否定一些人所称的"我思故我在"是一个省略大前提的三段论推理，是符合笛卡尔本意的。斯宾诺莎说："因为如果这是三段论推理，则其前提应当比结论'我存在'更加明白和更加清晰，因此'我存在'这个判断便不会是一切知识的原始基础。"① 正如斯宾诺莎说的，笛卡尔的第一原理——我思故我在——是一条公理性的判断，由它推出的普遍法则是一切知识的原始基础。

接着，笛卡尔开始分析外在于"我"的事物。比如，我们看见了光、听到了声音、感觉到了热，尽管很有可能是假的，却不能否认我们确实在看、在听、在感觉这一事实。笛卡尔在第二沉思中说："那些我认为怀疑的、未知的、外在于我的东西，竟然被我更为明晰地把握到。"② 按照第一原理及由此推出的普遍法则，那些被我清晰把握到的东西必须为真，那么外在于我，能触摸、能看到的形体肯定存在。同时，笛卡尔确信有一个作为创造者的"神"绝对不会让我们在判断中出错，因为它是至善的，不会骗人的。于是，笛卡尔所称的不同于"思想实体"（心灵）的另一种实体，即"物质实体"（形体），开始被发现并被确认为真。那么物质实体具有什么性质呢？笛卡尔以一块蜂蜡为例，刚从蜂房里拿出来时它显得硬邦邦的、还带有花香气味，当放到火旁边一段时间后，这些外在的特征都没了，因为它变成了黏黏的液体。从这个例子，笛卡尔得出一个普遍性的结论：广延性③是物质实体的最本质特征，而其他的诸如颜色、声音、气味、冷、热等只是我们获得的感觉而非物质的属性。因为理性告诉我：物质实体中并不真的存在颜色、声音、气味等特性，而是人的身体产生的知觉。这一结论为近代自然科学提供了形而上学基础。由于物质本质上是广延的几何属性，意味着自然是可量化的、可测量的，对自然的研究必须与几何学结合。

① 〔荷兰〕斯宾诺莎：《笛卡尔哲学原理》，王荫庭译，商务印书馆2019年版，第12页。
② 〔法〕笛卡尔：《笛卡尔主要哲学著作选》，李琍译，徐卫翔校，华东师范大学出版社2021年版，第85页。
③ 笛卡尔所称的广延是指物质在空间中具有向三个维度延展的性质。——笔者注

但是，一个连续的、无限的广延性，也会推导出这样一些结论。如物质之间不存在真空；不存在不可分的原子；所有物质属性一定都可以通过几何运动获得解释等。笛卡尔的前两个结论与伊壁鸠鲁原子论的观点不同，却证明是错误的，后一个结论比伊壁鸠鲁谨慎，因为原子论者认为甚至人的情绪都可以用原子的运动来解释，而笛卡尔把这种解释局限在物理世界之中。

通过普遍怀疑，笛卡尔学说体系的两块重要基石稳稳地出现，一块是能思想但不具有广延性的"思想实体"，另一块是具有广延性但不能思想的"物质实体"。这两个实体都属于非完满的有限实体。按照笛卡尔的逻辑，它们必然由一个十分完满的无限实体产生，并且保证两个有限实体之间实现"同构"，即"物质实体"的内在规律先天地刻印在"思想实体"之中，"思想实体"可以认识并引导"物质实体"。这个完满的无限实体就是"神"。在笛卡尔形而上学体系中，"神"绝对不可缺少，至少笛卡尔自己是这么认为，否则他的哲学体系无法逻辑自洽。

三、笛卡尔的"神"

笛卡尔的《第一哲学沉思集》实质是讨论"神"与人的灵魂和肉体三者之间的关系，用了大量篇幅证明"神"存在。那么，从笛卡尔体系中是如何推导出"神"存在的？

笛卡尔说："我既然在怀疑，我的存在就不是十分完满的，因为我清楚地看到，认识比怀疑更为完满，我决定去探寻我思考那比我完满者的能力之源泉。我非常清楚认识到，这只能来自某种事实上更为完满的本性。"[①]他的意思是，如果"我"产生一个更完满的观念，从哪来的呢？应该来自一个更完满的存在者——"神"，是它把这个观念放进了"我"里面。要理解这一点，只能回到巴门尼德的逻辑，也是被奥古斯丁、阿奎那一直沿用的逻辑：我有一个完满的观念，就必然存在一个完满的存在者——"神"，否则是不可能的，因为有限的"我"不可能凭空产生一个无限的观念。类

---

① 〔法〕笛卡尔:《谈谈方法》，王太庆译，商务印书馆 2000 年版，第 28 页。

似这样的逻辑在经院哲学中还有很多，如一个结果只能由包含有更多实在性的原因产生，否则是不可能的；有限的存在只能来源于无限存在，但有限的存在不能成为无限存在的原因；存在程度高的东西要高于存在程度低的东西；比较不完满的来源于比较完满的，但不能倒过来；热只能产生于更热的主体，而不可能来源于不热的东西，等等。笛卡尔的作品中充斥着这类经院哲学的术语和逻辑，作为他推论的不证自明的前提。我们还要注意，笛卡尔证明"神"存在的逻辑又是倒过来的：因为存在着不完满的、有限的思想实体和物质实体，所以必定存在一个完满的、无限的实体，作为前两个实体能够存在的原因。

笛卡尔写作《第一哲学沉思集》的重要目的是希望用自然理性清楚证明"神"和灵魂。他在第三沉思和第五沉思中，分别采用因果论和本体论证明"神"的存在；《哲学原理》第一部分更是用大量篇幅重复证明"神"。简要地说，因果论证明的逻辑链条是这样的："我"有"神"的观念，它一定是有原因的；而原因的实在性不能少于结果；如果不是由"神"作为原因，我不可能有如此完满的关于"神"的观点；因此，"神"存在。本体论证明的逻辑链条是：事物的本质和事物的存在是可以分开的；而完美的本质是与存在合一，存在就是完美；"神"就是完美，因此"神"存在。尽管笛卡尔自认为他对"神"存在的证明是可靠的、有力的，但大多数人还是认为笛卡尔纯属循环论证。他采用的是经院式的逻辑结构。我们大可不必再把精力耗费在研究更有效证明"神"存在的事情上——康德对笛卡尔证明的质疑催生出划时代的哲学思想。现在只需要思考两个问题：第一，"神"在笛卡尔体系中的意义，第二，"神"在笛卡尔体系中是否真的不可缺少。

关于"神"在笛卡尔体系中的意义。

首先，"神"是世界的创造者，没有"神"，所谓的"思想实体""物质实体"将不复存在。笛卡尔说："如果世上有任何形体，或者任何智能的存在者，或者其他并不完全完满的本性，它们的存在必须以这样一种方式依赖上帝，以至于它们不能离开上帝而持存片刻。"① 他强调说："我描述了理性灵魂，表明它绝不能来自物质的力量，跟我所说的其他事情一样，正好相反，它显然应当是神创造出来的。"② 而作为世界创造者的"神"，必然也是世界运动的第一原因③。

其次，"神"的永恒不变性决定了物质世界遵循基本定律。笛卡尔的"神"是一个理性的、不滥施恩宠的无限实体。《笛卡尔哲学原理》第二部分涉及的物质运动基本规律就是从"神"的本质中推导出来。这一点的确很让人吃惊。斯宾诺莎对此作过很好的梳理。《笛卡尔哲学原理》第二篇的命题十三说："神凭借其助力仍保存过去给予物质的同样数量的运动和静止。"这就是"动量守恒定律"的最初由来。它的理由很简单："既然神是运动和静止的原因，则神就用神创造它们时所用的那种力量保存它们，这就是最初神创造它们时的那种数量。"意思是说，"神"给了宇宙运动的初始量，并一直维持不变，不增加、不减少。事实上，这条定律是比牛顿三大定律和万有引力定律更为基本的物质运动定律，它并非来自归纳而是来自先天演绎。命题十四中演绎出一条"惯性"规则："物体一旦进入运动，如果不为外因所阻止，则将永远继续运动。"命题十五说："任何运动着的物体本身都力求按直线运动，而不按曲线运动。"它暗含这样的思想，天体本性是要做直线运动的，只是受到引力的束缚而做曲线运动。斯宾诺莎在《笛卡尔哲学原理》中推导出的这些命题都建立在一个形而上学信念基础上："神在自己的事业中是绝对不变的。"④ 这些物质运动的规律早在牛顿之前就从形而上学的基础上推导出来，牛顿的贡献是用数学公式表达出来，其计算结果与实际观察完全吻合。

---

① 〔法〕笛卡尔:《笛卡尔主要哲学著作选》,李琍译,徐卫翔校,华东师范大学出版社 2021 年版,第 27 页。

② 〔法〕笛卡尔:《谈谈方法》,王太庆译,商务印书馆 2000 年版,第 46 页

③ 参看〔荷兰〕斯宾诺莎:《笛卡尔哲学原理》,王荫庭译,商务印书馆 2019 年版,第 68 页。

④ 见〔荷兰〕斯宾诺莎:《笛卡尔哲学原理》,王荫庭译,商务印书馆 2019 年版,第 68—70 页。

第三，"神"保证我们获得真实而确定的知识。笛卡尔说："因为神是十分完满、十分真实的，绝不可能把毫无真实性的观念放到我们心里来。"① 如果说基督教的"神"是保证人得救的中保，那么笛卡尔的"神"则是保证人获得真理的中保，将"天赋观念"刻在人心里。两种性质不同的"神"很容易导致神学上的碰撞和争论，给笛卡尔的生活带来麻烦，而且这种麻烦在他的荷兰后一阶段生活中确实遇到了。笛卡尔的逻辑是这样的：自然界的规律由"神"牢牢树立其中，同时又把它们深深印在人类的灵魂之中，当我们经过充分内省就会毫不犹豫地相信，世界上的万事万物无不严格遵守这些具有整体性的规律。笛卡尔在第六沉思中再次强调："所有知识的真实性和确定性都仅仅依赖于我对真实上帝的知识，这种依赖到了这样的程度，以至于，在我发现这个知识之前，我根本不能获得关于其他事物的完满知识。"②

需要强调的是，"神"保证我们可以获得真实而确定的知识，但并没有保证我们不会出错。人自身的不完满是导致人犯错和出现谬误的原因。笛卡尔在第四沉思中针对为什么犯错的论证，与奥古斯丁、阿奎那论证为什么有恶的思路基本一致。奥古斯丁说"恶"是一种缺失，笛卡尔也说"错误"是一种缺失；奥古斯丁把"恶"归因于人有自由意志，笛卡尔也把犯错归因于人有自由意志。他说："我犯错的原因既不是上帝赐予的意志能力，……也不是理解能力，……那么，我错误的根源是什么呢？它只能是这点：既然意志的范围比理智的范围要广很多，我却没有把意志限制在与理智同样的范围里，却将意志扩展至那些我并不理解的问题。"③ 这就是说自由意志的盲目扩张，越过理智的范围，最终导致犯错。只有意志和理智相匹配，才能防止犯错。

既然"神"的意义在笛卡尔体系中如此重大，那么"神"在笛卡尔体系中是否真的不可缺少？

① 〔法〕笛卡尔：《谈谈方法》，王太庆译，商务印书馆 2000 年版，第 33 页。
② 〔法〕笛卡尔：《笛卡尔主要哲学著作选》，李琍译，徐卫翔校，华东师范大学出版社 2021 年版，第 125 页
③ 同上，第 113 页。

答案既是肯定，又是否定的。从笛卡尔学说的逻辑来说，"神"似乎不可缺少，它保证实体的存续，保证自然规律的确定性、整体性。但从笛卡尔最终目标——建立可靠的知识体系看，"神"并非是必须的，甚至于他所称的第一原理及普遍法则——全部知识的原始基础也并非是不可撼动的。"神"在笛卡尔学说体系中只是一个渡河的工具，当渡过了亚里士多德和教会这两条拦路河之后，"神"就成了不必要的累赘。从笛卡尔学说中发展出的唯物主义思想，已经把"神"看作是一种假设，一种保证物质统一性的自然规律，它与物质实体合二为一。我们可以在后来的荷兰哲学家斯宾诺莎那里看得很清楚，他发展出一种不同于笛卡尔、更不同于犹太教、基督教的"神"——将物质实体和精神实体统一于一身。笛卡尔体系需要有天赋观念——它是"神"将关于世界的基本观念（如数字和形状）预先放进人的心里，否则我们心里怎么会有一些不知从哪来的清晰明白的观念？霍布斯、洛克等人对此提出质疑，说明人的观念是历史过程中的产物，是建立在对事实观察和经验基础之上。这里引用牛顿《自然哲学之数学原理》第二版序言（1713 年 3 月）的一段话，它实际上是对笛卡尔学派的批评。

> 要是某个自以为是的人认为，单凭他自己的心灵的力量和他的理智的内在之光就能发现物理学的真正原理和自然事物的规定，就必然要或者假定世界是由于必然性而存在，而这些规律是由同一个必然性决定了的，或者假定如果自然秩序是由上帝的意愿建立起来的，则只有他这个可怜的小爬虫才能告诉人们怎样做才最合适。①

这篇序言的作者坚信：物理学定律，应从观测和实验中把它归纳出来，而无法从天赋观念中推导出来。其实，这个观点与笛卡尔并不矛盾，作为理性主义的他一直主张实验和观测的重要性。繁重的实验压力几乎伴随笛卡尔的一生，他在《谈谈方法》第六部分坦率说："我在认识自然方面能有

---

① 〔英〕牛顿:《自然哲学之数学原理》,王克迪译,袁江洋校,北京大学出版社 2006年版,第 11 页。

多大进展，就看我今后能有条件做多少实验。"① 但我们将会看到，单纯的观测和实验同样无法归纳出科学定律。

四、机械世界和二元论

笛卡尔的物质世界是由几何和数学构建起来的机械世界——世界就如一架精致的机器。而柏拉图、亚里士多德的世界由大大小小的具有个性的生物组成，所有的天体都有生命、会思考；基督教的世界充满神迹和超自然的力量，当他们把精神观念投射到物质世界之中，便使物质充满灵性。但笛卡尔的物质世界除了人，都是被动的惰性的实体，服从因果律。他的物质是只有广延性这一属性，其他属性都是由人主观赋予它的。他说："物质里并没有经院学者们所争论那些形式或性质，其中的一切都是我们的灵魂本来就认识的，谁也不能假装不知道。"② 与机械的物质世界相对的，则是非物质的精神世界。笛卡尔拒绝把精神世界看作是由诸如感觉、意志、情感、认知以及理性等一组生命属性组成，而是坚持"心灵"是不占空间、不可分割的实体，思想、意识、感情等只是心灵表现出的属性。

笛卡尔的二元论遭到各方面的批评。一个不占空间的心灵，究竟处于人身体的哪个部位？如果说在脑部或心脏附近，很难使人清晰、明白地理解。这就违背了笛卡尔自己设定的普遍法则——能清晰明白理解才是真的，如此看来心灵必定不是真的。神经学的经验表明，特定的脑部组织受损，会摧毁人的记忆、理解，以及意志能力等。因此，我们不可能把笛卡尔的心灵看成是真实的实体。他的机械世界观也遭受批评，但情况似乎要复杂一些。一个仅把空间广延性作为物质基本属性的观点，肯定不再被现代物理学接受，即便在那个时代，由于拒绝物质世界存在虚空而受到批评。而万有引力具有神奇般超距作用，很难被理性所清晰明白地理解，按照笛卡尔理性主义的普遍法则推断，不可能是真的。因此引力在笛卡尔体系中没有立足之地，这是他的一个重大错误。笛卡尔的物理空间中布满了亚里士

---

① 〔法〕笛卡尔:《谈谈方法》,王太庆译,商务印书馆2000年版,第51页。
② 〔法〕笛卡尔:《谈谈方法》,王太庆译,商务印书馆2000年版,第36页。

多德物理学所想象的"以太"，承担着传递物体相互作用的功能，当太阳的转动在以太中形成宇宙涡旋，便带动各个行星的运动。笛卡尔的宇宙动力学模型在很长一个时期统治欧洲思想界，直到被牛顿的引力体系所替代。但是，笛卡尔关于世界是架精巧机器的观点，却被证明为极富力量的观点。当人类社会进入智能机器时代，进一步坚定了凭借简单的机械性运动可以实现极为复杂的活动，包括高级智力活动这样的信念。

同样值得关注的是由二元论引发的心—物问题，即知觉与被知觉物的关系，心灵何以能够认识不同于它的形体（物质）？这个问题是后来的洛克、贝克莱等人反复讨论的主题。笛卡尔坚信柏拉图感觉会骗人的观点，认为自己从儿时就养成一种偏见——将感觉看作是感觉对象本身，因此他要对这样的思维习惯——世界就是我们所感知到的那样——提出挑战。这个挑战无疑是正确的。有些很明显的例子，比如一根羽毛触及我的皮肤产生痒痒的感觉，并不代表羽毛中存在痒的东西；我靠近火会感到热和疼，并不代表火里存在热和疼的东西；我看到黑色的衣服，并不代表衣服中存在黑的东西。看来让我们产生感觉的属性并不真实存在于感知对象之中，我们必须在感知到的观念与造成这种知觉的外部原因之间作出明确区分，否则就会出错。笛卡尔的讨论，实际上引申出很重要的问题：作为认识主体的心灵是通过人自身的观念来认识外在的知觉对象，而这种建立在感觉基础之上的观念可能与知觉对象完全不相符。比如，知觉对象没有变化，由于我们自身发生变化而认为知觉对象变化了。借用《谈谈方法》中的例子，得了黄疸病的人，任何知觉对象看上去都是黄色的。再比如，知觉对象发生变化或消失，但由于我们产生幻觉或妄想，还可以使感知内容不变。笛卡尔提出的问题是有效的，我们确实很容易把知觉到的东西看作是知觉对象本身，从而出错。他解决的办法是对观念进行理性辨析，比如我们看到星星发出的光甚至比萤火虫还微弱，但理性告诉我们星星绝对不是萤火虫，当我们看到远处的烟囱外形呈方形，但理性告诉我烟囱绝对不是方形。总之，凡是理性认为清晰明白的才确认是真的。很多情况下，理性主义的这一观点是对的，成为构筑人类知识的有效工具。比如三角形内角之和为两个直角，因为它可以清晰明白地被证明，所以是真的。几何学给了我们极大的信心，人类的知识建立在若干简洁明了的公理基础之上。同时，理性主义还是好用的工具，因为它随后居然成为欧洲社会变革的一面旗帜。比如，自然理性告诉我"人生而平等，这是一个不证自明的真理"，"国王的统治是不合法的，因为他背弃了与人民订立的契约"等。是否合理性，成为判断真理、错误的试金石，成为判断现代社会和前现代社会的标准。理性主义成为近现代欧洲的一面旗帜。但我们同样可以证明，在很多情况下，理性主义又是错的，它会把许多事实排除在人类知识之外。比如，我们确实很难清晰明白地理解超距作用，处于真空中的两个物体怎么会有引力发生作用？因此笛卡尔错误地认定它是假的；我们也确实难以清楚明白理解相距甚远的量子纠缠，如同鬼魅般同步运动，因此爱因斯坦错误地认定它是假的。同时，理性主义还是不好用的工具，因为它也会成为保守主义的堡垒。比如，有人坚持服从国王的统治是如此清晰明白符合自然理性，因为所有自然系统都是有一个中心的等级结构；基督教文明是最优秀文明、白人是最优等种族，因为现有历史清晰明白地证明人类几乎所有的重大发现和发明都源自他们。而现代文明恰恰要打倒这样的理性。因此反理性主义成为近现代欧洲的另一面旗帜。

　　通过上述讨论，我们能看到什么呢？看到不仅感觉经验会出错，即便经过清晰明白理解的理性也会出错。这说明笛卡尔的第一原理、普遍法则并没有想象中的那么确定。由此建立其上的人类知识并非绝对可靠。这是否定真理存在的思潮在现代西方出现的根源之一。这是其一。其二，出错的原因确实如笛卡尔说的，我们是用一套并非与知觉对象符合的观念去思考、分析。而且不同观念体系下的所谓"清晰明白"，内容可以是绝然不同。其三，后来的思想家们试图引入"实践"这个变量来解决认知主体出错问题，但还是有局限性的。事实上，经过几千年的人类实践直至当代，依然没法证明国王统治和非国王统治的优劣问题；实践也难以让一些人接受或者放弃白人至上、基督教文明优等的观念。其四，是否意味着我们需要有更为普遍的怀疑论来解决这一问题？为了避免过多偏离介绍笛卡尔思想这一主题，下面针对上述问题仅作极简要的讨论。

　　我们不仅要怀疑感觉，还要怀疑能用理性清晰明白理解的事物，因为每个人都是通过从小习得的观念体系来观察世界。这套观念体系有两个重要来源，一个是由沉淀的历史文化传递给你的，包括思维方式、思维习惯、价值观等，另一个是权威人士教导给你的，包括立场、观点、方法以及一些牢不可破的所谓常识、结论等。处于不同历史文化下的人们，彼此观察对方，都会认为对方是"黄疸病人"，彼此都在用有色眼镜看世界。信守不同权威观点的人们彼此看对方，就如左派看右派、右派看左派，都会觉得对方有"妄想症"。这样的情况下，自然理性又如何保证同一个事实能被不同的人以同样方式清楚明白地理解？解决这一问题的办法有两个。一是暂时搁置"清晰明白理解便是真"的这一理性主义判断，谦虚地把理性看作是有限制的东西。比如对我们能够重复观察、重复验证但无法清晰明白地理解的事物，首先是接受它、描述它，然后分析妨碍我们理解的原因，试图找到新的视角重新理解它。正如引力问题，牛顿并不急于揭示引力的本质，而是先把它作为一种客观事实，用数学公式表达出来。而爱因斯坦的时空弯曲则是对引力本质的一种初步揭示，让我们清晰明白地理解天体运动为何看上去是一条曲线。同时，我们还需要建立起跨文化的视野，跨意识形态的视野，跨学派的视野。就如我们在研究笛卡尔思想的时候，不要用已有的学派偏见去对待，仅仅满足于浅薄的肯定和否定，满足于贴标签，而是抛开成见，首先尽可能地站在他的角度去理解他的本意，他的问题、他的目标、他的局限，然后再用另一个视角、观察者自己的视角来分析同样的问题。这样我们形成的对世界的观念体系是否会更接近于世界的"真相"？

笔者对此并没有十足的把握。讨论笛卡尔思想让我们得出两点结论：唯一确定的是这个世界永远是不确定的；唯一确定的是这个世界终究全部可以数字化。

第二节　斯宾诺莎

巴鲁赫·斯宾诺莎（Baruch de Spinoza，1632—1677）出生于阿姆斯特丹的犹太家庭，家境比较富裕，其祖父为逃脱宗教迫害从西班牙逃到荷兰。

斯宾诺莎 24 岁时因思想脱离正统，怀疑灵魂可以脱离肉体而存在，怀疑存在超自然的"神"，被逐出犹太教会堂。斯宾诺莎独居海牙，依靠打磨镜片为生，同时进行着极为艰苦的哲学—神学探索，由于常年吸入玻璃镜片的粉尘，45 岁时因肺痨而死。他生前唯一署名出版的作品是《笛卡尔哲学原理》，其重要著作《伦理学》《神学政治论》等都是死后由他人整理出版。罗素的评价很特别，认为斯宾诺莎是所有伟大哲学家中人格最高尚的，但正因为道德上的至高无上，遭致他在前后一个世纪中被看成坏得可怕的人；尽管他的全部著作贯穿着"神"这个观念，但被斥责为无神论者；他与笛卡尔的关系，类似普罗提诺与柏拉图的关系，笛卡尔兴趣广泛，在数学和科学方面成就也很大，但他的兴趣集中在宗教和道德。[①] 如果说笛卡尔主要为新科学找到一席之地，斯宾诺莎则主要为新哲学——建立于神学基础上的唯物主义——找到一席之地。"神"贯穿斯宾诺莎的全部作品之中，所有重要结论都是从他所设定的"神"中推导出来。但他的"神"是自然化的，并没有超自然的能力，对一些杰出科学家的世界观产生影响。爱因斯坦说："我信仰斯宾诺莎的那个在存在事物的有秩序的和谐中显示出来的上帝，而不信仰那个同人类的命运和行为有牵累的上帝。"[②] 中国学术界把斯宾诺莎看作是"伟大哲学家、唯物主义者和战斗的无神论"，正是这个原因，斯宾诺莎的主要著作很早就翻译成中文。阅读斯宾诺莎的作品，总有一种阴郁、冷峻的感觉。诚如他自己所说，自然之中确实没有善、恶，正如人体内每天会有无数的细胞死亡，但这恰恰是新陈代谢的需要，因而人类死亡就谈不上什么恶，人类生存也谈不上什么善，这只是必然的、不可避免的自然过程。斯宾诺莎给我们描绘了一幅独特的不同于他人的世界场景，他的早期传记作者、路德派牧师卡勒若斯（Colerus）赞扬他的品格，却指责他的学说是"邪恶的和荒谬的"。[③]

---

① 《罗素文集》第 8 卷《西方哲学史》下，马元德译，商务印书馆 2012 年版，第 111、113 页。

② 《爱因斯坦文集》第一卷，商务印书馆 2010 年版，第 365 页。

③ 〔美〕斯坦贝格：《伟大的思想家——斯宾诺莎》，黄启祥译，清华大学出版社 2019 年版，第 7 页。

一、斯宾诺莎的"神"(实体)

斯宾诺莎坚持世界一元论，这是他的重要哲学特征。如何理解他与笛卡尔二元论相对的一元论？

假如按照"神"内在于世界还是外在于世界进行划分，斯宾诺莎的"神"无疑属于前者。他的"神"与自然本身画等号，这就与犹太教、基督教的"神"不一样，与笛卡尔的神学观也不一样，反而与中华文化中的"神即形、形即神"的形神不分离的思维相同。西方一元论的思想可以追溯到巴门尼德的世界是"一"，但斯宾诺莎思想的直接依据更大可能是来自笛卡尔。笛卡尔的世界有三类实体，即作为有限实体的"心灵"和"形体"，及作为无限实体的"神"。斯宾诺莎不同意这种分类，只承认无限实体"神"为唯一实体，而"心灵""形体"只是无限实体表现出的"样态"。这就是所谓的世界一元论——将"神"、心灵、形体统一为同一个实体。斯宾诺莎在《伦理学》第一部分中将实体界定为"自因的，不凭借他物、完全依靠自身而存在的东西"。按照这样的界定，笛卡尔的"心灵""形体"作为受造物当然没有资格称作实体，因为它们的存在本身需要依靠"神"。命题十四说："除了神以外，不能有任何实体，也不能设想实体。"命题十五说："一切存在的东西，都存在于神之内，没有神就不能有任何东西，也不能有任何东西被认识。"[1] 斯宾诺莎的神学世界一元论，很容易导向物质世界一元论和无神论，因为在他的世界内和外都不存在超自然的东西。

斯宾诺莎通过对唯一实体"神"的界定，描绘出这样一幅世界图景。

1. 宇宙中除了"神"不能有任何凭借自身就存在的实体。那么，"神"到底是一个什么样的东西？斯宾诺莎说："有许多人妄自揣想，以为神与人一样，具有形体和心灵，也受情欲支配。他们的看法离神的真观念有多远，前面已经充分证明过，这里不再多说了。"[2] 严格讲斯宾诺莎自己也没有说清楚"神"究竟是什么。他是用否定的方式界定"神"，如不具有形体和心

---

[1] 〔荷兰〕斯宾诺莎:《伦理学》,贺麟译,商务印书馆1983年第2版,第12、13页。
[2] 〔荷兰〕斯宾诺莎:《伦理学》,贺麟译,商务印书馆1983年第2版,第13页。

灵，不受情欲支配，没有开始，也没有结束，不依靠他者而存在，不能依靠他物去理解等，有时也用肯定的方式说明，如它的本质就是存在，它是并只能是通过自身来理解。说了那么多，"神"究竟是什么，最后还是让人丈二和尚摸不着头脑，顶多记住它是自因的、它的本质就是存在、它有无限属性、没有它一切就不存在等信息。对绝大多数人来说，只要记住这两点就足够了。第一，"斯宾诺莎的神"与人的命运无任何牵涉，与犹太教和基督教的"神"完全不同。第二，可以把"神"看作自然规律和物理定律，它与事物的关系，可以理解为物理定律与个别物体运动之间的关系。

2. "神"是宇宙万物开始存在并继续存在的原因。作为唯一实体的"神"具有无限属性，以及依据这些属性表达出来的无限样态。"神"是世界的原因。斯宾诺莎所称的属性与样态，反映共性和个性的关系。比如广延这样的属性（共性），体现在岩石、河水、空气等不同样态（个性）中，思维这样的属性（共性）存在于不同人的心灵（个性）中。这些属性和样态，都归因于"神"。在斯宾诺莎看来，只有"神"是自由的，因为只有它完全按照本性所固有的必然性在行动，不受任何外在的东西强迫（实际上也没有外在）。斯宾诺莎特别解释了他所称的"自由"，并不是可以任意违背事物本性固有的必然性，否则"无异于说神能改变三角形的本性，能使三内角之和不等于两直角；无异于说神能令一定的原因不产生结果，这是不通的"。① 斯宾诺莎所说的自由，是指对必然性（自然本性）的完全掌握和遵循。

斯宾诺莎反对"神"只使用一部分智慧创造世界的说法，而是把自己内在的一切都呈现出来。无限多的事物在无限多的方式下通过"神"无限威力，必然地流出；"神"的理智和意志在事物发生前就存在，变成事物的内在规律。"神"的永恒性，决定了直接出自"神"的一切属性都是永恒的，但作为某些属性承担者的样态，比如岩石、树、个别人的身体和心灵等，都可以发生变化。斯宾诺莎的世界看上去形态各异，但仍然归于一元。

3. 一切事物都由"神"的必然性决定、没有偶然性。世界由一种神秘

---

① 〔荷兰〕斯宾诺莎:《伦理学》,贺麟译,商务印书馆1983年第2版,第18、19页。

的必然性控制，这是斯宾诺莎哲学—神学的重要特征。其原因在于"神"的存在是必然的，其本性是必然的，其属性和样态是必然的。他说："其所以说一物是偶然的，除了表示我们的知识有了缺陷外，实在没有别的原因。"① 而事物之所以称为"必然"，说明该事物不是靠自己而是靠"神"存在。万物存在、万物存在方式，都由"神"的本性的必然性所决定。斯宾诺莎在命题二十九中区分"能动的自然"和"被动的自然"，前者专指"神"，只有它是自因的，其他一切都属于后者，它们被"神"的必然性控制着。斯宾诺莎从这推出一个观点：不存在自由意志。他说："倘若意志是无限的，则它的存在与动作也一定同样为神所决定，并非因为神是绝对无限的实体，乃是因为神具有能表示思想的永恒无限的本质的属性。"② 斯宾诺莎还进一步推论说，"神"并不依据自由意志而活动，意志与理智就如物体的运动和静止，他们全笼罩在必然之中。只不过"神"的本性等于必然，最终还是自己决定自己，从这个意义上说，它是自由的，其他事物的本性不等于必然性，是被外在的必然性所左右。

4. 宇宙万物只能处于目前这样的唯一状态。斯宾诺莎的宇宙是唯一的，不存在多个宇宙的可能性。其理由在命题三十三作了论证，因为"神"的不变本性决定了事物只能以目前这样的"自然秩序"出现，而不能以别的方式出现。斯宾诺莎解释说："我相信，有许多人会指斥我的说法为不通，拒绝对它加以认真的考虑，唯一的原因，在于他们习于赋予神以另外一种自由而与我们所持的神的绝对意志说大相悬殊。"③ 他所说的"另外一种自由"是指什么？不外乎是超自然的"神迹"。很显然，斯宾诺莎的宇宙除了自然产生和维持之外，排除了任何超自然"神迹"，拒绝任何超自然的不确定性、偶然性以及目的性，这给了物理学知识的确定性提供可靠的形而上学基础。相比较笛卡尔的"我思故我在"，斯宾诺莎给科学知识提供了更为可靠的形而上学基础。直至那个时代，欧洲依旧有一股强大的宗教势力，

---

① 〔荷兰〕斯宾诺莎：《伦理学》，贺麟译，商务印书馆 1983 年第 2 版，第 31 页。
② 〔荷兰〕斯宾诺莎：《伦理学》，贺麟译，商务印书馆 1983 年第 2 版，第 29 页。
③ 同上，第 31 页。

认为"神"凭借自己的意志可以任意改变自然规则，既可以使现有的圆满成为不圆满，也可以使现有的不圆满成为圆满。斯宾诺莎反驳说："今万物的本质既然可以变易，则神的意志亦必然可以变易。但神的意志是不变易的，故事物的本质亦无有变易。"①

将斯宾诺莎的"神"，与北宋周敦颐《通书》的"物则不通，神妙万物"作一比较，可以发现双方的相似处。第一，"神"是事物变化的内在动因和机理；第二，"神"与万物有同等关联性，而不是专与人纠缠；第三，"神"处万物之中并与万物不可须臾分离。正如周敦颐的意义要放在中国思想古今之变中才能理解，斯宾诺莎的意义也要从欧洲思想史来认识。斯宾诺莎将犹太教、基督教的"神"逐出了世界，实质是将人逐出了世界，世界并不与人共情、并非是专为人类预设的家园。他重新定义的"神"与人的命运毫无牵扯。他断言："神不爱人，也不恨人。""凡爱神的人决不能指望神回爱他。"② 这个观点源自亚里士多德。

二、斯宾诺莎的人

斯宾诺莎早期著作《简论上帝、人及其心灵健康》讨论两个并列的问题，一个是"神"，另一个是人。认识"神"和人同样构成了斯宾诺莎学说的基础。人是一种特殊的、受限制的东西，是"神"的本质中无限多事物中的一种，但人的本质不等于"神"的本质。他说："人的本质是由神的属性的某些样态所构成，亦即是由思想的样态所构成。"③ 由于人的心灵分有"神"无限理智的一部分，所以我们能看见这个东西、看见那个东西，因为它们都是"神"无限属性的一部分。因此，在斯宾诺莎那里，人不仅依靠"神"而存在，还依靠"神"而有认识能力。从这个角度说："对神的爱乃是我们依据理性的命令所追求的至善。这种至善，乃是人人所共同的。"④

人由心灵和身体组成，是两者的联合。斯宾诺莎发展了笛卡尔在后期

---

① 〔荷兰〕斯宾诺莎：《伦理学》，贺麟译，商务印书馆1983年第二版，第33页。
② 同上，第250页。
③ 〔荷兰〕斯宾诺莎：《伦理学》，贺麟译，商务印书馆1983年第二版，第53页。
④ 同上，第251页。

著作《论灵魂的激情》中体现出的心灵与身体统一的思想，但不满意笛卡尔的说法。其区别：一是笛卡尔认为心灵与身体是完全不同的两种实体，斯宾诺莎认为他们都只是"神"的某种属性的样态；二是笛卡尔认为心灵与身体通过体内的"松果腺"相互发生作用，斯宾诺莎不同意两者之间存在相互作用的因果关系。总之，他认为笛卡尔未能解释心—身的统一。在他看来，人的"心灵"与"身体"是平行关系，都是"神"不同属性的某一样态，谁也不比谁优先。由于心灵、身体都归因到"神"，双方必然同一，作为观念的"心灵"，就是表象着"身体"的观念。换句话说，心灵、身体尽管是平行的，但因为都是同一个无限实体（神）产生的结果，必然存在同一性、必然是统一的。他说："譬如，存在于自然界中的圆形与存在的圆形的观念（这观念在神之内）是同一个东西，只是借不同的属性来说明罢了。"（第二部分命题七）斯宾诺莎所理解的人，是个体性身体与表象个体性身体的观念相结合的生命体。

斯宾诺莎《伦理学》第二部分讨论了人的认知活动和知识范围。

人的认知活动是心灵和身体共同完成的过程。当外在对象刺激身体（感官）便产生感觉、知觉，于是心灵觉察身体的变化后形成观念，人再通过观念间接认识外在对象。他说："人心除凭借其身体情状的观念外，不能知觉外界物体当作现实存在。"[1] 意思是心灵只有借助身体（感官）对外界的感觉才能认识事物。斯宾诺莎把人的知识分为三种。第一种，非充分知识。比如通过感官对外界的知觉中获得的经验，以及回忆、联想、想象等。第二种，充分知识。普遍存在于各事物之中的共性概念，以及在正确观念基础上通过推理获得的知识，它们存在于"神"的观念中。斯宾诺莎坚持，心灵作为"神"的样态，必定拥有这种充分观念，即"神"的观念，人本来就拥有这种普遍性的理性知识。第三种，直观知识。从对"神"的某一属性的正确观念出发，进而达到对事物本质的正确知识。第一种是有缺陷的知识，所以会发生错误，后两种是真知识。在知识论上尽管斯宾诺莎与笛卡尔的说法存在差异，但有一点是共同的：人的心灵里先天地存在着关

---

[1] 〔荷兰〕斯宾诺莎:《伦理学》,贺麟译,商务印书馆1983年第2版,第69页。

于世界的"天赋观念"。这是理性主义的共同点。

斯宾诺莎《伦理学》第三至第五部分提出他的心理学和伦理学。

斯宾诺莎坚称，人的情感是一种遵循自然界共同规律（因果律）的自然事物，可以用几何方法证明推导出来。这种观点受到人们的强烈质疑。斯宾诺莎承认："从他们这些人看来，像我这样努力用几何方法来研究人们的缺陷和愚昧，并且想要用理性的方式以证明他们所指斥为违反理性、虚幻、荒谬、妄诞的事情，无疑地是最使他们惊异不过的了。"[1] 但他依然坚持人的情感完全可以用统一的自然法则来研究，考察人类的行为和欲望，犹如考察点、线、面和体积一样。为此，他提出很多很有趣的观点。"一个人为一个过去或将来的东西的意象所引起的快乐或痛苦的情绪，与为一个现在的东西的意象所引起的情绪是一样的。"（第三部分命题十八）[2] 比如失去财产这件事，不管是时间维度上的过去、将来，还是现在，给人带来的痛苦都是同样的。"当一个人想象着他所爱的对象被消灭时，他将感到痛苦，反之，如果他想象着他所爱的对象尚保存着时，他将感觉快乐。"（命题十九）"当一个人想象着他所恨的对象被消灭时，他将感觉快乐。"（命题二十）[3] 根据情感发生的不同，斯宾诺莎区分出主动情感和被动情感，那些因具有完备知识、符合我们本性而产生的欲望、情绪称为主动情感，因不充分的知识产生的欲望、情绪则为被动情感。我们要让主动情感占据主导，成为自己的主人，而不能让被动情感所控制，成为受奴役的人。

斯宾诺莎用自然主义的方式解释伦理行为。善、恶、美、丑就不是必然具有肯定或否定的意义，只是基于人的判断。他说："所谓善是指我们确知对我们有用的东西而言。反之，所谓恶是指我们确知那阻碍我们占有任何善的东西而言。"[4] 他在命题八再次强调："我们感觉到任何事物使得我们快乐或痛苦，我们便称那物为善或为恶。所以善恶不是别的，只是从快乐

① 〔荷兰〕斯宾诺莎:《伦理学》,贺麟译,商务印书馆1983年第2版,第96页。
② 〔荷兰〕斯宾诺莎:《伦理学》,贺麟译,商务印书馆1983年第2版,第113页。
③ 同上,第114、115页。
④ 同上,第170页。

与痛苦的情感必然而出的快乐与痛苦的观念而已。"① 比较一下从奥古斯丁、
阿奎那以来形成的思想传统——有一个绝对的至善,恶是善的缺失,可以
看到斯宾诺莎对于善恶的看法在西方思想史上的独特性和另类。一般说来,
善、恶与个体相关,对一个人来说是善的,对另一个人可能是恶的。这是
否意味着取消善恶标准? 不是。斯宾诺莎认为存在着所有人都具有同样的
自然本性,符合本性必然是善的。但人往往受被动情感的支配,以至于充
分知识所产生的欲望,不能压制受别的事物刺激所发生的欲望。命题十七
中,斯宾诺莎指出,人为什么软弱无力和动摇不定,因为不容易遵守理性
的指导而易受情欲的支配。他引用罗马诗人阿维德的诗句说明择正道之难:

> 我目望正道兮,心知其善;
>
> 每择恶而行兮,无以自辩。

　　但斯宾诺莎讲理性指导的无力,并非想证明理性对人的伦理行为的无
所作为,恰恰相反,真正的符合自然本性的理性在指导人们的伦理行为上
是非常有力量的。他说:"理性既然不要求任何违反自然的事物,所以理性
所真正要求的,在于每个人都爱他自己,都寻求自己的利益。"② 斯宾诺莎
把自爱、自利视为人的共同自然本性,那么自然理性要求每个人尽最大努
力保持自己的存在,便是一条必然性真理,便是善。斯宾诺莎的自然主义
伦理观要求每个人最大限度地追求自我利益,认为人的德性的根本基础在
于保持自我存在;只要有助于更好保持自我存在,都值得去追求;德性是
一种力量,一个愈努力追求自身利益的人、满足自身欲望的人,说明愈有
力量,反之,只能说明软弱。这些观点显然有悖于传统基督教伦理,但它
迎合新兴阶层的利益。这里摘录《伦理学》第四部分若干关于善恶的言论:

　　命题二十:一个人越能成功地取得他的利益并保持他的存在,他的德
性越多。

　　命题五十:怜悯在一个遵循理性的指导而生活的人,本身是恶,没有

---

① 〔荷兰〕斯宾诺莎:《伦理学》,贺麟译,商务印书馆 1983 年第 2 版,第 176 页。

② 〔荷兰〕斯宾诺莎:《伦理学》,贺麟译,商务印书馆 1983 年第 2 版,第 183 页。

益处。

命题五十三：谦卑不是一种德性，换言之，谦卑不是起于理性。

命题五十五：最大的骄傲与最大的自卑，都是对于自己本身最大的无知。

命题六十一：一个起于理性的欲望，决不会过度。

命题六十七：自由的人①绝少想到死；他的智慧，不是死的默想，而是生的沉思。

命题六十八：假如人们生来就是自由的，只要他们是自由的，则他们将不会形成善与恶的观念。

以上是斯宾诺莎从自然理性推导出的结论。他坚信只有遵循这种自然理性的指导才是一个自由的人、完满的人，具备正当生活的人。《伦理学》第五部分专门讨论理性的力量，以及如何用来控制情感，实现心灵的自由和幸福。

在斯宾诺莎理论中，心灵和身体都是"神"表现出的样态，都有同样的次序和联系。这意味着思想和事物的观念在心灵内是如何排列和联系的，身体知觉和事物形象在身体内也恰好是那样排列和联系的（第五部分命题一）。当我们主动排除某一观念，主动接受另一个观念，那么因前一个观念所激起的情感便随之消失（命题二）。斯宾诺莎表达得有些晦涩。举个例子说明。比如，当一个人主动放弃"忠君"观念，那么崇拜君主的情感就会消失；当主动接受"平等"观念，就会激发新的待人接物的情感。斯宾诺莎乐观地认为，当整个社会的错误观念被自然理性的知识所替代，那么旧有的社会秩序将瓦解，新的社会秩序将建立。斯宾诺莎反对笛卡尔认为的错误发生是因为自由意志越过理智的范围，坚持认为知识不足才是错误的原因。只要心灵理解一切事物必然发生的知识，我们控制情感的力量会更大。比如，一个人丢失很有价值的东西，如果意识到丢失必然发生，痛苦会大大减轻；没有人怜悯婴儿不会说话、不会走路，因为这是自然规律，反之如果大多数婴儿出生就具有成年人的能力，人们就会怜悯少数能力欠

---

① 斯宾诺莎所称"自由的人"是指完全依据理性的指导而生活的人。——笔者注

缺的婴儿，因为这是反自然的缺陷。由此看来，要使理性力量更强大，就必须要获得完整的没有缺陷的知识，而要获得这种知识，就必须爱"神"，因为世界所有必然性的知识都在"神"内。命题十五说："凡是清楚明晰地了解他自己和他的情感的人，必定爱神，而且他愈了解他自己和他的感情，那么它愈爱神。"命题二十五说："心灵的最高努力和心灵的最高德性，都在于依据第三种知识来理解事物。"所谓第三种知识是对"神"的某一属性的正确观念而达到对于事物本质的正确知识，也就是前面所讲的直观知识。

《伦理学》最后一个命题说："幸福不是德性的报酬，而是德性自身；并不是因为我们克制情欲，我们才享有幸福，反之，乃是因为我们享有幸福，所以我们能够克制情欲。"这段话往往有多个版本解释，但斯宾诺莎的真实意思是：幸福在于爱"神"，而对"神"的爱起于第三种知识，第三种知识告诉我们，基于自然理性，德性是追求自我利益、保持自我存在的力量，因此拥有这种德性本身就意味着幸福；当我们拥有了这种幸福，掌握着没有缺陷的知识，对自我情感的控制力就越大。斯宾诺莎认为，一个真正的智者必定是掌握必然的自然法则，既能知"神"知其自身、也能知物，享受着真正的灵魂满足。斯宾诺莎的伦理学通常被认为是利己主义的。斯坦贝格认为"斯宾诺莎的利己主义观点是一种启蒙式的观点。"[①] 这个评论是恰当的。他要求每个人关注自己的利益，同时关注他人也有同样的利益，并假定所有人的真正利益又是一致的。斯宾诺莎强调："那遵循理性的指导而生活的人必尽可能用仁爱或仁德以报答对他的怨恨、愤怒或侮辱。""唯有自由人彼此间才有最诚挚的感恩。""自由人绝不做欺骗的事，他的行为永远是正直的。"（第四部分命题四十六、七十一、七十二）一个遵从理性的人在努力保存自己的同时，愿意尊重公共生活和公共福利；欺诈永远被理性禁止，即便欺诈可以避免死亡的情形，也不能允许。

斯宾诺莎《伦理学》强烈表达这样的思想：世上的一切错误皆因知识不足、知识缺陷造成的。他提出一个判断：当大部分人接受某种新思想，

---

① 〔美〕斯坦贝格：《伟大的思想家——斯宾诺莎》，黄启祥译，清华大学出版社2019年版，第129页。

这个社会肯定发生改变。这一判断正是启蒙运动的理论基础。你看，当斯宾诺莎用几何方法发现来自"神"的理性之光穿越黑暗来到人间，当用来自"神"的自爱自利原则指导人的行为，那么愚昧、迷信、不公正就会一扫而空。这种乐观主义也是日后启蒙运动的核心理念，只不过他们中的一些人已不再假借"神"的名义。

三、斯宾诺莎的《神学政治论》

1670 年斯宾诺莎 38 岁时，拉丁文版《神学政治论》在阿姆斯特丹匿名出版。该书宣称用理性对《圣经》作出解释并从中推导出宗教的、政治的原则，次年被荷兰新教教会宣布为禁书。该书的主旨是要论证"自由比任何事物都为珍贵"[①]。要实现这个目的就需要把一些错误的观念揭露出来，使人们获得正确的知识。他通过考察预言、神律、奇迹和《摩西五经》作者等，指出哲学与宗教信仰之间并没有关系。他说：

> 哲学的目的只在求真理，宗教的信仰我们已充分地证明，只在寻求顺从和虔敬。不但如此，哲学是根据原理，这些原理只能求之于自然。宗教的信仰是基于历史与语言，必须只能求之于《圣经》与启示，这我们已在第七章中说过了。所以宗教的信仰容许哲学的思辨有最大的自由，容许我们对于任何事情爱怎么想就怎么想，不加呵责，只把那些传布易于产生顽固、怨恨、争端与恼怒的思想的人断为是异教徒与提倡分派的人；反过来说，只把那些竭尽智能劝我们履行公义的认为是有宗教信仰的人。[②]

现在看来，上述这段话非常平常，但在当时很有些惊世骇俗。从基督教进入希腊、罗马世界，哲学和神学的关系走过曲折的路线。基督教教父一方面借用希腊哲学，一方面不断撇清与哲学的关系，奥古斯丁之后哲学完全湮没在神学之中。阿奎那构筑亚里士多德主义神学，哲学开始占据一

---

① 〔荷兰〕斯宾诺莎：《神学政治论》，温锡增译，商务印书馆 1963 年版，第 12 页。
② 同上，第 201 页。

席之地——成为神学的奴婢。到了斯宾诺莎,第一次提出建立在自然理性基础之上的哲学,与建立在《圣经》与启示基础之上的神学相互独立,彼此不应干涉。他自信地说:"我以为我已经达到了我的目的,证明哲学如何应和神学分开,二者之所立何在;哪个也不应该做哪个的奴隶,各自都应有自己无敌的领域。"① 通过哲学和神学的分割,斯宾诺莎产生宗教与国家分离,宗教应受国家法律约束的思想。

不过,从斯宾诺莎强调自然之力就是"神"之力,自然之权就是"神"之权来看,他的学说依然建立在神权基础上。只是他的神之性与自然之性画等号。他将政治学建立人的自然状态和人的自然本性基础之上。

人拥有天赋之权,比如天生自由,那是由自然本性决定的。伊甸园中"神"吩咐亚当不许吃善恶之果,说明亚当具有"神"无法阻止的能力。这种自由和能力体现人的自然本性。斯宾诺莎阐释《出埃及记》,当希伯来人摆脱埃及法老奴役后开始享受天赋之权,这种权利可以自由地保持或放弃或转付。他们最初把权利交给"神",使"神"拥有对希伯来人的统治之权,"神"便成为希伯来人的国王。所有人都同样受与"神"之契约的约束,所有人都有均等的权利向"神"请示。斯宾诺莎把这种政府称作民主的神权政体。斯宾诺莎认为,希伯来人由于后来不敢直接与"神"交流,很快放弃了从前的契约,转而把请示"神"和解释"神"之命令的权利交给摩西。这意味着摩西掌握最高王权。从这我们可以看到斯宾诺莎政治学的核心观点:

1. 人的天赋权利连"神"也无法剥夺,"神"对人的统治须经过人的同意和授让。神权统治尚且起源于契约,那么国家的统治权、国王的统治权更不可能超越这一自然法则。

2. 在人被创造之后与律法出现之前的很长一段时间,人处于自然状态,始终保有天赋之权,这是一个无宗教、无律法、无罪恶与过失的状态。每个人力量的边界就是天赋之权的边界。

3. 正如希伯来人后来把天赋权利转交给摩西一样,人类社会后来的政

① 〔荷兰〕斯宾诺莎:《神学政治论》,温锡增译,商务印书馆 1963 年版,第 211 页。

体中，也是人们把天赋之权交付给国家，由某一个权威行使统治权。通常情况下每个人都被欲望和力量驱使而不受理性支配，在人人都保持天赋之权又不肯放弃的社会里，人人会把阻碍其达到目的者视为他的敌人，人人都会处于惴惴不安的悲惨境地。只有把权利转移到一个强力者手上，才能用惩罚来保证社会基本秩序。

4. 斯宾诺莎认为人人把天赋之权交付给统治者，由统治者获得统治权的政体属于民主政体。民主政体的基础在于，统治者发布的命令是为着公众利益而非统治者个人利益。这时候，公民是在服从有利于包括自己在内的公众利益的命令。斯宾诺莎认为："在所有政体之中，民主政治是最自然，与个人自由最相合的政体。在民主政治中，没人把他的天赋之权绝对地转付于人，以致对于事务他再不能表示意见。他只是把天赋之权交付给一个社会的大多数。所有人仍然是平等的，与他们在自然状态之中无异。"① 不过，斯宾诺莎的民主政体依然赋予统治者随意行事之权，不存在不法侵犯公民的问题。所谓的不法行为只是发生在被统治者之间的相互侵害。

5. 与霍布斯主张把所有权利交付出去不同，斯宾诺莎强调，没有人能够并需要把自己的自然权利全部交付出去。关于是否能够的问题，斯宾诺莎说："没人能完全把他的权能，也就是，他的权利，交付给另一个人，以致失其所以为人；也不能有一种权力其大足以使每个可能的愿望都能实现。"关于是否需要的问题，他说："果真人们的天赋之权能完全剥夺净尽，若不得到握有统治权人的许可，对于事务不会再发生什么影响，那安然保持极暴虐的暴政就是可能的。"② 从可能性和必要性两方面都证明民众不是把全部天赋之权交出去。斯宾诺莎强调：任何一个统治者都不可能无视人民的需要而绝对地按照自己的意愿行事，无论是历史和现实都找不到这样的例子。从中引申出一条规则：任何政府都是有限政府，其权能不可以涵盖一切。

6. 斯宾诺莎通过讨论希伯来人的历史提出如何约束人民和保证人民忠

① 〔荷兰〕斯宾诺莎：《神学政治论》，温锡增译，商务印书馆1963年版，第219页。
② 同上，第226页。

诚的办法。一是养成爱国之心，二是养育敬神之心。他说："希伯来人对于他们的国家之爱不仅仅是爱国之心，也是敬神之心，用每天的礼仪来养育，以致他们对于别的国家的仇恨必是已经深入于他们的本性之中了。"① 除此之外，利用人类所有行动力量和生命之所在的利己之心。他说："在希伯来国这特别是有保证的，因为任何别的地方都没有像这个社会的公民财产那么有保障，因为他们对于土地之所有和他们的首领们是均等的。"② 斯宾诺莎叙述的希伯来人这段历史是否属实可能无法考证，但其表达的观点是清晰的，即一个财产权有保障的社会，一个土地权比较均等的社会，才会有强大凝聚力。

斯宾诺莎从圣经的历史中不仅推导出天赋之权、统治权，以及统治者与被统治者、国家与人民的关系，还从中推导出宗教与国家，祭司（牧师）与官员的关系。首先是政教分离，高级祭司（高级教士）不能拥有世俗权，只能限定在敬神等宗教事务。其次，不能把纯粹思想领域的事务交付给宗教来辖制，这会妨碍人人所拥有的不可剥夺的思想自由权利。第三，宗教服从国家法律。在斯宾诺莎的时代，妨碍思想自由的恰恰是教会。

斯宾诺莎把他的神学政治落脚于此：在一个自由国家，每个人都有思想自由、能自由发表意见。自然本性决定人心不可能由另一个人控制。"没有人会愿意或被迫把他的天赋的自由思考判断之权转让与人。"③ 每个人都是自己的思想的主人，这种天赋之权，即便你想自愿割舍也是做不到的。政治的真正目的是自由，但自由仅限于思想领域而不能及于行动。斯宾诺莎倡导思想自由但反对行动自由，这种自由观在德国古典哲学中得到进一步发挥。但思想和行动的界限在实践中往往是模糊的，有思想但不能表达，那么这种思想自由毫无意义，而表达的过程必须借助于行动。

笛卡尔从希腊哲学抽象出的"思想实体"作为逻辑起点，斯宾诺莎从诠释希伯来经典抽象出的"自然状态"作为历史起点，最后都指向一种不

---

① 〔荷兰〕斯宾诺莎：《神学政治论》，温锡增译，商务印书馆1963年版，第243页。
② 同上，第244页。
③ 〔荷兰〕斯宾诺莎：《神学政治论》，温锡增译，商务印书馆1963年版，第270页。

容置疑的思想自由、理性力量。斯宾诺莎不赞成笛卡尔的超因果律的自由意志，但不妨碍赞成思想自由。他把人类一切错误和罪恶都归结为知识的缺陷，而充分知识的获得需要思想自由。他说："这种自由对于科学与艺术是绝对必须的，因为，若是一个人判断事物不能完全自由、没有拘束，则从事于科学与艺术，就不会有什么创获。"[①] 从这看到，人类思想创新，常常借助对历史传统的重新诠释，并将这种诠释之光照进昏暗的现实，让未来之梦更加绚丽、丰满。

第三节　莱布尼兹

莱布尼兹（Leibniz，1646—1716）出生于神圣罗马帝国的莱比锡，其父亲是莱比锡大学的伦理学教授，在莱布尼兹 6 岁时就去世，留下极为丰富的藏书。15 岁时，莱布尼兹进入莱比锡大学读书，1666 年转入阿尔特道夫大学并获得博士学位，1667 年开始为美茵茨主教服务，1672 年被派往巴黎游说路易十四进攻埃及而不是邻近的德意志。在巴黎的 4 年时间，他学习哲学和数学，大约在 1675 年到 1676 年间发现了无穷小算法（微积分）。莱布尼兹并不知道稍早前牛顿发明了流数法，后来双方的支持者就微积分的发明优先权发生争执。美茵茨主教去世后，莱布尼兹转而为汉诺威公爵服务，担任图书馆馆长。在上任前，莱布尼兹顺道去海牙拜访斯宾诺莎，相处有一个月，获得《伦理学》的部分原稿。1700 年莱布尼兹开始担任柏林科学院首任院长。1710 年出版《神正论》，据称是在普鲁士王后夏洛蒂鼓励下完成的，也是莱布尼兹生前唯一公开出版的大部头作品。1714 年汉诺威继任为英国国王乔治一世，但拒绝将莱布尼兹带到伦敦，可能因与牛顿的争执而让英国人嫉恨有很大关系。1716 年 11 月，莱布尼兹在汉诺威孤独地离世，去世前几个月刚完成《论中国人的自然神学》。莱布尼兹与耶稣会派往中国的传教士关系密切，因此对中国事务抱有强烈兴趣。莱布尼兹作为罕见的通才，在多个领域有重大发现，如微积分、二进制等。他认为数学和

---

① 〔荷兰〕斯宾诺莎：《神学政治论》，温锡增译，商务印书馆 1963 年版，第 274 页。

逻辑可以当作形而上学的基础，坚信可以用几何学和数学方法推论形而上学和伦理学。罗素认为，如果当初莱布尼兹把相关作品发表，"他就会成为数理逻辑的始祖，而这门科学也就比实际上提早一个半世纪问世"[1]。

一、莱布尼兹与《神正论》

莱布尼兹与笛卡尔、斯宾诺莎并称欧洲的三大理性主义哲学家，但他们的哲学基础有较大差异。笛卡尔承认有思想、物质和"神"三个实体，斯宾诺莎只承认"神"为实体，而莱布尼兹承认"神"以及无限多个作为实体的"单子"，世界就是由无限不同种的"单子"组成。"单子"不具有广延性，但有物理质点的属性，又表达着整个宇宙的基本性质。单子与单子之间不能发生作用，彼此没有因果关系。依靠"神"的无限智慧，使单子和单子之间存在"前定和谐"[2]。比如阅兵场上的部队，每个战士都是一个不同的活动单元，但他们都在共同表达指挥官的意图，使这支部队每个战士做到彼此协调。人的身体由无数个单子组成，但单子之间有个等级序列，起主宰作用的单子就发挥着灵魂的作用。为什么某个特定单子会起主宰作用？是因为这个单子具有更清晰的表达宇宙的能力。这套理论，我们有个大概了解就可以了，不必当真。

从思想史角度看，莱布尼兹最重要的作品无疑是《神正论》。宗教改革开启自由神学时代，使每个人都有了构想"神"并从中推导出新学说的权利，莱布尼兹同样不例外。他的学说同样是建立在对"神"的特定理解基础之上。基督教的重要问题是什么？除了"三位一体"、圣礼、圣餐和救赎以外，莫过于"恶"、"自由"，以及"理性与信仰"等问题，核心还是关于"恶"的问题。奥古斯丁对"恶"的困惑同样困扰着一代代思想家。一个全知、全能、全善的"神"与世界中的"恶"到底是什么关系？对恶的

---

① 《罗素文集》第 8 卷《西方哲学史》下，马元德译，商务印书馆 2012 年版，第 141 页。
② 莱布尼兹的"前定和谐"与宋明理学关于人与天地万物之间存在和谐关系、相通关系，有一定的相似性。前者认为一种先天的"规律"前定在单子之中，后者认为"天理"在天、地、人形成之时就贯通其中；前者将这一切归因于"神"，后者将这一切归因于无极、太极。——笔者注

思考纵贯整部西方思想史。莱布尼兹《神正论》副标题为"就恶的起源论上帝的正义与人的自由"，是试图解决该问题的又一次尝试。"神正论"一词由希腊语的"神"、"正义"两个词组合而成，说明莱布尼兹是以"神绝对正义"为前提，又用从该前提推导的观点再证明"神绝对正义"。这种循环论证的手法，在西方思想史上屡见不鲜。但似乎没有人给予太多的质疑，反而被赞扬为促进了"西方自由学说的近代化"和"自然神学的近代化"①。

《神正论》由三部分组成。第一部分包括"前言"和"论信仰与理性的一致"。第二部分论述"恶的起源、神的正义、人的自由"，分上中下三篇。第三部分是附录，收录莱布尼兹与他人的争论。莱布尼兹在前言中阐明了写作该书的目的是强化对"神"的虔敬、恢复"神"的荣光。他说："真正的虔敬、乃至真正的幸福在于对上帝的爱。"② 因为"神"是一切完善的源泉，是世界秩序、和谐的创造者，拥有全部的力量、知识和善。但由于某种原因，我们偏离了对"神"的爱，使虔敬简化为仪式，教义流于俗套，对"神"产生错误的观念，看不到"神"的智慧和力量。莱布尼兹认为出现这些问题的根本原因在于，我们陷入了"必然性"和"连续性"的迷宫之中，对"神"的至善、人的自由与恶的认识产生偏差。因此，他的使命是澄清对这些问题的认识，这构成了《神正论》的主题。

对于生活在现代世俗社会的人来说，可能不会对莱布尼兹如何证明"神"至善和正义有兴趣，但该书体现出的哲学、政治学思想依然值得我们注意。莱布尼兹的神学实质是人类学，他讨论神正义，其实是讨论人的自由、理性和正义。

二、必然与自由

自由与必然，是困扰西方思想史的大问题。莱布尼兹认为这个问题"几乎困惑着整个人类"③。他从必要性和可能性两个方面证明人必须要有自

---

① 〔德〕莱布尼兹：《神正论》，段德智译，商务印书馆 2018 年版，《汉译者序》。
② 〔德〕莱布尼兹：《神正论》，段德智译，商务印书馆 2018 年版，第 59 页。
③ 〔德〕莱布尼兹：《神正论》，段德智译，商务印书馆 2018 年版，第 61 页。

由意志。

　　假如信奉一切皆必然，那么无论我做什么，该发生的还是必然会发生，那么人正确的选择就是任凭世界自然发生，放弃一切行动的意愿。过分强调必然，会产生让人难以接受的后果。比如，导致莱布尼兹所说的"土耳其式的命运"，根据一切皆必然的理由，据说土耳其人从不躲避危险，即便瘟疫流行也绝不背井离乡。或者产生"斯多亚派的命运"，这派哲学家告诫人们平静面对必然要发生的一切变故，不动心、不动情。有的以必然为依据，为自己的罪恶辩护。他们宣称："宣讲美德、指责恶行，培育对奖赏的希冀和对惩罚的畏惧，这一切都徒劳无益。"[①] 甚至将人的罪恶归因于决定世界一切的"神"，既然一切都是"神"的前定，那么罪恶是"神"所允许的。有的走得更远，放弃"神"是正义和至善的信条。"神"仅仅出于自己的意志而使人犯罪从而在惩罚人类中取乐，在不断折磨无辜中滋生快乐，犹如孩子在折磨小动物中取乐。总之，莱布尼兹看到承认"必然"的主宰作用会在西方世界滋生多么可怕的场景，不仅使人成为必然的奴隶，使人的道德沦丧，而且会使信仰坍塌，"神"的正义被推翻，因此，莱布尼兹认为必须承认人有自由意志。从这可以进一步发现，人有"自由意志"是内生于西方文化之中不可消减的假设。

　　除了从必要的角度提出人有自由意志，莱布尼兹还用"前定和谐"的理论来证明自由意志是可能的、可行的。"神"的前定不仅没有剥夺人的自由意志，反而使我们的自由更好发挥。他引用一个故事，说有一个"伟大的工匠"事前知道我明天将命令仆人干什么，于是预先制造了与这仆人完全一样的自动机器，准时完成我所吩咐的一切。那么，这个预定或前定并没有妨碍我的自由。看来，莱布尼兹是个乐观主义者：我们按照理性自由地去做的事情，恰恰是与"神"的前定相一致。因为人的自由与永恒的神意具有完全的内在一致性。他告诉我们："整个未来无疑是确定的，但既然我们既不知道它是什么，也不知道先见的或确定的是什么东西，我们就必

―――――――――――――

①　〔德〕莱布尼兹:《神正论》，段德智译，商务印书馆 2018 年版，第 66 页。

须按照上帝赋予我们的理性及他为我们制定的规则，来履行我们的职责。"①
我们常常困惑于不同学派的西方思想家为什么对"自由"都有圣徒般的执
着，为什么将人的自由置于最高的位置？这与其历史文化密不可分。第一
个显而易见的原因是亚当偷吃禁果的犯罪不能归于"神"，只能归因于他有
自由意志，其次他们所构筑的学说体系同样需要自由意志的这一假定。奥
古斯丁提出人有自由意志，是为了避免将罪恶归咎于"神"。笛卡尔同样强
调自由意志，是为了给知识寻找"我思故我在"这一有确定性的基础。斯
宾诺莎虽然因一切都在"神"的必然性中而反对自由意志，但承认思想自
由，否则世界就陷入神秘的必然性之中，科学和艺术无从产生。莱布尼兹
基于"神是正义"这一前提，也必须承认人有自由意志。不过，从莱布尼
兹"前定和谐"推导出来的自由，又何尝不是一种虚假的自由，或者是自
由的幻影？表面看，我好像在理性地行使着自由的权利，其实"神"早就
给你预定好了。就如舞台上的角色，似乎在自主地表现自我，自主地进行
互动，其实事前就安排好了剧本，每一句台词、每一个眼神、每一个动作
都是预定的。

　　在必然与自由的关系上，莱布尼兹还区分了两种必然性。一种是绝对
必然性，属于逻辑上的、几何学上的必然性，是不可克服的。莱布尼兹说：
"这种必然性并不存在于自由的行为中。"② 这种必然性与人的自由行动无
关。比如，两直角之和180度，但这种必然性不会妨碍人的自由。另一种是
由"神"制定的自然律，"是建立在事物的适宜性之上的，其意义介于几何
学的真理、绝对的必然性和任意的命令之间"。③ 这种必然性给了自由选择
以空间。实际上，按照莱布尼兹的观点，现实世界是各种可选择的方案中
最佳的方案。

三、信仰与理性

　　信仰与理性的关系同样是贯穿西方思想史的大课题。莱布尼兹回顾了

---

①　〔德〕莱布尼兹:《神正论》,段德智译,商务印书馆2018年版,第228页。

②　〔德〕莱布尼兹:《神正论》,段德智译,商务印书馆2018年版,第73页。

③　同上,第73页。

长期以来的纷争，双方已经到了水火不容的地步。神学家指责哲学败坏了神学，经院哲学家则借助亚里士多德、阿维洛伊这道护身符，拼命为理性谋得一席之地。在莱布尼兹时代，双方的最大公约数可能是哲学和神学、理性和信仰各有自己的领地，相互不能替代，但总体来说信仰真理要高于理性真理，神学要高于哲学。莱布尼兹的目标是试图证明，两者之间有内在的一致性。这种证明代表着近代欧洲思想史的一个事实：信仰真理需要接受理性的审判，"神道"开始接受"人道"的审判，理性真理的上升之路已经不可阻挡。当然，莱布尼兹仍然坚信诸如"三位一体""道成肉身"等信仰真理完全能够经受得起理性法庭的审判，"神"的正义符合人们心中的正义。

莱布尼兹对何谓信仰真理和理性真理作了界定。信仰真理属于"神"以超常方式启示出来的真理，依赖于见证过奇迹的人的经验。理性真理同样需要与经验关联，分为永恒真理和实证真理。这就存在三重真理：永恒真理、实证真理和信仰真理。首先，永恒真理属于逻辑的、形而上学的、几何学的必然性真理，体现着一种绝对的必然性，地位最高，连信仰真理都不能同它们相矛盾。比如莱布尼兹坚称，"神"无法改变"三角形内角之和为两直角"的几何定律①，也不能改变"某种结果必须由某种原因导致"的逻辑规律。否定永恒真理势必导致荒谬。其次，实证真理是"神"按照适当性原则放进自然界的秩序或规律。莱布尼兹强调，"神"放进这样的自然律或不放进那样的自然律，"却不是根据绝对的必然性进行选择的"②。意思是自然律并非绝对必然，而是可以超越的。第三，信仰真理是"神"对由其建立的自然规律的豁免，表现出来的是一种奇迹，如灵魂不朽、肉身复活等。既然自然律是"神"放入自然界的，当然有权在特定情况下豁免，让事物以超自然的方式发生。这是莱布尼兹的逻辑。看来，莱布尼兹并不认为自然律是最高级的，还可以存在超自然的真理即信仰真理，并不违背实证真理这一自然规律。现代人看来，莱布尼兹的这一观点很荒谬。但是，

---

① 黎曼几何等非欧几何的出现，打破了"三角形内角之和为两直角"的所谓"永恒真理"。——作者注

② 〔德〕莱布尼兹：《神正论》，段德智译，商务印书馆2018年版，第73页。

我们须谨记：现代自然科学并没有完全否定超自然现象的发生。当人们总是用迄今所能理解的方式去理解自然的含义时，违背该定义下的自然现象势必看作超自然甚至反自然。比如，天文学家在没有掌握彗星运动规律前，将彗星的出现和消失看作是超自然奇迹。此外，莱布尼兹另一个观点也值得重视。他认为，"神"赋予自然事物以这样的而不是别样的规律，并非任性的或随意的，而是按照适当性原则，是基于至善的普遍原则。从这个意义上讲，"物理的必然性是以道德的必然性为基础"①。这说明物理定律建立在形而上学的基础之上，这个基础便是适当性，它服从至善的普遍原则。莱布尼兹的这一观点富有启发意义。斯宾诺莎把自然和自然规律作为最基本的，莱布尼兹却认为自然和自然规律本身还需要有更基本的形而上学基础，这就是适当性（la convenance）。自然规律的适当性可以包括：简洁、可理解、符合数学逻辑。比如，自然规律遵循最简洁要求，总是可以理解的，总是毫无理由地可以用数学表达出来。正如笛卡尔所说的，物理学作为树干，需要有形而上学作为树根扎入泥土。

　　与三重真理观相对应，莱布尼兹对超越理性和反对理性作了区别。首先，任何真理包括信仰真理都不能反对理性。因为"启示不可能与那些其必然性为哲学家们称作逻辑的或形而上学的真理相矛盾"，"凡信仰的条文都绝对不能蕴含有矛盾"②。这就是说，信仰不能对抗逻辑。如果对信仰真理的异议被证明为真，则所谓的信仰真理不能继续为真。莱布尼兹排除了信仰真理和理性真理可以在各自领域内为真并相安无事的可能性，有走向唯一真理论的唯理论倾向。其次，信仰可以超越理性。"一条真理当我们的心灵（甚至一切受造心灵）理解不了的时候，便是超乎理性的。在我看来，圣三位一体就是这样的真理。"③ 莱布尼兹认为，超越理性的信仰真理，尽管不被理性所理解，但依然与理性一致，并不与理性相违背。第一，某事物看上去超越理性，意味着对该事物还缺乏理解，但不意味该事物是假的。

---

① 〔德〕莱布尼兹：《神正论》，段德智译，商务印书馆2018年版，第96页。
② 〔德〕莱布尼兹：《神正论》，段德智译，商务印书馆2018年版，第118、120页。
③ 〔德〕莱布尼兹：《神正论》，段德智译，商务印书馆2018年版，第121页。

比如我们可能理解不了引力的本质，但并不妨碍我们确认它是真的，也不妨碍它符合某一规律。莱布尼兹说："不可理解性无碍我们相信自然真理。"① 我们可能并不理解某种气味和滋味的本性，但我们确信我们产生的嗅觉和味觉建立在这一本质基础之上。第二，信仰和理性的一致本原于"神"。由于世界由"神"事前设计，存在莱布尼兹所称的"前定和谐"，从而在最基本的层面上保证了信仰和理性的高度一致性。他说："既然理性是上帝的赠品，甚至和信仰没有什么两样，它们之间的抗争也就会使上帝进行反对上帝的抗争。"② 信仰和理性的一致性是"神"的内在一致与和谐的外在表现。

莱布尼兹的"前定和谐"已经预先确定了信仰与理性的一致是一个不可动摇的大前提，然后从大前提引出的结论再去证明大前提，同样有循环论证的嫌疑。不过，莱布尼兹为了讨论这一重大课题而对超越理性和违背理性的区分，反映了他以数学的、逻辑的规律为绝对真理的唯一真理观，而神学教义，物理学定律都是"神"选择的结果，不存在绝对必然性。这反映出潜藏在莱布尼兹学说背后的一种有价值的思想，一种值得努力的雄心。这种有价值的思想是：任何一种真理都不能违背矛盾律，不能违背逻辑，不能违背几何的、数学的推理。这种值得努力的雄心是：发现一种普遍化的数学，将来必定能够用计算代替人类思考。

事实上，建立在算法基础之上的现代人工智能，已经走在实现这一雄心的路上了。莱布尼兹甚至走得更远，他希望人们在形而上学和道德问题上发生争执时，根本无须辩论。"他们只要拿起石笔，在石板前坐下来，彼此说一声（假如愿意，有朋友作证）：我们来算算，也就行了。"③ 对于莱布尼兹这样的雄心，我们只能抱持深深的敬畏。

四、恶的起源和"神"正义

恶的起源，又是贯穿西方思想史的大问题。神权社会有一条必须坚守

---

① 〔德〕莱布尼兹：《神正论》，段德智译，商务印书馆 2018 年版，第 136 页。
② 同上，第 135 页。
③ 《罗素文集》第 8 卷《西方哲学史》下，马元德译，商务印书馆 2012 年版，第 141 页。

的底线，即恶不能来自"神"，"神"无论如何必须是正义的、至善的。这是在论证之前就早已知道的事情。在看似无聊的循环论证过程中，西方思想史形成了若干理论，以解释现实世界为什么充满罪恶。其一，恶来自黑暗的、惰性的物质，因此来自物质的肉身是不好的，而来自"神"的灵魂是好的。柏拉图、斯多亚学派以及新柏拉图学派大多坚持恶源于物质的观点。但随着基督教的兴起，这种观点逐渐被抛弃，理由很简单，物质也由"神"创造，怎么可能是恶的原因？其二，世界上存在善、恶两个本原，代表有善神和恶神。这是一种通俗易懂的解释，摩尼教是持该观点的代表，但被基督教判定为异端，但这种思想在历史上阴魂不散，反复以各种面目出现。其三，只承认有善的本原，恶只是善的缺失，代表着虚无。"神"是善的本原，而恶的责任全在人自己，这就需要形而上学的前提——人有不可剥夺的为恶的自由。自由意志不仅使人对恶行负责变得正当，还洗脱了"神"为恶的嫌疑。奥古斯丁、阿奎那基本沿着这条正统路线。加尔文更加激进，认为只有被"神"拣选的人才有为善的能力，而其他人只能堕落于罪恶的泥淖。其四，采取自然主义态度，根本否定世界存在善恶。关于事物善、恶的价值判断，通常与人的利益和判断相联系。伊壁鸠鲁持这一看法，斯宾诺莎作了进一步发挥。世界一切都笼罩在"神"预定的几何规则的必然性之中，假如非要有善恶的标准，那么遵循自然法则，自爱自利的便是善，反之为恶。莱布尼兹对这四条路线一一评述后，提出自己的新理论。

毫无疑问，他不能完全采信第一条，因明显与基督教义相背，但物质具有不完满性的观点是可以采用的。第二条不能选用，明显属于异端。莱布尼兹指责他的争论对手培尔（Bayle）在变相恢复摩尼教的善恶二元论。第三条简单沿用也不行。莱布尼兹质疑奥古斯丁的"原罪说"，仅仅因一个人的罪来证明所有人有罪的确很离奇，而且并不拯救所有人而偏偏只让一些人得救，更何况亚当的堕落实际上是经"神"允许的。这样依然无法洗脱"神"不正义的嫌疑。莱布尼兹气愤地说："既然人们承认那些被选中的并不比其他人更值得选中，他们的本恶也并不比别人少"[1]，那么"神"的

---

① 〔德〕莱布尼兹:《神正论》,段德智译,商务印书馆 2018 年版,第 71 页。

正义何在？第四条也不行。斯宾诺莎无善无恶的自然主义态度，否定了人有自由意志。这样的观点当然不会被莱布尼兹接受。因此，莱布尼兹决定要为恶的起源寻找新的解决思路。

这里有一个基本事实，"神"预见到恶的发生却没有阻止，还是允许它发生。当时至少形成两种意见为"神"允许恶进行辩护。一种意见是"神"并不关注将发生事件的所有细节。这虽然洗脱对恶放任的嫌疑，但否定了"神"全知。另一种意见是"神"既然是宇宙的最高主宰，当然有权做任何事情而无损它的神圣，哪怕它把人当作被踩死的蚯蚓，人也无话可说。谁会把损害动物或拿动物取乐这件事看成严重不道德呢？莱布尼兹当然不能同意上述意见，"实际上他们都是把权力视为真理的标准"。① 莱布尼兹提出："必须到受造物的观念的本性中去寻找，但这种本性却又包含在存在于上帝理智内的永恒真理之中，从而完全不依赖于他的意志。"② 那么，在受造物的本性中找到了什么？莱布尼兹找到了"原始的不完满性"。恶源于这种不完满性。而不完满的全部受造物都寓于"神"的理智之中，因此在"神"的理智内的永恒真理中，不仅有善的原始形式，还有恶的根源。莱布尼兹排除了恶来自质料或物质的说法，事实上折中了奥古斯丁和摩尼教的观点。他的创新在于，不仅提出恶起源于纯粹的不完满这一"形而上学的恶"，还源于犯罪、堕落这一"道德的恶"，以及悲痛、苦难、不幸这一"物理的恶"。他不否认"恶"总是和"神"有千丝万缕的联系，实际上"神"确实允许"恶"存在。世界中的"恶"的确是"神"与人协同的结果。但莱布尼兹认为"神"允许恶存在，不仅无损于它的正义，反而体现了真正的智慧和美德。莱布尼兹的观点让人有些惊骇，承认恶是实现至善目的的手段。与之前所有思想家不同的是，他认为世人所认为的恶其实不是恶，而是"神"为了实现至善的一个必经的过程和手段。莱布尼兹的这些观念建立在这样的基础之上：至高的真，总掺杂一丝假的；至高的善，不可能不容忍一些恶；至高的美，总需要一些丑作衬托；部分中存在的假

---

① 〔德〕莱布尼兹：《神正论》，段德智译，商务印书馆 2018 年版，第 70 页。
② 同上，第 198 页。

恶丑，却成就着整体上的真善美。

　　莱布尼兹就是以这样的形而上学假设为"神是正义"作辩护。这种辩护的思路完全可以用来为普鲁士王国辩护，也可以用来为西方社会辩护。黑格尔沿着莱布尼兹的思路，最后提出"恶是历史发展的动力"的命题。①

　　莱布尼兹首先发明了"前件意志""后件意志""总体意志"等术语。意志可以理解为一种行为倾向，所谓前件意志是将一个个单独的事物为考察对象，这时候"神"的意志是使所有事物都以善为目的实现它们。从前件意志上说，"神"排除所有的恶，使每一个善都能实现。后件意志是指全部事物最后得以完成的意志。各种单个的前件意志共同作用后产生的便是总体意志，实现了的总体意志也可以称为后件意志。这种表述可能很晦涩。举个例子说明。比如一台机器的运动是由许多单个运动组成的复合运动，单个运动由前件意志决定，复合运动对应着总体意志，机器最后能完成的运动则体现为后件意志。莱布尼兹表达的真实意思是："神"最初让每件事都是善的，其结果是达到最善的，但需要存在一些"恶"作为获得更大善的手段。作为证据，莱布尼兹搬出耶稣的话："我实实在在地告诉你们，一粒麦子不落在地里死了，仍旧是一粒，若是死了，就结出许多子粒来。"（《约翰福音》12：24）一粒麦子死了，看上去是恶，但结出许多粒来，是更大的善。容忍恶，视恶为善的助力，没有恶就不会有更大的善。这是莱布尼兹的结论。但莱布尼兹否认自己违背保罗的"不可以作恶以成善"（《罗马书》3：8）的教诲，而是在遵循"最善者规则"，也就是日常所说的"善意的谎言"。反正"神"那里永远不存在错误或罪，永远不存在！即便那些智慧上有缺陷的人类认为那是恶，它还不是恶！莱布尼兹说："当上帝允许恶时，那就是智慧和美德。"② 为什么莱布尼兹要说如此阿谀的话呢？因为神权社会中，"神"绝对正义是一条不可突破的底线，否则整个社会就会坍塌。这是西方

　　① 事实上,这一命题是恩格斯对黑格尔思想的概括(见《马克思恩格斯选集》第4卷,1995年版,第237页)。这一思想与基督教"不可以作恶以成善"的道德观相违背。由于恩格斯的赞赏,中国一些马克思主义高级知识分子对这一思想持积极肯定态度——作者注

　　② 〔德〕莱布尼兹:《神正论》,段德智译,商务印书馆2018年版,第203页。

所有具有"社会责任"意识的主流学者都必须坚持的政治正确。

　　当然，莱布尼兹是学者，在为"神"辩护时，绝对不可能停留在如此浅层次的思维之中，他还有更深奥的理论。他考察了"神"与被造物的协同作用。"神"创造了人之后，并不是什么都不管了，而是要在人的"保存"中持续发挥作用，表现出来的就是协同。接着他利用开普勒、笛卡尔发现的"物体的惰性（惯性）"来说明问题。比如，同一条河流顺行的船中，载重大的船运动笨拙，载重小的船运动轻快，说明河水并不是船笨拙的原因，而是船自身的惰性（惯性）使然。同样道理，"神"并非是人犯罪的原因，而是人自身的惰性（不完满）使然。有人会质疑，为什么"神"不把人造得更完满一些？他回答说，"神"不可能创造和自己同样完满的另一个"神"。"神"与被造物的协同，还意味着"神"并非是唯一的活动主体，人会自主地参与各种活动。这就是人有自由的原因。

　　莱布尼兹还要证明恶并非源于"神"，只是一种匮乏。他说："如果有人因此而主张上帝并不意欲恶存在而只是允许恶存在，他无疑是正确的。"①意欲和允许有本质性区别，"神"没有意欲只是允许罪恶，甚至参与并促成它们，但依然无损于"神"的神圣性和至上性，因为莱布尼兹认为："上帝既然选择了所有可能世界中最好的世界，已经选择了其中最好的一个，他的智慧就会使他容忍与之密切相关的恶，恶与这个世界密切相关。"② 这就是说，"神"已经创造了一个在所有可能的世界中最好的那个世界了，尽管它依然还充满罪恶。"神"当然可以创造没有一点罪恶的世界，但这样的世界很可能不是最好的。理由很简单，一个能天天吃肉、喝酒的世界可能会让人产生麻木和审美疲劳，不如依然有饥饿的世界，它可以使吃肉、喝酒的快感发挥到极致。按照同样的逻辑，自由意志是"神"赋予人类最好的东西，但人的自由意志又不得不伴随罪恶。现实世界虽然有恶，但善的盈余远远超出其他可能的世界。"神"的正义就体现其中了。莱布尼兹争辩说："一件恶事往往会产生一种倘若没有这件恶事便达不到的善。其实，甚

----

① 〔德〕莱布尼兹:《神正论》,段德智译,商务印书馆 2018 年版,第 73、74 页。
② 同上,第 84 页。

至两件恶事相加也往往能够造成一个大善。"① 在莱布尼兹看来,一个没有恶的世界其实是一个比较糟糕的世界。对于他的这套理论,罗素曾讽刺说:"这套道理明显中了普鲁士王后的心意。她的农奴继续忍着恶,而她继续享受着,有一个伟大的哲学家保证这件事公道合理,真令人快慰。"② 罗素还进一步认为莱布尼兹在逻辑上讲得通,但是不大能够服人。但事实证明罗素的预言有那么一点失误。这套理论和思维模式其实依然很好地生活在西方人的头脑中,并且还俘获更多人的心。比如,在西方这个可能最好的世界里,你可能会流离失所、会被饿死、也会被枪杀,但你毕竟获得自由这一莫大的善,难道不比有肉吃、有酒喝但没有自由更强吗?莱布尼兹要我们坚信:一个由无限智慧和自由的"神"所选中的东西要好于它没有选中的东西。我们不能要求太多。他还抄录了罗马诗人马提雅尔(Martial,约38/41—104)的一句诗:

　　众神作出如此判决,要求更多即是亵渎神灵。③

　　"神"的预知——知道某个人会犯罪,但并没有阻止,因为犯这样而不是那样的罪是这个人本性使然,是他的自由选择。但"神"给世界预定了更为宏大的场面——通过这个人的犯罪,获得更高的政体的善。《神正论》结尾讲述了塞克都斯——罗马王政时期末代国王儿子的一个神话故事,他遵循自己的自由意志强奸了一位将军的妻子,最终罗马人赶走了国王父子,开启了罗马共和的新时代。莱布尼兹说:"塞克都斯的罪恶有助于一些伟大事件的发生:他使罗马获得了自由,由此兴起了一个伟大的帝国,给人类树立了伟大的典范。"④

　　一部严肃的学术著作,最后居然以这样庸俗的方式结尾。我们可以用同样的思维来评判历史,比如,正是清廷的腐败无能这个恶才造就了中国

① 〔德〕莱布尼兹:《神正论》,段德智译,商务印书馆 2018 年版,第 187 页。
② 《罗素文集》第 8 卷《西方哲学史》下,马元德译,商务印书馆 2012 年版,第 128 页。
③ 〔德〕莱布尼兹:《神正论》,段德智译,商务印书馆 2018 年版,第 418 页。
④ 〔德〕莱布尼兹:《神正论》,段德智译,商务印书馆 2018 年版,第 580 页。

几千年封建帝制结束这个善，或者正是白人对北美印第安人屠杀这个恶才造就了山巅之城——美国这个善。这样的结论总给人以极怪异的感觉。但是，如果完全否定莱布尼兹的逻辑，设计一个没有恶、只有善的最理想社会，最终前景恐怕也并不美妙。我们是否应认可莱布尼兹的坦诚：我们毕竟生活在有限生物的世界，需要容忍和认可恶？

第十二章　经验主义传统

在学术传统方面，英国与欧洲大陆思想界在对人类知识看法上存在明显差异。这个时代他们面临的共同问题是：旧知识遭到普遍怀疑，需要寻找新的确定性知识。欧洲大陆学者醉心于从天赋观念演绎知识，而英国人倾向于从感觉经验中归纳知识。当然，两者并不是绝对排斥，而是互有借鉴。他们共同意识到，试图通过阅读亚里士多德作品发现宇宙性质，显然是荒谬的。培根斥责亚里士多德不过是一个诡辩家，感兴趣于给事物下五花八门的定义，而不是寻求真理，而柏拉图作品不过是哲学和神学、迷信的混合物。英国经验主义传统的代表人物有一长串名单，本章只选取培根、贝克莱和休谟。英国经验主义传统，在休谟那里被带入死胡同。

第一节　培根

弗朗西斯·培根（Francis Bacon, 1561 — 1626）出生于伦敦新贵族家庭，父亲曾做过国玺大臣。1573 年培根 12 岁时入剑桥三一学院学习，15 岁时作为英国驻法国大使的随员在巴黎居住近 3 年，接触不少新思想、新事物。18 岁父亲去世，23 岁时培根成为下院议员。1602 年伊丽莎白女王去世，詹姆士即位，培根被封为爵士，开始平步青云。1617 年培根获任父亲曾任的国玺大臣职位，1618 年成为大法官，被封为男爵，但仅仅 2 年后培根就因接受诉讼人的贿赂被审判。他在伦敦塔只被关押 4 天就获释，4 万英镑罚金也没有被强令追缴，但已经声名狼藉，被迫离开官场，专注于学术。培根虽然承认收受他人贿赂，但坚称自己丝毫没有因接受他人赠礼而影响公正判决。这大概是他认为的美德。伏尔泰曾敬佩地写道："他死后比生前更受人尊重：他的敌人都在伦敦的宫廷里；他的崇拜者却布满欧洲。"①

　　培根是信仰真理和理性真理这双重真理论的拥护者。在英国，这种思想可以上溯到约翰·邓斯·司各脱（John Duns Scotus，1265—1308）。他认为信仰真理和理性真理各有不同的来源和范围，神学领域的真理，在理性领域可能难以理解，而理性领域的真理，在神学领域也难以成立。信仰真理不能依靠理性来证明，只能依赖教会权威的确定而予以信仰。但这种观点对于正统信仰有危害。比如，它可以导致这样的结果：基督教的某个信仰尽管如此地不合理性，如此地违反常识，但是我依然坚定信仰而毫不动摇（惟其荒谬才信仰）。我们很难搞清楚这个说法是在夸赞还是讽刺。司各脱在《论第一原理》中用理性证明了作为第一原理的"神"，是"第一起作用的东西，第一优越的东西，以及最终的目的"②，是无须借助外在原因而存在的一种"自在"。当然，司各脱理性的作用仅限于此：能够证明"神"存在。至于"神"的本质和属性等，则是理性无法理解的，需要依靠启示和信仰。司各脱还认为，借着"神"的全能，可保证物质具有思维能力。马克思与恩格斯合著的《神圣家族》评价说："唯物主义是大不列颠的天生的产儿，大不列颠的经院哲学家邓斯·司各脱就曾经问过自己：物质能不能思维？为了使这种奇迹能够实现，他求助于上帝的万能，即迫使神学本身来宣扬唯物主义。此外，他还是一个唯名论者。"③由此我们可以概括唯物主义思想的两个来源。一个是源于泛神论，如伊壁鸠鲁、斯多亚学派和斯宾诺莎，他们的"神"就具有物质属性。另一个是基督教一神论，如司各脱，由"神"创造出的物质似乎具有思维能力，是先于精神的存在。双方都有一个共同观念，物质并非是惰性的而是具有"活性"甚至是"灵性"的东西。培根的哲学—神学受到与司各脱有关的英国学术传统的影响，作为双重真理论的拥护者，主张神学的归神学，自然哲学的归自然哲学。但

---

　　① 〔法〕伏尔泰：《哲学通信》，高达观等译，上海人民出版社 1961 年版，第 44、45 页。

　　② 〔英〕司各脱：《论第一原理》，王路译，商务印书馆 2017 年版，第 24 页。

　　③ 《马克思恩格斯全集》第 2 卷，人民出版社 1957 年版，第 163 页。

培根不喜欢称呼第一原理、根本原理、终极目的之类的东西，而喜欢问一问，这个东西到底对我们的生活有什么用处？可以说培根还是英美实用主义的源头。他宣称：人类知识和人类权力是同一的；在一定意义上，真理和实用是一回事；凡在行动方面最有用的，在知识方面就是真的；凡是不能发生实际效用的，都不能视为真理，凡是真理，都应该是有用的。培根的观点明显针对亚里士多德的"为求知而从事学术，并无任何实用的目的"（《形而上学》982b20）。培根还批评将迷信以及神学与哲学杂糅在一起的做法，认为它对哲学的败坏更深，危害更大。"这类哲学，由于它是幻想的、浮夸的和半诗意的，则是多以谄媚来把理解力引入迷途。"① 他认为古希腊人中有两个代表人物，毕达哥拉斯将哲学和迷信的联结在一起，柏拉图及其学派则更为危险和隐蔽（指在哲学中引入神学和数学）。培根还批评一些人，"竟然企图从《创世纪》第一章上，从《约伯记》上，以及从圣经的其他部分上建立一个自然哲学的体系，这乃是'在活人中找死人'。……不仅会产生荒诞的哲学，而且还要产生邪门的宗教。因此，我们要平心静气，仅把那属于信仰的东西交给信仰，那才是恰当的"②。后人给了培根多个头衔，如近代归纳法的创始人，英国唯物主义和整个现代实验科学的真正始祖等，无疑是名副其实的。

　　培根最重要的著作无疑是《新工具》。纵观人类的进步，首先体现在劳动工具的进步。如果从广义上理解劳动，那么劳动工具就不仅仅是物质性工具，还包括精神性工具，即生产智慧产品的思维方法和思维规则。思维方法和思维规则的进步，有时候更具有优先性、决定性的作用。亚里士多德关于范畴、命题、三段论、证明等方面的内容被统称为"工具"，培根的"新工具"正是从这个意义去理解。有了这套合理的新工具，就可以生产出新的智慧产品。他在第一卷第 6 条中说："期望做出前无古人的业绩，而不用前人未曾用的方法，绝对是不健全的空想。"培根对自己所做工作的意义有

---

① 〔英〕培根:《新工具》,许宝骙译,商务印书馆 1984 年版,第 40 页。

② 〔英〕培根:《新工具》,许宝骙译,商务印书馆 1984 年版,第 42 页。最后一句实际上是《马太福音》22；21"凯撒的物当归给凯撒,神的物当归给神"一种引申的说法。——笔者注

清醒认识。他认为，一项泽及大多数人的德政虽有很大功德，但不及一项重
要的科学发现，如果发现适用的工具而有助于其他科学发现，那才是更伟大
的事！我们说笛卡尔用普遍的怀疑否定旧知识，用"我思故我在"作为新知
识的可靠基础，培根则用更为具象的方式指出旧知识的缺陷——工具太落后，
必须使用新工具。他们从不同的视角，共同为已经来临的科学大发现时代
担负起思想的先锋。

培根《新工具》序言提出：不满足于现有的知识，而是进一步发掘真
知；知识不是用来在辩论中赢得对手，而是在行动中征服自然；不要华而
不实的，而是准确的、可以论证的知识。他重视知识，以至于喊出"知识
就是力量"。但他所称的知识是对自然的解释，而非人的主观臆测。他的目
标不在于构筑哲学新派别，"我不认为某人对于自然和对于事物的原则怀有
某种抽象概念便会对人们的命运有多么大的关系。"[1] 他嘲笑只会"煞有介
事"地沉思的人，指出三段论无法推出新知识，需要一种真正的归纳法。
旧知识的首要问题是概念不清晰，充斥大量诸如本体、属性、能动、受动、
本质、形式等一大堆含混、不健全的术语。从培根那里可以得出一个结论：
自古以来，凡哲学上和神学上的争论，大多只是名词上的争论。培根指责
迄今为止的绝大多数知识只是幻象而已。

第一类叫族群幻象。这种幻象基于人性本身。人总喜欢以己度人度事，
喜欢把自己的意愿强加给外界的对象。比如，人有生命、会思考，当看到
有序的星空，就以为天体也有生命、会思考，甚至比人更有智慧。结果任
何事物都打上人的痕迹，而事物自身的性质反被扭曲了。

第二类叫洞穴幻象。这种幻象基于个人不同的经历和阅历。每个人都
有自己栖息的"洞穴"，都有自己固有的成见和局限。培根引用古希腊赫拉
克利泰的话说："人们之追求科学总是求诸他们自己的小天地，而不是求诸
公共的大天地。"

第三类叫市场幻象。这种幻象是人们互动所形成的。自然语言、文字
是人交往的中介，但以文害意、词不达意、妨碍正确理解就必然会发生。

---

① 〔英〕培根：《新工具》，许宝骙译，商务印书馆1984年版，第98页。

于是，人们常常陷入无数空洞的争论和无谓的幻想之中。人们常常慷慨激昂地辩论、指责对方，最后发现是按照自己对词义的理解或者用通常方式理解词义而没有注意该词义特定含义所带来的争论。这说明自然语言的模糊性和不准确。

第四类叫剧场幻象。这种幻象是某种学说体系的局限性带来的。在人类历史长河中，不断上演着各种舞台剧，也就是不同的学派、学说。它们给人们提供了自身虚构出来的一幅世界图景、人生画卷。观众不可避免地把其中的场景看作是真实世界的反映。

除了上述四种幻象，培根还指出人类理解力的弱点，即总是倾向于把自己臆测出的所谓秩序、规则强加给世界，而且一旦提出某种意见后会牵引出更多的事例来证明这种意见的正确性。因为，人们总是看到自己希望看到的，而把不希望发生的事情当作没有发生，甚至有意视而不见。人类理解力总是易于被想象所激发，总是不安分地不停追问，是不是有无限的过去和无限的未来？培根认为，这种追问是错误的，会导致无限有一大一小之别[1]，或者是线段无限可分。人的理解力会不停地追问自然秩序中所谓"先在"的东西，搞出一大堆"如人所愿"的科学。因此，我们要在人类理解中建造一个真实世界的模型，必须深入自然，而不是沉湎于古人的纸堆。同时，"人们在哲学体系中凭幻想创造出来的那些愚蠢的、杜撰的世界影像都必须抛入风中，使其消散殆尽"。[2]

培根对人的四种幻象的分析，以及对人的理解力内在缺陷的分析，尽管有一些偏见——因为他本身也存在他所说的"洞穴幻象"，但总体还是比较到位的。显而易见的是，要消除这些幻象，纠治其中的谬误，单凭他所提出的"新工具"——科学实验和近代归纳法，却是远远不够的。至少，

---

① 培根的意思是，如果时间无始无终，我们又处于时间的单向流逝之中，那么势必是越来越远离无限的开始而向无限的终端前进，那么无限就有大、小之别。他认为这在逻辑上是错误的。其实，一个向两端无限延长的直线，既没有特定的中点，也没有一个点能把直线分为一大一小。但是，现代数学已经清晰地揭示无穷与无穷之间存在大小之分，从这点看，培根的质疑是错的。——笔者注

② 〔英〕培根：《新工具》，许宝骙译，商务印书馆 1984 年版，第 108 页。

跨文化、跨种族的思想交流，以及他所鄙视的想象力，他所轻视的数学，他所疑虑的假设，他所放弃的演绎等，都是不错的解决上述问题的新工具。培根提出，一些发明在被发现之前很难进入人的头脑而为人所想到，往往认为不可能而遭搁置。他在《新工具》第一卷109、110条中，列举了大炮、丝绸、罗盘、活字印刷等例子。比如，火药没有发明之前，如果有人设想远距离摧毁坚固的城堡，最多能想到发射重物进行撞击而不会想到带火焰的爆炸；发现蚕丝前，想象精美的服饰，顶多想到走兽最精细的毛和飞禽的羽毛，而不会想到从虫子那里获得；发现磁铁前，绝不可能设想有一种金属居然像天体那样指向特定的方向；活字印刷的高效率，会使人难以想象为什么直到现在才发明，聪明的古人怎么就不会想到。培根举这些例子，是想说明从哲学和理性中很难演绎出对人类社会有如此重大影响的科学发明，而正是这些发明改变了欧洲人的旧观念。但笔者还要补上一句，单纯依赖归纳法也发现不了这些来自东方世界的发明，不同文化和不同文明之间的交流、互鉴，是克服各自弱项、弥补各自缺陷的工具。培根看不上逻辑和数学，认为亚里士多德学派正是被逻辑败坏，柏拉图学派又被数学败坏。这一点说明了培根思想的局限性，如果没有逻辑和数学，他所向往的纯而不杂的自然哲学，只会是空中阁楼了。培根去世17年后出生的同乡艾萨克·牛顿，以探讨自然哲学中的数学原理为目标，为现代自然科学和现代文明奠定了坚实基础。

当然，我们无须苛责培根，因为谨记他的四幻象说，对于每个人都是不错的教益。人们常过分迷信于高超的智慧和无限的能力，但在画一条直线和一个圆形时，借助于最简单的尺子和圆规，也比擅于画线和圆的人强很多。这说明遵循合理的规则去从事科学研究，一个智力一般的常人，也比智力超群的天才，能取得更大、更好的成果。科学活动是智力活动，但这是一项有规则的智力活动，绝非智力竞赛。

那么，培根设定了哪些规则？

培根认为，迄今为止在发现真理的道路只有亦只能有两条。一条是从感官和特殊的东西立即达到最普遍的原理，然后用这种不可撼动的普遍原理去推演次一级的原理。另一条是从感官和特殊的东西引出一些中级原理，然后一步步达到最普遍的原理。第一条道路显然是指亚里士多德派所主张，而培根采取后一条道路：从个体事物中发现普遍性的东西，并研究这些东西，接着再去研究更具有普遍性的东西。亚里士多德说："我们应须求取原因的知识，因为我们只能在认明一事物的基本原因后才能说认识该事物。"（《形而上学》983a25）亚里士多德的原因是主宰西方思想界两千年的"形式因、质料因、动力因、目的因"。培根在《新工具》二卷第2条中，首先排除了自然界存在目的因，它只能败坏科学而无益于科学；质料因和动力因的探究也无助于科学；至于形式因，必须经过限定，仅指单纯性的"形式"①。培根认为，运用"归纳法"揭示存在于各种物体之中的有关性质，就是走发现真理的第二条道路。

　　这里以培根所举的"热"为例子，看一看他是如何使用归纳法来揭示"热"的性质。

　　第一阶段是完成基础性工作，即"三张表"的制作。第一张表是详尽列举与"热"有关的事物，如太阳光、各种火焰、还有硫磺、辛辣的植物等。显然，这里培根把化学作用、辛辣的刺激作用都与"热"混为一谈。第二张表详尽列举与前表对应的缺乏"热"的事物，比如月光星光、丝类衣服摩擦产生的火花（静电）②、王水（浓盐酸和浓硝酸混合物）等。同样都是光，太阳光热、但月光星光不热，同样是火，火焰热、但火花不热，通过如此对比，培根是想排除"热"的性质是光、火。这里，我们看到培根对"热"的理解停留在触觉层次。第三张表列举不同事物"热"的程度，比如石头、金属、木头等坚实的物体没有"热"，硫磺、石油等有"热"的倾向，不同星体中如天狼星最热、其次是狮心星、小天狼星等，还有冷气的刺激能够增"热"，石头和金属对热的感受迟钝，但能把热保持得很久等。从这张表可以看出，培根时代的自然知识夹杂太多的谬误。

---

　　① 培根在二卷17条专门就他所说的"形式"作了解释，既不是亚里士多德和经院哲学家所说的狮子、老鹰、玫瑰等形式，也不是柏拉图的理念，而是指事物的单一性质，如热、光、重量等。他把研究这些性质视为"人类知识的目标"。——笔者注

　　② 培根并不知道静电现象，但看到丝料衣服摩擦后会产生火花，并认为是火焰不热的反例。——笔者注

　　第二阶段，在列出三张表之后，培根开始进入真正归纳法的第一步工作，将那些与"热"无关的性质统统排除掉。比如，太阳光线产生热，因此"热"就与古希腊以来一直讲的四大元素无关；铁和其他物体传热以后，没有损失重量，说明"热"不是可传递的物质；铁受热后体积没有变化①，所以排除"热"是物体的扩张运动等。当完成第一步工作，就进入第二步，即排除不属于"热"的性质后，初步归纳出真正属于"热"的性质。是什么呢？培根认为是"运动"。他说："当我说到运动而把它当作类并把热当作它的种时，我的意思不是说热生运动或运动生热，而是说热之本身，其本质与要素，就是运动而非他物。"② 我们要注意的是，培根所称的"运动"绝非现代热力学对热的定义——分子热运动，而是一种向上的、不均匀的扩张运动。他给"热"下的定义是："热是一种扩张的、受到抑制的、在其斗争中作用于物体的较小分子的运动。"③

　　通过简要叙述培根如何利用"归纳法"开展"热"的研究，我们看到，囿于当时科学知识的局限，充斥着各种谬误，甚至是占星术的臆测，但他初步归纳出的"热"的定义基本还是正确的。培根最初的本意是驳斥旧知识的错误观点，证明"热"与发光或不发光，稀薄还是浓厚等因素无关。但他把"热"看作是运动而不是物质性东西的观点，还是给今后关于"热"的研究提供正确的方向。要知道培根去世 100 多年后的 1772 年，那位推翻"燃素说"的化学家拉瓦锡，在其《化学基础》中依然将"热"列为基本物质。但拉瓦锡的"热质说"无法解释摩擦生热现象，也无法解释物体失去"热"后质量没有减少这一事实，而培根正是通过实验和归纳法排除了"热"是一种物质的观点。总体上讲，培根的归纳法为自然科学研究提供了有效的路径。

　　培根把从事科学研究比喻成蜜蜂，而不是蚂蚁和蜘蛛。他说："实验家像蚂蚁，只会采集和实用；推论家像蜘蛛，只凭自己的材料来织成丝网。

_____

① 培根当时还未能发现铁的热胀冷缩现象。——笔者注
② 〔英〕培根：《新工具》，许宝骙译，商务印书馆 1984 年版，第 167 页。
③ 同上，第 174 页。

而蜜蜂却是采取中道的，它在庭园里和田野里从花朵中采集材料，而用自己的能力加以变化和消化。"① 正如他提出的，当把实验和理性两种机能紧密结合起来，我们就可以有更多的获得科学知识的希望。

第二节　贝克莱

乔治·贝克莱（George Berkeley，1685—1753）出生于都柏林西南方向的基尔肯尼（Kilkenny），15 岁时进入都柏林的三一学院学习，1704 年 19 岁时获学士学位。他的主要作品大多在 30 岁之前完成，1709 年 24 岁时发表首部作品《视觉新论》，次年发表自认为的代表作《人类知识原理》，1713 年发表《海拉斯和裴洛诺斯的对话三篇》，并在这一年迁居伦敦。贝克莱在伦敦期间获悉，"其《原理》一书广为人知，但读过的人却寥寥无几。他的思想成了人们嘲讽的对象"。② 而受到嘲讽的当然是贝克莱的标志性结论："存在就是被感知。"那么，没有被感知的东西真就不存在吗？贝克莱的答案：是的，不存在！那么，贝克莱先生掉到前面的陷阱里怎么办？难道因为没有被贝克莱先生感知到，陷阱就绝对不存在吗？以后，贝克莱又在欧洲游历，在 1721 年回到都柏林接受神学博士学位。1723 年贝克莱获得一笔巨额遗产，1724 年被任命为德里的教士，最终于 1734 年成为爱尔兰克罗因的主教。在获任主教之前，贝克莱曾有意在美洲开创一番新事业，计划在百慕大建设一个"理想国"。英国下院曾通过一项法案，为该项目拨款 2 万英镑，乔治一世还给贝克莱颁发了特许状。1729 年他在罗德岛买下一农场，建了一所房子。在美洲期间，贝克莱迷恋上一种树脂混合物焦油水，认为可以治疗一大堆疑难杂症，这使他长期沉湎于此，此后还出过专著。由于后续资金无法到位，百慕大计划流产，1732 年贝克莱重新返回伦敦。在担任克罗因的主教期间，贝克莱致力于推进教派之间的和解，呼吁天主

---

① 〔英〕培根:《新工具》,许宝骙译,商务印书馆 1984 年版,第 83 页。
② 〔美〕布鲁斯·乌姆鲍:《伟大的思想家——贝克莱》,孟令朋译,清华大学出版社 2019 年版,第 9 页。

教与新教和平相处。他目睹教区居民的贫困，促使他反思贫富悬殊的原因。1752 年，贝克莱辞去主教职位，定居于牛津，次年 1 月突然离世。

贝克莱对后世产生影响的作品，除了一篇质疑微积分存在矛盾的论文，都是年轻时写的。如果说笛卡尔的哲学雄心是要为新科学提供可靠的基础，年轻的贝克莱同样如此。他认为真实的存在只有心灵以及心灵产生的观念，而物质，或者说哲学家和科学家们推断的物质属性这类东西是不存在的。由于贝克莱思想的独特性，我们需要试着从他自身的思想逻辑中去理解他，然后再看一看哪些是可以接受的，哪些是不能接受的。

贝克莱在《人类知识原理》绪论的开头就指出当前的问题：俗人比哲人更明白事理、更自在惬意，而哲学家们反而陷于绝望的迷途、深受怀疑的困扰。贝克莱认为，"神"是仁慈的，不会给人以强烈的求知欲却有意不让人获得，目前出现的问题还需要从人自身找原因。这个原因是：人们自以为有形成抽象观念和事物概念的能力。他反对或不承认人的"抽象观念"能真实反映事物的本性。比如，我们在各种事物中概括出"颜色"这样一个抽象概念或观念，但实际上事物中并不存在"颜色"这样的属性。比如，我们从各个具体的人中抽象出所谓共同的成分，把这些成分组合起来，就得到所谓抽象的"人"的本性，但我们无法设想这样的人存在。同样，人们也无法设想一个非快、非慢，非曲线、非直线的抽象运动的观念，而只能根据一个具体的运动着的物体来理解运动的观念。因此，贝克莱只承认有具体的观念和普遍的观念，却不承认有抽象观念。休谟曾对这一区分推崇备至，认为是"近些年来学术界中最大、最有价值的发现之一"。① 假如以三角形为例，所谓抽象的三角形观念是说既非钝角、非直角，也非等边、非等腰的三角形，那么生活中很难设想这样的三角形；而普遍的三角形观念，是指一个具体的三角形，它的特性可以代表一切其他三角形。那么，为什么人们还热衷于抽象概念呢？贝克莱把它归因为语言带来的幻觉。人们以为每一个名称都有、且应有一个唯一确定的意义。那些用语言表示的抽象概念，人们必定认为有真实的、唯一的意义。但贝克莱否定抽象概念

①　〔英〕休谟：《人性论》，关文运译，郑之骧校，商务印书馆 1980 年版，第 29 页。

的含义具有确定性。此外，人们以为语言的功能在于传递思想，而每一个用语言表达的概念必然传递确定的思想。但贝克莱认为用语言表达的抽象概念常常在不同阶段、不同人的传递过程中，意义有较大差异。贝克莱表达出两个核心观点：抽象概念是不可取的，因为并不存在一个与之对应的实在；语言的表意有模糊性、欺骗性。因此贝克莱希望读他书的人，最好只把他的文字当作一种思想的发端，努力求得他完整的思想。

理解贝克莱，不可回避一个问题：物质究竟是什么？如果套用奥古斯丁对时间的追问，我们可能会有同样的感慨：物质究竟是什么？没有人问我，我倒清楚，有人问我，我想说明，便茫然不解了。我们可能会说，那些能独立于我存在的东西叫物质。但贝克莱在《海拉斯与斐洛诺斯的对话三篇》中反问："您循着什么途径，得知有物质的存在物？……您有什么理由来相信物质实体的存在呢？"海拉斯承认："坦白地说，斐洛诺斯，我在思考之后，觉得我实在不能向您举出什么理由。"① 是否真的举不出理由来证明物质存在？我们最好回顾一下那个时代的其他哲学家是怎么回答的。

笛卡尔的"神"作为无限实体，创造出物质和心灵两个有限实体，物质的根本属性是广延，心灵的根本属性是思想。与心灵一样，笛卡尔的物质的实在性也由"神"作保证。斯宾诺莎拒绝承认物质为独立的实体，认为只是唯一实体的"神"表现出的属性和样态。在斯宾诺莎那里，物质、自然、"神"是等价的、混一的。莱布尼兹的"物质"由数量无限的有灵性的"单子"混合而成，"单子"之间彼此独立不能交流，它们都由"神"创造并被赋予"前定和谐"。贝克莱作为英国国教的主教、神学博士，并不认可他们所说的"神"，因为他的"神"并不是这样的，并没有做过笛卡尔、斯宾诺莎、莱布尼兹以为做过的那些事情。17、18世纪的自然哲学家（自然科学家）认为，世界由"微粒"或"原子"组成，它们被统称为物质，具有形状、位置、运动等不可改变的几何属性。牛顿最初将质量定义为物质的数量，但由于存在理解和计量上的困难，现代物理学已经把质量

① 〔英〕贝克莱:《海拉斯与斐洛诺斯的对话三篇》,关文运译,商务印书馆2018年版,第47页。

描述为物质惯性的物理量或者引力质量，转而用原子或分子的数量来计量物质的数量。那么，物质是否就是指原子或分子呢？很显然，并不是，因为原子或分子并不是物质的最基本形态。事实上，即便到了当代，物质是什么，它的本质是什么，也是一个依然模糊的问题。从人们认识物质历史的简要回顾中，我们发现有两条理解物质的路线。一条是通过感知，比如我通过感官感知事物的外形、颜色、滋味、变化等。另一条是通过理性推理获得一些抽象的本质属性，如广延的、运动的微粒等，然后说：诺！这就是物质的本质。贝克莱同意前一条路线而否认后一条路线，因为他反对抽象概念。在他看来，所谓物质不过是人通过感觉而获得的一束观念的集合，而这些观念并不存在于所谓的"物质"之中。贝克莱不仅证明，如颜色、声音、滋味等属于第二性的东西并不存在于物质之中，即便如广延、运动、静止和数量等属于第一性的东西（本质属性）也不存在于物质之中。

在贝克莱时代，通常将能独立于心灵存在的东西视为物质（迄今一些哲学家还依然这么认为）。但贝克莱对此高度怀疑，因为他已经证明人们自以为的那些"物质的本质属性"并不存在于物质之中[1]。因此，他在《人类知识原理》中写道："要说有不思想的事物，离开知觉而外，绝对存在着，那似乎是完全不可理解的。"[2] 也就是说人们认为的独立于心灵的物质属性，是不能与我们的知觉毫无关系。这种怀疑，在现代量子物理学里找到一定的回应，即物质的存在及属性真的可以完全独立于人类观察者吗？显然不是这样！物理学哥本哈根学派断定：量子的一些属性在不被观察的时候并不存在。这就是说当被我们观察（感知）时，量子的某些属性才存在。当然，我们不能说贝克莱的"存在就是被感知"包括这些含义。贝克莱只是基于当时的思想资源，从某一个特定的角度发展出比较独特的思想。贝克莱思想的价值不在于结论，而在于讨论过程中异于"常识"的观点，尽管

---

① 贝克莱在他的《原理》和《对话》中进行过详细讨论，这里没必要列出。另外，从自然科学史的角度看，人们关于物质的本质属性究竟是什么，迄今仍有争论。因此，贝克莱的质疑并不是无效的。——笔者注

② 〔英〕乔治·贝克莱：《人类知识原理》，关文运译，商务印书馆 2010 年版，第23 页。

他本人一再强调自己是在遵循常识，声称他所反对的哲学家们是在违反常识。他说：

> 我并不敢擅自树立什么新意见。我所努力的只是把俗人同哲学家向来所分道扬镳的真理合拢在一起，使得分外明了一点罢了。因为俗人们以为他们直接所知觉的事物便是实在的事物；哲学家以为直接所知觉的事物只是存在于心中的观念。把这两个意念合在一起，结果就形成我的主张的实质。①

这段话是理解贝克莱思想的关键。哲学家们认为，我们只是通过观念这一中介认识世界，但观念与真实世界并不一致；俗人们认为，我们是通过感觉经验直接认识世界，感觉经验是真实的，与真实世界一致。而贝克莱认为：感觉经验与观念是同一回事，它们与所认识的世界一致。从这个意义上，贝克莱作出"存在就是被感知"的判断。这句话，可以有多方面理解。

首先，我们是否可以理解为"只有被感知的才是存在，不被感知的就不存在"？海拉斯就提出过这样的疑问。两人就此展开对话。

> 海：纵然您的意见再正确，您也一定不会否认它是惊人的，与常识相反的。如果您问那人，到底那棵树是否在心外存在，您想他会如何答复您呢？
>
> 裴：他同我自己的答案一样，仍是说树不在他的心以外存在。说到惊人二字，我想在一个基督徒看来，要说在他自己心以外存在的那个实在的树，是被上帝的无限的心所真正了解着的，真正包含着的（这就是说是存在于上帝的心内），那丝毫不惊人。……唯物论者同我分歧之点，并不是说离了这个人、那个人的心，各种事物还有实在存在没有，乃是说它们是否有一种绝对的存在是异于被上帝所知觉，并

---

① 〔英〕贝克莱:《海拉斯与斐洛诺斯的对话三篇》,关文运译,商务印书馆2018年版,第125页。

在一切的心以外的。①

贝克莱坚持可感知的世界并不独立存在于心灵之外，但为了避免出现
"你没有感知到前面有陷阱，难道陷阱就不存在"的嘲讽，他搬出了"神"。
因为具有无限心灵的"神"在感知着一切，它保证或支撑着可感知世界的
真实存在；"存在就是被感知"的实质含义是没有事物能够脱离"神"的感
知而存在。贝克莱嘲笑唯物论企图让物质异于被"神"感知的方式独立存
在。看来，只要有"神"存在，那些嘲笑"你感知不到陷阱，陷阱就不存
在"的人，反而显得无知和庸俗了。因为贝克莱自认为引入了严肃的神学，
是基督徒的"神"而非芸芸众生在时时刻刻地感知着那个"陷阱"，保证着
它的真实存在。当海拉斯惊呼"只承认一个精神是一切自然现象的直接原
因，还有比这个说法更荒谬吗？"贝克莱告诫说：

> 您所无故认为那样荒谬的那种说法，实在是圣经上百次所中述过
> 的教条。在圣经上，上帝是被认为一切现象唯一的直接的原因，只有
> 异教徒同哲学家，才认为一切现象可以归属于"自然"、"物质"、"命
> 运"，以及相似的不能思想的原则等等东西。②

看来我们确实误解贝克莱了，误以为感知者仅仅是你、我这样的平凡
的人类，其实还包括无所不在的全知、全能、全善的"神"。因此贝克莱
"存在就是被感知"，不是指外部的可感世界不存在，不是说被人感知的才
存在。他说：

> 所谓物质的实体，如果人们只当它是可见可触的一种可感物（世
> 上的非哲学家——俗人——正是如此解释），那么我对于物质的存在，
> 比您以及其他哲学家所自许的，还更加坚信不疑。如果有任何情节可

---

①　〔英〕贝克莱：《海拉斯与斐洛诺斯的对话三篇》，关文运译，商务印书馆 2018 年
版，第 88 页。
②　〔英〕贝克莱：《海拉斯与斐洛诺斯的对话三篇》，关文运译，商务印书馆 2018 年
版，第 90 页。

以使一般人反对我的意念，那一定是因为他们误会了我，以为我要否认可感物的实在存在。①

事实上，贝克莱并不否定物质的客观存在，并不是否定我们生活在一个可感世界里，而是否定哲学家们认为具有那些本质属性（如广延、运动）的"物质"。贝克莱的物质观还是属于希腊哲学的观点，是惰性的、黑暗的、无形式的，只有通过心灵感知赋予其形式才能存在。这里有一个疑问，全部可感世界因被"神"感知而存在，"神"犹如一个纯精神的承载者托举起这个世界，那么，人的感知与"神"的感知是什么关系？换句话说，人的感知能否与这个被感知世界，准确地说与"神"感知着的世界完全一致？贝克莱的答案是：可以一致！只是"神"的感知是全方位的、整体的，而人的感知只能是有局限的、部分的。但在人能感知的部分，都是真实的，与可感世界一致。

贝克莱区分了想象、梦境和感官所知觉的观念之间的区别。认为，想象与人的意志关联，是模糊、不清晰、虚幻的；而梦境则更为模糊、纷乱和无规则；只有基于感官所知觉到的观念是较为活跃，较为明白的，与真正的事物一致。"存在就是被感知"，这里的感知需要剔除与人的意志、情绪、情感相关的因素，而是纯粹的被感官知觉的感知。按照贝克莱的说法，只要你一睁开眼睛，房间里的一切就会自动向你涌来，你无法抗拒地感知这一切，是你的意志没法左右的。这样的感知是不会错的。这里，我们可以回忆一下笛卡尔的普遍怀疑，是建立在对感官的不信任、感觉会骗人的基础之上。但贝克莱反其道而行之，不信任抽象，不信任理性，而信任感官的知觉。为什么呢？因为"它们是被异于我们的一种精神印入我们心中的，并不同样依靠我们的意志"。② 贝克莱这种"异于我们的一种精神"当然是指"神"，是"神"通过持续感知使可感世界存在，还保证它们的可以

①　〔英〕贝克莱：《海拉斯与斐洛诺斯的对话三篇》，关文运译，商务印书馆2018年版，第91页。
②　〔英〕贝克莱：《海拉斯与斐洛诺斯的对话三篇》，关文运译，商务印书馆2018年版，第88页。

被感知性、有确定的规则，同时，保证我们的有限心灵是一个实体，并注入了一种特异的精神，保证我们对可感世界的感知，保证这个感知的确就是真实的可感世界。只有在极特殊的情况下，"神"才会显示反乎自然的现象，使人感到惊惧，而绝大多数情况还是愿意用设计得非常协调的自然作品展示给我们，以指示给我们慈爱和智慧。贝克莱在《人类知识原理》对于有人居然还不信这样的"神"感到痛心疾首。他说："没有东西能比上帝或创造精神的存在更为明显的。""可是我们总不知道为什么不愿意相信：上帝是这样亲切地关心我们的事物的。"①

比较理性主义和经验主义的差异会看到，笛卡尔被称为理性主义者，是因为他的"神"保证了理性推理的正确性；贝克莱被称为经验主义者，是因为他的"神"只保证感觉经验的正确性。他们学说的可靠性都建立在各自假定的"神"的基础之上。

现在我们可以对贝克莱所称的"存在就是被感知"的内涵作简要归纳：

1. 心灵之外没有独立存在的物质；

2. 心灵既包括你、我这种有限心灵，还包括"神"这种无限心灵；

3. "神"的感知保证可感事物的存在，同时保证人的感知与可感世界的一致性；

4. 凡是存在的东西，没有不被感知的，而不被感知的东西是不存在的。

贝克莱首先是作为主观唯心主义者被现代中国读者认知的，但是我们应该清楚，不管是唯心主义的精神，还是唯物主义的物质，最终都是依靠"神"作保障的。正如我们前面指出的，无论是笛卡尔的二元论，还是斯宾诺莎的唯物主义，他们同贝克莱的唯心主义一样，离开"神"，其学说体系都不能自圆其说。"神"在西方近代哲学中的作用，都有意或无意地被我们所忽视。笛卡尔乞求"神"保证精神和物质这两个实体同时存在，还乞求"神"保证人的清晰明白的天赋观念是真实的，斯宾诺莎乞求"神"保证自然规律的可靠，而贝克莱则乞求"神"保证人的感觉经验具有最优先等级。

① 〔英〕乔治·贝克莱：《人类知识原理》，关文运译，商务印书馆 2010 年版，第100、101 页。

被马克思称为不列颠的天生产儿的唯物主义者司各脱，更是乞求"神"保证物质具有思维能力。对于西方的各种主义与"神"的关系，我们过去确实认识不深。当然，我们也可以将它们解释为虚拟的"应急神"，或者说一种假设。但如果我们不能充分认识西方思想中的假设所具有的"神性"，对西方思想的实质就不会有深刻的理解。

　　这里对贝克莱的"存在就是感知"与王阳明的"心外无物"作一个简要比较，可以看出，这是根源于不同历史文化，意趣完全不同的两种思想体系。《礼记·礼运》云："人者，天地之心，五行之端。"《孟子·尽心》云："万物皆备于我矣。反身而诚，乐莫大焉。"中国从古至今就有"天人合一"的信念，天地之道皆内在我心，或者说人性中皆有天地之性，既然如此，何须外求？向内探求而获得天地之道，还有比这更快乐的事吗？当有人问王阳明，天下无心外之物，可山中之花自开自落，与心何干？王阳明答："你未看花时，此花与汝心同归于寂；你来看此花时，则此花颜色一时明白起来，便知此花不在你的心外。"（《传习录》下卷二七五）说明心与物只有发生交接才有意义，尽管天地之道皆备于我心，当不与物交接时，依然同归于寂，只有在交接中才能明白起来，正所谓知与行合一。王阳明当然不认为心外真的不存在一个真实的世界，而是说明一个在我意识之外的东西是毫无意义的，只有在人与世界的持续交接（实践）中其内在意义才能呈现出来。贝克莱同样不否定可感世界的实在性①，但我们只能就感觉经验去描述可感世界。之前提到，笛卡尔作为西方近代哲学之父，设计了心灵与形体两个实体，给后世带来困惑：心灵所经验到的观念如何能真实反映外部世界的本质？笛卡尔的方案是，清除掉那些易变的、骗人的感觉，而专注于清晰、明白的观念。他认为后者才是真实的，可以为人类知识大厦提供可靠的基础。但这个观点并不像笛卡尔所认为的那么可靠，至少贝克莱不同意。他的想法是，对"观念"作另一番清洗，剔除抽象的东西，保留纯粹的感觉经验，那么观念就是真的。此外，他高度怀疑哲学家们讨论的物质属性的独立性，认为只是一些虚幻的

<hr>

　　①　下一节要讨论的休谟比贝克莱更加极端，他对于外在世界的实在性表示怀疑，只讨论知觉范围内的东西，从而使极端经验主义走向死胡同。——笔者注

东西，故此，他不承认心灵之外有那种"物质"的存在。当然，一个稍微具有健全理智的人——贝克莱肯定属于这一类——不可能不承认自己周围的桌子、椅子、钢笔、水杯、电脑、书籍真实存在，贝克莱只是说：它们是以一种被感知的方式存在。一个不被感知的东西是不存在的。道理其实很简单，现代物理学尽管可以预言存在一种"上帝粒子"——希格斯玻子（Higgs Boson），但在没有被"感知"之前，我们无法说它真实存在。

贝克莱的"存在就是被感知"，也很容易与"万法唯识"的佛学唯识论相提并论，其实双方亦是大异其趣。佛学提出人有八识，即眼、耳、鼻、舌、身、意，以及末那、阿赖耶。整个世界的一切因无自性而不能独立存在，但前六识并不能认识到这一点，反而给人营造出一个似乎有真实存在的外在世界，使人落入轮回之苦而不悟，只有通过后两识，才能认识到世界的实相，即世界的虚幻性，从而真正觉悟并摆脱轮回。而贝克莱的看法正好相反，作为构成感觉的前五识和具有统合感觉能力的第六识，对可感世界的感知是真实的，而带有直觉性质的末那识和阿赖耶识却是错误的。如果说佛学推崇直觉，贝克莱却是一个坚定的反直觉主义者；佛学的"万法唯识"告诉你现实的虚幻性，贝克莱的"存在就是被感知"却告诉你感觉到的都是实在。当他们同样认为，存在着的事物不过是我的一束感知的集合，但意趣却大相径庭。贝克莱的"神"保证这一束感知的真实无误，使可感世界有了确定性。但佛学尤其是其中的唯识宗是一个无神的学说，不可能期望有一个终极存在来保证现实世界的真实性。但是，贝克莱的"神"是否真的有这么大的能力，我们是可以保持怀疑的。当代虚拟现实技术开始创造出一个让人感觉到真实，但实际上是虚拟（虚幻）的世界，你看到的鲜艳的花朵、充满酸甜味的苹果，其实背后只是流动的数字信息。当世界离开贝克莱的"神"，可能就是一个虚拟现实。

无论是贝克莱，还是王阳明、唯识宗，他们之间有一个最大公约数，共同讲述的是客观世界并不纯粹客观，你感知的任何事物都打上你的主观性。

正如笛卡尔的哲学着眼于为新科学寻找可靠的基础，贝克莱的最终目的也在这里。他不仅不反科学，而且折服于牛顿的科学成就，他的认识论实质是对信任观测和实验但不急于认识现象背后的本质这一科学方法论的概括。在《海拉斯与斐洛诺斯的对话三篇》结尾处，海拉斯完全信服贝克莱的观点，不再怀疑感官，不再担心感官会歪曲世界。"我现在很相信自己所见的事物，就是它们本来的形相，再不着意它们那不可知的本性同绝对存在了。"斐洛诺斯回应说："您看那边的喷泉，从下边喷向上面，形成圆柱形，达到一定高度以后，又折回来，落到原来出发的池内。它的一升一降都是按照同一引力法则。"①

贝克莱告诉你的东西很简单——永远相信你自己的感觉，它们其实遵循有序的规则；别理会可感世界背后的本质是什么，它可能就是虚无。休谟就是遵从这样的意见，只是走得更加极端——由于我们无法知觉到贝克莱所珍视的"神"，对于它是否存在也要保持缄默。休谟不仅让康德从理性主义独断轮的迷梦中惊醒，而且对神学，或者说自然神学同样带来很大伤害。休谟是个怀疑论者，甚至是无神论者。

第三节　休谟

大卫·休谟（David Hume，1711—1776）出生于英国北部爱丁堡郡一个名叫宁威尔斯（Ninewells）的小镇上，有一个哥哥和一个姐姐，父亲是当地的一名律师。他原来的姓氏是 Home（霍姆），后来自己改为 Hume，以适合这个词的发音。休谟出生后第二年，贝克莱的《人类知识原理》出版。休谟 2 岁时，父亲去世，与哥哥和姐姐三人全部由母亲抚养长大。在孩童时候，他就接受严格的宗教训练，从 18 世纪的祈祷书《人的全部义务》中摘录许多关于罪恶的条款，如"把快乐而不是健康作为吃饭的目的""为取悦他人花费时间或钱财"等②，以此警醒自我。休谟 12 岁进爱丁堡大学学习，14 岁时因家里遭水灾，只能退学还乡自学。18 岁时读洛克、贝克莱的作品，

①　〔英〕贝克莱:《海拉斯与斐洛诺斯的对话三篇》,关文运译,商务印书馆 2018 年版,第 126 页。

②　〔美〕伊丽莎白·S. 拉德克利夫:《伟大的思想界——休谟》,胡自信译,清华大学出版社 2019 年版,第 4 页。

自信有得，遂改变学习方向，放弃法律、专攻哲学。这时候，他开始探讨用实验推理的方法研究精神科学，这个方法成为后来的《人性论》的副标题。之后休谟陷入痛苦的抑郁症达长达 4 年之久，最后战神病魔得以康复。1734 年 23 岁时去法国，后来居住于巴黎西南方向的拉弗莱什（La Fleche）。那里有一所耶稣会学院，笛卡尔曾在此学习。这所学院丰富的图书资料给了休谟极大的便利，使他能在此专心撰写《人性论》。1739 年《人性论》第一、二卷在伦敦匿名出版，1740 年第三卷出版。但很不幸，该书并未如他所预料的那样受欢迎。正如他在《自传》中所述："它从印刷机中一出生就死了，无声无息的。"休谟申请过爱丁堡大学伦理学与精神哲学教授席位，但由于《人性论》的无神论、怀疑论思想，被学校拒绝。可见教会对大学控制力之强。而事实上，那个时代在智力领域作出杰出贡献的人物，如笛卡尔、斯宾诺莎、莱布尼兹、培根、洛克、贝克莱等，都不是大学教授。在大学里充斥着一帮只会转述他人观点的庸才。休谟认为《人性论》之所以影响不大，很可能是表述方式不当带来的，于是分别于 1748 年出版了根据《人性论》第一卷改写的《人类理解研究》，该书打破了康德"独断论"的迷梦，1751 年出版第三卷改写的《道德原则研究》，提出别具一格的伦理原则。他还利用担任爱丁堡律师协会图书馆馆员的便利，利用其中的丰富资料，于 1754—1762 年出版六卷本的《英国史》。这部作品毁誉参半，但给休谟带来可观的版税。他自叙："书商所给我的版税竟然大大超过了英国向来所有的版税，因此，我不只成了经济独立的，而且成了富裕的。"1763 到 1766 年，休谟担任英国驻法国大使海尔浦（Herford）伯爵的秘书，这个职位让他充分享受到来自他人的礼让谦恭，同时使他"有了较多的钱、较大的进款"。1767 年，休谟获任副国务卿，到 1768 年卸任回到爱丁堡时，他已经是一位"每年有 1000 磅的收入"的富人①。1771 年 10 月，在爱丁堡的新寓所，休谟接待了一位来自北美殖民地的名叫富兰克林的人。1776 年 8 月，休谟去世，这一年的 7 月美国《独立宣言》在费城签署，但休谟死前

① 休谟的《休谟自传》《作者生平和著作年表》，分别见《人类理解研究》和《人性论》的附录。

并不知道。他在去世前依然在修改的作品是《自然宗教对话录》，念兹在兹地希望去世后能顺利出版。这部作品体现了休谟一生的神学观、宗教观，而弄清楚这一点，对于理解休谟很重要。

一、休谟的哲学雄心和观念论

休谟哲学的目的与笛卡尔、贝克莱一样，都是试图给知识寻找一个可靠的基础，不同的是他还希望给人的情感和道德来源寻找可靠的源头。这几乎是近代西方哲学发展的动力源。他厌恶形而上学，不喜欢笛卡尔式的从原始原则开始的推论，因为他们依然无法使知识达到确信的地步。他在《人性论》的"引论"中宣称："一个具有判断力和学识的人很容易看到这样一个事实，即那些最为世人称道，而且自命为高高达到精确和深刻推理地步的各家体系，它们的基础也是很脆弱的。"① 因此，他要建立起一套新的哲学体系，使各门类的知识建立在确信的基础之上。这是他的哲学雄心。

那么，人类知识从何而来、或者说其可靠基础在哪？休谟认为就在人性的原理中。他断言"人的科学是其他科学唯一牢固的基础"。其实笛卡尔等理性主义哲学家也是从研究人入手，本质上没有大的差异。但双方在方法论上的差异，带来不同的结论。理性主义从一般的、抽象的人性入手，比如，假设人具有天赋观念、天赋理性能力，具有绝对的自由意志等，这是经验主义者休谟所反对的。他说："我们不能超越经验，这一点仍然是确定的。凡自命为发现人性终极的原始性质的任何假设，一下子就应该被认为狂妄和虚幻，予以摒弃。"② 他对人的研究始于这样一个可以观察和经验的事实：心灵的知觉。由于这种知觉是不由自主、无法由意志左右，我们全部知识的确定性都建立在这一基础之上，即经验和观察同时借助实验推理。

休谟把知觉分为印象和观念。他说："人类心灵中的一切知觉可以分为显然不同的两种，这两种我将称之为印象和观念。两者的差别在于：当它

① 〔英〕休谟：《人性论》上册，关文运译，郑之骧校，商务印书馆1980年版，第5页。
② 〔英〕休谟：《人性论》上册，关文运译，郑之骧校，商务印书馆1980年版，第9页。

们刺激心灵，进入我们的思想意识中时，它们的强烈程度和生动程度各不相同。"① 印象是人们最初获得的强烈的体验，观念则是通过印象而产生的意象。比如说，我们通过感官先产生一个苹果的印象，然后再在这个基础上形成关于苹果的观念。一般来说：观念是印象的摹本，印象是观念的原因；观念依靠印象，先有印象再产生观念。当然，从最初的原始观念中也会产生次生观念，比如，从苹果的原始观念中产生出糖心苹果和非糖心苹果的次生观念。但不管如何，一切观念都直接或间接地来自相应的印象是确凿无疑的。休谟把这称为人性科学的第一条原则。根据这一原则，天赋观念就没有存在的余地，那些建立在天赋观念基础上的全部学说当然会受到质疑。休谟有一句非常简洁明了的话来表达这样的观念论："我们如果不曾真正尝过菠萝，我们对于菠萝的滋味，便不能形成一个恰当的观念。"② 这个例子类似于毛泽东《实践论》说的，要知道梨子的滋味，最好的办法是亲口尝一尝。

印象又分为两种。一种是感觉印象，因我们所不知的原因产生于心中，另一种是反省印象，主要来自我们的观念。这说明，印象和观念之间有着更为复杂关系。比如，我们首先通过感官产生饥饿的感觉印象，然后心中留下一个饥饿的复本，这个复本就是观念。过一段时间后，因看到难民的图片，或者听到其他悲惨故事，因这种触发使饥饿这一观念又出现于我的心中，产生了带有痛苦、同情等新印象，这个新印象就是反省印象。反省印象会产生新的观念，这些新的观念或许将来又会产生新的反省印象和观念。但不管印象和观念的关系如何复杂，观念最终来源于印象是不会变的。任何观念都可以通过不断溯源，直至还原到最初的原始印象。休谟认为，过去的哲学家们试图通过不断制造概念的方式来解决问题，但最终搞得越来越繁琐、越来越空虚，因为他们没有意识到这些概念根本没有经验作基础。

根据观念在人心中重现的方式，休谟把观念分为两类。一类是记忆的观念，带有活泼的、稳定的、有序的特征，另一类是想象的观念，带有微

① 〔英〕休谟:《人性论》上册,关文运译,郑之骧校,商务印书馆 1980 年版,第 13 页。
② 〔英〕休谟:《人性论》上册,关文运译,郑之骧校,商务印书馆 1980 年版,第 17 页。

弱的、易逝的、无序的特征。人们对过去的记忆总是力求准确、注意不发生次序颠倒等问题，而想象的时候总是比较自由奔放一些，会偏离基本事实。但不管是通过记忆的、还是想象的，观念总是依据某种规则出现在心里，也就是说观念之间的联结是遵循相对确定的规则。这样的联结规则，休谟认为有三种，即类似的、时空连续的、因果的。比如，我遇见一个人，这个人与我的一个朋友比较相似，因此我就会从这个人的观念，想到朋友的观念。这就是类似的规则。接着，我从这个朋友的观念，想到另一位非常要好的朋友，因为他们两个人过去总是和我在一起。这就是时空连续的规则。最后，我想到朋友们已经天各一方，旧日好时光已经远逝，不禁落泪而感到伤感。前者的因，导致后面的果。这就是因果的规则。休谟认为，观念之间的联结主要依据这三种规则，无论通过记忆还是想象，都不能离开这样的联结规则。比如，为了力求与原始印象相符，记忆中不会有马与翅膀的联结，而想象会按照类似的规则，将马与翅膀结合一起，飞马像鸟一样飞翔。但想象一般不会把马与蚯蚓之类的生物联结在一起，这两种观念既没有类似、连续的关系，也没有因果关系。休谟并不否定还会有其他联结方式，比如我就喜欢将马与蚯蚓联结产生一个怪物的观念，但这是一种不占优势的、纯粹个别性的联结方式。

简单观念按照一定的规则，可以结合为复合观念。人类的知识就是由这些观念组成。休谟把复合观念分为三类：关系观念、实体观念和样态观念。关系观念依据对象的不同分为七种，类似关系、同一关系、时空关系、数量关系、性质关系、相反关系和因果关系。比如，所有动物都必须通过进食维持生命，我们会产生所有动物都有类似的营养机能的观念；不同种族的人都有同样的生理和心理机制，从中会产生种族平等的观念；从事物与我们在空间上的不同，会形成远近高低等观念；从事物数量的多寡，产生轻重大小等观念；从某事物总是伴随另一事物出现，我们产生原因和结果这样的观念。实体观念和样态观念，是休谟通过洛克从笛卡尔、斯宾诺莎体系中借用过来，但不同意他们的定义。他认为实体和样态是简单观念的集合体。比如"苹果"属于实体观念，我们先知觉到红色、圆形、甜脆等，然后想象这些简单观念的产生有一个共同的原因，这个原因我们把它叫"苹果"。至于"苹果"是否实在，我们并不知道，因为它超出了知觉范围。比如"舞蹈"属于样态观念，也是一系列简单观念的集合，包括从一个地方运动到另一个地方，不断变化的姿态和动作等观念。至于"舞蹈"是否外在于我，有什么本质等，我们同样不知道，同样在知觉范围以外。

休谟从人有知觉这一事实开始，解释人的观念如何起源和组合，从而构筑他的认识论。休谟反对天赋观念，需要解释清楚一个问题，即一个具有普遍意义的抽象观念如何产生？同是经验主义的洛克认为，虽然所有观念都来自经验，但人的心灵有一种抽象能力（理性），凭借这种能力可以形成从具体到抽象的观念。比如，我们能从各种具体的经验中抽象出"运动"的观念。但贝克莱不同意，认为任何抽象观念都依附具体的观念，现实中不存在抽象的"运动"。休谟不仅赞同贝克莱的观点，而且进一步加以论证。第一个论据是，既然观念是印象的复本，那么只有后者正确，前者才能正确。由于我们无论如何都不会经验到没有具体数量的"运动"印象，那么必然不会有缺乏明确数量的关于"运动"的抽象观念。第二个论据，抽象观念只是一个名词，通过这个名词在心中唤起一长串类似的具体观念。比如苹果这个观念，是形状、颜色、口感各异的苹果的集合；图形这个观念，是三角形、圆形、方形等的集合。从经验主义的角度看，洛克所说的人具有"抽象概括能力"是错误的。他们会问，这种能力存在吗？或者说可以被知觉到吗？如果知觉不到，就是不可思议的。

经验主义在驳斥天赋观念上似乎是有力的，说明知识只能建立在经验基础上或者说知识必须与经验世界关联。不过经验主义赖以立足的知觉同样受到经验主义自身逻辑的质疑。休谟一再强调，"感觉印象是由我们不知的原因产生于心中"，"我们永远不可能确实地断定，那些印象是直接由对象发生的，还是被心灵的创造能力所产生，还是由我们的造物主那里得来的"①。一个来源不明的东西凭什么做人类知识的可靠基础？这是经验主义

---

① 〔英〕休谟：《人性论》上册，关文运译，郑之骧校，商务印书馆1980年版，第101页。比较一下持唯物主义观点的经验论者霍布斯的观点，他明确说："感觉的原因就是对每一专司感觉的器官施加压力的外界物体或对象。"《利维坦》，商务印书馆2020年版，第4页。

没法解释的。这说明，经验主义到了休谟那里开始进入死胡同。休谟沿着贝克莱的思路把英国经验主义传统发展到了极端，却使它丧失进一步发展的活力；他试图给人类知识一个经验主义的基础，却发现这样的基础并不完全牢靠。

我们可以从他的知识论，尤其是对因果关系的阐述中更深地感受到这一点。

二、休谟的知识论和因果论

人类知识表现为观念之间的联结。《人性论》第三章提出七种不同的联结关系，即类似、同一，时空中位置、数或数的比例、性质、相反、因果。它们与前面所说的复合观念中的七种关系观念相对应。休谟依据能否对观念之间的关系进行纯形式的推导，还是必须依据事实进行分析，分为两大类。他说："人类理性（或研究）的一切对象可以分为两类，就是观念的关系和实际的事情。"① 他把人类研究对象（或者说知识类型）区分为纯形式的推导和对经验事实的分析两大类。

第一类，根据观念之间的关系，或者数和量的推导就可以进行判断，当观念的定义不变时，基于观念作出的判断永远为真。主要指逻辑、几何、代数和三角等知识，这类知识的真假完全取决于观念逻辑推导关系。比如"所有圆形都不是方形"，"过两点只能作一条直线"，"三角形内角之和等于两个直角"，"3 的平方加 4 的平方等于 5 的平方"。无论现实中是否存在圆形、方形、直线或者自然数 3、4、5，上述表达的关系都是正确的。复合观念中的类似、相反、性质、数或数的比例等四种关系属于这一类，它们只从观念的比较就可推导相互间关系，从而成为确定性知识的对象。比如"所有圆形都是相似的"，"存在与不存在是相反的"等。

第二类，必须依据事实才能对观念之间的关系作出判断。复合观念中的同一、时空位置、因果等三种关系属于这一类。如果单凭观念本身而不依据知觉经验，就难以对观念之间的这种关系进行推理、判断。比如，"太

---

① 〔英〕休谟:《人类理解研究》,关文运译,商务印书馆 1957 年版,第 29 页。

阳明天要出来"和"太阳明天不出来",这两个判断都是清晰可理解、不矛盾的,也无法用理性推论其真伪,只能根据经验到的事实进行真假判断。人类大部分的知识都应该属于这一类。当然,在这三种关系中,休谟更重视因果关系,因为同一、时空位置关系的确定只能局限在感官的知觉范围,只有因果关系可以越出感官的知觉进行推理。他说:"在不单是由观念所决定的那三种关系中,惟一能够推溯到我们感官以外,并把我们看不见、触不着的存在和对象报告于我们的,就是因果关系。"①

从上述讨论中,我们可以看到休谟对什么是人类知识所作的判断。一类是对数和量进行抽象推理的知识,另一类是有经验作支撑的知识。除了这两类,剩下的全都是毫无价值的诡辩和幻想。他在《人类理解研究》结尾处写下这么一段很经典的话:

> 我们如果相信这些原则,那我们在巡行各个图书馆时,将有如何大的破坏呢?我们如果在手里拿起一本书来,例如神学书或经院哲学书,那我们就可以问:其中包含着数和量方面的任何抽象推论么?没有。其中包含着关于实在事实和存在的任何经验的推论么?没有。那么我们就可以把它投在烈火里,因为它所包含的没有别的,只有诡辩和幻想。②

休谟的知识论是激进的,同时也是有启蒙价值的。既没有数和量推导关系,也没有任何知觉经验作支撑,离开事实进行推断的所谓知识,我们都只能认为是"诡辩和幻想"。如果对培根的"知识就是力量"进行休谟式解读,就可以说,凡是没有数量推导、没有经验支撑的所谓知识都是诡辩和幻想,它们不能使我们有力量。这一断言在现代社会越发显现出独特价值,所谓知识大爆炸的时代,诡辩和幻想往往以知识的面貌出现。休谟要求我们对理性能力保持一种谦逊,把我们的研究局限于最适合人类理解的较狭窄的范围内,拒绝没有经验支撑的形而上学的空洞推理,是完全正确

---

① 〔英〕休谟:《人性论》上册,关文运译,郑之骧校,商务印书馆1980年版,第90页。
② 〔英〕休谟:《人类理解研究》,关文运译,商务印书馆1957年版,第163页。

的。但是休谟激进的经验主义还不止步于此，他走得更远，尤其是对因果关系的认识上。

寻找事物的原因，在西方思想史上具有特别重要的意义。亚里士多德把弄清事物的原因看作认识的前提。从奥古斯丁开始，基督教神学以因果关系为依据，把现实世界作为结果，依次追溯其存在的原因，最后找到第一原因——"神"。因此无论是哲学、神学，还是近代以来的自然科学，所有理论似乎都建立在不可动摇的因果关系上。从英国经验主义传统看，培根否定质料因、目的因和动力因，只承认形式因，而休谟对因果关系作了颠覆性的阐释。他的办法是在知觉经验范围内探求因果关系，而不要超出这个限度去抽象探寻因果。他说：

> 一个真正的哲学家必须具备的条件，就是要约束那种探求原因的过度的欲望，而在依据充分数目的实验建立起一个学说以后，便应该感到满足，当他看到更进一步的探究会使它陷入模糊的和不确实的臆测之中。①

这段话与牛顿在《自然哲学之数学原理》提出的方法论相似——约束过度探求事物原因的欲望。不同的是，休谟不是从客观对象中去理解因果关系，而是从人性的原始性质中寻找因果关系的本质。这是休谟因果关系论的首要特征。他认为，关于因果的一切推理都必须有某种知觉印象作基础。从知觉印象中，我们感觉不到一切开始存在的东西必然有一个存在的原因，一个特定的原因必然会有特定的结果。比如我感觉到了刮风，感觉到了天上下雨，感觉到了电闪雷鸣，但对于它们之间的内在关系我是感觉不到的。因此休谟认为，因果关系只是从经验观察中获得的几种观念之间的比较恒久的联结。就如我感觉到电闪雷鸣总与下雨伴随在一起，时间长了我就把两者进行因果联结。所谓因果关系的本质仅此而已。休谟否认因果关系由抽象的推理或思考得来，否认因果关系从事物的内部特性去寻找。总之，因果关系无法先验地论证、推导出来。

---

① 〔英〕休谟:《人性论》上册,关文运译,郑之骧校,商务印书馆 1980 年版,第 24 页。

《人类理解研究》中，休谟按照以下逻辑顺序，一步步讨论因果关系。

人的理性能力是有限度的。他认为即便假定亚当的理性很完全，也无法根据水的流动和透明就断言水会把人淹死，也不能根据火的光和热就断言火会把人烧死。这说明，"因果之被发现不是凭借理性，乃是凭借于经验。"① 他举例说，对于不懂某些自然知识的人，肯定不会发现，两块光滑的大理石黏合在一块时，在纵向方向很难将它们拉开。这些只能通过经验为我们所知晓。在原因和结果的关系上，我们既难以通过理性从原因推导出必然的结果，也难以通过结果追溯到最初的原因。比如说，一颗弹子撞击另一颗弹子，你为什么只推导出"第一颗弹子把运动传递给另一颗弹子"这个结果？你完全可以构想，或者两颗弹子都停下来，或者第一颗弹子返回来，等等。我们不清楚究竟是什么偏好非要得出第一个结果。休谟认为这种一因多果性，导致原因和结果的联结是任意而非一定的，同样，通过结果寻找原因，甚至寻找终极原因更是枉然。休谟认为，把这样的事实揭露出来，只是使我们明白人类的盲目和弱点。自然科学因借助数学而变得精确，但如果不借助于观察和经验，仍然难以总结和发现自然法则。

休谟在讨论用理性发现因果关系的局限性后，进一步分析经验在发现因果关系中的作用和局限性。我们常说，关于事物的推论，其本质是因果关系；而因果关系的推论是建立在经验基础上。如果进一步问，经验的基础又在哪里呢？这就很难回答，而休谟的答案是："我们由那种经验所得的结论也并不是建立在推论上的，也不是建立在理解的任何过程上的。"② 这句话如何理解？

休谟认为，自然使我们远离它的秘密，只能让我们知觉一些表面的性质，至于内部的机理等奥秘是向我们关闭的。比如，我们只能观察到面包的颜色、重量、软硬等，至于面包有什么性质可以营养人体，感官无法告诉我们。下一次，我们见到一个外观与面包相仿的东西，就会根据过去的经验，认定它有营养人体的作用。实际上面包的那些外观（颜色、软硬等）

---

① 〔英〕休谟：《人类理解研究》，关文运译，商务印书馆 1957 年版，第 31 页。

② 〔英〕休谟：《人类理解研究》，关文运译，商务印书馆 1957 年版，第 36 页。

与营养人体的功能并没有必然的联系，我们并不能通过分析理解面包外观与内在的机理关系去推理它能营养人体。我们只是通过两个命题来判断。一个命题是："我曾经看到，那样一个物象总有那样一个结果伴随着它"；另一个命题是："我预见到，在相貌上相似的别的物象也会有相似的结果伴随着它"。[①] 这两个命题是建立在"将来一定和过去相契合"这一假设上，并非有什么的论证和推理过程。在现实中，一个物象即便与我们过去经验的物象相同，也会产生不同甚至相反的结果。通过知觉经验推断出来的结论，即由过去发生的事情推论将来一定发生，是一种或然，而非必然。休谟这些意见，事实上否定了通过归纳法获得普遍性规律的可能性，哪怕你列举再多的同样事例，归纳出来的结论依然是不确定的，因为总有例外存在，除非你穷尽所有的事例，但这是不可能完成的任务。从培根反对演绎法而创立归纳法，发展到休谟这里，归纳法也受到质疑。

西方思想史的传统因果关系是这样被理解：结果包含在原因中，结果与原因的必然性体现在事物之中；一个原因产生一个结果，任何事物都由某种原因导致。但休谟推翻了这种因果论，主张从主观经验中而不是从客观事物中寻找因果的本质。他把因果仅仅理解为：一些物象或事情总是恒常会合在一块，当一个物象出现时就能推断另一个物象存在；把原因和结果联结在一起的，仅仅是人们的"习惯"或"惯性"。比如，热和火，重和硬，总是会合在一起，我们就习惯地用因果来判断两者之间的关系——火导致热，硬更加重。习惯使我们的经验有助于我们作出判断，而这种判断使我们能超出记忆和感官，对极为遥远地方的事物作出理解。比如，我们在一个荒凉的地方看到一个宫殿的遗址，一定会断言那个地方曾有一个古文明。我们能下这个断言，是由于我们心中有这样的信念——古文明与宫殿相关，而信念来源于习惯，习惯则来源于过去的知觉经验——我们进行过古文明遗址的实地挖掘考察。休谟告诉我们，日常生活中或者在科学研究中，人们在做某些因果推断的时候，信念和习惯起着重要作用。因果关系仅仅是人的信念和习惯罢了。那么，这就带来一个尖锐问题：因果关系

---

① 〔英〕休谟:《人类理解研究》,关文运译,商务印书馆 1957 年版,第 38 页。

判断到底有多大的真实性，符合实际情况吗？这是经验主义单凭知觉无法回答的。休谟在这里只好诉诸一个他所痛恨的形而上学概念——预定和谐。他说：

> 在这里我们就看到，在自然的途径和观念的蝉联之间，有一种预定的和谐。控制自然途径的那些力量虽是我们所完全不能知晓的，可是我们看到，我们的思想和构想正和自然的那一种作品在同样程序中进行着。①

休谟相信，我们对自然进行知觉时，完全不清楚控制自然进程背后的那股力量，但知觉与自然之间有着惊人而神秘的和谐。他认为，依照人的本能的作用，或者就不会出错。比如，自然教给我们运用肢体，却不让我们知道肢体的肌肉和神经的作用机理，只要凭着人的本能进行活动，总是能实现和谐，尽管我们不清楚背后的有什么力量在支配着。休谟从怀疑理性，只信任知觉经验，最终推导出依靠人性本能，以及人性本能与世界存在神秘的预定和谐这一非理性主义的思想。确实让人吃惊！

休谟否定理性推理在因果关系中的作用，强调经验、习惯的重要性，确实有使得人类堕落到与动物知觉水平相当的危险。他宣称："在我看来，最明显的一条真理就是：畜类也和人类一样赋有思想和理性。这里的论证是那样明显的，以致它们永远不会逃掉最愚蠢、最无知的人们的注意。"②休谟之所以得出这一结论，是因为坚信相似的知觉印象和观念必定有相似的机制发生作用。他说：

> 我们是根据动物的外表行为与我们自己的外表行为的互相类似，才判断出它们的内心行为也和我们的互相类似。这个推理原则如果推进一步，将会使我们断言：我们（人类和畜类）的内心行为既然互相类似，那么它们所由以发生的那些原因，也必然互相类似。③

---

① 〔英〕休谟:《人类理解研究》,关文运译,商务印书馆1957年版,第58页。
② 〔英〕休谟:《人性论》上册,关文运译,郑之骧校,商务印书馆1980年版,第201页。
③ 同上,第202页。

这一结论显然是荒谬的。当休谟经验主义哲学走到了尽头，却为其他哲学思想打开通道。他不仅启发了康德，明白纯粹理性的局限性，同时也启发了后来的非理性主义哲学家。休谟解构了因果关系，但这种解构在很多方面是错误的。比如，他经常举火药与爆炸的关系，认为两者只是观念的恒常联结，但实际上火药的性质中确实包含有爆炸的原因（能独立进行氧化还原）——因此结果存在于原因之中。这说明因果关系有着客观必然性而非经验和习惯。他轻视理性，认为理性"只是我们灵魂中一种神奇而不可理解的本能"，他认为理性无法准确推理和论证从原因到结果的演变过程。但事实上人类不仅能搞清楚因果演变的过程，甚至可以通过计算机模拟整个事物的演变过程，在这个过程中，我们可以清楚地观察到不同变量的变化（原因）是如何导致不同结果的。休谟确实低估了人类理性的力量。但休谟思想又是有价值的。他提出信念和习惯在理解因果关系中的作用，说明不同文化中人们对事物间的因果关系的判断存在差异，文化的局限性、视野的局限性，深刻地影响人们的归因，决定着不同的行为。休谟对因果关系的分析，让我们看清楚，许多情况下的所谓因果关系、所谓的必然性，其实仅仅是人的信念和习惯而已。

三、自然宗教

休谟生前一直被视为无神论者，因而在争取大学教席时屡屡碰壁。不过，休谟从来不承认自己是无神论者，只是反对流行的通俗宗教。作为代表休谟一生的哲学—神学思想的《自然宗教对话录》中，充满对大众宗教危害性的控诉。它们外貌极为动人、富有诱惑，但都是骗人的，宗教的恐怖常常胜过宗教的慰藉；宗教宣称人类理性的极度缺陷、神性的绝对不可理解、人类普遍的邪恶和苦难等，只为了更容易激起人类盲目的宗教迷信和狂热；人们常常发现，最高度的宗教热忱和最高度的虚伪，毫无冲突地融合到一个人的性格之中，只要涉及宗教利益，道德就绝对无法约束那些狂热者，只要为了宗教任何手段都变得正当。[①] 这些议论在当时是致命的，

---

① 见〔英〕休谟:《自然宗教对话录》之"第十二篇"，陈修斋、曹棉之译，郑之骧校，商务印书馆1962年版。

休谟害怕遭到迫害，生前迟迟不敢出版这部作品，期望死后出版，作为自己一生思想的交代。休谟的哲学与神学高度契合，但决定他学说性格的应该是他的神学思想。这正是要特意强调的。

在西方思想史上，休谟以怀疑论者和不可知论者闻名。那么，他怀疑什么？不可知的又是什么？简要地说，他怀疑除了知觉以外的一切东西。人除了能认识出现在心里的知觉，其他都是不可知的。物质的本质，"神"的本质是不能被知觉经验的东西，所以我们也无法知悉。任何对自然法则的猜测，都可能是对的，也可能是错的。总之，凡是离开人的知觉经验的东西，我们就什么也不知道了。如果有人问休谟，知觉从感官中是如何产生的？答案是不知道，因为经验无法告诉你。那么，这些知觉是不是由相似的外物所产生的？当然也需要借助经验才能回答。"但是经验在这里，事实上，理论上，都是完全默不作声的。"① 我们只是在妄自猜测有一个被知觉的对象物存在，它们被人的知觉所表象。当然，如果"俗人们"假定有一个外在的对象存在，也没有错，因为这对我们日常生活是完全必要的。上述就是休谟怀疑论、不可知论的主要内容。

我们可能会想，既然休谟继承了培根、洛克、尤其是贝克莱的思想传统，都信赖知觉经验，为什么在学术品质上会有如此大的差异？至少，培根、洛克和贝克莱是一个坚定的可知论者，对人的能力表现出极大的信任。休谟与他们不同，原因就在于休谟有一个独特的"神"。

贝克莱说"存在就是被感知"，并不会导致只要"我"没有感知到的，外界事物就不存在的后果，因为他的"神"在时时刻刻地感知全部世界，支撑着世界存在。我们肯定不会发生感知上的错误，比如出现与被感知对象不相符合的问题，因为有"神"保证我们人类的心灵是完备的。贝克莱的"神"不仅全知、全能，而且非常贴心，对人类关爱有加。有了这样的"神"做保证，还有什么不可能的？美国学者乌鲍姆评价说："在贝克莱的哲学中，上帝是存在之根基：他认为在有限的心灵不能感知之时，那些不能思维之物的存在即被感知依然成立。上帝是造物主，通过使实在之物存

---

① 〔英〕休谟:《人类理解研究》,关文运译,商务印书馆 1957 年版,第 152 页。

在于我们心灵之中，而使它们存在。"① 不仅仅贝克莱，笛卡尔学说的前提之一就是"神"是至善的，不仅不会欺骗我们，不会让我们对物质实体的理性认识出错，还给了我们"天赋观念"。但这一切，在休谟的学说中并不存在，因为他的"神"并不是这样的。首先休谟的"神"不保证世界上存在独立的物质实体或者精神实体。在经验主义休谟那里，唯一先验存在的东西就是"知觉"——印象和观念。他的哲学就是以"知觉"为逻辑起点，开始演绎展开——尽管他本人反对演绎，但他的哲学体系确实就是从"知觉"开始的逻辑展开。经验主义者只承认从知觉传来的印象和观念，知识只是从来自印象的各种观念之间的联结。其次，休谟的"神"不保证自然齐一性。归纳推理成立的前提是预设了自然进程保持齐一——将来永远会与过去一样。比如，太阳今天从东边升起，明天必定也是这样。但休谟不以为然，认为归纳法的因果推理并非完全可靠。第三，休谟的"神"也不保证人类理智与"神"的心智会有相似性。人既不具有天赋观念——理性真理，也不可能时不时获得一些神启真理。休谟拒绝一切超自然的奇迹。事实上，彻底的经验主义必然导致否定一切外在事物——无论是物质实体还是精神实体——的存在，这说明经验主义与"神"存在的观念有难以调和的矛盾。贝克莱在《海拉斯与斐洛诺斯对话三篇》中就意识到其中的困难，面对质疑，只能含混地以自己是个有限的心灵，推知存在一个无限的心灵——"神"②。休谟要把经验主义推得更远，克服贝克莱的逻辑困境，必然对有神论抱怀疑态度。冈察雷斯评论说："休谟敲响了自然神论的丧钟，他指出，自然神论试图用来证明自然宗教的合理性的那些论点，并不像原来看起来那么合理。比方说，论证上帝存在的宇宙论证，是建立在有因果关系的概念上的，而休谟这时表明，因果关系只不过是一个方便的假

①　〔美〕布鲁斯·乌姆鲍：《伟大的思想家——贝克莱》，孟令朋译，清华大学出版社2019年版，第76页。

②　〔英〕贝克莱：《海拉斯与斐洛诺斯对话三篇》，关文运译，商务印书馆2018年版，第83—85页。

设。"① 休谟对基督教的冲击不仅仅在此，他从经验主义的角度对"神迹"和"来世"采取否定态度，对各种流行的宗教理论从理论上进行质疑。休谟抨击宗教迷信狂热对社会的破坏作用，其一生都在反思人类究竟需要什么样的宗教和宗教生活。

休谟生活时代的英国思想界，自然神论是一种很有影响的学说，先后传入欧洲大陆和北美。那位拜访过休谟的美国人富兰克林，就是一位坚定的自然神论者。自然神论主张通过自然理性、类比推理而不是启示来认识"神"。他们声称："福音的目的不是要带来客观的救赎，甚至也不是要给予新的启示，而只是要声明，有一个普遍的自然的规律，这个规律是一切宗教的基础和内容，从而使人类摆脱迷信。"② 自然神论与泛神论的区别在于，前者将"神"看作是外在于世界并创造着世界，而后者将"神"与世界混同，认为"神"内在于世界。但两者不是绝对排斥的，作为泛神论者的斯宾诺莎，将"神"看作自然本身，世界不过是"神—自然"这个唯一实体演化而来。因此，也可以认为斯宾诺莎是一个自然神论者，但他的"神"丝毫不关心当前人类的状况。经验主义者不是自然神论者，比如贝克莱试图让"自然"远离神学，因为"自然"作为隐蔽在灰暗中的抽象的东西是不被他所喜欢的。休谟同样不是自然神论者，而是一个怀疑论者和不可知论者。

休谟在《自然宗教对话录》中设计了四个人物，一个是正统的宗教信徒第美亚，一个是自然宗教的鼓吹者克里安提斯，一个是怀疑论者裴罗，实际上是休谟代言人（但对话录中休谟并不承认），一个是几乎不发表意见的旁听者潘裴留斯（使用第一人称我）。他们主要讨论 3 个问题："神"存在、"神"的本质、恶的来源。这 3 个问题贯穿西方思想史，被反复提及，经久不衰。这一现象揭示了神权统治下的西方文明的困境：不能设想一个

---

① 〔美〕胡斯都·L. 冈察雷斯:《基督教思想史》第 3 卷,陈泽民等译,译林出版社 2010 年版,第 366 页。

② 〔美〕胡斯都·L. 冈察雷斯:《基督教思想史》第 3 卷,陈泽民等译,译林出版社 2010 年版,第 362 页。

没有"神"的世界，也无法接受证据不足的神学；当经验和理性与宗教发生冲突时，如何维护有神论的信仰？休谟写作该作品的目的有三：一是为自己的怀疑主义立场辩护，"做一个哲学上的怀疑主义者是做一个健全的、虔信的基督徒的第一步和最重要的一步"[①]。二是质疑基督教神学，尤其是宇宙设计论神学的内在困境。三是控诉通俗宗教的危害，期许好的宗教。我们阅读该作品，更关注其中的思想价值。

他们的讨论是从如何增强宗教信仰入手。裴罗同意第美亚看法，即深刻理解人类理性的脆弱、盲目和狭隘，可以坚定对宗教信仰。但克里安提斯反对。这意味着把宗教信仰建立在哲学的怀疑论上，其做法是把确定性从各种研究中驱逐出去，试图使神学教义获得优越的力量和权威。这条路子行不通。克里安提斯要用自然理性来证明"神"存在，理解"神"的本质。这种神学的理论基础是：相似类推。其中有两个很鲜明的观点：神人相似[②]与世界是架机器。克里安提斯这样说：

> 审视一下世界的全体与每一个部分，你就会发现世界只是一架巨大机器，分成无数较小的机器，这些较小的机器又可再分，一直分到人类感觉与能力所不能追究与说明的程度。……这种贯通于全自然之中的手段对于目的奇妙的适应，虽然远超过人类的机巧、人类的设计、思维、智慧及知识等等的产物，却与它们精确地相似。既然结果彼此相似，根据一切类比的规律，我们就可推出原因也是彼此相似的。而且可以推出造物主与人心多少是相似的，虽然比照着他所执行的工作的伟大性，他比人拥有更为巨大的能力。[③]

---

① 〔英〕休谟：《自然宗教对话录》，陈修斋、曹棉之译，郑之骧校，商务印书馆1962年版，第110页。

② 神与人同形、同性的"神人相似"思想贯穿于西方文明史。与之相对应，天与人的本性内在相符的"天人合一"思想同样贯穿华夏文明史。神人相似与天人合一分别构成中西两大文明的主要特征——笔者注

③ 〔英〕休谟：《自然宗教对话录》，陈修斋、曹棉之译，郑之骧校，商务印书馆1962年版，第18、19页。

正统基督徒第美亚不同意来自古希腊传统的"神人相似"观点，也不认为"神"存在需要理论证明，因为"神"作为终极存在是自明的。怀疑主义者裴罗则从揭示相似类推存在逻辑错误进行反驳。比如，你买了一件黑色上衣质量很好，而我也有一件同样是黑色的上衣，所以质量也和你的一样好。这样的推论明显错误，因为黑色与质量的关系并不大。因此，裴罗指出克里安提斯的相似类推存在很大漏洞。自然物与人类设计的产品比如房子之间，有极大差异，无视这种差异而进行类推，难免出错。如果人的血液是在体内循环，要推论鱼类也有同样的血液循环系统，就存在问题，而进一步推论植物有同样的液汁内部循环，其可靠性更加脆弱。从部分和整体的关系看，人类只是宇宙中很小的部分，凭什么说人类设计产品的思路就是宇宙运行的法则？这种推理，甚至比一个农夫把管理家园的办法看作治理国家的大法更不靠谱。自然运行的机理有很多可能性，我们完全可以把宇宙推想为一个动物或植物，不断生长。因此，裴罗质疑说："你能说明房屋的构造与宇宙的成长有任何这样的相似点吗？"① 裴罗认为宇宙一定是由某个智慧心灵设计出来的理由并不充分。但克里安提斯坚持自己的看法："一个秩序井然的世界，正像一种和谐而清楚的语言一样，仍会被看作设计与意向的不容争辩的证明。"② 如此一来，就陷入谁也说服不了谁的境地。一方说宇宙是设计出来的，一方对此质疑，其实双方都拿不出实质性证据说服对方。这时候，正统信徒第美亚开始对克里安提斯的神人相似论发起挑战。因为把"神"看作与人相似，可以认识、可以理解，在正统基督徒看来是粗鲁的渎神行为。把人的一切情绪，如感恩、愤怒、爱情、友谊、竞争、嫉妒等转移到至高的存在，是不合理的，因为"神"的性质神秘不可知。这说明自然宗教既受到怀疑论的质疑，也受到来自正统信徒的攻击。从中也可以看到正统基督教的困境。一方面从有利于宗教信仰看，必须赋予"神"以人性和人格特征，如耶稣基督是人性和神性的完美和谐，

① 〔英〕休谟：《自然宗教对话录》，陈修斋、曹棉之译，郑之骧校，商务印书馆1962年版，第28页。

② 〔英〕休谟：《自然宗教对话录》，陈修斋、曹棉之译，郑之骧校，商务印书馆1962年版，第32页。

但另一方面还是从有利于宗教信仰出发，必须否定"神"有人格特征。这两种力量相互牵扯，使基督教神学理论左右摇摆、相互攻击。一方认为神人相似，会导致否定"神"，产生无神论；另一方认为"神"有绝对超越性，而致使神性与人无关，变成无神论者而不知。从基督教神学可以同时推出有神论和无神论这两种似乎对立的观点。休谟发现内在的矛盾，他借裴罗之口说：

> 有神论者承认，原始的理智与人类理性不大相同；无神论者承认，秩序的原始原则与人类理性有细微的相似。先生们，你们难道愿意为程度的高下而争吵，参加一个不容许有任何精确意义，因之也不容许有任何决定的争论吗？……这就是，当有神论者在一方面夸张至高的存在与脆弱的、不完善的、变动的、易迁的、不免于死的生物之间的差异；无神论者却在另一方面对于在每一个时期、每一种情况、每一种地位之下自然的所有活动之间的相似，加以扩大。那么，请考究一下，真正的争论点究竟是在哪里，假如你们不能放弃你们的争辩，那么至少请你们消除你们的敌意吧。①

休谟从神学争论中推导出的无神论与有神论没有本质区别的结论，深刻揭示在思想的尽头，真正的无神论与真正的有神论是重合的。一个最坚定的无神论者，他总得相信有一个东西是自因的、自在的——你可以称它为"物质"，或者别的什么名称，世界一切由它演化创造出来。一个最坚定的无神论者，会彻底否定"神"与人有任何相似性、相通性，仅仅是一个自因自在的第一原理，世界由第一原理演化出来。休谟批判现实中教士并不是真正虔敬的有神论者，仅仅是借宗教外衣谋取最大利益罢了。"教士的人数愈多，他们的权威和财富愈大，就总是会提高宗教的精神。"② 触及了宗教的实质——权力和财富使宗教变得高尚。

---

① 〔英〕休谟：《自然宗教对话录》，陈修斋、曹棉之译，郑之骧校，商务印书馆1962年版，第100页。

② 同上，第104页。

　　休谟在对话中进一步为一种真正的"唯物论"的可能性提供了理论基础。

　　如果理性对因果关系的探究是完全开放的,必然会产生这样的判断:既然要为物质世界寻找一个原因(创造者),同样也要为精神世界寻找一个原因(创造者),两者是等价的。从经验的角度看,物质世界和精神世界没有任何实质性差异,只能发现它们受着相似的原则支配。从物质世界追溯到一个精神世界作为物质世界的原因,同样也从精神世界追溯到另一个精神世界作为前一个精神世界的原因,可是我们在追溯的时候,为什么偏偏要终止于精神世界?为什么就不能从物质世界追溯到物质世界,从精神世界进一步追溯到物质世界,把物质世界作为终极原因?精神世界并不比物质世界具有更大的优越性,物质中有腐败的东西,思想中也有疯狂的状态,那么为什么要认为精神较之物质更为根本呢?从经验证据说,世界的原因是"精神"与世界的原因是"物质",两者是等价的。持神人相似论的人说,世界的秩序源于理性能力和"神"的本性,其对立一方也可以说,物质的本质决定了世界的秩序。这两种说法,本质上并没有多大区别。休谟还从物理学的发现——重力、电力都可以从物质本身来解释,对西方思想史长期占主导地位的观点——物质是惰性的,需要有一个主动心灵的假设提出质疑。他说:"运动起自物质自身,与运动来自心灵和理智,是先天地同样可以设想的。"① 把运动作为物质的本质属性,物质的存在不需要一个更基本的原因,成为后来的唯物主义者的标准观点。休谟显然为这些观点准备好了理论基础:既然"神被认为是一个必然存在的存在",那么,"根据这个对于必然性的解释,物质的宇宙为什么不可以是必然存在的存在?"②

　　休谟反问,对于一个在逻辑上、知觉经验上有诸多矛盾的宗教,为什么有存在的必要?很显然是由于人类的悲惨和邪恶。这种悲惨和邪恶被历代的作家们反复提及,反复控诉。人类的悲惨和邪恶固然是宗教产生的基

---

　　① 〔英〕休谟:《自然宗教对话录》,陈修斋、曹棉之译,郑之骧校,商务印书馆1962年版,第60页。

　　② 同上,第67页。

础，但同样又是摧毁宗教的力量。这导致伊壁鸠鲁的老问题："它愿意制止罪恶，而不能制止吗？那么它就是软弱无力的。它能够制止，而不愿意制止吗？那么它就是怀有恶意的。它既能够制止又愿意制止吗？那么罪恶是从哪来的呢？"① 历代神学家们为此煞费苦心、伤透脑筋。近代以来的哲学—神学家（如莱布尼兹）提出为了宇宙整体的善而不得不允许必要的恶，应毫不怀疑世界总体是善的。对于这种"神正论"，休谟认为宇宙第一因（神）可以有四种假设：全善的；全恶的；既有善也有恶；无善无恶。而最合理应是第四种：无善无恶。这种自然主义的善恶观，在中国思想史（从庄子开始到王阳明）也是一种很有势力的观点，但在神权主导下的西方思想史，却是比较边缘化的观点，斯宾诺莎提出来了但遭到那个时代人们的憎恶。为了解决自然主义的无善无恶论与"神"至善之间的深刻冲突，休谟最后采取一种折衷主义的办法。他借斐罗之口说：

> 这里我也必须承认，克里安提斯，由于自然的作品与我们的技巧和设计，比起与我们的仁慈和正义，有更大的相似性，所以我们有理由推知，神的自然属性与人的自然属性之相似，大于神的道德属性与人的道德之相似。……结论只是，人的道德品性在性质上比起他的自然能力来，更为有缺陷。②

休谟从神性中区分出自然属性与道德属性，前者与人更相似，后者与人有更大差异。自然属性无善无恶，只能用真假、对错来区分，道德属性用善恶和正义非正义来判断。自然属性属于知识范畴，道德属性属于情感范畴，两者起源于人性的不同部分，不能简单替代。休谟否定有先天的、按照理性构建的道德原则，这使得他的伦理学有独特性。他把情感作为道德的基础，提出道德感、善的动机等概念。休谟在宗教上的愿景是建立好宗教，这个宗教以这样的命题为基础："宇宙中秩序的因或诸因与人类理智

---

① 〔英〕休谟：《自然宗教对话录》，陈修斋、曹棉之译，郑之骧校，商务印书馆1962年版，第77页。

② 〔英〕休谟：《自然宗教对话录》，陈修斋、曹棉之译，郑之骧校，商务印书馆1962年版，第100页。

可能有些微的相似。"① 但他不希望对该命题进行扩大的、具体的解释，更不能成为指导人生的信条。休谟是希望信奉这种宗教的人坚信：人性与自然有某种说不清的相似性，但仅此而已。

---

① 〔英〕休谟:《自然宗教对话录》,陈修斋、曹棉之译,郑之骧校,商务印书馆 1962 年版,第 109 页。

第十三章　以契约为基础的学说

在塑造现代欧洲知识形态方面，笛卡尔、斯宾诺莎和培根、休谟等人发挥重要作用。他们的共同愿景是要为人类知识寻找确定的新基础。在塑造现代欧洲政治形态方面，不能忽视霍布斯、洛克和卢梭等人的作用。他们的共同愿景是为国家和政府的建立可靠的新基础。亚里士多德把城邦的建立归因人的自然本性——人是天生的政治动物。霍布斯不赞同。他在问，蜜蜂、蚂蚁等动物依自然本性生活在一起，是否也应被称为政治动物？人类社会和蜜蜂、蚂蚁社会区别在哪里？基督教本质上是反世俗权威的，对于基督徒来说世俗社会只是走向天国的一个驿站，君权和官员治权都来自"神"，世俗国家的意义只是为了保证信徒更好虔敬"神"。天主教会声称教皇具有神权和俗权的双重性，皇帝和国王的废立必须经教皇的同意。西方中世纪以来的全部历史，贯穿着教权与王权的斗争。教皇英诺森三世（Innocent，1161—1216）在位期间，教权达到鼎盛，不仅迫使英格兰国王约翰、神圣罗马帝国皇帝腓特烈二世臣服，还在1199年获得对全部基督教国家征税权，俨然是王中之王。到了霍布斯时期，相较于罗马教廷的衰落，王权得到强化，尤其是英国，国王不仅是世俗领域还是宗教事务的元首。但世俗君主权力来自"神"授，依然是不可撼动的权威观念。这个时代需要创设一套既不同于亚里士多德的、也不同于基督教的新学说。霍布斯是重要开拓者。他利用希伯来传统提出契约论政治学说，用"君权民授"代替基督教的"君权神授"，用"人生而平等"代替亚里士多德的"人有天然统治者和奴隶之分"。契约论从霍布斯开始，经过洛克、卢梭等人的不断完善，成为塑造近代西方社会的有力工具。作为近代西方政治学中最有影响力的契约论，它不仅解释了政府权力来源和边界，也解释了公民自由和权利等。从罗尔斯《正义论》中看到，契约论在现代西方政治学中依然有强大的生命力。

第一节　霍布斯和《利维坦》

托马斯·霍布斯（Thomas Hobbes，1588—1679）出生于英国南部威尔特郡的马尔麦斯堡镇，父亲是乡村教区的牧师，母亲是普通农妇。因家贫霍布斯实际由伯父抚养长大。他天资聪颖，15 岁时进入牛津大学摩德林学院，学习经院派逻辑和亚里士多德哲学，正是这些课程使他一生对大学课程、对亚里士多德深感痛恨。1610 年，他 22 岁时成为德芬郡伯爵的家庭教师，从此也与这个家族建立起毕生的友谊和联系。霍布斯通过这个贵族家庭的关系，结识了包括培根在内的一些英国名流，丰富了自己的学识。作为家庭教师，霍布斯陪伴他的学生游历欧洲大陆，与包括伽利略、笛卡尔在内的学术名流建立关系，了解最新的科学成就和思想动态。1637 年，霍布斯随同他的学生回到英国。1640 年 11 月英国长期国会开会，国会与国王的冲突加剧，作为保王派的霍布斯害怕受到清算，很快逃到巴黎。霍布斯受到当时欧洲一流科学家和学者们的欢迎。笛卡尔在《沉思录》出版前专门致函霍布斯征求意见，后来霍布斯批评意见连同笛卡尔作答一并作为该书附录出版。在巴黎，霍布斯还结识了一大批因内战失败而流亡巴黎的英国保王派。1646—1648 年间，霍布斯成为威尔士亲王即后来的英王查理二世的数学教师。这段经历是霍布斯后来即使在英国遭受各方攻击，依然得到英王庇护的重要原因。1651 年《利维坦》出版，引起轰动，但因书中反教会和反君权神授，触怒了信仰天主教的法国当局和信仰圣公会的流亡巴黎的英国王党分子，霍布斯因惧怕而悄悄逃回英国。当时英国正由克伦威尔以护国公的名义统治，这种集军权、政权于一身的体制非常符合霍布斯的理想，于是他向克伦威尔寻求保护。王政复辟时期，霍布斯又受到一些王党的抬举，查理二世还准备给予每年 100 磅的恩俸。1666—1667 年伦敦瘟疫大流行，又遭大火，于是教会人士扬言是霍布斯的渎神言论招致灾祸。

霍布斯因恐惧而烧毁全部手稿。值得一提的是，这时的牛顿因伦敦瘟疫避居乡间，初步完成了物理学和数学史上的伟大构想。1666 年，英国下议院通过一项对"无神论者"和"不敬神者"进行惩戒的法律。由于受查理二世的保护，霍布斯逃过一劫，但从此被禁言，任何作品都不得在英国出版。1679 年，霍布斯以 92 岁高龄离世，被安葬在德贝郡一座教堂的墓地里。

霍布斯的声誉主要来自《利维坦》这部作品。"利维坦"出自拉丁语 Civitas，本义是国家或国民的整体，霍布斯把它看作以保护自然人为目的的"人造的人"——一个有巨大力量的拟制的人。利维坦有自己的灵魂——主权，关节——政府机构，神经——赏罚系统，力量——全部财富，事业——人民的安全，记忆——提供知识的顾问机构，理智和意志——公平和法律，以及健康——内部和谐，疾病——发生动乱，死亡——发生内战。霍布斯与西方同时期的一些思想家一样，试图运用几何公理体系的方法构建国家学说，其对手依然是亚里士多德派。他说："我相信自然哲学中最荒谬的话莫过于现在所谓的亚里士多德形而上学，他在《政治学》中所讲的那一套是跟政治最不能相容的东西，而他大部分的《伦理学》则是最愚蠢不过的说法。"[1] 打倒亚里士多德的权威是欧洲进入近代社会的重要标志，而打倒这个权威需要各领域一流思想家、科学家的接续奋斗。霍布斯在世时始终作为无神论者被攻击，尽管他极力否定，以后又以唯物主义者的定位现身于思想史。《利维坦》用一多半的篇幅讨论圣经，大量引用圣经的句子，这种情况只有在神学家的作品中才能看到。美国人米斯纳说："唯物主义支撑着霍布斯决定论上的信心，也构建了霍布斯无神论的基础。……显然，唯物主义是霍布斯的根本信仰之一。"[2] 霍布斯是一个唯物主义者，但不是无神论者。

一、自然状态和契约

"自然状态"是一个含混的概念。一般理解为遵循自然法，没有人工干

---

① 〔英〕霍布斯:《利维坦》,黎思复、黎廷弼译,商务印书馆 2020 年版,第 544 页。
② 〔美〕马歇尔·米斯纳:《伟大的思想家——霍布斯》,于涛译,清华大学出版社 2019 年版,第 116 页。

预的状态。但我们不能这样去理解霍布斯。按照霍布斯的观点，即便是由人创造的国家，也要按照人的自然本性遵循自然法。霍布斯的自然状态有两个要点：一是人人处于平等的状态；二是人人处于战争的状态。平等的含义是什么？他说："自然使人在身心两方面的能力都十分相等，以致有时某人的体力虽则显然比另一人强，或是脑子比另一人敏捷，但这一切总加在一起，也不会使人与人之间的差距大到使这人能要求获得人家不能像他一样要求的任何利益。"① 自然状态下由于人的自然禀赋差不多，一个人无权要求比另一个人获得更多的利益。那么战争的含义是什么？由于每个人都有权获得希望获得的东西，当两个人都想拥有某一物品而不能同时享用时，彼此间必然成为敌人。霍布斯说："在没有一个共同权力使大家慑服的时候，人们便处在所谓的战争状态之下。这种战争是每一个人对每个人的战争。"② 霍布斯所谓的战争是人与人因争夺利益而处于冲突状态。

　　为什么人在自然状态一定是平等的？自然状态的人为什么不能彼此合作呢？比如说狼、狮子、鬣狗这类社会性动物间既有森严的等级，还有密切的合作。霍布斯对第一个问题的解释主要还是着眼于人的智力，比如体力最弱的人运用密谋或弱弱联合，也可以杀死体力最强的人。他不同意亚里士多德说智力的差别导致一类人更适宜"治人"，另一类人更适宜"被奴役"。对第二个问题的回答，是因为人有竞争、猜疑、荣誉这三种天性，这种天性使得人尽可能地去奴役他人、保全自己、藐视他人，使得缺乏外力监督的合作变得非常不可靠。一个没有武力作后盾的盟约，往往是一纸空文。这是国际关系的真实写照，也是对霍布斯的自然状态的一个有力说明。但是，人们有理由对他的自然状态的真实性给予更多的质疑。因为这是霍布斯的社会政治学说的前提和出发点，按照几何学的演绎规则，一个不可靠的公理或前提怎么可能推导出可靠的结论？霍布斯最推崇的科学是几何学，并且按照几何学原理推出自认为的社会定理，所以不能说他不知道这一点。但霍布斯无法就自然状态的真实性作更多的论证，他只能从美洲野

---

① 〔英〕霍布斯：《利维坦》，黎思复、黎廷弼译，商务印书馆2020年版，第92页。
② 〔英〕霍布斯：《利维坦》，黎思复、黎廷弼译，商务印书馆2020年版，第94、95页。

蛮民族中、英国内战期间的种种暴力和战争说明自然状态是可能的。他还认为，自然状态没有公道、正义、是非可言，暴力与欺诈是两种主要美德，既没有财产权，也没有"你的""我的"之分。

自然状态下人的自然权利是人人都有按照自己的意愿、运用自己的力量保全自己生命的自由。但千万别以为这种自然权利有多么美好，霍布斯说："当每一个人对每一事物的这种自然权利继续存在时，任何人不论如何强悍或聪明，都不可能获得保障。"① 所有人的最大期盼是摆脱处于战争的自然状态。符合自然理性的法则必然是这样的：只要有和平的希望就应当力求和平；当和平无望时才全力寻求赢得战争的一切办法。寻求和平、保全自己就成了霍布斯的第一自然律。第二自然律是：为了和平和保全，人们会放弃对一切事物的权利，允许他人对自己使用让渡出去的权利。让出权利的方式有两种，可以是单纯的放弃，也可以转让给某个人或某些人。不管如何，当一个人让出自己的权利后，就产生了不得妨碍受让人使用这种权利的义务。人的义务源于对权利的自愿放弃，也源于受让人对和平的承诺。如果一个人妨碍受让人行使对他的权利，便是不公正。所谓公正就是信守约定，不公正便是妨碍约定。由于人把权利转让出去的初衷是为了结束战争、实现和平，最终是保全自己，因此有些权利是不能放弃的，否则有违初衷。比如，当有人武力攻击我、监禁我、伤害我，我必须保留抵抗的权利。霍布斯把实现和平、保全生命看得很高。他的想法是：连生命都没有了，要自由的权利何用？很多人会同意他的想法，但也会有不同意的，比如古代中国《礼记》记载的那位齐国灾民，把人的尊严看得很高，宁愿饿死也不吃嗟来之食，怎肯为了活命而把权利让渡于人？对于"若为自由故，两者皆可抛"的人来说，恐怕也不能同意。但霍布斯就认为和平比什么都重要，即便让出除了生命权以外的全部权利都是值得的。这说明一个事实：在让出权利时，有人心甘情愿，有人很不愿意。那么，慑于暴力、恐吓而让渡权利的算不算有效？霍布斯说："在单纯的自然状态下，因

---

① 〔英〕霍布斯:《利维坦》,黎思复、黎廷弼译,商务印书馆 2020 年版,第 98 页。

恐怖而订立的契约是有约束力的。"① 看来我们不能用自愿、无胁迫是合同生效的前提来看待霍布斯所称的契约，即便是强者逼迫弱者签订的契约，霍布斯依然认为有效。霍布斯的观点反映了西方契约精神的原始面貌——来源于"神"与人的神圣约定。这样的契约绝对不是平等主体之间的双方合意。不过，霍布斯设定了一条底线以减弱可能带来的批评，即我的现状在转让权利后不能比过去的更差。根据让出权利的这一初衷，霍布斯推导出一系列法律规则。比如不能自证有罪，不能放弃为自己辩护的权利，不能提供让自己痛苦的证据，刑讯逼供下的证据不合法（理由是那种情形下的坦白不能用来对付坦白者）等。这些规则依然是现代法治社会必须遵循的底线。霍布斯是一个现实主义者和改良主义者，他反对抽象的宏大概念，而满足于一些微小的进步——现在要比过去好，通过每一小步，撬动人类进步的一大步。霍布斯与爱尔兰主教布拉姆霍尔就"自由意志"发生争论。"自由意志"既是基督教神学的基础，也是现代自由理论的源头。但霍布斯不承认有"自由意志"这样的东西。这自然引起神学家布拉姆霍尔的愤怒，认为这将摧毁"道德和正义"的基础。这种争论注定是一个谁也说服不了谁的结局。但霍布斯把自由看作是外界障碍不存在的状态，尤其是把自由看作是一长串的权利集合，却成为英美自由主义的传统。约翰·穆勒《论自由》的开篇就申明："这篇文章所要讨论的主旨并不是所谓的意志自由，它并不是要讨论与那被误称为哲学必然性的教义相反的东西。"② 穆勒讨论的主旨是公民自由，即个人权利的性质和限度问题，继承了霍布斯的观点。

　　霍布斯很清楚，一个没有强力为后盾的契约终归无效。要避免重新回到自然状态，唯有走这样一条路，"把大家所有的权力和力量托付给某一个人或一个通过多数的意见把大家的意志化为一个意志的多人组成的集体"。③当这群人把自己的权利让渡给某个人或某个集体，由这个唯一人格行使权力时，国家——一个伟大的利维坦就诞生了。霍布斯的契约论的要点是：

①　〔英〕霍布斯：《利维坦》，黎思复、黎廷弼译，商务印书馆 2020 年版，第 105 页。
②　〔英〕约翰·穆勒：《论自由》，马文艳译，华中科技大学出版社 2016 年版，第 4 页。
③　〔英〕霍布斯：《利维坦》，黎思复、黎廷弼译，商务印书馆 2020 年版，第 131 页。

臣民相互间订立契约把权利转让出去，而非由臣民与主权者订立契约。根据权力的取得方式，建立国家有两个办法。一是按约建立。自然状态下的一大群人，由于相互畏惧而订约，承诺把权利让渡出来换得和平，那些不同意的少数人，必须遵守多数人的意见；当他们把这些权利授予一个人或一些人后，被授权者成为主权者，授权者便成为臣民；主权者以独立人格的身份行使权力。二是以力取得。一个人或一些人用处死为胁迫手段，迫使其他人同意把权利让渡出来；胁迫者因受让这些权利成为主权者，被胁迫者让出权利而成为臣民；主权者以独立人格的身份行使权力。这两种办法的唯一区别是：前者相互畏惧，后者畏惧征服者。那么，主权者有什么权力？首要一条是主权者不能以任何理由被臣民废黜。这是按照约定的必须履行的正义原则。由于是臣民相互订立契约把权利出让给主权者，主权者不是订约的一方，便不会有违反约定的情形，而任何臣民都不得以取消约定为由解除对主权者的服从。当有人不服从主权者时，其余人就有正当理由杀掉他，因为他的不服从意味着被抛弃在原先的战争状态即自然状态，任何人都可杀他而不为不义。霍布斯的主权者拥有绝对权力。他说："主权者所做的任何事情对任何臣民都不能构成侵害，而臣民中任何人也没有理由控告他不义，因为一个人根据另一个人的授权做出任何事情时，在这一桩事情是不可能对授权者构成侵害。"① 这样的权力授受关系下，霍布斯认为臣民以任何方式对主权者加以惩罚，甚至处死主权者，都是非正义的。这个观点实质是对 1649 年英国议会派处死查理一世的谴责。

霍布斯列出了主权者拥有的其他权力清单。比如立法权，司法权，战争和媾和权，官员的甄选权，授予或剥夺臣民荣誉、爵禄权，学术和出版物审查权等。霍布斯特别强调，这些权力必须集中而不可分割。他总结英国当时的情形说："如果英格兰绝大部分人当初没有接受一种看法，将这些权力在国王、上院、下院之间加以分割，人民便绝不会分裂而首先在政见不同的人之间发生内战，接着又在宗教自由问题方面各持异议的人之间发

---

① 〔英〕霍布斯：《利维坦》，黎思复、黎廷弼译，商务印书馆 2020 年版，第 136 页。

生内战。"① 或许这是霍布斯作为英国残酷内战的亲历者的有感而发，但这种意见注定是少数，因为国家权力的分割制衡在英国乃至整个欧洲成为大势所趋。还有一个值得注意的问题是：宣称在自然状态下人生而平等的霍布斯，怎么看待国家建立后臣民之间的关系？他说："勋爵、伯爵、公爵和王公等身份都是由他封的，正如同仆人在主人面前一律平等而没有任何荣位等级存在一样，臣民在主权者面前也是这样。"② 这包括两层含义：主权者与臣民之间犹如主人和奴仆的关系；但在主权者面前所有臣民又一律平等，犹如在太阳光下众星全部变得暗淡。黑格尔所称的"在东方只是一个人自由（专制君主）"③，其实更准确解释了霍布斯思想和当时英国社会现状。

根据主权者究竟是一人还是多人，霍布斯划分为君主制、贵族制和民主制。他反对亚里士多德的僭主政体、寡头政体之说，认为纯粹是蔑称、没有实质意义。作为君主制的坚定拥护者，霍布斯列出君主制优越的主要理由。第一，谋取私利是人的本性，当任何人在公私利益发生冲突时，都会先顾及个人利益，由于君主制的公共利益与本人利益是同一回事，公共利益反而会得到最大保障。这种说法与生产资料私有制能促进经济繁荣的理由如出一辙。第二，君主会豢养一批宠臣而危害社会，但议会也有嬖人，且人数更多，其亲属也远多于任何国王的亲属。意思是与其让更多人以权谋私，不如只让一个人拥有这样的特权。第三，君主不可能自己反对自己，但议会内部的利益交错往往导致相互纷争，甚至引发内战。为了证明君主确实应该拥有至高的独断权力，霍布斯引用旧约作为佐证。

管辖你们的王必这样行，他必派你们的儿子为他赶车、跟马、奔走在车前。又派他们作千夫长、五十夫长、为他耕种田地、收割庄稼、打造军器和车上的器械。必取你们的女儿为他制造香膏、作饭烤饼。

① 〔英〕霍布斯：《利维坦》，黎思复、黎廷弼译，商务印书馆 2020 年版，第 140 页。
② 〔英〕霍布斯：《利维坦》，黎思复、黎廷弼译，商务印书馆 2020 年版，第 141 页。
③ 〔德〕黑格尔：《哲学史演讲录》第一卷，贺麟、王太庆译，上海人民出版社，第 98 页。

也必取你们最好的田地、葡萄园、橄榄园，赐给他的臣仆。你们的粮
食和葡萄园所出的，他必取十分之一，给他的太监和臣仆。又必取你
们的仆人婢女、健壮的少年和你们的驴，供他的差役。你们的羊群他
必取十分之一，你们也必作他的仆人。（《撒母耳记》8：11-17）

　　熟悉圣经的基督徒知道，这段经文的本意与霍布斯理解的完全相反。
这是耶和华通过撒母耳告诫以色列人，这些是设立国王会面临的痛苦代价。
霍布斯显然曲解了。但换个角度看，霍布斯又是对的，耶和华的告诫正好
说明凡是国王都会拥有这些权力、都会这么做。霍布斯还引用《创世纪》
关于伊甸园的故事，说明"神"作为主权者的绝对权威，那么世俗的主权
者必然拥有自己认为有多大就该有多大的权力，臣民的自由只有在主权者
没有规定的事情上才能存在。霍布斯引旧约中大卫王杀死乌利亚的故事①，
说明主权者的权力不应受限制，因为大卫杀死乌利亚却未构成对乌利亚的
侵害。这种说法确实牵强。为了证明自己的观点，霍布斯考证古希腊、罗
马人所推崇的自由实质是国家自由，而非个人自由，只是后人缺乏正确的
判断力，把国家自由、抵抗异族入侵自由看作是个人的。他说："为了要避
免更换政府的念头，雅典人被人教导着说他们是自由的人民，所有君主国
家中的人都是奴隶。"② 霍布斯还认为，正是亚里士多德出于上述阴暗目的
才在《政治学》（卷六，二章）一书中断言：只有在平民政体中才可以享受
自由③，而在其他政府下没有人是自由的。霍布斯的意思是，雅典人通过混
淆自由的概念，将自己的制度看作是自由的政体，而污称其他制度都是不
自由的，以此营造有利于自己的意识形态。

　　霍布斯推崇君主专制，主张主权者拥有不受制约的权力，而臣民丧失
除了生命权之外的全部权利。这一观点常被后人诟病。但我们常常忽略两

_____

　　① 《旧约·撒母耳记下》记载，大卫王见勇士乌利亚的妻子美貌，不仅与之私通，还
借敌人之手杀死乌利亚，达到霸占乌利亚之妻的目的。这段批评大卫王徇私枉法的记载，
却被霍布斯曲解为主权者有权杀死臣民却无须担责的证据。——笔者注
　　② 〔英〕霍布斯：《利维坦》，黎思复、黎廷弼译，商务印书馆 2020 年版，第 168 页。
　　③ 亚里士多德所称的"自由"是指人人轮番当统治者和被统治者的自由。同样在说
"自由"，含义有较大差异。——笔者注

个问题，一个是霍布斯为什么会这么看？另一个是霍布斯为什么不讨论具备什么样的资格才能成为主权者？第一个问题，从当时的历史背景看，教权的衰落与王权的复兴是欧洲走出中世纪的重要标志。相对于教权，王权反而显得宽容，且更能保护知识精英免受逼迫。现实政治中，罗马教廷为了控制国王和皇帝，往往会借助贵族、诸侯的势力，发动对抗王权的叛乱。在王权和教权的冲突中，霍布斯坚定地站在维护王权立场，宣扬绝对君主制，是有现实因素的考虑。第二个问题，霍布斯用很多篇幅分析自然法则，讨论主权者的权力，但从来没有正面讨论主权者的资格。其中的缘由确实令人费解。或许霍布斯认为，只要有授权，任何人都能胜任主权者的角色，或许霍布斯是基于现实政治而不敢分析，或许霍布斯认为，主权者的自然本性与其他人完全相同，不值得特别关注。到底什么原因，我们不得而知。笔者之所以提出这个疑问，是从文化比较的角度而来的。霍布斯解决了统治合法性的基础，即"我的同意才是别人统治我的理由"，但没有进一步追问，应该由什么样的人来统治我才是正当的？这个问题由同时代的中国人黄宗羲（1610—1695 年）在《明夷待访录》中作了回答："有人者出，不以一己之利为利，而使天下受其利；不以一己之害为害，而使天下释其害。此其人之勤劳必千万于天下之人。"黄宗羲从中华传统文化中提出统治合法性和"统治者"（或主权者）的资格问题——一个能克制自己的私欲而造福苍生的人①。政治必须由最富有奉献精神的人来参与。黄宗羲的这个具有中华文明特征的愿景，与霍布斯从希伯来传统中推导出人生而平等的观点，都是现代政治得以成立的前提。

二、契约论、君主制在圣经中的依据

相较于霍布斯契约论的政治意义，中国人一般不怎么关注《圣经》在其中的意义。必须明白，霍布斯对社会政治思想的完整思考，正是源于希伯来传统，源于圣经。当然，霍布斯是以自己的方式而不是正统的方式去理解圣经。他通过解读圣经，讲了一个不同于教会权威所讲的故事。这些

---

① 参看拙著《中国道统论》第七卷。

内容构成了《利维坦》的第三、四部分。很明显，没有希伯来传统就不会有霍布斯的契约论。

自然状态、自然法是霍布斯学说的逻辑起点。为什么要把自然法作为一切法律的基础？原因是"神"创造世界的原理便是自然法。他说："上帝作为自然的创造者，其约束全人类的法律便是自然法，同一上帝作为万王之王而言，这种法律便是一般的法律。"[①] 霍布斯坚持通过感觉经验、自然理性探讨主权者权力和臣民义务这一经验主义的方法，同时认为还需借助"神"的意志和超自然的启示，但在奇迹已经绝迹的当今时代，不能借助教会的权威，只能从圣经寻找基督教体系国家的原理。这里的圣经，当然是专指能被英国国教会所接受的那些篇章。霍布斯要表达这样几层意思：（1）由于圣经不违反自然法所以才能被称为神律；（2）超自然的启示，只有那些直接受到这种启示的人，才有必须服而不得规避的义务，而其他人就没有这种义务，因为他无法确信哪些是"神"的旨意；（3）臣民要以国家或教会确认的权威为权威，但教会不是一个统一的人格，所以必须以主权者意志为意志。霍布斯从英国内战中看到这样一个事实：导致英国分裂的各派力量都有不同的教派作后盾。在教权与王权的斗争中，霍布斯不仅是一个坚定的王权至上者，也支持英国国教会。英国王权无须通过教皇的教权这一中介的认可。霍布斯被教会人士攻击为"无神论者"，但受到查理二世的保护，就不难理解了。

天国一词，在神职人员看来必定指至高的天上的荣耀国度，但霍布斯不这样看。"相反地，我发现上帝的王国一词在圣经中大多数地方都指正式的王国，由以色列人民以一种特别的方式投票建成。在这种方式下，由上帝应许他们具有迦南地，而他们则与上帝立约，选上帝为王。"[②] 这里，霍布斯表达三层含义：圣经的天国实质就是地上的王国；这个王国通过契约的方式建立；因以色列人与"神"立约而获得应许，并让"神"做了他们的王。这种模式，从亚当、诺亚、亚伯拉罕，以至摩西时代，莫不如此。

---

① 〔英〕霍布斯：《利维坦》，黎思复、黎廷弼译，商务印书馆 2020 年版，第 276 页。

② 〔英〕霍布斯：《利维坦》，黎思复、黎廷弼译，商务印书馆 2020 年版，第 321、322 页。

霍布斯认为，"神"与亚当立约的标志是明示不许吃知善恶的果子，与诺亚立约的标志是天上的彩虹，与亚伯拉罕立约的标志是行割礼，与摩西立约的标志则是西奈山的十诫。"神"通过摩西晓谕以色列人：

> 如今你们若实在听从我的话、遵守我的约，就要在万民中做属我的子民，因为全地都是我的。你们要归我作祭司的国度，为圣洁的国民。(《出埃及记》19：5、6)

霍布斯认为，这正是通过契约建立王国，使"神"成为王国主权者的明证。摩西并非是主权者，只是作为"神"的代理人行使管理职责。在摩西去世，到了撒母耳时期，以色列人开始抛弃"神"，不愿意"神"做他们的王，而要像其他民族一样选一个人做他们的王。于是，就有了扫罗、所罗门、大卫等以色列诸王。这不仅证明以色列世俗诸王也是百姓选择的结果，更是背弃"神"重新立约后的产物。但被以色列人所背弃的"神"终究要回来做王，建立地上王国，耶稣基督的出现就是有力证据。霍布斯引用《路加福音》中天使加百列预告基督降临的一段话，说明"神"要与世人重新立约，直接由基督做全民的王。

> 他要为大，称为至高者的儿子、主，神要把他祖大卫的位给他。他要做雅各家的王、直到永远，他的国也没有穷尽。(《路加福音》1：32、33)

耶稣为王的国度，还是根据契约建立的一个地上王国。霍布斯坚称，这样的王国"就应理解为根据我们的信约而成立的，不是根据上帝的权力而成立的上帝的王国"。[①] 但事实上，基督为王的王国并没有出现在这个世界上，如何理解？霍布斯认为，这是由基督作为我们神圣救主的多重职分以及"神"的永恒拯救计划所决定的。基督第一次降临世上，为人类赎罪而被钉死十字架。基督等于旧约《利未记》中替以色列人赎罪的两只山羊，一只被宰杀作祭品，另一只带着以色列人的罪孽被放逐到旷野，当然基督

---

① 〔英〕霍布斯：《利维坦》，黎思复、黎廷弼译，商务印书馆 2020 年版，第 326 页。

是全人类的替罪羔羊，十字架受难等于是第一只山羊，复活升天后等于是第二只山羊。作为赎罪者的职分，当然不能做所赎人的王。除此以外，基督第一次降临的另一个目的是立一个新约——通过洗礼，使人与"神"重新立约。原来的旧约由于以色列人的背信弃义——抛弃"神"，像列国一样立一个国王统治他们——而不再有效。真正以基督为王的国度，是在基督第二次降临才开始。圣经只提到两个世界，一个是现在的世界直到末日审判，另一个是审判之日以后出现的新天新地新世界。在现在的世界里，圣经记载基督多次告诫众人要服从世俗的长官，服从凯撒的权力。为此，霍布斯大量引用使徒们的话作为证据。如彼得说："你们为主的缘故，要顺服人的一切制度，或是在上的君王，或是君王所派罚恶赏善的臣宰。"（《彼得前书》2：13、14）保罗说："你要提醒众人，叫他们顺服做官的、掌权的、遵他的命。"（《提多书》3：1）为了证明服从君主权威的正当性，以及不服从教会权威的合理性，霍布斯说：

> 圣彼得和圣保罗在这儿所说的君王和在上有权柄的，都是不信基督的人；这样说来，上帝指派基督徒来掌握主权、统治我们，我们就更应当服从了。因此，任何基督的使者命令我们做出的任何事情，如果违抗了自己国家的国王或其他代表国家的主权者的命令，而我们又正是仰望这种主权者来保护我们，试问我们又有什么义务要服从基督的使者呢？①

霍布斯的意思很清楚，即便是在基督的使者和主权者之间，我们也必须毫不犹豫服从主权者，而不是基督的使者。理由很简单，现在的世界还不是以基督为王的天国，而是由世俗主权者为王的时期。不服从王权，才是真正违背《圣经》的政治原理。在《利维坦》的第四部分，霍布斯攻击天主教会是一个黑暗的王国，甚至把教皇国与妖魔国相提并论。这种激烈反天主教的思想，迎合了当时英国的政治正确——反对天主教、支持英国国教。他庆幸亨利八世和伊丽莎白女王把天主教这些妖魔赶出英国，在

---

① 〔英〕霍布斯：《利维坦》，黎思复、黎廷弼译，商务印书馆2020年版，第400页。

《利维坦》最后一页写道：

> 这个罗马幽灵现在跑出来，在中国、日本和印度等瘠薄的"无水之地上来往传道；但谁又能说他们将来不会回来，甚至带回一群比自己更恶的鬼来，进到这打扫干净的屋子里并住在这里，使这儿最后的景况比先前更不好呢？"①

霍布斯说得很对，罗马教廷这个污鬼确实来到中国"传道"，但好像并没有能成功。霍布斯曾经的学生查理二世表面上信奉英国国教但实际上同情天主教，在 1685 年临死前正式皈依天主教。查理二世的弟弟詹姆士二世继位，成为英国历史上最后一位天主教国王，但在 1688 年的所谓"光荣革命"中被赶下台，由信奉新教的玛丽二世、女婿威廉三世继任英国国王。

霍布斯的契约思想源于圣经，而他的君主专制思想同样可追溯到对圣经的解释。"上帝用以统治人类并惩罚违犯神律的人的自然权利不能溯源于他创造人类这一点，……这一权利我们只能溯源于他的不可抗拒的力量。"②这道出霍布斯契约论的本质：只有拥有不可抗拒的力量，才能成为名副其实的主权者。

三、宗教和唯物主义

通常认为，唯物主义者必定是反宗教的无神论者。这个观点显然有问题。霍布斯可作为例证，他的唯物主义与他的神学密切相关，与对圣经的阐释互为表里。

霍布斯的唯物主义首先体现在他的认识论。他把人的知觉的获得归因于物质运动的结果。人的感觉是由对象施加感觉器官而形成的假象或幻象，外物对象独立于感觉，感觉是对外物的表象，假象或幻象（感觉）是由外在物质推动的运动，而不是由内在的无形体的东西推动。霍布斯认为，人

---

① 〔英〕霍布斯：《利维坦》，黎思复、黎廷弼译，商务印书馆 2020 年版，第 569 页。其中一些内容是霍布斯根据《马太福音》第 12 章内容编写的。——笔者注

② 同上，第 279 页。

类最高贵和最有益处的发明是语言，语言由名词及其连结所构成，而每一个名词都是人对某一外物产生知觉后的产物。比如，一头牛通过身上反射回的光线，作用于人的眼睛，通过神经和大脑，产生感觉印象，我们就把这样的感觉印象标记为"牛"。我们还可以将眼前的水标记为"水"。当把两种外在的有形物连结在一起时，就构成陈述性的语言："牛在喝水。"因此要首先搞清楚每一个名词所代表的是什么，并进行正确的连结，这样的语言才有意义，否则会陷入荒谬。比如把两个意义矛盾的名词放在一起搞出一个新名词——"无形体的物体"或"无形体的实体"，犹如"倒入的美德""吹入的美德"和"圆四角形"那样荒谬。在霍布斯看来，任何能称为物体或实体的东西只能是有形体的物质，无形体的精神或心灵不能是物体或实体，无形体的实体不存在。

霍布斯将物质与运动结合作为他的学说的基础，与他对圣经的解释有关。他认为，圣经中有两个很重要的概念：物体与灵。经院哲学有物质实体和非物质实体两个概念与之相对。他说："物体一词在其最普遍的意义下，指的是充满或占据某个空间或假想地方的东西。它不取决于构想，而是我们所谓的宇宙中真实的一部分。"① 宇宙不过是物体的集合，任何真实的部分不可能不同时是物体，任何物体不可能不是宇宙的一部分。《创世纪》说："神的灵运行在水面上。"（1：2）霍布斯解释说："这儿神的灵指的如果就是神本身，那便是赋予神以运动的属性，因之也就赋予了空间的属性。空间只是属于物体的空间才是可理解的，属于非物质实体的空间则是不可理解的。"② "神"作为运动的东西，必然具有广延性，而具有广延性的则必然是物质。霍布斯看来，"神"有物质属性，就如运动着的风，也是一种有形的物质。至于圣经在其他地方使用"神的灵"，不过是智慧、热忱、勇敢的代称，而非精神性的幽灵。保罗说："人若没有基督的灵，就不是属于基督的。"（《罗马书》8：9）霍布斯认为："这不是指基督的圣灵，

---

① 〔英〕霍布斯：《利维坦》，黎思复、黎廷弼译，商务印书馆2020年版，第308页。
② 同上，第310页。

而是指服从基督的道。"① 有人也会拿出圣经反驳："灵没有肉和骨头。"
(《路加福音》24：39）但霍布斯坚持耶稣并没有否定灵的物质性，因为并
不是只有肉和骨头才是物质，空气和许多其他东西都是物质。在霍布斯的
解释中，不仅仅是神的灵属于物质，就是天使、天堂都是具有广延性的物
质，它们占据一定的空间，可以从一个地方运动到另一个地方。人的灵魂
也不是能够与躯体分离的独立实体。霍布斯说："在圣经中，灵魂始终不是
指生命就是指生物，躯体和灵魂合在一起则指活的躯体。"②

　　不过，我们仍然会有这样的疑问：究竟是因为霍布斯有了唯物主义思
想，然后用这种思想去解释圣经，还是从《圣经》中萌生唯物主义并用以
解释世界？或许，两方面都有，但后一种可能性显然更大一些。从思想史
的角度看，在基督教传入希腊罗马前，占主导地位的意识是普遍厌恶、仇
视物质和肉体，喜悦、赞美精神和灵魂。希腊世界在接受"道成肉身"的
教义上曾遇到很大阻力，他们无法理解，一个至高的"神"怎么可能披上
丑陋、罪恶的肉体来到世上？他们也很难接受末日审判后死人肉体复活和
永生，宁愿把复活和永生只理解为灵魂不朽和灵魂永生。但正统基督教义
所讲的复活和永生确实是指肉体复活和肉体永生。按照基督教义，由"神"
创造出来的物质世界怎么会是不好的呢？相较于希腊罗马哲学，"物质"在
基督教中并没有那么负面。另外，霍布斯同时代的学者，尤其是伽利略的
物理学影响着他对物质的看法。1636 年，霍布斯拜访伽利略，使他对物质
与运动的关系有了深刻的理解。霍布斯写道："当物体静止时，除非有他物
扰动它，否则就将永远静止，这一真理是没有人怀疑的。但物体运动时，
除非有他物阻止，否则就将永远运动。这话理由虽然相同（即物体本身不
能自变），却不容易令人同意。"③ 这段话的前半句可以从亚里士多德《物理
学》中找到，后半句来自伽利略对惯性运动的描述。霍布斯用惯性运动来
解释人的知觉过程——一种物质性的运动刺激人的感官形成知觉表象。霍

---

① 〔英〕霍布斯：《利维坦》，黎思复、黎廷弼译，商务印书馆 2020 年版，第 312 页。
② 〔英〕霍布斯：《利维坦》，黎思复、黎廷弼译，商务印书馆 2020 年版，第 500 页。
③ 〔英〕霍布斯：《利维坦》，黎思复、黎廷弼译，商务印书馆 2020 年版，第 6 页。

布斯生前并未就自己为什么信仰唯物主义作出解释——担心被攻击为无神论者，但从他的作品中可以发现，宗教信仰和自然科学是他采用唯物主义路线的两个重要原因，而前者显然是主因。从霍布斯对"虚妄的哲学"即亚里士多德"形而上学"的批判中，可以确认这一点。

　　经院哲学是亚里士多德学说与基督教神学相结合的产物。霍布斯指责说："这些人根据亚里士多德那种虚妄的哲学搞出一套独立存在的本质的说法，用一些空洞无物的名词来吓唬人。"① 他从几个方面对这套虚妄的哲学进行揭露和批驳。比如，他们会说，信仰、智慧、美德有时是从天上灌到人们身体之中，有时则是吹进去的，似乎有美德的人和他们的美德可以分为两个独立的东西；或者他们说，人的本质是灵魂，灵魂的全部存在于一个小指头上，同时又存在于身体的其他部分，从而让人相信有一种与躯体分离的无形体灵魂的存在。当有人质疑无形体的实体怎么能在地狱或炼狱的火中遭受痛苦，他们又完全答复不上来，只好说不知道怎样能焚烧灵魂。对于无形体的灵魂如何能移动，只得用一套经院哲学式的语言来解释："它们有限定地而非无限定地行走"，或者"它们以灵性的形式而非以尘世的形式行走"。搞出一大堆乌七八糟、莫名其妙的语言，看上很唬人，实质不知所云。至于在物理学上，更是空话的堆砌。他们根据亚里士多德的说法，告诉你下沉的物体是重的，这种重就是造成它们下沉的原因；如果再问"重"是什么，又会告诉你"重"是走向地心的一种努力，因此物体下沉的原因就是企图到达低处的一种努力。此外，如果想了解同一个物体有时候看起来更大一些的原因时，他们会郑重告诉你，那个看起来小的东西是紧缩了，那个看起来大的东西是稀疏了。而紧缩的意思是量变少了，稀疏的意思是量变多了。这种学说的荒谬性在道德哲学上更加严重。如果有人违反法律，做了不义的事情，他们会说：尽管"神"是一切事情的原因，但绝不是不义的原因。这就好比说：一个人画了一条既直又曲的线，其中的不协调是另一个人造成。霍布斯认为，这就是炮制出所谓"自由意志"的原因。一方面说"神"决定一切，另一方面又说"自由意志"可以不服从

---

① 〔英〕霍布斯：《利维坦》，黎思复、黎廷弼译，商务印书馆 2020 年版，第 548 页。

"神"，能做不义的事情。两者完全矛盾。

霍布斯对奉亚里士多德为绝对权威的经院哲学的痛恨，很容易延伸到对希腊罗马的神秘主义、唯心主义哲学传统的不满。他从早期基督教教义中看到对"物质""肉体"的友好态度，有了共鸣。既然正统基督教认为"神"的本质是不可知的、无法描述的，那么为什么就不能猜测其具有物质属性？这个想法，其实是与休谟的《自然宗教对话录》最终要表达的意思是一样的——把世界的终极原因说成是精神与说成是物质，究竟有什么本质区别？根本没有！

霍布斯表达了这样一种哲学观："哲学就是根据任何事物的发生方式推论其性质，或是根据其性质推论其某种可能的发生方式而获得的知识，其目的是使人们能够在物质或人力允许的范围内产生人生所需要的效果。"①

人们之所以需要哲学，是因为哲学能产生人生所需要的效果。霍布斯试图用唯物主义的方式构建他的学说，解释政治过程，以达到他所需要的效果。

第二节　洛克

约翰·洛克（John Locke，1632—1704）出生于萨默塞特郡的清教徒家庭，父亲是一名律师，曾经在英国内战中担任议会派军队的军官，母亲是制革工匠的女儿。15 岁时，经父亲友人、国会议员亚历山大（Alexander）的资助，入西敏斯特公学学习，后直接就读牛津大学基督教堂学院。与当时的其他思想家一样，洛克憎恨亚里士多德经院哲学，认为大学课程乏味。洛克最初醉心于医学研究，这门以观察和实验为基础的学科对他方法论的形成带来很大影响。1660 年洛克结识现代化学创始人、英国皇家学会的创始人罗伯特·波义耳，于是他的兴趣扩大到自然哲学。1667 年，洛克与安东尼·阿什利（Anthony Ashley）认识并成为他的秘书兼医生，此人对洛克的思想和人生有重大影响，使洛克的思想变得开明。英国内战中阿什利左

---

①　〔英〕霍布斯:《利维坦》,黎思复、黎廷弼译,商务印书馆 2020 年版,第 540 页。

右逢源，1660 年查理二世复辟后被封为伯爵，做过财政大臣、英格兰大法官。由于查理二世和他的兄弟詹姆斯是天主教徒，阿什利转而成为反对党领袖，支持查理二世的私生子、新教徒蒙茅斯继任英格兰王位，失败后逃亡荷兰并死在那里。1683 年，洛克也逃往荷兰阿姆斯特丹。1689 年 2 月，洛克随玛丽二世返回伦敦。1689 年，《论宗教宽容》出版，1690 年，《人类理解论》和《政府论》出版，1695 年，《基督教的合理性》出版。除了《人类理解论》和《基督教的合理性》，对后世有重要影响的《政府论》是用匿名出版。洛克生前，始终否认自己是《政府论》的作者，担心引火烧身。临终前一年，他在给友人的信中赞扬《政府论·下篇》中对财产的论述，好像他不知道那是谁的大作[1]。1704 年 10 月，洛克去世，葬于艾塞克斯郡的一座教堂墓地。

一、合理性的基督教

洛克在西方思想史上一直有很高评价，比如在欧洲开创了一个不同于笛卡尔的哲学传统，他的政治学说成为美国制度的理论基石，是英国自由主义的重要源头，从他那里还可以找到劳动价值论的思想源头等。洛克的宗教观代表着一种折中的神学——自然神学和启示神学的折中，新教和天主教的折中。他曾被人控告反对三位一体，是无神论者或唯一神教派，但他本人断然否定。洛克的神学不仅与他的世俗学说相契合，而且还是后者的思想基础，理解他的学说需要从理解他的宗教观入手。

西方历史是一部绵延不绝的宗教斗争史。洛克所处时代，英国教派纷争尤为激烈，英国国教、路德教派、加尔文教派、天主教之间互相迫害达到白热化，还波及北美殖民地新英格兰。宗教的不宽容，不仅危及社会稳定，而且在政治上产生严重内耗。在洛克看来，由于人类理解能力的限度，各教派对基督教义作出完全矛盾的理解，不可能都是正确的。他从合理性的角度思考基督教本质，找到各方面都接受的"最大公约数"。这是洛克写作《基督教的合理性》的目的。

---

① 〔英〕阿兰·瑞安:《论政治》下册,林华译,中信出版社 2016 年版,第 69 页。

洛克首先否定奥古斯丁的原罪遗传说："若是亚当的子孙因为他的罪而受苦，这岂不是让无辜之人因为有罪之人而受到惩罚吗？这又如何符合上帝的正义和良善呢？"① 奥古斯丁的"神"极为严苛，而洛克的"神"比较宽厚。亚当因罪而被逐出乐园，累及子孙从永远不死的永生状态跌落到随时受死亡威胁的状态，基督的作用是把人类再从这种死亡状态拯救出来，拣选一些人重回天国永生。因此保罗说："死既是因一人而来，死人复活也是因一人而来。在亚当里众人都死了，照样，在基督里众人也都要复活。"（《哥林多前书》15：22、23）这就是所谓的基督教福音。如果教会仅仅告诉世人都能进天国永生这样的好消息，恐怕非破产不可，因此还必须附加一些进入天国的条件。各教派争夺的正是进天国条件的解释权。一旦掌握了这样的话语权，就掌握了人类精神控制权，而掌握了这种控制权，就意味着掌握了无上权力。不同教派之间斗争的根源就在于此。针对这一关键点，洛克提出折中的解决办法——信主之法和立功之法，只要符合这两个条件，将来就有资格进入天国获永生。所谓信主之法：相信耶稣基督是弥赛亚（救世主）。经上说："信子的人有永生；不信子的人不得见永生，神的震怒常在他身上。"（《约翰福音》3：36）所谓立功之法：服从并践行道德律法。经上说："律法上写的是什么，你念的是怎样呢？……你这样行，就必得永生。"（《路加福音》10：26、28）洛克提出了自认为各派都能接受的两条基本教义，一条是相信耶稣基督是弥赛亚（救世主），另一条是践行摩西"十诫"和耶稣"山上宝训"中的道德律法。这两条实质是新教"因信称义"和天主教"善功称义"的综合，体现了洛克调和两大教派的企图。

洛克认为，人在服从道德律法方面不可能做得完美，唯有用"相信耶稣是弥赛亚"这一条来弥补，这是"因信称义"的唯一内容。他说："上帝对人类的子孙建议说，只要他们愿意相信他的儿子耶稣是弥赛亚，是应许的拯救者，并且愿意接受他做他们的王，做他们的主，无论有多少人，都可以使他们过去所有的罪恶、悖逆和反叛一律得到宽恕。"② 在洛克合理性

---

① 〔英〕洛克：《基督教的合理性》，王爱菊译，武汉大学出版社 2006 年版，第 4 页。
② 〔英〕洛克：《基督教的合理性》，王爱菊译，武汉大学出版社 2006 年版，第 104 页。

宗教中，三位一体、道成肉身、选民、圣餐等教义都被忽略了。《基督教的合理性》反复摘录四福音书和使徒行传中的话，简直到了翻来覆去、喋喋不休的地步，一句话，要证明"相信耶稣是唯一弥赛亚"与"服从道德律法"才是合理性的基督教义。这种所谓的论证估计很难引起现代人，尤其是中国人的兴趣，但该书第十四章叙述的"神圣史"是值得注意的。

洛克确信，"世界存在唯一的神"是人类最伟大的真理，人们历经艰辛才发现这条真理。洛克用童话讲述着这段神圣史。古时候，一些有理性的人在寻求真理的过程中，发现了唯一、至尊、无形的"神"。但他们不敢说，只能把这个真理当作一个秘密紧紧锁在心里，因为祭司们时刻守卫着他们的迷信和利益。只有以色列人凭借启示知晓有唯一的"神"，而其他所有民族都处于"埃及人的黑暗中"。洛克还以雅典为例。"在雅典人中，我们知道惟有苏格拉底反对并嘲弄他们的多神论及对神灵的错误见解。"[1] 结果被雅典人处死。即便柏拉图还有其他头脑清醒的哲学家，在这方面依然是虚妄和随波逐流的。在漫漫长夜中，是我们的唯一救主耶稣驱逐了这片黑暗，给世界带来光明，使世人承认唯一的"神"。以前的祭司只知道取悦神灵，仅仅满足于通过祭祀安抚神灵，只有耶稣提出个人品德修行才是最主要的。尽管哲学家们提出过一些道德法则，但洛克坚持说："事实很显然，人类单凭理性绝对不可能完成伟大而必要的道德建设。凭着毋庸置疑的原则和清晰的演绎推理，人类还从来没有构建出完整的自然法体系。"[2] 洛克历数希腊的梭伦、意大利的西塞罗、中国的孔子、斯多亚学派的芝诺以及伊壁鸠鲁等，都只能提出一鳞半爪的道德法则。即便这些法则，也只是学者个人的想法，没有必须遵从的约束力。由于救主耶稣是从"神"那里派遣来的，"所以毋庸置疑，他的诫命中含有上帝的权柄。这样，道德就有了一个确切可靠的标准，而这个标准有启示作为担保，同时理性也无法否定和怀疑它"[3]。洛克的意思是，只凭理性无法发现完整的道德法则，即

---

① 〔英〕洛克：《基督教的合理性》，王爱菊译，武汉大学出版社 2006 年版，第 129 页。
② 同上，第 134 页。
③ 〔英〕洛克：《基督教的合理性》，王爱菊译，武汉大学出版社 2006 年版，第 137 页。

便发现了也缺乏权威，只能依赖"神"的启示，而启示又能被理性所确认。但并不是说真理被理性所确认，就认为真理的基础是理性，单凭理性就可获得真理。洛克看来：理性和启示可以相互印证，既相互独立又相互包容，但不能相互替代。他在《人类理解论》中写道：

> 他（神）虽然以超自然的光来照耀人心，可是他并不熄灭了自然的光。①

洛克表达这样的观点。（1）"神"既用超自然奇迹启示人，又从未停止用自然理性昭示人；（2）道德律法来自启示，带着"神"的权柄，必然要为人们所尊崇；（3）符合理性、经得起理性裁判的启示才是"神"的旨意。人类无暇、也无力通过理性推导出道德法则，因而社会必然处于道德的黑暗中。洛克说："要是有一个人从天上降临，带着上帝的权柄，以神迹作完全清楚的证明，向世人颁布直接清楚的道德法则，要求世人遵从，试问，照这样去启发人类大众，让他们知道应有的职责，督促他们一一履行，这岂不是比凭着人类理性的一般观念和原理，去和他们推理说明更好吗？"②耶稣改革了犹太人浮华、繁琐的外在形式，强调要用心灵和诚实去崇拜。耶稣还赋予品德以积极的意义。过去品德在一个国家中很少有人奉行，因为奉行品德显然会给自身带来损失。哲学家只是空泛地讲品德的优越性，落脚在人性的提升，但救世主耶稣清晰地揭示了来世，使之成为根本信条。耶稣向人启示：如果他们此世行善，那么来世便可永享幸福。下面这段话清楚显示宗教在洛克心目中的意义。

> 哲学家们早已证明了品德的美丽。他们把她点缀得光彩夺目，使人为之吸引并产生无限赞赏之情，可是由于她一无所有，几乎无人愿意迎娶她。一般的众人虽然忍不住对她表示敬仰和景慕，却依然转身离去，将她抛在身后，认为她与他们并不相配。然而到了现在，在品

---

① 〔英〕洛克：《人类理解论》，关文运译，商务印书馆1959年版，第759页。
② 〔英〕洛克：《基督教的合理性》，王爱菊译，武汉大学出版社2006年版，第140页。

德的身边，加上了更重的分量，即"绝顶不朽的荣耀"，所以人们对她
又趋之若鹜。品德如今显然就是最有价值的商品，而且在很大程度上
也是最赚钱的买卖。①

洛克看来，如果没有宗教，人类道德败坏便是无可救药。他无法相信，
一个没有用来世作诱饵、用地狱作大棒，没有救主对善人的承诺，怎会造
就有品德的人类社会？只有把品德当作最值钱的商品，最合算的买卖，人
们才会迎娶品德。从洛克思想中引申出一个原则：政治问题归政府，道德
问题归宗教，各安其事。他的建立在契约论基础上的政治学就无须考虑道
德问题。

二、《政府论》和财产权

与霍布斯主张人民绝对不可反抗君主不同，洛克认为"人民有合法反
抗君主的权利"。不要以为这是洛克的发明，这只是中世纪以来欧洲的传统
思想。经院哲学家一般都不承认君主有任意处置臣民生命和自由的权力，
那是对最高主权者——"神"的冒犯和亵渎，他们力主人民有反抗昏君的
权利②。在那个时代的英国，新教神学家和天主教神学家在主张反抗暴君权
利时，分别想到的是天主教国王和新教国王。君权神授、君权民授等政治
学说，呈现出比人们想象中更为复杂的样态。霍布斯是绝对君主制拥护者，
却反对君权神授，是因为这里的"神授"是由教皇给国王加冕，使教权凌
驾于王权；一些神学家反对君权神授，是反对王权直接来自"神"，以证明
教权的神圣性和王权的世俗性；一些天主教神学家主张君权神授，是为了
证明王权须经"神"的总代表——教皇的许可；而一些新教神学家主张君
权神授，是为了反对天主教会，证明王权直接来源于"神"。因此，这一切
理论说辞的背后都体现实际政治利益的较量。比如，主要生活在 16 世纪的

---

① 〔英〕洛克：《基督教的合理性》，王爱菊译，武汉大学出版社 2006 年版，第 144 页。
② 英国人阿兰·瑞安认为 17 世纪的英国如有人敢提对君权的限制，会被送上断头
台，但这种观点在中世纪反而很普遍。见《论政治》下卷，林华译，中信出版社 2016 年版，
第 80 页。

苏格兰法学家威廉·巴尔克莱（William Barclay，1546—1608）主张君权神授，却认为在一些场合人民反抗国王是合法的；而生活在 17 世纪的保王派罗伯特·菲尔默爵士（Robert Filmer，1588—1653）也主张君权神授，却认为人生而不自由，必须绝对服从君主。洛克写作《政府论》，主要立足于批判这两位人物的观点，尤其是后者的观点。洛克与霍布斯在契约论上的主要区别是人民还保留财产权。

《政府论·上篇》介绍菲尔默的观点并逐条加以反驳。菲尔默认为：人类不是天生自由，生来就隶属于他们的父母，父母的这种权利叫作父权、王权。圣经教导：最高权力最初属于父亲，没有任何限制。亚当及其后继先祖依据父亲的权利而对儿孙享有王权，这是"神"的命令。王权既然是依据"神"的法律，所以就不受任何低级法律的限制，即王权不受法律约束。亚当集父亲、君主、主人于一身，而儿子、臣民、奴隶本来就是一回事，这不仅有圣经依据，还有历史依据。比如，人类初期出卖和赠予儿女都很盛行，还把奴仆当作货物一样看待。总之，有一种神圣的、不可变更的父权和王权，对他的儿女或臣民的生命、自由和财产享有绝对的、专断的、无限的和不受限制的权力，可以任意取得或转让他们的财产，出卖、阉割和使用他们的人身——因为他们原来全部是他的奴隶。父权是一切权力的渊源，都由它派生。

菲尔默早在 1653 就去世，生前几乎默默无闻。查理二世复辟期间，保王派从纸堆里翻出这部手稿，于 1680 年正式刊印，引起保王派的一片附和。洛克用义愤的情绪介绍菲尔默观点，转述的可能与实际情况并不完全相符，但这已经不重要了。洛克是希望借助反驳菲尔默来阐述自己的观点。父亲的权利——对儿女拥有的统治权，即便成立，也无法继承，一个儿子显然不可能从父亲那里继承这种权利并用来对待自己的兄弟。洛克同样根据圣经证明，长子继承权只是拥有比别的兄弟更多的财产权。比如，亚伯拉罕的正妻撒拉要赶走亚伯拉罕的小妾及庶子时，这样对亚伯拉罕说："你把这使女和他的儿子赶出去，因为使女的儿子不可与我的儿子以撒一同承受产业。"（《创世纪》21：10）洛克解释说，能继承的只能是财产权。

在这种情况下，继承习惯或长子继承权本身都不能成为承袭王位的权利或口实，除非建立政府的形态的人民公意是用这种办法来解决王位继承问题的。①

洛克坚持，对物的所有权和对人的统治权是性质完全不同的两种权利。财产权是专为所有者的福利和个人利益服务，而统治权是以被统治者的利益为目的，保障所有人的权利和财产不受他人侵犯。前者可以继承，后者不能继承；前者属于私人领域，后者属于公共领域。所有权的转移，依据所有者个人意愿即可；统治权的转移，必须由公意来决定。后人往往对洛克的财产所有权有微词，认为是维护私有制。但只要我们仔细考察洛克之前和之后的历史背景，就会有新的看法。所有权作为一种绝对的权利在罗马法予以确立，不仅指财产，还包括一系列与之有关的人身权、统治权。比如，我拥有土地的所有权，同时意味着我拥有对这片土地上生活的人的管理权和统治权。洛克是要把财产权利和政治权力进行切割，从历史看，是对财产所有权边界的一次有重要意义的界定和限制。将财产权与人身支配权相互混同，在西方社会有着悠久的历史。笔者认为，马克思批判资本作为一种财产权利却演变为对人的奴役，隐含的前提是财产权与人身权必须分开，其批判锋芒指向资产阶级国家的私人财产所有权与公共政治权力相勾结。如何防止作为私人属性的财产权与公共属性的统治权（管理权）相勾连，仍是现代社会的重大课题。

洛克批评菲尔默把统治权建立在"财产权"与"父权"基础上，认为他不懂这些权利各有不同的来源。

首先，财产权是人人都有的自然权利。洛克认为，"神"创造人类之初，就给人扎下一种强烈的自我保存的愿望，需要依赖各种物质资料才能生存下去。"人类对于万物的财产权是基于他所具有的可以利用那些为他生存所必须，或对他的生存有用处之物的权利。"② 这种最基本的自然权利在任何时候都是不能放弃的。为了保证这种自然权利，人们同意子女继承父

① 〔英〕洛克:《政府论》上篇,翟菊农、叶启芳译,商务印书馆1982年版,第80页。
② 〔英〕洛克:《政府论》上篇,翟菊农、叶启芳译,商务印书馆1982年版,第74页。

母的财产是合理的，继承权就此产生。但洛克强调：继承权是人为而非不可剥夺的自然权利。他说："如果公众的默许已经确立了儿子的继承权，那么儿子继承父亲遗产的权利也只是一种人为的而不是自然的权利。"① 洛克这些观点的价值在于：既然继承权并非自然权利，对它进行限制甚至剥夺完全符合正义，尤其当继承权导致更大的不公，或者导致一批毫无进取心的社会蛀虫，就必须通过遗产税等方式对遗产进行合法剥夺。

其次，统治权是为公共利益而设，不能通过继承获得。"政府是为被治者的福利，而不是为统治者独自的利益而设的，因此政府不能凭着与儿子承袭父亲财产同样的权利来继承。"② 财产权可以继承，统治权不能继承，成为现代文明社会基本准则。但讽刺的是，提出这一观点的洛克祖国——英国，依然继续着财产权可以继承、统治权也可以继承的菲尔默理念。尽管洛克在理论上似乎驳倒了罗伯特·菲尔默爵士，却败于现实政治。

第三，父权是基于"生育儿女"产生的权利。但是，洛克宁愿把这种权利解释成为父母因尽到抚养儿女义务，而获得的受儿女赡养的权利。一个从小被他人抚养的儿女，亲生父母就丧失了这种权利。父权既不能转移，也不能继承。

《政府论·下篇》提出洛克认为的财产权、统治权来源，其逻辑起点还是自然状态，但洛克的自然状态与霍布斯的略有不同。这种不同有三点：一是除了生命权，还有财产权需要保护；二是自然状态下每个人都是自己案件的裁判人；三是自然状态非战争状态。摆脱自然状态，建立政府的原因是避免人人成为自己案件的法官所带来的弊端。洛克定义的战争状态，是指某一个企图把另一个人置于自己的绝对权力之下时，这两个人就处于战争状态。那个想要夺取我自由和财产的人，就与我处于战争状态，我可以合法地杀死他。人不能自愿被奴役，"因为一个人既然没有创造自己生命的能力，就不能用契约或通过把自己交由任何人奴役，或置于别人的绝对

① 〔英〕洛克:《政府论》上篇,翟菊农、叶启芳译,商务印书馆 1982 年版,第 75 页。
② 同上,第 79 页。

的、任意的权力之下，任其夺去生命。"① 既然"神"创造了生命，人是按照"神"的形象创造的，人的某些东西比如生命就不完全属于自己，每个人都无权使自己处于不自由的奴役状态。洛克"人不能自愿为奴"与奥古斯丁反对自杀的理由如出一辙，因为人的生命不完全属于自己而是属于"神"，自己没有处置自己的全部权利。洛克承认犹太人乃至其他民族有出卖自身的事情，但他坚持认为：这种出卖只是服劳役而非充当奴隶。

　　洛克在第五章"论财产"中提出了劳动所有权。最初"神"将世界归全人类所共有，并赋予人类最有效率使用自然资源的理性。既然土地及所有自然物归人类共有，那么私有财产是如何形成的？奥秘就在于劳动。劳动是产生私有财产所有权的唯一原因。他说："虽然泉源的流水是人人有份的，但是谁能怀疑盛在水壶里的水是属于汲水人的呢？他的劳动把它从自然手里取了出来，从而把它拨归私用，而当它还在自然手里时，它是共有的，是同等地属于所有人的。"② 劳动使自然物脱离大自然，与公共的东西相区别，变成私有财产。洛克认为，土地所有权也是按照这样的原理取得。一个人能耕耘、播种、改良、栽培多少土地和能使用多少土地的产品，这些土地就是他的财产。一个人如果基于自身的劳动把土地划归私人，并不是减少而是在增加人类的共同积累。他还以美洲土地为例，美洲一千英亩荒地的产出还没有英国得文郡 10 英亩的产出大。按照洛克的推论，一个管理不善的财产所有者就应该被剥夺，交给一个更善于管理的人。劳动不仅创造所有权，也创造了远高于自然物的价值。一个自然物，比如土地，由于劳动而创造了多大的价值？按洛克的估算，至少 9/10 的价值是由劳动创造。毫无疑问，洛克的观点不利于拥有大地产而不事劳动的贵族，而有利于组织劳动生产的工商阶级。那么，人们拥有私人财产权的多少有没有限制？有。其标准是看这些财产是否被一无用处地毁坏掉，是否超出满足我们的需要这一界限。

　　统治权的来源就完全不同于财产权。洛克认为，人类最初社会只有夫

---

① 〔英〕洛克：《政府论》下篇，叶启芳、翟菊农译，商务印书馆 1964 年版，第 15 页。
② 〔英〕洛克：《政府论》下篇，叶启芳、翟菊农译，商务印书馆 1964 年版，第 19 页。

妻关系，之后才有父母和子女，以及主仆等各种社会关系。夫妻是基于男女之间的自愿合约构成，必然也有解散（离婚）的情形，双方在家庭中的权利义务平等。家长对任何家庭成员都没有生杀予夺的权力。洛克想以此说明国家的起源不同于家庭，统治权完全不同于家长权。这个观点与亚里士多德在《政治学》表达的观点相同。国家作为一个政治的或公民的社会，必须有立法权和执行权保护成员的生命、自由、财产，而这种权力起源于社会成员的同意和授予。与霍布斯不同，洛克反对由一位君主来接受这种授权，因为君主本质是以维护自身利益为目的，人们无法容忍由一个以私人利益为目的的君主来裁判纠纷，这不仅未脱离自然状态，甚至比自然状态更糟糕。他说："对于一个专制君主的臣民或不如说是奴隶来说，只有这个可悲的区别：在通常的自然状态中，他享有判断自己的权利并尽力加以维护的自由；而现在呢，当他的财产受到他的君主的意志和命令的侵犯时，他非但不像处在社会中的人们所应享有的申诉权利，而且好像他已从理性动物的共同状态中贬降下去似的，被剥夺了裁判或保卫他的权利的自由。"①期望脱离自然状态、由专制君主来保护自由和财产，无异于逃出狼窝又掉入虎穴。解决该问题的唯一办法，是相互协议组成一个共同体，由这个共同体或政府来防止个人财产权受到外来侵害。这个共同体的首要原则是多数同意便视为全体同意，每个成员负有服从大多数的义务。有人会质疑：历史上找不到这样的例子——一群彼此独立、平等的人以这种方式建立一个政府。洛克给予反驳，认为罗马和威尼斯的创建就是由一群独立、自由、没有天然尊卑之分的人结合而成。他宣称：

> 我们的论证显然是有理的，人类天生是自由的，历史的实例又证明世界上凡是在和平中创建的政府，都以上述基础为开端，并基于人民的同意而建立的。②

建立政府是基于人民的同意。这一观点，成为《政府论》发表后近一

---

① 〔英〕洛克：《政府论》下篇，叶启芳、翟菊农译，商务印书馆 1964 年版，第 56 页。
② 同上，第 64 页。

百年爆发的美国独立战争的思想武器，解决了别人凭什么有权统治我的难题，从而为创造一个公正的社会铺平道路。但是，我们也切莫忘记，与洛克同时代的中国，处于明清交替时期的黄宗羲也在思考同类问题——别人凭什么统治我？但黄宗羲提问题的方式不同于洛克，他是在问：君的本初含义是什么？君具有什么品质才有资格统治他人？实质是代表着两种不同文明在解决该问题上的方案①。很显然，洛克的理论无论在当世及后世都产生很大影响，而黄宗羲的理论很长时期默默无闻，但该理论蕴含的政治人物须比普通人具有更高道德操守的观念已经是现代文明社会的普遍政治规则。

三、知识的起源和范围

洛克的政治契约论与他的哲学密切关联，而那个时代哲学的主题是寻求可靠的新知识。洛克提出了一套不同于笛卡尔式的知识论，与同时代的自然哲学家，如牛顿、波义耳等，共同完成了终结亚里士多德体系的使命。作为法国人的伏尔泰轻视笛卡尔天赋观念，而对洛克建立在感觉基础上的知识论给予高度赞扬。伏尔泰讽刺笛卡尔说："灵魂入窍时是带有一切形而上学概念的，认识了上帝、空间、无限，具有一切抽象观念，总之是满腹经纶，只可惜灵魂一出娘胎就都忘了。"② 而洛克承认自己的灵魂最初很愚蠢，伏尔泰以自己的灵魂与洛克一样愚蠢感到荣幸。

洛克的知识论建立在这样一个基础上：人们是通过一套观念来认识世界、建构知识。"我们断言，我们的知识只有关于观念。……在我看来，所谓知识不是别的，只是人心对任何观念间的联络和契合，或矛盾和相违而生的一种知觉。"③ 研究知识只能从探讨观念入手。那么，观念从哪来？它只能来自观察和经验。洛克反对天赋观念——由"神"刻在人的心灵上然后带到世界上，认为所有观念都是后天形成的。他说："一切观念都是由感

---

① 见拙著《中国道统论》第七卷，中国社会科学出版社 2021 年版。
② 〔法〕伏尔泰：《哲学通信》，高达观等译，上海人民出版社 1961 年版，第 51 页。
③ 〔英〕洛克：《人类理解论》，关文运译，商务印书馆 1959 年版，第 555 页。

觉或反省来的——我们可以假定人心如白纸似的，没有一切标记，没有一切观点。"①

　　这就是所谓的"心灵白板论"。洛克提出了我们现在称为知觉表象的认识理论。观念是认识主体对客观对象的表象，关于表象与客观对象的关系，有两种完全对立的观点。一种观点认为，表象等于客观对象，因此人的知觉的直接对象就是客观对象；另一种认为，表象是纯粹由人的知觉构建起来的现象，我们不知道也不关心逻辑建构的现象是否就是知觉对象。洛克的观点是介于两者之间。观念（表象）来源于客观对象，但并不与客观对象完全一致；观念（表象）反映了客观对象的一些性质，但不能反映它的真实本质。总之，我们是通过观念体系来间接认识世界。贝克莱攻击洛克的一个主要理由是，可感世界中并不存在与某一个抽象观念相对应的东西，比如一个非直角、非等边、非等腰的三角形观念，在现实中并不存在。但这种攻击建立在错误理解基础上。观念本质上来源于经验，但与实际存在的事物并非是一一对应关系，观念只是代表我们如何看待这个世界。

　　洛克的观念世界，经历了从无到有，从简单到复杂的发展过程。他在反对天赋观念的同时，提出人有天赋能力，否则很难解释我们为什么会有抽象的、一般的观念。比如，我们能够从白色的事物中抽象出"白"这个一般观念，从每个人的共同特征中抽象出"人"这个一般观念。人的这种理解事物的能力，从哪来？也只能是"神"刻入人的心灵之中。事实上，不管是笛卡尔的"天赋观念"还是洛克的"天赋能力"，本质一样，都是"神"送给人的礼物，只不过两人认为"神"送出的礼物不同而已。笛卡尔认为送的是"观念"；洛克认为送的是"能力"，人用能力再去获得观念；最终目的都是获得知识。洛克解释为什么否定天赋观念、肯定天赋能力时说："人们只要运用自己的天赋能力，则不用天赋观念的帮助，就可以得到他们所有的知识。"②

　　当我们用观念去表象事物，我们能知觉到什么？那个由微粒组成的物

---

① 〔英〕洛克:《人类理解论》,关文运译,商务印书馆1959年版,第73页。
② 〔英〕洛克:《人类理解论》,关文运译,商务印书馆1959年版,第7页。

理世界究竟具有什么样的性质？比如物质客体真有颜色吗？这是那个时代自然哲学家最关注的问题之一。伽利略、笛卡尔区分了物体的第一性质和第二性质，洛克发展并完善了这种说法。他是这样表述的：

> 我们所考察的物体中的性质可以分为两种；第一种不论在什么情形下，都是和物体完全不能分离的。……第二种性质，正确说来，并不是物象本身所具有的东西，而是能借其第一性质在我们心中产生各种感觉的那些能力。[①]

广袤、形相和运动、数量等，是物体的固有性质，属于第一性质。而颜色、声音、滋味等，并不是物体的固有性质，是人的感觉与物体共同作用的结果，因此是物体的第二性质。洛克的理论中暗含物体并没有颜色这种东西，它只存在于人的观念之中，或者说观念中的"颜色"与物体中让我们知觉到颜色的性质不是一回事。比如，我看到一片绿色的树叶，难道树叶里真的存在我们认为的"绿"？并不是！只不过这片树叶主要反射波长577—492纳米的光。那么，第一性质果真是物体的固有属性？比如，当物质被压缩到普朗克空间以内，现代物理学会告诉我们原以为的物理特性全部消失。因此第一性质是物体固有属性的说法不准确。不过洛克那个时代还不具备这些知识。这里只是想说明：洛克对物体两种性质的区分有重要意义；后来贝克莱质疑这种区分，认为第一性质是物体固有的说法站不住。这种质疑同样很有价值。

洛克将观念分为三类：实体观念、样态观念和关系观念。所谓"样态"，是依赖于实体而存在的事物，如空间、时间、数字以及胜利、谋杀、醉酒等。所谓"实体"，是独立而实在的事物，如人、马以及军队、羊群等。所谓"关系"，是事物本身之间的联系，以及心灵对各事物比较后产生的联系。如因果关系，父子关系、夫妻关系、高一些矮一些等。洛克对观念的三种分类，实际上代表了对客观事物的分类，代表了我们从哪几个角度切入进去认识这个世界。洛克对"实体"采用亚里士多德对"本体"的

---

① 〔英〕洛克：《人类理解论》，关文运译，商务印书馆1959年版，第107、108页。

解释方式，既指单个存在物，如一枚金币，也指种属，如金子，还指组成不同物体的纯粹基质，存在很大含混性。休谟发现了这一点，因此否定样态观念、实体观念的独立价值，认为只是简单观念的一种集合。比如，洛克认为苹果是一个独立存在的实体，而休谟认为仅仅是各种观念的集合，然后把这个集合标记为苹果而已。这种分歧体现了双方神学上的差异，洛克的"神"不仅创造了真实存在的自然界，还用超自然方式的启示真理，而休谟只承认有"神"存在，但并不确认创造了这个世界。

洛克强调观念是客观事物的表象，而知识是观念的组合。那么，知识的可靠性决定于观念究竟多大程度上符合客观事物本身。洛克说："我们关于观念的知识如果只限于观念，而不能更进一步，则我们最重要的知识亦和疯人的幻想一样没有功用，而且在这些思想上所建立的各种真理亦是很轻浮的。"[1] 要解决知识的可靠性和实在性，必须首先确认观念与客观事物的契合。洛克认为：

1. 一切简单观念与事物契合，因为它们都是客观事物作用于我的。"它们都能照上帝的旨意和人类的需要而与事物互相契合"[2]。

2. 一切复杂观念与事物相互契合，因为除了实体观念，它们都是由心灵构造出来的。比如，数学知识，纯粹是演绎和逻辑构建出来的，不需要、也没有一个外在事物与之契合。道德知识同样可靠，因为道德的真正基础是"神"的意志。

3. 实体观念来源于外界的原型，因此可能会与原型有差异、不相契合。洛克将实体的本质区分为真实本质和名义本质，不认为实体观念与真实本质会有契合。这意味着洛克对自然科学揭示事物真实本质的可能性持悲观立场。人的能力由"神"赋予，是有限而非无限，既要对人的认识能力充满信心，又要知晓限度。当明白这一点，"或许会毫不迟疑地对于不可知的事物，甘心让步公然听其无知，并且在可知的事物方面，运用自己的思想

---

① 〔英〕洛克:《人类理解论》,关文运译,商务印书馆 1959 年版,第 598 页。

② 同上,第 599 页。

和推论，以求较大的利益和满足。"① 奇怪的是，洛克与牛顿和波义耳等世界一流自然科学家有密切交往，尤其对牛顿的《自然哲学之数学原理》敬佩有加，但他恰恰对物理学能成为一门科学持悲观论调，反而对数学知识、逻辑知识、道德知识的科学性充满乐观。他明确说："我就猜想，自然哲学不能成为一种科学。"② 洛克所称的"自然哲学"就是指"物理学"。但洛克对于道德知识的科学性和真理性信心满满，认为它脱离人类的生活而真实存在。"我可以断言，道德学是一般人类的固有的科学。"③ 对于洛克的猜想和断言，我们能百分之百说他错了。可是为什么会错呢？洛克认为，道德学作为"神"的启示，明明白白地由人类救世主耶稣带到世间，写在圣经里，其真理性和永恒性不容置疑，而自然哲学作为探究实体的知识，单纯依靠人类理性难以理解物体中隐蔽的内在组织结构。洛克思想中显露出不可知论的端倪，根源还在于他的神学。人类知识的可靠性和实在性依然有很大疑问。

第三节 卢梭

让-雅克·卢梭（Jean-Jacques Rousseau，1712—1778）出生于日内瓦一个贫寒的新教家庭，父亲是位钟表匠，母亲出生于牧师家庭，死于难产。卢梭出生后一直由姑姑抚养。10 岁那年，父亲因与一市政议员发生纠纷逃往法国里昂避难，将卢梭寄居在伯纳德姨妈家。后来，卢梭和姨妈家的表弟一起被送到一位新教牧师家待了两年，在那里接受教育。卢梭后来回忆这段时光，感到很满意。但他们与牧师一家的关系还是破裂，原因是卢梭被冤枉毁坏了牧师妹妹的梳子。后来，卢梭跟随一位雕刻匠当学徒，其间阅读了各种书籍，但也养成偷窃的恶习。16 岁那年，因晚归而城门关闭，他被挡在日内瓦城外，于是决定离家出走。卢梭逃离日内瓦后遇到一位神

---

① 〔英〕洛克:《人类理解论》,关文运译,商务印书馆 1959 年版,第 6 页。
② 〔英〕洛克:《人类理解论》,关文运译,商务印书馆 1959 年版,第 693 页。
③ 同上,第 693 页。

甫，为解决生计问题，他决定皈依天主教。神甫将卢梭送往华伦夫人那里，并在后者的建议下到意大利都灵的一座修道院学习天主教教义。这段经历使他有机会思考罪恶问题。1732年卢梭20岁时，回到华伦夫人家居住直到1740年。1749年，卢梭拜访狄德罗时，偶尔得知第戎科学院以"论科学与艺术的复兴是否有助于使风俗日趋淳朴？"为题征文。卢梭投稿并获一等奖，卢梭从此声名鹊起，成为各方追逐的名人。他认为科学和艺术的发展对整个社会道德起到了腐蚀作用。这个观点看上去很异类，实际上迎合了基督教口味，起到否定世俗知识的作用。1753年，第戎学院又以"什么是人类不平等的起源，它是否为自然法所许可？"为题征文，卢梭写出《论人类不平等的起源与基础》。但这篇论文注定不能获奖，因为在当时的社会体系中找不到能接受这种思想的现实力量。伏尔泰挖苦说："从没有人用过这么大的智慧企图把我们变成畜生。读了您的书，真的令人渴望用四只脚走路了。"1762年，卢梭相继发表《爱弥儿》《社会契约论》，这给他带来严重后果。《爱弥儿》同时受到新教和天主教谴责，《社会契约论》引来了日内瓦和巴黎当局的共同怒火。卢梭处于颠沛流离的逃难之中。1766年，卢梭应休谟邀请前往英国居住，但不久两人关系破裂。1770年，基本处于精神失常状态下的卢梭被允许重返巴黎居住。其间一个叫罗伯斯庇尔的年轻人慕名来访，他自称是卢梭的信徒，后来成为法国大革命领袖。康德也是卢梭的"粉丝"，据康德传记作者描述，在其简朴书房里唯一的装饰品便是挂在墙壁上的卢梭肖像。1778年7月2日，卢梭用完早餐后离世。法国大革命期间，卢梭的遗骸被迁往巴黎的先贤祠，他的思想永久性地改变了欧洲社会。在中国近现代史上，卢梭的影响也很大，他所称的"社会契约""公意""人民主权"等，永久性地进入现代中国的政治语汇之中。要深入理解卢梭，无疑要从他的自然神学和自然人性入手。

一、卢梭的自然神学和自然人性

给日内瓦刻上永久记忆的加尔文，把智慧概括为认识神和认识自己。晚于加尔文两百年出生的日内瓦公民卢梭，依然把对神和对自己的认识作为其学说的基础。在这个问题上卢梭与教会和同时代其他学者产生很大分歧，才使他的思想显得卓尔不凡。

《论人类不平等的起源和基础》开篇就说："我认为，人类一切知识中最有用但又最落后的是关于人的知识。"① 了解人的唯一正确方法是弄清"自然所造就的人最初的模样"。人最初诞生的时候有保护和关注自身福利的意识——自爱，还有厌恶看到同类死亡和苦难的感情——同情，它们是先于人类理性的最为本质的人类良知。这是人类最原始本性，但随着理性的发展，这种本性就慢慢被窒息，善良天性被泯灭了。这一基本看法贯穿卢梭一生，也贯穿其全部学说思想。他说："出自造物主之手的东西，都是好的，而一到人的手里，就全变坏了。"② 卢梭持"性善论"，这种思想在西方思想史上并非主流，在正统基督教看来，更是骇人听闻。如果人性善，就意味着原罪说站不住了，人需要依靠"神"才能为善的道德学说也站不住了，救世主基督将人类从罪恶中解救出来的教义更站不住了。一旦"性善论"成立，建立在基督教基础之上的西方文化就会有崩塌的危险。这绝非危言耸听。与之相对应的是，中国文化主流是"性善论"，一旦"性善论"被否定，建立其上的古代中国学说也将崩塌。英国政治学家阿兰·瑞安是这样评论卢梭学说的意义："卢梭推翻了人性乃问题之源的思想，可谓石破天惊。他说，人没有原罪，问题都是社会造成的。他坚称，恰当地说，霍布斯所描述的人性不是真正的人性，而是社会化的人性。"③ 卢梭"性善论"至少给西方带来两方面的严重后果。第一个是对基督教的冲击，如前所述，一个本性善良的人，哪里还需要蒙"神"的恩典从罪恶中救赎？基督使人重生的说法根本就是虚妄。第二个是对社会的冲击，既然罪恶不是源于人自身，而是源于社会，那么涤除罪恶的根本出路是改造社会，必须来一场彻底的社会革命，解放一切受压迫者。与神权统治下西方文明不同，世俗性华夏文明主流讲"性善论"，荀子因为主张"性恶论"，两千多年来一直被排斥于儒家主流文化，直到以"性恶论"为主要特征的西方文化进

---

① 〔法〕卢梭：《论人类不平等的起源和基础》，黄小彦译，译林出版社 2019 年版，第 13 页。

② 〔法〕卢梭：《爱弥儿》，李平沤译，商务印书馆 1978 年版，第 5 页。

③ 〔英〕阿兰·瑞安：《论政治》，林华译，中信出版社 2016 年版，第 165 页。

入中国，荀子才开始翻身，受到一些主流学者的追捧。卢梭在以"性恶论"为主流的西方社会主张"性善论"，在那个时代受到教会、政府和大多数学术精英的一致讨伐，就不难理解了。

《爱弥儿》第四卷的一篇萨瓦省副主教的信仰自白，代表了卢梭的神学观。这位副主教自称在担任牧师之初，别人要他学什么，他就学什么，别人要他说什么，他就说什么。有一天，他突然发现了"良知"——自然状态下的人固有的本性。他说："我从经验中知道，良知始终是不顾一切人为的法则而顺从自然的秩序的。"[1] 人的良知对自然秩序有天生的偏好，当我们所做的事情符合自然，就不会感到良知不安，否则会受到良知的谴责。这种由"神"先天赋予的良知，使人有独立性，敢于诘难权威。萨瓦省副主教通过独立思考，发现的第一条真理："我存在着，我有感官，我通过我的感官而有所感受。"[2] 接着，他又清楚认识到：我身体内的感觉和产生这种感觉的原因并不是同一个东西。因此，他发现有一个独立于我的存在——感觉对象。那么，一个主动的有智慧的生物——人，面对着巨大的物质性宇宙，会怎么想呢？这位萨瓦省副主教悟出了第一个信条："有一个意志在使宇宙运动，使自然具有生命。"[3] 他无法想象一种没有意志的活动，也无法想象无生命的物质能在没有外力推动下运动。第二个信条是："如果运动着的物质给我表明存在着一种意志，那么，按一定法则而运动的物质就表明存在着一种智慧。"[4] 宇宙按照一定法则运行，如果没有一种至高的智慧体，同样是难以置信。萨瓦省副主教由此得出结论：世界由一个有力量和有智慧的意志统治着。他说：

> 这个有思想和能力的存在，这个能自行活动的存在，这个推动宇宙和安排万物的存在，不管他是谁，我都称它为上帝。[5]

---

[1] 〔法〕卢梭:《爱弥儿》,李平沤译,商务印书馆 1978 年版,第 377 页。

[2] 〔法〕卢梭:《爱弥儿》,李平沤译,商务印书馆 1978 年版,第 383 页。

[3] 同上,第 389 页。

[4] 同上,第 391 页。

[5] 同上,第 395 页。

　　这个"神"不是基督教的"神"，而是卢梭所理解的"神"——至高的智慧、力量、意志以及仁慈。至于这个世界是不是"神"创造，物质是不是无始无终，卢梭都不关心，更不推论"神"有什么性质。他能知道的是：人是所居住星球的主宰，地球上的所有一切都是为人类准备的。卢梭的神学可以表述为：存在着至高的"神"，把人创造得仅次于他，我们对这位仁慈的"神"有着不由自主的崇拜和感恩。

　　在证明"神"存在以后，萨瓦省副主教又开始讨论人的意志和自由问题。他发现人的本性中有两个截然不同的本原，一个引导他研究永恒的真理，去爱正义和美德，另一个却使人故步自封，受感官的奴役，成为欲念的奴隶。人虽有产生意志的能力，但并不始终保有贯彻意志的能力。因此，人经常在罪恶和良知的忏悔中煎熬。当一个人受外界引诱，按照外界事物对感官的刺激行事时，就成为罪恶的奴隶；而当良知的忏悔使他服从自身意志的时候，就是遵循意志的自由。很显然，主张"性善论"的卢梭并不是说人不会作恶，而是当人的感官受外界事物引诱、不遵循内心自由意志就会作恶，但人没有作恶的本能。人有自由意志，但不是如奥古斯丁所说的，是人作恶的原因，他坚信只要循着自由意志而不受外界干扰和诱惑，人就一定能绽放善良的本性。他要表达这样的意思：人是自由的，会用这种自由去寻求自己的幸福，避免自己受到损害，但会自动止步在获得适合自己的东西的范围内，这种自由不会造成实质性的恶。奥古斯丁的自由意志只会作恶，但卢梭的自由意志只是为善。看来，卢梭对自由、对人性抱有非常乐观的态度，其原因还在于他对"神"有信心。他说："上帝绝不希望人滥用他赋予人的自由去做坏事，但是他并不阻止人去做坏事，其原因或者是由于这样柔弱的人所做的坏事在他看来算不得什么，或者是由于他要阻止的话，就不能不妨碍人的自由，就不能不因为损害人的天性而做出更大的坏事。"① 这段话可以解读出几层含义：（1）"神"赋予人自由是为了弃恶为善；（2）人可能会利用自由干点坏事，但顶多是偷鸡摸狗之类的错事，无伤大雅；（3）"神"有能力阻止人干坏事，但阻止的代价是损害了

---

① 〔法〕卢梭:《爱弥儿》,李平沤译,商务印书馆 1978 年版,第 401 页。

自由的天性，将带来更大的实质性的恶；（4）人只要有了真正的自由，就能养成高尚的道德、良好的美德。从这我们可以发现，同样讲"自由意志"，卢梭与奥古斯丁有很大不同，前者认为赋予人的自由，可以实现人的自我完善，后者讲自由意志，所以人会作恶。这两种不同的观点，从卢梭对性善和性恶带来不同结果的讨论中看得更清楚了。他说：

> 如果说道德的善同我们人的天性是一致的，则一个人只有为人善良才能达到身心两健的地步。如果它们不是一致的，如果人生来就是坏蛋，那么，他不败坏他的天性，他就不能停止作恶，而他所具有的善就将成为一种违反天性的病根。①

这是一种很有逻辑力量的论证。如果说人本性是善的，那么他的善良是符合其本性的，实现身心和谐、人格统一；如果说人本性是恶的，那么他的善良就是违背其本性的，其身心必然冲突、人格分裂。按照卢梭的观点，假定人本性善良，道德便合于人性，反之，道德便是对人性的扭曲。很显然，后一个结论是那些高唱道德法则，又不敢放弃原罪说的人所不能接受的。两千多年前，孟子和告子就有针对该问题的一场争论。孟子认为，如果否定性善论，那就意味着施行仁义是在扭曲人性②。为了解决这样的思想困境，基督教的解释是，亚当使所有人背负原罪，但基督让人获得重生，通过洗礼、分享基督的血与肉等办法，使人获得为善的能力。卢梭的人性论确实存在颠覆基督教基本教义的危险。但在法国大革命之后，随着西方社会世俗化的不断深化，卢梭的学说获得大批信徒，他至少证明了在没有"神"的襄助下人类道德也是可能的，因为道德源于人的本性；也证明了现实中人的邪恶是必然的，因为罪恶的社会扭曲了人的善良本性。卢梭将道德与宗教分离，不是将宗教作为道德的基础，而是从人的本性中寻求道德的根源，这一点给康德以启发，他的《实践理性批判》就是以此来重新处理道德与宗教的关系——道德律令反而成为宗教的基础。

---

① 〔法〕卢梭：《爱弥儿》，李平沤译，商务印书馆 1978 年版，第 411、412 页。
② 《孟子·告子上》："如将戕贼杞柳而以为桮棬，则亦将戕贼人以为仁义与？"

正如孟子将人性善归因于最初的"恻隐之心、羞恶之心、辞让之心、是非之心"，卢梭把"同情心"看作是人类基本的善因，正是"同情心"使人对与己无关的事情或感到快乐、或感到痛苦、或感到悲伤、或感到愤怒。在人的灵魂深处生来就有一种正义和道德的原则，这正是卢梭一再强调的"良知"。"我们的求善避恶并不是学来的，而是大自然使我们具有这样一个意志，所以我们好善厌恶之心也犹如我们的自爱一样，是天生的。"① 卢梭把这种"良知"看作独立于理智的自然情感，自然情感倾向于公共利益，而理智只考虑自身利益和个人算计。当人诉诸自然感情时，必然是道德的，而诉诸理智时，则常常与恶为伴。卢梭的《忏悔录》是在文学创作中诉诸自然感情的一次成功尝试，或者说是浪漫主义文学运动中的典范，他将自己的感情和灵魂完全剖开，暴露在世人的面前，与其说是忏悔不如说是示威，因为他坚信自己是善良的，尤其是在自然情感流露下的撒谎、偷窃、诬陷和偷情也是善的。他向世人公然挑战：所有人都来到"神"的面前，"看看有谁敢于对您说：'我比这个人好！'"卢梭的神学和人学思想给了后世的文学艺术以很大鼓励，如发掘人性的光辉、用人道来批判社会、张扬人的自然天性、赞美人的自然感情、寄予大自然美好的遐想等。

卢梭在萨瓦省副主教信仰自白的后半段，用名叫"通神意的人"影射耶稣，与名叫"推理的人"展开辩论。"通神意的人"反复说明自己是"神"派来的，代表"神"告诉世人。但"推理的人"死活不肯相信，要求"通神意的人"拿出确凿的证据。"通神意的人"就骂"推理的人"："魔鬼的仆人！为什么预言不能叫你相信它？"结果还是遭到"推理的人"的反驳，最后"通神意的人"无计可施。萨瓦省副主教说，欧洲有三种宗教（指犹太教、基督教和伊斯兰教），其中第一种只承认唯一的启示（指摩西），第二种则承认有两种启示（指摩西和耶稣），第三种承认有三种启示（指摩西、耶稣和穆罕默德）。此外，世界上三分之二的人既不是犹太教徒，也不是伊斯兰教徒和基督教徒，你如果向他们宣称，两千年前某个遥远的地方，有一个"神"降生并且很快死亡了，而不知道这件神秘事件的人将

---

① 〔法〕卢梭：《爱弥儿》，李平沤译，商务印书馆1978年版，第416页。

来都会受到惩罚，这岂不是一件奇怪而搞笑的事情？我们绝对不能相信：就因为我不够博学，"神"就要罚我入地狱。卢梭这类带有调侃性质的语言，肯定会激怒基督徒，就如 21 世纪有人敢调侃先知穆罕默德，必定激起穆斯林的怒火。萨瓦省副主教宣布："我决定：既不接受启示，也不否定启示。只有一点我是要否认的，那就是有些人所说的人有相信启示的义务，因为这个所谓的义务和上帝的公正是不相容的。"① "福音书"有许多事情不可相信，许多事情违背理性，只要是一个明智的人都不会接受。萨瓦省副主教最后告诫与他谈话的年轻人说：

> 真正的宗教的义务是不受人类制度的影响的，真正的心就是神灵的真正的殿堂，不管你在哪一个国家和哪一个教派，都要以爱上帝胜于爱一切和爱邻人如同爱自己作为法律的总纲，任何宗教都不能免除道德的天职，只有道德的天职才是真正的要旨，在这些天职中，为首的一个是内心的崇拜，没有信念就没有真正的美德。②

卢梭始终是坚定的有神论者，甚至控告他人为无神论者。我们相信他对"神"的信仰是真诚的，但他的"神"与天主教的"神"、新教的"神"，差别实在有点大。以至于 1794 年 5 月，罗伯斯庇尔根据卢梭的神学理想提出了"太上主宰信仰法令"，以代替基督教信仰。

二、人类不平等的起源和基础

人类不平等是一个客观事实而非主观判断。"当我们用冷静而公允的目光审视人类社会，它首先展示的只是强者的暴力和对弱者的压迫，于是在内心厌恶某些人的冷酷，又倾向于痛惜另一些人的愚昧。"③ 对不平等这个事实，卢梭强调从两方面区分，一是由"神"的意志造成的，即自然或生理上的不平等，另一种是社会造成的，即伦理或政治的不平等。他的研究

---

① 〔法〕卢梭:《爱弥儿》,李平沤译,商务印书馆 1978 年版,第 446 页。
② 〔法〕卢梭:《爱弥儿》,李平沤译,商务印书馆 1978 年版,第 454 页。
③ 〔法〕卢梭:《论人类不平等的起源和基础》,黄小彦译,译林出版社 2019 年版,第 18 页。

主要侧重后者，逻辑起点是自然状态。他承认，按照圣经的说法，人类并未经过一个自然状态，这个自然状态只是开展推理的假设前提，即如果任由人类按照天性发展会成为什么样子。这就是卢梭定义的自然状态。

与霍布斯定义自然状态是战争状态、洛克定义自然状态是和平状态不同，卢梭的自然状态是一个美好状态。这时候的人天性善良、与自然融为一体，饿了橡树下饱餐、渴了小溪旁饮水、困了树荫下睡觉，他们体格健壮、很少生病，几乎不需要药物和医生。他反对亚里士多德宣称沉思是最接近"神"、最幸福的观点。他说："沉思的状态是一种反自然的状态，沉思的人类是一种堕落的动物。"① 卢梭对自然有一种病态的偏好，认为第一个为自己做衣服、造房子的人是给自己配备了不必要的东西，纯属牵累。人与动物的区别有两个：第一，人是自由开展活动，而动物根据本能；第二，人有自我改进能力，而动物没有。对于后一种能力的前景，卢梭很悲观。"我们不得不承认这种几乎不受限制的特殊才能是人类一切不幸的渊源。正是这种才能，随着时间的流逝，使人类从宁静而纯真的原始生活状态中脱离出来。"② 凭着这种才能，人类创造了知识与谬误、形成了美德与恶习，还给自己套上枷锁，成为自身与自然的暴君。卢梭热情讴歌自然，厌弃文明的态度，与古代中国的庄子接近。只是庄子更进一步，他崇尚万物一体③，哪怕在自然中做一个虫子，也要胜过社会人。而卢梭只是憧憬完全受自然情感支配、有饮食和交配等生理需要的野蛮人。卢梭的自然状态有以下特征。

1. 自然状态中，人们彼此之间不存在任何伦理关系，没有权利、义务观。卢梭在性善的基础上还有自然人性的倾向——无善无恶。如果一定要按照社会状态的思维来判断，可以把有害于自身存续的品质称为恶，有利于自身存续的品质称为善（德）。"若是这样的话，就应当将最不可抗拒单

---

① 〔法〕卢梭：《论人类不平等的起源和基础》，黄小彦译，译林出版社 2019 年版，第 34 页。

② 〔法〕卢梭：《论人类不平等的起源和基础》，黄小彦译，译林出版社 2019 年版，第 38 页。

③ 《庄子·齐物论》："天地与我并生，万物与我为一。"

纯自然冲动的人称为最有德的人。"① 因为在卢梭看来，这种单纯自然冲动有同情心——怜悯他人的自然德性，它们先于思考、先于理智而存在。卢梭甚至认为动物身上，如马、家畜都有这种自然德性。这一观点，会让人联想到中国传统道统中的"羊乌之孝、虎狼之仁、蜂蚁之忠"②。它们共同之处：都想以此证明自然本性的良善；不同之处：卢梭想用以证明社会规范的反自然、非正义，而后者比较复杂，至少朱熹想证明"仁义"这种社会规范合乎自然天道。

2. 自然德性既是社会德性的基础，也是社会德性的本原。我们常说的慷慨、宽厚、仁慈，是来自对弱者、罪人或者对人类的天然怜悯，友谊、和善也是针对某个特定对象持续保持的怜悯心。相反，"理性孕育了自尊心，思考强化了它。理性使人自我封闭，使人远离拘束他、折磨他的一切"③。与其说卢梭崇尚理性，更准确讲是崇尚自然情感，因为理性使人远离怜悯心、变得冷漠。他认为那些学过哲学的人在看到受苦的人会暗自说："你要死就死吧，反正我是安然无恙的。"他还举例说："恰恰是下层人，菜场的妇人将打斗的人分开来，阻止上流社会的人们自相残杀。"④ 卢梭的这类观点产生很大影响，引领了一个很大思潮。正如罗素评论的："穷人想当然比有钱人要多具备美德；所谓贤者，认为就是一个从腐败的朝廷里退出来，在恬淡的田园生活中享受清平乐趣的人。"⑤ 卢梭还从怜悯这种自然德性中引出"为自己谋利时，尽可能减少对别人的损害"这一箴言。

3. 自然状态中的野蛮人不懂虚荣、尊敬，没有你的、我的观念，有肉体之爱而无精神之爱。"精神之爱是一种虚假的情感，它源于社会习俗……它建立在某些概念的基础之上，如才能、美貌之类，这是野蛮人没有能力

---

① 〔法〕卢梭：《论人类不平等的起源和基础》，黄小彦译，译林出版社 2019 年版，第 50 页。

② 庄子："虎狼，仁也。"（《庄子·天运》）朱熹："虎狼之仁、蝼蚁之义，即五常之性。"（《语类》卷 62）王夫之："能不以羊乌之孝、蜂蚁之义事君父乎？"（《船山思问录·内篇》）

③ 〔法〕卢梭：《论人类不平等的起源和基础》，黄小彦译，译林出版社 2019 年版，第 54 页。

④ 同上，第 54 页。

⑤ 《罗素文集》第 8 卷，马元德译，商务印书馆 2012 年版，第 252 页。

拥有的。"① 由于野蛮人自给自足，没有相互依赖，如果说有不平等，那也只是人与人之间的自然差异。

自然状态既然如此美好，人为什么要离开？这时的卢梭回到现实中来了——因人类不断繁殖使自然的生产不足以养活他们，人类被迫脱离自然状态，开始圈占土地从事生产活动。他说："谁第一个将土地圈起来，胆敢说'这是我的'，并且能够找到一些十分天真的人相信他，谁就是文明社会真正的奠基者。"② 卢梭的这段名言，寓意很丰富。（1）文明社会建立在财产关系基础之上，没有明确的财产所有权，就不会有稳固的社会关系；（2）财产所有权并非是自然权利，而是人为规定的权利；（3）财产关系不仅仅是人与物的关系，还体现人与人的关系；（4）拥有财产所有权的优势可以转化为压迫他人的特权。这里可以看到，卢梭与洛克对财产权有着很不一样的看法。洛克视财产权为人的自然权利，且仅仅将财产权看作经济性的，没有或故意没有看到或者忽视了财产权导致人身依附、人身奴役以及获得政治特权的能力。这里可推导出卢梭的一个重要观点，同时也是影响最大的一个观点——社会不平等和奴役关系产生于私有财产关系。私有制是社会不平等和一切罪恶的根源。这是马克思主义的经典表述，而这一思想与卢梭有密切关系，其最初的思想源头可追溯到原始基督教。

卢梭承认，土地所有权等财产权的产生是人的主观无法抗拒的必然过程。人类的繁衍、资源的稀缺，迫使人们的生存技能得到发展，组成联合体。人类学会制造工具，"他们没有想到，这是他们强加于自身的第一道枷锁，也是他们为子孙后代埋下的祸端"。③ 生产工具是把双刃剑，人类失去它无法生存，但拥有它并没有给人同等地带来幸福。人类结成家庭、组成部落、形成民族，产生价值观、审美观，嫉妒心、虚荣心、功利心、争夺心随之产生，人类因此变得嗜血残忍。卢梭认为："这就是走向不平等的第

---

①　〔法〕卢梭:《论人类不平等的起源和基础》,黄小彦译,译林出版社 2019 年版,第 56 页。

②　同上,第 63 页。

③　〔法〕卢梭:《论人类不平等的起源和基础》,黄小彦译,译林出版社 2019 年版,第 68 页。

一步，同时也是走向罪恶的第一步。"① 有人说人类天性残忍，需要通过管制使他们变得温和，卢梭对此坚决反对。他认为人的邪恶恰恰是离开自然状态后才发生的，是伴随社会的产生而出现的现象。这个初生的社会在法律没有出现之前，每个人都是自己受到冒犯后的唯一法官和复仇者。资源短缺迫使人类劳动，而冶金和农业技艺的发明使劳动剩余品更加丰富。卢梭接受洛克的最初所有权来自劳动的观点，人们在土地上劳动，"如此下去，年复一年的持续占有就轻而易举地转变成了所有权"。② 在这个过程中，人与人之间的自然差异，发展为社会性的差异，自然的不平等转变为社会的不平等。卢梭认为，那些富人一旦享受到拥有财富所带来的快感，就如饿狼尝过一次人肉以后，就再也不肯罢休了。而那些不甘心被奴役的穷人会奋起反抗，富人和穷人的斗争演变成无休无止的冲突。这时候，新生的社会让位于可怕的战争状态。这种战争状态使富人和穷人都遭殃，但富人的损失更大。看来，卢梭也讲战争状态，但不同于霍布斯，它是最初进入社会后陷入的无政府状态。

为此，富人开始密谋联合组成政府，法律从此产生，而法律使不平等、财产权变得合理合法。卢梭说："它们为弱者戴上了新的镣铐，为富人配备了新的权力；不可逆转地破坏了自然自由，永远地确立了所有权以及不平等的法律，将巧取豪夺变成一种不可改变的权利；为了某几个野心家的利益，自此迫使整个人类辛苦劳作、服从奴役、饱受苦难。"③ 政府的产生导致更坏的结果。不同国家之间，不同民族之间的战争比任何时候都残酷。在社会中，怜悯这种自然情感几乎消失，只保留在若干具有国际主义精神的崇高心灵之中，只有他们能以至高"神"为榜样，用仁慈去拥抱整个人类。卢梭认为自己就是有这种崇高心灵的人。政府形式，卢梭将它们分为君主制、贵族制、民主制。但不管什么样的政体，如果首领变成世袭，把

---

① 〔法〕卢梭：《论人类不平等的起源和基础》，黄小彦译，译林出版社 2019 年版，第 69 页。

② 同上，第 73 页。

③ 〔法〕卢梭：《论人类不平等的起源和基础》，黄小彦译，译林出版社 2019 年版，第 79 页。

职权看成是家庭私有财产，把自己看成是国家的所有者，那么社会就进入主人与奴隶的不平等状态。卢梭把人类不平等逐渐加深的过程划分为三个阶段：

> 法律以及所有权的确立是它的第一个阶段，行政官职位的设定是它的第二阶段，第三个也就是最后一个阶段是合法权力转化为专制权力。①

卢梭关于人类不平等起源和基础的论述中，给后人印象最深的还是对财产所有权的批评。他断言："最终，所有的不平等都归结为财富这一最后的不平等，因为财富是最直接有利于人的福利，最容易传递，人们很容易用它来收买剩下的一切。"② 这一观点，激励着后人试图通过改变财产所有权的性质（用公有制代替私有制）来创造一个更加公正、繁荣的社会。这一努力正确与否，显然不适合在这里展开讨论。这里仅需要指出，早于卢梭近900年的中国唐朝末年，有个叫无能子的人，同样在著书探讨人类不平等的起源问题。无能子同样把人类脱离自然创造文明视为苦难的开端，但他并不把财产，而是把设立君臣作为人类不平等的起源，礼法的产生既是不平等的结果也是不平等加深的原因。这种不同，反映出东西方社会形态和认知上的深刻差异③。笔者坚信：无能子的见解比卢梭有更多的合理性。迄今为止的人类历史已经证明一点：取消或消灭私有制并不能造就繁荣富庶的社会，而打倒君主专制、消灭君臣礼法则是通向自由繁荣社会的金光大道。

三、社会契约论

《论人类不平等的起源和基础》提出人类不平等问题，《社会契约论》则提供解决该问题的方案。如果只看前一本书，我们会"渴望"自然状态，

---

① 〔法〕卢梭：《论人类不平等的起源和基础》，黄小彦译，译林出版社2019年版，第89页。
② 同上，第91页。
③ 见拙著《中国道统论》第五卷"隋唐道教和道家"。

而后一本书告诉你，有一种社会状态要远远好于自然状态。卢梭说："由于契约的结果，他们的处境确实比起他们以前的情况更加可取得多；他们所做的并不是一项割让而是一桩有利的交易，也就是以一种更美好的、更稳定的生活方式代替了不可靠、不安定的生活方式。"① 卢梭的契约更像一桩有利的交易而非单向的权利让渡，每个人在订约后的处境要好于订约之前，否则就没有订约的必要。《契约论》告诉你如何建立比自然状态更美好，实质是比现实社会更美好的社会。

"人是生而自由的，但却无往不在枷锁之中。"这是卢梭的经典语言。他反对"人是生而不自由"观点，又道出人在社会中的真实现状——始终处于枷锁之中。枷锁有不合法的，也有合法的。不合法的枷锁，即屈从他人意志而被迫套上的锁链，是奴隶的锁链；合法的枷锁是经过自己同意而带上的枷锁，即服从体现自身意志的法律，是自由的花环。卢梭的目标是建立自己服从自己的自由平等社会。他首先列举西方历史中为奴役制度辩护的观点。比如，国王高于人民，权力并非为有利于被统治者而设立；人类应像羊群一样被不同的首领牧养，君王是神明、而人民就是畜生；有些人天生是奴隶，而另一些人天生是统治者。荷兰法学家格劳秀斯（Grotius，1583—1645）认为，如果一个人可以转让自己的自由，使自己成为某主人的奴隶，为什么全体人民就不能转让他们的自由，使自己成为某个国王的臣民呢？卢梭讽刺说："难道臣民在奉送自己人身的同时，又以国王也攫取他们的财产为条件吗？"为此，卢梭写下这样一段话：

> 放弃自己的自由，就是放弃自己做人的资格，就是放弃人类的权利，甚至就是放弃自己的义务。对于一个放弃了一切的人，是无法加以任何补偿的。这样一种弃权是不合人性的，而且取消了自己意志的一切自由，也就是取消了自己行为的一切道德性。②

除了自愿放弃说，格劳秀斯还从战争中推导奴役权的合法性。比如，

① 〔法〕卢梭:《社会契约论》,何兆武译,商务印书馆2003年第3版,第41页。
② 〔法〕卢梭:《社会契约论》,何兆武译,商务印书馆2003年第3版,第12页。

征服者有杀死被征服者的权利，但被征服者可以交出自由为代价赎取自己的生命。卢梭反驳的理由有三点。一是自然状态下，每个人都彼此独立，没有理由处于战争状态，战争状态不符合自然法。二是战争的目的是基于财产利益的争夺，个人与个人之间的战争，既不可能发生在缺乏财产权观念的自然状态，也不会存在于一切由法律裁决的社会状态。三是真正的战争发生于国与国之间，国家之间只能以别的国家为敌，而不能以个人为敌。战争的目的是摧毁敌国，杀死对方的保卫者，"可是一旦他们放下武器投降，不再是敌人或敌人的工具时，他们就又成为单纯的个人，而别人对他们也就不再有生杀之权"①。卢梭坚持，战争并没有赋予征服者杀死被征服者的权利②，因此奴役权不可能来自合法的交换，而是一种可怕的强权。我们既没有赋予强权以权威，也没有使被征服者有服从的义务，征服者与被征服者不存在合法的权利与义务关系，也不存在合法的统治与被统治的关系。在一个人对其他人的奴役下，既没有政治共同体，也没有公共幸福可言。卢梭在引出自己的观点——权利来自契约、统治合法性来自同意之前，用大量篇幅批驳各种流行观点。卢梭的驳斥，印证了西方存在着的那种历史悠久且体系化的奴役制度——有理论、有法律，还有文化作支撑。卢梭期望诉诸自然情感的力量、自然理性的启蒙颠覆这样的旧体制，打倒这样的强敌。

卢梭社会契约论主要回答以下几个主要问题。

1. 个人通过联合的方式脱离自然状态、保护自身权益。卢梭说："要寻找出一种结合的形式，使它能以全部共同的力量来卫护和保障每个结合者的人身和财富，并且由于这一结合而使得每一个与全体相联合的个人又只不过是在服从其本人，并且仍然像以往一样地自由。"③ 就是说，既要凭借集体的力量，实现一加一大于二的效果，获得更好利益，又要使每个人依然像自己服从自己一样，享有自由。卢梭的设想是：结成共同体的每个成

---

① 〔法〕卢梭：《社会契约论》，何兆武译，商务印书馆2003年第3版，第15页。
② 这一观点与孟德斯鸠相同。"显然的是，当完成征服之后，征服者就不再有杀人的权利。"《论法的精神》10卷，3章。——笔者注
③ 〔法〕卢梭：《社会契约论》，何兆武译，商务印书馆2003年第3版，第19页。

员所享有的权益都要好于缔约之前。比较而言，霍布斯满足于获得和平，洛克满足于有一个法官裁决我与他人的纠纷。

2. 订立契约的人相互把自身的一切权利全部让渡给共同体。霍布斯的方案是保留生命权，其余全部割让，洛克的方案还要保留财产权，而卢梭的方案是"转让一切权利"。后人的评论中，对卢梭的方案提出批评，认为正是它为现代极权体制开了绿灯。这里无意卷入此类争论，而是弄清楚卢梭本人是怎么看这个问题的。他说："每个人既然是向全体奉献出自己，他就并没有向任何人奉献出自己。"① 在这样的社会中，所有人都把自己给予所有人，等于没有把自己给予所有人，别人有权支配我、我也有同样权利支配别人；所有人都遵循同样的规则、同样的条件，相互之间必然是平等的。这是一个我为人人，人人为我的社会。卢梭说："人类由于契约而失去的，乃是他的天然的自由以及对于他所企图的和所能得到的一切东西的那种无限的权利；而他所获得的，乃是社会的自由以及对于他所享有的一切东西的所有权。"② "转让一切权利"让人失去的是自然状态下的自由，获得的却是社会中的公民自由。既然卢梭不认为财产权是一种自然权利，就不存在保留或不保留的问题，但个人物质利益的保障依然存在。他说："集体在接受个人财富时远不是剥夺个人的财富，而只是保证他们自己对财富的合法享有，使据有变成为一种真正的权利，使享用变成为所有权。"③ 他还主张在土地上设置不同权利，使主权者、不同共同体成员分别享有。类似于当代中国土地制度，将城市国有土地的所有权与使用权、收益权分设，将农村集体土地的所有权、承包权、经营权分置，分别由不同主体拥有。卢梭坚持认为自然状态下的个人将全部权益平等地让渡给共同体后，不仅不会使个人权益受损，反而使所有人享受更高的平等和自由。

3. 主权是对国内事务的最高所有权，由人民共同创设。主权是完整而不可分割、不可转让的最高所有权，归全体人民共有。这就是卢梭的"人

① 〔法〕卢梭：《社会契约论》，何兆武译，商务印书馆 2003 年第 3 版，第 20 页。
② 同上，第 26 页。
③ 同上，第 29 页。

民主权"。其意义有多重性。第一层，主权是拟制的而非自然权利，既否定"神"拥有绝对主权，更否定君权神授而获得主权；第二层，主权不能像孟德斯鸠认为的那样，可以分为立法权、行政权、司法权等；第三层，主权包括一切权利，其他所有的权力或权利都由其派生。他说："人们就这样把宣战与媾和的行为认为是主权的行为，其实并不如此，因为这些行为都不是法律而只是法律的应用，是决定法律情况的一种个别行为。"① 国家内部可以有行使立法权、行政权或司法权的机构，但这些权力仅仅是从主权派生，服从唯一的主权，但不被认为是主权本身。主权具有绝对性，其唯一目的是保障共同利益不被侵害。但主权的绝对性并不意味着它没有边界，在体现主权意志的公共人格之外还有私人性的个人。卢梭强调："他们的生命和自由是天然地独立于公共人格之外的。"②

4. 主权者是体现全体人民共同利益的虚拟的、法律上的公共人格。卢梭认为，通过契约结成的共同体，就是我们所称的城邦、共和国、国家、主权者，其组成共同体的成员集体称为人民，成员个体称为公民，当他们以服从法律者身份出现时叫作国民，所有人都在人民、公民、国民这三种身份中不断切换，既是统治者又是被统治者，既是主人又是仆人。在卢梭契约论中占很重要位置，但又是最含混不清的概念是"公意"，即作为共同体的公共意志。卢梭宣称：公意永远是公正的，服从公意就是服从自己，就是自由，一旦有人不服从就要逼迫他服从，也就是"迫使他获得自由"。这些观点引来诸多批评。罗素就讽刺说："这种被逼得自由的概念非常玄妙。伽利略时代的总意志无疑是反哥白尼学说的，异端审判所强迫伽利略放弃己见时，他被逼得自由了吗？莫非连罪犯被关进监狱时也被逼自由了？"③ 很显然，是罗素曲解了卢梭的公意。卢梭所说的公意是维护全体人民共同利益的集体意志，而不是统治者的意志，后者顶多能称为众意。因此，理解公意，实质是理解何谓共同利益以及共同利益如何形成。毫无疑

---

① 〔法〕卢梭:《社会契约论》,何兆武译,商务印书馆 2003 年第 3 版,第 34 页。
② 〔法〕卢梭:《社会契约论》,何兆武译,商务印书馆 2003 年第 3 版,第 37 页。
③ 《罗素文集》第 8 卷,马元德译,商务印书馆 2012 年版,第 280 页。

问，一个没有共同利益的团体、国家必然会瓦解；而一个团体、一个国家的共同利益并非是抽象的，要有共同的历史文化又有共同的愿景。建立政治共同体的这群人必须有相同的文化背景、有共享的价值观，而满足这一条件的只能是民族国家。一个已经建立的国家，它的法律和制度会产生与之适应的社会习俗、精神、价值，但在创立国家之初的那群人，必定要有共同的价值、共同的利益。卢梭洞察到这一点。他说："为了使一个新生的民族能够爱好健全的政治准则并遵循国家利益的根本规律，便必须倒果为因，使本来应该是制度的产物的社会精神转而凌驾于制度本身之上，并且使人们在法律出现之前，便可以成为本来应该是由法律才能形成的那种样子。"① 一个人类共同体的公意中，既包括维护全体成员的生命、自由和财产这些一般内容，也包括基于历史文化的特殊内容。这是从一般意义上讲公意，从技术上讲公意，类似于复杂的力学体系中，各种力的矢量不一样，正如共同体中的个体意志并不同，但最终会形成一个合力，这个合力就是公意。不管如何，对什么是公意以及公意的产生，迄今依然是难以有完全一致的共识。

5. 共同体中的法律。建立在共同利益上的共同体需要有法律来维护。法律的公正来自平等，即法律面前人人平等并一体遵守。他说："当正直的人对一切人都遵守正义的法则，却没有人对他也遵守时，正义的法则就只不过造成了坏人的幸福和正直的人的不幸罢了。"② 自由使共同体的力量更强大，只有平等才能有真正自由。法律可以建立一个有分层甚至有等级的社会，但法律不能指定谁处于哪一阶层。这就是卢梭所称的平等的含义，并非权力与财富上的相等，而是法律上的平等。他把法律分为四类：规范共同体自身的根本法（宪法）；规范成员之间关系的民法；惩罚性的刑法；社会习俗、舆论。最后一类法律既不镌刻在大理石上，也不是在铜表上，而是铭刻在每个公民的心里，当其他法律都消失的时候，唯有它依然存在。卢梭满怀激情地说："我说的就是风尚、习俗，而尤其是舆论。这个方面是

---

① 〔法〕卢梭：《社会契约论》，何兆武译，商务印书馆 2003 年第 3 版，第 53 页。
② 同上，第 45 页。

我们的政论家所不认识的，但是其他一切方面的成功全都有系于此。"① 如果把国家比作大厦，法律是顶上的拱梁，风尚、习俗则是那一块拱心石。真正决定共同体未来的是其中的风尚、习俗、舆论。

6. 政府是主权者设立的执行机构。人民没有把权利直接让渡给政府，政府只是体现共同意志的主权者设立的执行机构，因此政府机构不能有独立的意志，只能以共同意志为意志，政府须服从人民的意志。他说："立法权力是属于人民的，而且只能是属于人民的。""政府和主权者往往被人混淆，其实政府只不过是主权者的执行者。""政府就是在臣民与主权者之间所建立的一个中间体。"② 从这个意义上讲，政府是人民的公仆，政府权力边界在于主权者最初的授权，不得自我扩权。卢梭洞察到无论哪种政体，都可能存在以"个意"和"众意"即政府官员个人意志和政府意志替代公意的问题，实质是公权力小团体化、部门化和个人化。对于违背公意的众意，人民就有权迫使它改变。卢梭提出好政府的标志是社会繁荣，而衡量社会繁荣的标准是人口数量稳定增长。他说："假定一切情况都相等，那么一个不靠外来移民的办法、不靠归化、不靠殖民地的政府，而在它的治下公民人数繁殖和增长得最多的，就确实无疑地是最好的政府，那个在它的治下人民减少而凋零的政府，就是最坏的政府。"③ 按照这样的标准，中国历史上的清朝无疑是最好的政府了，其人口从顺治年间的七千万爆炸式地在道光年间增长到四个亿。我们或许怀疑卢梭"好政府"标准——人口稳定增长——是否太低了？但从卢梭言之凿凿，引用近代西方社会的史实作支撑，说明这个标准对西方社会来说其实很高，至少在近代之前很长时期，西方政府对臣民的压迫是极为严苛的，以至于人口正常繁衍都是难得的政绩。

7. 公民宗教。卢梭无法想象一个没有宗教又能治理良好的社会。他说："没有一个民族曾经是，或者将会是没有宗教而持续下去的。假如它不曾被

① 〔法〕卢梭:《社会契约论》,何兆武译,商务印书馆2003年第3版,第70页。
② 〔法〕卢梭:《社会契约论》,何兆武译,商务印书馆2003年第3版,第71、72页。
③ 〔法〕卢梭:《社会契约论》,何兆武译,商务印书馆2003年第3版,第107页。

赋予一个宗教，它也会为自己制造出一个宗教出来，否则它很快就会灭亡。"① 卢梭将现有宗教分为三类，第一类是人类的宗教，第二类是公民的宗教，第三类是罗马天主教和喇嘛教、日本人的宗教。他认为第三种最坏，它造成了两套法律（世俗法、教会法）、两个首领（国王、神父）、两个祖国（国家、教会），破坏了社会统一、公民忠诚。第二类是指古代异教的宗教。好处是将效忠国家和敬虔神明相联结、爱国热情和宗教热情相统一，坏处是使全民族变得嗜血和毫不宽容。第一类宗教卢梭专指福音时代的基督教，他说："由于这种神圣的、崇高的、真正的宗教，作为同一个上帝的儿女的人类也就意识到大家都是兄弟，而且把他们结合在一起的那个社会是至死也不会解体的。"② 但这样的宗教也有很大弊端。（1）不能使公民全心全意依附于国家，反而有反社会、反国家的倾向，因为他的祖国不在尘世而在天国。（2）只关怀天上的事物，对现世国家治理得好坏漠不关心。"归根结底，我们在这种苦难的深渊里究竟是自由的还是被奴役的，又有什么关系呢？根本的问题乃是要升入天堂。"③ 这个社会的人们认为：当坏蛋拥有权力是因为"神"要人们尊敬他，坏蛋滥用权力，那是"神"用鞭子惩罚自己的儿女。（3）宣扬奴役与服从，丧失公民积极进取的勇敢精神。卢梭说："真正的基督徒被造就出来就是做奴隶的。"④ 卢梭把基督教贬斥为奴隶宗教的观点被后来的尼采所发扬。卢梭否定上述三类宗教，提出自由宗教和政教合一的奇妙想法。首先，任何公民都应该信仰宗教，至于信仰什么完全是个人的私事；其次，契约赋予主权者统治臣民的权利，不干涉个人信仰自由；第三，当宗教信仰涉及公民道德，涉及培养良好公民时，就要遵守主权者的强制性规定；第四，主权者必须颁布类似精神法典的公民信仰宣言，既包括人人须遵守的社会准则，也包括人人须拒绝的不良行为，任何宗教都要限定在此范围内；第五，每个公民按照主权者要求作出

---

① 〔法〕卢梭:《社会契约论》,何兆武译,商务印书馆 2003 年第 3 版,第 167 页。
② 〔法〕卢梭:《社会契约论》,何兆武译,商务印书馆 2003 年第 3 版,第 175 页。
③ 同上,第 177、178 页。
④ 〔法〕卢梭:《社会契约论》,何兆武译,商务印书馆 2003 年第 3 版,第 179 页。

信仰宣誓，如果宣誓承认这些信仰但后来又违背，卢梭的意见是：把他们驱逐出境，或者处以死刑。

人们讲法国大革命是卢梭思想的注解，更多指政治思想，其实还包括宗教思想。革命期间的巴黎常常有这样的场景：当押解贵族和王党分子的囚车吱吱呀呀地碾过街头时，罗伯斯庇尔等人率领高举鲜花和麦穗的队伍穿过街区，前者去断头台，后者去赞美新神——"太上主宰"。罗伯斯庇尔认为无神论是贵族的学说，而人民需要宗教。但法国民众最终还是没有接受革命领袖塞给他们的"神"——太上主宰，也不肯接受一周为 10 天的规矩。说穿了，法国大革命只是一个"神"与另一个"神"的斗争，而这样的斗争在神权统治下的西方社会不是第一次，也不会是最后一次。因为自由必然会绽放人性之美，所以卢梭的"神"强迫人获得他应得的自由，如果拒绝自由，其结局只能是走向断头台。卢梭一生为宗教宽容和政治宽容呐喊，但他的自由之神绝对不允许有不自由的人存在。看来自由之树必须用爱国者和暴君的鲜血来浇灌，那是天然的肥料。

第十四章　自然神论与无神论的学说

　　自然神论可以上溯古希腊的色诺芬尼，近代意义的自然神论（Deism）产生于 17 世纪初的英国，随后扩展到欧洲大陆和北美。哲学中的理性主义，以欧洲大陆的笛卡尔、斯宾诺莎和莱布尼兹为代表，神学中的理性主义，是以英国的赫伯特、托兰德、廷德尔为代表的自然神论。自然神论之所以产生于英国，与邓斯·司各脱学术传统有关——持理性真理和信仰真理这一双重真理观，也与当时英国社会有关——英国国教、加尔文宗、路德宗及天主教并存，教派间的血腥冲突迫使人们思考能被各方普遍接受的神学。自然神论以唯一正确的、普世的神学出现。自然神论内部存在较大差异，但基本观点可以归纳为：存在一个外在于世界的无限实体，它创造了世界并使之遵循不变的自然律，当世界按照规律运转后就放手不管了。假如进一步把这位创造者与世界合一，就成为泛神论的看法。斯宾诺莎就是一位泛神论者。假如把这种内在于世界的创造者看作物质本身，其他一切都只是物质属性，就成为无神论的观点。自然神论与泛神论、无神论有密切关联。自然神论者坚信：通过对自然规律的探索便可以揭示"神"的自然之光。近代以来欧洲几乎所有的杰出自然科学家都持自然神论或泛神论的观点。法国天文学家拉普拉斯曾说："对于现象具有强烈的好奇心使人们一直追索到彻底明了现象的原因与规律，只有近代欧洲的科学家才有这种精神。"[1] 对自然现象的好奇心和探索精神确实与某种文化背景关联。我们可

---

[1]　〔法〕拉普拉斯:《宇宙体系论》,李珩译,何妙福、潘鼎校,商务印书馆 2012 年版,第408页。

以看到，一些有近代意义的思想正是从自然神论、泛神论和无神论中推导
出来。

第一节　英国自然神论

英国自然神论的奠基者是爱德华·赫伯特（Edward Herbert，1583—
1648），他出生于什罗普郡的艾顿（Eyton），因战功被英王封为雪堡男爵。
1624 年因对英王与西班牙联姻提出批评，他在驻法国大使任上被召回，从
此受冷落。赫伯特这一年在巴黎发表《论真理》，被称为第一部出自英国人
之手的纯粹形而上学著作。该书揭开了近代欧洲思想史上两个重大进程的
序幕——"在英格兰，它开启了自然神学的发展；对于大陆哲学而言，它
又是始于笛卡尔的理性主义伟大序列的先行者。"[①] 赫伯特在该书开头就说：
他讨论的是理性真理而非信仰真理。从中可以看到自然神论者的思想路径：
从经院哲学双重真理观出发，淡化启示真理而突出理性真理；进而用理性
法庭审判基督教的启示和福音，剔除迷信和神秘，完成神学的理性主义改
造。随着自然神论在十七世纪初英国兴起并逐渐向欧洲大陆和北美传播，
"神"被逐出大部分知识领域，最后在道德领域找到避难所。这是一段艰辛
历程，也是一段伟大历程。欧洲思想要实现现代转型，必须打破两尊权威，
一尊是由经院哲学和亚里士多德构筑起来的旧知识体系，另一尊是由经院
哲学和基督教会构筑起来的神学体系。英国自然神论在完成后一项工作中
发挥重要作用。

一、赫伯特的真理观和共同观念

基督教作为典型的启示宗教，全部教义都建立在神启基础上。这里有
一个问题，对启示的信仰是否需要理解？如果信仰无须理解，就如德尔图
良说的"惟其荒谬所以信仰"，那么宗教狂热和极端就是必然的归宿。中世
纪经院哲学引入理性并把哲学、科学变成神学的两个奴婢，带来两个预料

---

① 〔英〕赫伯特：《论真理》，周玄毅译，武汉大学出版社 2006 年版，第 59 页。

不到的后果。一是理性在基督教精神世界有了栖身之地，哲学和科学的种子开始扎根；二是在基督教内部孕育起变革和否定的因素。如果说笛卡尔使理性成为知识殿堂最耀眼的宝石，而赫伯特的意义是使理性成为信仰殿堂中最耀眼的宝石。赫伯特适应了时代需要：使宗教合理性，让信仰接受理性法庭的审判。

赫伯特是从讨论什么是真理，以及真理的类型、如何检验真理切入进去思考。其意义可以从现代中国的真理问题大讨论中获得类比性的理解——一个伟大时代的开启，需要将思想从教条和权威的束缚中解放出来。当然，赫伯特真理问题的讨论依然采取经院式的术语和思维方式，这是前现代欧洲思想不可避免的方式。他的真理论涉及三要素：一是独立于精神的客观对象；二是人的主观能力；三是必要的条件和中介。赫伯特把真理描述为主观能力与客观对象在一定条件下的相一致。什么是相一致？现代人会解释为我们的思维正确反映了客观对象，从而使思维与存在一致。但赫伯特并不这么看。他是从神学宇宙观的角度来看待真理问题。他认为"神"按照"前定和谐一致"的原则进行创世，即预先按照物质、精神相一致创造这个世界。在这个世界里，"我们的精神显然与上帝相一致，而我们的身体则是清楚明白地与世界相适应的，世间万殊的原则都在人的身上有所体现。人的能力的种种不同与事物的特性一一对应"①。赫伯特坚信，由于"神"的事先安排，事物中的全部特性总是可以在人的能力中找到对应者，反之亦然。比如，赫伯特发现人有寻求永恒幸福的能力，那么就必须相信世界上必然存在着永恒幸福的事物。他确信身体作为微观宇宙必然与宏观宇宙之间有广泛的联系和对应关系。如果说客观事物是有结构性的体系，那么人的能力必然也是结构性的体系，而且两种结构之间存在相互对应关系。认识真理的过程就是主观能力与客观事物之间相互契合的过程，需要主客观之间的相互作用。在这个意义上，赫伯特反对认识论上的白板论，他说："让那种认为人心是一张白纸的理论到此为止吧，它似乎认为我

①　〔英〕赫伯特：《论真理》，周玄毅译，武汉大学出版社2006年版，第155页。

们处理（认识）对象的能力是从对象本身得来的。"① 这说明赫伯特的心灵里先天拥有天赋能力、刻满天赋观念，因为赫伯特的"神"就是这么创世的。不过，赫伯特所反对的白板论，却被后来的洛克发展为英国经验主义认识论的理论基础，可见赫伯特思想传统与英国主流思想有较大差异。赫伯特强调认识是主客观相互作用的过程，在后来的马克思主义认识论和现代认知理论中都得到肯定——认识过程并非是对客观事物的被动摹写。但我们要注意，双方得出同一结论的形而上学基础完全不同。赫伯特将这一切归结为"神"将天赋能力和天赋观念预先刻在人的身体里，同时将与这些能力和观念相对应的事物特性内化于世界之中，当我们接触到相应的客观对象时，相应的能力就会唤醒，而某种能力与特性相一致时，真理就呈现出来。而马克思主义认识论和现代认知理论只是强调人有主观能动性，至于产生这种能力的原因需要从人的进化历史中、从人的心理能力发展中去寻找。

赫伯特将人的这些能力分为自然本能、内在感觉、外在感觉和推理。要准确理解这四种能力并不容易，大致来说，自然本能是指全部无生命和有生命的事物都有的能力，表现为自我保全的冲动，这种能力在人类身上表现为追求永恒幸福的能力。内在感觉是从自然本能衍生出的一种能力，表现在自由意志、良知等。外在感觉是由内在感觉引导下的视觉、听觉、嗅觉、味觉和触觉及感觉统合。推理是运用逻辑判断的能力。在赫伯特看来，自然本能是首要的、第一位的，因为它广泛体现在各种无生命和有生命的事物之中。他说："必须牢记，自然本能的天性就是以非理性的，也就是说不假深谋远虑的方式实现其自身。因为那些没有迹象表明自己具有深谋远虑或理性能力的自然元素、无机物以及植物，也都拥有特别适用于其自身保全的认识。"② 在四种能力中，推理能力显然是最低的。他说："它与其他的任何一种能力相比，都更具有人为刻意的因素，在它们之中的地位

---

① 〔英〕赫伯特:《论真理》,周玄毅译,武汉大学出版社 2006 年版,第 121 页。
② 〔英〕赫伯特:《论真理》,周玄毅译,武汉大学出版社 2006 年版,第 110 页。

也最低。"① 赫伯特贬低逻辑推理在认识中的作用，重视直觉、内省的作用，似乎是反理性的，与日渐成为主流的演绎和归纳的方法背道而驰。其实不然。赫伯特的目的是要为理性真理找到可靠的基础，从而为降低乃至否定启示真理埋下伏笔。正如笛卡尔、培根的学说为近代自然科学的发展规划了方向，赫伯特的学说为宗教、道德等领域的发展规划了方向。那么，赫伯特是如何找到理性真理的可靠基础？简要地说，他的理性真理建立在本能和直觉基础上。

赫伯特在讨论能力时，提出了支撑其整个学说的核心概念——共同观念。他坚信存在一种被人类普遍赞同的共同观念，不论是古代人还是现代人、英国人还是法国人、只要是心智健全都赞同的观念。他说："比如世界存在一个最初的原因，一个居间的原因以及一个最终的目的这样的思想，以及认为事物之中存在着秩序、程度和变化等等的想法。"② 恐怕没有人能否定，火任何时候都是热的，冰任何时候都是寒的。赫伯特把共同观念作为检验真理的唯一标准。那么，共同观念是怎么产生的？为什么具有颠扑不破的确定性以至于能成为检验真理的唯一标准？一般来说，我们可能会从"人同此心、心同此理"的角度理解。由于人有共同的本性和本能，必然会在社会生活中形成诸如趋利避害、追求自由等普遍赞同的观念。这些观念具有普世性、常识性和公理性，必然是政治和道德领域中判断真理的标准。但这并不完全符合赫伯特的本意。他说："我们不应该把共同观念看作是经验的结果，而是把它们当成是任何经验得以产生的首要原则。"③ 这就是说，共同观念并非基于人类共同的自然本能、内在感觉和外在感觉等，而是先在于一切事物之前的"神"的旨意，被先验地铭刻在每个人的心中。造物主首先将共同观念刻在人的心灵中，然后又将四种能力赋予人，并且使不同的能力与相应的共同观念契合，以保证共同观念能在每一个人的心灵中呈现出来。共同观念的这种先天性、先验性，或者用赫伯特所说的优

---

①　〔英〕赫伯特:《论真理》,周玄毅译,武汉大学出版社 2006 年版,第 215 页。

②　同上,第 116 页。

③　〔英〕赫伯特:《论真理》,周玄毅译,武汉大学出版社 2006 年版,第 121 页。

先性、独立性、普遍性、必然性、必要性、一致性这六种特性，决定了它是检验真理的唯一标准。各种不同的共同观念组成秩序井然的体系，其中与地位最高的自然本能契合的共同观念属于第一等级，因为这种借助直觉认识的共同观念先天地存在于一切事物之中，而与地位最低的推理相契合的共同观念则属于第二等级，因为它只是借助人的推理而获得的普遍赞同。由于自身保全在赫伯特所称的自然本能中居首位，与此契合的自身保全和永恒幸福观念就成为检验一切真理的最基本标准，凡是有违自身保全和永恒幸福的学说都不可能是真理。赫伯特把真理理论用于分析基督教，提出五个宗教的共同观念，正是这一点使赫伯特和《论真理》广为人知，也成为之后一个世纪饱受攻击的宗教异端。赫伯特宣称，宗教真理的惟一标准就是共同观念，个人有权在教会的权威外作出自己的判断。这五个共同观念分别是：第一，存在着一个至高无上的"神"，既是一切事物的原因，也是一切事物运动的终点。第二，至高无上的"神"是应该被崇拜的。第三，宗教的本质是虔敬与美德。第四，必须通过悔改来赎罪。第五，此生结束后会有奖惩来临。赫伯特的这五个宗教共同观念，排除了"三位一体"、基督救赎、圣经权威等，对天主教、英国国教和其他新教构成挑战，开创了近代自然神论的传统。

赫伯特的学说是独特的。他的共同观念显然对笛卡尔的清楚明白的观念（天赋观念）有影响。尽管共同观念后来遭到洛克的批判，但依然以不同形式占据现代人的头脑。比如，人们依然会用普遍赞成的"常识"作为判断理论正确与否的根本标准。赫伯特思想超越了19世纪之前英国哲学家的认识水平。他提出认识中的先天能力，可以从康德认识论的先天形式中看到。尤其要指出的是，赫伯特学说与中国传统思想的天人合一、万物一体有惊人相似性。无论是孟子的"万物皆备于我"、董仲舒将人体与天地的类比，还是王阳明的草木之中皆有良知，都可以在赫伯特的《论真理》中找到类似的表述。只是中国思想讲天人合一的形而上学基础是天地与人之间存在同构，而赫伯特将这一切归结为造物主的前定意志。双方思想的相似性在以后的托兰德、廷德尔等自然神论者那里可以再次看到。一种解释是，自然神论对斯多亚学派有思想上的传承，正如前所述，斯多亚学派有万物一体的思想——一切有生命和无生命事物都由同样的元素组成，都由同一个宇宙灵魂控制。还有一种解释是，自然神论排除了神意的特别干预，认为世界形成之初就注入永恒不变的普遍规则，这种有无神论倾向的思想必然与无神论倾向的中国传统思想存在契合性。

二、托兰德的理性论和唯物论

约翰·托兰德（John Toland，1670—1722）出生于爱尔兰的一个天主教家庭，16 岁时改信新教。爱丁堡大学毕业后去荷兰深造，与当时一流的思想家如莱布尼兹、洛克等有广泛交往。如果说赫伯特采用抬高理性真理、淡化启示真理来反对传统基督教教义，托兰德则采取更为激进的方法，宣称任何启示真理都不违背和超越理性。托兰德开始从基督教传统中的双重真理论转向单一真理论，认为"真理只有一个且到处都是不变的"[1]。托兰德深受洛克的影响，但在托兰德出版《基督教并不神秘》被斥责为异端后，洛克却极力撇清与托兰德的关系。这表明双方思想存在分歧，洛克认为基督教义可以超越理性但托兰德不赞成。托兰德依然身处因宗教观点不同而受到迫害的时代，被后世美化的 1688 年"光荣革命"，仅英国教会迫害反国教者，就导致六万多人受难，五千多人死于狱中，而当时英国总人口才四百多万。托兰德对一些所谓的异端动辄被处以火刑感到愤慨。他说："这对那些宁要上帝的训示而不要人们的杜撰，宁走理性的平坦大道而不蹈教父们不可超越的迷宫，以及宁要真正基督教的自由而不要反基督教的专横独裁的人来说，确是一件令人惊异和悲哀的事情。"[2] 他坚信真理只能通过每个人自由运用理性来获得，而不是听从权威和教会的决定。托兰德是英国自由思想的先驱，因反对教会权威和世俗见解而赢得自由思想家的称号[3]，其一生的思想历经变化，从自然神论发展出泛神论甚至无神论的思

---

① 〔英〕约翰·托兰德:《基督教并不神秘》,张继安译、吴云贵校,商务印书馆 1982 年版,第 7 页。

② 同上,第 8 页。

③ 1697 年都柏林的莫利纽写信给洛克,提到托兰德是耿直的自由思想家(free-thinker)。后人考证英语中的 free-thinker 首见于该信札。

想，从强调物质能动性中提出现代唯物论的理论基础。

什么是理性？不同思想家有不同理解。赫伯特虽没有具体论及，但事实上把直觉、内省和推理都看作理性，且贬低推理的地位。笛卡尔将理性看作是思维实体清晰、明白理解的能力，凡是能够清晰、明白理解的东西都是真的。但这个命题有缺陷。正如托兰德指出的，一个才智出众的人完全可以虚构一套逻辑自洽、清晰明白的宗教教义，但这并不是真的。只有有经验支撑的能清晰、明白理解的东西才能是真的。托兰德给理性下了这样一个定义："即心灵借助将其与某种明显已知的事物相比较的方法来发现任何可疑或不明的事物的确定性的那种能力。"① 这段话有些生涩，包含多重含义。首先，理性是一种比较、推理、判断的能力，而不是指抽象思考的心灵、对事物中固有规则的说明，以及本人观点和他人权威。其次，理性能力的使用需要借助已知的事实，这些事实最初通过直觉获得，如 2 加 2等于 4，红色不等于开花等，它们是自明的，是公理、定理。第三，理性的认识方法，就是用已知事实与其他有待认识的事物进行比较、推理，作出判断。第四，理性认识的结果——对未知事实的理解和证明，最终要达到清晰、自明的程度。托兰德对理性的定义建立在一种新的认识论基础上。重视认识论是近代欧洲哲学转向的标志，而神学的转向同样以新的认识论出现为标志。不过，托兰德的认识论与赫伯特有很大不同。他已经抛弃"神"将观念预先刻在人心的蒙昧主义观点，但依然坚持人有天赋的正确判断、防止出错的能力以及趋利避害的能力。因此人先天具有理性能力成为托兰德认识论的第一个前提。托兰德把这种能力归结为"神"的前定。托兰德认为，人的认识即观念的形成有两种途径，一种是经验，包括外在的感觉印象和内在的知觉内省两方面，另一种是权威，包括权威的教导和"神"的启示两方面。因此托兰德认识论的第二个前提是：人的观念只能来自自我经验或他人传授。但是，通过这两种途径获得的观念并非都是正确的，这就需要通过某些证据来证明。他说："所谓证据，就在于我们的观念

---

① 〔英〕约翰·托兰德：《基督教并不神秘》，张继安译、吴云贵校，商务印书馆 1982年版，第 18 页。

或思想与其对象或我们思想着的事物完全符合。"① 观念只是对象在人心中的反映,当观念真实反映其对象时才能认为是真的。因此托兰德认识论的第三个前提是:观念与对象完全符合才是真的。比较一下他与赫伯特的区别。赫伯特也讲与事物的一致性,但他的一致性是前定的——人心中本来就有事物的正确观念,当人的能力与事物特性一致时就呈现出来。而托兰德接受洛克的认识论并进一步向唯物主义反映论发展——观念是后天形成并反映着客观事物的特性。托兰德也使用共同观念,但这时候的共同观念是指人们后天形成的对某事物的一致观念。托兰德意识到并不是每一个观念都有一个被反映的完善的原型。比如长度、运动的观念,是对经验的抽象,与具体事物中的长度、运动不完全相符,现实中并不存在抽象的长度和运动。因此在判定由这些观念组成的命题时,还需要采用笛卡尔的标准,即能否清晰、明白理解。因此托兰德认识论的第四个前提是:真实的观念既要有经验作支撑,同时必须能清晰、明白地理解。托兰德的认识论是对理性主义和经验主义认识论的综合,达到较高的水平。托兰德等人的著作被大量翻译为德文,对德国思想家产生过巨大影响,马克思主义经典作家有很明显的托兰德思想的痕迹。托兰德用这种认识论研究基督教神学。他说:"凡是与清晰明白的观念或与我们的共同观念相矛盾的东西就是违背理性的。"② 同时,他力图证明基督教中神秘的东西即超越理性的东西并不存在,它们不外乎是教士故弄玄虚,以及人们对理性能力不当使用的结果。他的《基督教并不神秘》的副标题是:"证明在福音书中没有任何违背理性并超越理性的东西。"该书在当时引起极大震动,为此托兰德逃离都柏林,以免遭爱尔兰当局的迫害。该书出版后的 1698 年,英国政府又颁布《渎神法案》(Blasphemy Law),宣布禁止攻击三位一体教义、违背圣经等,违者逮捕法办。

---

① 〔英〕约翰·托兰德:《基督教并不神秘》,张继安译、吴云贵校,商务印书馆 1982 年版,第 20 页。

② 〔英〕约翰·托兰德:《基督教并不神秘》,张继安译、吴云贵校,商务印书馆 1982 年版,第 24 页。

托兰德并没有止步于自然神论，他从历史尘埃中发掘西塞罗、塞涅卡、伊壁鸠鲁等古罗马异教思想，发展出有近代意义的泛神论，其最终目标是对基督教开展批判。他说："如果从先辈得来或由法律强迫信奉的宗教完全是或在某些方面是不道德的、邪恶的、卑污的、残暴的或剥夺人的自由的，那么在这种情况下，泛神论团体的会友们就可以完全合法地立刻皈依一个更宽厚、更纯正、更自由的宗教。"① 托兰德的梦想是建立起一种新宗教。他去世前最后一部作品《泛神论要义》最初用拉丁文出版，三十年后才有英译本。这本书给世人描绘了泛神论者的宇宙观。泛神论宇宙观的第一个特征是：物质世界之外不存在一个独立精神实体。这在基督教世界实属大逆不道。1709 年 4 月莱布尼兹给托兰德的一封信中指出，一些人否定有一个超乎有形宇宙之上的创造者和主宰，是危险且没有根据的。但托兰德刻意回避，并未表态回应。泛神论宇宙观的第二个特征是：世界永恒无限、不生不灭。从具体来说世界有生灭变化，物质不断聚合成各种事物，又不断被消灭，但从总体上讲世界没有变化，物质不可毁灭、精神不可毁灭，世界上的基本元素从来没有增加也没有减少。世界上没有真正的革新，一切只有位置的交换而带来的万物生成和灭绝，一切事物都处于沉浮转化的轮回之中。泛神论宇宙观的第三个特征是：存在具有能动的有灵性的物质性宇宙灵魂，它是世界变化的原因。这个宇宙灵魂具有完满和永恒的理智，就是托兰德所称的"神"了。"万物皆由上帝而来，且将与上帝重新合而为一，上帝乃是万物的开端和终极。"② 由于泛神论不承认有一个外在的"神"，只能借助内因来解释世界的变化。泛神论宇宙观的第四个特征是：把世界变化的动力归结为力和能动性。建立在机械力学基础之上的牛顿物理体系，把宇宙的一切运动归结为力学现象。托兰德与牛顿的区别在于，牛顿将力和能动性看作"神"从外部作用的结果，而托兰德认为是内在的固有的。但世界为什么会有内在的力和能动性？托兰德没有回答也无须回答，似乎这是一个不证自明的问题。他说："内在的、普遍的能动性是一切

---

① 〔英〕约翰·托兰德:《泛神论要义》,陈启伟译,商务印书馆 1997 年版,第 26 页。
② 〔英〕约翰·托兰德:《泛神论要义》,陈启伟译,商务印书馆 1997 年版,第 35 页。

运动中最主要的运动，是不为任何外界限制的，宇宙本身是无限的，所以承认有一种无限的能动性是决不荒谬的。"① 泛神论宇宙观的第五个特征是：秉持万物活物论的观点。比如，金属、宝石都是按照类似于植物的树干、枝叶、花果形成的办法，通过某种导管吸取适合本性的东西而慢慢生长出来的。"简言之，地球上的一切东西都是有机物，在自然界中没有任何东西是偶然发生、没有自己的种子的。"② 托兰德坚信，各种石头就像植物一样吸收一种适宜的稀薄液体物质而增长。

托兰德的学说是谬误和洞见混杂的体系。他认为大脑是思维的器官，但大脑作为非常复杂的物质性器官只能产生物质的东西，因此一切观念都是物质的。他的宇宙观缺乏发展和进步的观念，因为世界的一切都只是在流转和循环。他认为世界的所有事物都像有机体一样，从某个种子和胚胎中孕育发展而来。托兰德对哲学的真正贡献体现在对物质概念的颠覆性阐述，从而为欧洲现代唯物论提供形而上学基础。古希腊哲学中的物质往往描绘为无形式、惰性的甚至是丑陋的，基督教使物质负面形象得到一定的矫正，但物质缺乏能动性、需要借助精神实体推动依然是一种普遍看法。托兰德颠覆了欧洲思想史的这一传统，将运动和能动性赋予物质，认为物质的根本属性就在于运动和能动性。该观点被后来的马克思主义唯物论所完全接受。那么，托兰德是如何推导出这一结论的？他在给荷兰一位斯宾诺莎主义者的信中说："他（指斯宾诺莎）不愿承认有一个统驭万有的上帝作为宇宙的推动力，但是如您现在所看到的，他又提不出一种更恰当的推动力，提不出什么充分的理由来，却认为物质天然就是没有能动性的。"③斯宾诺莎说所有物体都可能时而处于绝对的运动，时而处于绝对的静止，但如果没有外力作用，任何物体只能处于本来状态，不可能从运动变为静止，或者从静止变为运动。这一点从惯性定律看得很清楚。泛神论既不承认有一个独立于世界的"神"，也不承认可以与物质分离的精神实体，那

① 〔英〕约翰·托兰德:《泛神论要义》,陈启伟译,商务印书馆 1997 年版,第 9 页。
② 〔英〕约翰·托兰德:《泛神论要义》,陈启伟译,商务印书馆 1997 年版,第 15 页。
③ 〔英〕约翰·托兰德:《给塞伦娜的信》,陈启伟译,商务印书馆 2010 年版,第 98 页。

么，要解释不断变化的世界，唯一的出路是将能动性看作是物质的基本属性，正如笛卡尔将广延性赋予物质实体。托兰德在信中说："我认为，运动是物质本质固有的，就是说它像不可入性或广延一样是与物质的本性不可分的，而且应当成为物质定义的一部分。""正如我在前面驳斥斯宾诺莎时所证明的，不承认物质的能动性，就不可能说明自然界发生的任何变化。"①托兰德认为，唯有把物质本性定义为运动，才能解释自然界的一切。那么，物质为什么会有这样的本性？物质为什么有能动性？托兰德并没有正面回答，只是草草说如果谁要争论一下，就可以跟"神"或自然去争论，而不要跟他争论。无论是主张物质被创造的，还是自有永恒的，都必须用运动来解释自然现象，前者将能动性看作是"神"赋予的，后者将能动性视为自因自在。从这我们看到，运动和能动性是物质固有属性这一唯物论的基本观点，实质是一个形而上学观念——无法证明但似乎又是自明的。要探索物质具有能动性背后的原因，这已经不是纯粹思辨所能完成的。严格讲，托兰德不是自然神论者，他开始跨越无神论的门槛，将自因的、能动的物质作为他所理解的"神"。他跨过了唯物论的门槛。

三、廷得尔与自然神论者的圣经

马修·廷得尔（Matthew Tindel，1657—1733）出生于英格兰德文郡，父亲是圣公会的牧师。1685 年廷得尔改宗天主教，但在 1688 年 4 月又回到圣公会。因这段经历，他被人指责为政治投机分子。廷得尔比托兰德年长且又高寿，但两人似乎并无学术上的交集，这说明自然神论是一股有较广思想谱系的社会思潮。1706 年廷得尔出版《基督教会权利辩》，被人攻击为无神论者，致使在教会树敌无数。1710 年该书被执法人员烧掉。1730 年，73 岁高龄的廷得尔为回应各方责难，写出《基督教与创世同龄》这部被人称为自然神论圣经的作品。廷得尔宣称作为启示宗教的基督教，其实质就是自然宗教，创世之初就被"神"刻在自然和人心之中，它永恒不变，是

---

① 〔英〕约翰·托兰德:《给塞伦娜的信》,陈启伟译,商务印书馆 2010 年版,第 105 页、第 107 页。

真正完美的宗教。廷得尔基本否定了耶稣基督作为救世主的意义，对基督教信仰有很大冲击，但我们关注它，还有一个更重要的理由是它对现代西方文明价值体系的建构。这种建构，可以归因廷得尔塑造了西方文明史上一个最无私的"神"。

西方文明始于两河流域苏美尔人原创神话体系，在这样的体系里，"神"是威严的主人、人是卑微的奴仆。基督教虽赋予"神"的至善性，实现"神"与人的和解，但仍以贬斥人为前提——人无法摆脱原罪、人无法向善。如果没有救世主，人绝不可能依靠自身改变命运、获得解放。廷得尔通过对"神"的重构，推导出以实现人的永恒幸福为目标的人本主义、人道主义完整思想体系。他说："根据自然之光，下面这些是不言而喻的：存在一个上帝。换句话说，这个存在者绝对完美，自身无限幸福，他是其他所有存在者的根源，无论受造物有何等样的完美，皆源自于他。"① 按照这个形而上的神学假定，作为无限幸福、自身绝对完满的存在者，既不需要通过创造众生来增进自己的利益，也不需要为自身利益向被造物发号施令，其创世的唯一目的是促进被造物的共同利益和幸福。廷得尔阐述的神—人关系在西方文明中具有颠覆性的价值：人成为目的、"神"反而是手段。它表明世间的最高目标是为了人类的利益、人类的幸福，"神"出于纯洁无私的爱，保证人能够实现该目标。既然绝对完满的"神"无论做什么都不会给自己舔一分或减一分荣耀，那么他创造世界和人类绝不可能是为了自己，而是为了被创造物的利益。既然人无论做什么都不可能损害或荣耀"神"，只能给其他人的利益产生影响，那么对人的奖惩只能基于人与人之间的关系。廷得尔的自然神论使"神"虚化、弱化、边缘化，掏空了"神"的意义，但他所采用的逻辑是基督教神学几乎无法反驳的。当廷得尔用这样的神—人关系来衡量现实政治和宗教，就具有了启蒙的意义。他说："由于自然教导人类联合起来实现相互的保护与幸福，政府也就是为了这个唯一的目的而组建，同样，触及思想的宗教也完全注定是为更加有效地实

---

① 〔英〕马修·廷德尔：《基督教与创世同龄》，李斯译，武汉大学出版社 2006 年版，第 11、12 页。

现这一目标而由上帝设定的。"① 与启蒙学者一样，廷得尔从自然宗教推导出一系列新的价值。

廷得尔设想世界之初，"神"将自然宗教的规则体系全部预置于被创造物中，同时赋予人认识它们的理性能力。自然宗教的永恒不变性就如三角形的三个角之和，不管在古代和现代，永远是两直角。理性成了认识和评判事物的唯一裁判官。谁要是否定这一点，就是在否定"神"的绝对智慧、绝对能力和绝对良善。"神"还赋予人类一种天性——追求自身利益的满足，由此可以确信人类绝对不能去做不符合这一天性的事情。从人的这一天性出发，廷得尔推导出若干规则。比如，所有人都沐浴在"神"平等的保护之下；人追求自身利益，渴求实现自身的价值；人们要彼此照顾，不可相互伤害，有伤害他人者必受处罚；破坏人类幸福所必需的规则，这个人就是人类的公敌。人具有自利、互利和利他的特性，由于人是按照"神"的形象创造，无限的善在人心里种下虔敬、仁爱、亲切的种子。与加尔文将人看作是完全败坏的不同，廷得尔的人充满对同类的爱、具备追求自我幸福的能力。这样的人会因行善事、同情他人、待人友好而满足对爱的渴望，也因作恶、嫉妒、怨恨而产生终生的自责和悔恨。廷得尔对人性光辉充满乐观。可以说，廷得尔的自然神论具有不同于西方主流的人性善思想。当然，自然神论也是非历史的，它认为"神"所确立的规则亘古不变。当人用理性这一自然之光发现这些规则后，就会按照这样的规则行事，社会就会趋于完美。这是自然神论的信念，也是启蒙学者的信念。

廷得尔对赫伯特的自我保全这一自然本能作了进一步发挥，认为追求幸福是"神"设定给人的根本原则。"人类一切行为所从出的原则，即是对幸福的渴望。"② 而"神"不会徒劳无益地给人设定这一原则，必然赋予人实现该原则的行动能力。廷得尔坚信，人有自我实现幸福的能力。在世俗

---

① 〔英〕马修·廷德尔：《基督教与创世同龄》，李斯译，武汉大学出版社 2006 年版，第 17 页。

② 〔英〕马修·廷德尔：《基督教与创世同龄》，李斯译，武汉大学出版社 2006 年版，第 18 页。

化的现代社会，这个判断似乎是不言而喻的，但对于基督信仰的人来说却是离经叛道的，他们无论如何都不敢设想：离开基督这个救世主，人类居然也会有幸福。廷得尔的观点对于迷信救世主的西方社会显然有着启蒙意义。什么是幸福？廷得尔认为，幸福就在存在者本性的完善，而理性存在者的本性在这个存在者全然理性的时候才是最完善的。"神"是绝对幸福的，就在于纯洁与公正的本性完全实现，就在于完美地符合从不出错的理性裁判。他断定："如果我们实践正当理性的裁决，就会在自己的心中越来越多地培植上帝般的道德完善，而幸福与这样的完善是彼此不分的。"① 廷得尔设定了一个理性"神"，又按照人根据"神"的形象创造出来的基督教观点，推导出人要像神一样生活，也就是按照理性裁决行事才是最幸福的结论。自然神论者的"神"与亚伯拉罕系的"神"的本质区别是，前者将全部旨意一次性地写在自然这部巨著里，以后就不能再改变，而后者在历史进程中一次又一次地将旨意通过中介传达给人类，历代教士垄断了神意的解释权。自然神论的意义是，避免了非理性的随心所欲和喜怒无常。按照廷得尔的看法，由于"神"与人、人与人之间的关系在创世之初就已经固定，权利和义务关系也很清晰，那么，如果有一位人间君主索取的多于既定的，就是不公正和蛮横的。现实社会中，充斥着统治者与被统治者、主人与奴仆、丈夫与妻子等人为的关系，大多是不公正的、专横的。他说："假如一个世俗统治者强求其臣民所行之事，超出统治者与被统治者达成相互关系的目的，那就是不公正和蛮横的。"② 理由很简单，我们决不可想象无限智慧、无限良善的造物主会有暴君的行为，他的一切都是为了被造物的利益。当人的幸福在于本性的实现，在于像"神"一样生活，那么，不以被统治者利益为利益的世俗统治者就是非正义的、背弃神的。廷得尔通过重塑"神"以获得塑造现实社会的权利，他说："我们最大的幸运，就在于有了这样一位公正无私的立法者和法官，无论是奖是罚，他做一切全都

①　〔英〕马修·廷德尔：《基督教与创世同龄》，李斯译，武汉大学出版社 2006 年版，第 19 页。

②　〔英〕马修·廷德尔：《基督教与创世同龄》，李斯译，武汉大学出版社 2006 年版，第 24 页。

是为了我们自己好，这也就是他的全部律法的目的所在。"① 那么，世俗社会的立法也应该为着人的利益，为着被治理者的利益，将违反律法看作是对立法者的伤害并给予惩罚的，就是典型的暴君行为。

廷得尔颠覆了基督教信、望、爱的次序，将爱放在首位。他说："信仰，或不信仰，本身不可能成为一种美德，也不可能是任何人身上的一种罪过。"② 自爱和爱人高于信仰，让人受苦并不是爱。廷得尔鼓吹人类之爱高于信仰、高于种族，表达出强烈的人道主义思想。他认为，与其信仰残暴的神灵而去迫害、毁损、灭亡其他人，不如无神论者更加有益。相对于迷信者，廷得尔对无神论者给予更多的同情和尊重。无神论者只是不理解"神"，而迷信者却是凶恶可怕之人；无神论者诉诸天生的怜悯，而迷信者树立起绝对君主统治。他回顾历史说："倾向于无神论的时代（比如在奥古斯都·凯撒的时代），往往就是文明开化的时代。可是，迷信曾在许多国家引起混乱，它会带来一种新的原动天，使政府各个球体间的秩序荡然无存。"③ 为此，廷得尔不惜虚构历史，将所有宗教迷信的罪恶源头归于古埃及，而美化古希腊罗马的宗教。他认为宙斯是一个庄严的神灵，"对人类甚是温良，并且把博爱、彼此之间的仁义与善良带给最偏远和最不可思议的人群。"④ 为了批评基督教，他还赞美穆罕默德和穆斯林，认为是基督教的牧师在历史上犯下最邪恶、最危险的罪行。他认为："上帝在人间设立的惟一法庭，就是每一个自己的良知。"⑤ 按照良知行事，就是按照理性行事。关于自然法则和自由的关系，廷得尔说："自然法则在无关紧要的事情上任人按照自己的意愿自由行动，如果任何一种传统的法则要剥夺这个自由，

① 〔英〕马修·廷德尔:《基督教与创世同龄》,李斯译,武汉大学出版社 2006 年版,第 33 页。
② 同上,第 44 页。
③ 〔英〕马修·廷德尔:《基督教与创世同龄》,李斯译,武汉大学出版社 2006 年版,第 84 页。
④ 同上,第 85 页。
⑤ 同上,第 89 页。

那就是违反了自然的法则，并侵犯了自然及其创造者给予人类的那些权利。"① 这里我们可以看到，同样讲人的自由，廷得尔与奥古斯丁、加尔文等基督教神学家明显不同。后者是从人必须为恶承担责任的角度讲人有自由意志，自由往往同作恶关联，而前者是把自由看作人的一项不可剥夺的权利，自由与权利紧密关联。人类的这种自由被剥夺多少，就意味着处于多大的悲惨境地。不仅仅是人类的立法者，即便是作为造物主的"神"也不能剥夺人类这种自由，因为这与他自身的永恒法则相违背。在各种自由中，宗教自由显然是廷得尔最为关注的。在自然宗教看来，那些被各派争得你死我活的教条实质都是一些无足轻重的琐碎小事。但历史上，圣餐究竟用酵饼还是无酵饼，圣灵到底来自圣父还是圣子，竟然是希腊教会和拉丁教会分道扬镳、水火不容的重要原因。廷得尔希望用一切为了被造物利益这样一个最高的自然法则来弥合各教派之间的纷争，用理性法庭裁决宗教信条。

　　廷得尔依据自然神论创立最完美的自然宗教以替代启示宗教的愿景，最终失败了。18 世纪中叶后，自然神论逐渐在英国衰落，几乎与廷得尔同时代，高举信仰主义的宗教派别在英国中下层民众中开始崛起。恩格斯在《社会主义从空想到科学的发展》1892 年英文版导言中也有解释，他认为唯物主义的自然神论仍然是"贵族的秘传的学说"，不适合资产阶级的宗教倾向，因为资产阶级发现可以用这同样的宗教来操纵他的天然下属的灵魂，使他们服从"神"安排在他们头上的新主人的命令。不过，从宗教内在本性看，自然神论的衰微也是必然的。宗教需要合理性，但无法设想一个完全理性的宗教。当然，自然神论所产生的巨大影响力依然不容忽视。这里仅需要指出，美国独立宣言的起草者托马斯·杰斐逊以及其他建国元勋大多是自然神论者，法国启蒙运动的思想领袖大多是自然神论者，德国古典哲学同样受自然神论的强烈影响。"神"在创世之初就将全部法则以永恒不变的方式写入自然的思想，成为欧洲自然科学的形而上学基础——无论过

　　① 〔英〕马修·廷德尔:《基督教与创世同龄》,李斯译,武汉大学出版社 2006 年版,第 113 页。

去、现在还是未来，整个宇宙的物质总量不会改变，宇宙的总能量恒定不变，任何系统遵循能量守恒，自然法则到处适用，等等。自然神论坚持道德的宗教意义——"神"创世之初就将道德的普遍法则镌刻在人的心里，它使每个个体都拥有评判一切事务的良知。这一思想成为康德道德哲学的理论基础。

第二节　法国的无神论和唯物论

18 世纪法国一批启蒙思想家从自然神论的信奉者逐渐发展为无神论者，发展出现代唯物论。自然神论成为唯物主义者摆脱宗教束缚的简便易行工具。在这个意义上，马克思将英国看作现代唯物主义的起源地。恩格斯评论法国启蒙思想家群体时说："他们不承认任何外界的权威，不管这种权威是什么样的。宗教、自然观、社会、国家制度，一切都受到最无情的批判；一切都必须在理性的法庭上为自己的存在作辩护或者放弃存在的权利。"[①]过去，中国学界对启蒙思想的意义更多集中在对封建专制制度的批判，而有意或无意中忽视对神学和宗教的批判。事实上，法国启蒙运动与其说是反对封建专制，不如说是反对为专制统治提供意识形态支持的旧神学和旧宗教。一个显而易见的事实，正是宗教使穷人们确信："凡人啊！你们生来就是要成为不幸的；你们生命的创造者指定你们要过倒霉的生活；那么，顺从它的旨意，使你们自己成为不幸的人吧。打击你那些以幸福为目标的叛逆的欲望；放弃那些出于你的本质要去喜爱的快乐；不要迷恋尘世上的任何东西；逃开那个只会煽起你们的想象去追求你们应该拒绝的那些好东西的社会；把你们灵魂的动力摧毁；压制你那想结束痛苦的能动性；受苦吧，忧愁吧，呻吟吧！这对你就是走向幸福的道路。"[②] 一个让人们放弃尘世幸福、顺从尘世不幸的宗教，正是滋长专制制度的温床。只有打倒这样的旧宗教，才能有光辉的未来。西方历史上任何一次有意义的思想革命和

① 《马克思恩格斯选集》第 3 卷，人民出版社 2012 年版，第 775 页。
② 〔法〕赫尔巴赫：《自然的体系》上卷，管士滨译，商务印书馆 1999 年版，第 286 页。

社会革命，都首先从攻击旧宗教开始。

一、伏尔泰

伏尔泰（Voltaire，1694—1778），其真名是佛朗索瓦·马利·阿鲁埃，伏尔泰是他的笔名，被称为法国启蒙运动的泰斗，深刻影响着法国乃至欧洲社会。伏尔泰出生在巴黎新桥（Pont-Neuf）附近，祖先是呢绒和皮革商人，父亲曾任巴黎夏特莱区公证人，母亲来自普瓦图省的贵族家庭。7 岁时，伏尔泰母亲去世，她的友人德夏都纳夫神父成为伏尔泰的教父。10 岁时，伏尔泰就读于耶稣会创办的大路易中学，打下良好的文学基础。伏尔泰 17 岁时离开大路易中学，由他教父介绍，认识法兰西大修道院院长菲利普·德·望笃姆。他曾是一位将军，又是自由主义者，与当时的一些文艺家组成著名的"圣堂集团"。伏尔泰深受其影响，形成反宗教的思想。20 岁时，伏尔泰以写作讽刺诗开始文学生涯。21 岁时（1715 年），法王路易十四去世，受其压制的"圣堂集团"恢复活动。伏尔泰成为曼纳公爵夫人文艺沙龙的常客，在这个沙龙中进一步接受反宗教、反专制的思想。23 岁时，因发表讽刺诗《小孩的统治》而被关入巴士底狱。1718 年，在他 24 岁时，写于狱中的首部戏剧作品《俄迪浦斯王》在巴黎法兰西剧院上演，获得轰动性好评。32 岁时因得罪贵族德·罗昂，伏尔泰被驱逐出境，来到英国。在英国三年，伏尔泰研究了英国的宗教、哲学和文学，了解英国科学成就，写下著名的《哲学通信》。由于该书称赞英国，批评法国当局，巴黎高等法院判决焚烧该书，逮捕出版商、通缉作者。为逃避法国当局的迫害，伏尔泰住进夏特莱夫人的乡间别墅。52 岁时，伏尔泰当选法兰西学院学士。56 岁时伏尔泰接受普鲁士国王腓特烈二世的邀请前往普鲁士宫廷，但两年后双方因意见相左而反目。伏尔泰长期在普法边境和法国与瑞士交界处逗留或旅行，以躲避法国当局的迫害，同时积极支持年轻一代启蒙思想家尤其是百科全书派开展斗争。62 岁时，《风俗论》出版。1778 年，84 岁高龄的伏尔泰回到巴黎，受到各界热烈欢迎。当年的 3 月 30 日，伏尔泰当选法兰西学院院长，但很快病倒，5 月 30 日晚 11 时辞世。

伏尔泰一生都在攻击罗马教会以及与教会势力相互勾结的法国当局，

倡导自由平等，倡导开明君主统治，那么，他是凭借一些什么样的思想资源来进行这些工作的？概要地说，一是西方传统思想资源，二是英国思想资源，三是西方人当时所理解的包括中国在内的东方思想资源。伏尔泰将这些思想资源进行创造性转换，作为批评教权专制和君主专制的工具。

　　原始基督教教义本身有意志自由、在"神"面前人人平等这样一些含混的观念。宗教改革以来的一些进步思想家努力把这些含混的自由转化为宗教自由、思想自由、政治自由，把抽象的平等转化为法律平等、社会平等、机会平等。这一点在近代英国体现得尤为明显。伏尔泰旅居英国期间写作的《哲学通信》，前七封信介绍英国宗教，其中公谊会就占了四封。公谊会在英国是一个小众的基督教派别，在北美却有很大势力，尤其是宾夕法尼亚，公谊会势力占绝对主导。该教派倡导教友平等，对任何人，包括国王和其他权贵都以"你"相称，而不是"您""阁下""陛下"等。他们倡导宗教自由，反对宗教迫害，把一切相信"神"的人都视同手足。由于英国法律不允许非英国国教信徒，即非圣公会信徒担任公职，公谊会信徒只能在工商业领域发展。伏尔泰发现，公谊会信徒倡导简朴、谦逊的生活，对他们的后代似乎并没有太大吸引力。他说："儿子们靠着父亲的工业发了财，贪图荣华富贵、勋章、锦袖之类，都觉得被人称为公谊会信徒是寒碜的事。为了时髦，就都做了基督教信徒。"[1]

　　伏尔泰欣赏英国人用政府控制宗教的办法。圣公会信徒在政府占主导地位。但双方关系上，伏尔泰意识到圣公会其实是被政府完全控制。圣公会主教的权力由议会授予，圣公会高级圣职全部由政府任命。伏尔泰之所以赞赏，是因为英国主教更守规矩，不像法国圣职人员那样奢华。当然，伏尔泰是在利用英国的政教制度批评天主教的教权主义。

　　伏尔泰对英国政治制度和哲学、科学的介绍，对法国带来很大影响。英国议员喜欢将英国与古代罗马相比较，而伏尔泰认为英国比古罗马体制更加优秀。这是一个很高的赞美。他认为两者最大的不同是："在罗马，内

———————

[1]　〔法〕伏尔泰：《哲学通信》，高达观等译，上海人民出版社 1961 年版，第 17 页。

战的结果是奴隶；而在英国，内战的结果却成了自由。"① 之所以如此，是因为英国建立起上院、下院与君主制之间更加平衡的关系。伏尔泰历数英国和其他欧洲国家的历史，认为当国王与主教贵族联合时，人民只能在奴隶身份下呻吟得更加痛苦，只有当国王、权贵、人民三者力量达成一定平衡后，自由才会到来。"制衡"成为伏尔泰观察英国政治制度的重要视角。英国人民由法律研究者、科学研究者和商人、职员等组成，他认为力量之所以能不断强大，一方面是由于贵族无度挥霍而破产，另一方面是人民在商业等活动中积累了巨额财富和声望。由人民组成的下议院掌握全部征税权，权力不断扩张。他说："这个下院，论地位，它是第二，论权力，却是第一。"② 英国国王为了避免贵族的衰微和边缘化，不断地册封爵士，既给贵族群体补充"新鲜血液"，同时满足新贵们跻身贵族的渴望。英国的政体依然在复制着古希腊、古罗马的故事——使贵族和平民的力量实现平衡。但伏尔泰认为英国的不同在于有一个国王高踞其上，避免出现一家独大带来的独裁或因内斗而分崩离析。伏尔泰认为在英国，君主可以拥有做好事的无限权力，但想做坏事就会受到制约；贵族们高贵但不能骄横，也没有采邑；人民可以心安理得参与国事。他正是在这个意义上推崇英国的君主立宪制。

　　伏尔泰《哲学通信》介绍培根、洛克、牛顿等人的哲学和科学思想。他称培根为实验哲学之父，正是通过实验来获得自然知识的方法彻底改变了人们认知的路径，取得惊人的成就。过去时代，人们因偶然或幸运产生不可思议的有益发现，比如指南针、火药或美洲大陆等，而实验哲学开启了人类有系统地、主动地探索物理现象之路。伏尔泰发现，牛顿之前培根就提出证明引力存在的实验方式——观察一座挂钟究竟在山顶还是矿井底下走得更快，以及测量山顶与矿底重力大小，就可以验证地球确实存在引力。伏尔泰将笛卡尔与牛顿作比较，前者是法国人的骄傲，但因担心受迫害而远离祖国，只能居住在荷兰、客死瑞典，后者是英国人的骄傲，在自

---

① 〔法〕伏尔泰：《哲学通信》，高达观等译，上海人民出版社 1961 年版，第 29 页。
② 同上，第 36 页。

己的祖国受到尊重，以 85 岁终老，享受国葬殊荣。伏尔泰把这归结为牛顿
生活在一个自由的国度。伏尔泰认为笛卡尔虽然在几何学上取得伟大成就，
但并没有将几何学的方法运用于物理学，而是把天才浪费在构思空想学说。
"他的哲学只不过是一部巧妙的小说，顶多对于无知的人才像煞有其事。"①
笛卡尔依靠想象杜撰，用自己的方法想象人，而这样的人与现实中的人相
差甚远。相反，牛顿致力于对现象的观察，并用数学方式将现象关系精确
表达出来。伏尔泰还将笛卡尔与洛克进行比较。从古希腊开始，西方的大
哲学家都斩钉截铁地宣称人的灵魂是什么，其实他们根本不懂，但灵魂问
题居然争论了整整上千年。笛卡尔尽管以揭发古代谬误为使命，但最终又
换上自己的谬误。笛卡尔证明灵魂和思想是同一个东西，是与物质相对的
另一个实体。"他断言，人总是在思想，并且断言，灵魂入窍时是带有一切
形而上学概念的，认识了上帝、空间、无限，具有一切抽象观念，总之是
满腹经纶，只可惜灵魂一出娘胎就都忘光了。"② 伏尔泰用略带调侃的口吻，
说明笛卡尔只不过用新的语言在复述柏拉图的灵魂回忆说。伏尔泰用极为
敬重的口吻介绍洛克颠覆性思想。洛克并不轻易给不认识的东西下定义，
而是仔细观察人从婴儿开始，其理性和理解力如何一步步发展起来。洛克
破坏了"天赋观念"，证明人的观念都来自感觉。至于灵魂究竟是物质的还
是非物质的，这个牵动着西方思想上千年历史的重大课题，在伏尔泰看来
是一个毫无意义的问题。"神"既可以将思想赋予物质，使物质可以思想，
也可以让思想独自存在。谁能限制"神"无限的能力？伏尔泰通过介绍洛
克，便以"神"的名义为某种唯物主义铺平了道路。

　　伏尔泰借助耶稣会士在东方尤其是中国传教时撰写的报告，想象出一
个富饶、平和、美好的东方社会和中华帝国，作为批评欧洲社会的标杆。
伏尔泰 1740 年写给女友夏莱特夫人的书中说："当您以哲学家身份去了解
这个世界时，您首先把目光朝向东方，东方是一切艺术的摇篮，东方给了

---

① 〔法〕伏尔泰:《哲学通信》,高达观等译,上海人民出版社 1961 年版,第 61 页。
② 同上,第 51 页。

西方以一切。"① 他甚至臆测埃及、巴比伦、波斯的哲学、宗教来自印度。伏尔泰反对一些欧洲学者将臣民向皇帝跪拜就是专制独裁政府的说法。他说:"独裁政府是这样的,君主可以不遵循一定形式,只凭个人意志,毫无理由地剥夺臣民的财产或生命而不触犯法律。所以如果说曾经有过一个国家,在那里人们的生命、名誉和财产受到法律保护,那就是中华帝国。"② 伏尔泰断定,中国人是按照人性的需求享受着幸福。伏尔泰批驳了欧洲宗教界攻击中国人是无神论者,坚持认为中国人其实也是可敬的有神论者,只是他们对"神"的理解显然不同于罗马教会。伏尔泰对中国社会的崇敬并不是空穴来风,而是建立在耶稣会教士大量的实地报告基础上,代表着17、18 世纪欧洲知识界的一种风尚。这种风尚在 19 世纪以后才开始被颠覆,西方中心论的叙事方式被牢牢建立。欧洲 19 世纪的这种叙事方式,反过来被东方社会知识精英逐渐接受。用外来文化、外来思想批评本国文化的做法开始被非西方国家的知识精英所效仿。

二、狄德罗

德尼·狄德罗 (Denis Diderot,1713—1784) 出生于法国东部朗格勒外省小城朗格尔的较富有的工匠家庭。童年的狄德罗在耶稣会学校接受教育,16 岁时赴巴黎求学,毕业于巴黎大学。狄德罗由于没有按照父亲的要求学习法律或医学,而是热衷于数学、哲学和文学,被停止了经济上的资助。1934 年以后,狄德罗只得自谋生路,过着贫困的生活。1745 年开始,狄德罗应出版商的要求开始主持编纂《百科全书》。该书被耶稣会和冉森教派两个敌对的天主教教派同时宣判为"魔鬼的新巴比伦塔",但受到社会进步力量欢迎。德罗以百科全书的编纂为平台,集中一批志同道合的人士,通过传播新知识启迪人的心智、改革社会,形成法国启蒙运动高潮。1759 年 9 月罗马教皇克里门特十三世专门发出诏令,谴责《百科全书》,勒令焚毁。与伏尔泰一样,狄德罗深受英国思想影响,在翻译英国作家作品中逐渐形

---

① 伏尔泰:《风俗论》上册,梁守锵译,商务印书馆 1997 年版,第 231 页。
② 伏尔泰:《风俗论》下册,梁守锵译,商务印书馆 1997 年版,第 310 页。

成自己的思想体系。1784 年，71 岁的狄德罗在家中突然去世。狄德罗属于启蒙运动中的激进派，有明显的唯物主义无神论思想，不仅不被当时的法国当局所认可，也不被后来法国大革命的领袖所接受。狄德罗否定"神"存在，否定灵魂不朽，否定自然被创造出来的观念。狄德罗无神论者的身份，使他并未能与伏尔泰、卢梭一样进入巴黎先贤祠，享受哀荣。

我们一般认为启蒙运动是理性主义的产物。这是一个很含混的判断。狄德罗崇尚理性，但并非是笛卡尔理性主义的继承，因为他不赞同天赋观念，而是赞成英国经验主义的人的认知来自对外界的感知。狄德罗同样对神学中的理性主义表示怀疑，因为他不承认有一个智慧的精神实体创造了世界。狄德罗一反西方思想中对理性沉思的偏好，发掘非理性的激情、感情的意义。狄德罗首部哲学著作《哲学思想录》开头便说："人们不停地攻击感情，把人生痛苦一股脑算在感情头上，却忘掉了人生欢乐也样样来源于感情。……人们总是从邪恶的方面看感情。但凡说感情一个好字，就仿佛亵渎了理性。然而唯有感情，唯有伟大的感情，才能提升心灵，完成伟业。"① 狄德罗认为，任何伟大事业都需要有感情作支撑，关键是人需要在各种感情之间寻求平衡点，比如，以忧虑平衡希望，以热爱生活平衡珍惜荣誉，以重视健康平衡贪恋享乐，那么放纵、鲁莽和怯懦就会销声匿迹。人的道德行为就建立在这样的基础上。而舍弃感情，让人变得无欲求、无爱好、无感受，那肯定是一个怪物。狄德罗《哲学思想录》，实质是一部对西方思想史具有重要意义的关于有神论、自然神论和怀疑论、无神论，以及理性与信仰、物质与精神等主题进行思考的沉思集。这些沉思对于现代读者，尤其是世俗文化背景的中国读者，可能会感到莫名其妙。但这些议题最能牵动神权统治下的西方世界敏感神经。狄德罗用一种看似客观的态度历数相互对立的不同学说的观点和理由，但实际上暗藏有自己的倾向。他否定基督教有神论，对自然神论表示怀疑，倾向于怀疑论和无神论。当信仰与理性矛盾时，遵从理性，在物质可以思考与精神可以思考之间选择前者。阅读狄德罗的作品，可以使人更深刻认识到启蒙运动的首要敌人是

---

① 〔法〕狄德罗:《哲学思想录》,罗芃、章文译,上海译文出版社 2021 年版,第 5 页。

宗教神学，其目的是澄清人们认识上误区，建立起一套新的世界观、自然观。

　　神学家和自然神论者证明有某种超能力智慧存在的办法，往往从自然世界的有序和奇特来倒推。当我们看到一艘船的时候，自然会想到背后有一个工匠，我们面对的浩瀚神奇宇宙，为什么不会是智慧生物的作品？狄德罗则用人类精神世界的混乱反证并不存在"神"。"我告诉你，如果一切都是上帝创造的，那么一切都应该尽善尽美，因为如果一切不是尽善尽美，那么上帝不是无能就是不怀好意。"① 神学家们当然可以将世界的一切罪恶说成是为了一个善的目标，就如耶稣受难对人类是天大的福音，但这是一种极为可怕又荒唐的逻辑，好比说坏人尼禄登上罗马王位与好人遭受压迫都来自"神"的善意安排。基督教教义存在无法解决的内在矛盾，如果说圣父是"神"、圣子也是同一个"神"，那就意味着"神"让"神"死去以消解"神"对人类的愤怒。这种荒谬的逻辑恰恰是基督教的核心教义。神学家当然可以用德尔图良的"惟其荒谬所以信仰"来解释，但终究有违理性。狄德罗说："如果理性是天之所赐，而信仰也是天之所赐，那么老天就给了我们两个互不相容、互相对立的礼品。要解决这个问题，就必须说信仰是虚幻之理，在自然中并不存在。"② 在狄德罗那里，宗教和迷信紧密联系在一起，当基督教总用神迹来证明福音书，无异于用反自然的东西来证明荒谬。对于童贞女玛利亚怀孕的故事，狄德罗讽刺说："一个姑娘离群索居，一天她接受了一个年轻男子的拜访，那男子带了一只鸟。姑娘怀孕了，人家问她，谁让她怀上了孩子？那还用问！那只鸟呀。"③ 狄德罗还认为，如果完全按照天主教逻辑，一个父亲唯一的办法是把自己的孩子踹到地上踩死，或者孩子刚生下来就掐死，这样才能躲过下地狱的危险，保证子女永恒的幸福。

　　如果说狄德罗在《哲学思想录》中还只是一些片段式的沉思，1749 年

---

　　①　〔法〕狄德罗:《哲学思想录》,罗芃、章文译,上海译文出版社 2021 年版,第 12 页。

　　②　同上,第 48 页。

　　③　〔法〕狄德罗:《哲学思想录》,罗芃、章文译,上海译文出版社 2021 年版,第 63、64 页。

完成的《论盲人书简》表现出较系统的哲学思考。狄德罗通过比较盲人与明眼人如何认识事物，得出一个基本结论：人只能通过感官认识世界、获得知识，而感官功能的不同决定了认知方式、道德观念的不同。盲人和明眼人分别用触觉和视觉探索世界，盲人的思维是回忆并联结可触点带来的感受，明眼人则是回忆并联结视觉印象，造成双方对许多事物观念上的分歧。比如，盲人会把镜子看作一个机器，可以将旁边的物体以立体的形式展现出来。盲人对偷窃有更大的愤怒，因为他最容易受此侵害，盲人对羞耻感浑不在意，因为除了御寒他根本不知道穿衣还有其他用途。这说明，道德是如此依赖人们对外界的感知方式。狄德罗通过比较，否定了"神"造人前就将普遍观念刻在人的灵魂中的"天赋观念"说。他说："假如真有一位天生既聋且瞎的哲学家，仿照笛卡尔谈谈对人的看法的话，他一定会把灵魂放在指尖上，因为他的主要知觉和所有认知都源出于此。……他用触碰获取的所有感觉，就是其思维的全部范式。"① 狄德罗介绍盲人哲学家、数学家桑德森，他通过建立一套适应触觉的数学运算符号体系，在剑桥大学讲授数学、光学，取得令人惊讶的成功。狄德罗以此说明，人可以且只能借助感官认识世界。盲人桑德森也是位无神论者，临终时与前来要求他皈依的圣职人员开展对话。桑德森认为，现实生活中，只要某事物稍微有些特别，立马就有人把它归结为"神"的作用。我们为什么不能挣脱有神论思维框架的束缚？"若自然给了我们一个难以索解的症结，不妨将之原样放着，而不是立即认定是某个高等生物的手笔，让后者给我们留下一个比此前的症结更难解答的问题。"② 有神论思维，成为探索自然、获取新知识的障碍，它助长了一种懒惰的习惯，将一切超乎寻常的现象归因"神"的意志，而放弃从自然本身解释现象的努力。《盲人书简》宣传更加精致的无神论思想，触怒了宗教势力，出版当年的 7 月 23 日狄德罗被关进了巴士底监狱，但监禁三个月后就被释放。《百科全书》出版商在其间的斡旋起了一定作用，它象征着资本作为一种独立力量开始对神权社会产生影响——尘

---

① 〔法〕狄德罗:《哲学思想录》,罗芃、章文译,上海译文出版社 2021 年版,第 90 页。
② 〔法〕狄德罗:《哲学思想录》,罗芃、章文译,上海译文出版社 2021 年版,第 112 页。

世的利益、尘世的享乐要高于来世的天国利益。

17 世纪到 18 世纪中叶，欧洲社会中攻击宗教是一件比攻击国王更危险的事情，因此启蒙思想家更多针对现存社会秩序的批判，但到了 18 世纪中叶以后，这种批判开始直接针对宗教本身，似乎要根本性推翻基督教。下面要介绍的霍尔巴赫就是这样的代表，他发展出比较完整的唯物主义，以及激进的无神论。"如果有神论是真实的，那么宇宙差不多就是一场残酷的笑话了。"[①] 法国无神论与神甫让·梅叶身后留下的一部遗书有很大关系，霍尔巴赫接受了其中的观点——宗教是人类一切烦恼的根源。

三、霍尔巴赫

霍尔巴赫男爵（Baron Holbach，1723 — 1789）原名保尔·亨利希·梯德里希，出生于德国巴伐利亚的一个信奉罗马天主教的商人家庭。12 岁时接受伯父的邀请，随父亲移居巴黎。21 岁时到荷兰米顿大学学习，25 岁大学毕业后返回巴黎。霍尔巴赫积极支持《百科全书》编纂，与狄德罗成为好友。30 岁时，伯父去世，霍尔巴赫继承其财产和男爵封号。霍尔巴赫积极参与《百科全书》词条写作的同时，以匿名或借他人的名义出版大量著作。如 1767 年假托神甫贝尔尼埃作《袖珍神学》，1770 年假托已故法兰西学院常任秘书密拉波出版《自然的体系》，1772 年以"《自然体系》的作者"出版《健全的思想》，1773 年假托一名退休官员作《自然政治》等。这些书籍的出版引来轩然大波，如巴黎法院判处公开销毁《自然的体系》和《健全的思想》，罗马教皇将《自然的体系》列入"禁书目录"。1789 年1 月霍尔巴赫在巴黎去世，正是在这一年的 7 月，法国大革命爆发。

霍尔巴赫是 18 世纪法国唯物主义者和无神论者的杰出代表，将物质看作是世界的基础，反对一切有神论包括自然神论。同英国一样，"在法国，唯物主义最初也完全是贵族的学说"。[②] 这种贵族的学说是如何产生的？在

---

① 〔英〕詹姆士·斯鲁威尔:《西方无神论简史》,张继安译、吕大吉校,中国社会科学出版社 1982 年版,第 89 页。

② 恩格斯:《"社会主义从空想到科学的发展"英文版导言》,《马克思恩格斯选集》第 3 卷,人民出版社 2012 年版,第 765 页。

柏拉图那里，物质是一堆黑暗的、被动的、无生气的材料，只有与形式、理念、灵魂相结合才能成为可感知的、有生命的东西，而要实现这种结合唯有依靠"神"。这是贯穿西方思想史的主流。从一定意义上讲，基督教神学为突破这种思维框架限制提供了可能性。基督教神学体系中，物质也是"神"凭空创造出来，既然这样，一些思想家们就会思考：物质为什么不是能动的？物质为什么不能思维？英国的经院哲学家邓斯·司各脱就是这么想的。"神"既然无所不能，那么让物质有思维、有感觉怎么就不行？正是在这个意义上，马克思、恩格斯说："全部现代唯物主义的发祥地正是英国。"① 不过，这是一种带有宗教异端的思想，不能被正统基督教接受。随着近代科学的发展，尤其是牛顿对引力问题的深刻揭示，运动就是物质本质的观念开始兴盛。狄德罗在《关于物质和运动的哲学原理》中说："确定不移的，乃是一切物体都彼此互相吸引，各个物体的一切微粒都彼此互相吸收；乃是这个宇宙中的一切都在移动或激动中，或者同时既在移动中又在激动中。"② 狄德罗在与达朗贝德谈话中，甚至将感觉能力赋予了物质本身。霍尔巴赫就是在这样的思想背景下提出新的物质观、描绘了新的自然观。他的《自然的体系》成为唯物主义圣经。这种唯物主义的特点是在借用"基督教的物质观"突破希腊哲学的思维框架后，再利用"希腊的物质观"将"神"从自然中驱逐出去。这种"希腊的物质观"并不认为物质是被创造的。现代唯物主义的物质观——物质是永恒的、不灭的、运动的，而且是能动的、可以派生思维的——逐渐形成。

霍尔巴赫在《自然的体系》"自序"开篇就说："人只因为对自然缺乏认识才成为不幸者。"如何正确认识自然？必须用自然本身来解释自然，而不是用超自然的神秘来解释自然，自然界存在一条完整的从不中断的因果链。霍尔巴赫的这一信念，正是现代自然科学的信念。他宣称："人是自然的产物，存在于自然之中，服从自然的法则。"③ 很显然，人们应该研究自

---

① 《马克思恩格斯选集》第 3 卷，人民出版社 2012 年版，第 753 页。
② 《狄德罗哲学选集》，江天骥等译，商务印书馆 1983 年版，第 125 页。
③ 〔法〕霍尔巴赫：《自然的体系》上卷，管士滨译，商务印书馆 1999 年版，第 3 页。

然法则并利用这些法则增进自己的幸福而不是徒然地空想，拒绝自然提供的幸福，设想超自然的东西。宇宙中只有物质处于永恒的生灭轮替之中，事物在物质不断组合中出现又在新的组合中消亡，事物之所以成为该事物的那些特性构成该事物的本质，全部事物的总和就构成霍尔巴赫所称的自然。支撑霍尔巴赫这一自然观的基础是新的物质观，超越了笛卡尔的广延性和洛克的不可入性，开始将运动性和能动性视为物质的本质属性，物质不再是僵死的被动的东西。霍尔巴赫在这样的物质观和自然观基础上推导出道德观。他从惯性定律中推导出一切事物都有保存现状的倾向——自保，自然中的人的本质就是"保存自己""为自己的幸福而劳动"。他说："自保乃是存在物的一切能力、力量、机能似乎在不断趋向的目标。物理学家们把这种倾向或方向叫作自身引力；牛顿把它叫作惰力；道德学家们则把人身上的这种倾向叫作自爱，这个自爱不外乎是对于自我保存的倾向、幸福的欲求、对于舒适和快乐的爱。"① 与这种自然道德观相反的是基督教道德观。霍尔巴赫认为它仇视人的幸福。他说："宗教本质上是敌视人的快乐和幸福生活的。穷困的人是有福的！悲哀的人是有福的！受苦的人是有福的！让生活丰足愉快的人悲哀吧！这就是基督教公开宣布的那些少有的发现！"② 凡是拥有健全理性的人，都不可能认同自甘穷困的道德观。在霍尔巴赫那里，物质观、自然观、道德观，还有无神论，紧密地结合在同一个思想系统之中。他说："无神论者是什么人呢？是一个打碎对人类有害的幻影、把人们引回到自然、经验和理性的人。这是一位思想家，他深思熟虑了物质、它的能力、特性及其活动方式，根本无须想象出种种想象的势力、想象的智慧和纯理的实体，来说明宇宙现象和自然作用。"③ 霍尔巴赫的唯物主义和对无神论的辩护，在西方世界具有石破天惊的意义，成为马克思主义的重要精神源头之一。列宁称赞说："18 世纪老无神论者所写的那些锋利的、生动

---

① 〔法〕霍尔巴赫：《自然的体系》上卷，管士滨译，商务印书馆 1999 年版，第 41 页。

② 霍尔巴赫：《健全的思想》，王荫庭译，商务印书馆 1966 年版，第 165 页。

③ 〔法〕霍尔巴赫：《自然的体系》下卷，管士滨译，商务印书馆 1999 年版，第 276 页。

的、有才华的政论，机智地公开地打击了当时盛行的僧侣主义。"①

运动是物质的本质属性——这是现代唯物主义的基本观点。霍尔巴赫是如何论证的？

首先，从认识论角度看，只有通过运动才能将人的感官与外界事物建立联系，也由于运动才使外界事物给我们以印象。事物运动的普遍性绝对不能怀疑。按照当时科学所能达到的水平，霍尔巴赫将运动分为外在的整体运动和内在的隐蔽运动，但他理解的运动实质还是机械运动。对这一点，后来多有批评，认为是机械论。但事实上，现代科技依然在努力证明，哪怕最复杂的智力活动都可以还原为简单的机械运动。当代人工智能的发展，证明了这种底层逻辑的可靠性。

其次，从本体论或形而上学角度看，运动是事物本质的必然结果。他说："在宇宙中，一切都在运动。自然的本质就是活动；而且，如果我们注意考察自然的各个部分，我们就会看到，没有一个是停在绝对静止状态的。"② 霍尔巴赫从力的普遍性（重力、作用力和反作用力等）证明事物本质必然导致运动，那些好像处于静止状态的事物，不过是各种力均衡的结果。但这样的证明依然难以解决困惑，自然又是从哪获得运动？有神论和自然神论者依然会坚持："神"在创世之初将重力赋予物质。霍尔巴赫坚持无神论信念，断言："既然自然是一个巨大的整体，在它之外什么也不能存在，因此自然只能从它本身得到运动。"③ 由于缺乏证据支撑，上述两种观点都只在各自范围内找到信仰者。从现代物理学发展看，霍尔巴赫的唯物论信念更为可靠，可以用一连串因果链条进行探究。重力（引力）是引起一切自然运动的原因，产生重力（引力）的原因是物质有质量，但物质并不必然有质量，比如光子的质量的确为零，说明质量是后来附加在物质上的，只要找到物质获得质量的内在机制，就基本找到全部运动的原因，而

---

① 列宁：《论战斗唯物主义的意义》。《列宁选集》第四卷，人民出版社 2012 年版，第649 页。

② 〔法〕霍尔巴赫：《自然的体系》上卷，管士滨译，商务印书馆 1999 年版，第 16 页。

③ 〔法〕霍尔巴赫：《自然的体系》上卷，管士滨译，商务印书馆 1999 年版，第 19 页。

现代物理学的重大猜想"希格斯玻色子"——使物质获得质量的"上帝粒子",其存在已经被初步证实。现代科学主义的信念——排除自然界中神秘的奇迹,排除自然规律会受到更高智慧体干扰而失效的可能性——与这种唯物主义无神论信念具有高度契合性。

第三,从内因和外因优劣的角度看,与其虚构一个实体性的外因来推动物质运动,不如用物质自身的内因来解释物质运动。霍尔巴赫认为,神学家和许多物理学家虚构一个精神性实体,作为产生物质和推动物质的外因,但它既无法观察、更无法证实。相反,从自然本身解释自然、从物质本身解释物质,却可以观察、可以探究,可以使我们获得确凿可靠的知识。霍尔巴赫从古代自然哲学家那里获得"世界永恒存在"的信念,"当人家要问,物质是从哪儿来的呢?那我们就要回答,它是一向存在的。如果人们问,在物质中,运动是从哪儿来的呢?我们就要回答,正是出于同样原因,它必须无始无终地运动"①。物质存在的方式就是运动,物质的多样性来自运动,运动形态的多样性成为事物多样性的前提。

霍尔巴赫的物质观、自然观为我们描绘了这样一幅世界场景:永恒的运动使物质聚散、事物生灭不断进行着,一些事物产生了、另一些事物消失了,但物质的性质从来没有变化。"它们就这样地形成一个生与灭、组合与解体的巨大的圆圈,这个圆圈既不曾有开端,也永远不会有终结。"② 这是一个有生有灭、又不生不灭,一个生生不息、又永恒不变的自然界。霍尔巴赫的自然观与恩培多克勒的自然哲学有渊源,一事物的毁灭,就是另一事物的诞生。世界本质是物质,"这些物质自我组合、凝聚、积累、扩张,渐渐形成有感觉的、有生命的或是不具有这些机能的事物,而且这些物质,在一种特殊形式之下生存了若干时间以后,便不得不用自己的毁灭来促成另外一个事物的诞生"③。自然界充斥毁灭和诞生的对立统一。这样的自然观与后来马克思主义所称的辩证的自然观有相似性,甚至可以说,

① 〔法〕霍尔巴赫:《自然的体系》上卷,管士滨译,商务印书馆1999年版,第23页。
② 同上,第26页。
③ 同上,第34页。

这样的自然观与佛学的"不生不灭"宇宙观也有相似性。由于自然哲学中的"目的论"思维深刻影响着霍尔巴赫，他理所当然地认为，自然的运动必然是有方向或倾向。那么运动的方向或目的是什么呢？他回答说："那就是保存它们现有的生存，坚持生存，壮大生存，吸取对生存有利的东西，抵抗那些同它的存在方式和自然倾向相反的一些冲击。"① 很显然，人作为存在者，竭力保存自己就是一条不可抗拒的生存法则。这是一个带有启蒙意义的观念。但是，又显然隐藏着无法挣脱的逻辑困境——当自然界被笼罩在必然性的法则之中，人也一定会被必然性所牢牢把控。霍尔巴赫认为，正如狂风暴雨中的每一粒沙子、每一个水分子所占据的位置都是必然的，那么在一场政治骚乱中每一个参与者的每一个行动、每一句话、每一个愿望也是必然的，"没有不是按照这些人在这场政治风暴中所占的地位准确无误地产生着它所应当产生的结果的。"② 按照这样的逻辑，人最终又成为必然性的奴仆，成为为实现整体利益服务的一个部分而已。霍尔巴赫并不认可人是自由的说法。

人有自由意志。这是建立在基督教神学上的信条。霍尔巴赫说："宗教，在设想人和被宗教放在自然之上的那个未知存在之间的种种关系时，如果承认人在他自己行为中不是自由的，那么，他就无法想象他如何能从这个未知的存在得到功劳或罪过。人们曾经认为，这个体系有利于社会，因为人们假想，如果人的一切行动都被看成是必然的，那么，人们就不再有权去惩罚那些有害于社会的行为了。"③ "人是自由的"这一首先出自神学家的观点，成为大部分近代世俗学者的思想预设。这是欧洲近现代自由主义的思想源头。但霍尔巴赫从他的唯物主义立场出发，反对这样的预设。在他看来，人的灵魂、人的精神只不过肉体运动的结果，精神完全受物质运动规则的支配。他举例说，当一个人极度口渴时，看到一股纯净泉水，难道在喝与不喝之间，自己还能做主吗？当然不能！如果有人告诉他这水

① 〔法〕霍尔巴赫:《自然的体系》上卷,管士滨译,商务印书馆1999年版,第41页。
② 同上,第43页。
③ 〔法〕霍尔巴赫:《自然的体系》上卷,管士滨译,商务印书馆1999年版,第155页。

有毒，他最终忍住不喝。难道是自由选择的结果？当然不是！人的行为最终是受物质运动必然性驱使，没有自由可言。他断言："人在他的一生中没有一刻是自由的。"① 对于霍尔巴赫的自由观，很容易引起他人质疑，他似乎描绘了一个过度暗淡的人类场景；更容易引起基督徒的愤恨，这将导致人的所有罪孽都是"神"造成的可怕场景。但实际情况并没有那么简单，霍尔巴赫使我们对自由的讨论更加深刻、更加接近真实——西方思想的最大幻觉是因宗教原因而认为人是绝对自由的。那么，霍尔巴赫是如何认定人并不自由？

迄今西方思想史，除了奥古斯丁等神学家为了洗脱"神"的责任而提出人有绝对的自由意志，还有从哲学上论证的。比如，人由灵魂和肉体两个截然不同的实体组成，非物质的灵魂不受物质性的肉体控制，是自身的主宰，完全凭借自己的底蕴、不受肉体羁绊地决定自己的意志，因此人是自由的。坚持唯物论的霍尔巴赫当然不承认灵魂的独立性，灵魂既然是肉体运动的现象，必然受制于物质运动方式和存在方式。人的行为受观念的支配，但人并不能自由地产生观念，观念以并不完全由我们决定的方式进入我们的头脑。霍尔巴赫说："我们的思维方式必然为我们的存在方式所决定，所以，它有赖于我们的自然机体，也有赖于我们的机制在不受意志支配的情况下所接受的种种改变。"② 从存在决定思维这一命题出发，意志的绝对自由就是一句空话。我们总是要按照自然法则，按照自然塑造的人的本性（自爱和追求幸福）去作出选择，作出决定。由外界必然性所驱使的行为，怎么能称为自由？人并非是自身意志的主人，因为推动我们意志的事由，往往是我们无能为力的。一个决定我们行为的观念并不是凭空产生。霍尔巴赫问道："当我害怕被火烧着的时候，难道我由得住不缩回我的手吗？难道我能做主，把使我害怕的那种特性从火中去掉吗？难道我能做主，宁可选择那味美适口的食品，而不选择那我明知是恶劣的或危险的食品

---

① 〔法〕霍尔巴赫:《自然的体系》上卷,管士滨译,商务印书馆1999年版,第168页。
② 〔法〕霍尔巴赫:《自然的体系》上卷,管士滨译,商务印书馆1999年版,第165页。

吗?"① 霍尔巴赫是要告诉人们，我们是按照自然法则或自然本能去行动，人的趋利避害行为无可指责，出自自然本能的情欲不可能用虚幻的自由意志来遏制。这样的自由意志论会导致虚伪和两面人。霍尔巴赫从"人不是自由"的命题，推导出一个非常革命的思想。按照基督教的理论，人有原罪和意志自由，所有社会的恶都是由人的罪产生，试图改变或改造社会是不可行的，只能通过基督实现对人的救赎。而霍尔巴赫从存在决定思维、思维引导行为的逻辑出发，认为人的邪恶是环境和社会造成的，"他们的宗教、政府、教育，以及他们眼前的榜样，都无可抵抗地把他们推向恶。"② 要改变人的悲惨境地，首先必须改变不合理的社会，尤其是导致人的恶的宗教、法律、制度等。

霍尔巴赫对自由问题的深刻分析，事实上终结了抽象讨论人的自由的旧有路径。霍尔巴赫不承认人的自由，但强调人有出于自然本性的追求幸福的权利。如果把自由看作是摆脱他人对自己束缚的能力，表现为一种正当的政治权利、自由选择的权利、规则下的行动权利，那么，这样的自由似乎更值得现代社会所期待，离开权利的自由必然空洞。我们将会看到，德国古典哲学依然沿着传统路径，讨论必然与自由等抽象问题，而英美哲学则沿着后一条路径，讨论人的具体的权利。在霍尔巴赫的祖国法国，在他去世的那一年的大革命中颁布了《人权宣言》，人的自由转化为不可剥夺的一系列自然权利。自由与权利开始联合。

第三节　北美自然神论

18 世纪北美的精英人物大多是自然神论者、甚至是无神论者，其中比较典型的是托马斯·潘恩（Thomas Paine，1737—1809 年）。他出生于英国诺福克郡的穷苦家庭，父亲是胸衣匠人。成年后潘恩做过店员、胸衣匠、教员、税吏等。1774 年 10 月，潘恩来到北美，在费城担任《宾夕法尼亚》

---

① 〔法〕霍尔巴赫:《自然的体系》上卷,管士滨译,商务印书馆 1999 年版,第 163 页。
② 〔法〕霍尔巴赫:《自然的体系》上卷,管士滨译,商务印书馆 1999 年版,第 168 页。

杂志的编辑。1776 年，美国独立战争期间，匿名出版《常识》这一政治小册子，引起巨大轰动，鼓舞了北美人民的独立斗志。潘恩自称世界公民，没有在独立后的美国定居。法国大革命期间，潘恩反驳埃德蒙·伯克对法国大革命的评论，写出《人的权利》。由于该书赞扬法国反对英国君主制、攻击世袭权，潘恩遭英国政府缉捕。他避居法国并获得法国国籍。但后来潘恩与法国激进的雅各宾派闹翻，被捕入狱。狱中，潘恩开始写作《理性时代》。1802 年，潘恩受好友、已担任美国总统的杰斐逊之邀，回到美国。但由于《理性时代》激烈的反宗教立场，潘恩被这个国家集体抛弃，定义为无神论者而受尽奚落、侮辱和攻击。1809 年，潘恩在困苦中死去，只能由好心的法国房东老太太代为安葬。迄今为止，潘恩在美国的地位依然尴尬。由于他的自然神论甚至无神论倾向，大多数美国人保持沉默，不愿公开谈论潘恩的贡献，总之不愿承认非基督教徒对美国精神的贡献。

一、潘恩与《人的权利》

《人的权利》是潘恩反驳英国下议院议员、辉格党人伯克（Burke）《法国革命论》而撰写的小册子，于 1791 年出版。双方的分歧被后来一些学者概括为革命和改良、激进和保守的关系，但显得简单化了。潘恩从抽象原则出发论证人生而自由、平等，有不可剥夺的政治权利、经济社会权利，这些原则既是革命者也是改良者的目标。潘恩借助伯克这个靶子，批评英国君主立宪制、贵族制，为法国革命以及作为法国革命先导的美国革命的正当性作激情辩护，为穷人的经济权益作深沉辩护。这本书分两部分，作者分别献给美利坚合众国总统华盛顿，以及法国贵族、曾作为华盛顿副手参加美国独立战争、后成为法国革命早期领袖的拉法耶特侯爵。他们都曾是潘恩的战友和同事。正如潘恩在该书序言中所说："当我看到伯克先生的小册子指鹿为马、颠倒黑白，就更觉得有必要回复了，因为他的小册子极尽诋毁法国大革命和自由原则之能事，对其他国家的人民而言也是一种苛责。"①

---

① 〔美〕托马斯·潘恩:《人的权利》,乐果斌译,上海译文出版社 2017 年版,第 4 页。

　　潘恩的思想可以追溯到早期的《常识》。他说："社会是人民需求的产物，而政府来自人性的邪恶与不道德。"① 他表明：人们按照自然法则结成的社会是好的，但政府是不好的，人类组织结构应该是小政府大社会。这是潘恩的基本观点，这个观点也贯穿于《人的权利》。他说："人天生是社会的人，几乎不可能把他排除在社会之外。形式上的政府只不过是文明生活的一小部分……文明越是完善，越是不需要政府，因为文明会处理自己的事务并自我管理。"② "小政府大社会"这一美国立国的信念，也成为一些中国人的信念，只是不清楚它来自对特定社会经验的总结。个人权利优先性、社会优先性，体现在潘恩的全部思想之中。潘恩首先批驳伯克关于英国人民不需要"选举和罢免地方官员的权利，组织自己的政府的权利"等，似乎英国人民拿起武器和牺牲自己不是为了维护权利而仅仅是放弃权利。伯克为了证明自己观点的正确，拿出 1688 年"光荣革命"期间议会向威廉和玛丽所作的声明——"两院议员谨以人民的名义，最谦卑忠诚地表达他们自己和他们子孙后代的永远顺从"，认为该声明明确表达英国人民和子孙后代对英国王室永远承担的义务。潘恩指出，英国议会固然可以表达顺从，但绝不拥有永远约束子孙后代权利的权力，不可能规定世界永远由谁来统治。谁来组织和管理政府只能由同时代的人民决定。世界上最荒谬的事情莫过于政治权利可以继承。革命期间出现的暴力，是对法国大革命的最大非议。伯克提出，路易十六是一个温良的君主，并不是专横独裁的路易十四和无能的路易十五，但反叛者用凌辱和残暴的方式对待他。潘恩反驳说："整个革命过程反对的是君主政体的专制，而不是反对君主个人及其原则。"③ 专制主义在法国有悠久的历史，王权专制、教士专制、贵族专制相互交织，渗透到各个层面，需要通过革命予以涤荡。真正的革命是用新的原则代替旧有的统治原则，并不是泄私愤，但革命不可能避免暴力。潘恩说："暴徒的出现是不可避免的，这是包括英国在内的欧洲所有旧政府结构

---

① 〔美〕托马斯·潘恩：《常识》，赵田园译，北京大学出版社 2015 年版，第 9 页。
② 〔美〕托马斯·潘恩：《人的权利》，乐果斌译，上海译文出版社 2017 年版，第 150 页。
③ 〔美〕托马斯·潘恩：《人的权利》，乐果斌译，上海译文出版社 2017 年版，第 17 页。

不良所造成的恶果。"① 他认为，正是之前专制政府的统治毒化了人们的心灵，形成了司空见惯的刑罚制度，才造成革命中的暴力。无论是英国政府还是法国政府，都在使用极为血腥的刑罚，比如绞死、挖器官、分尸，将受刑者的心脏挖出来示众，将插着人头的铁杆在闹市区展示等。政府用恐怖手段对待人民，所谓"暴徒"只不过用以眼还眼的方式将惩罚回馈过去而已。他认为，只讲革命中的暴力，而不讲产生这些暴力的原因，正是伯克惯用的伎俩。法国大革命与过去的骚乱、暴力的本质区别在于它给后世留下精神遗产——关于人的权利的宣言，从而永久性地改变了人的面貌和世界面貌。

　　人的权利从何而来？人有什么权利？潘恩从旧约的创世纪中寻找依据。他说："所有人生来就是平等的，并且拥有平等的天赋权利。"② "神" 按照自己的形象造人，证明人的一致性或平等，因此人人平等是最古老的信条。从生而平等的天赋权利中，潘恩推导出公民权利。什么是公民权利？公民权利是人作为社会一分子所具有的权利，拥有这些权利的目的是使自己的状况比没有组成社会前更好。为什么人的权利得不到尊重？潘恩归结为政府的邪恶。征服者通过暴力建立政府，与僧侣勾结，借助神谕来迷惑民众，建立起神权加暴力的体制。在潘恩看来，英国政府就是这种类型。要维护神圣人权，就必须打倒这类政府，建立新型政府，即由人民自主订立契约产生政府。"政府由社会产生"是潘恩的主要观点。其基本程序是，由个人结成社会，相互订立契约，这个契约就是宪法，宪法先于政府存在，政府根据宪法得以产生，政府无权根据自己的意愿改变自己。宪法是人民建构政府的依据，而不是政府的施政依据。潘恩的这些宪政原则是对美国社会的总结。按照这样的标准，英国就是一个没有宪法的专制国家，而伯克诋毁的法国大革命，是维护人权的新型政府。他分析了美国革命与法国革命的内在联系。由于法王反对英国的态度，促成法美同盟，一些法国人与美国人并肩作战。包括拉法耶特侯爵在内的法国官兵在美国独立战争结束后

---

① 〔美〕托马斯·潘恩：《人的权利》，乐果斌译，上海译文出版社 2017 年版，第 31 页。
② 同上，第 40 页。

回国，将革命精神带到法国，因此"一支增强自由事业的庞大力量立即遍及法国全境。"① 事实上，法国革命与美国革命的关系并不是单向的。美国宪法最初并没有规定公民权利，直到法国大革命公布《人权和公民权宣言》后，保障公民权利的美国宪法修正案（权利法案）才于当年（1789 年）9 月提出，并在 2 年后生效。

潘恩在书中附录了法国国民议会通过的"人权宣言"并作了解读。他认为前三条概括了宣言的全部内容，后面的都只是对前三条的详细阐述。第一条讲人生来是而且始终是自由平等的，公民的差别只能建立在公共事业需要之上；第二条讲一切政治活动的目的在于保护人权，这些权利是自由、财产、安全以及反抗压迫；第三条讲一切权力来源于国民，任何个人或集团都不得行使国民未明确授予的权力。潘恩赞扬宣言的划时代意义。他说："整个《人权宣言》对于世界各国的价值要比迄今颁布过的一切法令与条例高得多，好处也大得多。"② 他把宣言的意义定格为"人类的复兴"。《人的权利》第二部分，潘恩还提出了公民的经济社会权利，提出对穷人采取国家救助的福利政策，提出累进制所得税等。潘恩的这些提议大多成为二战后西方国家的基本制度。由此可见潘恩思想的历史穿透力。

潘恩在书中对英国教会制度、君主制度和贵族制度的攻击，彻底激怒了英国政府。潘恩讽刺英国国教："把教会与国家相结合，就会产生一种只能从事破坏、不能繁衍的杂种动物，名字叫'法定教会'。"③ 他提出了一条至今仍让西方世界难堪的宗教自由原则：政府无权不准人民信教，同样无权允许人民信教。人民既有信教的权利，也有不信教的权利。但在基督教西方，所谓的宗教自由专指人民有信教的权利，并不指有不信教的权利。潘恩将英国世袭君主制视为邪恶的。现代英国君主制最初来源于诺曼征服，而君主立宪制居然是从荷兰请一个人来，给他权、给他钱，让英国人民和自己的子孙后代像奴仆般永远顺从他。潘恩将英国贵族制视为怪物，并列

---

① 〔美〕托马斯·潘恩:《人的权利》,乐果斌译,上海译文出版社 2017 年版,第 75 页。
② 〔美〕托马斯·潘恩:《人的权利》,乐果斌译,上海译文出版社 2017 年版,第 94 页。
③ 〔美〕托马斯·潘恩:《人的权利》,乐果斌译,上海译文出版社 2017 年版,第 65 页。

了几条理由。比如贵族的长子继承权破坏人伦、衍生家庭的独裁和不公，贵族不配作为国家的立法者，因为他们没有公正分配的观念，贵族制是以征服为基础的野蛮原则的继续，贵族制有使人种退化的倾向等。他讽刺英国的《权利法案》无非是政府各部门瓜分权力、利益和特权所作的交易。"至于国民，《权利法案》说，你们可以有请愿权，仅此而已。既然如此，《权利法案》还不如叫做'邪恶法案'或'侮辱法案'更恰当些。"① 潘恩对英国体制的攻击，否认"光荣革命"的光荣，在英国国内掀起轩然大波，被缺席控以叛国罪。

二、潘恩与《理性时代》

如果说《人的权利》的主题是政治革命，《理性时代》的主题则是宗教革命。前者使潘恩获得激进力量的支持，后者使当时所有的头面人物都与潘恩划清界限。正如他在该书扉页"致美利坚合众国公民同胞"中说的："它是一本我关于宗教的一些想法的书……我总是竭力支持每一个人表达自己观点的权利，无论他的观点和我的有多么不同。一位拒绝别人拥有该种权利的人，将会沦为自己观点的奴隶，因为他排除了加以改变的权利。"② 美国革命成功后，整个社会日趋保守，宗教上更是如此。它形成了潘恩所说的暴政：拒绝他人有不信仰宗教的权利。潘恩就是这一暴政的受害者。

潘恩宣称自己不相信任何宗教，不相信犹太教会、罗马教会、希腊正教会、土耳其教会、基督教会以及任何其他宗教组织，宗教只不过是人类的发明，用以恐吓和奴役同类，确保既得权力和利益。19 世纪的马克思仅仅说"宗教是人民的鸦片"。③ 而 18 世纪的潘恩却敢说"宗教是恐吓和奴役人民的手段"。他之所以如此勇敢，是因为他坚信："当一个人一直把内心不相信的东西当作职业信仰，任其腐化着他精神的纯洁，使纯洁堕落为淫

---

① 〔美〕托马斯·潘恩:《人的权利》，乐果斌译，上海译文出版社 2017 年版，第 183 页。

② 〔美〕托马斯·潘恩:《理性时代》，田飞龙、徐维译，中国法制出版社 2011 年版，第 3 页。

③ 《马克思恩格斯选集》第一卷，人民出版社 2012 年版，第 2 页。

荡时，他已经准备好了去践行世间所有的罪恶。"① 亚伯拉罕系宗教都建立
"神"通过某个中介人传达神意这一基础上。但潘恩认为，启示既然是透露
给某个人的神意，当这个人再告诉第二个、第三个人时，就不能称为启示。
"启示只属于第一个人，而对于其他的人，只是道听途说。"② 当启示的可靠
性被掀翻，宗教的基础也就动摇了。至少潘恩是这么认为的。潘恩的策略
是揭露基督教神话故事的荒谬性和非理性，借以推翻宗教。但宗教的基础
恰恰是非理性，信仰就是建立在荒谬之上。对此潘恩也非常清楚，他说：
"任何一件事情，越是不自然，越是能够成为人们顶礼膜拜的对象。"③ 尽管
如此，潘恩依然诉诸理性，试图用理性来瓦解宗教，正如用理性瓦解旧政
治一样。潘恩还用人道主义和普遍人权来揭露基督教信仰的非道德性。

　　根据基督教，耶稣进入世界就是为了受罪，他在人世间存在的方式就
是被驱逐、被凌辱，因为他来世间的目的就是替人类赎罪，使人类摆脱永
久的死亡。这是"替罪羊"文化的高级版本——让无辜的生命去代替有罪
的生命。潘恩对赎罪理论的正当性和道德性提出质疑。他说："道德的正义
不能让无辜之人来代替有罪之人，即使无辜之人挺身而出也不行。如果正
义这样做了，那么它将毁掉它存在的原则，这样它将不再是正义，而是变
成不分青红皂白的复仇了。"④ 基督教本质上是一种替罪羊文化，允许无辜
之人替我们受罪，因此是非正义的。基督教本质上也是一种奴隶文化，它
要求信徒始终把自己想象为亡命之徒、乞丐、骗子，终身向"神"的中介
人卑躬屈膝、匍匐而行，因此是非人道的。基督教本质上还是一种乱伦文
化，"神"为了替自己报仇——被人类始祖亚当冒犯——用杀死独子的办法
来替代，因此是非道德的。潘恩说："我确信如果凡人做了这样的事情，一

---

① 〔美〕托马斯·潘恩:《理性时代》,田飞龙、徐维译,中国法制出版社 2011 年版,
第 5 页。

② 〔美〕托马斯·潘恩:《理性时代》,田飞龙、徐维译,中国法制出版社 2011 年版,
第 7 页。

③ 同上,第 15 页。

④ 〔美〕托马斯·潘恩:《理性时代》,田飞龙、徐维译,中国法制出版社 2011 年版,
第 27 页。

定会被判处绞刑。"①《理性时代》第一部出版后引来诸多批评，潘恩开始着手第二部的写作。他以旧约和新约记载的为事例，对基督教的非正义性作了更为猛烈的批评。

潘恩指出，正如法国和英国政府犯下的罪恶一样，古代以色列人侵害了所有国家的人民，但这些人并没有冒犯他们。以色列人将异族置于刀剑之下，上至白发老者、下至黄口小儿，全部惨遭屠戮。根据潘恩对旧约记载的统计，因摩西下令而被以色列人奸污的妇女多达三万二千人，成百上千的俘虏被烧死献给神灵。但旧约作者却以欢呼雀跃的笔调不厌诉说这些"丰功伟绩"。如果我们相信圣经的真实性，那么"我们就必须推翻所有对上帝的道德正义的信仰……我们就必须放弃人类心中任何温情、富于同情心、仁慈的行为"②。由于暗杀、背叛和奴役充斥整部旧约，而且都是"神"允许的，这就导致很尴尬的选择，要么承认旧约真实，但摩西、约书亚等人就会是个恶魔，假借宗教名义挑起战争，屠杀无辜，要么否认旧约真实，那么基督教的圣典也将不再存在。从人道主义的角度，潘恩的揭露是有力量的，但对于宗教战争和种族压迫的获益者来看，观点可能完全不一样。正如面对一个垂死的印第安人，白人殖民者的感受与印第安人的感受会绝然不同。在种族撕裂、文化撕裂的背景下，人道主义和普遍人权依然是一个虚幻愿景而已。潘恩要求基督教西方民众不再对旧约中的恐怖故事麻木不仁，但回响者肯定寥寥无几。

潘恩痛斥基督教义的非正义和伪善性，比如，"有人打了你的右脸，把左脸也转过来给他打吧"，比如，"爱你的敌人"。这不仅是对人类尊严的伤害，也助长了罪恶的发生。那么，当潘恩否定全部宗教的意义后，他最终的目的是什么？他希望人们接受自然神论。他在《理性时代》第二部分的结尾处说："唯一没有被编造的宗教，并且具有一切证据证明神圣的独创

---

① 〔美〕托马斯·潘恩:《理性时代》,田飞龙、徐维译,中国法制出版社 2011 年版,第 47 页。

② 〔美〕托马斯·潘恩:《理性时代》,田飞龙、徐维译,中国法制出版社 2011 年版,第 76 页。

性，就是单纯而朴素的自然神论。这应该是第一个，也可能是最后一个人们相信的宗教。"① 对于潘恩来说，"神"就是造物主，它的作品是整个自然界，因此自然界的奥秘就是"神"的奥秘，自然法则就是"神谕"，研究自然的科学就是神学。真正的神学就是科学，因为它的确在研究造物主的作品而不是耽于幻想，遍布于自然的科学原理就是"神"之道。

　　科学在潘恩去世后的两百多年间取得长足进步，科学主义思潮一度泛滥，但科学并没有成为神学，也不可能成为宗教。与潘恩同时代的德国人康德洞察到纯粹理性的限度，科学理性不能完全满足人类心灵的需求。这好比人类总是用期盼的目光注视星辰大海，但他的脚只能站立在尘土之中。

---

　　① 〔美〕托马斯·潘恩:《理性时代》,田飞龙、徐维译,中国法制出版社 2011 年版,第 179 页。

第十五章　近代欧洲思想的哲学综合

　　欧洲近代各学说传统，如理性主义、经验主义、自然神论等，在18世纪末逐渐走向尽头，它们都汇聚到康德哲学实现融合。这种哲学试图为数学、科学以及道德、宗教等提供形而上学基础。康德将自己的哲学成就与"哥白尼革命"相类比，其实他的成就堪比亚里士多德——对自己之前的思想进行创新性综合。亚里士多德的路径是从各门类知识的基础上构筑形而上学大厦，而康德的路径是为数学、自然科学和道德、宗教构筑形而上学基础，保证新知识大厦的稳固。康德沿着笛卡尔的哲学路线——为知识寻找确定性的形而上学基础，大大地往前推进。康德把"神"从现象世界驱逐出去，给自然科学留出发展空间，又在本体世界请了回来，使"神"在道德领域发挥作用。康德的学说标志着近代欧洲思想的结束，成为欧洲现代思想的开端。

第一节　康德哲学的背景和问题

　　伊曼努尔·康德（Immanuel Kant，1724—1804）出生于德国科尼斯堡，是普鲁士的龙兴之地，即现在的俄罗斯加里宁格勒。康德1740年入科尼斯堡大学，毕业后做了多年的家庭教师，1755年获博士学位后，继续以私人教师身份讲学，收取讲课费以维持生计，直到1770年成为科尼斯堡大学逻辑和形而上学教授，才有了稳定的生活和较充裕的时间从事宏大的研究工作。1781年康德已经57岁时《纯粹理性批判》问世。从此，他进入疯狂的写作时期，如《未来形而上学导论》（1783年）、《道德形而上学基础》

（1785 年）、《自然科学的形而上学基础》（1786 年）、《纯粹理性批判》第二版（1787 年）、《实践理性批判》（1788 年）、《判断力批判》（1790 年）、《单纯理性范围内的宗教》（1793 年）、《道德形而上学》（1797 年）等相继完成。康德从事哲学研究之前，长期从事自然科学和数学的教学研究，1786 年被推选为柏林科学院院士，1791 年被选为彼得堡科学院院士，1798 年被选为意大利西恩科学院院士。1804 年 2 月康德辞世。

　　欲理解康德的意义，须对西方思想史作简要回顾。什么是知识？知识如何是可能的？这是一直被不同时代西方思想家思考的大问题。寻找真知识成为西方思想史的重要主题。柏拉图提出灵魂回忆说，不朽灵魂从彼岸世界获得所有知识，但灵魂一旦与肉体结合就全忘了，需要在以后的日子里慢慢回忆。亚里士多德对此说法不屑一顾，但依然认为灵魂里有主动理性，靠着它、凭借"四因"分析法获得高级的形而上学知识。近代欧洲唯理论和经验论分别解释知识的来源。唯理论相信人拥有"神"先天刻在人心里的天赋观念。他们坚信知识、真理可以通过理性的思辨获得。这种唯理论走向了独断论。经验论者相信一切知识只能来自感觉经验，人的观念来自感觉印象，知识是各种观念的联结。这种经验论到休谟那里走向极端，他不承认感觉对象的真实，认为因果关系只是主观联结。知识是什么、知识是如何可能的，依然悬而未决。康德时代的自然科学和数学有了长足发展，他本人长期教授自然科学课程，给他思考科学知识如何可能提供基础。由于亚里士多德的余威，近代欧洲一些思想家依然沉湎于形而上学知识体系的构思。击破形而上学的迷思是这个时代的课题。康德哲学为解决这些问题应运而生，它为我们深刻理解知识、理解自然科学和数学提供了很好的哲学视角。康德并非像休谟那样要完全抛弃形而上学，而是让形而上学摆正位置。当牛顿要求物理学小心形而上学时，康德给自然科学和数学注入形而上学基础。这是康德赢得世界声誉的重要原因，因为这一设想有重要价值。

　　基督教对欧洲的长期统治，使神创论根深蒂固。按照这样的说法，必然存在一个自因、自在的东西，世界由它派生出来。至于这个东西是精神的，还是物质的，并没有本质区别。你要理解物质是永恒的，它自因地存在，与理解有一个精神实体，它自因地存在，两者的不可思议程度是等价的。唯心论和唯物论貌似不可调和的斗争，最后都遇到同样的困难，因为不能追问精神实体从何而来，与不能追问物质实体从何而来，在理论上还是等价的。康德洞察到这一点，它用"自在之物"来标注它。自在之物无法认识，把它理解为无限精神实体，或者一般物质实体，没有实质性区别。但"自在之物"的作用很大，时空中的对象或现象世界都因它而存在。受机械宇宙观统治的西方，必然会产生"第一因"的问题。康德的"自在之物"可以理解为第一因。如果再去追问第一因如何产生，追问第一因的原因，或证明第一因存在的理由，将导致逻辑上的悖论。自然神论用理性研究无限实体，暴露出不可克服的悖论。康德洞察到这一点，称之为理性的僭越。在理性主义时代，康德提出理性的限度，不啻为一帖清醒剂，给了同时代各种理性主义哲学—神学以致命一击，这当然为信仰高于理性、理性不能超越信仰的宗教势力所欢迎。但康德提出用理性证明灵魂不朽和"神"存在有着不可克服的悖论，等于否定了阿奎那以来的神学传统，又赢得反宗教力量的欢迎。海涅用诗的语言欢呼康德袭击了天国、杀死了天国全体守备部队，最高主宰倒在了血泊之中。看来，西方思想界不同系谱都可以从康德对纯粹理性的批判中找到适合自己的观点。这是康德受欢迎的另一重要原因。

　　人类道德的来源始终困扰西方思想史。柏拉图将人的美德归因于"神"，没有"神"就没有人的美德。亚里士多德第一次将"伦理学"建立在非宗教基础之上，但他最终还是需要依靠"神"来解决德性与幸福的完美结合——人的最高幸福要像"神"一样生活。基督教将人看作是彻底败坏的，需要穿上基督身体才能变为新人，成为有道德、能获永福的人。自然神论认为人被创造之初就被赋予了自爱、追求幸福的权利，道德就建立在自然理性原则上。休谟破天荒地将道德建立在人自身的情感基础上，强调同情心等道德感的作用。西方伦理学争论的关键点在于：一方认为人是败坏的，道德只能来自"神"的襄助；另一方认为人有良知，道德来自人的理性。"实践理性"这个概念从亚里士多德开始提出，经过阿奎那阐释，成为人有道德能力的重要依据。康德道德哲学建立在人先天具有的自由意志、实践理性、善良意志等基础上，这说明康德不同意基督教"人是败坏的"观点，坚持从人自身发掘道德能力。但是，人有道德能力并不意味着现实中的人一定会遵守无条件的道德律令，这就需要宗教。按照康德，道德不是从宗教中产生，而是道德实践需要宗教。康德用另一种思路将宗教与道德更紧密结合在一起，完成了从传统神学向伦理神学的过渡。康德道德哲学是对过去思想的综合，为 19 世纪西方神学和伦理学开辟了一条新的路径。他将宗教看作能实现道德生活的唯一因素，暗含有这样的观点：一个没有宗教信仰的人，其道德生活必然有缺陷。这个观点肯定受神权统治下西方社会的欢迎。

　　我们熟悉康德哲学的背景和问题，会有助于理解他。康德学说是且只能是西方历史文化的产物。他的知识论依然是柏拉图"灵魂回忆"说翻版——柏拉图认为灵魂里什么知识都有，而康德认为人有先天的思维形式，这种思维形式与思维对象先天契合。过去我们会困惑如康德这样的睿哲怎会认为人先天具有与思维对象完全契合的思维形式？其实这是神权统治下西方思想的必然产物——"神"预先将知识和能力刻在人心里。他的道德学说，如实践理性属于道德能力的观点来自亚里士多德，他的善良意志与休谟所说的同情心有关，他的自由意志是专门用来做好事而不是奥古斯丁认为的专门做坏事，这与卢梭的影响有关。康德学说在近代中国首先引起新儒家群体的注意，如王国维、张君劢、牟宗三等，尔后又在八九十年代引起一批新学人的关注。关键原因恐怕是康德道德哲学的思维结构与中华传统中的理学思维结构有相通之处。康德将道德建立在非宗教基础之上的企图，在西方世界可能是突破性的成就，但对中国社会的意义未必是这样，因为理学的道德学说就是建立在人先天的心性基础之上。不同之处，康德的道德实践最终需要通过宗教和教会来完成，理学的道德实践需要通过政治、法律和风俗、舆论来完成。康德哲学真正划时代意义在于：科学只能限定在可以经验的现象界。那些没有经验作基础的形而上学不可能是科学。

第二节　自然科学和数学是如何可能

演绎（康德称分析的）与归纳（康德称综合的）是我们获取知识的两种基本方法。演绎是从概念的定义出发的推理，一个判断命题由于主词中包含着谓词，必定为真，但无助于知识扩展。比如 A 的定义包括 B，作出 B 是 A 的判断并没有扩展我们的知识。归纳通过对经验事实的观察，使某一概念有了新内涵，知识得到扩展，但这样的知识并不必然为真。比如迄今经验表明 A 总是伴随 B，但不能保证以后必然如此。如何使知识既不断扩展，又保证必然为真？这是康德在《纯粹理性批判》要解决的第一个问题。他试图回答，为什么这样的知识是可能的？

一、康德的论证思路

康德在《纯粹理性批判》导言部分提出纯粹理性的总课题，即"纯粹数学是如何可能的？纯粹自然科学是如何可能的？"为此，他发明了一些专门术语。理解这些术语是理解康德思想的关键。

根据康德，知识依赖经验，这一点毋庸置疑，但并不意味着知识的形式必须是经验的，它是先天的。这种先于经验的先天知识，具有必然性和普遍性。这里出现四个概念：先天的、经验的和分析的、综合的。一般来说，分析的与先天相对应，综合的与经验相对应。比如：

第一组命题：比如一个三角形有三条边；所有结果都是有原因；整体大于部分等。它们属于分析的知识，其主词已包括谓词，从主词定义中就可推出判断。它们的真假无须借助经验，所以是先天的。但这样的先天命题不对知识扩展有贡献。

第二组命题：一切物体都是有重量；我的房间是正方形；三角形内角和等于 180 度。它们属于综合的知识。谓词并不必然包括在主词之中，判断不能通过推理而是需要依据经验事实作出。这样的综合命题使知识有扩展。

通常理解，分析的知识先于经验，是借助概念之间的推理，综合的知识需要经验，不能依靠概念之间的推理。按照这样看法，先天知识必定是分析的，经验知识必定是综合的，但康德拒绝这种看法，提出了"先天综合知识"这一奇怪术语，并且认为数学和自然科学，其本质就是先天综合知识。自然科学和数学是如何可能的问题，就转化为"先天综合知识"是如何可能的问题。即一种必然性、普遍性的知识，且能够不断扩展，是如何可能的？

在回答该问题的过程中，康德形成了既非唯理论，也非经验论的先验哲学。这种先验哲学建立在基本的假设上——世界和人是一架机器，他们依据共同原理被造物主创造出来，以后就不再变化。这种机械宇宙观解释了康德为什么会如此构筑他的哲学。按照这样的宇宙观描绘的世界图景：人的理性中具有普遍的必然的先天形式，而且这些形式正好与自然界的结构相符。不过，当人的理性试图超越有限性去理解超越世界的造物主，就会产生谬误。当然康德用一套复杂术语来描述这一世界图景。他是怎样回答"先天综合知识"如何可能的问题？

康德提出了两根核心支柱。

第一根支柱，任何经验须具备必要条件才是可能。康德把杂多的感觉印象称为质料（内容），用于整理杂多质料的称为范畴（形式），整理杂多质料的过程称为综合，假如不同时具备形式和内容就不可能有经验。这说明任何经验都具有结构性特征。根据康德，形式与内容是可以分离的，当全部质料清除后只剩下纯粹形式，空间、时间和范畴就是这些纯粹形式，它们先于经验而存在，故而叫先天形式。

第二根支柱，先天形式不仅是使经验成为可能的必要条件，也同样适用于自然界。这说明自然界和经验有同样的结构。从这个惊人的观点中，似乎看到莱布尼兹"前定和谐"的影子，但康德坚持这是自己的革命性贡献，如同"哥白尼式的革命"。经验论者认为我们的一切知识都必须依照对象，但康德认为需要颠倒过来，让对象依照我们，如同哥白尼让地球从静止变为绕太阳转动。他在二版序言中说：

　　　　我们不妨试试，当我们假定对象必须依照我们的知识时，我们在形而上学的任务中是否会有更好的进展。这一假定也许将更好地与所要求的可能性、即对对象的先天知识的可能性相一致，这种知识应当在对象被给予我们之前就对对象有所断定。这里的情况与哥白尼的最初的观点是同样的，哥白尼在假定全部星体围绕观察者旋转时，对天体运动的解释已无法进行下去了，于是他试着让观测者自己旋转，反倒让星体停留在静止之中，看看这样是否有可能取得更好的成绩。①

康德要我们相信，自然界服从先天形式，而这种先天形式早就存在于我们的知性之中。有人把这简单概括为康德要为自然立法，康德要求自然界服从人的经验，康德的经验统治着这个世界等，但实际情况可能不是这样。康德用特别的方法说明自然界如何服从先天形式。只有符合先天形式的对象才被我们的感性和知性分别所直观和思维，只有符合这些形式条件的对象才能显现并被我们所经验到，没有这样的前提任何东西都不可能成为经验的对象，被我们经验到的自然界必定服从先天形式（《纯粹理性批判》B125）。这意味着，可能存在与先天形式不符而无法作为经验的对象。既然不能成为我们的经验对象，从知识的角度看，它们就没有任何意义。

康德用以下的逻辑链条来说明"先天综合知识"是可能的。

A. 存在先验的使经验得以成立的先天形式，这个先天形式有必然性、普遍性特征。

B. 自然界完全服从这个先天形式。

C. 因此，存在一种必然的、普遍的知识，以先天形式为结构，以杂多经验为内容。

D. 这样的知识是综合的，是可以不断扩展的，就是说"先天综合知识"是可能的、存在的。

以上是对康德的问题和解决办法的粗略勾勒。在这一基础上，康德《纯粹理性批判》对先天形式的类型及相互关系，应用的范围作了详尽讨论。

---

① 〔德〕康德:《纯粹理性批判》,邓晓芒译,杨祖陶校,人民出版社2004年版,第15页。

二、空间、时间和范畴

康德把我们认识的官能分为感性、知性、理性。感性与空间、时间对应，是我们接受外部对象刺激的感觉能力，通过在时空中直观感知对象；知性与范畴对应，是我们对外部对象进行表象的判断能力，通过范畴对感觉材料进行思维，形成经验性概念；理性与理念、理想对应，表现为一种推理能力，通过理念（或理想）对知性概念进行思维。康德首先研究感性和知性及相互之间的关系。经验既需要直观，也需要概念，还需要两者的协作。他说："直观和概念构成我们一切知识的要素，以至于概念没有以某种方式与之相应的直观、或直观没有概念，都不能产生知识。"① 这就是所谓的"直观无概念则罔，概念无直观则空"。但感性与知性作为人固有的一种能力，须具备必要条件才能发动。康德提出，感性须在空间、时间中才能用直观获得感觉，知性须有范畴才能对感觉材料进行思维，而空间、时间和范畴作为先天形式早就存在于我们的感性和知性之中，是人固有能力的一部分。康德以此为出发点，分别在先验感性论中讨论时空，在先验分析论中讨论范畴。

空间和时间是先天的，是我们感性的先天形式，全部经验对象都处于时空之中。按照康德，1. 空间不是从经验中抽引出来的经验性概念，因为它是我开始经验前就必须有的必要条件（《纯粹理性批判》B38）；2. 我们可以设想空间中没有对象，但无法想象外部经验对象不在空间里（A24）；3. 空间本质上是唯一的、无限的，无法从经验中把握（《纯粹理性批判》B40）；4. 空间是外直观的先天形式。关于时间，1. 不是从经验中抽引出来的经验性概念，因为没有时间我们就无法感知对象的同时或相继（《纯粹理性批判》B46）；2. 时间是一维的、单向的、无限的（《纯粹理性批判》B47）；3. 时间是内直观的先天形式。康德的时空观接近牛顿的绝对时空。他认为，空间和时间可以离开对象独自存在，但经验对象只能放置在先天

---

① 〔德〕康德:《纯粹理性批判》,邓晓芒译,杨祖陶校,人民出版社 2004 年版,第51 页。

设定的时空里；时空可以无限延伸和扩展。但康德的时空观与牛顿有差别，靠近莱布尼兹的关系时空。这与双方在神学上的差异有关。牛顿的"神"处于时空之中，是在给定的永恒不变的时空实体中创造世界，而康德的现象世界的本原——"自在之物"（神）无法经验，因为它并不处于时空中。康德的时空不是永恒不变的实体，只是现象世界存在的方式，或者说是人类观察者加诸其上的主观秩序。根据康德，几何学包含先天综合知识，比如三角形内角之和为180度，结论不能从定义中推出。非欧几何的发展，表明几何学并非是综合的，由于平行线公理的改变就推导出与欧氏几何完全等价的非欧几何。这一点康德似乎错了。但面对欧氏与非欧多种几何体系，我们又必须承认，给定不同空间结构会产生不同的几何学，它们都符合作为经验的物理现象，比如欧氏几何符合牛顿物理学、黎曼几何符合爱因斯坦物理学。因此几何学是先天综合知识。康德又是正确的。康德的时空观意味着经验对象在不同时空结构中有不同存在方式，那么，能否反过来说，不同的经验对象会有不同的时空结构？当然，康德没有给出这样的结论。康德哲学只有形式规定内容，但内容不能改变形式的单向思维。

　　康德在先验分析论中着重讨论范畴。范畴是什么？康德将知性视为一种判断能力，而判断需要有一个结构。比如在花朵与美丽之间作出肯定或否定的判断。康德列出了四类十二种的判断表。为保证判断的统一性，需要有一套规则，这套规则在逻辑上先于经验，康德称之为纯粹知性概念，也就是范畴。范畴是我们知性中先天所固有的，是知性的先天形式；范畴也是概念，是区别于经验性概念的一类特殊概念，它是先验的；范畴作为思维形式只能运用于经验才有意义；范畴的内涵不需要定义也不可能定义，只在经验的运用中得以展开。康德列出的范畴表有四类十二个。

　　1. 量的范畴，单一性、多数性、全体性

　　2. 质的范畴，实在性、否定性、限制性

　　3. 关系的范畴，依存性与自存性（偶性与实体）、原因性与从属性（原因与结果）、协同性（主动与受动的交互作用）

　　4. 模态的范畴，可能性与不可能性、存在与非存在、必然性与偶然性

　　列出范畴表以后，康德对范畴的作用和运用展开详细讨论。他试图证

明范畴对于经验是必须的，且只能运用于经验才有意义，否则是空洞的；范畴作为先验的主观条件具有客观有效性，能够充当知识之所以可能的必要条件。那么，范畴与感觉材料如何结合？

三、范畴的演绎和原理分析

笛卡尔将"我思"看作与我的身体不同的实体存在。康德指出其中的悖论。我们怎么经验到"我思"？换句话说，我怎么能看见正在看的我？"我思"首先是我经验的必要条件，而不是经验的对象。康德的意思是，"我思"不是实体，作为经验必要条件的范畴同样不是实体，范畴是使经验可能的必要条件，一旦范畴实体化就会产生各种虚幻的知识。

范畴为何是经验可能的必要条件？康德在"纯粹知性概念的演绎"这一章作了充分讨论。他首先提出统觉的先验统一。比如，我在欣赏风景的时候，所有感觉都统一在一起，我毫不怀疑地说，这些感觉经验都是我的，而不是他人的。杂多的直观感觉要构成经验，必须有统一意识，要服从统觉的先验统一。其次，要将杂多的感觉进行统一，需要通过一套判断的逻辑规则。第三，作出判断的逻辑规则对应着范畴，因此直观中杂多的感觉经验必然从属于范畴。（B143）康德想表明，真正的知识都是两部分的结合，一是来自直观的感觉经验，作为内容，二是先天的范畴，作为形式。康德进一步论证，范畴作为先天形式，除了应用于经验对象，就没有别的用途。康德揭示，一种与经验不能关联的、纯粹概念的联结不能称为知识。

这里引申出一个问题，具有先天形式的知识如何具有客观性？有现代评论者认为："康德可能是第一个清楚地理解客观性的本性的哲学家。"[1] 根据康德，一个判断的客观性就在于，不管主体是否有变化，它总是真的。判断的对错不取决于人。对客观性的康德式理解可能导致这样的结果，假如人类视觉器官都发生同样的变化，使原来的红色看起来像绿色，是否意味着，原来的红旗现在叫作绿旗才是真的？康德所揭示的客观性，都包含

① 〔美〕加勒特·汤姆森：《伟大的思想家——康德》，赵文成等译，清华大学出版社 2019 年版，第 30 页。

有主观的因素。康德批驳了贝克莱的独断式唯心论，因为贝克莱宣布时空及时空中的对象都不能自存；也反驳笛卡尔的存疑式唯心论，因为笛卡尔宣布除了"我思"不容怀疑的存在，其余都值得怀疑。康德提出先验唯心论。他宣称：（1）处于时空中的对象客观存在，这一点保证了我们的知识不会是武断的空想；（2）对象的存在方式决定我们用与之相适应的"先天形式"去感知对象，呈现在我们面前的是现象世界；（3）现象世界不是"自在之物"，因此它不是绝对的唯一的，只是以一种我们能够经验的方式存在。康德的现象世界不是经验论所称的观念的集合，而是我们用普遍的、必然的法则（范畴）整理、联结感觉经验的结果，这些感觉经验来自对实际存在于时空中对象的直观。康德把范畴视为先天形式，它不是经验的产物而是经验的必要条件，不是纯主观的产物（属于个别人的）而是所有人的普遍必然的思维形式。当把来自对象的经验作为内容放入这样的先天形式之中，由此产生的知识就是客观的、必然的和普遍有效的。康德的学说调和了唯理论和经验论的矛盾，使我们对知识本质的认识更进一步，但也存在诸多疑惑。比如，范畴为何是先天的而不是经验的产物？范畴为何恰好十二个？范畴作为形式是如何与客观世界结合？前两个问题，康德在"概念分析论"中作了简要回应：经验中不能产生具有普遍性、必然性的东西，范畴必须是先天或先验的；范畴与判断的逻辑规则有关，有十二个判断规则对应有十二个范畴。第三个问题康德在"原理分析论"进行详细解析，回答得非常复杂。首先范畴须与时间结合，并借助于时间这个中介才成为经验的必要条件；其次再证明每一个范畴对于经验世界都不可或缺；最后勾勒出由时空和范畴组成的先验观念体系的基本轮廓。

1. 与量的范畴对应的是直观的公理。它的原则是：一切直观都是外延的量。这说明时空中的事物都服从量的范畴。康德用该普遍原理解释了数学为什么能与经验世界契合。

2. 与质的范畴对应的是知觉的预测。它的原则是：所有实在的可感觉的对象都有一个内涵的量，就是度。这个量不同于外延的量，而是与质相关的内涵的量。外延的量采用基数制表示，内涵的量采用序数制表示。基数制可以计算具体的差别量，但序数制只能给出不同的排列。比如，同样是苹果，量之间的差距可以计算，而苹果与香蕉，量之间的差距却不可计算。

3. 关系的范畴对应经验的类比。它的原则：经验总是伴随着对象之间不同的联结。这部分内容在《纯粹理性批判》很重要。根据康德，对象与时间的关系存在三种样态：持续存在、相继存在、同时存在。康德采用三个类比加以说明。

第一类比，实体在一切变化中持续存在，它的量在自然中既不增加也不减少。康德试图说明，自然现象在时间中发生变化，但作为"基底"的实体却不会变化。不变的持续存在是实体，偶性是实体存在的特殊方式，它是变化的。如果把实体看作是物质，就相当于物质不变或质能守恒定理。当然，康德并未作这样的类比。

第二类比，一切变化都按照因果连结的规则相继发生。休谟对因果律的怀疑，迫使康德去证明"所有事物都有原因"。简要说，因果范畴是经验的必要条件，任何事物如果没有原因就不能被我们理解，也就不能被经验，因此现象世界服从普遍的因果律。康德坚信世界受因果法则统治，但世界究竟受哪些具体因果关系支配，则是个经验问题。

第三类比，一切同时被知觉的对象，处于普遍的交互作用中。这一类比说明处于时空中的事物结成统一体，相互发生作用。统一性、协同性是世界的本质属性。

4. 存在的范畴对应经验性思维的公设。康德列出三条公设，界定可能性、现实性、必然性。这些也是我们获得事物经验的必要条件。

康德将各范畴置于时间之中并与经验关联，就形成了原理体系，也称为先验观念体系。康德在二版中专门增写"对这个原理体系的总注释"，以回应各种误解。他说："这些范畴单独来说根本不是什么知识，而只是为了从给予的直观中产生出知识来的一些思维形式。""纯粹知性的一切原理都无非是经验可能性的先天原则，一切先天综合命题也都只与经验的可能性相关，甚至这些命题的可能性本身都完全是建立在这种关系之上的。"① 关

---

① 〔德〕康德：《纯粹理性批判》，邓晓芒译，杨祖陶校，人民出版社2004年版，第215页。

于先天综合知识可能问题，可以做这样的简要回答：人的知性中有先天的思维形式，没有它就不会产生经验；同时，只有将这种思维形式运用于经验才有意义；思维形式与经验质料结合后形成先天综合知识。

康德的重要性只有在深刻洞察经验论和唯理论各自缺陷基础上才能理解，如果不理解神学背景（神保证世界的前定秩序）也会对他的先验观念体系莫名其妙。从康德对"自然科学和数学是如何可能"的分析，至少可以获得两点看法：科学知识是客观的也是主观的，这毫无例外；人总是在某种观念体系支配下观察世界，这套观念体系究竟是先天的还是后天的，可能是一个形而上学的问题——有争论而无定论。

第三节　理性的谬误

康德在《判断力批判》第一版序言开头说："我们可以把出自先天原则的认识能力称之为纯粹理性，而把对它的可能性和界限所作的一般研究称之为纯粹理性批判。"[1] 按照康德，感性是一种直观能力，知性是一种判断能力，理性是一种推理能力，当我们的理性越出可经验对象的范围，试图将纯粹知性概念实体化，适用于不能直观感知的对象，就会出错。概念无直观则空，范畴一旦与经验脱离就会失去意义。但人总是不自觉地试图打破这一束缚，以不能在时空中直观的事物为思考对象，将不能与经验关联的概念（理念）赋予客观实在性。这似乎是理性不可避免的宿命。按照康德的解释，如同知性中有范畴一样，理性中有理念，前者与经验关联产生知识，后者不能与经验关联而产生谬误。康德要证明那些不能与经验关联，没有经验作为内容的学说根本就不是知识。这是《纯粹理性批判》解决的第二个核心问题，这些内容构成第二编"先验辩证论"。康德的目的并不局限在对唯理论的批判，实质是检视人自身的理性能力，看看我们究竟能做什么、不能做什么。

康德以灵魂学、世界学、神学为例子，揭示理性不受约束试图越出经

---

[1]　〔德〕康德：《判断力批判》，邓晓芒译，杨祖陶校，人民出版社 2002 年版，第 1 页。

验范围去研究这三类问题所带来的问题。只要看一看从柏拉图以来西方世界汗牛充栋的关于灵魂的论证，关于世界本质的分析、关于"神"存在的证明，就可以明白这三个领域在西方思想史上具有的特殊意义。如果康德的批判是成功的，西方世界就可以避免无数最聪明的大脑耗费在最无聊最不可能成功的智力游戏之中。该批判的意义是，提醒人们当心被虚假的没有任何经验支撑的漂亮概念所迷惑，沉湎概念游戏，耽于空对空。

一、灵魂学的谬误推理

在西方的学问中，一个完整的灵魂学由四部分组成，证明灵魂是作为实体而存在；灵魂的性质是单一的；在不同时间段的灵魂是同一的；灵魂与时空中的对象发生关系。古往今来，西方的思想家不凭借任何直观的感觉经验，构思出灵魂学的一切概念，如灵魂是非物质的、不朽的、有人格的，能与物体发生交感从而形成生命等。但康德认为这个学说建立在四个谬误推理基础之上。他以笛卡尔为例。笛卡尔的灵魂学说建立"我思"这个单一的基础上。根据康德，"我思"只是经验的必要条件而不是经验的对象，简言之，笛卡尔误把统一的自我意识当作认识的对象，其实它只是让经验可能的条件。根据康德，如果我们观察思维活动的某些自然规律，就会产生出一门"经验性的心理学"，但它决不能用来揭示完全不属于经验的属性，如单一性、本性等，否则就不是合格的心理学（《纯粹理性批判》A347）。

第一谬误推理：我作为思维着的存在者（灵魂），就是实体。这是一个无内容的空洞陈述，因为"我思"不是经验对象，犹如说原因是一个实体，偶然性是一个实体，完全是空洞的陈述。第二谬误推理：灵魂是单一的。人身体内由不同种类的活动组成，故人体是复合运动，但自我意识有统一性，使"我思"不能是多种思维的复合，因此灵魂是单一的。根据康德，它的谬误是把思维的统一性作为统一的思维，实质还是把形式当成内容。第三谬误推理：灵魂有同一性的人格。根据康德，不同时间上的同一性只是自我意识统一的结果，不能把意识统一视为对象的同一，灵魂的人格性不过是自我意识的体现（《纯粹理性批判》A362）。第四谬误推理：灵魂作为能思的存在者与我的身体是分开的，灵魂可以独立存在。按照康德，其错误就在于先验实在论："先验的实在论者把外部现象表象为自在之物本身，它们是不依赖于我们和我们的感性而实存的，因而甚至按照纯粹知性概念也会是存在于我们之外的。"①

康德对灵魂学推理谬误的解说，对于根本没有灵魂不朽观念的人来说很难理解，但在西方思想史上有深远影响。西方一门经验性的科学——心理学就诞生于灵魂学的废墟之上。

二、世界学的二律背反

世界学以世界整体为研究对象。按照康德，我们观察世界时，总是会从有条件的对象开始，必然引向对无条件存在者的探索。时空中个别事物的存在总是有条件的，那么是否存在无条件的存在者，处于我们的现象世界之中或之外？这个推理过程会产生两组相互冲突但都是有效的结论，康德称之为二律背反，分别由正题和反题组成，共四个。

第一个二律背反，正题：世界在时间中有一个开端，在空间上有限；反题：世界在时间上没有起始且在空间上无限。按照康德，正题和反题之所以都有效是因为我们预设了"无条件者"存在，一旦取消这种无法经验的东西，冲突也随之消失。第二个二律背反，正题：存在不可分的单一的东西（原子）存在，所有复合物都由它构成；反题：不存在单一的东西，一切都是复合物。按照康德，解决这个二律背反同样也需要拒斥"无条件者"。第三个二律背反，正题：除了自然律，还存在自由；反题：没有什么自由，世界一切都遵照自然律。康德提出调和冲突的办法：我们可以用两种办法看待自身及行动，既是属于时空中的对象（现象），又是不属于时空中的本体。前者受自然律支配，后者受自由意志支配。自然律和自由意志在人的道德实践中得到统一，在实践理性中康德对该问题将作更深入的分析。第四个二律背反，正题：存在绝对必然的存在者；反题：不存在任何

① 〔德〕康德：《纯粹理性批判》，邓晓芒译，杨祖陶校，人民出版社 2004 年版，第324 页。

绝对必然的存在者。这个二律背反可以理解为必然性和偶然性的冲突。按照康德，相互冲突的两个命题在不同关系中可以同时都是真的，感官世界之物都是偶然的，而必然的存在者在感官世界的序列之外（《纯粹理性批判》A560、561）。

按照康德，第一、二个二律背反属于对立的，不能同时为真，而后两个二律背反则属于矛盾的，可以同时为真。

三、纯粹理性的理想的虚幻性

根据康德，范畴需要以经验作为内容，是知性作判断的概念工具，理念远离客观实在无法与经验关联，是理性进行推理的概念工具，而理想更远离客观实在，是进行辩证的理性推理的概念工具。纯粹理性的理想就是"原始存在者""最高存在者""一切存在者的存在者"，是神学研究的对象。这个概念被我们实体化后，就被赋予了唯一的、单纯的、完全充足的、永恒的等属性，它就是"神"。这个似乎有实在性的概念其实是纯粹的虚构。康德说："我们没有任何权利作这种虚构，甚至无权哪怕是直接假定一个这样的假设的可能性。"[1] 我们从这样一个虚构的概念（"神"）中推导出的任何结论，都不可能有现实性。尽管如此，历代西方思想家却始终乐此不疲地提出证明"神"存在的各种办法，推导出任何事物都从唯一的最高存在那里派生出来的虚幻结论。出现谬误的根源，就在于我们将远离客观实在的理念实体化、看成是客体，甚至被人格化了。

康德梳理了历代思想家关于最高存在者（神）存在的证明，分为三种。第一种，自然神学的证明；第二种，宇宙论的证明；第三种，本体论证明。康德试图阐明，这些用理性来证明"神"存在的方式，全部都是不可行的。比如，自然神学认为，一个有序的自然必然是设计出来的，这个设计者就是"神"，但康德认为两者之间没有必然的关联；宇宙论认为，有事物偶然存在必定有必然的东西存在，这个必然的东西就是"神"，但康德认为预设

---

① 〔德〕康德:《纯粹理性批判》,邓晓芒译,杨祖陶校,人民出版社 2004 年版,第 464 页。

了本体论的假设，是虚假的循环证明；本体论认为"存在"包含着一切完满，因此必然有最完满的存在者——"神"，但康德以"存在"并非是谓词或某种属性来反驳。

　　需要我们注意的是，康德对"神"存在证明的反驳并不意味着否定我们可以拥有"神"的观念，他只是想说明："神"不具有实在性、神学并不等同于知识。康德设定了理性的边界，把"神"从现象世界中驱逐出去，不过，他又在另一个领域——伦理学——请了回来。康德既需要"灵魂不朽"，也需要"神"来保证至善（幸福与德性统一）的实现，尽管它们可能是实践理性的一个"悬设"（假设），但由于它们在实践中起作用，便有了非知识层面上的意义和实在性。此外，当康德将本体和现象两个世界统一起来的时候，再次将被驱逐的"神"请回来，因为康德的体系需要一个有目的的现象世界，它由超感性、超自然的"神"设计出来。我们的审美来自对合目的现象世界理解后产生的惊奇。

　　康德的学说始终被"神"的巨大阴影笼罩着，以补救各部分出现的断裂。我们可以把康德的"神"理解为"救急神"吗？既可以，也不可以。康德所处的时代，正是西方世界对旧神将信将疑的时代。

第四节　道德是如何可能

　　道德的基础是什么？是如何可能的？休谟在《人性论》中提出："我们只要承认，理性对于我们的情感和行为没有影响，那么我们如果妄称道德只是被理性的推论所发现的，那完全是白费。"① 休谟将道德建立在情感基础之上，比如人的同情心，犹如孟子的"恻隐之心，仁之端"等四端说，人性善恶本原于情感的发动。休谟的观点在西方伦理思想史上显得独辟蹊径，但康德不赞同。康德依然坚持理性是道德的基础这一观点，将理性的实践能力即实践理性视为人的道德能力，其思路与亚里士多德和阿奎那一脉相承。他在完成理论理性即纯粹理性的批判后，接着对实践理性即理性

---

① 〔英〕休谟:《人性论》下卷,关文运译,郑之骧校,商务印书馆 1980 年版,第 497 页。

在实践中运用能力进行检视，看看道德是如何可能的。在康德看来，伦理学是与物理学相对应的一门科学，都属于先天综合知识，道德原则先天地藏在纯粹理性之中，我们的任务只是去发现它们。康德自信满满地说："如果我现在回顾一下前人为发现道德原则所做的尝试，那么，所有这些人都必定要失败，就不足为奇了。"① 所有人都失败而唯独康德自己成功了，原因是他不从经验中而是从纯粹理性中发现道德的先天形式。比如，他很幸运地发现深藏在人的纯粹理性之中的最高道德规律（自律性原则）——"每个人都是道德领域的立法者并根据自己的意志而行动"。②

　　自由意志和善良意志是康德伦理学的基石。有必要搞清楚这两块基石的由来。基督教伦理强调人有自由意志，目的是为避免"神"对世间的罪恶承担责任——人有选择的自由意志，罪恶只能由人自己承担。同时，基督教伦理尤其是加尔文派学说中，人是彻底败坏的，自由意志是专门用来干坏事的坏意志，假如没有基督，人永远不可能依靠自己成为有道德的人。由于基督教的长期统治，"人有自由意志"似乎是不证自明的公理。理性和启蒙时代的本质是将人从神权统治下解放出来，是重新认识人的时代。启蒙运动留给西方的精神遗产是：人能够通过自己获得解放、得到永福。康德学说是启蒙和理性的。他继承了"自由意志"说，但作了改造。自由意志不仅不坏，反而是绝对良善的，是解开道德律存在之谜的金钥匙。笔者一再强调，神权统治的社会往往倾向人性恶，这将有助于证明只有在"神"襄助下才能实现人类的永福，但在世俗或者在启蒙的社会中，相信人可以运用自己的理性创造未来，就必须假定人的理性中藏着绝对善良的东西。因此，一个启蒙的理性的康德必须预设作为理性存在物的人必定先天拥有

---

　　①　〔德〕康德：《道德形而上学基础》，孙少伟译，中国社会科学出版社 2009 年版，第 65 页。

　　②　康德将头顶的星空与心中的道德律并列的名言，曾引起学习康德哲学的中国知识分子的普遍共鸣。双方有共同的思想前提：人性中有先天的善良禀赋。康德的道德律、星空对应着中华文华中的良知、天理。但双方在具体内容和实现途径上存在差异。康德注意力在揭示道德原则，但中华文化强调在知行合一中实现道德完满——作者注

绝对良善的自由意志，它是道德的依据①。依据康德，自由意志与善良意志是同一个意志。为什么是这样？康德在《道德形而上学基础》第三章作过讨论，结论是我们不知道这样的自由是如何可能的，但必须相信它存在。正如不能用理性证明道德能力（实践理性）如何是可能的，也不能用理性证明自由意志是如何可能的，用康德的话说，这已经是"所有实践哲学的极限"。《实践理性批判》中，康德又试图证明，自由是道德的基础——一个因他律而发生的行为没有道德价值。

康德讨论道德哲学从通俗道德哲学开始。"因为在道德事件中，人的理性，即使在最普通的意识中，也很容易达到高度的正确性和完善性。"② 康德秉持非功利主义道德观，拒绝一切非道德动机和外在的结果，除了善良意志本身，就没有可以称为无条件的善的东西。他通过四个具体事例推导出具有道德价值的不断递进的若干命题。（1）一个具有道德价值的行为必须出于义务；（2）出于责任的行为不是为了实现某个目的，仅仅是出于义务本身；（3）义务应该是出于对道德律的尊重而表达出的强制性要求。比如"应当童叟无欺"，按照第一个命题，商人履行这条义务就具有道德价值，按照第二个命题，商人不仅履行童叟无欺的义务且不是出于多获利的目的，这才有道德价值；按照第三个命题，"童叟无欺"的义务只是出于对道德律的尊重，而不是出于维护市场秩序的外在目的，才具有真正的道德价值。康德把通俗道德哲学归纳出的命题，上升到道德形而上学层次，去掉一切的经验内容，就获得道德律的先天形式，即无条件的绝对命令。它的形式不是假言命令"如果你想要 X，就应当做 Y"，而是定言命令"你应当做 Y"。道德的价值就在于无条件的义务性。康德坚信他所揭示出的这种"道德本质"——无条件地为了善而善，有着深刻的存在基础。他说："所

---

① 康德在《论恶的原则与善的原则的共居或论人性中的根本恶》中反复强调人有善的原初禀赋，在灵魂深处有值得惊赞的原初道德禀赋，它是先天的。

② 〔德〕康德:《道德形而上学基础》,孙少伟译,中国社会科学出版社 2009 年版,第 7 页。

有的道德概念，在理性中，都完全先验地有它们的位置和根源。"① 要理解康德这段话的意思，还是要回到柏拉图的灵魂说——理性灵魂中早就有包括道德在内的全部知识。只是康德采用更为精致的语言、符合时代口味的办法展开论证。

1. 所有理性存在者都具有自由意志，道德原则建立在自由之上。

按照康德，自由意志有消极的，比如意志不受外界因素影响而独立起作用，也有积极的，即按照自己给自己设定的规则起作用。这种自己给自己立法、自己服从自己意志称为自律，体现着自由的本质。按照康德，我们是理性存在者，不同于受必然因果律支配的自然物，因此具有自由意志。自由意志的本质是自律，从中可引出一条绝对的定言命令："要只按照你能够同时意愿它也应该成为普遍规律的那个准则去行动。"② 什么意思呢？你遵循的主观道德准则正好能够作为客观道德法则适用于所有人。比如你做到童叟无欺，而童叟无欺恰好能作为普遍的道德法则，你似乎在按照自己的准则行事，但又遵循了普遍的道德法则。在康德看来，这样的定言命令是合理的、公正的、可行的。从这条定言命令中康德又引申出三条次级定言命令。第一，你应当如此行动，就好似你的行为准则变成普遍的自然规律。第二，你应当这样行动，始终把自己和他人的人性当作目的而不是手段。第三条，每一个理性存在者的意志的观念都是作为普遍立法的意志的观念，即我们应当服从自己制定的然而又是普遍的法则。按照康德，这三条次级定言命令与最初的那条完全一致。康德最终表明这样的观点，在道德领域，因他律而履行义务没有道德价值，只有听从自己的意志、把人作为目的而不是手段，真心履行义务，才有道德价值。但为了避免个体意志随意性带来的问题，康德又作了限定：你的意志正好能符合整体意志，遵循这样的意志才有道德价值。

---

① 〔德〕康德：《道德形而上学基础》，孙少伟译，中国社会科学出版社 2009 年版，第 31 页。

② 〔德〕康德：《道德形而上学基础》，孙少伟译，中国社会科学出版社 2009 年版，第 47 页。

比如，处于穷困中的人需要借钱，但他明知无力偿还，仍允诺某一时刻偿还。这时他问：这样的行为能变成普遍遵守的准则吗？很显然它不可能成为普遍准则，如果每个人随意许下诺言借钱，不仅诺言本身无法实现，也使借钱不再可能，此外不能把别人当作为自己脱困的工具。康德的逻辑，与两千多年前墨子为"兼爱"的道德价值辩护时采用的逻辑极为相似。墨子认为"无差别地爱所有人（兼爱）"是个好主张，因为没有人不喜欢，如果你出征肯定愿意将家人托付给兼相爱的人，选择国君也愿意选择兼相爱的人，它可以实现"我爱人人、人人爱我"的道德理想。① 按照康德，它应该是一条普遍的道德法则。但它存在明显的困境——虽能成为普遍法则的义务却没人愿意履行。比如，谁都喜欢童叟无欺或兼相爱的人，但希望别人去做，自己不一定会做。这种"搭便车""加塞"的心理普遍存在于一个理性的人或者工于算计的人。怎么办？墨子的解决方案是祭出鬼神，让人们因恐惧鬼神的扬善罚恶而变得有道德。康德的方案有两个，第一个是祭出善良意志，它保证理性存在者的道德性；第二个方案是祭出宗教，用宗教帮助道德的践行。

2. 自由意志是个全善的意志，必然服从道德原则。

道德基础是自由意志，而保证道德律不发生矛盾的是善良意志。康德在《道德形而上学基础》第二章给我们展示了一个由纯粹理性构筑起来的知性世界，其中纯粹理性的实践能力即实践理性保证道德在这个世界的完满性。至于这种纯粹理性为何是实践的，实践理性为何是可能的，康德认为超出了理性的限度而不能回答。他能告诉你的是，自由使我们作为理性存在者成为知性世界的一员，这个知性世界服从自由因果律，而不是必然因果律。在这个世界里，自由、道德、意志都完美地统一在一起，尽管没有义务要求但都履行得很好，因为自己就是自己原则的创造者，自己就是自己活动的目的，每个人都把他人视为同等的立法者、作为活动的目的而非手段。这个知性世界还是一个目的王国，一个与自然王国相对的道德乌托邦。在这个王国里，每一个意志都是普遍立法的意志，每个人都被对方

---

① 蔡晓：《中国道统论》，中国社会科学出版社 2021 年版，第 142、143 页。

当作目的，每个人的发展都是他人发展的条件，它是属于自由人的联合体。当然，康德不认为目的王国是一个乌托邦，而是一个实践观念。"它所要阐明的是，实际上不是真有，但通过我们的行为却可能成真的并与这一实践观念相一致的东西。"①康德的这个自由人联合体的目的王国，在他的及马克思的政治理论中起着重要作用。

我们可能会奇怪，康德的自然王国和目的王国的划分，以及对目的王国乌托邦式的设想究竟来自哪里？这是个难以完全解释清楚的问题。但有两点值得注意。一是基督教西方一直存在的灵与肉两个世界的划分，这两个世界都真实存在但遵循不同的规律。二是卢梭的影响。康德对卢梭《爱弥儿》的迷恋是世所公认的，该书核心思想是人的天性本来良善，但被社会败坏了。这意味着存在两个世界，一个先天纯然美好的理想世界，一个困苦磨难的现实世界，教育的意义在于让人的善良天性现实地展开，让理想照进现实。由此我们不奇怪康德的想法：道德原则可以且只能从人的天性（纯粹理性）中发现，而不能从经验中获得。

3. 人既是知性世界的成员也是感性世界的一部分，道德法则在感性世界变成了定言命令。

康德说："如果我只是知性世界的一员，那么，我所有的行为就会永远与意志的自律相一致。但是，由于我同时直觉到自己又是感性世界的一员，因而我的行为也应当符合于意志的自律性。"②他的意思是说，在知性世界里是完全自由的或完全自律的，不存在"你应当做Y"的定言命令，但感性世界不同，你需要遵循必然因果律，不存在完全的自由或自律，同时感性世界又不能无视知性世界，因此需要将先天存在于知性世界的道德律转化为定言命令。这里有一个关键点，即知性世界对感性世界的凌驾和规制，就如现象世界服从本体世界。康德说："由于知性世界包含着感性世界的根据，从而也是感性世界规律的根据，所以知性世界就对（必须认为是）完

----

① 〔德〕康德:《道德形而上学基础》,孙少伟译,中国社会科学出版社2009年版,第72页。

② 〔德〕康德:《道德形而上学基础》,孙少伟译,中国社会科学出版社2009年版,第100页。

全属于感性世界的我的意志有直接的立法作用。"①

此外，道德律必须是定言命令，是由作为道德最高原则的意志自律所决定的，我们不期待处于感性世界的人都能意志自律，但只有实现意志自律的行为才是有道德价值。当用假言命令的时候，受制于某个外在的目的，必然是他律的，而这样的道德律是不可能的。比如，如果要德行就应当追求幸福（伊壁鸠鲁派的观点），或者如果要幸福就应当追求德行（斯多亚派的观点）。康德在《实践理性批判》提出，这将导致"实践理性的二律背反"——对幸福追求并不会产生德行，或对德行追求也不会导致幸福。这带来一个问题，如何实现德行与幸福的统一——至善。实现至善是伦理学追求的终极目标。不管我们研究多少道德学说，如果不能实现德行与幸福的统一，或者说根据德行高低成比例地配享幸福，那么这样的道德学说终究是要破产的。为了让自己的道德学说成为可能，康德又祭出了灵魂不朽和"神"两把利器。

4. 纯粹实践理性的三个"悬设"——灵魂不朽、自由和"神"

一个有道德的人能否获得幸福，是检验社会好坏的最终标准。但实际情况是，坏人得势、好人受苦往往成为社会的常态。康德在《实践理性批判》中提出实践理性的三个悬设，以保证实现德行与幸福相匹配的至善。按照康德，所谓悬设不是理论教条而是实践中的前提，赋予理性诸理念以客观实在性，拥有了实现至善的权利。这三个悬设分别是：灵魂不朽、自由意志、"神"存在。它们在实现至善中分别起不同的作用。

按照康德，道德律是定言命令（你应当做 Y），并不是说人们实际上愿意做，只是说道德是我们无法逃避的。人的德行最完善的状态是，人的意志与道德律的完全适合，康德称之为神圣性。康德承认感性世界中的理性存在者在任何时刻都不可能做到如此完善，需要在无限的进程中才能实现。但人的生命毕竟有限，要在感性世界实现意志与道德律的完全适合，必须假定人的生命（灵魂）是不朽的、是不会终止的。他说："这个无限的进程

---

① 〔德〕康德:《道德形而上学基础》,孙少伟译,中国社会科学出版社 2009 年版,第 99 页。

只有在同一个有理性的存在者的某种无限持续下去的生存和人格（我们将它称之为灵魂不朽）的前提之下才有可能。"① 康德表达了两层意思：完善的道德需要在无限生命的进程中才能实现，设定灵魂不朽是必须的；感性世界中的人性有不断改进的可能，原因是知性世界纯然完美，而感性世界最终服从知性世界。康德传达了这样的信念：未来美好社会的依据深藏在人性之中。康德第二个悬设是自由意志。自由意志是纯粹理性体系这座大厦的"拱顶石"，由于自由的现实存在使"神"、不朽等概念获得支撑，有了客观实在性。按照康德，至善有两个互不隶属的要素：德行和幸福。由于灵魂不朽使德行成为可能，但要使幸福可能，必须有第三个悬设——"神"存在。按照康德，道德律中丝毫没有理性存在者的德行和幸福之间必然关联的依据，也就是说不可能像斯多亚派所说的，德行就是幸福。康德说："我们必须永远不把道德学本身当作幸福学说来对待，亦即当作某种分享幸福的指南来对待。"他的办法是，通过唤醒促进至善的道德愿望，并为着这个愿望向宗教迈进，才能获得与德行成比例的幸福。"因为对幸福的希望只能从宗教才开始的。"② 康德给我们描绘了一个目的世界，即"神"创世的终极目的是人本身。"在这个目的秩序中，人（与他一起每一个有理性的存在者）就是自在的目的本身，亦即他永远不能被某个人（甚至不能被上帝）单纯用作手段而不是在此同时自身又是目的。"③ 康德把人作为宇宙目的的思想与自然神论者廷得尔关系密切，但康德只是从抽象意义上讲以人为目的。世界以人为目的的学说如果不能与人的具体权利结合，终究还是一堆陈词滥调。

很显然，从世俗主义角度看，康德最后将道德的完善和至善的实现寄希望于灵魂不朽和"神"存在，就如画了一张永远咬不到的"大饼"。康德

<hr />

① 〔德〕康德:《实践理性批判》,邓晓芒译,杨祖陶校,人民出版社 2003 年版,第168 页

② 〔德〕康德:《实践理性批判》,邓晓芒译,杨祖陶校,人民出版社 2003 年版,第178 页。

③ 〔德〕康德:《实践理性批判》,邓晓芒译,杨祖陶校,人民出版社 2003 年版,第180 页。

的同乡马克思，把这种乌托邦式的人类前景寄希望于生产力极大发展，社会组织形式极大改进，公有制的实现和人的全面发展。这是一种现实的、可能是更为可行的思想逻辑。但在神权统治下的西方主流思想依然认为康德的建议是可行的，他们相信在宗教中有实现至善的希望。由于康德，将道德作为基础的神学理论——伦理神学开始成为 19 世纪西方主流。康德认为道德不可避免地要导致宗教。

第五节　道德宗教

康德《纯粹理性批判》否定了"神"存在的各种证明，本意想说明我们不可能有关于超验对象的知识，从而确立数学和自然科学作为知识的纯正地位。但康德并不否定宗教。他在《实践理性批判》中说："至善由于只有在上帝存有的条件下才会发生，它就把它的这个预设与义务不可分割地结合起来，即在道德上有必要假设上帝的存有。"① 道德虽然在人那里是先天自足的，不依赖宗教，但实现德福相配的至善需要宗教，让善的原则在感性世界战胜恶的原则需要宗教。1793 年出版的《单纯理性范围内的宗教》提出从启示宗教、自然宗教向道德宗教转向的课题。这种转向对 19 世纪西方神学、伦理学产生了深刻影响。

人是什么？是康德试图解决的四个问题中的最后一个②。他的道德宗教毫无例外地从研究人开始。自然神论将人这种受造物的自爱、自我保存作为逻辑起点，但康德反对，认为这将导致道德上的恶。基督教否定人的道德能力，只能凭借恩典获救，康德也反对，认为这将导致人的无所作为、自暴自弃或者狂热自负。他认为理性存在者的人本身是自由、自足的道德本体，有先天的道德法则、善良意志、道德良知等。但现实社会为什么又

---

① 〔德〕康德:《实践理性批判》，邓晓芒译，杨祖陶校，人民出版社 2003 年版，第 172 页。

② 康德在给哥廷根大学神学教授司徒林的信中提出自己要解决的问题，一、我能够知道什么？二、我应该做什么？三、我可以希望什么？四、人是什么？本质上说，第四个问题是前三个问题的基础和前提。

存有恶？奥古斯丁、阿奎那认为是善之本体的不断败坏和缺失。但康德提出不同的思路，这种思路与中国理学有几分相近。

根据康德，人有三种向善的原初禀赋，分别是动物禀赋、人性禀赋、道德禀赋。动物禀赋之上可以嫁接各种恶习，人选择这种恶习就产生恶。人性禀赋有与他人相比较的偏好，当选择这种偏好为动机时就产生嫉贤妒能、幸灾乐祸之类的恶。道德禀赋对道德法则有先天的敬重，把道德法则作为行为的充足动机。康德说："人身上的所有这些禀赋都不仅仅是善的（即它们与道德法则之间都没有冲突），而且还都是向善的禀赋（即它们都促使人们遵从道德法则）。"① 这就如同理学认为人有天地之性，它是纯天理的、全善的。但理学认为人还有气质之性，人欲之恶由此产生。就如清澈的水在水渠流淌必然会受到污染一样，气质之性产生于受习染的天地之性。康德说法略有不同，认为人性中存在趋恶的倾向，产生非道德法则的偏好，当人以这种偏好作为动机就产生恶。"趋恶的倾向"有三个不同层次：一是人性脆弱——我所愿意的，但我没有做；二是心灵不纯正——夹杂非道德的动机；三是人心恶劣——思维方式的根本败坏。康德将"趋恶的倾向"称为人性中根本的、天生的恶。那么，这种"趋恶的倾向"怎么产生的？趋恶的倾向不是自然过程，而是与自由行动的理性存在者密切相连。人是理性存在者又在感性世界行动，会把自爱的动机及其偏好，以及道德法则都纳入自己行为的准则，但常常颠倒它们的次序，即以满足自爱及其偏好为优先，从而形成趋恶的自然倾向。这种恶是根本的，从它是自然倾向看，不能借助人力铲除的，但从它是意念的颠倒来看，又是能够克服的。简而言之，康德的"根本恶"实质是人把自爱的动机及偏好排在道德法则的前面，把行为动机的道德次序搞颠倒了。如何扭转趋恶的倾向、使人向善呢？康德的答案很简单：灵魂深处闹革命。他说："必须通过人的意念中的一场革命（一种向意念的圣洁性准则的转变）来促成。"② 革命之所以可能是因为人性中本来就有向善的原初禀赋，无须外求，完全可以将圣洁性准则

① 〔德〕康德：《单纯理性限度内的宗教》，李秋零译，商务印书馆2012年版，第23页。
② 〔德〕康德：《单纯理性限度内的宗教》，李秋零译，商务印书馆2012年版，第45页。

（道德法则）纳入自己的准则。当然，完成内心意念革命是使自己成为接纳善的主体，但还不是感性世界中的善人，还须通过不断践行（改良）使自己变成一个善人。康德说："这种改变就只能被看成是一种向更善的永不间断的努力，从而也就是只能被看作是对作为颠倒了的思维方式的趋恶倾向的逐渐改良。"① 由此，我们可以理解现代新儒家牟宗三等人为什么痴迷康德学派，因为康德的道德圣洁之路，与儒家的成圣之路有几多相近。康德认为人的纯粹理性中有道德法则、有全部良知，类似于孟子"万物皆备于我"；康德的意念革命和实践改良与王阳明的良知发动、省察克治，与朱熹的心统性情、庄敬涵养，同样有诸多相似。当然，双方之间也有本质性差异，体现在神权与非神权上。康德在解释人性根本恶如何起源时，否定奥古斯丁的遗传说，即亚当通过遗传把原罪传递给人类子孙，而是有一个先于人类的坏精灵存在，人受了它的诱惑才陷入恶。他说："人却被看作是通过诱惑陷入恶的，从而不是从根本上败坏了的，而是还能够改善的，与那个引诱他的精灵截然不同。"② 康德表达几层意思：一是坏精灵的恶的最初起源已经超出人类的理解能力，不应再追问；二是人因受到诱惑而陷入恶，反而说明人没有彻底败坏而是能改善的；三是人本身具有善良意志，可以抵抗坏精灵（魔鬼）的诱惑，希望返回他曾经背离的善。康德讲道德必然导致宗教，但他的宗教已经不是"乞求神恩的宗教"——通过谄媚"神"获得永恒幸福，自己却不需要努力成为一个更善的人，而是"道德的宗教"——每个人都必须尽其所能去做，成为一个更善的人。道德宗教不考虑"神"能为我们做什么，仅仅考虑我必须做些什么努力才能配得上"神"对我的援助。与宋明理学最终依靠人自身的力量回归善不同，康德最终寄希望于"神"的援助使我们更善。但相对于传统基督教神学而言，康德的道德神学更鼓励人的积极行动而非坐等神恩。康德的道德神学不是传统基督教宣称的只要相信救世主就可以得救，而是坚定对先天道德法则的信念、靠自己努力配得"神"的喜悦而得救。至少康德自认为，道德宗教需要积

---

① 〔德〕康德：《单纯理性限度内的宗教》，李秋零译，商务印书馆2012年版，第46页。
② 〔德〕康德：《单纯理性限度内的宗教》，李秋零译，商务印书馆2012年版，第41页。

极行动而非消极等待。

康德在给哥廷根大学神学教授司徒林的信中表示："我已经认识到，基督教与最纯粹的实践理性的结合是可能的，我要开诚布公地发表自己的意见。"① 这透露出康德的心迹：不满意基督教的非道德性。之前说过，路德神学有强烈的非道德因素——只要是"神"的选民，哪怕道德上有亏欠，也不影响神恩的眷顾。而康德认为能够让"神"喜悦的唯一途径是道德上的完善。他说："凡是人自认为为了让上帝喜悦，除了善的生活方式之外还有能够做的事情，都是纯然的宗教妄想和对上帝的伪事奉。"② 康德要改变基督教的叙事方式，将基督教改造成追求道德完善的道德宗教，使教会成为伦理共同体。

康德把耶稣设定为道德处于彻底完善状况的人，是唯一使"神"喜悦的人，并将他作为善良人性的原型，人类的普遍义务是把自己提高到这样的道德水准。只有这样，我们才能成为"神"喜悦的人，除此之外别无他途。根据康德，耶稣所具有的全部圣洁，其实都可以在我们自己的纯粹理性中找到，正因如此，提出这样的义务就有客观依据。除了属耶稣的善的原则，还有属精灵的恶的原则。这里，康德一本正经地讲了一个神话故事。根据《创世纪》，人本来被指定为地上一切财富的所有者。这时一个恶的存在者（它最初是善的精灵，可不知怎么变得如此邪恶），丧失了在天国的全部财产而不得不在地上寻找另一种财产。它迷惑并控制了人类始祖的心灵，继而成为地上一切财富的最高所有者，即这个世界的王。人们不免怀疑，"神"为什么不干预？康德告诉你："最高的智慧对理性存在者的统治和治理，却是按照他们的自由的原则对待他们的，并且无论他们会遇到什么善的或恶的东西，都应该归之于他们自己。"③ 于是，人在黑暗的王国自由生存，仅以尘世的财富为目的，止步于此生的奖赏和惩罚。直到这个王国的弊端愈加显现，这时突然出现一位智慧超群的人物，抵制了坏精灵的诱惑。

① 〔德〕康德:《单纯理性限度内的宗教》,李秋零译,商务印书馆 2012 年版,第 215 页。
② 〔德〕康德:《单纯理性限度内的宗教》,李秋零译,商务印书馆 2012 年版,第 175 页。
③ 〔德〕康德:《单纯理性限度内的宗教》,李秋零译,商务印书馆 2012 年版,第 77 页。

如果更多的人效仿他，接受了他的理念，这个世界的王所建立的黑暗王国就面临被彻底摧毁的危险。于是，恶的原则和善的原则围绕对人类统治权展开千年殊死搏斗。这种善、恶缠斗的古波斯琐罗亚斯德教的故事又回来了。康德告诉世人，接受善的原则，才能享受天国儿女的自由，而接受恶的原则，就处于尘世之子的奴役地位。但善的原则必将战胜恶的原则。为什么？康德说："善的原则并不仅仅是在某一个时代，而是从人类起源开始，就以不可见的方式，从天国降临到人性中的，并且在人性中以法的方式拥有了第一个居所。"① 而恶的原则只是坏精灵诱惑而产生的虚幻认识。当然，那位智慧超群的人——耶稣并没有彻底战胜恶的原则，因为人们似乎依然屈从于世俗幸福。耶稣的意义在于指明一条人类得救的道路："对于人类来说，除了最真挚地把真正的道德基本法则接纳入自己的意念之外，绝对不存在任何得救。"② 按照这样的故事逻辑，康德给人类指明了一条建立新宗教的道路——在地上建立"神之国"，使善的原则彻底战胜恶的原则。这条道路对于中国人来说会显得莫名其妙，但对神权统治下的西方社会绝对有震撼力。康德不讲耶稣神性的信仰、不讲耶稣用血救赎人类的信仰，不讲人是彻底败坏的信仰，却转而讲人有先天道德能力，可以凭自己在未来建立理想国度的信仰。康德继奥古斯丁之后再一次用演绎的方式，从过去历史中推导出未来的天国。它不在彼岸，而在现世。

康德提出，由于人们彼此败坏道德禀赋，因此需要建立防止恶促进善的联合体，这种仅仅遵循道德法则的联合体可称为伦理共同体。康德将伦理的自然状态作为逻辑起点，这一自然状态下每个人都是自己的法官，但善的原则不断受到恶的侵蚀。人们以实现道德上的至善为目的联合起来时，就成为一个具有善良意志的人们的伦理共同体。根据康德，伦理共同体的存在以更高道德存在者为前提，伦理共同体的成员并不是立法者，他们共同履行的伦理义务是最高道德存在者，即"神"发布的诫命，他们都是"神"的儿女。与之相对的是由恶的原则支配的乌合之众，日夜破坏或侵蚀

---

① 〔德〕康德:《单纯理性限度内的宗教》,李秋零译,商务印书馆 2012 年版,第 80 页。
② 〔德〕康德:《单纯理性限度内的宗教》,李秋零译,商务印书馆 2012 年版,第 82 页。

伦理共同体。伦理共同体的理念需要借助教会来实现。不可见的是它的理想原型——"神"直接统治下的联合体，可见的是人们依据这样的原型在现实中联合起来的整体。这样的教会既不是君主制（服从一个教皇或主教），也不是贵族制（服从主教和高级教士），也不是民主制（每个成员获取顿悟），而是有一位共同父亲的家庭合作社。康德强调，他说的这个教会有普遍的、纯粹的、自由的、不变的特性，历史上的教会比如基督教会不过是这个教会原型的具体形式，其实只适用特定历史阶段的教会。他认为教会发展史证明了纯粹的道德宗教到来的必然性，这是一个日益趋近"神之国"的过程。康德承袭古波斯人的思维，又把人类历史看作善与恶搏斗，善最终胜利的历史。当基督教允诺一个彼岸世界的天国时，康德道德宗教却发誓天国终究会在尘世建立起来。他说："我们不能把这一实现作为经验性的实现来预期，而是只能在持续不断的进步中和向尘世可能的至善的迫近中来期望这一实现，即为这一实现做好准备。"①

那么，这种由自由意志支配的道德王国、目的王国——康德式共产主义——究竟几时来临？康德引用了《路加福音》一段话作回答：

> 神的国来到，不是眼所能见的。人也不得说，看哪，在这里，看哪，在那里。因为神的国就在你们的心里。(17：21-22)

从心灵里祈求天国实现。或许这就是神权统治下西方思想的最终归宿？这样的天国注定是非现实、虚幻的。

---

① 〔德〕康德：《单纯理性限度内的宗教》，李秋零译，商务印书馆2012年版，第140页。

西方思想史给了我们什么样的启示？

　　这本书的写作实现了笔者的一个心愿：在梳理完中国思想史的基础上，进一步梳理西方思想史的演变逻辑。这种梳理的最终目的是为更高水平的中西文明融合而非文明冲突，为实现中华民族复兴而非零和博弈提供更多的思想资源。

　　通过对西方思想史的梳理，我们观察了一个建立在神权基础之上的思想体系的演变历程。这是一个与世俗性中华文化本质相异的思想体系。但中华文化的世俗性特征，以及它所具有的积极意义，长期被近现代中国的一些学者所无视和质疑。从古至今，一个有教养的中国人基本上就是一个无神论者、一个世俗主义者。这种日用而不觉的文化现象，只是在与西方文明的碰撞中，才被人们深刻觉察。在全部人类文明中，中国创造出独一无二的世俗性文明——其政治、法律、道德完全建立在非宗教的、非神权的基础上。这一事实曾经给最初进入中国的西方传教士以极大的震撼，也给 18 世纪欧洲启蒙学者以极大的信心。耶稣会东方巡视使范礼安神父写道："在已发现的国家中"，中国"是最和平、治理得最好的国家，这尤其使人惊奇，是因为那些异教徒并没有神圣真理的光芒教导他们如何治理的真正办法"①。他们感到惊讶，在一个没有基督神圣光芒照射下的地方，居然能做到没有一寸土地撂荒，没有一个人不自食其力，无论城市与乡村都见不到乞丐。耶稣会士们将这一切归因于难以置信的奇迹。法国启蒙运动领袖伏尔泰分析耶稣会士的大量报告后说："在古代的帝国中，我看到几乎只有

---

　　①　王寅生编订：《中国的西方形象》，团结出版社 2015 年版，第 148 页。

中国人没有创立灵魂不灭之说。"① 他的《风俗论》对中国的赞扬不是基于自己的想象，而是借助西方传教士的大量报告。相对于神权社会，世俗社会更加和平、更加包容、更加睿智、更加繁荣。近现代西方的繁荣正是建立在世俗化的大背景之下。正如当代西方世界的无神论者、英国皇家科学院院士、牛津大学教授、生物学家理查德·道金斯（Richard Dawkins）在《上帝的迷思》中所论证的，西方社会具有现代意义的道德理想并非来源于《圣经》，而是时代进步所带来的。他说："成为无神论者是一种现实的志向，并且是一种勇敢和值得高度赞赏的志向。你能够成为一名幸福、安宁、有道德、充满理智的无神论者。"②

但世俗化的道路何其艰难！康德哲学作为欧洲近代哲学的综合和现代哲学的起点，依然以神学作基础。至少他的道德哲学需要"灵魂不灭""神存在"等悬设，如果没有这些悬设，其道德学说很难成立。中华文明优势在于，通过西周以来的以千年为单位的接续努力，形成了一套建立在人自身基础上，而非"神"基础上的价值体系。一些试图通过努力学习康德哲学替中国社会找到道德重建之路的学者肯定是要失望的——因水土不服而不好移植。西方的现代化是与世俗化相伴相随的，没有世俗化何来现代化。一言以蔽之，现代性就是世俗性。但由于迄今为止西方并未真正构建起"建立在人自身基础上，而非神基础上的价值体系"，必然出现现代性危机。西方现代性危机的本质是抽取"神"这一终极价值后所带来的相对主义、虚无主义。人处于荒谬的、找不到价值方向的境地。查尔斯·泰勒（Charles Taylor）在《世俗时代》中提出世俗化的重要基础是：要有一个非神学的伦理学。可惜这样的伦理学在西方难以建立，即便建立也很难获得广泛认同。西方后现代主义思潮是对现代性危机的应激反应，这股思潮对现代社会带来破坏的同时却给西方神学发展提供了强大契机。神权的、反智的、保守的力量依然笼罩着当代西方社会。要明白的是，现代性危机是西方特有的危机，归结为神权统治下的社会怎么可能单纯依赖人的主体性。西方现代性危机可归结为人本主义的危机。这样的危机对于一直将伦理价

① 伏尔泰:《风俗论》上册,梁守锵译,商务印书馆1997年版,第79页。
② 〔英〕道金斯:《上帝的迷思》,陈蓉霞译,海南出版社2010年版,第1页。

值建立在人本基础之上的中国社会，应该不存在。

那么，西方文明的优势在哪？换句话说，西方思想中最有价值的东西是什么？首先，无疑是这样一种形而上学的猜想：自然是用数字编织出来的。他们相信宇宙可以且只能用数来描述。正是来自古老毕达哥拉斯学派的这种猜想，且西方历代知识精英坚信这样的猜想，才会产生如此辉煌灿烂的科学成就。现代数学和自然科学的发展验证这样一个事实：对自然的探索往往导向更深奥的数学发现。中华文明的确没有这样的最初猜想。但中华文明世俗性、包容性可以使我们没有任何障碍地接受并坚守这种猜想。对西方思想史的梳理，给我们以极大自信：一百多年前很隆重地从西方请进来的赛先生，可以在中华文明的沃土中扎根并长成参天大树。它支撑起这样的愿景：21 世纪的中国要成为世界科学和人才中心。其次，由神创论和进化论共同支撑起来的信念：人类社会将经历由简单到复杂、不完善到完善的历史进程。中国主流思想中没有这样的信念，唯一例外的是春秋公羊学的"张三世"，已经被康有为作为变法的依据，但实践证明不可行。俄国十月革命后，人类必将向着一个美好未来前进的理念，通过马克思列宁主义进入中国。马克思主义对这一理念的阐发是建立在这样的基础上：不断推进社会革命以实现生产力的不断解放和发展。这样的历史阐释是无神论的、非西方主流的，又是独创性的、有价值的，它至少给人类社会发展带来了确定性和立足基础。这样的阐释与世俗化的中华文化有内在的契合机理。回顾西方思想史，真正能让古人望尘莫及的只有科技这个第一生产力，其他的都只是旧思想的翻版罢了。第三，西方思想史演变逻辑揭示出的事实：教权与王权的矛盾所产生的二元结构使新思想的产生有了可能。假如欧洲没有这样的二元结构，就不会有近现代文明的发展。这种逻辑在中国是以另一种方式展开，即道统与治统的矛盾。由中国历代圣贤构筑起来的价值体系、治国理念作为道统，成为对作为治统的现实政治、现实皇权开展批判的武器。其实质是话语权与统治权的矛盾运动保持着社会的活力和创造力。无论是西方思想史还是中国思想史，都支撑着这样一个事实：话语权需要保持对统治权的相对独立性。

以上是笔者写完这本书后的一点小结。有些观点并未展开，期待着有这样的机会。